中国现代教育社团史

周谷城题

"中国现代教育社团史"丛书编委会

丛书主编：储朝晖

丛书编委会： 于书娟　马立武　王　玮　王文岭　王洪见
　　　　　　 王聪颖　白　欣　刘小红　刘树勇　刘羡冰
　　　　　　 刘嘉恒　孙邦华　苏东来　李永春　李英杰
　　　　　　 李高峰　杨思信　吴冬梅　吴擎华　宋业春
　　　　　　 汪昊宇　张礼永　张睦楚　陈克胜　陈梦越
　　　　　　 周志平　周雪敏　钱　江　徐莹晖　曹天忠
　　　　　　 梁尔铭　葛仁考　韩　星　储朝晖　楼世洲

审读委员会： 王　雷　王建梁　巴　杰　曲铁华　朱镜人
　　　　　　 刘秀峰　刘继华　牟映雪　张　弛　张　剑
　　　　　　 邵晓枫　范铁权　周　勇　赵国壮　徐　勇
　　　　　　 徐卫红　黄书光　谢长法

"中国现代教育社团史"丛书书目

《中国现代教育社团发展史论》
《中华教育改进社史》
《中华平民教育促进会史》
《生活教育社史》
《中华职业教育社史》
《江苏教育会史》
《全国教育会联合会史》
《中国教育学会史》
《无锡教育会史》
《中国社会教育社史》
《中国民生教育学会史》
《中国教育电影协会史》
《中国科学社史》
《通俗教育研究会史》
《国家教育协会史》
《中华图书馆协会史》
《少年中国学会史》
《中华儿童教育社史》
《新安旅行团史》
《留美中国学生联合会史》
《中华学艺社史》
《道德学社史》
《中华教育文化基金会史》
《中华基督教教育会史》
《华法教育会史》
《中华自然科学社史》
《寰球中国学生会史》
《华美协进社史》
《中国数学会史》
《澳门中华教育会史》

推进教育治理体系和治理能力现代化……推动社会参与教育治理常态化，建立健全社会参与学校管理和教育评价监管机制。

——《中国教育现代化2035》

当前，我国改革开放正在逐步地深入和扩大，激发社会组织活力，在整个社会治理体系建设中具有重要作用。现代教育治理体系的建设，也迫切需要发挥专业的教育社团的积极作用。在这个大背景下，依据可靠的历史资料，回溯和评价历史上著名教育社团的产生、发展、组织方式和活动方式等，具有现实意义和社会价值。总的来说，这个项目设计视角独特，基础良好，具有较高的学术价值、实践价值和出版价值。

——石中英

教育社团组织与中国教育早期现代化，既是一个有丰富内涵的历史课题，更是一个极具现实意义的重大课题。由中国教育科学研究院储朝晖研究员领衔的学术团队，多年来在近代教育史这块园地上努力耕耘，多有创获，取得了可喜的成果，积累了深厚的知识储备。现在，他们选择一批有代表性、典型性、产生过重大影响的教育社团组织，列为专题，分头进行深入的研究，以期在丰富中国教育早期现代化研究和为当代中国教育改革服务两个方面做出贡献，我觉得他们的设想很好。

——田正平

国家出版基金项目
NATIONAL PUBLICATION FOUNDATION

中国现代教育社团史　丛书主编 / 储朝晖

少年中国学会史

李永春　著

西南师范大学出版社
国家一级出版社　全国百佳图书出版单位

图书在版编目(CIP)数据

少年中国学会史/李永春著.— 重庆：西南师范大学出版社，2021.6
（中国现代教育社团史）
ISBN 978-7-5697-0239-2

Ⅰ.①少… Ⅱ.①李… Ⅲ.①学术团体－政治组织－学会－中国－民国 Ⅳ.①C232

中国版本图书馆CIP数据核字（2020）第218135号

本成果为教育部人文社会科学重点研究基地湘潭大学毛泽东思想研究中心重点项目"毛泽东研究基础史料补遗、整理与研究"（编号18JJD710006）阶段性成果。

少年中国学会史
SHAONIAN ZHONGGUO XUEHUI SHI

李永春　著

策　　划	尹清强　伯古娟
责任编辑	曹园妹
责任校对	尹清强
装帧设计	观止堂_朱璇
排　　版	杜霖森
出版发行	西南师范大学出版社
	重庆·北碚　邮编：400715
印　　刷	重庆升光电力印务有限公司
幅面尺寸	170mm×240mm
印　　张	34.25
插　　页	4
字　　数	565千字
版　　次	2021年6月 第1版
印　　次	2021年6月 第1次
书　　号	ISBN 978-7-5697-0239-2
定　　价	138.00元

总序

在中国教育早期现代化的历史进程中,无论是清末,还是北洋政府和国民政府时期,在整个20世纪前期传统教育变革和现代教育推进波澜壮阔的历史舞台上,活跃着这样一批人的身影,他们既不是清王朝的封疆大吏、朝廷重臣,也不是民国政府的议长部长、军政要员,从张謇、袁希涛、沈恩孚、黄炎培,到晏阳初、陶行知、陈鹤琴、廖世承,有晚清的状元、举人,有海外学成归来的博士、硕士,他们不居庙堂之上,却念念不忘国家民族的百年大计;他们不拿政府的分文津贴,却时时心系中国教育的改革与发展。是"研究学理,介绍新知,发展教育,开通民智"这样一个共同理想和愿景,将这些年龄悬殊、经历迥异、分散在天南海北的传统士人、新型知识分子凝聚在一起,此呼彼应、同气相求,结成团体,组织会社。于是,从晚清最后十年的江苏学务总会、安徽全省教育总会、河南全省教育总会,到民国时期的全国教育会联合会;从中华职业教育社、中华新教育共进社、中华教育改进社,到中华平民教育促进会、生活教育社、中国社会教育社、中华儿童教育社、中国教育学会……在短短的半个世纪里,仅省级以上的和全国性的教育会社团体就先后有数十个,至于以县、市地区命名,以高等学校命名或以某种特定目标命名的各式各样的教育会社团体,更是难以计数。所有这些遍布全国各地的教育会社团体,通过持续不断的努力,从不同的层面,以不同的方式,冲刷着传统封建教育的根基,孕育和滋养着现代教育的因素。可以毫不夸张地说,在传统教育变革和现代教育推进的历史进程中,从宏观到微观,到处都留下这些教育会社团体的深深印记,它们对中国教育早期现代化的贡献可谓功莫大焉!

大约从上世纪90年代开始,中国近代教育会社团体的研究,渐渐进入人们的学术视野,20多年过去了,如今关于这一领域的研究,已经风生水起,渐成气候,取得了相当的成果,并且有着很好的发展势头。说到底,这是当代中国教育改革的需要和呼唤。教育是中华民族振兴的根基和依托,改革和发展中国教育,让中国教育努力赶上世界先进水平,既是中央政府和各级政府义不容辞的职责,也必须依靠广大教育工作者的自觉参与和担当。从这个意义上讲,中国近代教育会社团体与中国教育早期现代化研究,既是一个有丰富内涵的历史课题,更是一个极具现实意义的重大问题。中国教育科学研究院储朝晖研究员,多年来在关注现实教育改革的诸多问题的同时,对中国近代教育史有着特殊的感情,并在这块园地上努力耕耘,多有创获,取得了可喜的成果,积累了深厚的知识储备。现在,他率领一批志同道合的中青年学者,完成了"中国现代教育社团史"的课题,从近代以来数十上百个教育社团中精心选择一批有代表性、典型性、产生过重大影响的教育社团,列为专题,分头进行了深入的研究。我相信,读者诸君在阅读这些成果后所收获的不仅仅是对教育社团的深入理解和崇高敬意,也可能从中引发出一些关于当代中国教育改革的更深层次的思考。

　　是为序。

田正平

丁酉暮春于浙江大学西溪校区

目录

总　序（田正平）
绪　论　/1

第一章　少年中国学会的筹备与成立
　　第一节　少年中国学会创立的原因　/9
　　第二节　少年中国学会的发起与筹备　/18
　　第三节　少年中国学会的成立　/33

第二章　少年中国学会的发展历程
　　第一节　少年中国学会的组织演变　/39
　　第二节　少年中国学会历次年会　/61
　　第三节　少年中国学会机关刊物　/98

第三章　少年中国学会的主要活动（一）
　　第一节　学术研究活动　/149
　　第二节　新闻出版活动　/178
　　第三节　对外联络活动　/202

第四章　少年中国学会的主要活动（二）
　　第一节　开展教育运动　/235
　　第二节　国家主义教育的宣传与论争　/253
　　第三节　策动收回教育权运动　/299

第五章　少年中国学会的主要活动（三）
第一节　实验工读互助团　/311
第二节　发起非宗教运动　/340

第六章　"少年中国"的理想与运动
第一节　"少年中国"的理想　/377
第二节　少年中国运动　/404

第七章　少年中国学会的分裂与瓦解
第一节　学会宗旨的争论　/423
第二节　主义问题的争辩　/432
第三节　活动问题的争持　/465
第四节　学会分裂问题的讨论与改组　/490

结　语　/503

附　录　/509

主要参考文献　/519

后　记　/531

丛书跋（储朝晖）　/533

绪 论

少年中国学会亦简称"少中",是五四时期会员人数多、存在时间长、分布地区广、分化明显的青年社团,也是著名的全国性学术团体之一。

学会酝酿于留日学生罢学归国运动之中,1918年6月在北京发起,1919年7月1日在北京正式成立,以"本科学的精神,为社会的活动,以创造少年中国"为宗旨,提出"奋斗、实践、坚忍、俭朴"四个信条。[①]在其存在的七年多时间里,先后加入会员120余人,几乎囊括了当时全国各地的青年才俊。从中涌现出众多的政治人物,如中国共产党领导人物李大钊、毛泽东、恽代英、邓中夏、杨贤江、高君宇、赵世炎、张闻天等,中国青年党骨干成员曾琦、左舜生、李璜、余家菊、陈启天等,中国国民党要员周佛海、杨亮工、易君左、吴保丰、沈怡等。还有新中国党的康白情、孟寿椿等,民社党的李思纯,九三学社的许德珩,等等。至于经济、文化、教育、科学、艺术诸方面的著名人物,有王光祈、田汉、杨钟健、舒新城、朱自清、宗白华、张申府、郑伯奇、袁同礼、李劼人、方东美、周炳琳、周太玄、恽震、卢作孚等。这些会员在中国近现代的政治、经济、文化、教育、科学技术等领域中发挥了非常重要的作用,在20世纪40年代流行"当今中国,已成'少年中国学会'的天下了"的说法。[②]

学会在北京设立总会(后迁至南京),先后在南京、成都及法国巴黎等地设立分会。国内如湖北、湖南、山东、山西、福建、安徽、辽宁、陕西、广东、上海、杭州、天津等省市,国外如法国、德国、美国、英国、日本和南洋地区等处都留下会

---

① "广告",《少年中国》第1卷第1期,1919年7月15日。
② 转引自吴小龙:《毛泽东与少年中国学会》,《炎黄春秋》2002年第7期。

员活动的踪迹,在国内外都产生了一定影响。当时报界云,"我们调查国内青年团体的组织,最乐观的,如北京发起的'少年中国学会'等,社会上注意的人渐渐多了","这确是未来的新中国的曙光"。①

学会内部设有评议部、执行部、编译部等机构,成立了各种科会和研究会,是当时组织最为完备的学术团体之一。其会务活动主要包括发行报刊、刊布图书、名人讲演、学术谈话会、筹办通讯社、组织书社(店)等。学会先后发行《少年中国》《少年世界》等机关刊物,出版了《少年中国学会会务报告》《少年中国学会丛书》《少年中国学会小丛书》,积极宣传民主与科学,对新文化运动具有创发作用,被称为"新文化运动之主力"②。

学会规定以社会活动创造"少年中国",社会活动则以教育和实业为主要内容。因此学会开展的社会活动主要有倡导海外勤工俭学运动,发起北京工读互助团,鼓吹新村运动,开展农村改造运动,研究和实践国家主义教育,发起反宗教运动,策动收回教育权运动。此外,学会参与了五四运动和非宗教同盟,参加了在莫斯科举行的远东各国共产党及民族革命团体代表大会,发起京津进步社团的"改造联合",成立"改造同盟"。因此成为当时颇有影响的社会活动团体,甚至说当时"少中"是全国青年向往的中心。

学会先后召开六次年会,讨论学会会务和活动计划,确定学会方针,团聚会员精神。但是,学会宗旨规定的"本科学的精神,为社会的活动,以创造少年中国",在手段与目标上存在矛盾,加之"少年中国"理想的空泛和"社会活动""政治活动"内涵不明确,会员的理解和行动不一致,在学会成立之初就表现出明显的思想分歧。1921年7月在南京年会上,会员围绕着宗旨问题、主义问题和活动问题产生激烈的争论,学会内部矛盾开始公开化。1922年7月杭州年会上学会表达了反帝国主义和封建军阀的立场,1923年10月苏州大会确定"求中华民族独立,到青年中间去"的方针,表明学会顺应历史发展潮流,跻身民主革命运动。但是,1924年7月在南京举行的年会上,在国家主义派会员主导下确立国家主义为学会的教育目标,试图确立国家主义为学会方针,因此国家主义派与共产主义派发生激烈的论辩。会议决定《少年中国》停刊,左舜生、陈启天、曾琦

---

① 《青年组织团体的好模范》,《星期日》第26期"社会问题号",1920年1月4日。
② 胡秋原:《一百三十年来中国思想史纲》,学术出版社,1983,第45页。

等创办《醒狮》,与共产主义派形成对立乃至行动上的对抗。1925年7月的南京年会是学会召开的最后一次大会,成立改组委员会对学会进行整顿改组。因为会员思想和政治行动的分歧太大,改组失败,从此学会无形解散。

少年中国学会无疑是五四时期青年学生的一个模范团体,也是中国最有希望的青年学术团体之一,在中国近现代历史上产生了重要影响。正如学会发起人周太玄所说:"少年中国学会在现在已是无形停顿,学会同人也是散处四方,各行其是。但是这个学会不但在过去曾经有过很大的影响,就在现在,对于中国也还是很感必要。因为似乎还没有性质相同,而可以替代这个学会的一个团体,来引导青年的奋斗和修养。"[①]因此,少年中国学会的历史值得深入研究,其成败得失尤其值得总结。

[①] 左舜生等撰:《王光祈先生纪念册》,(台北)文海出版社影印,1968,第18—19页。

少年中国学会的筹备与成立

第一章

少年中国学会是王光祈、曾琦、李大钊、陈愚生等一群进步知识分子为了创造理想的"少年中国"而成立的青年学术团体。其酝酿和发起于留日学生罢学归国运动中,筹备于五四运动前后,受五四运动的冲击而成立。因此,学会的创立是新文化运动的产物,也是五四时期中国青年思潮的结晶。

第一节　少年中国学会创立的原因

"新时代之要求"与"旧人物之失望"是少年中国学会成立的主要动机,"少年意大利"和"少年德意志"是会员的"少年中国"理想的来源。王光祈、曾琦等发起人改造中国的共同追求,则是学会成立的基础。

一、"新时代之要求"与"旧人物之失望"

少年中国学会以"本科学的精神,为社会的活动,以创造少年中国"为宗旨,从其成立伊始,就受到社会各界的关注。如发起人王光祈所说,"学会发起之次年,有五四之役,于是社会改革之说,更如日之在天,而学会亦于此时谬得社会之同情矣"[①]。因此,关于学会成立的原因,外间亦有很多议论或臆测,有谓感情

---

① 王光祈:《政治活动与社会活动》,《少年中国》第3卷第8期,1922年3月1日。

的结合,或云热情的冲动。作为学会发起人之一的曾琦明确指出,感情的集合与热情的冲动是学会成立的重要原因之一,但不是主要原因。"吾以为少年中国学会之诞生,一言以蔽之曰,'新时代之要求与旧人物之失望'。"其中,"新时代之要求为吾学会成立之直接的原因,旧人物之失望为吾学会成立之间接的原因,前者为积极的动机,后者乃消极的动机"。他进一步解释,新思潮与旧思潮相对立,指时代之思潮与运动异乎旧时代而言,所谓"和平运动""文化运动""劳动运动""自治运动""阶级打破运动""个人解放运动"等思潮演化为社会现象,"凡此种之言(思潮)行(运动)皆与旧时代立于相反之地,即新时代之注脚也"。《少年中国学会规约》第一章即开宗明义地大书特书"'本会宗旨,本科学的精神,为社会的活动,以创造少年中国',盖无一语而非根据现代思潮。且恐世人之误会,更从而为之解曰,所谓少年中国者乃指吾人所生之地域而言,非有狭义的国家主义存乎其间也。然则少年中国学会非所谓应运而生者耶?是诚时代之'产儿'而亦中国之'骄子'矣。"①可谓深入解读了他们发起学会的原因和动机。

后来加入学会的陈启天推论少年中国学会的发生,亦不外乎一种反过去的精神,"就是要廓清中国不振的病根,而创造中华民族的生机"。团体生活和社会活动是这种生机的要点,"这两种生机实经数十年改造中国的经验,与迭次的失败所得的教训。五四以后的思潮,要以这两种生机为中枢。本学会具备这两种生机,也多少可以说含有时代产物的性质。各会员提倡或加入本学会,也多少可以说含有时代产儿的性质"。②会员张闻天分析了学会产生的动力问题:"自民国产生以来,中国内部弄得昏天黑地,不见天日,更兼欧美资本主义的影响,加速度的侵犯进来,把中国人的灵魂根本上摇动了,破坏了,于是中国人一直从水平线直滚到深渊之底!这种情形在稍有觉悟的青年看来当然是不能耐的,于是鼓起他们的热血,想对于现社会谋改革了。再进一步即连[联]络几个同样有这种感觉的人,成为一个团体,少年中国学会也就此呱呱堕[坠]地了。"总之,"简单一句话,是对于现社会不安,想谋改造的感觉。这感觉可以说是产生少年中国学会的原动力"。③可见,在后来入会者看来,改造中国社会是学会产生的

---

① 曾琦:《学会问题杂谈》,《少年中国》第3卷第8期,1922年3月1日。
②《少年中国学会问题》,《少年中国》第3卷第2期,1921年9月1日。
③《少年中国学会问题》,《少年中国》第3卷第2期,1921年9月1日。

原动力。

其实,对于"旧人物之失望",集合青年志士有组织地奋斗,也是学会成立的动机之一。王光祈在《本会发起之旨趣及其经过情形》中说:"本会同人何为而发起斯会乎？盖以国中一切党系皆不足有为,过去人物又使人绝望,本会同人因欲集合全国青年,为中国创造新生命,为东亚辟一新纪元。故少年中国学会者,中华民国青年活动之团体也。"①曾琦在《归国感言》中甚至"宣布一切旧人物之死刑",他解释说:"三十岁以上之前辈,以其皮毛之新智识尽量以谋个人之权利（如一班毕业归国之东西洋留学生）。五十岁以上之前辈,以其腐败之旧头脑,誓死以抗世界之潮流（如一班主张复辟之前清遗老）。不惟无补于青年而转使国家及青年之前途,胥蒙其害,于是吾辈青年乃不得不奋起而自图之,断其依赖之观念,坚其独立之思想。吾昔归自日本,与同志发起本会,盖亦有鉴于社会上诸先辈之不足恃,而欲团结全国青年为有组织之奋斗,联合'善分子'以与'恶势力'宣战。"鉴于此,《少年中国学会发起之宣言》宣称"'不利用已成势力,不依赖过去人物',此固海内同志所共闻者,然此初非吾侪少数人之私见而实全国青年之公意也。吾人良不敢以先见之明自居,观于以后五四运动之发生,学生联合会之成立,以一班学问未成能力未充之青年,起而过问社会上一切问题,是皆青年自觉之表示,而亦旧人物之堕落有以促成之也。特吾少年中国学会非如五四运动之为一时的群众运动,更非如学生联合会之为形式的学生团体,乃为代表思潮有目的有组织之'青年集合'耳"。②

这一点也充分体现于学会宗旨中。王光祈在吴淞会议上解释学会宗旨第一项"振作少年精神"的意义,就说道:"本会会员皆觉得现在国中一切党系及过去人物,全不足有为,故决意从青年下手,造成健全团体。本来我们青年正是求学时代,应该专心向学,不必多结团体。现在各国的青年,因有他们的前辈替他们奋斗,他们自己只须专心求学,也就算尽了青年的职分了。我们中国的青年则不然。国中一切前辈,大概皆去争他们的权利,无论学术上事业上,他们都是不过问的。因之我们中国青年就负了两重责任:一面须切实的讲求学术,一面

---

① 王光祈:《本会发起之旨趣及其经过情形》,少年中国学会编《少年中国学会会务报告》第3期,1919年5月1日,第16页。

② 曾琦:《学会问题杂谈》,《少年中国》第3卷第8期,1922年3月1日。

又要分我们最宝贵的求学光阴做些有益于社会的事业。我们的境遇比之各国青年,真有天上人间之别了,我们因欲与世界各国青年相竞争,就不能不先求国内青年之互助。"他认定"此则本会同人根本上完全相同者"。①所以,后来加入学会的邰爽秋推测"本会成立的根据","要有一大半建树在盲目的热忱上,那就是一般有志向上的青年,愤于现今社会之黑暗,乃欲作一种有组织的结合,以创造少年中国。"②

作为学会的核心人物,王光祈总结分析学会成立的原因:"有数十青年同志,既慨民族之衰亡,又受时代之影响,知非有一般终身从事社会改革之青年,不足以救吾族,于是不度德不量力,结为斯会,以'社会活动'为旗帜,奔走呼号,为天下倡。"③从少年中国学会与中国青年思潮的关系来看,"少年中国学会虽是少数青年的结合,少年中国学会的精神却是中国大多数青年思潮的结晶,不过借我们会员的口把他说出来罢了。少年中国学会最重要的使命,就是把中国青年的精神表现出来,没有中国青年的思潮便没有少年中国学会。"原因在于:"我们中国有我们中国悠久的历史;我们民族有我们民族博大的精神,如今堕落了,被人侵略,被人轻视,成为世界上一个弱小国家,劣等民族!这种堕落的责任,当然应该由过去人物担负,恢复我们民族精神的责任,当然应该由我们青年担任。"我们是中国的青年,对于中国这个地方负有改造的完全责任;同时我们应该恢复过去的民族精神,创造未来的少年世界。所以,"中国青年是世界新文化的创造者,是中国旧社会的改革者。有了中国青年的思潮,然后才有少年中国学会的产生"。④显然,少年中国学会的成立,体现了五四时期爱国青年不满现状,要求改造中国的强烈愿望。

正如会员黄仲苏所分析:王光祈联合同志数人发起筹备少年中国学会,是因为当时国内外政局动荡,"一般青年在此期间,至为彷徨,对老前辈既感失望,于旧制度亦表疑虑,由烦闷、痛苦,而深刻反省,乃大悟救国救世必先从己入手;唯是单独奋斗,人自为战,无补时艰,且殊危险,必集合同志,组织团体,共同努

---

① 《会务纪闻》,少年中国学会编《少年中国学会会务报告》第1期,1919年3月1日,第18页。
② 《少年中国学会问题》,《少年中国》第3卷第2期,1921年9月1日。
③ 王光祈:《政治活动与社会活动》,《少年中国》第3卷第8期,1922年3月1日。
④ 王光祈:《少年中国学会之精神及其进行计划》,《少年中国》第1卷第6期,1919年12月15日。

力于学术之研究,革新思想,改造生活,明定目标,订立信条,相互督策,方克有济。此光祈发起少年中国学会之动机也"①。

二、王光祈、曾琦等人改造中国的共同追求

1908年王光祈考入成都高等学堂分设中学后,开始寻找救国的道路。据曾与王光祈、曾琦等人为同学的郭沫若回忆,他们在老师刘志士的引导下阅读《新民丛报》,深受《意大利建国三杰传》的刺激,尤其是梁启超"以轻灵的笔调描写那亡命的志士、建国的英雄,真是令人心醉"②。梁氏在《意大利建国三杰传》中特别指出,"求其建国前之情状,与吾中国今日如一辙者,莫如意大利;求其爱国者之所志所事,可以为今日之中国国民法者,莫如意大利之三杰"③。意大利建国三杰的思想对王光祈、曾琦他们产生了深刻的影响。王光祈在1914年春写给周太玄的信中表达了对中国社会政治经济文化的许多惊人而宝贵的见解,其结论是"要彻底的打破现状,创造新路子"④。王光祈后来考入北京中国大学,研究国际公法和中国外交史,欲从外交入手来改变中国的落后状况。如其所言,"当我在民国三年(1914年)由四川到北京之时,亦常误以为国家之弱,全系外力压迫所致,因而立志研究外交,已然以昔日少年意大利当中之加富尔自命"⑤。1916年秋任《京华日报》编辑后,他更能洞悉时局,加之攻读法律,从而认识到"外力之所以压迫,系由于内政腐败,内政之所以腐败,系由于社会麻木,故欲改造中国非先从社会下手不可"。⑥这样确立了用社会活动来改造中国的途径,就是要建立"一个不单在学问方面,还要在事业方面共同奋斗的团体"⑦。可以说,"少年中国"理想直接来源于"少年意大利"的启示。

---

① 黄仲苏:《王光祈与少年中国学会》,载左舜生等撰《王光祈先生纪念册》,(台北)文海出版社影印,1968,"附录"第1—2页。
② 郭沫若:《少年时代》,人民文学出版社,1982,第112页。
③ 梁启超:《意大利建国三杰传》,载《饮冰室专集》之十一,中华书局,1989,第2页。
④ 左舜生等撰:《王光祈先生纪念册》,(台北)文海出版社影印,1968,第20页。
⑤ 王光祈:《少年中国运动》,中华书局,1924,第24—25页。
⑥ 王光祈:《少年中国运动》,中华书局,1924,第25页。
⑦ 韩立文、毕兴编:《王光祈年谱》,人民音乐出版社,1987,第21页。

梁启超提倡的"少年中国"理想,直接影响了少年中国学会。曾琦、雷眉生、张梦九等人深受"少年意大利"的影响,以意大利三杰自命,以中国的救国三杰自任。如雷眉生在日本"恒留心当世事,熟考西史,慕加富尔之为人,慨然有志于外交"[①]。刘正江在1918年12月作《日暮吟》纪念病故的雷眉生,也说"呜呼眉生,使惜尔智,节尔力,建尔志,其意大利兴国之杰耶,德意志强国之相耶,二十世纪少年中国空前之秀杰耶"[②]。由此可见,曾琦等人在"少年意大利"的启示下产生了"少年中国"的构想。张梦九曾经直言不讳地说:"少年中国的梦,是从少年意大利而来。这是曾慕韩、雷眉生、陈愚生和我在东京的构想。"[③]

在创造"少年中国"的组织形式上,曾琦早有创立学会的打算。他在1918年4月1日的日记中写道:"思予拟集合同志,提倡分业,为一真正之学会,各就所学,轮流讲演,要以根于学理,按诸事实为主,冀收切磋之实效,顷与友人谈及,颇多赞同,其或有成乎!"[④]他与雷眉生、张梦九在日本期间经常讨论国家的前途命运,可是对应该组成一个学会还是政党尚无成见,因为他的好友陈愚生、周太玄、李大钊都在北平,特派雷眉生先到北平商议此事。[⑤]所以,王光祈在《本会发起之旨趣及其经过情形》中说:"本会同人在本会未发起以前,大半先有一种精神上的结合。出处进退,互相商榷,已略具团体规模。……其时东京会员曾琦君等亦正有建设学会之计划,乃先派雷宝菁(眉生——引者注)归国接洽一切,同人意见遂归一致。"[⑥]可以说,雷眉生回国接洽,促成了在日本的曾琦、张梦九与北京的王光祈联合发起少年中国学会。

可见,创建学会是王光祈、曾琦等发起人共同改造中国社会的途径。正如王光祈所说,"盖社会改革者,即学会之目的也。学会根本之精神既在社会改革,因欲贯彻社会改革之宗旨,遂不能不反对政治活动"。[⑦]他们酝酿发起少年

---

① 少年中国学会编:《少年中国学会会务报告》第1期,1919年3月1日,第37页。
② 少年中国学会编:《少年中国学会会务报告》第1期,1919年3月1日,第38—39页。
③ 张梦九:《人海沧桑六十年》,(台北)五洲出版社,1971,第26页。
④ 沈云龙主编:《曾慕韩(琦)先生日记选》,(台北)文海出版社影印,1966,第16页。
⑤ 张梦九:《人海沧桑六十年》,(台北)五洲出版社,1971,第26页。
⑥ 王光祈:《本会发起之旨趣及其经过情形》,少年中国学会编《少年中国学会会务报告》第3期,1919年5月1日,第15页。
⑦ 王光祈:《政治活动与社会活动》,《少年中国》第3卷第8期,1922年3月1日。

中国学会,就是都感到现状不能容忍,老一辈的人已不可靠,甚至迷惑人已久的所谓"泰西"所走的路子也未必可靠,必须由自己联合同辈杀出一条道路,把这个古老腐朽、呻吟垂绝的被压迫、被剥削的国家改变为一个青春年少、独立富强的国家。他们在不同程度上都有这样的抱负,所以彼此间的会谈讨论一拍即合,于是发起少年中国学会。①

三、新文化运动和五四运动的影响

少年中国学会是新文化运动的结晶,也是反思新文化运动的产物。王光祈曾经在《少年中国运动》一书中作了深入的分析,大意说:从前中国人对于所谓西洋文化始终不甚了解。最初误以为西洋文化是兵车炮舰,其后误以为是政治组织,再其后误以为是工商实业。现在才知道要了解西洋文化,非从它的哲学、宗教、科学、美术日常生活上面下手,寻求其根本思想之所在不可。这可算是中国人寻求西洋文化的绝大进步,但同时又是中国民族文化的极大危险。"我们已经看出西洋文化的精髓了,真可谓优美完备,令人叹赏不止。回顾中国民族文化,则残缺简陋,难与他人比肩。从此我们不知不觉的遂自惭自馁起来,于是一般新学之子,日日想慕西洋文化,讴歌西洋文化,而对于本族文化则认为一钱不值,有妨进化。所有五千年我们立族的精神,就从此'呜呼哀哉'了。"这个危险时代便是所谓"新文化运动时代"。在王光祈看来,少年中国学会的出世,"正值这种'新文化'蓬蓬勃勃的时代,但是我们却别有一种见解。我们以为西洋的物质文明诚然可以尽量采用,毫无妨害。至于民族文化——即一民族精神之所由系,生活之所由出——则各民族各有其特殊色彩与根本思想。这种特殊色彩与根本思想是由遗传、历史、信仰、环境、习惯等所养成的,万不能彼此随便通融假借。我们狠知道西洋人的根本思想——即他们的民族文化——颇有独到特长之处,尤其是用以培植整理他们根本思想所采的科学方法。因为他们有那种精密的科学方法,所以他们的哲学、科学、美术都弄得非常精深博备,由这种精深博备的哲学、科学、美术再产出他们的人生观,自然是卓绝一世、无可与敌了。

---

① 张允侯等编:《五四时期的社团》(一),生活·读书·新知三联书店,1979,第539页。

至于我们中华民族呢？说到根本思想,不能说没有;说到根本思想的本质,亦不能说是劣于西洋;所最缺乏者,便是用以培植整理这种根本思想的科学方法"。因此,"我们学会同人皆主张采用西洋科学方法,以整理我们民族的根本思想,造成一种'民族文化复兴运动'。所以我们学会的宗旨,亦明明白白的规定'本科学的精神,为社会活动,以创造少年中国'"。[1]与许多中国人欲借西洋文化来救济中国不同,少年中国学会以西洋科学方法整理中国的根本思想,复兴民族文化。这无疑是发展新文化运动的新探索。

不仅如此,会员批评有些新文化运动者完全否定中国固有的文化与艺术,因此引起外来思想与固有思想的冲突;又有些新文化运动者将外国一切的思想与主义都输入中国,于是新思想与新思想亦不免冲突;又有些人将注重社会活动的新文化运动转向共产主义的政治运动,使新文化运动的倡导者胡适与陈独秀分道扬镳,以致原来不注重政治活动的新文化运动者表示怀疑甚至反对。[2]因此,在新文化运动带来思想大解放之后,一部分讲新文化运动的人表现出反爱国与反中国文化的倾向。陈启天等人"于是恍然大悟,在中国谈文化问题,只谈德赛先生还不够,应该加讲国先生(爱国、国家主义、本国文化)。因为新文化即近代西洋文化,除讲德先生、赛先生外,不讲国先生、实先生(实业)和教先生(教育及宗教)。而在中国,则走了样"[3]。在他们看来,新文化的真精神,"有人生的几种新倾向可以产生新教育新学术新文艺新道德新制度出来,有思想的几种新方法才易产生新教育新学术新制度出来"。[4]新文化运动应由当时流行的以思想和方法为重,转移到兼及人生和社会的新倾向,才能发展新文化。可以说,少年中国学会是五四运动以前新文化运动的产物,更是反思和发展新文化运动的结果。

五四时期是中国近代社团发展的繁荣时期,但是许多社团组织发展不充分,也助推了少年中国学会的产生。据五四运动健将匡互生回忆:自1918年中日军事秘密协定订立后,北京国立各专门学校的学生认为这个协定允许日本军队在中国境内有自由行动的权利"是引狼入室自惹祸害的媒介",于是全体相约

---

[1] 王光祈:《少年中国运动序言》,载王光祈著《少年中国运动》,中华书局,1924,第10—13页。
[2] 陈启天:《寄园回忆录》,台湾商务印书馆,1965,第291—292页。
[3] 陈启天:《寄园回忆录》,台湾商务印书馆,1965,第81,85页。
[4] 陈启天:《什么是新文化的真精神》,《少年中国》第2卷第2期,1920年8月15日。

去新华门内见冯国璋,请求废止这个协定。但因为没有组织,几个被推去见冯国璋的代表被冯国璋一场圆滑而恐吓的话骗了出来,于是这些热烈的学生才觉悟到了做事以前大有组织坚固的有力量的小团体的必要。几个月内,各校学生独立自由组织和联合组织的小团体,相继成立的有二十个以上。[1]要救国,就要组织团体,发行一种刊物,作为行动的第一步。当时这种组织小团体的想法颇为流行,不少有抱负的青年都想借此一试身手,登高一呼。少年中国学会就是其中的社团之一,有研究者称,该学会的成立只是由北洋政府对日本政策所激起的许多爱国团体的一个事例。[2]不过,少年中国学会并非一个普通的爱国团体,而是一个具有创新意义的进步社团。会员常燕生曾经分析指出:"五四运动的前身虽导源于新青年派和新潮派,但因为这两派的中坚分子,他们的眼光志气都不出于北京大学系统之外,他们的魄力,他们的公平广大心,都够不上网罗领导全国的优秀青年,所以青年们才自己起来组织一个少年中国学会。"[3]在王光祈等发起人看来,少年中国学会并非纯粹的智识结合,而尤重在理想、人格和修养方面;并不只是从事于学术文化运动,而尤重在陶冶纯洁高尚的个性和锻炼奋斗有为的个体。"这是从一切政治社会文化事业的根本底质上着眼,是一种为百年大计的独创的团体,而非简单的模仿移植的西方组织。试一看现在国内许多团体事业的多半无思想、无灵魂、炫近功、造虚声,便使人益觉此种组织之急切需要。"[4]可见,少年中国学会是五四时期一个创新的社团组织。

总之,诚如时人所说,少年中国学会"就是时代潮流的激荡所产生的,产生于黑暗的北洋军阀统治之下,产生于个人主义横行之时,产生于内不统一外不独立的时代,产生于思想冰冻文化停滞的时代"[5]。

---

[1] 匡互生:《五四运动纪实》,载中国社会科学院近代史研究所编《五四爱国运动》(上),中国社会科学出版社,1979,第492页。

[2] (美)周策纵著:《五四运动史:现代中国的思想革命》,周子平等译,江苏人民出版社,1996,第101页。

[3] 常燕生:《从王光祈先生想到少年中国学会》,载左舜生等撰《王光祈先生纪念册》,(台北)文海出版社影印,1968,第25页。

[4] 周太玄:《王光祈先生与少年中国学会》,载左舜生等撰《王光祈先生纪念册》,(台北)文海出版社影印,1968,第24页。

[5] 周谦冲:《王光祈与现代中国文艺复兴运动》,载左舜生等撰《王光祈先生纪念册》,(台北)文海出版社影印,1968,第68页。

第二节　少年中国学会的发起与筹备

在1918年留日学生罢学归国运动中,曾琦、雷眉生、张梦九等人构想成立一个青年组织开展救国运动,回国后即与好友王光祈、周太玄、李大钊等商议发起少年中国学会。于是学会从1918年6月发起筹备,到1919年7月1日正式成立。

一、少年中国学会的酝酿

学会发起人之一周太玄说,学会的酝酿地点有两个地方,国内是北京,以王光祈和周太玄为主;国外是东京,以曾琦等人为主。后来东京会员回国,于1918年6月30日在北京召开筹备会议。[①]曾经担任学会执行部主任的杨钟健则说,少年中国学会首先在日本发起。[②]揆诸史实,少年中国学会酝酿于1918年的留日学生罢学归国运动。会员李璜根据自己的亲身经历和研究,"可以断定少年中国学会的发起,其动因为留日学生反对中日军事秘约而群起为救国活动所引起,其创意、创始,与夫主持其事,则为王光祈会友"[③]。他明确地说:"谈到五四的爱国运动,不能不先略述一下留日学生救国团;记少年中国学会的发起,也不能不先及于留日学生于民七(1918年)的五月在日本罢学归国一事。因在事变因果关系上,后者对于前者都甚为直接与密切的。"[④]事实确是如此。

1918年初,日本寺内内阁与北洋军阀段祺瑞就中日军事问题进行秘密谈判。获此消息的留日学生赴中国驻日使馆质问公使章宗祥,与馆员发生冲突,被日警拘捕下狱者七八人,引起留日学生的公愤。4月28日,千余名留日学生召开大会,多数主张罢学归国以示抗争。曾琦在日本留学期间"有意窥探日本图我之阴谋,以及北洋军阀与日勾结之内幕",故与同学张梦九、易君左、刘泗英

[①] 周太玄:《谈少年中国学会》,载中国社会科学院近代史研究所编《五四运动回忆录》(下),第1012页。
[②] 地质矿产部书刊编辑室编辑:《杨钟健回忆录》,地质出版社,1983,第28页。
[③] 李璜:《少年中国学会的发起与成立》,(台北)《传记文学》第35卷第1期,1979年7月,第12页。
[④] 李璜:《学钝室回忆录》,(台北)传记文学出版社,1978,第26页。

一起创办华瀛通讯社于东京,不断揭发日本人的阴谋,告之国人。①在得知中日军事秘密谈判的消息后,曾琦与张梦九等人策动留日学生罢学归国。张梦九被六所私立大学(庆应、早稻田、明治、中央、日本、法政)同学会推为总代表,劝告全体学生归国。据曾琦1918年日记的记载,5月3日,他与同学杨学颖"谈及中日交涉条款,各报均已披露,实有其事,第一高等学校学生倡议全体归国,予劝杨君转告其同学等,回国宜入北京大学,免致荒废学业"。5月4日,曾琦与雷眉生等访汤济武,询其当日对中日交涉所得消息如何,并劝其对于留学生倡议全体归国事宜有所主张,免致青年失学,无所归宿。"予于兹事固亦主张回国,未所断断者,回国后之办法如何耳。"5月5日,湖南及贵州同乡会均因开会讨论归国事,被日警禁止,且将代表拘去。②于是,5月5日成立"中华民国留日学生救国团",统一领导学生罢学归国运动和回国后的活动。曾琦参加救国团的工作,在日记中写道:"予于罢学归国,初非主张之人,而目击日人以亡国民待我情形,势逼处此,有不能不归国之苦。"故连日为归国事奔走不遑。③雷眉生则先期回国,由曾琦介绍,与他在北京的同学好友王光祈、周太玄等人商议救国办法。6月24日,曾琦和张梦九从日本回国抵达天津。曾琦回忆说:"予当时所以毅然辍学归国,尚非仅为一时之外交问题,而实重在重振中原之士气,以期外抗强邻,内除国贼,故留日学生救国团发起之初,予即立主归国运动之目标,宜特别注重于学界;盖一则以学生连[联]络学生,其势顺而易。二则以纯洁无染之青年,容易激发其良知也。"④可见,曾琦等人因为反对中日军事秘密协定而罢学归国,组织留日学生救国团,开展救国运动。

曾琦、张梦九于1918年6月25日抵达北京,与前来他们住所探望的雷眉生、周太玄、李大钊交谈甚久,晚上又与王光祈"畅叙别后情形及近来所抱理想"。⑤李璜曾追忆他们晤谈的详细情形:曾琦"即晤见光祈,与之谈及他的来意,光祈即向慕韩言道:'我有一议,思之已久,等着为你提出。留日学生救国团

---

① 李璜:《共祸日彰,思君尤切——曾慕韩兄逝世三十周年感言》,载陈正茂、黄欣周、梅渐浓编《曾琦先生文集》,台湾"中研院"近代史研究所编印,1993,第1682页。
② 沈云龙主编:《曾慕韩(琦)先生日记选》,(台北)文海出版社影印,1966,第21页。
③ 沈云龙主编:《曾慕韩(琦)先生日记选》,(台北)文海出版社影印,1966,第24、23页。
④ 曾琦:《悼王希天君并勖留日学生救国团同志》,载《孤军》第2卷第3期,1924年。
⑤ 沈云龙主编:《曾慕韩(琦)先生日记选》,(台北)文海出版社影印,1966,第27页。

的主张,明明在反对段祺瑞,要在京津发动,障碍必大。且即使发起成功,也不过是一哄之局,势难持久。因二三千人一旦罢学回国,声势虽大,而其中大多是感情用事,以之而言救国,则办法当不如是之简单。我们皆在青年求学时期,救国最要在做好基础准备工夫,而准备工夫不外两事:一为人才,二为办法。但人才即不能求之于已成势力之中,则应早日集结有志趣的青年同志,互相切磋,经过磨炼,成为各项专门人才,始足以言救国建国种种实际问题的解决。至于办法,也非浅识玄想,东写西抄,便可以适合国家真正需要。因此必须每个同志都去增进自己学识,从事各种研究;而今日之研究学术,又必须本科学的精神,方不致流于空疏"。①曾琦数年以来就注意结交青年有为之士以为根本救国之图,所以非常赞成王光祈的提议,"得闻其言,方针大定,乃留之在陈愚生家共作长夜之谈,将少年中国学会的发起宗旨与办法大致决定"②。是日会谈可谓奠定了学会发起的基础。

　　曾琦、张梦九与王光祈、周太玄等人反复讨论究竟把少年中国学会组成一个学会还是政党的问题。曾琦倾向于组织政党,但王光祈认为政党事体太大,而且七名发起人思想就有三派:李大钊、陈愚生倾向苏俄,赞成共产主义;王光祈、周太玄倾向无政府主义;曾琦、雷眉生和张梦九则倾向国家主义。后来几度折中,由王光祈与雷眉生斡旋,决定将学会办成学术性质的团体,并由王光祈归纳六人意见,起草会章。③对于这场讨论,王光祈1924年在《少年中国运动》中提到:"我记得民国七年(1918年)本会发起时,曾慕韩君主张取名'复兴社',但是我以为用'少年中国学会'之名,含义较为明了。后来曾君以及其他会友都赞成我的主张,于是始有今名。"④之所以定名"少年中国学会",是因为王光祈等发起人"以文化事业的力量,来建设中国,将老大的中国,改造为少年时代,这也是学会定名的意义"。⑤

　　又经过多次讨论和细商,王光祈综合各位发起人的意见,形成了"少年中国主义"。他首先接受陈愚生的经济学思想,认为要团结一批有为青年来改造社

---

① 李璜:《学钝室回忆录》,(台北)传记文学出版社,1978,第28页。
② 李璜:《五四运动与少年中国学会》,(台北)《传记文学》第16卷第4期,1970年4月,第9页。
③ 张梦九:《人海沧桑六十年》,(台北)五洲出版社,1971,第26页。
④ 王光祈:《少年中国运动序言》,载王光祈著《少年中国运动》,中华书局,1924,第2页。
⑤《南京的追悼会》,载左舜生等撰《王光祈先生纪念册》,(台北)文海出版社影印,1968,第105页。

会,还必须发展实业;又接受李大钊的观点,决定要对中国社会作根本的改造。他还与曾琦展开辩论,虽然不反对采用"少年中国"这个名称,但坚决反对曾琦提出的少年意大利党的模式,认为"少年中国"决不能只以少年意大利为目标,而是要建立仅仅适合于二十世纪思潮的、进步的、创造的、少年的国家,就是变"老大帝国"为"少年中国"。总之,王光祈承认了曾琦、张梦九、雷眉生等的"少年中国主义",自己牺牲了若干过激的主张,确定了达到自己的理想的路子,就是以少年中国学会为依托,用社会运动来创造"少年中国"。所以,李璜后来非常肯定地说:"少年中国学会的发起,是王光祈深思熟虑之后所提出建议的结果。"[①]

如果说1918年留日学生罢学归国运动揭开了五四运动的序幕,那么,少年中国学会是五四运动的先驱,又是受五四运动的冲击而催生的青年团体。

二、少年中国学会的发起

关于学会的发起、经过情形,王光祈在1919年5月公开解释说:"去年留东同人归国,首由北京会员王光祈君提出《吾党今后进行意见书》一册,书中历叙同人今后进行,宜为一种有统系的有秩序的,并草拟学会规约大纲数十条。"[②]可以说,《吾党今后进行意见书》奠定了少年中国学会创立的基础,发起人之一周太玄宣称"这不啻是学会的先声。所以便有七年(1918年)六月三十日岳云别墅的会议"。[③]

6月30日在岳云别墅召开第一次学会发起人会议,讨论学会规约和章程。是日下午,王光祈、周太玄、曾琦、陈愚生、张梦九、雷眉生共六人,在顺治门外南横街岳云别墅张文达祠,商议发起成立少年中国学会,并决定今后行止,相约无背规约。[④]会议还公推王光祈为起草员,草拟规约章程。

随后诸发起人连续在岳云别墅召开会议,讨论修改学会规约数次,形成《少年中国学会规约》七十条。并议决设立学会筹备处和编译部,公推王光祈为筹备处主任,李大钊为编译部主任。筹备处另设文牍、会计各一人,会计由王光祈兼

---

① 李璜:《少年中国学会的发起与成立》,(台北)《传记文学》第35卷第1期,1979年7月,第11页。
② 王光祈:《本会发起之旨趣及其经过情形》,少年中国学会编《少年中国学会会务报告》第3期,1919年5月1日,第15页。
③ 左舜生等撰:《王光祈先生纪念册》,(台北)文海出版社影印,1968,第21页。
④ 沈云龙主编:《曾慕韩(琦)先生日记选》,(台北)文海出版社影印,1966,第27页。

任,文牍由周太玄担任。其余会员归入临时编译部,为临时编译员。①7月12日,曾琦、张梦九、雷眉生与王光祈、周太玄在中央公园开会,一起讨论王光祈所拟学会宣言,改定学会章程。7月13日,王光祈与曾琦商议章程,次日曾琦、陈愚生、张梦九、雷眉生、王光祈、周太玄在岳云别墅商组学会事宜,共同讨论章程。②经过岳云别墅连续几天的会议,发起人反复讨论,终于确定学会规约和章程。

关于学会规约的讨论情形,王光祈曾经回忆说:"民国七年(1918年)光祈被推为草拟规约职员时,即主张专重宗旨及信条两种,而对于个人行为则主张放任,至多只能由私人加以友谊的劝告。当时发起人中颇有以此说为不然者,主张列举各种不道德之行为,一如'进德会'之所规定,光祈极端反对,曾为此事在岳云别墅会议时辩论三日,结果光祈之议通过。规定其文曰:凡会员行为有妨害学业及健康者,会员有互助劝告之义务云云。"③周太玄的回忆也证实,会员问题是他们讨论得最多的问题之一,主要是究竟以什么标准和手续来吸收会员。最后一致主张采取最严格的办法,决不随便吸收会员,于是归纳出"奋斗""实践""坚忍"和"俭朴"四个信条作为会员标准。这完全是与那时社会上的落后青年的习惯针锋相对的。因为不能和不愿自拔的青年是不会努力去奋斗,不会有积极性的实践,也就不会坚忍,而只能是与旧的习惯同流合污的。因此发起人坚决要从"转移末世风气"方面来吸收同志,就是要吸收那些不安于现状、敢于弃掉他的旧习,反抗他的现实乃至同他的家庭、婚姻、守旧亲友等作坚决斗争的青年。发起人几乎都充满了奋斗的精神,但还要为更远大的目标向前奋斗,所以把"奋斗"列为信条的第一条,作为最重要的标准,就是要大家都具有不畏难、不怕苦、一直向前的精神。为了要真能奋斗,奋斗到底,而不是华而不实、安于小成,所以再标出"实践""坚忍"和"俭朴"。他们在对会员标准的积极方面加以规定以外,又从消极方面加以限制,即必须以"纯洁"为先决条件。同时还具体地定出了不作官,不嫖,不赌,不纳妾,不参加宗教迷信活动,不到"洋行"工作或

---

① 张允侯等编:《五四时期的社团》(一),生活·读书·新知三联书店,1979,第536、543页。
② 沈云龙主编:《曾慕韩(琦)先生日记选》,(台北)文海出版社影印,1966,第29页。
③ 王光祈:《政治活动与社会活动》,《少年中国》第3卷第8期,1922年3月1日。蔡元培在北大发起组织进德会,将会员分为三种:甲种会员——不嫖不赌,不娶妾;乙种会员——于前三戒外,加不作官吏,不作议员二戒;丙种会员——于前五戒外,加不吸烟、不饮酒、不食肉三戒。可见其对入会者道德品格方面的要求非常苛刻。

为自己生活去经营商业。这是很重要的消极的标准,也就把它作为先决条件。因此,入会的手续也规定得特别严。这也充分表明学会不是一个简单的学术团体,也不是一个职业团体或俱乐部,而是一个关系到会员思想和生活上的一切的有力组织。①

据此,学会制定了《本会征求会员之标准》,其主要条件是:(一)纯洁;(二)奋斗;(三)对于本会表示充分同情。其详细说明如下:

(甲)凡征求会员,须具备以上三个条件,缺一不可。

(乙)凡思想龌龊行为卑鄙之人,本会认为根本已坏,不能救药。换言之,即不适于本会所谓纯洁之标准。

(丙)奋斗有二义:(一)学术上之奋斗;(二)事业上之奋斗。本会认为,凡能奋斗之人,无论其为学术或事业,将来皆必有成就。故本会取人以奋斗为标准,而不以智识为标准。因青年均正在求学期间,不能以智识之充分与否遂断定其人之才与不才也。若夫消极之士,无论其如何纯洁,皆勿介绍入会。吾人对之只有攻击而已。盖吾国民族之所以堕落,外奸内贼之所以猖獗,皆此辈消极之士"不作为"之罪也。吾人既以奋斗为生涯,当然拒绝其入会。若已变消极为积极,则吾人亦当变攻击而为欢迎也。

(丁)既纯洁矣,既奋斗矣,然对于本会并不表示充分同情,若吾人强邀其入会,彼对于会事在若有若无之间,吾会何必多此一位不热心之会员?务望各会友介绍会员时,对于此层极宜加以注意也。

(戊)本会规约,凡会员入会时须有会员五人之介绍,并须经评议部认可。然事实上常常发生困难问题。譬如某会员独居海外某国或国内某地,伊有一位极相信赖之友人,且具备本会征求会员标准之条件,只以未有会员五人介绍之故,竟不能邀其入会,实为遗憾。若勉强填写五人,则其他四人对于所介绍之会员,既不相知,徒代人负责,亦属不妥。评议部接着此项入会愿书,亦无从调查,所谓审查者直等于具文。今为解决此种困难问题起见,特筹一变通之办法如下:凡甲会员欲介绍某乙入会时,须先介绍某乙与会中丙、丁、戊、己四位会员通信。通信既久,察其言行果可以介绍入会,然后由甲、丙、丁、戊、己五位介绍入会。②

---

① 张允侯等编:《五四时期的社团》(一),生活·读书·新知三联书店,1979,第541—543页。
② 少年中国学会编:《少年中国学会周年纪念册》,1920,第40—41页。

在岳云别墅会议上,学会宗旨是讨论最多、酝酿最久的问题。参与讨论的周太玄回忆说,曾琦坚持以"少年意大利党"为模式,王光祈认为十九世纪的少年意大利党、少年德意志党所创造的"少年意大利""少年德意志","在当时视为少年者,在今日吾人视之,亦老大意大利,老大德意志而已"。"吾人所创造非十九世纪、十八世纪之'少年中国',实为适合二十世纪思潮之'少年中国'也。"由于他们两人私交甚好,虽然互有争执,但多采取细谈的方式求得一致的结论。结果由王光祈写成一个大家同意的初步意见,即《吾党今后进行意见书》,包括学会规约中的四项宗旨"振作少年精神,研究真实学术,发展社会事业,转移末世风气",也包括了学会的性质、方向以及具体做法。学会规约由此产生,后来岳云别墅会议也以此为基础进行讨论,在筹备期间陆续着手实施的各项决定也都由此衍生出来。①

7月21日,王光祈、周太玄来曾琦住所抄写少年中国学会章程,旋以电话邀请李大钊来寓,约其加入学会。22,23日,王光祈、周太玄与曾琦一起印刷学会章程。②27日,曾琦、陈愚生、张梦九、雷眉生赴中央公园,与王光祈、周太玄、李大钊商议学会进行事。③因此,王光祈在《本会发起之旨趣及其经过情形》中总结说:"由王君光祈草拟规约数十条,复在岳云别墅会议修改数次,并邀同会员李君大钊商榷一切。于是本会规约七十条全体产出。当时列名发起者,则为陈淯、张尚龄、曾琦、李大钊、周无、雷宝菁、王光祈七人也。"陈淯即陈愚生,张尚龄即张梦九,周无即周太玄,雷宝菁即雷眉生,均是学会发起人。

王光祈草拟的规约,经过发起人数次商讨、修改而成《少年中国学会规约》,一共八章七十条,内容分为总纲、会员、会务、机关、职员、会议、会费、附则,对学会的精神、宗旨,会员的权利义务,会务的内容、范围,学会的机构设置、职员的产生及其职责、会议的召开方式和权限,学会经费的来源等等,作了相当详细周密的规定。具体内容参见附录一。

发起人讨论制定的学会章程,未见《少年中国学会会务报告》的记载,但王光祈在学会成立后前往警署登记立案,呈递了《少年中国学会简章》,可以参照。

---

① 张允侯等编:《五四时期的社团》(一),生活·读书·新知三联书店,1979,第539—541页。
② 沈云龙主编:《曾慕韩(琦)先生日记选》,(台北)文海出版社影印,1966,第29—30页。
③ 沈云龙主编:《曾慕韩(琦)先生日记选》,(台北)文海出版社影印,1966,第30页。

其内容如下：

第一章　总纲

第一条　本学会定名曰少年中国学会。

第二条　本学会以研究真实学术为宗旨。

第二章　会员

第三条　凡中国人已得有专门学识技能者，经本学会会员五人介绍，得为本学会会员。

第四条　会员入学会时，须纳入会金壹元。

第三章　会务

第五条　本学会每月发行月刊，发表研究之心得，贡献于世。

第六条　本学会随时刊布丛书，以补助教育之用。

第七条　本学会随时敦请专门学者讲演，以益学识。

第四章　职员

第八条　本学会设干事二人，评议员五人，由大会选举之。

第九条　评议员监督会务进行，干事督理本会一切事务。

第五章　会费

第十条　本学会会费以左列两款充之：

一、会员常年捐贰元。

二、会员特别捐助。

第六章　附则

第十一条　本简章经大会三分之二议决得修改之。①

学会规约、章程等制定后，还特别征求学会赞成员。曾琦7月28日赴天津拜访梁启超，呈阅学会章程及公函，请他为学会赞成员。②梁氏对学会主旨极表赞成，说："当此人欲横流，学问衰落之时，青年诸君继往开来之责任日益重，少年中国学会之所为为国家之福。"③因为学会受梁启超及其"少年中国"思想的影

---

① 中国第二历史档案馆编：《中华民国史档案资料汇编》第三辑（文化），江苏古籍出版社，1991，第632页。按：学会成立时会员总数为42人，表中12人系笔误。

② 沈云龙主编：《曾慕韩（琦）先生日记选》，（台北）文海出版社影印，1966，第30页。

③ 梁启超：《致少年中国学会诸君》，少年中国学会编《少年中国学会会务报告》第4期，1919年6月1日，第21页。

响很大,梁氏欣然应允担任学会赞成员,这是学会发起工作的重要步骤和内容之一。在当时会员看来,学会的发起"亦以梁氏之感召力为最多也"。[①]

按照周太玄的分析,之所以能在这样短暂的时间酝酿成一个具有相当规模与富有朝气的团体,是因为其中大部分的人很早就相熟,很早就有共同奋斗的愿望。发起人中王光祈、周太玄、曾琦都出生在四川成都,同时考进四川高等学堂附属中学,又同班读书;另外张梦九、雷眉生与陈愚生也都是四川人,也都在一处读过书。就是学会发起以后加入的会员,也有不少是这个学校的学生(李劼人、魏时珍、胡助、赵世炯和郑尚廉等)。由于他们几个人在这半年中,在北京直接间接的深谈讨论和反复考虑、互相鼓励以及和东京方面几个人的联系和交换意见,少年中国学会的组织形式在相当短暂的时间中便逐渐酝酿完成,很快地在1918年的秋天共同发起。[②]可以说,少年中国学会的酝酿和发起,得益于王光祈、曾琦等同学好友的感情,更得益于他们改造中国、创造"少年中国"的共同理想追求。

三、少年中国学会的筹备

少年中国学会从1918年6月30日发起筹备,到1919年7月1日召开成立大会,学会规定为期一年的筹备期,周太玄称之为"学会具体形成的时期"[③]。

王光祈担任学会筹备处主任后,集全部精力于筹备组织和发展会员。周太玄回忆说:"公推他(王光祈——引者注)为筹备处主任兼会计,……从此以后的光祈,便真入一新境界,得着一新生活,他的全部光阴精力都用于会务;会中的大小事件都由他一人悉心擘画。而对于招引同志一方面,尤为努力。"[④]这一年的筹备工作,都是王光祈一人负总责。

1919年1月23日召开的上海吴淞会议,是学会筹备过程中的一次重要会

[①] 左舜生:《我眼中的梁启超》,左舜生著《万竹楼随笔·近三十年见闻杂记》,(台北)文海出版社,1967,第171页。

[②] 张允侯等编:《五四时期的社团》(一),生活·读书·新知三联书店,1979,第537—539页。

[③] 张允侯等编:《五四时期的社团》(一),生活·读书·新知三联书店,1979,第536页。

[④] 周太玄:《王光祈先生与少年中国学会》,载左舜生等撰《王光祈先生纪念册》,(台北)文海出版社影印,1968,第21页。

议。当时周太玄和李璜准备去法国,电邀王光祈到上海会商会务进行办法。会议内容如下。

一是确定会员行动。王光祈在上海召集吴淞会议,决定会员个人行止,团体行动亦作出种种重要决议。其时会员人数极少,若集居一处,于发展会务殊不经济,于是决定某某出国或者驻沪,王光祈则再住北京一年,专办会务。①

二是解释学会宗旨。王光祈在会上详细解释了学会发起的旨趣和宗旨:(一)振作少年精神。学会既为青年活动团体,故出版书报,多系鼓吹青年之作。盖青年者,为创造少年中国之唯一良友也。(二)研究真实学术。会员等主张凡事皆本于学术,见诸事实。故会中有科会、谈话会等之组织,皆所以达研究学术之目的者。(三)发展社会事业。学会会员大半皆从事教育实业,为建造"少年中国"之唯一良好手段也。(四)转移末世风气。学会信条,在积极方面则有"奋斗""实践""坚忍""俭朴"之规定;在消极方面则有第十四条概括规定之禁约,实欲由少数青年身体力行,以造成一种善良之风气。②诚如王光祈所说,自此次吴淞会议后,会员行动便为团体约束所限制。"换言之,自此以后,吾辈个人奋斗即为团体奋斗,吾辈个人失败即为团体失败,盖同人已视本会为吾人之第二生命矣。"③

三是开展会务活动。吴淞会议关于会务活动未见记载,详情不得而知,但王光祈在学会成立大会上报告了1919年5,6月发生的会务。一是联络友会;二是成都分会成立;三是新加入会员18人(包括成都分会会员),学会现有会员42人。四是筹备期间内收支状况;五是,发起人雷眉生安葬情形。④

其实,从《少年中国学会会务报告》和《少年中国》月刊的报道来看,在一年筹备期间开展的会务工作主要有:

(1)刊布图书。1919年1月刊布曾琦所著《国体与青年》一书,其余在编译中者尚有数种。周太玄回忆说,学会筹备时很重视图书刊行工作,也作了一些拟议,但那时仅出版曾琦的《国体与青年》作为少年中国学会丛书的第一种,其

---

① 王光祈:《留别少年中国学会同人》,《少年中国》第1卷第8期,1920年2月15日。
② 王光祈:《本会发起之旨趣及其经过情形》,少年中国学会编《少年中国学会会务报告》第3期,1919年5月1日,第17—18页。
③ 王光祈:《留别少年中国学会同人》,《少年中国》第1卷第8期,1920年2月15日。
④《会务纪闻》,《少年中国》第1卷第1期,1919年7月15日。

余拟出版的选题都未能实现。①

（2）举行讲演。学会规约规定举行讲演,定期由会员敦请名人讲演,"以益学识"。因为会员散居各地,不易聚集,故每期会务报告皆请名人撰述一篇,以代讲演。据《少年中国学会会务报告》"名人讲坛"一栏的记载,学会筹备期间先后约请陈独秀撰《我们应该怎样》、章太炎撰《今日青年之弱点》、梁漱溟撰《一个人的生活》、胡适撰《少年中国之精神》,延请名家转述以代讲演,在学会内外产生了很大反响。李大钊在1919年3月31日函请蔡元培为《会务报告》撰文以当讲演②,于是就有蔡元培在学会作的《工学互助团的希望》讲演。这些讲演性质的撰述,支持或宣传少年中国学会精神,指导会员的学术研究和社会活动。如章太炎《今日青年之弱点》指出:"你们的少年中国学会,主张不利用已成势力我是很赞成的。不过已成势力,无论大小,皆不宜利用。宗旨确定,向前做去,自然志同道合的青年一天多似一天,那力量就不小了。"章太炎批评青年学生的四种弱点,提醒会员"不要把事情看得太容易了""不要妄想凭借已成的势力""不要虚慕文明""不要好高骛远",其实也是学会信条规约对"少年中国"精神的概述与阐扬。胡适在《少年中国之精神》中指出:"少年中国"应是一种科学的方法和实验的态度,继而针砭中国人因为最缺乏"正当的方法"而导致灵异鬼怪的迷信、漫骂无理的议论、用诗云子曰作根据的议论、把西洋古人当作无上真理的议论以及"目的热"等等怪现象,把中国人醉生梦死的无意识生活、退缩的人生观、野心的投机主义归诸"少年中国的仇敌"。他提出,"少年中国"应保存这种批评的精神、冒险进取的精神、社会协进的观念,少年中国的精神正是上述逻辑和人生观的体现。③可以说,他用实验主义方法解读"少年中国"的精神。

（3）供给材料讨论问题。学会筹备处制定《供给材料办法》,规定:（一）如系书籍请注明"书名""著者姓名"及"出版处"或"藏书处";（二）如见于杂志报章者请注明"报名""年月日""发行处"或"藏报处";（三）如系外国文字请摘要翻译;（四）上列各条皆由供给者与受供者直接通信办理。④据此,留法会员周太玄来

---

① 张允侯等编:《五四时期的社团》(一),生活·读书·新知三联书店,1979,第544页。
② 《李大钊全集》编辑委员会编辑整理:《李大钊全集》第3卷,河北教育出版社,1998,第206页。
③ 少年中国学会编:《少年中国学会会务报告》第2期,1919年4月1日,第1—7页。
④ 少年中国学会编:《少年中国学会周年纪念册》,出版地点不详,1920,第40页。

信请求国内会员为其预拟编著的《中国妇女问题》供给各种材料。他在1919年2月3日来信说,"本学会精神既在学术上之分工,故无(周太玄自称——引者注)敢援会章条例问题,敬求诸兄裁复,无虽已起草,但待证之处皆空白以俟,尚祈速答"。学会筹备处通知会员诸君各就所见,供给解决问题的材料,以便汇整寄交周太玄。①但是,此事未见当时预期的成效。

(4)学术谈话会。《少年中国学会规约》规定"凡一地方有会员三人以上者,即应组织学术谈话会交换智识"。上海会员魏时珍、宗之櫆、张梦九、曾琦、李璜、周太玄等人自发组织学术谈话会,以互相交换知识。所谈均有笔记,成绩极佳。此实为学会筹备期中一个极好的现象。此外,1919年6月29日东京会员举行谈话会,内容包括会员各人加入学会的由来,学会将来之发展如何,东京会员之联络如何,东京会员研究学术的现状和现实生活如何,东京会员将来对国家、社会想从哪方面贡献,以及现在各自人生观和世界观如何。②据周太玄回忆,在学会成立大会的前半年,各地会员的讨论会、学术谈话会至为活跃。这些活动分别以不同形式在北京、上海、南京、长沙、成都、东京、巴黎等地举行。北京方面连续举行讲演会,先后请陈独秀、蔡元培等人讲演,并与清华大学的仁友会召开恳亲会。上海方面召开了几次会务讨论和学术谈话会,成都、南京也都举行过谈话会。可说是在筹备期间最值得特别记述的。③

(5)举办印刷储金。此事由吴淞会议决定,以养成会员之储蓄习惯。

(6)发展会员。此期主要会务是征集会员,因为对于会员资格限制极严,筹备期间发展会员到42人,因为评议部尚未成立,暂时无法确认其会员资格,待学会评议部成立后再追认。据周太玄回忆,在学会筹备的初期曾用了不少时间讨论研究哪些人是吸收的对象。按照征求会员的标准,不够五人介绍或虽够五人而另外有人坚持相反意见的,都不作决定。后来会员发展多了,五人介绍的规定颇感不便,于是又规定了一个通信联系、酝酿介绍的办法。便是说,如果已有两个介绍人,便再介绍三人与他通信,再由这三人根据他们的印象提出是否

---

① 少年中国学会编:《少年中国学会会务报告》第4期,1919年6月1日,第45—49页。
②《会务纪闻》,《少年中国》第1卷第1期,1919年7月15日。
③ 张允侯等编:《五四时期的社团》(一),生活·读书·新知三联书店,1979,第544—545页。

愿意介绍他入会的意见。这种方法在大[学]会成立以前就已经广泛实行。①学会对新会员的严格规定,体现了当时进步青年的一般倾向和要求。如当时会员所说,"大凡一事业之成,千百人建设之不足,一二人破坏之而有余。况世人无行,自古已多,今世学者尤多反复无常之小人,故吾会友介绍新会员,当慎之又慎,审之又审,宁牺牲个人之友谊,勿为学会造将来破坏之基础"②。不仅如此,学会对新会员还提出了学术方面的要求。曾琦为《少年中国学会会务报告》写的发刊词提出:"惧朱札之或乱也,于是严其格以取人,非有特性、特操、特长三者具[俱]备,莫得而入,以防其滥,尤惧团体精神之或涣也。"在他看来,入会的抽象条件是要有特性、特操、特长三种,具体来说最上要能著书,其次要能作论,再次要能作学术谈话。就是说,会员必须有品行而且能著作,此为基本条件。③所以,后来会员们自豪地说,"吾会中会员入会时取格极严,皆一时笃学敦行之士,或长学识,或具干才,非庸俗可比"④。因此学会集中了全国各地青年知识分子精英,成为"全国青年向往的中心"。

(7)联络友会。学会会员议决永远不与其他学会合并,然有宗旨相同之学会可联成友会,互通声气。"会员极相信人力与群力,以为世界虽黑暗,社会虽腐败,皆可由吾人人力以改造之,一人能力有限,又可用群策群力以协助进行。故同人等常有'小组织大联合'之计划。盖以大凡一个团体之成立,必有其特殊之精神,譬之个人有其个性,若以大旨相同遽言合并,其结果必至精神涣散,万事不能进行。若相互联为友会,即可以保存(各团体之)个性,复可以实行互助,诚为至善之法……会员等以为革新今日黑暗腐败之社会,非有纯洁思想、热烈情感、坚强意志、真确智识之青年运动不为功。会员等年少学浅,不敢谓有真确智识,所恃者只此纯洁思想、热烈情感、坚强意志而已。中国之大决非一二团体能收改革之效,同人等极希望宗旨相同之团体,遍设国内外",以便联合从事社会运动。⑤因此,少年中国学会与日本的新中学会结成友会,并与黎明会、新人会

---

① 张允侯等编:《五四时期的社团》(一),生活·读书·新知三联书店,1979,第541—543页。
② 宗白华致会中同志诸兄,《少年中国》第1卷第2期,1919年8月15日。
③ 曾琦致楚僧日葵同志,《少年中国》第1卷第1期,1919年7月15日。曾琦:《留别少年中国学会同人》,《少年中国》第1卷第2期,1919年8月15日。
④ 宗白华致会中同志诸兄,《少年中国》第1卷第2期,1919年8月15日。
⑤ 少年中国学会编:《少年中国学会周年纪念册》,1920,第13页。

接洽联成友会。据《少年中国学会周年纪念册》说,东京、北京、湖南方面皆有宗旨相同之学会愿与本会联络,唯未经正式接洽,暂不宣布。①据统计,学会先后与北京的仁友会、东京的新中学会等20多个团体联为友会。

(8)组织科会。科会是会员研究学术的组织,《少年中国学会规约》对此有明确的规定,在筹备会上大家对此也非常重视,认为学会应该同时是一个学术团体,所以应当发展科会,使会员都能在自己的科会中从事学术活动。当时决定暂时因人设科,逐渐发展,理论与实用的科学并重。1919年5月,会员24人就已经分为文科、工科、经济科、政治科、商科等五个科会。并由筹备处通知各分科会员积极组织科会,选举负责人从事科会的建立工作。但是,因为从1918年初起有不少会员陆续出国,在国内的会员大部分流动性很大,除一二科因人数不多又都定居在一处,曾响应号召有所作为外,其余都只做到通讯联络交换意见为止。所以最为大家所重视的科会,直到学会解散始终无法实现。②

(9)发行杂志。吴淞会议决定刊行《会务报告》,由王光祈负责编辑。王光祈回到北京以后,于1919年1月创刊《会务报告》,之后每月发行一期,到1919年6月共发行四期。7月1日学会成立大会议决创刊《少年中国》月刊,将《会务报告》并入月刊。③可以说,《会务报告》是《少年中国》月刊的"胎儿"④。

为什么发行《会务报告》? 曾琦所撰发刊词说得很明白:"国运之盛衰奚乎? 奚乎学风之消长而已。学风者,始乎士林之讲述,蒸为一时之风尚。""自顷以来,国运衰微,士习委靡,究厥原因,虽亦多端,而学术凌替,思想锢蔽,要为主因。不悦学之风,中于全国,德之不修,学之不讲,群惟偷惰,苟且是习。循是以往,微特西方学术,输入靡由,即固有文明,亦将消丧,安望国运之隆昌哉。"此外,组织学会,"尤惧团体精神之或误也",于是月出会务报告一次,详载一切,期之以消息之灵通,与夫精神之团结。⑤可见,发行《会务报告》主要是便利会友养成学术研究的风气及参与讨论会务,以求"消息之灵通"与"精神之团结"。

《会务报告》的基本栏目分为名家讲坛、会员言论、会务纪闻、会员消息、会

---

① 少年中国学会编:《少年中国学会周年纪念册》,1920,第13—14页。
② 张允侯等编:《五四时期的社团》(一),生活·读书·新知三联书店,1979,第544页。
③《会务纪闻》,少年中国学会《少年中国学会会务报告》第3期,1919年5月1日,第18—19页。
④ 少年中国学会编:《少年中国学会周年纪念册》,1920,第2页。
⑤ 曾琦:《发刊词》,少年中国学会编《少年中国学会会务报告》第1期,1919年3月1日,第2页。

员通讯、译述或专著、特别记载、本会通告、会外来函以及广告等。《会务报告》不仅加强了会员与学会的联络,而且扩大了学会的社会影响,并吸引了一批有志青年靠拢乃至加入学会。如恽代英通过《会务报告》中的会员通讯,觉得学会"真是充满了新中国的新精神",因此也很愿做一个会员。①此外,《会务报告》中讨论研究西方哲学的论文,也引起学术界的关注。据张梦九回忆,"本会最初发行的会务报告(一共四期),不过是一本又薄又小的册子,第1期便是会友魏时珍博士介绍的康德哲学,第2期便是宗白华教授介绍的叔本华哲学,遂叫当时学术界大吃一惊。胡适是一位年青有心的学者,亦不能不大加注意"②。

《会务报告》改为《少年中国》月刊的主要原因,一是《会务报告》供不应求,成为社会上纷纷索阅的刊物。二是《会务报告》为篇幅体例所限,内容不丰富。《会务报告》以会员消息、会员通讯为主,以沟通会内消息、便利会友对于学术研究与社会问题交换意见。而一些会员对《会务报告》中的哲学等译著感兴趣,故学会筹备处在征求著作时特别提到,学会现拟从七月一日起创刊《少年中国》月刊,专注重翻译介绍学说。③因此,随着会务的发展和会员的增加,《会务报告》改为《少年中国》月刊,作为公开发行的定期刊物。

此外,筹备学会正式成立大会,也是此期重要的会务工作。王光祈在《本会发起之旨趣及其经过情形》中解释说:"本会在去年六月三十日发起。同人为郑重其事起见,筹备期间预定一年,应于今年七月一日开成立大会。现刻本会同人散居各地,不易聚集。兹特将开成立会时所应报告各事,提前通知,以便选举职员,督促会务进行。"④

总之,筹备期间拟定的会务工作主要是刊布图书、发行杂志、举行讲演、供给材料讨论问题、学术谈话会、举办印刷储金。由于会员过少,或者时间太短、准备不够,多半都没有付诸实践。但通讯联络、吸收会员、延请名人讲演等方面还是做了不少工作。事实上,筹备期间的会务工作,为学会正式成立打下了坚实的基础。

---

① 恽代英致王光祈,载《恽代英文集》,人民出版社,1984,第106页。
② 张梦九:《忆少年中国学会》,(台北)《传记文学》第35卷第2期,1979年8月,第144页。
③《征求著作及征收会费》,少年中国学会编《少年中国学会会务报告》第3期,1919年5月1日,第23页。
④ 王光祈:《本会发起之旨趣及其经过情形》,少年中国学会编《少年中国学会会务报告》第3期,1919年5月1日,第15页。

第三节 少年中国学会的成立

1919年7月1日少年中国学会在北京召开成立大会，选举北京总会职员，确定会务进行办法，然后于7月15日到警署登记立案，宣告学会正式成立。

一、召开成立大会

学会于1918年6月30日发起，预定筹备期为一年，于1919年7月召开成立大会。北京会员于7月1日齐集回回营陈愚生家开正式成立大会，会议既毕，遂欢宴而散。"吾少年中国学会遂呱呱堕[坠]地矣。"[①]

王光祈担任会议主席，首先报告学会发起经过，略谓学会于去年6月30日起发起，当时预定筹备期间一年，至昨日止正满一年，故特于今日开成立大会。今日开会程序大致分为两部分：首先报告筹备期间所经过之情形；次再讨论选举职员及今后进行方法。

一是报告学会筹备经过情形，已如前述。

二是讨论选举职员及今后进行方法。选举评议员一事，各处会员业已投票，但选举者尚不及会员全额之半。王光祈提请表决今日是否有发表之必要。到会者皆主张暂缓发表，一俟投票者已逾半数，再为发表。未经选出职员以前，所有会务仍由筹备处主任负责办理。月刊编辑职员，亦俟评议员选出后再由评议部选举，此时暂由筹备处主任兼办。至于今后会务进行方法，到会者均主张渐进，用一种步步为营的办法。

三是议定刊行《少年中国》月刊，原有《会务报告》并入其中。到会者议定《少年中国》宗旨为"本科学的精神，为文化运动，以创造少年中国"。

四是讨论学会规约。关于规约的讨论，大体无异议。修改之处有二：第一是关于会员行为的规定。王光祈回忆说，迨至民国八年（1919年）开成立会时，重修规约，又将此文（即"凡会员行为有妨害学业及健康者，会员有互助劝告之

[①]《会务纪闻》，《少年中国》第1卷第1期，1919年7月15日。

义务")改为现行规约第十四条,有嫖赌或其他不道德之行为者,由评议部提出警告书云云。夫嫖赌之有妨学业与健康,已尽人皆知,至于所谓不道德行为之解释,亦颇有伸缩之余地。总之,此种规定之精神,即全在学会对于个人行为,只取一种相对的放任主义,若会员人格上有重大污点,如卖国欺友之类,则按照规约第十五条,可以由学会宣告除名。学会规约第十四条之所谓"嫖赌或其他不道德之行为"与第十五条之所谓"人格上有重大污点",意义截然不同。换言之,私德与公义两者而已。[①]总之,学会注重会员的思想、人格和修养,自我改造和社会改造并举,旨在培养有力的个人,使之成为社会的中坚人物,从而创立有力的团体。第二是规约第二条即学会宗旨的修改。李大钊、王光祈、曾琦、陈愚生、康白情、雷宝华六人提议,将规约第二条"本学会以振作少年精神、研究真实学术、发展社会事业、转移末世风气为宗旨",修改为"本学会宗旨——本科学的精神,为社会的活动,以创造'少年中国'"。作为一种提议,决定征求各处会员意见再为改定。学会筹备处就此发布《关于修改学会宗旨的通告》,会员如有意见,可于一月以内提出,以便改印规约。在海外者可展期三个月。并附录第二条修改后之词句,译为英文如下:

Our Association Debicates Itself to Social Services under the Guidance of the Scientific Spirit, in order to Realize our Ideal of Creating a Young China.[②]

随后,学会筹备处公布修改后的《少年中国学会规约》。少年中国学会由此正式公开揭橥共同创造"少年中国"的理想。

二、立案登记

王光祈等人于1919年7月15日到北洋政府内务部,办理学会立案登记手续。据北洋政府内务部档案保存的少年中国学会有关资料,王光祈等人到警署呈递《少年中国学会简章》,填写学会立案登记表。[③]

[①] 王光祈:《政治活动与社会活动》,《少年中国》第3卷第8期,1922年3月1日。
[②]《本会通告》,《少年中国》第1卷第1期,1919年7月15日。
[③] 中国第二历史档案馆编:《中华民国史档案资料汇编》第三辑(文化),江苏古籍出版社,1991,第631页。按:会员总数"十二员"当为四十二员之误。

名称	少年中国学会
规约	另呈
事务所	宗人府东巷蓬庐
设立之年月日	民国八年七月十五日
主任人姓名、履历、住址	王光祈 中国大学毕业 住宗人府东巷蓬庐
职员	正干事 王光祈 副干事 曾慕韩 评议员 周无 陈淯 雷宝华 赵世炯 李璜
会员总数	十二员

少年中国学会于1919年7月1日在北京召开成立大会,然后于7月15日到警察署登记立案。因为北京政府《治安警察条例》第6条和第7条分别规定:"政治结社,须于该社本部或支部组织之日起三日内,由主任人出名,按照下列事项,呈报于本部或支部事务所所在地之该管警察官署,其呈报之事项有变更亦同:一、名称;二、规约;三、事务所";"关于公共事务之结社,虽与政治无涉,行政官署因维持安宁秩序,认为必要时,得以命令令其依前条规定呈报"[①]。由王光祈所呈请立案登记资料可以看出,少年中国学会批准成立时间为1919年7月15日。这样,少年中国学会成为一个合法的社团组织。

从筹备发起到正式成立,表明少年中国学会是一个与众不同的青年社团。郑伯奇在1921年南京大会上这样总结学会的特性:"少年中国学会成立的历史和动机与其他团体不同之点,在于她在未出世以前就有了很长的历史,她经过满一年的长期[间]的预备,成立之初又不过分散在各地的数十个学未成名未立的年轻会员,这一点已经不可多得了。她更有二个特征,不利用已成势力第一,不搜求已成名的人物第二,这两点更是(其)他团体所少有的。"[②]可见,少年中国学会确是一群有理想有抱负的知识青年,不满意现状而又失望于已成政党的一大结合。根据学会规约和章程可知,少年中国学会是要先改造自己,具备真实

[①] 戴鸿映编:《旧中国治安法规选编》,群众出版社,1985,第107—112页。《治安警察条例》颁布于1914年3月,因为1920年8月1日李大钊、高一涵、胡适等7人在北京《晨报》联名发表《争自由的宣言》,呼吁废止北京政府于1914年3月公布的《治安警察条例》等,以保障言论、出版、集会结社等自由。可见,少年中国学会立案登记仍适应于《治安警察条例》。

[②]《少年中国学会问题》,《少年中国》第3卷第2期,1921年9月1日。

的学术与修养,再图改造社会。认定个人改造是社会改造的下手方法,社会改造是政治改造的下手方法,而反去舍去个人改造与社会改造去急切从事政治运动。但其目的在将中国改造成像少年一样生气蓬勃的国家,含有明确的国家观念与民族精神在内。可见,少年中国学会是一个带有浓厚的政治意义的学术研究团体,以社会活动创造"少年中国"为目标。所以有评论说:"少年中国学会之成立,就是敲打'旧中国'的丧钟,也是报告'新中国'诞生的使者。"[①]

[①] 周谦冲:《王光祈与现代中国文艺复兴运动》,载左舜生等撰《王光祈先生纪念册》,(台北)文海出版社影印,1968,第69页。

少年中国学会的发展历程

第二章

少年中国学会成立以来日臻发达,不仅总会机构逐渐完备,定期召开年会,讨论会务进行办法,而且在成都、南京、法国巴黎等处设有分会,独立开展会务活动。学会总会还编辑发行《少年中国》和《少年世界》两种月刊作为机关刊物,分会则发行《星期日》周刊等等。此外,学会先后吸收会员约120人,可谓声势浩大,人才济济,确为国内最有势力、最有影响的青年团体,"一时士林翕然从风,隐然为时代中心"[①]。

第一节 少年中国学会的组织演变

学会选举产生总会的评议部、执行部和编译部及其职员,设立科会和研究会等组织,开展学术研究活动,还筹划设立图书室、体育室、出版部、编译社等组织,机构方面日臻完善,会务方面日益发达。故会外评论"少年中国学会是一个极难得极完美的团体"[②]。

[①] 沈云龙辑:《曾慕韩(琦)先生遗著》,(台北)文海出版社,1971,第44页。
[②] 恽震:《对于少年中国学会信条的意见》,《少年中国》第1卷第5期,1919年11月15日。

一、总会的组织及其机构

《少年中国学会规约》第二十六条规定"本学会设总会于北京,综理全国及外埠分会事务"。学会总会最初设在北京,又称北京总会;后来迁移南京,称南京总会。

1.总会地点和会所

总会地点设在北京,主要是学会发起于北京,也因为北京会员人数众多,交通便利,总会会务开展比较方便。随着在京会员出国日多,直接影响到会务进行,于是发生了总会迁离北京的问题。1920年4月22日,恽代英在致全体同志信中提出:"我们的会务好在不多,而且学会本部不必定要设在北京,或者亦可以不要这本部、支部的名目,一切事务由各处的少年中国学会分任。"①1921年初康白情等人起草的《少年中国学会规约修正案》提出:"本学会设总会于国内交通较便而会员人数较多之地,综理全会事务,其地点由大会决定。"并说明,原定设总会于北京,现既将评议部取消,设议事会于总会所在地,则须人数较多,而交通便利之地,才易流通消息,故改定如本条。②因为该修正案在南京年会上未获通过,议决交下次年会讨论决定,故总会地点暂未作变更。

1922年7月召开的杭州年会讨论了总会地点问题,左舜生提议改总会地点固定的为流动的,以便各地会员办事成绩有比较而易策进步。结果议决凡有会员七人以上的地点皆有设总会的资格,并议决1922—1923年将总会地点移到南京,以后总会地点于每年大会时决定之。③1923年10月14日,宁沪两地会员召集的苏州会议由评议员左舜生、陈启天、恽代英、邓中夏联名提议,将总会地点移至南京。并由到会评议员以评议部名义致函北京评议员,一致签名,请北京总会移交会中各种文件及其他手续给南京分会。"此项决议之唯一动机,系因北京会员太少,且各以事牵,不能过问会务,不速谋补救,会务或将中辍。"④可以

---

① 恽代英致少年中国学会全体同志,《少年中国》第1卷第11期,1920年5月15日。
②《少年中国学会规约修正案》,《少年中国》第3卷第2期,1921年9月1日。
③《一九二二年杭州大会纪略》,《少年中国》第3卷第11期,1922年6月1日。
④《会员通讯》,《少年中国》第4卷第7期,1923年9月。《附录一》,《少年中国》第4卷第8期,1923年12月。

说,总会南迁的唯一动机是北京会员人少而且事忙,不能过问会务,而南京会员人多,希望总会南移后能够竭力发展会务。从1923年11月起,总会从北京迁至南京。第六届年会上有人提议总会迁上海的问题,但未能通过。到学会解散,总会地点一直在南京。

不过,学会一直没有固定的会所。陈愚生曾提议在北京设立会所,但未成。恽代英在《少年中国学会的问题》中提出,学会不可不有会所,会员非必不得已,不可不居住于会所里面。"我常想有些北京会员,大家住处不十分相远,却必各寻宿舍;固另有别种不得已的情形,然为学会将来起见必不可不改这个弊病。自然今天在国内的人很少,而且经济能力所限,一时没有设立会所的希望。但是我的意思,非大家能有个共同居住的地方,彼此不能十分了解,共同做事的修养能力亦养不成功。我的意思,还不仅盼望能居住会员,而且还盼望能居住会员的妻子。若以一定的手续,出一定的费用,并能容纳认为有希望的会外青年居住,便更好了。自然这个会所,有些可以仿佛学青年会,兼做一个青年的俱乐部,为社会上做点实际事业。"[1]随着会员日益感到学会设立会所的必要性,学会曾经储金五千元准备建筑会所。苏州大会也讨论建筑会所的问题,舒新城等人按照总会要求草拟《本会建筑会所创办学校计划书》;但是,1924年7月南京大会议决因经济条件限制,停建会所。所以少年中国学会始终未能建立自己的会所。

2.组织机构

《少年中国学会规约》第二十七条规定"本学会机关分为评议部、执行部、编译部三种"。关于评议部职员及其职责,第二十八条规定"评议部由评议部主任一人、评议员若干人组织之,对大会负责。评议员额数由大会酌定之"。第二十九条规定"评议部有议决及监督全会会务之权,但须经大会同意者不在此限"。第三十条规定"本学会临时发生紧急重要事件,不及召集临时大会时,得经评议部议决,径交执行部执行,俟开大会时请求追认"。第三十一、三十二、三十三条分别规定"评议部得提出议案于大会""评议部于开大会时,须派员出席报告经过情形及经济状况""评议部有审查预算之权"。关于评议部议事规则,第三十

---

[1] 恽代英:《少年中国学会的问题》,《少年中国》第2卷第7期,1921年1月15日。

四条规定"评议部议事,以评议员过半数之同意决之;赞否同数时,取决于评议部主任。"对于评议部及其职员的产生、具体职责、议事规则都作了明确的规定。

关于执行部职员及其职责,第三十五条规定"执行部正、副主任各一人,办理本部事务,对评议部负责。副主任赞襄正主任办理会务,正主任缺员时代行其职权"。第三十六条规定"执行部分总务、交际、调查、会计、庶务五股,其办事细则另以专则定之"。第三十七条规定"执行部有执行本学会对内对外一切会务之权,但须经大会或评议部同意者不在此限"。第三十八条规定"执行部须编制预算及提出决算案于评议部"。第三十九条规定"执行部得提出议案于评议部"。这是关于执行部及其职员的明确规定。

关于编译部职员及其职责,第四十条规定"编译部由编译主任一人、编译员若干人组织之。编译员额数由大会酌定之"。第四十一条规定"编译主任综理本会编译事务,编译员分担本会编译事务"。对编译部及其职员、职责亦有规定。

此外,第四十三条规定"本学会设书记、校勘若干人,由主席或各部主任于会员中指充之"。

以上是学会机关设置的具体规定,主要是会务活动开展的需要。

从《少年中国学会规约》第四十四至四十七条规定可知,学会将设出版部、图书室、阅报室和体育室等机构。实际上,无论是出版部还是图书室、阅报室和体育室,一直未能设立。1924年执行部会议曾经筹议设立公共书报室。其缘由是:国内外报章杂志种类极多,以一人之力举所有杂志报章而购备之则力有所不及,且同一杂志而众人皆购备之,于事亦不经济,故拟就在宁会员住宅附近设一公共书报室,将在宁会员所定阅的杂志报章悉取而陈列于室中。其有重要杂志报章为在宁会员所未购备者可以各人愿意选择定购,统陈于一室中,以便大家取阅,并决定赁莲花桥第一号,中层,西首一所房屋为在宁会员公共书报室,推穆济波管理。[①]此议是否付诸实际,已不得而知。

所以,学会的组织机构主要是评议部、执行部和编译部。关于各部职员的产生,《少年中国学会规约》第五章做了明确的规定。关于评议员,第四十八条规定"评议员由大会用无记名连记投票法从会员中选举,以得票满投票人数五

[①] 少年中国学会编:《会务报告》第1期,少年中国学会发行,1924,第23—25页。

分之一以上之最多数者为当选,其得票次多者为候补员,票数相同时以抽签法定之。评议部主任由评议员互选,以得票过半数者为当选。"关于执行部和编译部职员,第四十九条规定"执行部正、副主任及编译部职员由评议部从会员中用无记名连记投票法选出之。编译主任由编译员互选之"。第五十条规定"执行部之各股主任及股员由执行部正主任从会员中推荐之"。第五十二条规定"出版部经理一人,由评议部选举或聘请之"。第五十三条规定"第四十九条、第五十一条、第五十二条之选举,以得票过半数者为当选,其次多者为候补员,票数相同时以抽签法定之"。第五十四条规定"职员任期一年,得连任"。第五十五条规定"职员辞职,须提出理由书,经评议部同意,得听其退职"。第五十六条规定"职员有违背本规约者,经评议部议决,得命其退职"。第五十七条规定"职员有缺额时以候补员充任"。学会历届职员由此办法产生。

二、各届职员

学会筹备期间设立筹备处,并且推定职员。根据《少年中国学会周年纪念册》可知,筹备处主任为王光祈,会计由王光祈兼,文牍为周太玄,临时编辑部主任为李大钊,编译部临时编译员为魏时珍、宗之櫆、赵曾俦、易家钺、沈懋德、彭举、李劼人、袁同礼、左学训、黄日葵、许德珩、雷眉生、赵世炯、郑尚廉、葛澧、陈愚生、李璜、曾琦、张梦九、刘正江、雷宝华、涂开舆。[①]

1.第一届职员

依照《少年中国学会规约》,北京总会机构设立评议部、执行部和编译部,其中评议部系监督会务进行,选举各项职员、审查会员资格之机关;执行部系执行学会对内对外一切会务之机关;编译部系审查学会丛书、刊物之机关。学会筹备处发出有关选举职员的通告,要求各处会员查照规约选举评议员五人,附录学会组织如下:评议部评议员五人由大会选出之。执行部正、副主任各一人由评议部从会员中选出之。执行部之办事各股,由主任从会员中推荐之。编译部

[①] 少年中国学会编:《少年中国学会周年纪念册》,1920,第1页。

职员由评议部从会员中选出之。①1919年7月1日学会成立大会,选举评议部职员。但选举者未及会员之半数,故未公布结果。会务工作仍由筹备处主任王光祈继续负责。

执行、编译两部及月刊职员则由评议部选出。8月15日公布选举结果,正式组织第一届选举评议部,以曾琦、左舜生、宗白华、王光祈、雷宝华五人得票最多,应选举为评议员。易克嶷、黄日葵得票次多,当选为候补评议员。当即由曾琦、左舜生、宗白华、王光祈、雷宝华五人组织评议部,选举评议部主任及执行等部职员。结果王光祈当选为执行部主任。评议部主任曾琦于1919年8月赴法留学,辞去主任一职,因当时来不及改选,暂由左舜生代理。②

10月9日执行部正式成立,执行部主任为王光祈,副主任陈愚生(王光祈于1920年3月赴欧,执行部主任一职暂由陈愚生代理)。其中,总务股主任为王光祈兼,庶务股主任为邓康,会计股主任为孟寿椿,文牍股主任为黄日葵,交际股主任为徐彦之。

编译部职员为:月刊总经理陈愚生,发行苏甲荣,书记黄日葵,会计王光祈。编译部编译员有李大钊、徐彦之、袁同礼、陈愚生、康白情、黄日葵、孟寿椿、苏甲荣、王光祈。其中,月刊编辑主任为李大钊,副主任为康白情。月刊编辑员为:徐彦之、孟寿椿、黄玄、陈愚生、袁同礼、沈懋德、刘正江、雷宝华、周炳琳、王光祈、田汉、宗白华、左舜生、易家钺、黄日葵、苏甲荣、赵曾俦、彭举、李哲生、李劼人、孙少荆、魏时珍、李璜、周太玄、许德珩、陈宝锷、雷国能、涂开舆、段子燮、张梦九、陈登恪、曾琦。③

事实上,编辑主任李大钊和副主任康白情都"因事未能执行职务",月刊编辑工作实际上由王光祈负责;王光祈出国前夕,学会才议决重组编辑部,改由李大钊等五人负责编辑工作。这一时期,王光祈担任执行部主任兼总务股主任,因此,"少中"从筹备到成立,再到1920年3月王光祈赴欧前,所有会务工作几乎全由王光祈一身而任之,会友们称他为少年中国学会的"灵魂"。

---

① 少年中国学会编:《少年中国学会会务报告》第3期,1919年5月1日,第21—22页。
② 原载《少年中国》第1卷第4期,1919年11月15日。
③ 少年中国学会编:《少年中国学会周年纪念册》,1920,第6页。

2.第二届职员

1920年学会第二届年会(南京大会)根据得票多少,照章选出第二届评议部职员。1920年7月21日北京总会常会,发布评议员选举结果。推选评议部主任为左舜生,评议员为李大钊、恽代英、杨贤江、余家菊、孟寿椿、黄玄,候补评议员为宗之櫆、黄日葵、陈愚生。

由评议员推举陈愚生为执行部主任,副主任为邓中夏、苏演存(兼)。1920年9月18日常会,改组月刊编辑部,公推苏演存为编辑部主任,黄日葵为副主任;同时改组执行部,公推陈愚生为执行部主任,邓中夏为副主任。[①]同年12月8日,陈愚生因事离京,由邓中夏代理执行部主任;邓中夏决定于1921年赴粤任教,执行部主任一职改由陈仲瑜代理;后因邓中夏赴粤未成,执行部主任一职由陈、邓二人共任,直至届满为止。1921年3月13日北京总会改选会,执行部主任邓中夏因赴保定任省立高师国文教员,决议改推苏甲荣任执行部主任;评议部推左舜生任评议部通信员。

月刊编辑主任为苏演存,副主任为黄日葵。1921年1月27日北京会员临时会,因苏演存于1921年1月坚辞编辑主任一职,会员推黄日葵代理。但黄日葵坚辞不受。后经苏演存提议,经北京总会临时会议决定,将编辑部迁往上海,由左舜生任编辑。另因执行部正、副主任陈愚生、邓中夏均有事在身,乃公推陈仲瑜暂时代理执行部主任一职。

关于评议部的工作,余家菊在1920年8月15日给左舜生的信中提出:我们既为评议员,欲求学会进步,自应先求本身以及本部的进步,再及于学会的改进。他提出对于评议部的意见:各评议员每月至少须陈述对于会务之意见一次。各地评议员每月须交换意见一次。评议部每月须有一种布告以策励会员。评议部应该严格地执行部务。评议部对于会章的解释上,应该加以注意。最好将不明白之处速行解释一番。[②]

关于评议部议事方法,第二届由评议部议决提出通信签字表决办法。因为评议员散居各地,事实上无法聚在一起开会,关于会务讨论,主张用通信的办

[①]《少年中国学会消息》,《少年中国》第2卷第2期,1920年8月15日。
[②]《会员通讯》,《少年中国》第2卷第3期,1920年9月15日。

法：凡某评议员有意见提出,即逐条写出,征求全体评议员同意,如某条得全体评议员过半数签字赞同,即作为通过。恽代英认为,这种评议部会议很好,但各条议案共写于一纸之上,只便签字,不便发表意见,不适于头绪较繁的议案。所以他提出：(一)议案每条各写一纸,赞成的签名赞同；不赞成的发表意见,以过半数同意为议决。(二)传递照提议人所开名字次第,如传毕各执一说,无过半数同意之点,则由最后一人仍传于提议者,以再顺次序传递,彼此损益意见,到有过半数同意为止。(三)每次议案通过后,全案由最后收到之评议员交编辑部,编入会务报告。(四)会员于会务有何提议,评议员当尊重之代为提出讨论。①但是,此议未能付诸实行。

3.第三届职员

按规定,第三届各部职员名单应在开年会时发布,但由于国外会员的投票未能收齐,1921年9月10日才确定第三届评议会。9月14日在北京会员谈话会上宣布第三届评议员选举结果,推举杨钟健为执行部主任,陈仲瑜为副主任。②

评议部主任为左舜生,评议员为恽代英、邓中夏、苏甲荣、李大钊、余家菊、陈愚生,候补评议员为黄日葵、杨效春、杨贤江、邰爽秋。

执行部主任为杨钟健,副主任为陈政。③

4.第四届职员

评议部主任为左舜生,评议员为苏甲荣、李大钊、陈政、邓中夏、杨钟健、陈启天；候补评议员为邰爽秋、恽代英、朱自清、谢循初、杨贤江、高尚德、刘仁静、曹刍、陈愚生。1923年5月,推定杨钟健为执行部主任,刘云汉为副主任,会计由刘云汉兼。④

杭州大会在1923年7月3日讨论规约问题,一是评议部存废问题——评议部之存废全系事实问题,如评议员办事不生困难,当不成问题。二是干事部亦

---

① 《少年中国学会消息》,《少年中国》第2卷第4期,1920年10月15日。
② 《少年中国学会消息》,《少年中国》第3卷第3期,1921年10月1日。
③ 名单来源于《少年中国》第3卷4期《总会通告》、《少年中国》第2卷2期和第2卷4期的"会员消息"。
④ 名单来源于《少年中国》第4卷2期和第4卷3期的执行部和评议部通告。编辑部名单原缺。

有同样的困难。然评议员之散处四方亦有他的好处,耳目灵敏而不至囿于一隅。如能设法去散处的不便而又能受其利,评议部即不妨维持。结果议决仍维持原有评议部,唯评议员所在地点限于交通便利十日内邮件可以往返者。①

5. 第五届职员

1923年11月1日,南京分会第三次集会,讨论北京总会迁往南京以后会务应如何进行;根据上述决议着手南京分会组织总会,并选陈启天、曹刍为临时执行部正副主任,沈昌为会计,接办北京总会事务。直到第五届评议员选出,并在执行部主任正式确定后,这个临时执行部才停止行使职权。第五届职员执行会务的时间,虽然按规定应为1923年7月—1924年7月,实际上与此并不相符。

评议部主任为左舜生,评议员为杨效春、杨贤江、恽代英、邓中夏、李儒勉、倪文宙;候补评议员为黄仲苏、恽震、李大钊、苏甲荣、田汉。

执行部主任为陈启天,副主任为李儒勉。②1924年3月,第五届评议部正、副主任,已由评议部推定陈启天、李儒勉两人担任。

6. 第六届职员

执行部主任为杨效春,副主任为李儒勉,会计为唐毂。

编辑部主任为黄仲苏,对内发行为唐毂,对外发行为吴俊升,编辑部会计为沈昌,校对及杂务为杨效春。③

第六届南京大会决议学会改组,选举产生改组委员会委员。选举吴俊生、曹刍、黄仲苏、李儒勉、舒新城等五人为委员,金海观、王潜恒为候补委员。④可以说这是学会总会最后的组织机构。

由上可见,学会的组织机构充分体现了民主的特点。王光祈曾公开指出:少年中国学会组织没有会长、理事名目,只是成立了评议、执行、编辑三个部。评议部职员则由大会选举,执行、编辑两部及月刊职员则由评议部选举。执行

---

① 《一九二二年杭州大会纪略》,《少年中国》第3卷第11期,1922年6月15日。
② 名单来源于《少年中国》第4卷第11期"学会消息"。编辑部名单原缺。
③ 本名单来自1924年《会务报告》第1期。第六届评议员名单尚未发现。
④ 张允侯等编:《五四时期的社团》(一),生活·读书·新知三联书店,1979,第507页。

部办理对内对外一切会务,评议部负责监督会务进行、选举各项职员、审查会员资格,编辑部负责审查学会丛书,出版杂志的任务。[1]据《少年中国》报告:"数月以来国民报纸对于本会的评论甚多,各地会外热心同志亦常来信对于本会组织有所讨论,同人等无任感激。除其中数篇全系奖许之词,同人等自惭名不符实谨谢厚意外,所有对于本会之忠言,皆当一一答复。"[2]鉴于外间对于学会组织有诸多疑问,王光祈公开答复说:"讨论关系本学会的组织问题,亦是一件狠有兴味的事。因为他种团体皆注重首领,注重中心人物,我们学会则无所谓首领,无所谓中心人物,个个会员都是首领,个个会员都是中心人物。我们学会极注重会员自动,个个会员的精神总和起来,便是本学会的精神,本学会的组织完全是Democracy(民主的)的精神。会中只设了几个办事人,不愿多立会长理事等等名目,装饰门面。其中以南京分会的组织更为有趣。他们的职员都是由各会员自己自由选择担任,不经选举,并未发现不胜任的弊病,亦未发现有躲懒的情形,所谓'各尽所能'的原则竟在南京实现,亦是一桩狠可喜的事。"[3]黄仲苏、恽代英等会员认为,"我们学会是没有中心的……所以甚么职员、本部、支部都不过是办事上的便利,并非那一处那一人,是我们学会的中心。既然如此,那便联络融洽的事,是我们每个同志的责任"。每个同志对于学会的责任,就是对于创造"少年中国"的责任。[4]这是少年中国学会的特别精神,也是学会宗旨与信条的具体表现。

三、分会组织

少年中国学会非常注重分会组织,并且独立开展会务活动。王光祈在答复外间对于学会的疑问时说,少年中国学会最注重分会,北京总会只是各分会的一种联络机关,所有会务皆由各分会自由发展,总会对于各分会不愿多加束缚。"我觉得这种组织——最小团体的最大联合——不但是一个学会应该如此,就

---

[1] 少年中国学会编:《少年中国学会周年纪念册》,1920,第6页。
[2]《商榷》,《少年中国》第1卷第5期,1919年11月15日。
[3] 王光祈:《少年中国学会之精神及其进行计划》,《少年中国》第1卷第6期,1919年12月15日。
[4] 少年中国学会编:《少年中国学会周年纪念册》,1920,第55页。

是国家世界的组织亦应该如此,这便是本会的第三种精神。"①

《少年中国学会规约》对于分会有非常明确的规定,第六十七条"本学会分会得自行议定规约,但不得与总会规约抵触"。第六十八条"本学会总会与分会之关系,另以专则定之"。关于总会与分会的关系,则有如下规定:(一)凡一地方有会员五人以上者得组织分会,并将组织情形报告总会。(二)分会会员之资格,仍须依本学会规约之第四条之规定,经总会评议部认可,始能取得。(三)分会会员之入会金及常年捐,仍须缴纳于总会。(四)分会会员仍视为总会会员之一分子,得通用本学会规约第二章关于会员各种权利义务之规定。(如选举总会职员及被举为总会职员之权,如第十四条提出警告书,第十五条宣告除名之规定皆是。)(五)分会进行会务,不必经总会评议部或执行部之同意。唯事关全会利害,仍须报告总会评议部,审查认可后始能执行。(六)分会每半年应将会务情形,报告总会一次。②

根据学会规约关于设立分会的规定,到1920年7月已经成立成都和南京两处分会,"其余巴黎东京柏林美国各处,俟各会员到齐后,亦将组织分会"。③实际上,学会在存续期间内先后成立了成都、南京、巴黎三个分会。

1. 成都分会

成都分会是少年中国学会成立最早的分会,于1919年6月15日成立。据李劼人回忆:五四运动之后不久,"王光祈与曾琦(也是我中学同班读书的,与王光祈同年生。当时由日本退学回到北京)联名写信给我说,他们八个人在北京发起一个少年中国学会,宗旨是本科学之精神,作社会之活动,约我入会,并要我在成都发展会员"。到1919年三四月间,成都会员渐渐增加,于是通信到北京总会商量成立分会的事情。这是因为,"少年中国学会成都会员因为距北京较远,彼此通一封信动辄要十六七天,个别联系又非常不便,因请于总会,允准在成都成立分会,公推我为负责联络人"④。学会筹备处主任王光祈回信说:"成

---

① 王光祈:《少年中国学会之精神及其进行计划》,《少年中国》第1卷第6期,1919年12月15日。
② 少年中国学会编:《少年中国学会周年纪念册》,1920,第15—16页。
③ 少年中国学会编:《少年中国学会周年纪念册》,1920,第16页。
④ 张允侯等编:《五四时期的社团》(一),生活·读书·新知三联书店,1979,第551—553页。

都当然不必设立分会。本会事事求实,尤不愿过于铺张。且本会会友在本会未发起以前,大都先有一种精神上之结合。现在不过由精神上之结合,再加以形式上之约束而已。故征求会员十分严格。盖有一会员必得一会员之用,儿戏敷衍,虽多亦奚以为。本会收效当在十年二十年以后。吾辈若能持以毅力,则我欲仁斯仁至矣。"[1]后来,北京总会答复成都会员已达到设立分会的要求,可以并且应该成立分会组织。成都会友于5月间召集一个准备会,公举两个会友依据《少年中国学会规约》,草拟成都分会简章,然后由全体会友讨论通过,遂开成立大会。投票选举书记一员,综理会务及与总会接头,又公举书报保管员一人,购置应用书籍报章,循环送阅。结果公举李劼人担任书记兼书报管理员两职。[2]后来李劼人、彭云生等会员赴法勤工俭学,成都分会改由孙少荆负责。

成都分会的会务活动,主要有以下几个方面:

一是发展会员。据成都分会成立当天给北京总会的报告,分会于6月15日成立,有会员九人:李劼人、彭云生、周晓和、穆济波、胡少襄、孙少荆、李哲生、何鲁之、李小舫。[3]

二是发行《星期日》周刊。《星期日》于1919年7月13日创刊,孙少荆任经理,李劼人任编辑。一般认为,《星期日》是成都分会编辑发行的刊物。李劼人在1960年回忆说:"《星期日》虽非少年中国学会成都分会所主办,可是没有少年中国学会成都分会,这刊物却也办不起来。"[4]创办《星期日》的目的,是在落后的四川传播新思潮,开展新文化运动,"从这黑暗世界里,促起人人的觉悟,解脱了眼前的一切束缚,根据着人生的究竟,创作人类公[共]同享受的最高幸福的世界"。《星期日》出版以来,在四川产生了许多的影响和成绩,算得四川学界有关系的出版物。[5]该周刊的一个突出特点,就是猛烈地攻击封建社会所极力宣扬的"孝",淋漓尽致地揭露封建宗法社会对妇女身心的摧残和压迫,极力反对社会上流行的偶像崇拜以及无知的人对布尔什维主义的污蔑和谩骂。周刊每

---

[1]《会员通信》,载少年中国学会编《少年中国学会会务报告》第1期,1919年3月1日,第27页。
[2]《会务纪闻》,载《少年中国》第1卷第1期,1919年7月15日。
[3]《会务纪闻》,载《少年中国》第1卷第1期,1919年7月15日。
[4] 张允侯等编:《五四时期的社团》(一),生活·读书·新知三联书店,1979,第550—553页。
[5] 少年中国学会编:《少年中国学会周年纪念册》,出版地点不详,1920,第17页。

期的销售量都在三千份以上,在当时闭塞的四川产生了相当大的影响。[1]

三是开展学术谈话会。分会简章规定每星期六开谈话会一次,"间日共同研究外国文(英、法)三点钟,秋间尚拟办《周刊》以鼓吹少年中国主义"。成都会员思想相当统一,即对于现状都非常不满,都有一种爱国热情,都不再相信十八世纪法国式革命能够挽救中国,但对于苏俄革命和布尔什维克主义,因为得不到许多资料作深刻研究,仅止朦朦胧胧认为是件崭新的东西,值得欢迎。[2]

四是组织赴法勤工俭学。1919年9月,分会会员投入留法勤工俭学运动。第一批冒险出国的是李劼人、李思纯、胡助、何鲁之,纵踵而行的是孙少荆、周光煦,数年之后李珩也去法国。随着大部分会员离去,成都分会便有名无实了。[3] 不过,上述会员留法以后参与巴黎分会,促进了欧洲会务的发展。

2.南京分会

南京分会于1919年11月1日成立,当时会员12人:左舜生、黄仲苏、黄忏华、赵叔愚、沈泽民、蒋锡昌、阮真、杨贤江、王克仁、谢循初、方东美、王德熙。据《少年中国学会南京分会成立会纪事》记载,11月1日下午在南京城内太仓园十七号开成立大会,开会程序为:

(1)讨论分会规约。在开成立大会之前,先由各会员发表对于分会成立及进行之意见,再由左舜生汇集各会员意见拟订分会规约,再逐条讨论。南京分会规约是少年中国学会分会中最完备、最翔实的规约文本,兹摘引如下:

第一条　本分会定名为少年中国学会南京分会。

第二条　本分会会员同时为学会全体之一员,有遵守本学会七十条规约之义务。

第三条　本分会以次举行下列各事:

(一)学术谈话会　集合全体会员作学术上之讨论或发表读书心得。每两星期一次。

---

[1] 中共中央马克思、恩格斯、列宁、斯大林著作编译局研究室编《五四时期期刊介绍》第一集,生活·读书·新知三联书店,1978,第280页。
[2] 张允侯等编:《五四时期的社团》(一),生活·读书·新知三联书店,1979,第552—553页。
[3] 张允侯等编:《五四时期的社团》(一),生活·读书·新知三联书店,1979,第553页。

(二)讨论会　集合全体会员作一种问题的讨论。每学期举行一次。

(三)讲演会　遇相当时机得以本会名义延请名人演讲。

(四)书报介绍　向会员全体介绍,或向个人介绍,各会员所藏书报,得交换目录,彼此借阅。

(五)通信问答　供给会员研究材料或解释疑问。

(六)编辑书报　凡以学会名义发行之书报,本分会会员有分任编辑之义务。

(七)编辑会务纪闻　凡关于本会会务之记载,应随时编辑,在学会月刊公布,或另刊小册发表。

第四条　本分会每年开常会两次,在每年三月、九月举行,讨论一切会务。但遇必要时得有会员三人以上之提议,召集临时会议。

第五条　本分会设书记、通信、编辑、会计、庶务若干人,由会员自由分任,任期以六个月为限。但为便利起见,甲会员与乙会员间得随时交换事务。

第六条　本分会设书记二人,主开会时记录及召集会议时通告等事。

第七条　本分会设通信一人,主与各处通信事。

第八条　本分会设编辑一人,主编辑本分会"会务纪闻"事。

第九条　本分会设会计一人,主银钱出入事。

第十条　本分会设庶务一人,主综理会中一切杂事。

第十一条　凡未专任一事之会员,有应上列各员请求帮助之义务,但同时以一处为限。

第十二条　本分会指定相当地点设立通信处。

第十三条　本分会各项集会地点临时酌定。

第十四条　本规约经本分会二人以上之提议,过半数之同意,得增改之。

第十五条　本规约自议决日施行。

(2)任定分会职务。照分会规约第五条"本分会设书记、通信、编辑、会计、庶务若干人,由会员[自由]分任",遂由各会员分任如下:书记杨贤江、蒋锡昌;通信左学训;编辑阮真;会计谢循初;庶务赵叔愚。

(3)拈定学术谈话会会员轮值次序:第一,左学训;第二,赵叔愚;第三,谢循初;第四,黄仲苏;第五,阮真;第六,黄忏华;第七,杨贤江;第八,沈泽民;第九,蒋锡昌;第十,王克仁。

(4)议决每次学术谈话会轮值人数次序及开会时间。

（一）人数　每次二人。（二）次序　照（3）项之规定,但甲会员与乙会员得自行商定交换。（三）时间　星期日下午一时之十分至四时三十分。

（5）议决第一次学术谈话会轮值人、日期、地点及谈话方法。

（一）轮值人　左学训、赵叔愚;（二）日期　1919年11月16日;（三）地点　清凉山扫叶楼;（四）方法　或介绍书报或发表心得,由轮值人自定。

（6）议决编印分会会员存书目录及研究科目。

（7）议决散会后由通信员通信至北京、上海、东京、成都、武昌、巴黎,报告分会成立情形。

（8）议决1919年11月1日为少年中国学会南京分会成立纪念日。每年是日集全体会员开纪念会。[①]

可见,南京分会规约大致与总会相同,关于会务如庶务、会计、编辑、通信等事则采自动主义,由会员自由分任,不经公举。并议定每两星期开学术谈话会一次,由会员轮流担任讲演各抒其研究所得或介绍所读之书籍,每半年开讨论会一次,由全体会员共同讨论一种问题,反复研究,期得明确之解决。又于相当时期开讲演会,请会外真实之学者讲演。[②]

1919年2月王光祈来南京、同年7月曾琦来宁旅游的两次聚会,也使南京会友的精神顿加百倍愉快,也是促成南京分会成立的动机之一。这一时期南京会友只有四五个,然而精神上很能团聚,已具有南京分会的雏形。[③]南京分会成立前,非常注意成都分会的情形和经验,借成都会员李劼人赴法途经上海的机会,邀其专程到南京与会员交流,1919年10月26日在南京高师开会欢迎。李劼人在会上择要报告了成都分会成立的经过情形,大概是:关于会友学术切磋方面,有每周学术谈话会以及读书会;关于介绍新出版物方面,办了一个书报代派处;关于提倡新文化运动方面,发刊一种周刊(《星期日》),每星期销行至三千份以上。最后,他极力鼓吹成立南京分会。[④]因此,南京分会的成立,得益于北京会

[①]《会务纪闻》,《少年中国》第1卷第6期,1919年12月15日。
[②]《纪少年中国学会南京分会》,《申报》1919年11月7日第7版。
[③] 少年中国学会编:《少年中国学会周年纪念册》,1920,第19页。
[④] 少年中国学会编:《少年中国学会周年纪念册》,1920,第21页。

员的敦促、南京会员的迫切要求和成都会员的促进。"我们所梦想的南京分会因各方面的需求与迫促,便不知不觉对着理想的倾向,顺着自然的趋势而成立了。南京分会成立的这一天是民国八年十一月一日,议定以后永远拿这一天作本分会的成立纪念日。"①上海会员在11月4日致信南京诸会员,赞许南京分会"组织完备",并称:"此后本会南方进行事业,将益顺利。东南文化,久矣销(消)沉。吾侪即从南京做起,以南京作东南文化运动之中心,影响长江流域,实现吾侪目的。"②

南京分会的会务活动:一是发展会员。分会成立时会员12人,主要来自金陵大学和南京高等师范学校。不久以后邰爽秋等人加入。黄忏华后因消极厌世,成为第一个自请出会的会员。

二是举行学术谈话会。南京分会成立以后,共开学术谈话会六次;至于材料搜集比较丰富,问答辩难比较有兴趣的,当首推谢循初的《群众心理》,方东美的《唯实派的生之哲学》,蒋锡昌的《对于自杀之研究》,杨贤江的《我今后的生活》。他们自己总结说:"老老实实的说,这六次的学术谈话会,很足以看出大家学术的太无根据,明明白白给他们一个狠清楚的印象,痛痛快快加他们一个极有利的刺激,使他们彻底的了解自身与他人的缺憾,努力的去救济他们知识的贫乏,就只有这一件,是他们真真的利益。"③举行学术座谈会是南京分会的主要会务和特色活动之一,在学会内外都很有影响。

值得一提的是,南京分会会员与来华讲学的美国哲学家杜威举行了一次谈话会,《少年中国学会周年纪念册》对此有详细报道。杜威来华讲学期间,1920年春天在南京逗留时曾经表示,"我很想得个机会与少年中国学会南京分会的会员谈谈,因为我极愿意详细知道他们学会的宗旨、计划及事业"。南京会员得此消息极为兴奋,便召集会议讨论招待杜威的方法和预备谈话的材料,指定方东美、谢循初和黄仲苏三人代表大家发言。后来推定方东美致欢迎辞,王克仁为临时记事员,赵叔愚为临时庶务,筹备开会地点、茶点及邀请陪客等事。4月18下午四时,在南京复城桥边的苍园,南京分会会员与杜威举行会谈。方东美

---

① 少年中国学会编:《少年中国学会周年纪念册》,1920,第22页。

②《会员通信》,《少年中国》第1卷第6期,1919年12月15日。

③ 少年中国学会编:《少年中国学会周年纪念册》,1920,第23页。

代表南京分会会员用英语致欢迎辞,表达会员们欢迎杜威的诚意并陈述学会的宗旨、计划及事业。致辞中对少年中国学会的宗旨和计划作了介绍:"少年中国浩大的事业,绝不能由六十八个少数人包办。我们现在不过是促国人养成反省思想及自愿行动的习惯,并引起他们对于创造少年中国的理想生一些极热烈的同情。如果这种预定的目的,一旦切实达到,这是由少年中国国民全体自择、自动及自觉的能力做到好。换言之,此种浩大工作,是中国国民全体的创作、个性及自由意志之表现,绝不仅属于少年中国学会。目前本学会也不过竭力使这种运动前进,并铲除一切障碍和阻力。但是我们前进,并非盲动,所以急需最可属望的先知给我们忠告和指导。这个先知有许多可以教训我们——辅助我们得着自由的反省的思想,自愿的行动,以及与同志协力合作,庶对于近世德谟克拉西的无国界的社会有极大的贡献。现在杜威教授正秉着他的荣光,引我们向高明的境界里面急走。我们思想、行为、品格的发展及养成,都受着他的智慧和同情之传染的影响。我们对于这位生命的良师,与德谟克拉西的先知,不必多说,只有奉献我们的敬爱,和诚心的悦服。"杜威在答辞中说了一些鼓励的话:"请你们怀着你们伟大的思想,本乎你们正确的宗旨,努力地同向光明走去。"①此次座谈会在学会内外都很有影响。

三是负责编辑《少年世界》。《少年世界》是学会继《少年中国》之后创办的第二种月刊,1920年1月1日创刊,编辑部设在南京,张闻天、沈泽民担任校勘,容后详述。

四是筹备总会接收工作和年会。学会第二次年会于1921年7月在南京召开,南京分会会员参与筹备工作,已如前述。后来因为北京会员出国及离校日渐增多且后继无人,以致会务松散,根据1923年苏州年会议决,总会于1923年11月从北京迁至南京。南京总会成立后于1924年7月、1925年7月在南京召开第五次、第六次年会。这些工作是以总会名义开展的,主要还是南京会员担负。

总的说来,南京分会是少年中国学会最具特色的分会组织,开展的会务活动仅次于北京总会。上海会员魏时珍1920年4月14日在赴欧途中给国内会员信中说:"我会会员,遍国内外,其组成分会者,亦所在多有,惟南京(分会)组织

---

① 少年中国学会编:《少年中国学会周年纪念册》,1920,第24—27页。

完备感情极热忱,弟在沪时,常以此为言,则会外人之注重,亦固其所。"①应当说这是比较中肯的评价。

3. 巴黎分会

巴黎分会是少年中国学会成立的第三个分会,也是在国外成立的唯一的分会组织,于1921年3月27日成立。当时欧洲方面聚集了学会最多的海外成员,在德法两国就有会员14人,根据学会规约应组织巴黎或欧洲分会。但巴黎会员以为,目前个人亟应从事于语言之补习,不宜多作活动,耗求学之光阴。在法会员从前多半居巴黎,于精神上、形势上皆联络一气,无特别成立分会之必要。"本会向来重精神不重形式,既无会务可办,故目下似无急于组织分会之必要。"故决议暂从缓办。②到1921年3月才开始筹设分会。据分会通信员陈登恪报告,他们此时成立分会的原因:在法会员近来离开巴黎,往乡间或他省者日多。会员等深恐精神涣散,遂全体通过组织少年中国学会巴黎分会,以资联络,使精神不致涣散,形势不致漫无头绪。于是,巴黎分会在3月27日召开成立大会。在巴黎的会员皆到会,并投票选举书记及通信。当时不在巴黎的会员,则以通信形式选举。结果周太玄当选为书记,陈登恪为通信。③

成立大会讨论通过《少年中国学会巴黎分会规约》,具体内容如下:

第一条　本分会定名为少年中国学会巴黎分会。

第二条　本分会以少年中国学会会员组织之。

第三条　本分会每年开常年大会一次,在每年暑假期间举行,讨论一切会务。

第四条　本分会每礼拜日在巴黎之会员开谈话会一次,谈话所得随时报告月刊编辑部。不在巴黎之会员应每月向本分会通信一次,报告其一月中生活学业情形。

第五条　本分会设书记一人,主开大会时记录及召集会议时通告,并对外接洽诸事。

第六条　本分会设通信一人,主与各处通信,并编制及保存一切文件。

---

① 《会员通信》,《少年中国》第2卷第2期,1920年8月15日。
② 《少年中国学会消息》,《少年中国》第2卷第3期,1920年9月15日。
③ 《少年中国学会消息》,《少年中国》第2卷第12期,1921年6月15日。

第七条　书记与通信任期一年,但得连任。

第八条　本规约有会员二人之提议及过半数之通过,得修改之。

第九条　本规约自本分会成立之日起为有效。①

巴黎分会的主要活动:一是成立"巴黎通讯社"。1919年3月,李璜、周太玄先后抵法后成立巴黎通讯社,把巴黎和会的消息传回国内,供国内各大报纸采用,打破了国内报纸关于国际事件的通讯报道完全为英、日、美等国通讯社所垄断所把持的状况,因而大受欢迎,因此获得的稿费又是一笔可靠的收入,使不少会员赴法勤工俭学得以成行。巴黎通讯社的实际工作,由少年中国学会会员进行。在李劼人看来,巴黎通讯社"开创了中国人自己在外国办通讯社的先例,有了它,而后京津沪各大报才有了派驻欧洲各国的特约记者,国际新闻才不完全由几家外国通讯社所垄断"②。

二是协助华法教育会、留法勤工俭学会、华侨协社和华工工会等机关团体开展活动,创办和编辑《旅欧周刊》《华工杂志》《华工旬刊》等刊物。《旅欧周刊》创刊于1919年11月,由周太玄主编,后来由曾琦负责;《华工杂志》先由周太玄、后由何鲁之编辑;《华工旬刊》由李劼人、周太玄编辑。1921年夏以后,由何鲁之负责。③在学会看来,巴黎会员周太玄、李璜组织巴黎通讯社,传播海外消息于国内,并发起留法勤工俭学会以谋学生之自治,李璜为勤工俭学会及华法教育会尽奔走维持之力,周太玄则兼办《旅欧周刊》并时与华工接洽,提倡工人自治,实行学会宗旨,④都是学会对外会务发展的表现。

三是举行星期谈话会。李璜提议组织星期谈话会,得到会员赞同,于双十节举行第一次聚会,讨论组织谈话会的问题,结果议决如下:(1)每星期日夜间举行一次,自八时起至十时止,地点在李劼人、何鲁之寓所。(2)开会时分谈话、报告、讨论三种。谈话会系预定人与题目;报告系报告学会及会员间各新生事项及会员一周内求学之经过及心得;讨论系临时提出关于会务、著稿、读书及其他会员间各事务。(3)每次定主席一人,由会员轮流担任,其顺序如下:何鲁之、

---

① 《少年中国学会消息》,《少年中国》第2卷第12期,1921年6月15日。
② 李劼人:《李劼人选集》第五卷,四川文艺出版社,1986,第19页。
③ 张允侯等编:《五四时期的社团》(一),生活·读书·新知三联书店,1979,第547页。
④ 《少年中国学会消息》,《少年中国》第2卷第3期,1920年9月15日。

李劫人、李璜、李哲生、周太玄、许德珩、曾琦。(4)开会时主席拟定程序并记录谈话内容。(5)谈话稿得本人许可,得寄归第一种月刊编辑部,请其酌用。谈话会从1921年10月17日起依次举行,第一次谈话会为胡助的"理化学之革命",第二次为周太玄的"古动物学上的物种起原和变迁",第三次为李思纯的"英国文学发达之概略",第四次为李璜的"法兰西诗之格律及其解放",第五次为李劫人的"旅法华工会之现状及其将来",第六次为何鲁之的"理想的城市",第七次为曾琦的"社会学的分类"。①

在巴黎会员中,有些人设法去解决自己的求学问题,而赵世炎积极参加并领导留法学生强占里昂中法大学的斗争,后来只有少数人到里昂大学去读书。经过这次斗争,巴黎分会愈加涣散,分化日益明显,一部分走到无产阶级革命的前列,另一部分在埋头读书的幌子下一心去追求个人名利,再有一部分用少年中国学会的名称去鼓吹国家主义。所以巴黎分会的分化与解散比总会要早得多。②据秦贤次分析,巴黎分会是学会在国外的活动重心,分会的活动一直维持到何鲁之于1925年冬离法回国始完全停止。③

4. 上海分会的酝酿

上海会员早已达到学会规约规定成立分会的人数,但直到1921年7月才开始酝酿成立分会组织。魏时珍1920年4月14日在赴欧途中给国内会员的信中,分析了上海分会未能成立的原因,他说:"我所憾憾者,上海会员已逾六人,而分会荏苒,至今未成,以与南京诸友较,实不能不有强弱之分耳。弟在沪时颇欲勉力为此,而素无组织能力且又偷惰,故屡兴而罢。白华梦九性亦疏散,无念及此。君怡任事虽勇,而远住吴淞,跋涉既艰,又时将卒业,力亦不逮。至于闻天泽民诸兄,则求学正皇,自难兼顾。上海分会至今未成,皆人事不力之咎也。今者舜生自宁来沪机会已熟,不容再缓,组织分会,不惟会中关系,可以日以密切,即感情学识,亦可借此增长,会务既理,不惟团体有益,即个人亦有利焉。夫可以乐成,难与虑始,此无化之民,未受团体训练者之意志耳,非所望于吾侪也。

---

① 《少年中国学会消息》,《少年中国》第2卷第10期,1920年10月15日。
② 张允侯等编:《五四时期的社团》(一),生活·读书·新知三联书店,1979,第548页。
③ 秦贤次:《少年中国学会始末》,(台北)《传记文学》第35卷第1期,1979年7月,第20页。

有行者,有居者,行者自当猛进,居者亦勉之哉。"①这说明上海会员早已有6人,但未能依照学会规约要求成立分会。左舜生到上海后促成分会的酝酿和发起。

1921年3月,上海会员筹划于7月成立上海分会。据《少年中国》第2卷第10期记载,1921年3月27日早8时,上海会员杨贤江、沈泽民、张闻天、恽震、吴保丰、王崇植、左舜生齐集于南洋公学会谈,所谈结果大致如下:

(1)南京7月10日大会,上海会员全体到会。

(2)决定7月15日前后,组织上海分会。

(3)侯恽吴王三君是年暑假在南洋毕业后,即找房子一所,实行同居,以后凡会员在上海久居者,均可加入共同生活。

(4)决定将来各人的图书,都归入上海分会图书阅览室并每人酌量经济能力,按月购入新书。

(5)暂时决不创办何种新会务,但一面就现在的会务量力分担,一面力求生活读书的有秩序。②

后来事实表明,上海分会组织未能如期成立,具体原因不详。

此外,留学日本、德国和美国的会员均未能按照学会规约的要求,如期成立各所在地的分会组织。1923年苏州大会议决,各地会员如有五人以上者,应即组织分会,以便协力进行。③但分会组织未有进展,这固然与学会规定的总会与分会关系有关,主要与学会出现的主义和活动问题等的分歧有关系。

5.总会与分会的关系调适

学会规约对于总会与分会关系有明确的规定,但在会务工作方面并不如意。1920年6月6日,总会执行部提议,汇集各分会会务报告及各地方会员消息。并提议自下月为始,以后每月各分会均须作一会务报告;各地方会员未能成立分会者均须作一通信报告,编入《少年中国》会务报告内。④郑伯奇在1920年8月9日给会员同志的信中说:"我们学会的组织,本注重科学,而实际上并未

---

①《会员通信》,《少年中国》第2卷第2期,1920年8月15日。
②《少年中国学会消息》,《少年中国》第2卷第10期,1920年4月15日。
③《少年中国学会紧急通告》,《少年中国》第4卷第8期,1923年12月。
④《少年中国学会消息》,《少年中国》第2卷第1期,1920年7月15日。

实行；现在我们学会差不多全是分会中心主义来做事的。"①实际上言指成都和南京分会开展会务活动，与总会关系不密切。他在1921年8月9日发表对于南京大会讨论的意见，又指出："本会各地方分会，均有一种地方色彩，这是最好的现象。但是地方色彩太浓，往往因此生感情的相违是很不好的。这实由因相互间精神上的交通太少的原故。地方的隔离太远，交通不便，旅行是不可能的事。讲到通信也不容易，不仅没有工夫，并且对生人无深切的话可讲；结果泛泛悠悠应酬勉励的话有什么效力？各地分会能举二三人为交通员，专注意与他地方分会交换意见自然很好。因为杂志既相互间为事实、理想、主义之讨论，团体的意见又有交通员，什么城壁都可以打破了。如此，才配去讲相互的理解，不然都是些皮毛话。"②这些意见均指向学会的分会会务，但未能发生什么效应。所以，1923年10月14日苏州会议讨论会务进行计划。李儒勉提议整顿各地分会，有会员几人以上之地方未设分会者，应促进其设立，凡一分会每半年须报告总会一次，每会员每年须报告总会两次，议决照行。③据此，少年中国学会发出紧急通告，指："本年苏州大会议决，各地会员如有五人以上者，应即组织分会，以便协力进行。总会与分会为谋声气流通计，拟请各分会向总会报告会务，每半年至少一次，又总会为谋各会员与学会发生密切之关系计，恳请会员至少每年报告近况一次，揭要在月刊发表，以求各会员间了解更为深切，团结更为巩固。"④随着学会分化日益明显，这些建议和规定未见实效。不仅分会组织未能增加，而且分会会务也难以持续有效地开展。

---

① 郑伯奇致会员同志诸兄，《少年中国》第2卷第6期，1920年12月15日。
②《少年中国学会问题》，《少年中国》第3卷第2期，1921年9月1日。
③《本会近事记》，《少年中国》第4卷第8期，1923年12月。
④《少年中国学会紧急通告》，《少年中国》第4卷第8期，1923年12月。

第二节　少年中国学会历次年会

少年中国学会的会议，对外有联谊会、恳亲会等形式，对内有总会常会、临时会或欢迎（送）会、学术谈话会、讲演会等等。分会亦大致如此。会员大会或学会年会则主要总结过去的会务情况，讨论会务进行或整顿办法，规划学会事业和活动计划。因此，对于会员个人尤其是学会发展的影响最大，同时也是学会发展的集中体现。

《少年中国学会规约》关于会议的规定共七条。关于会员大会的召开，第五十八条规定："会员大会由全体会员组织之。"第五十九条规定："会员大会于每年七月一日开会一次，由执行部召集之，其会议事项如下：一、表决评议员及编译员人数；二、选举评议员；三、议决预算；四、讨论本会进行要项；五、议决评议部之提案；六、议决会员之提案；七、承诺第三十条事件。"关于临时大会亦有规定，第六十条："本学会临时有特别重大事件，由评议部议决或会员十人以上联名要求，经评议部审查后，通知执行部召集临时大会。会员三十人以上联名要求召集临时大会时，不必经评议部审查，执行部须依其要求即刻召集之。"第六十一条："执行部通知召集临时大会日期及所议事项，须酌量道路远近，提前付邮。"关于会议方式和要求，第六十二条规定："开大会时，须全体会员三分之一以上到会，始得开议；开议时以年长者为主席。"第六十三条："会员提案，须五人以上连署，始得付议。"第六十四条："表决议案之法，以投票者之过半数决之；赞否同数时，由主席采决；表决权得以书函代之，视为到会投票。付议事项与该会员私人有关系者，该会员无表决权。"可见，学会对于会议的规定非常详细周密。

召开全体会员大会，对于散居国内外的会员来说，是可望而不可及的。1920年6月6日，南京会员蒋锡昌在北京会员欢迎会上提议用通信的办法开全体大会，他认为学会会员散在各国，无论如何，绝无能开全体大会的机会，而学会会务关涉全体者，又非经会员全体表决不可，问可否用通信法开全体大会，以便议决一切重要事务。6月19日北京总会常会会议上，陈愚生代为提出此议，议决于开年会时详细讨论办法。①但是,年会讨论没有结果,全体会议亦无从实现。不过,学会成立后先后召开了六次年会,历次年会的会务报告和主要决议案,见证了学会的曲折发展历程。

一、第一次年会(北京,1920年7月)

1. 年会概况

1920年6月19日,北京总会在岳云别墅开常会,参加者北京会员及新近旅行归国会员黄日葵、孟寿椿、康白情,自奉天返京会员雷宝华等多人,主要筹备学会周年纪念大会。②具体筹备情况不详。

7月1日召开的周年纪念大会,也是学会规定的第一次年会,在北京顺治门外岳云别墅举行。选择岳云别墅开会,是因为这是学会发起人第一次会议地点,也是学会的发祥地。参加者有袁守和、黄日葵、康白情、孟寿椿、雷宝华、李大钊、周炳琳、邓中夏、张申府、陈愚生等。

首先主席陈淯报告一年来的会务,宣布会员人数为74人。略谓七月一日为学会发起及成立纪念日,又为年会例定日期。"本分各会,及散居各地方同人,是日均应开会以表庆祝,所以追念过去,亦所以策励未来也。北京为本会发起及成立之地,似应特为筹备,以昭慎重。"然后列举当日议决事项如下:1.地点 决定在顺治门外南横西头岳云别墅;2.时间 决定自午后二时至午后七时,二时至五时为开会时间,五时至七时为宴会时间;3.办法 开会毕,即就该处宴会,一以表示庆祝,一以饯行出国诸会员。

2. 会务报告和决议案

据《少年中国学会消息》报道,当日开会议决事项如下:

一是选举评议员。评议部评议员及执行部编辑部各职员均已届满一年,照章应行改选。除执行部、编辑部各职员应由评议部从会员中用无记名连记投票

---

① 《少年中国学会消息》,《少年中国》第2卷第1期,1920年7月15日。
② 《少年中国学会消息》,《少年中国》第2卷第1期,1920年7月15日。

法选举外,所有评议部评议员应由大会用无记名连记投票法从会员中选举。京外会员早已经分寄选举票,在京会员概于当日当场选举,因国内会员所投之票虽已纷纷接到,而国外之票寄到者尚少,遂议决于下次开会时再发表。

二是讨论会务。(一)康白情提议修改学会规约。规约原系学会成立时匆促草创,推行一年,颇有窒碍难行之处,似应酌加修改,以期得收实效。唯修改规约,事关学会根本事件,遂议决由康白情作成提案,再行宣布,请全体会员研究表决。按同年7月21日北京总会常会议决修改规约一事等评议会成立后,再行提出讨论。(二)由执行部提议,该期出国会员各交二寸相片一张,登入下期会务报告,议决由执行部收集汇登。

三是报告事件。康白情报告此次赴日与日本新人会接洽情形,系用口头演述。请康白情另作详细报告登在下期《少年中国》。

按照北京总会的要求,南京分会在7月1日举行纪念会。黄仲苏、谢循初、王克仁、阮真、李儒勉、赵叔愚、刘衡如、杨贤江、方东美、邰爽秋等10人参加。会议事项:1.周年纪念。2.欢送黄仲苏、谢循初赴美留学。3.讨论会务。甲、整顿《少年中国》月刊,公推方东美、刘衡如负主要编辑责任;乙、加强联络,建议会员每半年至少向学会报告个人近况一次;丙、讨论学会宗旨。[1]其他分会及各地会员的纪念会情况不详。

3.会务发展情况

一年间会务发展非常迅速。《少年中国学会周年纪念册》宣称:"本会一年以来,亟谋内部根基之稳固,故所有会务多偏重于内部之组织,而少向外发展。"[2]具体说来,一是发行杂志。《少年中国》按时出版,社会影响较好。1919年7月成都分会发行《星期日》周刊。10月25日,执行部主任王光祈与中华书局订立《少年世界》合同;《少年世界》于1920年1月创刊,由南京会员编辑。上海方面议决出版《少年中国学会周年纪念册》,报告学会一年间经过情形,由左舜生经管其事,并于7月出版。此外,5月22日,常会议决筹备《少年中国》月刊周年纪念号,但未有结果;6月19日,总会常会议决筹备学会周年纪念大会。

---

[1]《少年中国学会消息》,《少年中国》第2卷第2期,1920年8月15日。

[2] 少年中国学会编:《少年中国学会周年纪念册》,1920,第5页。

二是新闻出版事业。主要是会员在各地主办报刊或通讯社。1919年7月，毛泽东创办《湘江评论》；9月，徐彦之在济南成立齐鲁通讯社；11月，周太玄主编《旅欧周刊》；12月，刘泗英在东京创办华瀛通讯社，等等。

三是学术研究活动。1920年4月10日北京总会常会，筹备名人讲演大会和组织学术谈话会。11月28日召开第一次学术谈话会，李大钊讲演《自然与人生》，邓中夏提出讨论《罗素、勃拉克与中国婚姻问题》。

四是发展会员。学会按照严格征求会员的标准，积极联络和发展一批有志有为的青年入会，一年间新加入会员30多人，包括谢循初、恽代英、阮真、杨贤江、蒋锡昌、王克仁、沈泽民、王德熙、方东美、余家菊、梁绍文、张闻天、毛泽东、芮学曾等各地青年才俊。有分析说，少年中国学会于1918年筹备，经过第二年的五四运动，便一天天扩大起来。因为五四运动一幕，有不少的"新少年"应运而生，而各地的青年组织也风起云涌，"少中"既已有了相当的历史，而《少年中国》月刊出版，也颇能予人一种清新的印象，因之由各地会员的辗转介绍，加入"少中"的乃逐渐加多。① 至第一次年会有会员74人，其中留法国者9人，留德者4人，留日者7人，留英美者各1人，在北京求学及从事教育编译事业者15人，在南京求学及从事教育事业者12人，在南洋从事教育及新闻事业者2人，在上海求学及从事新闻编译事业者4人，在成都求学及从事新闻事业者4人；散居武昌、长沙、天津、济南、福建、浙江、奉天、西安、广州各处从事工业、新闻事业等者14人。所以《少年中国学会周年纪念册》分析说，会员皆为求学于国内外及从事文化事业的青年。

随着会员的不断增加和会务活动的开展，学会评议部于1920年3月1日发表《评议部致各会员书》，就学会成立八个月以来会员对于会务的态度，分别为"颇能本奋斗实践之精神，对于会务热心从事"，"本本会精神，从事其他职务，因之对于本会会务，不能直接多所尽力""对于会务似觉消极，即其个人读书做事之状况，亦以消息不通，无由深悉"等三种，并表明学会的不同态度与要求，重申会员必须努力进行事项为：凡所在地有通讯社之会员应在通讯社服务并每月向评议部报告一次；所在地没有通讯社之会员至四人以上应组织学术谈话会，并

---

① 左舜生：《万竹楼随笔·近三十年见闻杂记》，（台北）文海出版社，1967，第455页。

每月报告成绩一次;无通讯社又无学术谈话会组织之地之会员,每月必报告个人读书心得或做事成绩一次;凡会员须按学会所出两种月刊内容,每两月供给文字一篇,长短不拘。如本人事繁,亦得向会外同志请求代撰;会员与会员间应常通声气。除了以上共同义务外,各地会员还有特殊任务,如在京会员应该负责编辑《少年中国》及编译社组织;在沪会员应负责两种月刊校勘及发行所接洽。①这是学会整顿会务的表现,并希望会员热心开展会务工作。

《少年中国学会周年纪念册》也提出关于发展会员的要求,有谓:"本会为整饬会务起见,一方面希望嗣后各会友介绍会员,务要极端慎重,宁牺牲个人之友谊,勿为学会造将来破坏之基础;一方面厉行本规约第十五条宣告除名之规定。盖吾人鉴于过去一切团体之失败,多由于滥拉会员之故,凡我同人,尚希千万注意。"②

此外,社会活动方面,学会倡导新村运动,开展小组织问题讨论;1919年12月,王光祈等发起北京工读互助团;1920年2月,恽代英在武昌成立利群书社,等等。这些在新生活试验方面颇有社会影响。

对于一年间学会的发展情况,会员普遍感觉良好。郑伯奇1920年8月20日给全体会员的信中评论说:"我们少年中国学会不过才成立了一年罢了!却是这一年之中,所举的成绩,公平说去总不辜负'良好'二字的批评。"③陈愚生在1920年7月学会周年纪念大会上报告学会自发起成立两年间的发展情况:创办《少年中国》《少年世界》两种月刊和《星期日》周刊,成立巴黎通讯社,对于社会改造事业,不无贡献。发展会员方面,当初发起时仅有会员7人,至1920年7月则有70余人,世界各重要都会都有学会会员足迹,多者十余人,少者亦二三人,发展之速,可为惊喜。他乐观地说:"明年今日,其发展必更有非今年此日所能预测者又不卜可知也。"④这些均表明学会是一个发展迅速,而且很有希望的团体。

---

① 评议部致各会员书,《少年中国》第1卷第10期,1920年4月15日。
② 少年中国学会编:《少年中国学会周年纪念册》,1920,第40—41页。
③ 郑伯奇致全体会员同志诸兄,《少年中国》第2卷第6期,1920年12月15日。
④《少年中国学会消息》,《少年中国》第2卷第2期,1920年8月15日。

二、第二次年会(南京,1921年7月)

1. 年会概况

本次年会的召开,出自评议员恽代英提出1921年7月召集全体会员在南京开大会的议案。议案大意是:为同志间团体意识的完成,为团体中各种问题的切实讨论,为求各地同志相互了解的增进,为使各地同志有合当游息内省的机会,为便于会外的同志朋友了解学会的真精神,亦便于学会了解他们的真品格,以渐能介绍入会,故提议每年的大会改用下列办法:

(一)每年大会从七月一日起,如各处到会的人实不便利,便改从七月十一日起,至少有三天的聚处,能多至七天十天更好,这几天中到会的人食宿都在一处,各种会务亦多令其为对内的,而少为对外的。

(二)开会地点每年更易,总以便于各地会员到会,而又隔离尘嚣,有山水可供游赏之区:如南京、西湖、庐山、衡山等处均可用。

(三)每次年会地点,前一年或半年即决定公布。凡愿到会的,会员收杂费二元,非会员收杂费一元。旅费自备,火[伙]食费预缴,由推定的会员担任筹备招待。

(四)各地会员务须全体到会。非会员愿到会,须得会员一人的介绍。

(五)会务约为:(1)各会员报告一年来读书做事的成绩;(2)对于学会进行的讨论;(3)将于学会同志相互的箴勉;(4)同志间的个人交际;(5)同志与到会的非会员间的个人交际;(6)名人的讲演;(7)游览及参观。

(六)名人讲演:为表同情于学会的先觉,莅会为义务的讲演。讲演能为连日有系统的学术或别种讲演为佳。

(七)此案若大家赞成,明年大会拟在南京举行。此事于(民国)十年(1921年)一月便当决定公布。由南京同人互选出筹备员二人或四人,将地点、时期、聚会秩序单、各地到会旅费、火[伙]食费均一一预定,至迟三月以前即当通告日本南洋及本国各地会员,以便大家筹备到会。在欧洲的、在美洲的同志亦可同时各择于一个地方聚会。

议案明确提出,1921年起在南京试行,因南京对于各地会员距离较为适中,而又有多数南京会员可以筹办一切事务。评议部议案当(民国)十年(1921年)

一月公布,所以便于南京筹备员筹备,南京通告当三月发出,所以便于各地会员预备到会。筹备员只定二人或四人,因责专而事易办。其他还有应筹备应通知的事项,南京会员应当筹议加入,别处会员亦得发表意见,供南京筹备员采择。①

评议部讨论恽代英的提议时,余家菊等评议员均表示赞同。左舜生另外提议,各处会员不能到会的应于开会前两个月将个人对于会务种种意见详细提交评议部,以便开会时列入议事日程,共同讨论。他认为此项会议为学会切实改进的关键,希望各处会员详细思索一番。②根据学会规约,评议部讨论通过南京年会的议案,交执行部执行。1921年7月在南京召开年会,就这样确定下来。

1921年3月27日,召开南京大会筹备会。南京会员讨论此次年会筹备事宜,并发出筹备通告。大意如下:前次评议员恽代英君提议,评议部议决,今年七月十日(七月一日学会两周年纪念)在南京开大会,一面谋会务之整理,一面谋会员之欢聚。南京分会于3月27日发出会议通告:

今年南京大会你决能来么?无论你来不来,统请从速示知,以便筹备。来往的旅费、膳宿费均须自备。膳宿费照我们估计,每人每天约须五角。会期七月十日始。南京有北极阁、鸡鸣寺、玄武湖、莫愁湖、清凉山、明故宫、明孝陵、雨花台等名胜可以游览;有暨南、高师、金陵等学校可以参观。现在南京可以做东道主的,有方东美、李儒勉、邰爽秋、王克仁、刘衡如、赵叔愚、王德熙、陈启天、杨效春诸人,兄还无意来么?你如有须在大会提议的问题,最好能先示大略,以便转知各友先行研究。你能自己油印直送各处也好。③

在南京召开年会的决议,得到各地会员积极响应。上海会员在3月27日聚会,酝酿上海分会成立事宜,并议决上海会员全体参加南京大会。④北京总会方面为准备给南京大会的提案,于6月17日开谈话会,交换意见。核心议题为"本学会应否采用某种主义",准备将此问题提交年会。

经过总会和南京会员的紧张筹备,年会在南京如期召开。

---

① 恽代英:《少年中国学会的问题》,《少年中国》第2卷第7期,1921年1月15日。
②《少年中国学会消息》,《少年中国》第2卷第7期,1921年1月15日。
③《少中中国学会消息》,《少年中国》第2卷第10期,1921年4月15日。
④《少中中国学会消息》,《少年中国》第2卷第10期,1921年4月15日。

南京大会于6月30日召开预备会。据《南京大会记略》，由南京分会及各处已到南京会员在南高师梅庵开预备会，出席者有穆济波、恽代英、蒋锡昌、方东美、王克仁、李儒勉、陈启天、邰爽秋、杨效春等九人，推杨效春任书记。议决各事：

一是开会费用：与会会员每人暂收二元，交南京分会会计陈启天。

二是开会时间：7月1日下午1至4时，晚7至10时；2日上午9至11时半，晚7至10时；3日上午9至11时半，晚7至10时。(4日午前仍开会，系临时延长。)

三是开会地点：1日在鸡鸣寺，2日在玄武湖，3日在清凉山，晚均在高师梅庵。(有一次在高师农场)

四是议事日程：

第一日 1.学会宗旨及主义问题；2.信条问题；3.政治活动及会外其他活动问题；4.宗教信仰问题；5.征求会员标准问题；6.介绍会员问题。

第二日 1.月刊问题；2.科会或研究会问题；3.丛书问题；4.传观会员通信问题；5.储金问题；6.会务问题；7.会员义务问题；8.评议员问题。

第三日 讨论各会员提案：1.蒋锡昌案；2.王光祈案；3.成都分会案；4.康白情案；5.下次年会问题。[①]

五是推主席及书记。主席每日一人，先一日晚推出。书记每日二人，临时推举，不得连任。

2.会务报告和决议案

从会议记录来看，首先讨论关于宗旨主义问题及政治活动问题。"此两案关系重大，发言者亦最多，从午前九时半起，至晚八时止，仍相持不下，虽草草表决，但表决的含义仍极复杂。好在到会者认此次会议仅表示一部分人之意见，不必强全会一致，故不妨认两题为本会悬案，以后在月刊上从长讨论。"

关于主义问题，会员纷纷发言，最后主席表决：主张不要主义的6人，主张要主义的17人，其中有主张研究主义的，有主张规定个最小限度的一致的，遂未进行表决，主张在月刊上详细讨论。

[①] 按此项议事日程，开会时略有变动。又第一日各问题，因关系重大，北京会员黄日葵、邓中夏、刘仁静是日未能赶到，在七月一日鸡鸣寺会议上，由高尚德动议，与第二日互换，结果一致通过。参见张允侯等编《五四时期的社团》(一)，生活·读书·新知三联书店，1979，第352—353页。

关于是否应容许会员自由从事政治活动问题,讨论良久后,付诸表决,结果认为直接加入现在政界者为狭义的政治活动;不仅加入现政界,凡打破现在政治组织从事革命者,亦为广义的政治活动。最后以"社会活动"应包括广义的政治活动付表决,赞成者19人,反对者3人。

接着讨论宗教问题。对宗教问题仍分两派,其中反对学会不许教徒入会者,其自身亦非赞成宗教,不过反对学会有此规定以限制个人之自由;主张学会限制教徒入会者,其自身亦非蔑视宗教或侵犯教徒人格,不过不赞成学会有教徒加入,以妨害学会固有精神。最后以评议部前次不许教徒入会及已入会而为教徒者须出会的规定是否应取消进行表决。结果赞成取消者18人,反对取消者3人,放弃表决权者1人。

根据《南京大会记略》,当日讨论宗旨主义问题、政治活动问题、宗教信仰问题三案,辩论异常激烈,有人几至以去就相争。次日恽代英临时提出"学会前途的危险,应讨论如何决裂"一案,即针对该日会场气氛而发。在《少年中国》编辑看来,"解释本会宗旨"并决定"本会会员是否得从事政治活动"确系学会的根本问题,宜详加讨论。至于宗教信仰一题,在学会实已不占重要地位。因宗教问题提出讨论以来,学会有一大部分人反对宗教,已人人共知;会内既有此种气氛,对于任何教徒,不仅介绍者不愿介绍,被介绍者也不愿加入。希望以后竭全力解决前两项,宗教问题可以以后再解决。

是日午后继续开会讨论的问题如下:

一是信条问题。大致分为两派,甲派以学会信条过于空泛,又不普遍,主张取消;乙派就经验论,谓信条确有好处,不应轻弃。表决结果,主张维持原有信条者13人,不主张者6人。

二是征求会员标准问题。刘衡如谓原有征求会员标准,前两项(纯洁、奋斗)可包入信条,只需(一)了解学会宗旨,(二)对学会表充分同情。结果主席以该案付诸表决,赞成者18人,不赞成者1人。

三是介绍会员问题。此问题分三层讨论:1.介绍人人数,康白情、杨昌提案均主张改为三人,以前五人介绍在事实上等于具文,不如人员绝对责任者较好。结果赞成改三人者17人,不赞成者2人。2.介绍人所在地点,结果主张不规定介绍人与被介绍者同地或异地者17人,持相反意见者2人。3.介绍女会

69

员,一致主张慎重。

四是修改规约问题。学会规约行之两年,有一部分在事实上等于具文,有一部分显然有不能实行之困难。1920年康白情在北京总会提议将学会规约不适用者酌量修改,当时北京会员请康白情提出修改草案,将规约七十条扩充为八十条,比原来详密。其修正案要点:(一)括原有信条于会员资格一条,不别立信条名目;(二)改会员入会介绍人五人为三人;(三)废除评议部,以评议部现有之职权归于总会议事会。①7月1日讨论《少年中国学会规约修正案》时,对第二条"本学会宗旨 本科学与'民治'的精神为社会的活动,以创造'少年中国'",产生了争议。后来多数议决以之后至下一年大会时之期间为讨论时期。在讨论未定以前,主张暂不修改。②7月4日继续讨论关于修改规约起草问题,讨论分为五层叙述:1.组织修正规约委员会,其修正之方法,系根据原有规约及本届大会所提出与表决案。2.修改后在月刊公布,由各处会员发布意见;修正委员会收到此项意见后,据此再加修改,在来年大会逐条表决,始作为正式成立。3.修正委员会由南京、上海两处会员组织,人数限于三人。(按结果上海推定杨贤江,南京推定陈启天、刘衡如)4.修正草案限一月脱稿。5.各处会员对修正草案发表意见,应于公布后四个月内寄交委员会(交南高师陈启天)。

五是恋爱问题。此系恽代英临时提议,大多认为绝对不干涉。恽代英最后提出四个条文:1.因恋爱而发生重婚行为者请出会。2.男女交际中有蔑视对手方面人格之行为者请出会。3.因自由恋爱而发生其他不正当行为者请出会。4.因男女交际而对于学会发生重大之妨碍者请出会。此四条提出后,又引起许久的争辩,结果第一项多数通过,第二至四项恽代英暂撤回。

六是储金问题。会员自由储金发生已久,并由苏甲荣草拟办法若干条,已储者由总会会计刘仁静保管。在讨论储金问题时,左舜生主张确定用途,并指定专办教育。结果与会者主张指定教育的15人,主张先办实业生利再办教育的4人,主张将来再决定用途的3人。

7月4日在鸡鸣寺的会议,还讨论了其他会务问题:(1)议决北京、上海会员现在所担任会务,仍照常进行;(2)丛书出版,由上海会员负责;(3)推定恽代英

---

① 《少年中国学会消息》,《少年中国》第2卷第11期,1921年5月15日。
② 《少年中国学会问题》,《少年中国》第3卷第2期,1921年9月1日。

为组织研究会促进员;(4)决定下一年7月1日大会地点在杭州西湖。①

此次年会到会23人,虽然没有正式的代表名义,但实际上代表了各地和各派会员的思想和主张。大会议程很多,包括《少年中国》月刊、各科研究会、会员通讯、宗教信仰、自由恋爱和修改规约等问题,但中心议题则是主义和政治活动两个问题。这次大会在是否确定主义和从事政治活动这两个重要问题上没有得出一致的结论,在讨论者中间出现了明显的意见分歧,显示了学会分裂的趋向。

值得注意的是,许多未到会的会员以分会或个人名义或联名形式向大会提出意见或议案,供大会进行讨论。其中最有影响的是王光祈关于会务发展的提议,大意如下:(一)按照会员终身学术、终身事业表,速组织某项学术、某项事业研究会,非会员可参加。(二)将《少年中国》月刊改为自然科学、社会科学、文艺三种专门性质的杂志,仍用月刊名义,每年仍出十二期。(三)学会不标某种主义的笼统名称,而对于将来的政治组织、经济组织、社会组织及其进行步骤、运动方法,皆加以极具体的描写。如果此种具体描写之组织及方法已为会员所赞成,将来即以此种组织及方法作为学会对于某项事业进行之方针,换言之即本会主义。(四)学会主张社会活动,反对政治活动,为学会精神之所在。今年大会时须加以极明确之规定,倘有违背此项精神者,即作为违背学会宗旨,请其出会。(五)除讨论学问之通信在月刊发表外,所有关于讨论会务及个人生活之通信,由执行部收集编订成册,寄与各处会员传观。传观路线,先国内,后依次日本、美国、欧洲、南洋,最后仍寄回执行部保存。②该提议在年会上引起热烈讨论,但未形成决议。

此次年会在会员中产生了很大反响,不少会员表达了对于南京大会的态度。王光祈对到会者拥护自己主张的精神感到欣慰,他认为,"此次南京大会所提出之问题虽多,然可以用两言括之,即学会对于会员之行动,采一种干涉主义乎?抑采一种放任主义乎?或兼采两种主义,而规定某种行动应干涉,或某种行动应放任乎?若采第三说,则规定各种行动,孰应干涉,孰应放任之标准何在?"进而提出:"(一)凡学会所标之宗旨信条,为学会根本精神之所寄者,绝对的采干涉主义;(二)凡个人行为不妨害学会宗旨及信条者,采相对的放任主

---

① 《南京大会记略》,《少年中国》第3卷第2期,1921年9月1日。
② 王光祈:《对今年七月南京大会的提议》,《少年中国》第3卷第2期,1921年9月1日。

义。"因此,大会各项议决颇有令人难安之处,尤以扩充学会根本主张之"社会活动"而解释为包含"政治活动"一项,为学会生死存亡问题,是不可以不辩的。好在此次议决系国内一部分会员之意见,无拘束全会之效力,所有学会大部分在国外留学之会员,当然尚有切实讨论的机会。①恽代英在会后致杨钟健的信中对年会讨论情形,做了如下总结:"(一)我们对于学会,期望很大,必如此才兴味浓厚;(二)我们责望会员对学会效力地方很多,甚至望会员牺牲其所有以为学会,必如此学会乃有精神可成功,然若目标不明确,期望不能达到,责望亦不能忍受。""但我觉这些期望与责望,实在是以前学会精神的所寄托,若太减低了,将一定失去以前精彩,亦令内部许多人会觉失恋(我也是一个)。"这也是他在年会上充作"调和派"的原因,同时也坦承调和非他本意,然当会及会后均见学会有树立一定明确旗帜的必要,实无调和的余地。总之,"我意学会非破裂不可。我在南京态度和缓,其实是已失望,不得已而求其次的表示。'其次'又不可得,终于合我想到破裂以达到最高的希望"。并且明确表示年会后思想发生了一个大改变,就是很希望学会成为布尔什维克式的团体。②这些表明会员对南京大会的真实态度,其中不无对学会分化乃至破裂的忧虑。

3. 一年间的会务发展

北京年会以后学会发展迅速,会务开展呈现出欣欣向荣的景象。陈启天在南京年会的发言中指出:"少年中国学会在过去两年中以文字鼓吹的力量,在社会上稍有虚名,几有以为本学会实中国最有希望的一个团体,而本学会的会员也有以此自负的。似可见少年中国学会前途将有极大的希望了。……然而从事实上看来,少年中国学会的问题实为中华民族的一个问题。质而言之,少年中国学会前途,实关于中华民族前途。"③也可以说此期是学会发展的鼎盛时期。

1921年6月26日,执行部主任苏甲荣以书面报告形式向南京大会报告一年间的会务情况,特别提到邓中夏筹备的宗教讲演大会对于"本学会及社会的影响实在不小"。新办的会务只有储金和编辑书目两件事。原有会务中以学会名

---

① 王光祈:《政治活动与社会活动》,《少年中国》第3卷第8期,1922年3月1日。
② 恽代英致杨钟健,少年中国学会编《少年中国学会会员通讯录》第1期。
③《少年中国学会问题》,《少年中国》第3卷第2期,1921年9月1日。

义对外办的两种月刊,《少年世界》出完十二期停刊,又出一期"日本号"特刊。《少年中国》从1921年2月起移到上海归左舜生办理。此外还有巴黎方面的通讯社、美洲方面的中美书报代售处,等等。[①]其实,一年来的会务活动可以归纳如下。

文化运动方面:1920年8月会员成立上海通讯社和纽约通讯社,毛泽东在长沙创办文化书社。1921年初,谢循初、黄仲苏等在美国创设"中美书报代售处",有条理地介绍美国书报;梁绍文在武汉发行《武汉星期评论》;陈愚生、刘泗英在四川创办《新蜀报》。此外,1920年9月6日北京总会常会陈愚生建议编辑简明小册丛书,正在进行之中;12月《少年世界》停刊,以全力供稿《少年中国》月刊和编辑学会丛书。可见学会在开展文化运动方面的决心。

对外活动方面:1920年8月和9月,北京总会与天津觉悟社等五团体筹议"改造联合",通过《改造联合约章草案》;随后武汉方面会员也开展联合改造(详后)。

学术研究方面:巴黎会员从1920年11月起举办星期谈话会(学术谈话会);11月28日,北京会员召开学术谈话会,李大钊讲演《自然与人生》,邓中夏提出讨论"罗素、勃拉克与中国婚姻问题";12月17日,北京会员欢迎会员朱铎民自南洋归来,发起"南洋研究会"和储金会;12月19日北京会员举行宗教讲演大会,请陆志韦、刘伯明讲演宗教问题;1921年1月12日南京分会议决编辑会员所有图书目录,印行会员通讯录。

会务整顿方面:会员进行了热烈的讨论。左舜生和宗白华向全会同志提出会务整顿的问题,主要针对会员的两种要求:一、要求诸同志间实行一种互相的纠察与互相的规勉,以共谋学会信条的实践,再将这种互相纠察所知违背信条的事实,立即报告评议部,由评议部实行规约第十四条提出警告书的职务,及第十五条警告不改,宣布除名的职务。二、要求诸同志介绍新会员绝对严格与绝对负责。他们声明"我们提出这两种要求,完全为着保爱我们团体的纯洁光明,绝不敢杂以丝毫成见"。其具体办法是:(一)对于已入会的会员,都实行第一种要求,互相纠察与规勉。凡纠察所得,立即报告评议部,请评议部立即调查,积

[①] 苏甲荣致南京大会出席诸公,《少年中国》第3卷第2期,1921年9月1日。

极办理。(二)评议部得着报告就不顾报告是否虚实,总立即着手调查。调查属实,就立刻实行第十四、十五条的职务,不得姑息。(三)介绍者对于新介绍的会员,要有彻底的深知。尤以品格行为为最重要的标准,学术才识次之。而偶然发表的言论与文字不足为学问品格的标准。须有亲切直接的观察与明审,周密的深知。(四)担任介绍的五人都要负绝对的责任。(五)积极谋团体的纯洁与进步,不偏重个人的友谊与情面。对已在会的会员实行纠察与报告的责任,对新介绍的会员严格负责。[①]

恽代英发表《少年中国学会的问题》一文,也详述会务开展的意见。他提出,对内的会务是注重求会员间相互的了解,求团体意识的形成,求大目的下分工互助的共同计划的成立。考察不注意对内会务的病根,主要是:(一)我们多数同志本还不觉得一个圆满团体活动的不易,抑或不觉得创造少年中国有团体活动的必要。(二)每个人把个人的学问或事业看得太重要,令自己太忙碌,没有精神时力考虑处置一切学会根本问题。(三)一切发表的文字,太注意求社会的赞许,太不注意求自己的了解。(四)会员彼此关系太少,平日漠不相关,半个月一个月会一次面,所研究学科既不相同,所从事业亦复各异。这样盼望以一个宽泛的学会名义,偶然地供给稿件关系,可以结成死党,谈何容易。因此,他提出:第一,学会不可不有会所,会员非必不得已,不可不居住于会所内。第二,各地会员不可不有共同事业。创印刷局或书社,办学校,办报纸等,虽一时难成,终不可不努力。第三,赞成王光祈所说国外旅行团国内旅行团的办法,便于将来会员互助。第四,将来对内仍宜刊印会务报告,以促进学会同志相互了解。[②]

远在欧洲的王光祈赞同恽代英提出的学会宜注意对内会务的意见,采纳各方会员意见,主张学会对外宜减少发展,对内宜猛力进行会务整顿。他进一步提出对内会务的发展方法:一是个人学与行之修养,二是会员间之联络。他认为会员是有力的个人,只是就其禀赋而言,其实并无说明能力,需要在学养方面猛力地用功夫。一方面由个人自己努力,一方面还要借朋友切磋的力量。具体的办法一是调查会员的学问事业,在此基础上组织研究会,力争做到互助二字。二是会员通信传观,便于相互了解。三是北京会员专办对内会务,重点是《少年

---

① 原载《少年中国》第1卷第7期,1920年1月15日。
② 恽代英:《少年中国学会的问题》,《少年中国》第2卷第7期,1921年1月15日。

中国》月刊,要办成专门的学术杂志。四是组织国内与国外旅行团,便于会员了解接触。①这也表明会务发展问题引起会员的广泛关注。

会员发展方面:新加入会员张明纲、高尚德、陈政、汤腾汉、朱自清、金海观、曹刍、郝坤巽、杨钟健、沈昌、鄢祥禔等11人。而章志、王德熙、张明纲自请出会,执行部已执意挽留。故实有会员82人。值得一提的是,学会依照规约劝易家钺(字君左)出会。易家钺是学会重要骨干之一,曾于1921年2月15日自请出会,学会执行部对此非常慎重,会员也对易家钺多方挽留,未予批准出会。在易家钺辱骂苏梅女士事件发生后,北京总会在5月20日讨论易家钺出会问题。《少年中国》第3卷1期刊登了"学会消息":

近日《京报》上发现右君(指易君左——引者注)辱骂女高师苏梅一文,吐词淫秽,阅者无不骇怪,各方面均认为易君手笔,而彼亦无以自白。此文直不啻宣告青年人格的破产,于社会前途影响实大,舆论哗然。平素与易君有关系的团体先后宣告除名,本学会自更不能置而不问,重以会内外之来诘责者纷至沓来,遂于五月二十日晚上八时在守常家召集临时会议。出席者为陈愚生、雷孝实、李守常、黄日葵、沈君怡、刘养初、高君宇、章一民、苏演存九人。初有主张把易君除名的。讨论结果,佥以易君此事已受了各方面许多的社会制裁,无事吾辈再为已甚,且为社会计,为个人计,亦甚望易君能从此觉悟,勉为一良好青年,故议决请执行部把易君前自请出会函提交评议部追认。

5月21日,易家钺来函再次请求出会,并表示非常抱歉之意。学会评议部讨论并一致通过易家钺出会,并在5月25日《晨报》上刊登紧要声明:"近日外间数有以易家钺是否为敝会会员垂询者,查易君于数月前自行请求退会,现已非本会会员,特此声明。"②同意易家钺出会,表明学会在发展会员方面的认真态度,也显示了学会整顿会务的决心。

---

① 王光祈致恽代英,《少年中国》第2卷第7期,1921年1月15日。
② 参阅李永春、李逻辑《易君左1921年文字风波述略》,载《湖南工程学院学报》2013年第1期。

三、第三次年会(杭州,1922年7月)

1.年会概况

为了本次年会的召开,学会执行部连续发出通告,大略谓:"本年大会按照本会现行章程第五十九条之规定及上年南京大会之决议,订于本年七月一日在杭州举行,特此通知。先生如能按期到会,乞即函知本执行部,以便预备。如不能到会,乞将应提议案或意见于六月十日以前函交本执行部,以便转交大会核议。至若有特别情形,开会延期时,当于会期四十日前通知。否则准于七月一日开会,请勿延误为荷!"①

1922年7月2—3日,第三次年会在杭州西湖举行,陈愚生、杨贤江、曹刍、高君宇、左舜生、朱自清、沈昌、金海观、李儒勉、陈启天等10人出席。会议主要议题:1.主席左舜生报告一年来的会务;2.讨论政治活动问题;3.讨论学会规约及月刊等问题。

2.会务报告和决议案

据《一九二二年杭州大会纪略》记载,7月2日会议主席为左舜生,书记朱自清、李儒勉。首由主席左舜生报告一年来的情形,包括"一般趋势"、会员变迁、上年议决事件的进行状况及《少年中国》月刊。接着讨论此次杭州大会的地位及态度。议决此次会议案以年会名义并签到会人名发表,各项议决只能表示少数人的意见,并不求多数人的服从。唯精神上此次会议有大多数人的意见作根据(指两期"少年中国学会问题号"及其他),讨论范围不妨放大。

政治活动问题为会员争论的焦点,关系极重要。因此此次会议关于政治活动问题,讨论分两层:一、学会对政治的永久态度;二、学会对目前时局所采的态度。讨论结果,只规定第二层而不涉及第一层。与会者经过一番很激烈的讨论,结果通过以下决议:"本会对时局的主张:对外反对帝国主义的侵略,对内谋军阀势力的推翻。为实现此种目的,本会用舆论及其他方法为独立的活动。同时国内外任何团体,凡实际上能作此种民治主义的革命运动者,本会于必要时

---

①《少年中国学会消息》,《少年中国》第3卷第7期,1922年2月1日。

得与(予)以相当的协力。"正如《杭州年会纪事暂缓发表的原因》所说,到会会员鉴于年来军阀横行,全国人民日处于水深火热;而谋我者亦不因国际上经过一种形式的和平会议而稍戢其野心,会员等雅不愿以一[个]八十余青年集合之团体,因其他一种久远之目的,而束身于目前艰难时局之外,故讨论再四,通过本会对于时局的态度一案。①这是此次年会最"可注意之事",也表明学会开始关注时局变化,涉足政治问题。

关于主义问题(即对政治的永久态度),左舜生提出,仅能揭明希望的趋势,而不能确定什么主义。讨论多时,大家都赞成左舜生的提议,随即公推左舜生、陈启天拟定表格,7月3日午后开会时共同审查。

此外,讨论其他的政治问题,主要有:

一是作官问题。与会者意见很一致,遂通过议案如下:学会会员不得作一切官吏,但如遇与官吏类似之职务至发生疑义时,由学会评议部机关临时解决之。

二是议员问题。高尚德提议不妨容许会员作议员,因为可以替第四阶级谋幸福。陈愚生说:"我们须对目前立论。照现在的情形看来,非靠运动决不在[能]当选。作议员的决不会纯洁,本会最好是不许会员作议员。"因为此问题牵涉甚广,公决暂行搁置,日后再讨论。

7月3日会议主席为陈启天,书记朱自清、李儒勉。除审查前言表格并讨论作议员问题外,讨论规约问题及各种杂问题。兹分述如下。

(1)规约问题。

一是评议部存废问题。评议部之存废全系事实问题。如评议员办事不发生困难,当不成问题。干事部亦同样有困难。然评议员散处四方亦有他的好处,耳目灵敏而不至囿于一隅。如能设法去散处的不便而又能受其利,评议部即不妨维持。结果议决如下:维持原有评议部。不过评议员所在地点,应限于交通便利、十日内邮件可以往还者。

二是介绍会员问题。讨论结果,维持修正案,即经会员三人介绍及评议部之承认者得为会员。

三是总会地点问题。由左舜生提议,总会地点改固定为流动。凡有会员若

---

① 《少年中国学会消息》,《少年中国》第3卷第10期,1922年5月1日

干人以上,即得将总会地点移往该处。一面易唤起会员在学会的注意与责任心,一面因各地会员办事成绩有比较而易策进步。结果议决,凡有会员七人以上的地点,统有设总会的资格。并决定民国十一年至十二年(1922—1923年)总会地点移为南京,以后总会地点于每年大会时决定之。

(2)各项杂问题。

一是月刊问题。照欧洲会员提议的办法努力进行。

二是对于久不通消息的会员的办法。凡两年不缴会费并与执行部或评议部不通音讯者,由大会公决,取消会员资格。

三是下一年大会地点。山东泰山。①

此外,日本方面郑伯奇等人的提案,美国方面康白情、孟寿椿等人的提案,以及北京会员提案,均在大会上进行了讨论,然后刊于"少年中国学会问题号",供会员进一步讨论参考。

关于这次会议情况,执行部主任杨钟健在1922年9月5日《略谈学会问题》中指出:去年南京大会谓留后详细讨论,现已一年多了,多数会员的意见已明确表达。在月刊第3卷第2期,国内会员已有19人表达了意见;在第3卷第8期,欧洲方面会员也大半表达了意见,最近美国方面会员的意见也寄来了。本期又把学会问题作详细的讨论。所以会员对学会问题,大多数都已表达了意见。"因此,到现在我很诚恳的要求会员诸兄,把本会问题即日解决。"现在亟应由空泛的讨论时期入于实际的解决时期。②这表明了学会问题由空泛讨论进入实行时期,也表明学会会务进一步向外发展。从学会发表对时局的主张来看,无论是会员思想还是学会的活动,比上年南京大会有了飞跃的进步。恽代英在《先驱》发表评论文章指出,少年中国学会在西湖会议上决定了对于"目前中国的政治态度",这是中国知识阶级最近较有意义的一个进步。少年中国学会现在"进到有了一种明确的主义,由空洞信条的现在走向老老实实做历史使命给他决定的工作,那才是他的进步"③。

---

① 《学会消息》,《少年中国》第3卷第11期,1922年6月1日。
② 杨钟健:《略谈学会问题》,《少年中国》第3卷第11期,1922年6月1日。
③ 恽代英:《少年中国学会最近的进步》,《先驱》第10期,1922年8月10日。

3.上次年会以来的会务发展

左舜生在年会上报告上年议决事件的进行状况:一是科会方面,各科研究会虽成立,进行很不顺利,成绩亦无可称述。二是丛书方面,丛书合同已订好,由中华书局印行,已出书《人心》《古动物学》两种。准备付印者有数种,年内至少可出八种。①学会执行部主任杨钟健总结说:"关于事业的,可惜我们还莫有什么成绩。惟其莫有什么成绩,我们当格外注意。自然现在大多数会员在求学时期,不能有什么宏大的事业发现;但已由求学时期而入于事业发展的会员已不算少,希望这些会员本自己所学,努力做少年中国应做的事,最好能把活动情形时时报告执行部。至于我们会员有可以做的事业——如照规约规定之阅览室、出版部等,也可以努力实现,不过恐非一年内所可成功。"②

其实,一年来会务方面主要开展以下工作:

编译方面,《少年中国》月刊大体按期出版,3月出版"少年中国学会问题号"专刊,讨论政治活动与社会活动问题。5月编印《少年中国学会会员通讯录》。

学术研究方面,成立两个研究会。1921年9月少年中国学会教育研究会正式成立,11月成立少年中国学会社会主义研究会,表明学会的研究会运动有了一个良好的开局。

发展会员方面,据左舜生报告,一年来会员变迁的情形:去年原有会员81人,最近又加入康纪鸿、董启泰、郝坤巽等3人。退会者3人:张申府、张迪非、陈平甫。会员分布于法国12人,德国7人,美国10人,英国3人,日本5人,南洋1人,其余统在国内。③

讨论学会问题是此期会员的重要活动内容之一。《少年中国》第3卷第2期为"少年中国学会问题号",发表了会员个人的书面意见14份,供会员讨论。正如编者所说:"我们今年七月一日到四日的南京大会,对于许多问题,在会场上都没有得着很好的决议;并且因国内会员不多,到会人数不足全体三分之一,就决定了,也只算表示一部分人的意见,不能强全会一致;所以闭会时仍主张继续在月刊上讨论,希望引起这次没有到会的会员发表意见。所讨论的问题,虽以

---

① 《学会消息》,《少年中国》第3卷第11期,1922年6月1日。
② 杨钟健致会员诸兄,《少年中国》第3卷第4期,1921年11月1日。
③ 《学会消息》,《少年中国》第3卷第11期,1922年6月1日。

我们学会为中心,但同时是中国多数青年共有的问题,占去一两期月刊的篇幅,或者可以得读者的原谅。"①执行部主任杨钟健在1921年9月20日致会员同志信中明确表示:"至关于会务方面,无论主义如何讨论,或讨论到何程度,仍应依今年大会的决定积极进行。除枝节事情可以随时实行外,我们努力应把学术、事业和会员联络三方面同时并重的进行。"②这也表明主义问题的讨论及其分歧,已经影响到会务的正常开展。进一步讨论学会问题,也是希望汇聚学会会员于会务活动方面。

整顿会务方面,1921年9月20日,执行部发出催缴会费及填写《终身志业调查表》的通告;10月19日,北京会员谈话会,商议整顿月刊问题。1921年10月16日北京常会讨论会务问题,大多是关于学会前途的,并表示"近来学会很觉沉闷,希望各地会员特别注意"③。这表明学会对内会务开始消沉,已引起学会的注意并着手整顿。

组织机构方面,杨钟健提出学会的"法统问题"要及时解决。他说:"原来去年修改章程之议起,而未能决于去年南京大会,以后讨论无结果,至今成为悬案,因评议部组织法新章与旧章根本不同,当初为留待杭州大会解决起见,执行部发召集本年大会通告时,未附评议员选举票(此事已得评议员左舜生兄之许可),不幸杭州大会到会人太少未能解决,以致七月一日之任期已过,而新评议员尚不能根据何一章程产出。执行部因连带的关系,依然无法解决。"④这种状况已经影响到会务活动的开展。对此,刘仁静公开提出:"我以为学会的重要问题绝不是评议会执行部之选举问题,也不是章程不完,组织不善的问题,而是决定学会的生存是为什么目的的一(个)根本问题。有了此根本问题的解决而后组织方能对此目的为相当之适应。不然,根本问题不解决,即令组织如何完善,如何周密,我要问,此种组织究有何用呢?"⑤学会的根本问题,就是如何创造"少年中国"理想。

对外活动方面,1921年9月,留德会员王光祈、张梦九、宗白华等发起"中德

---

① 《编者附识》,《少年中国》第3卷第2期,1921年9月1日。
② 杨钟健致会员诸兄,《少年中国》第3卷第4期,1921年11月1日。
③ 《少年中国学会消息》,《少年中国》第3卷第6期,1922年1月1日。
④ 杨钟健:《略谈学会问题》,《少年中国》第3卷第11期,1922年6月1日。
⑤ 刘仁静:《对学会的一个建议》,《少年中国》第4卷第7期,1923年9月。

文化研究会",以介绍中德两国文化为宗旨。1921年在莫斯科召开的远东各国共产党及民族革命团体代表大会,学会亦由评议部议决派高君宇出席大会。1922年3月,少年中国学会发出通电响应"非宗教同盟"。可以说,此期学会加强了对外联络,会员们走出书斋,走向社会,或者说从社会活动涉入政治活动。王光祈在1923年1月6日致少年中国学会同志信中,表示完全同意杭州大会"本会对外反对帝国主义之侵略,对内谋军阀势力之推翻"的决议,并声明"对外反对帝国主义之侵略,对内谋军阀势力之推翻,固为吾辈素志。惟欲实现此种目的,非先造成社会势力不可(换言之,以社会事业作基础之势力)。弟相信只有此种社会势力始能抵抗帝国主义,推翻军阀巢穴。因此之故,凡国内主张用社会势力以抵抗帝国主义推翻军阀巢穴者,吾辈皆可引以为一时同志;反之,凡主张亲交甲国以抵制乙国(如亲美派之所为),或利用甲军阀以推倒乙军阀(如国民党之所为)者,吾辈皆在排斥之列。""吾辈今日之所应从事者,即在如何唤起民族新觉悟;与夫如何建筑社会新势力。"①这说明学会对外会务活动不断发展,而且部分涉入政治活动。虽然学会极力反对会员从事政治运动,但推翻一切强权政治的革命运动等作为"政治活动之例外",是符合学会精神的,因此允许会员参加。如王光祈所解释的,"本会精神既在反对一切强权,则凡为民主主义以及其他一切进化主义所引起之革命运动,吾人皆可参见,因为去一分强权,则人道便得一分光明也"。②

但是,部分会员突破学会反对政治活动的禁条,开始公开涉足政党活动。李大钊、毛泽东、邓中夏等共产主义派会员参与发起中国共产党,康白情与孟寿椿、张闻天、须恺等会员于1923年夏在美国旧金山筹组新中国党,信仰新中国主义,以创造新中国自任,发扬中国特性,融会泰西文明,"以世界第三文明自信,咸宏中国魂而掇其菁英,极用泰西制度文物而准乎实用"。政治上主张国权统一,国民自治,四权并立;经济上主张差别生产,中庸分配,惠侨保商;社会上主张文化奖励,劳工保护,男女平等。③该党一再邀请留法会员曾琦、余家菊等人参加。余家菊怀疑康白情组党之用心。曾琦认为康白情等命意尚佳,而党纲

---

① 王光祈:《致少年中国学会同志》,《少年中国》第4卷第2期,1923年4月。
② 王光祈:《政治活动与社会活动》,《少年中国》第3卷第8期,1922年3月1日。
③ 谢彬:《民国政党史》,载荣孟源等编《近代稗海》第6辑,四川人民出版社,1987,第104—105页。

则殊欠斟酌,方法亦未具备,故不愿加入。他认为革命非组织共患难之死党不可,但党必须有明了之性质、光明之态度、精确的计划,以此来看新中国党,四者毕不具备,故拒绝参加。①但几个月之后,曾琦、李璜等在法国组织中国青年党,以之与共产党相对抗。这表明部分会员的政党活动已经公开化,已突破了会员不得从事政治活动的禁条。

四、第四次年会(北京,1923年9月;苏州,1923年10月)

1.年会概况

此次会议原定在山东泰山召开,后因交通不便,招待无人,改在北京召开。后来上海、南京会员在苏州聚会,以补北京年会之不足。可见1923年年会分为北京和苏州两部分。《少年中国》第4卷第3期刊登了学会执行部关于会议的通告:

本年本会年会地点,曾经去年年会决定为泰山。现因泰山无人可负招待之责,而南方会员因中华教育改进社八月廿八日在京开会之便多拟来(北)京,为事实上便利计,有下列两项之改定:

(一)年会地点　改在北京。

(二)年会期限　改在九月一日至　日(在中华教育改进社闭会后)会员诸君如有决定能赴年会者,请于八月十五日以前通知执行部。

年会议案亦请早日筹备,以便开会提出。其不能到会者,请将议案委托其他会员代为提出,或寄交执行部亦可。②

1923年6月1日,执行部再次发出通告:

今年我们依章及去年大会的决定,应于今年七月一日在泰山举行本年大会。后来因为种种不便,由新任评议员决议,改为九月一日在北京开本年大会。现在执行部特发通知,请各地有到会可能的会员,无论如何,于九月一日以前来到北京,以便开会,其不能到会的会员,也请把意见或提议赶于九月一日以前寄到北京后门内吉安所左巷杨钟健收,以便在大会提出,共同讨论。我们再诚恳,

---

① 沈云龙主编:《曾慕韩(琦)先生日记选》,(台北)文海出版社影印,1966,第59—60页。
②《附录二》,《少年中国》第4卷第3期,1923年5月。

请求亲爱的会友：

（一）我们学会近来太消沉了，应解决的问题也太多了，务请多多到会，多多发表意见。

（二）学会近来财政十分困难，本年的会费，十九未交，以前欠付的也不少，请各位欠会费的会员设法交下吧。①

关于北京年会的情况，因为《少年中国》月刊在停刊期内，未见有关年会的消息报道，详情已不得而知。执行部主任杨钟健随后参加苏州会议，并且介绍了北京年会的经过情况，但未见苏州会议的相关记载。南方会员在苏州会议，以补北京年会之不足，从苏州会议的讨论中也可略见北京年会的情形。

9月30日，南京会员召开会务问题谈话会，出席者杨钟健、曹刍、李儒勉、杨效春、倪文宙、沈昌、蒋锡昌、陈启天8人。首先由杨钟健报告北京年会的经过和会务问题，继由到会会员共同议决数事：一、学会对于会员个人不违背学会信条的各种活动和意见不加干涉（包括政治活动在内）。二、会员个人或少数人不得用学会全体名义参加任何活动。三、学会对于国家根本问题欲表示意见或参加活动时，须经合法手续，预［先］得全体会员多数之同意。四、国家或社会有紧急事故，会员认为学会须表示态度时，得由分会征求该地会员之同意，用分会名义表示意见，但同时须通知总会，请其追认。如多数会员不承认时，应即停止继续进行。此外，与会者共同提议下一年（1924年）在上海开年会，国内外远道会员不能到会的须有意见书提出于大会。国内分会至少须派代表一人赴会以维持学会的精神。并且提议当年10月10日宁沪和附近会员齐集苏州开会一日，交换意见，共议执行部和评议部改组等问题。南京会员至少有七人已决定到会。"如你们多数可到会，即可开个南方大会，以补北京大会之不足。万一你们过忙，可于十月九日搭晚车到苏，十日搭晚车回沪。只要你们有过半数到会，我们当准期到会。"②在苏州举行南方会员大会，以弥补北京大会之不足，是出自南京会员的提议。

同日，上海会员召开会务问题谈话会，恽代英、邓中夏、杨贤江、刘仁静、常道直、田汉、左舜生、恽震参加。议决如下：1.凡会员用个人名义为一切向上活

---

①《附录二》，《少年中国》第4卷第4期，1923年6月。
②《会员通讯》，《少年中国》第4卷第7期，1923年9月。

动有绝对之自由;2.左舜生提议学会规约未正式修改前,须产生一临时办法以维持会务;3.刘仁静提议月刊内容须分科学、文学、政治等门,由会员分担执笔;4.《少年中国》编辑恽震提议,月刊编辑工作由上海会员分担责任。10月1日,上海会员左舜生、田汉致陈启天并转南京会员,表示非常赞成在苏州开会的提议,已将来函转交杨贤江及上海诸会友,上海会员至少有过半数可到会。①

南京会员提议苏州会议后,因为双十节上海会员大多无暇,遂改为10月14日在苏州开会。

2.会务报告和决议案

1923年10月14日,苏州会议在苏州留园举行,邓中夏、杨贤江、恽代英、涂开舆、蒋锡昌、陈启天、李儒勉、恽震、杨钟健、刘仁静、常道直、沈昌、杨效春、梁绍文、倪文宙、左舜生、曹刍等17人出席。由陈启天担任主席,曹刍、李儒勉担任记录。

议事程序如下:首先是会务报告,由杨效春报告教育概况,邓中夏报告社会运动情形,刘仁静报告政治趋势,左舜生报告出版界情形,并决定以后每届大会由会员就所治学术或所作事业分别作种种报告。其次决定学会以后的方针为"求中华民族独立,到青年中间去",并决定进行纲领九条,发表《苏州大会宣言》;《少年中国》月刊内容将根据此次九条纲领切实发挥,每期必有两篇以上此类的文字。再次,对于曹锟贿选态度,虽明知实言反对无效,仍决定发表宣言申讨。复次,决定将总会迁至南京,并由到会评议员以评议部名义致函北京评议员,一致签名,请北京总会移交。此外,议决评议员从与总会往来便利的地点的会员中选出。②

同时,发表《少年中国学会苏州大会宣言》,兹摘要如下:

少年中国学会会员,于民国十二年十月十四日苏州大会,以列席者的同意,决定学会进行方针为"求中华民族独立,到青年中间去"。

……本会同人立志以科学的精神,为社会的活动,以创造少年中国。数年以来,因同人能力的薄弱,学识的肤浅,亦尝徘徊歧路,未敢自决其行动的方针,

---

① 《会员通讯》,载《少年中国》第4卷第7期,1923年9月。
② 《宁沪两地会员的苏州会议》,《少年中国》第4卷第8期,1923年12月。

殊自愧有负一般厚爱本会者的雅意。本届苏州大会,正值国贼曹锟因私贿以当选总统,附逆议员非法以延长任期之后。而外人私贩军火以酿成的"临城案件","川湘战争",居然为野心的英、美所利用,强似于庚子的义和团。除勒索巨数赔款以外,尚须罢免官吏,商议外人护路(如护路案)以及保护长江航线(如长江联合舰队案)等办法。国内不肖的外交、军政当局,且复利用外人以自为引重而排斥异己。内奸外宄,狼狈以戕贼国家。而一般主持教育以及主持舆论的人,尚复泥于英、美爱我之说,助其鼓吹,以迷惑我人民的观听。甚至如英籍何东,居然以请各国公使监督召集国内各方军阀,开所谓和平会议的荒谬主张,为我借箸代谋。我国人亦忘其别有肺腑,居然无所择别,而群起附和。同人等痛于民族精神的沦丧,不能不愈奋其棉[绵]薄之力,以力挽此萎靡的颓风。故决然一致以求中华民族独立相号召,务以打倒国际势力、还我自由为目的。同人等为求达此目的,决定同人的任务为到青年中间去,以鼓吹预备而切实进行民族独立的运动事业。同人等以机会之所容许,多能接近青年。而同人等在最近数年间,亦幸以向上的热诚,尚不为一般青年所厌弃。故同人决定以后更当注意青年,使他们觉悟而联合起来,以为中华民族独立而努力奋斗。这便是同人最近切实商定的创造少年中国的方针。

制定的学会纲领九条如下:

一、反对国际帝国主义的侵略,特别注意英、美帝国主义,以矫正一般人因对内而忽略对外,因对日本而忽略对英、美的恶弊,更应矫正一般无识者亲善英、美的心理。

二、为打倒军阀、肃清政局,提倡国民自决主义;应注意打破国民依赖外力,及其他军阀或其他恶势力解决国是的心理。

三、提倡民族性的教育,以培养爱国家、保种族的精神。反对丧失民族性的教会教育,及近于侵略的文化政策。

四、唤醒国民注意现实的政治、经济及其他社会问题,以矫正漠视国事,或专恃浅薄的直觉以谈国事,致易受外人言论所欺蔽等弊。

五、推阐经济压迫为国民道德堕落的主要原因,以反证中华民族绝对非劣等民族。应反对此类减少国民自信力的各种宣传,且指示经济改造为国民道德改造的重要途径。

六、提倡青年为民族独立运动,为各种切实有效的社会服务。力矫浮夸、偷惰,或只知无目的的修身求学,而不问国家、社会事务的恶习。

七、注意青年团体生活的训练,须力矫不合群、不协作、不服从规律等恶习;并应提倡各同志团体的相互协力,务使各团体弃小异以就大同,以使人民活动力渐呈集中的趋势。

八、反对现时智识界个人享乐主义的趋势,提倡坚忍刻苦的精神,以培养为民族独立运动牺牲的品性。

九、提倡华侨教育与边疆教育,以培养中华民族独立运动的实力,且注意融洽国内各民族的感情,以一致打倒国际势力的压迫。①

由此可见,苏州大会确立了学会的方针和纲领,将少年中国运动与民族解放运动结合起来。因此,苏州大会得到不少会员的赞许。远在欧洲的沈怡在1924年4月18日给左舜生的信中说:"第一次苏州大会的宣言,实在好极了;这不能不说是由这几年经验积来的觉悟罢!我并且想这些话应该早已在我们心里,不过再早些时说出来,恐怕未必为当时空气之所容许,就是这一次也未敢必毫无反响?但我们看定了这是我们应走的路,尽可毫无顾忌向前走去。""我们还是青年,这次宣言至少总可以代表中国一部分青年的觉悟,这是于我们国家——以同民族为团给[体]本位之大社会——的生存,向荣,有极大关系的。""因此之故,不能不更佩服仰慕国内同人有这样的勇气。"②恽代英在1923年12月给舒新城的信中说:"此次苏州会议,结果我尤极满意。会前我尚嫌其精神涣散,无共同倾向;会后能以民族独立的青年运动自任,我极为中国幸。学会在中国青年中颇负虚名,彼等皆望吾辈真能为创造少年中国而奋斗。我亦完全系为这Practical Aim(实际的目的)而加入。我决认任何Disinterested(没有利害关系的)的学问,均为不急之务。但我亦不反对会员中个人有此等嗜好。只是学会决非专门讲'学'的会也。我看学会总算前途颇有希望。现革命团体中人,多勇敢而嫌不稳健,学会中尚有几个稳健的人,惟惜勇敢方面还须努力耳。中国急于需要担当大事的人。"③恽代英不仅对苏州大会宣言极为满意,而且在《中国青

---

① 《一九二三年苏州大会宣言》,《少年中国》第4卷第8期,1923年12月。
② 少年中国学会编:《会务报告》第1期,第18页。
③ 张允侯等编:《五四时期的社团》(一),生活·读书·新知三联书店,1979,第566页。

年》第十二期发表《前途的乐观》一文,评价少年中国学会议决"求中华民族独立,到青年中间去"的口号,这是顾及中国实际情形转入民主革命与民族独立运动的一种好现象。也可以说学会此举得到社会的赞许。

远在德国的王光祈也表示了对苏州会议的态度,他在1924年3月来信说,对诸同志努力于少年中国运动甚为欣慰,惟宣言中有"数年以来,因同人能力的薄弱,学识的肤浅,亦尝徘徊歧路,未敢自决其行动的方针,殊自愧有负一般厚爱本会者的雅意"数句,似嫌略有语病。"本会宗旨统言之,则为本科学的精神,为社会的活动,以创造少年中国。析言之,在理论方面,则为采取西洋科学方法,整理本族固有文化,由此以唤起中华民族的独立精神(亦可称为民族文化复兴运动);在实际方面,则为从事各项社会事业,增进精神物质幸福,由此以实现中华民族的丰富生活(亦可称为民族生活改造运动)。本会持此宗旨与国人相周旋者业已数年,即弟等个人求学作事,亦以学会之宗旨为宗旨,何能言'徘徊歧路未敢自决其行动的方针'?即此次苏州大会所定'学会进行方针'以及'学会纲领九条',又何尝出乎吾辈数年以来所鼓吹所运动之范围以外?请诸兄一查年来月刊论文以及吾辈个人行动,则知此次苏州大会所定者,固早已在实行之中矣。"①旨在说明学会会员历来都执行了学会宗旨关于社会活动的规定,开展民族独立运动足已得到体现。由此可见,学会致力于民族独立运动,既来自学会宗旨的规定,也是学会参与社会运动,顺应时代发展潮流的积极表现。

3. 上次年会以来的会务发展

在此次年会上,杨效春、邓中夏、刘仁静、左舜生分别报告学会的教育概况、社会运动、政治趋势、出版界情形,因为未见会议记录,详情不得而知。但从有关记载来看,一年间会务工作方面还是有所发展。

会务方面,1923年10月14日,苏州大会议决总会南迁南京;南京分会集会讨论"本会南迁问题",议决由陈启天、曹刍用个人名义向北京接收,并讨论总会如何进行的问题,包括会费问题、作学会史问题、保存学会出版物及文件问题,推定总会临时职员。②11月16日,舒新城等人拟定学会建筑学会所创办学校计

---

① 王光祈:《致苏州会议诸同志》,《少年中国》第4卷第12期,1924年5月。
② 《附录一》,《少年中国》第4卷第8期,1923年12月。

划书,将办学校一事提上议事日程。

发行杂志方面,《少年中国》停刊半年后于1923年3月继续出版,出至第3卷7期后到同年10月又停刊。

丛书出版方面,出版李劼人译《小物件》、田汉译《哈孟雷特》和《沙乐美》、李璜译《法国文学史》、周太玄译《古动物学》等5种。

发展会员方面,新加入会员有杨亮功、须恺等人。此外,李思纯自请出会,王德熙担任四川知县,与学会宗旨不符,亦请出会,获评议部通过。

部分会员越来越公开地参加政党活动。1923年1月28日,曾琦拟发起中国青年党,以推倒军阀,改良社会,振兴国家,促进大同为宗旨;1923年8月,康白情、孟寿椿、康纪鸿在美国发起"新中国党";共产主义派会员李大钊、邓中夏、毛泽东、恽代英等积极从事共产主义宣传与运动,参加国共合作并加入国民党。会员的政治活动已经突破了学会宗旨的规定,直接影响到学会的发展前途,所以苏州会议对会员在外的活动作出规定,以免影响学会自身的发展。刘仁静公开发出给学会的提议,说:"本会的组织已有五年的历史了,此五年中本会虽有不少的进步,然按我们的宗旨以测量我们的成绩,我想我们应觉得有许多不满的地方。我们的宗旨如此伟大,我们的活动如此微小,我们不应该奋勉有加么?"他公开提出学会要由感情的结合到主义的结合,会内不同思想主张应结成联合战线,"本此联合战线,我以为学会应暂定为学会事业的,应是光明运动"[①]。希望学会积极开展社会活动,甚至走社会革命的道路。

这也表明,随着会务的发展,学会开始从学术研究涉入社会运动乃至政治运动,面临着从学术团体向政治团体的转变。

五、第五次年会(南京,1924年7月)

1.年会概况

1923年9月30日南京会员共同提议在上海召开1924年年会,要求国内外会员不能到会者提出书面意见,国内分会至少须派代表一人赴会,以维持学会精

[①]《对学会的一个提议》,载《少年中国》第4卷第7期,1923年9月

神。结果1924年年会仍在总会所在地南京召开,地点变更的原因已不得而知。

在此次年会召开以前,举行了两次筹备会。据《本会第五届年会记略》,在宁会员于未开正式年会以前,曾于7月4、5两日连开两次筹备会,专商特派专员招待外地来宁会员及年会议案大纲等事项。

筹备会拟定的年会议案大纲为:一、关于学会进行方针:1.解释学会宗旨;2.讨论苏州大会宣言。二、关于学会下年度应办事宜。1.月刊问题:印刷与编辑;2.学校问题:校舍、捐款、人才;3.会所问题;4.丛书问题;5.常任驻会干事问题;6.会务报告问题。①

2.会务报告和决议案

1924年7月7—8日,第五次年会在南京举行,出席者左舜生、唐毂、恽震、杨效春、余家菊、黄仲苏、沈昌、金海观、倪文宙、任启珊、方东美、吴俊升、穆济波、舒新城、彭云生、曹刍、李儒勉、谢循初、杨贤江、赵叔愚、朱自清、陈启天、恽代英、涂开舆、常道直等25人。主要议案为:

一是讨论《苏州大会宣言》,修改苏州大会议决的九条纲领,责成左舜生草拟此次南京大会(1924年7月)的宣言。

二是《少年中国》月刊因印刷关系停刊,议决停刊期内发行"研究专号"及"小丛书",由左舜生向中华书局接洽。

三是因经济及人才关系,停办学会学校。

四是因经济关系,停建会所。

五是沪宁两地会员组织丛书审查部,积极进行丛书出版工作。

六是《会务报告》由黄仲苏主编,唐毂、杨效春任校对。

据《本会第五届年会记略》可知,第一次会议地点在模范监狱前谢循初寓所,时间为7月7日上午8时至12时,主席左舜生,书记舒新城,到会25人。是日讨论问题为究应先解释宗旨或应先讨论《苏州大会宣言》。到会会员皆根据其对于学会之忠诚,表示各人之主张,相辩论争三小时之久,意见始渐集中。有谓宗旨明了已无待解释,且到会会员仅占全会会员人数五分之一,亦不能对于业已规定之宗旨有所修改,不如讨论《苏州大会宣言》之更为切实者。会员赞成

---

① 少年中国学会编:《会务报告》第1期,少年中国学会发行,1924,第6页。

其说者颇多,乃定于当晚继续开会讨论。

第二次会议地点在复成桥船上,时间为7月7日晚,主席谢循初,书记沈昌,到会21人。首先逐条讨论《苏州大会宣言》的九条纲领,其中第一条至第四条皆完全通过,争论激烈者为第五条。按条文为:"推阐经济压迫为国民道德堕落的主要原因,以反证中华民族绝对非劣等民族。应反对此类减少国民自信力的各种宣传,且指示经济改造为国民道德改造的重要途径。"咸觉此种条文含有浓厚的唯物史观色彩,多数到会会员对于此条颇难妥协。辩论结果:以11票对6票通过取消该条,另立一条,决议于第二日上午八时再行集会讨论如何另立条文。随即继续逐条讨论,除第六条略加修改外,余皆通过。第六条原文为"提倡青年为民族独立运动,为各种切实有效的社会服务。力矫浮夸、偷惰,或只知无目的的修身求学,而不问国家、社会事务的恶习。"改为"提倡青年为各种切实有效的社会服务,力矫浮夸偷惰等恶习"。修正案全体通过。

与会者舒新城在《回忆恽代英同志》一文中详述年会讨论纲领的情形。他说,会议均集中于讨论苏州大会的九条纲领,而以第五、第六两条为争论的重点。在这次会议提出修改意见者是左舜生、陈启天、余家菊等。其理由是:第五条含有浓厚的唯物史观之色彩,尤其反对经济改造为国民道德改造的重要途径,认为这和中国传统的形而上学的道德观的看法完全相反。对于第六条,他们反对"提倡青年为民族独立运动"和要青年参与国家社会事务。理由是:民族独立运动是外国(指苏联)的口号,和中国当前的国情不合;青年只应为社会服务,不应参加国家事务。恽代英、杨贤江是与国家主义派辩论的主要人物。恽代英在两天会议中均有激烈辩论。第一,他除从一般原理说明经济史观的正确外,还用流行的成语"衣食足而后礼义兴"来说明经济是道德的基础。他认为这道理是以客观的事实作基础的,是真理。这真理存在于自古以来的人们的头脑中,只是后来的士大夫要帮助统治者愚弄人民,所以不承认它,而有所谓道德不基于经济的胡说。第二,他指出,从鸦片战争以来,尤其是民国以来,帝国主义国家美、英、法、日、德等国在中国制造内战,贩卖军火,使得中国生产不能发展,财政日趋枯竭,工商业倒闭,失业失学者天天增加,一般人民连求生都不可得,因此根本没有闲暇去研究什么士大夫的所谓道德。第三,他以为要国民有保家卫国的新道德,必须先要有家可保,有国可卫。中国现在的经济财政均为列强所控制；他们利用不平等的条约，掌握了我国的关税权，便于他们把不急之物大量输入，同时利用我国廉价劳动力，在我国设工厂，扼杀了中国的民族工业；他们还利用所谓"关余"接济军阀混战，使中国的社会永无安宁之日，军阀对人民则苛捐杂税层出不穷，使百姓不能生活。所以要救中国首先要使中华民族独立，这就必须推翻帝国主义和军阀的压迫剥削；其次是要改造经济，发展大工业，使百姓能生活，国防能巩固。因而他坚决主张对第五、第六两条不加修改。恽代英与余家菊、陈启天、左舜生等两次辩论，每次讲话都在一小时以上，他的言论感动了许多会员，但因国家主义派的会员占多数，最后举行表决，仍以多数通过如下的修改案：第五条（即修改后的第八条）"推阐外资压迫，为民生穷苦、兵匪充斥的重要原因，应反对一切不平等条约，以谋发展国内产业"。第六条（即修改后的第二条）"提倡青年为各种切实有效的社会服务，力矫浮夸偷惰等恶习"。纲领的次序也有所更改。但恽代英以为纲领中仍保存着反对国际帝国主义的侵略，反对一切不平等条约及打倒军阀的条文，为团结可以团结的一切力量，最终与杨贤江在宣言上签了字。[①]

第二次会议还通过其他议决案：

（一）月刊因印刷关系暂时停刊，其停刊期内发行研究专号及小丛书，由左舜生君向中华书局接洽。

（二）中等学校因经济及人才关系，当年暂不举办。

（三）会所亦因为经济所限制，暂不设置。

（四）丛书印刷不成问题，应请宁、沪两处会员组织丛书审查部，以利进行。

（五）常任驻会干事问题，即由总会执行部商酌办理。（按：因经济关系，执行部已议决不另聘人，所有事务仍由在宁会员负责担任。）

（六）会务报告由黄仲苏主任编辑，杨效春与唐毂分任校对及发行之责。

第三次会议地点在东大附中教员宿舍，时间为7月8日上午，主席曹刍，书记吴俊升，到会20人。主要讨论《苏州大会宣言》纲领中的第五条应如何另立条文的问题。经两小时的商议，始议决条文如下："推阐外资压迫，为民生穷苦、兵匪充斥的重要原因，应反对一切不平等条约，以谋发展国内产业。"

[①] 张允侯等编：《五四时期的社团》（一），生活·读书·新知三联书店，1979，第568—569页。

会议推定左舜生草一宣言,即《民国十三年七月南京大会宣言》于《会务报告》上刊登,内容如下:

十三年七月八日,本会同人聚集南京,举行第五届年会。到会者凡二十五人,开会三次。除对本会现在举办之各事项有所讨论外,对本会今后进行之旨趣亦有所讨论。讨论结果,大抵仍不外《苏州大会宣言》之精神。仅就该会议决之纲领九条修改两条,并将原有次序加以更动,是即国内同人认为本会今后应努力奉以周旋者。但有一义应声明者:本会致力于此九条纲领之方法,仍愿以一学会之资格行之,越此范围之外,虽个人仍有其自由,但非团体行动,本会不负何种之联[连]带责任。①

据舒新城回忆说,此宣言由左舜生起草,经大会通过,后因《少年中国》月刊停刊,对外未发表。②只是刊于少年中国学会出版的《会务报告》第1期。

3.第四次年会以来的会务发展

自第四次年会以来,会务活动越来越沉闷,主要活动可归纳为以下几个方面。

组织方面:1923年11月1日,南京分会集会讨论总会南迁后会务进行的问题,议决南京会员须以国家主义为教育上努力的目标,并推定陈启天、吴俊升研究"新国家主义"的定义,下次会议时宣读修改。11月6日舒新城等人起草学会建筑会所创办学校计划书。总会从北京迁至南京,不仅是学会组织和会务发展的表现,也是学会从学术团体向政治团体转变的开始。

---

①议决纲领九条如下:(一)反对现时智识界个人享乐主义的趋势,提倡坚忍刻苦的精神,以培养为民族独立运动牺牲的品性。(二)提倡青年为各种切实有效的社会服务,力矫浮夸偷惰等恶习。(三)注意青年团体生活的训练,须力矫不合群、不协作、不服从规律等恶习;并应提倡各同志团体的相互协力,务使各团体弃小异以就大同,以使人民活动渐呈集中的趋势。(四)提倡民族性的教育,以培养爱国家、保种族的精神。反对丧失民族性的教会教育,及近于侵略的文化政策。(五)唤醒国民注意现实的政治、经济及其他社会问题,以矫正漠视国事,或专恃浅薄的直觉以谈国事,致易受外人言论所欺蔽等弊。(六)为打倒军阀、肃清政局,提倡国民自决主义;应注意打破国民依赖外力及其他军阀或其他恶势力解决国是的心理。(七)反对国际帝国主义的侵略,特别注意英、美帝国主义,以矫正一般人因对内而忽略对外,因对日本而忽略对英、美等恶弊;更应矫正一般无识者亲善英、美的心理。(八)推阐外资压迫,为民生穷苦,兵匪充斥的重要原因,应反对一切不平等条约,以谋发展国内产业。(九)提倡华侨教育与边疆教育,以培养中华民族独立运动的实力;且注意融洽各民族的感情,以一致打倒国际势力的压迫。参见少年中国学会编《会务报告》第1期,第6—7页。

②张允侯等编:《五四时期的社团》(一),生活·读书·新知三联书店,1979,第569页。

发行杂志方面：《少年中国》不能如期出版,从1923年9月停刊,到12月恢复,继续出版,到1924年5月宣布暂时停刊,发行《会务报告》以代月刊。而且《少年中国》第四卷发表了许多宣传国家主义的文章,表明了学会机关刊物的思想趋向。

发展会员方面：新加入会员仅有舒新城、吴俊升、汪奠基等人。

丛书出版方面：学会丛书按照与中华书局的合同,先后出版余家菊、李璜著《国家主义的教育》、王光祈著《德国之婚姻问题》和《少年中国运动》、李劼人著《同情》和译著《妇人书简》、李璜译《经济学要旨》、张闻天译《盲音乐家》、田汉译《罗密欧与朱丽叶》等8种。

此外,会员的政党活动更加明显。1923年10月,曾琦拟归国鼓吹国家主义,并发行《醒狮》；余家菊、李璜合著《国家主义的教育》一书出版；11月23日,曾琦等人商议组织中国青年党,以外抗强权,力争中华民国之独立与自由,内除国贼,建设全民福利的国家为宗旨；12月2日中国青年党在巴黎成立。曾琦、李璜、陈启天、余家菊等国家主义派公开反对共产党,反对马克思主义。共产主义派会员李大钊、毛泽东等参加中国国民党第一次全国代表大会,担任国民党中央候补委员等职务,积极开展国民革命运动。在学会内部的政治活动中出现了国家主义派与共产主义派的对抗。

六、第六次年会（南京,1925年7月）

1.年会概况

1925年7月17—20日,第六次年会在南京举行,共开会两次,第一次在南京东南大学梅庵,第二次在鉴园。到会者以沪、宁两地会员占多数,恽代英、沈泽民、舒新城、黄仲苏、吴俊升、曹刍、李儒勉、金海观、王潜恒、左舜生、陈启天、曾琦、余家菊等18人参加。这也是留法会员回国后第一次参加学会年会。会议的主要议题：执行部主任杨效春报告一年会务；讨论"本会对于外患与内乱交逼之中国应采取何种方针"案（左舜生等提）；通过此次大会宣言草案；决议编辑学会概况；讨论学会改组问题。

会议日程安排如下：

7月17日 下午7时　余家菊演讲《国家主义教育之意义》

7月18日 下午1时至5时　第一次大会；下午6时　聚餐

7月19日 上午8至12时　第二次大会；上午12时　聚餐；下午7时30分恽代英演讲《五卅运动》

7月20日下午8时　曾琦演讲《国家主义与全民革命》①

2.会务报告和决议案

7月18日大会在东南大学梅庵举行，主席曹刍，书记金海观，出席者18人。首先由执行部主任杨效春报告学会一年来的经过情形，具体内容不详。

其次推定会议主席，讨论"本会对于外患与内乱交逼之中国应采取何种方针"案。原提案人等推左舜生说明旨趣，略谓学会对时局有决定态度之必要，但就本会历史及性质看来，始终是一学会，虽有人有直接间接参与政治活动者，然于学会本身无关，故学会仍当保持学会之精神，而不作政团之活动。应重在从思想方面影响群众，而非用具体的办法实际去参与。故学会应持之态度为"本学会之精神决定某种方针，求精神方面使群众发生影响"。继恽代英质问提案人有无将学会方针定为国家主义之意，遂引起极大争论。左舜生、陈启天、曾琦、余家菊等人相继发言，表示绝对主张国家主义，而恽代英、沈泽民坚决反对。讨论2个多小时，主席以时间有限，请各会员积极地提出具体方针案，以便表决。遂由陈启天提案如下："根据学会固有的宗旨与历年相传的精神，应将本会方针定为以国家为前提，而反对'反爱国'之行动与言论，对于沪案加以宣言。"

恽代英立即提出将"定为以国家为前提，而反对'反爱国'之行动与言论修改为"注重民族独立，而反对'反爱国'之行动，主要理由是：现在国际帝国主义压迫中国，利用军阀制造内乱，若不打倒帝国主义，取消不平等条约，首先恢复民族的独立自主，则所谓国家仍是压迫、欺凌老百姓的工具，我们不应劝人爱这样的国家；至于反对"反爱国"的行动，实际是反对卖国者卖国。②

杨效春提出的修正案为"根据学会固有的宗旨与历年相传的精神，对于沪案

---

① 张允侯等编：《五四时期的社团》（一），生活·读书·新知三联书店，1979，第504页。

② 张允侯等编：《五四时期的社团》（一），生活·读书·新知三联书店，1979，第570页。

加以宣言"。唐毂、吴俊升、王崇植另提修正案为"根据学会的宗旨及南京大会宣言,对于时局发表宣言"。后来杨效春撤销提案,附议唐毂等人的提案。恽代英亦将提案撤回。主席以唐毂案及陈启天案付诸表决。陈案多数通过,确定"本会方针定为以国家为前提,而反对'反爱国'之行动与言论,对于沪案加以宣言"。

关于宣言问题,余家菊主张拟定宣言,赞成者签名,不赞成者可不签名。曾琦说明签名负责,为对内负责,非对外负责,均无异议。宣言起草员议决推举三人,采取记名票选方式,结果曾琦、吴俊升、曹刍当选。

18日在南京鉴园继续开会,出席会员18人,推定吴俊升为临时主席,王潜恒为临时书记。兹记其要案如下:

(一)通过宣言草案。主席将宣言草案从大体上付表决,除恽代英、沈泽民两人已于18日会议席上声明对所提议案放弃表决外,全体通过。当由主席指定李儒勉、黄仲苏两人为审查员,将此项宣言交付审查。

(二)关于时局宣言案。恽代英提议学会应于此时发表一个对于时局宣言案。主席以学会已有年会宣言,可否归并之意询问提案人。恽代英认为其所提宣言之内容注意具体的事实,与年会宣言性质不同,不能撤销,请求将其宣言内容付诸讨论。陈启天、余家菊等以年会既有宣言,不应于同时有第二种(宣言)发出。又学会历年宣言均仅概括的立言,若列举具体的事实,实不胜其烦;且恽代英所提宣言内容自言与年会宣言不冲突,故主张无庸讨论。双方争论至三小时之久,后由曹刍、杨效春等提出折中意见,即以年会宣言非为专对沪案而发,兹再以与沪案有关之事实另为宣言昭示国人,亦无不可;唯此宣言应不与年会宣言相冲突。故主张由主席确定中立者三人为审查员,以恽代英提出宣言内容为蓝本,加以审查,主席以此议付表决,多数通过。当由主席指定曹刍、杨效春、金海观三人为审查,即时开会审查。

(三)执行部提总部移沪案,多数否决,遂仍驻南京。

(四)编辑学会概况案通过。

(五)恢复月刊或旬刊案。草案提出后,余家菊以会员之信仰不一,非待根本澄清后难谋刊物之恢复,因主张将草案保留,先讨论是否保留之本会根本改组案,众无异议。

(六)学会根本改组案。学会年来因会员之信仰不一,会务之进行乃大减色,故此案提出后,大多数会员认改组实为必要之事。①

与会者舒新城回忆说,国家主义派在学会方针案得到胜利后,乃进一步谋将学会改组为国家主义的机构而提出改组案。"中间派"虽然不认识马克思主义,但很尊重会员中共产党员的艰苦奋斗的精神;对于国家主义派,固然不赞同他们的理论,尤其不满意于他们依附军阀(学会有一条传统是不依赖旧势力)。当时看到学会即将被国家主义派所完全控制而心有不甘,于是由黄仲苏提议组织改组委员会,选委员五人,全权改组学会。恽代英完全赞成,并投票选举改组委员会。②余家菊则回忆说,少年中国学会开年会于东南大学梅庵,共产主义派与国家主义派争论不休,共产主义派主张中国问题是世界问题的一部分,中国问题必须在世界问题之内去解决。国家主义派主张中国事应由中国自己解决,不当依赖外国势力,致陷国家于万劫不复之地。③可见,对于学会改组问题,共产主义派与国家主义派在年会上发生激烈的争论。恽代英在给柳亚子的信中描述了争论情形,他说:"少年中国学会开会时,醒狮派诸君用种种方法贯彻彼等之目的。彼等利在于一切地方均用含糊语气,以爱国运动四字忽略一切民族自决、阶级斗争等理论,且以'反国家之言论及行动'指一般为蒙藏民族、劳动阶级主张权利的人,且禁制一切超国家的学理宣传。虽经我提出对于现在交涉应规定之各种态度,在讨论中则欲以笼统之'各界的爱国运动'代'学生工人之爱国运动',删去'上海总商会'、穆藕初、闻兰亭、贾丰臻、曹慕管、梁启超、胡适等一切指名斥责,而仅留一笼统不着边际之辞,此亦见其怯弱而预留妥协地步之态也。少年中国学会诸君,因生活地位关系,绝不敢轻易加上革命党的头衔,所以结果必群趋于可以取巧欺世之国家主义。"④对于这次年会的评价,表明恽代英对学会的失望态度,只好争取部分会员不致成为国家主义派。

3.第五次年会以来的会务发展

一年以来会务方面呈现日益衰落之势,开展的主要工作大致如下:

---

① 张允侯等编:《五四时期的社团》(一),生活·读书·新知三联书店,1979,第504—506页。
② 张允侯等编:《五四时期的社团》(一),生活·读书·新知三联书店,1979,第570—571页。
③ 余家菊:《余家菊(景陶)先生回忆录》,中国青年党党史委员会印行,1970,第16页。
④ 张允侯等编:《五四时期的社团》(一),生活·读书·新知三联书店,1979,第534—535页。

发展会员方面,新加入会员仅有许应期、蒲薛凤、朱公谦、叶汉等人。

出版物方面,总会决议恢复和改组《少年中国》,并发出通告,但未能实行。议决于1924年刊行《会务报告》,决定每月发行一期,由黄仲苏负责编辑,内容包括短篇论文、总会和各分会会务报告、预算决算、会员通讯、会员消息及通信地址等项。[1]

丛书出版方面,按计划出版如下丛书11种:李劼人译《达哈士孔的狒狒》,周太玄译《人的研究》,梁绍文著《南洋旅行漫记》,张闻天译《琪娥康陶》,田汉译《日本现代剧选》(菊池宽剧选),田汉著《咖啡店之一夜》,张闻天著《青春的梦》,余家菊著《英国教育要览》,陈启天著《国家主义论文集》和《应用教育社会学》,谢循初译《吴伟士心理学》。

会务方面,大会决定《少年中国》停刊,随后上海会员左舜生、陈启天、曾琦等创办《醒狮》,以鼓吹国家主义。由此与恽代英等共产主义派主办的《中国青年》展开论战。学会执行部于1924年国庆日召开会议,决定筹设公共书报室。会议还讨论编译学会历来大事记,议决改出《五周年纪念册》,详待下届执行部会议讨论。会议决定根据南京大会议定学会进行方针九条,由会员逐条著为详文说明以事宣传,议决印单行本,其文字由李儒勉、杨效春商请会员著述,再由执行部推举两名会员审查后付印。关于会务的整顿,会员入会愿书未填者或填而手续不全者应请补交或修正,各会员终身志业调查表未填交者应请补填交执行部。同时催缴以前会员所欠会费,等等。[2]

值得注意的是,学会内部主义之争与政治活动之争愈演愈烈。第五次南京年会讨论修改《苏州大会宣言》,将其中带有唯物史观色彩的第五条推翻,并将第六条提倡青年进行民族独立运动的词句取消,引起会友诸多不满。国家主义派试图确立国家主义为学会方针,更引起共产主义派甚至中间派会员的不满。而且在此次年会上,国家主义派公开讲演《国家主义教育之意义》《国家主义与全民革命》。还有陈启天等人编辑出版《国家主义论文集》,列入学会丛书出版。这些都表明国家主义成为学会的主流思想。不仅如此,国家主义派在上海发行《醒狮》。而且,学会公开支持国家主义派会员在会内宣传国家主义。学会执行

---

[1] 少年中国学会编:《会务报告》第1期,少年中国学会发行,1924,第22页。
[2] 少年中国学会编:《会务报告》第1期,少年中国学会发行,1924,第23、25页。

部发布消息称:(一)国庆日总会会员假会员舒新城君宅开本年度第一届常会,讨论本年度内本会进行事宜。(二)在沪会员左舜生、陈启天、曾琦等发行《醒狮》,以鼓吹国家主义。国庆日陈启天等复与孤军杂志社在沪社员联合作公众讲演。①可见,国家主义宣传与组织在学会内部日益明显,而且得到学会的认可和支持。国家主义派在学会内占据明显的优势地位。恽代英、沈泽民在这次年会上宣布放弃对宣言草案的表决权以示抵制,会后他们与国家主义派进行针锋相对的斗争,以致两派势同水火。至此,学会的分裂已成定局。

第三节 少年中国学会机关刊物

编辑杂志是学会对内会务的重要内容,发行杂志则是对外会务的重要表现。学会先后出版《少年中国》与《少年世界》两种月刊,作为机关刊物。《少年中国》是在《少年中国学会会务报告》基础上发展而来。《少年中国》以文化运动创造"少年中国",成为会员讨论会务和研究学术、发表成果的机关。《少年世界》于1920年1月创刊,注重社会调查,谋求世界的根本改造。二者是理论与实战相结合,也是学会创造"少年中国"与"少年世界"的历史记载。

一、《少年中国》

1.创办经过

王光祈在《本会发起之旨趣及其经过情形》中谈到已经实行的会务中有发行杂志一项,拟于1919年7月1日创刊《少年中国》月刊。实际上月刊于1919年7月15日正式出版。自第1期至第4期,均为学会自行印刷并经营发行,第5期起由上海亚东图书馆出版。自此,月刊编辑与出版分别两地,造成诸多不便,故从第2卷8期后月刊编辑部南迁上海,直至停刊。

---

①《本会执行部消息》,少年中国学会编《会务报告》第1期,第22页。

后来随着会员出国日益增多而发展会员过于严格谨慎,导致月刊供稿、编辑人手紧张,加之另一种月刊《少年世界》的编辑发行,在一定程度上影响到《少年中国》的供稿和编辑;《少年中国》在出满第3卷后,一度停刊达七个月之久。经过整顿,1923年3月开始出版第4卷,到9月出至第7期。又经过几个月停顿,1923年12月至1924年5月继续出完第4卷的第8至12期,然后宣布暂时停刊。

《少年中国》在学会中的重要地位,诚如会员常道直所说:"本会从前唯一比较确定的事业,由月刊之发刊见之;自该刊停办后,使外界几疑本会有渐趋衰歇之势。"[1]当时远在德国的王光祈一再叮嘱千万不要让《少年中国》停刊。然而,1924年南京年会决定《少年中国》因印刷关系暂时停刊,在停刊期间发行研究专号及小丛书,发行会务报告。[2]

1924年10月19日学会发出《少年中国月刊改组通告》,定出十条要求:本月刊为学术分工宜细,读者购阅便利起见,特改为下列六种"专门研究",由少年中国学会会员分组合撰。每期所讨论者以一个问题为原则,随时出版。每年至少发行八册,其中(一)文艺研究(民国十四年一月出版);(二)教育研究(二月出版);(三)社会问题研究(四月出版);(四)哲学研究(五月出版);(五)音乐研究(七月出版);(六)科学研究(八月出版)。每期内容如下:(1)插图;(2)论文(创作附);(3)批评;(4)杂感(读书录附);(5)纪事;(6)介绍书报。"以上十条如蒙诸兄采择,即请黄仲苏兄从速预备稿件,以挽回《少年中国》已失之名誉。"[3]然而,此议未能付诸实行,结果还是刊行《会务报告》以代月刊。1925年7月第六届年会曾经提出恢复月刊或旬刊案,然而时过境迁,会员信仰不一,《少年中国》终究难以恢复。

《少年中国》初创之时,曾琦等人一度达成共识,以发行月刊为学会当时唯一会务[4],会员们对《少年中国》期望甚殷,"吾人之结合全在精神,而精神之寄托又在杂志。此次本会月刊诞生之初,必有以副吾人之希望者"。[5]曾几何时,《少年中国》被会员奉为至宝,尊为"恋人",视为"情书"。学会亦为月刊付出几多艰

---

[1] 张允侯等编:《五四时期的社团》(一),生活·读书·新知三联书店,1979,第523页。
[2] 黄仲苏:《本会第五届年会记略》,少年中国学会编《会务报告》第1期,少年中国学会发行,1924,第5页。
[3]《本会执行部消息》,少年中国学会编《会务报告》第1期,少年中国学会发行,1924,第21—22页。
[4] 曾琦致太玄幼椿,《少年中国》第1卷第1期,1919年7月15日。
[5] 刘正江致润屿慕韩,《少年中国》第1卷第2期,1919年8月15日。

辛而得以维持,月刊也成为学会主义的宣传机关、新闻事业的重镇,一度成为新文化运动的主力。

2.月刊的宗旨

在学会成立大会上,确定《少年中国》的宗旨为"本科学的精神,为文化运动,以创造少年中国"。曾琦在学会成立之时,曾赋旧诗一绝云:"风尘相煦沫,幸有平生交。共作百年计,耻为一世豪。"他解释说:"所谓百年大计,首在文化运动。故发行月刊时,即标此宗旨。"①因为学会的宗旨是模糊的,会员对"少年中国"理想的认同是宽泛的,《少年中国》月刊也同样体现出这一特点。会员关于月刊宗旨的讨论透视了这一点。

上海会员指出,"现政界及社会普通人物,学识甚浅,不知审别,往往误认研究学术之叙述文字,以为会中之主张文字,又复不顾言论自由,竭其力之所至,横加摧残,甚或危及生命"②。可见,学术研究的自由并非年轻人想象的那么美妙、容易,月刊发行、宣传主义并非一帆风顺。学会对主义取兼容并包、自由研究的态度,对于马克思主义、国家主义、无政府主义均如此。进而言之,学会创立伊始,对于各种主义纯取学术研究的态度,还因为学会尚未形成自己一定的主张,即创造自己的主义,所以与其为叙述他人之主义而危及学会全体之进行,不若"专从事于科学哲学人生观群学等以发阐之"③,这样学术研究与学会主义之宣传并不完全等同。对此,北京会员表示认同,重申学会宣言的"同人研究学问,思想均极自由,会中并无约束。所有著作,皆由作者自行负责,本无限制之必要"。但又指出,《少年中国》作为学会发表言论的机关,会员当严守研究真实学术,发展社会事业之态度,个人在学会宗旨以外之活动,必不使其影响于团体。④显然,上海会员着眼于学会之巩固维持,力图把会员言论尤其是月刊文字规范在学会宗旨允许的范围内,践履月刊宗旨之规定。也就是说《少年中国》的文化运动不能妨碍学会生存。而北京会员注重主义或学术的自由研究,对会员

---

① 曾琦:《政治活动之前车与社会活动之先导》,《少年中国》第3卷第8期,1922年3月1日。
② 上海本会同人致北京本会同志,《少年中国》第1卷第1期,1919年7月15日。
③ 上海本会同人致北京本会同志,《少年中国》第1卷第1期,1919年7月15日。
④ 北京本会同人致上海本会同志,《少年中国》第1卷第1期,1919年7月15日。

研究主义乃至参与政治活动,主张取不干预而听其自然的态度。

正是根据对《少年中国》宗旨的不同理解,对月刊内容的评论标准也大相径庭。宗白华参以对科学与真理的理解,评论前三期《少年中国》空论太多,切实根据学理发挥的文章太少,与当时时髦的新杂志差不多。他重申并详细阐释了月刊"鼓吹青年""研究学理""评论社会"三方面的要求,强调月刊文字要学理多而文学少,篇篇文字都要有学理的价值,就是文学也要描写世界一方面的真理。魏时珍对月刊宗旨的解读则不同,他认为《少年中国》首先是供会友学术之研究,其次是作社会言论之先导,"清腴者灌输焉,污浊者沤洩焉,观察既渐,而后心力乃有所感奋"。不过二者的"主""从"关系"皆未易遽言也"。[①]显然是以"科学"之研究标准来衡量月刊,在积极方面而言要增进学问,在消极方面而言则批评社会,引导社会言论。[②]李璜则着眼于会员感情联络,强调创办月刊不可把原来《会务报告》的精神消灭,因而建议月刊每次仍以会员通讯为最重要。[③]周太玄对月刊持一种"又慎重又宝贵"的态度,建议月刊,一是"去除观望调和和依违两可的态度",对旧思想要有斩钉截铁、明白确实的表示;二是把科学及推理文字作为月刊的精髓,编辑员当竭力奋斗不可苟且。而前者最宜慎重,后者则无妨稍宽。其理由很简单,月刊是《会务报告》的变相,是学术上讨论改错的机关,应有蓬勃向上的精神。因此月刊应当"提出的问题多,相互的辩论多,收容的意见多",做到"文字一篇比一篇强,推理一次较一次密,收容一回较一回广"。只有这样,才可以真正做到"步步创造,时时进步"。[④]

由此看来,会员们有的仅以月刊作机关刊物,更多的把月刊视作一种高质量的学术期刊,这对于青年学生无疑只是悬的以趋,是不可能在短时期内实现的目标。但正如《少年中国》月刊的宣言所说,"《少年中国》月刊是少年中国学会的出版物,本月刊的宗旨就是,'本科学的精神,为文化运动,以创造少年中国',本学会同人老老实实的向着这一条路走,决不停步"[⑤]。会员根据各自对月

[①] 魏时珍致润屿,《少年中国》1卷第3期,1919年9月15日。宗白华致编辑诸君,《少年中国》第1卷第3期,1919年9月15日。

[②] 宗白华致编辑诸君,《少年中国》第1卷第3期,1919年9月15日。

[③] 李璜致润屿,《少年中国》第1卷第5期,1919年11月15日。

[④] 周太玄致润屿,《少年中国》第1卷第5期,1919年11月15日。

[⑤]《〈少年中国〉月刊的宣言》,《少年中国》第1卷第3期,1919年9月15日。

刊宗旨的理解,沿着自己选定的路永不停步地走下去,也正是学会创造"少年中国"精神的体现。后来的事实表明,《少年中国》的言论也引起北京政府的注意甚至遭到查禁。1919年11月25日,浙江督军卢永祥、省长齐耀珊密电北京政府大总统、国务院、内务部和教育部,称《浙江新潮》《少年中国》等书报"无不以改造新社会、推翻旧道德为标志,掇拾外人过激言论,迎合少年浮动心理,将使一旦信从,终身迷惘。好事者又借其鬼蜮行为,觊彼鸡虫得失,于是风发泉涌,惟恐后时,蚁骤蜂屯,如失本性。岂知一发难收,万劫不复,直至荡检逾闲之后,同罗洪水猛兽之灾,天下从此沦胥,无人可以幸免"。故请求一体查禁。①从中不难看出《少年中国》言论的影响。

3.月刊的编辑

月刊最初主要由学会筹备处主任王光祈负责编辑,自第三期始采用编辑部合议制,实行分组轮流编辑的办法。从第八期起采用编辑部负责制,由编辑部集体审查稿件,会务消息则指定专人负责编辑。这种改革,一是因为王光祈准备出国,不能继续担当月刊的全套编印工作;二是便于集思广益,调动会员编辑、撰述的积极性,进一步巩固和维持月刊,丰富月刊内容。因此当时会员充满信心地说,"本月刊从第八期起内容必较前丰富精美,可断言也"。②

(1)月刊编辑部的筹设与整顿

学会筹备期间设立了临时编译部,李大钊为编译部主任,其余会员皆归入编译部办事,为临时编译员。从严格意义上说,这只是为筹备月刊而运作,并非真正的月刊编辑部。学会成立大会上采用无记名连记投票法选举职员,在评议部选举出来后,由评议部从会员中用无记名票选办法产生月刊职员,第一届月刊编辑部由此产生。月刊经理陈愚生,发行苏甲荣,书记黄日葵,会计王光祈,月刊编辑主任李大钊、副主任康白情。③第一届职员票选出来后,月刊编辑员正式确定,根据会员情况,对月刊编辑作了详细分工。第一组编辑员有:李大钊、

---

① 中国第二历史档案馆编:《中华民国史档案资料汇编》第三辑(文化),江苏古籍出版社,1991,第525—526页。

②《会务纪闻》,《少年中国》第1卷第8期,1920年2月15日。

③《会务纪闻》,《少年中国》第1卷第2期,1919年8月15日。

康白情、徐彦之、孟寿椿、黄仲苏、袁同礼、沈懋德、刘正江、雷宝华、周炳林、王光祈,该组按规定编辑月刊第三期,系八月二十八日以前齐稿,九月十五日发行。第二组编辑员有:田汉、宗之櫆、左学训、易家钺、黄忏华、黄日葵、苏甲荣、赵曾俦、彭举、李哲生、李劼人、孙少荆。规定该组编辑月刊第四期,九月二十日以前齐稿,十月十五日发行。第三组编辑员有:魏时珍、李璜、周太玄、许德珩、陈宝锷、罗益增、雷国能、涂开舆、段子燮、张梦九、陈登恪、曾琦。规定该组编辑月刊第五期,十月二十日以前齐稿,十一月十五日发行。

编辑部还规定各组编辑员轮流编辑,每三个月轮流一次,如第六、七、八期之月刊应由一、二、三各组分任编辑。对于编辑员亦有所规定,如可以随时自由投稿月刊,唯某期轮到某组编辑时,该编辑员负绝对的著译责任,如有要事须先期知会编辑主任,或托其他会员代替。对于稿件的规定为,所有著译稿件可否登载由编辑主任决定。①

不难看出,分组轮流编辑主要是便于收集稿件,保证编辑员有充足的时间和精力从事著译或审查稿件,从而保证月刊稿件质量并且如期出版。而编辑员不仅负有催稿收稿之责任(或由专人负责),而且更主要是负有绝对的著译责任。因而编者兼作者成为学会机关刊物的一个重要特点,尽管其中弊端明显,但其最大的好处是促使会员积极参加著述,参与会务。对于月刊乃至学会而言,也不失为一个有效的手段。但是由于会员多在求学或忙于自己的工作事业,又散居各处,不易聚处,因而分组编辑也难如愿以偿。事实上,月刊第三至七期虽规定采用轮流编辑的办法,但巴黎、东京等国外会员及武汉、南京等国内会员都未能参与过多或规定的著述尤其是编辑的任务。编辑正副主任李大钊、康白情均因忙于自己的事,未能执行编辑主任职务,编辑事务基本上落到王光祈身上。从编辑、复印、校对到发行,均王光祈独立为之。②

根据上海吴淞会议的决定,王光祈留京经理会务一年,然后出国求学。一年期满,王光祈决定出国,于是在出国之前开会讨论重新组织编辑部事宜。北京总会常会决定重组编辑部,由李大钊、康白情、张申府、孟寿椿、黄日葵五人担

---

① 《会务纪闻》,《少年中国》第1卷第2期,1919年8月15日。
② 倪平欧:《光祈北平生活之一段》,载左舜生等撰《王光祈先生纪念册》,(台北)文海出版社影印,1968,第30页。

任月刊编辑事宜,其中黄日葵兼负催稿责任。并规定编辑部每月9日开会一次,审查稿件,采用合议制,稿件登载与否由编辑部公决。"会务消息"一栏,则由陈愚生负责编辑。凡有关编辑事务均与黄日葵接洽。①1920年3月1日评议部在致各会员书中特别指出,在北京会员应负编辑《少年中国》之责任及编译社之组织;在南京会员应负编《少年世界》之责任;在上海会员应负两种月刊校勘及发行的接洽责任。根据这一安排,北京总会常会决定整顿《少年中国》的编辑,由北京编辑部负完全责任,组织《少年中国》月刊北京编辑部,以后各处所有本月刊的稿件,寄交北京编辑部编辑发送。北京编辑部的具体分工为:李大钊负责发稿,黄日葵负责催稿收稿,陈愚生负责编辑会务报告。原定黄日葵兼负《少年世界》月刊催收稿件事交由邓中夏办理。②由左舜生负责校对两种月刊,暑假后《少年世界》由王崇植、吴保丰、恽震负责,《少年中国》仍由左舜生负责校对。③

在北京编辑部五人中,李大钊、孟寿椿因事忙不能兼顾月刊编辑,康白情赴美,张申府亦将出国,均提出辞职。在此情况下,左舜生提议《少年中国》月刊应切实整顿,由北京会员另组编辑部。9月18日北京总会常会提议再度改组月刊编辑部,北京方面改推苏演存为编辑部主任,黄日葵为副主任,担负编辑全责。④旋因苏演存以实无余力担任月刊编辑,拟于第九期出完"宗教问题号"后卸去编辑主任,辞意坚决;副主任黄日葵又以在求学时代宜多读书,不愿过于分心为由,不肯接任正主任。在这种情况下,1921年1月27日北京总会临时会议,由苏演存提议,将编辑部移至上海,与印刷同在一地,较为便利,并推荐左舜生为编辑。⑤这样,从第二卷第九期起由评议部推荐左舜生担任《少年中国》月刊编辑,编辑部由北京南移上海,称上海月刊编辑处。第三届、第四届、第五届编辑部人员不详,实际上由左舜生负责,第六届编辑主任为黄仲苏,会计沈昌。⑥

---

① 《会务纪闻》,《少年中国》第1卷第8期,1920年2月15日。《本月刊紧要启事》,《少年中国》第1卷第9期,1920年3月15日。
② 《会务纪闻》,《少年中国》第1卷第10期,1920年4月15日。
③ 《北京方面的报告》,《少年中国》第2卷第2期,1920年8月15日;《上海方面的报告》,《少年中国》第2卷第2期,1920年8月15日。
④ 《会务报告》,《少年中国》第2卷第4期,1910年10月15日。
⑤ 《北京总会的报告》,《少年中国》第2卷第8期,1921年2月15日。
⑥ 张允侯等编:《五四时期的社团》(一),生活·读书·新知三联书店,1979,第244—248页。

(2)月刊编辑方法的改革

根据学会宗旨及学会所处"鼓吹时代"这一特点,学会以整顿出版《少年中国》为当时唯一的会务,月刊又是学会宣传主义和沟通会员消息之机关,原定分组轮流编辑,并未达到预期效果,因而会员对于月刊编辑特别关注,关于月刊编辑改革的讨论沸沸扬扬。择要介绍如下:

第一种意见是分地(国)研究法。1920年3月底,上海会员聚议两种月刊改革事宜,决定《少年中国》从第二卷第一期起,《少年世界》从第一卷第八期起彻底刷新,即每间一期出一特别号,按照两种月刊性质分国研究。具体设想是,《少年中国》于7月15日,《少年世界》于8月1日同时出日本号,间一期出法国号,再间一期出德国号,随后依次出美国号、英国号、俄国号等。日本号担任撰述者有李大钊、陈愚生、田汉、黄日葵、郑伯奇、芮学曾、刘泗英、易家钺、杨德培、沈懋德等十余人;法国号、德国号由王光祈担任文稿,美国号国内能译能做者很多,黄仲苏、徐彦之到美后更可设法。他们还提出,特刊号之撰述者不限于会员,内容除写作外也包括翻译。他们设想,如果能出六期特刊号,就能树一种规模,开研究之风气。而且,将来第三卷第四卷可以分类愈细,如德国某学派、法国某专家、日本或美国某项调查也可出特别号。如此做下去,方与学会研究学术之宗旨名实相符。[1]

第二种意见是分地分类编辑法。王光祈于1920年3月提出,月刊拟分为自然科学、社会科学、文艺三种季刊,由各地会员各就其所学分任编辑,每种季刊每期之后皆列"创造少年中国问题"一栏专载社会问题、讨论主义问题等项文字,最后仍附"学会消息"一栏。他强调学会讲学当以专门深造为特色,应把学会月刊办成专门杂志,若此则朋友之间的互助将更进一步。[2]与曾琦把出版月刊当作学会现阶段唯一会务一样,王光祈认为,整顿《少年中国》月刊是学会近四年会务之一,因此向南京大会正式提出把月刊改为自然科学、社会科学、文艺三种专门性质的杂志,仍用月刊名。编辑办法为每年仍出十二期,每期皆出特刊号,三种各出四期,每次卷面上标明某某特刊号,三种编辑由各地会员分任,是为正编;每次特刊号之后,附列"创造少年中国问题"及"学会消息"两栏,是为

---

[1] 左舜生致愚生兄及北京诸同志,《少年中国》第1卷第11期,1920年5月15日。
[2] 《会务报告》,《少年中国》第1卷第11期,1920年5月15日。

附编,由上海会员编辑。①他设想,正编约占每期字数之五分之三,附编约占五分之二。这种编辑办法的好处:(一)编辑事可分任;(二)性质较专精;(三)征稿较容易。②此外,巴黎分会给南京大会的提案中赞成改月刊为专门性质的杂志,但主张先成立科会,至少应先成立社会科学、自然科学、文艺三种研究会,为专门季刊之基础。③

第三种意见是分科(门)编辑法。郑伯奇提出,成立各科会,发行该科会专门杂志,但仍以《少年中国》月刊为学会机关杂志,以中学生程度之读者为对象,月刊内容分论说、学术、通信、学会消息、专稿、艺苑等。④

就月刊改革问题,1921年7月南京大会作了专题讨论,与会者大多反对季刊的办法,一是因为季刊在学科性质上有时不易判别,不如多出专刊号,如"中国教育号""妇女号""心理学号""宗教问题号"等等,其余仍出普通号;二是若改为专门季刊,恐购阅者及书局两方面同时发生困难,等等。讨论结果,全体赞成下列改革办法:就兴趣相同之人,组织各科研究会;每研究会推定编辑一人,凡性质上应属于某研究会的专刊号,即由该会编辑员负征稿及编纂之责,编好按期寄上海左舜生转书局;非专刊号稿件及会员通讯会务报告等,仍直接寄交左舜生编辑。据此,学会及月刊编辑部要求:(1)五六人同隶一研究会同居一地,即应自动从事某种专刊号之编辑;(2)编辑时间,每一期可限定一个月至三个月,字数每期须达五万。编好后即直寄上海付印。可见,会员对月刊改革期望甚殷,认为国内国外若能同时并举,月刊内容既可渐趋良好,稿件更不忧缺乏。⑤

月刊改良的讨论热热闹闹,南京大会亦作出了决议,杨钟健在1921年9月就任执行部主任后明确表示:对于月刊事到底是刷新还是维持现状,抑或采德国会员所拟三种季刊性质的专门杂志,由左舜生根据编辑便利而定。⑥事实表明,左舜生对于月刊编辑基本维持原状。1921年10月9日北京总会重新提出要力加整顿月刊,但由于与会人数太少,没有形成决定。10月20日常会又议决对

---

① 王光祈:《对于今年七月南京大会的提议》,《少年中国》第3卷第2期,1921年9月1日。
②《南京大会纪略》,《少年中国》第3卷第2期,1921年9月1日。
③《巴黎分会提案》,《少年中国》第3卷第2期,1921年9月1日。
④《少年中国学会问题》,《少年中国》第3卷第2期,1921年9月1日。
⑤《南京大会纪略》,《少年中国》第3卷第2期,1921年9月1日。
⑥ 杨钟健致会员诸兄,《少年中国》第3卷第4期,1921年11月1日。

月刊内容和出版日期均有整顿之必要,决定除一面由北京会员努力供给材料外,当函上海月刊编辑处,以编辑处名义,向国内外会员征稿,并向亚东图书馆交涉,务必按期出版,以保信用。①这说明,《少年中国》不能如期出版,已引起总会的注意,提出相应的补救办法,一是整顿月刊编辑,催促国内外会员供稿;二是与出版机构交涉,务必按期出版,以免影响月刊信誉。

1922年7月杭州年会总结了上年议决的月刊改革情况,据左舜生报告说:德国会员曾提议将月刊由德、法、美,国内及日本四组分期担任编辑,每组三期,德法二处会员已履行,美国会员愿担任文稿、不愿独自编辑任何一期,最不振作而且态度不明了的只有国内会员。②大会讨论的结果是照欧洲会员提议的办法努力进行,但没有提出进一步的意见,也没有作出任何决议。后来刘仁静出于建立"思想界的联合战线"的考虑,建议月刊编辑作进一步改良。①月刊以数期为对各种问题(如教育、文学、哲学)公开辩论的专号,辩论的结果归纳为一临时的结论,得学会大多数的赞成,则以后月刊的编辑尽可成为一科学的组织。②月刊的编辑分为政治、教育、文学、哲学、科学五组,每个会员至少须加入一组。每组须推出主任一人,以司关于该组稿件之取择。③每人在每半年内须担任至少五千文字,以此调动会员对外宣传自己主张的积极性。④月刊内容可分为宣传与讨论二部分,前者对中国实际情形立论,后者则为理论之讨论。"经此分工,则月刊效用亦较广泛,我们亦可即时向国人贡献我们一致的意见。"③此议未见学会的反应,也未见会员的反应。

1923年苏州会议就月刊问题作出规定,月刊内容决定根据此次学会宣言的九条纲领,切实发挥,每期必有两篇以上此类的文字。④此决定部分付诸实践,主要是关于国家主义教育的讨论。

由于"少中"本着创造有力的个人而后组织有力的团体,没有权威的机构和强有力的领导人物,规约也不能严格执行,对会员未能产生有效的约束,对月刊编辑员也同样如此。尽管采用编辑部合议制形式,编辑部因不能有效运转而不

---

① 《学会消息》,《少年中国》第3卷第5期,1921年12月1日。
② 《一九二二年杭州大会纪略》,《少年中国》第3卷第11期,1922年6月1日。
③ 《对学会的一个提议》,《少年中国》第4卷第7期,1923年9月。
④ 《本会近事记》,《少年中国》第4卷第8期,1923年12月。

断地改组整顿,并未见有实效。不过,编辑部更多的是起联络的作用,一度把会员聚集在《少年中国》月刊而开展文化运动和社会运动,并向会外延伸,成为与其他社团、杂志联络的纽带。所以梁实秋称,"少年中国学会会员散布海外,而《少年中国》月刊实为其在上海者之联[连]锁"。①

(3)月刊特刊号的编辑

《少年中国》有一个特别引人注目的地方,就是特刊号数量多、质量高,而且社会反响很大。当会员集中讨论某一重大社会问题或理论问题或学会重大决策问题时,就出版专号或称特刊号,一则引起会员广泛而深入的研究讨论,切实研究和解决问题;二则吸引社会上的注意力,或获取社会的同情与支持,以求共同解决问题。综观《少年中国》全四卷四十八期,先后出了11期专号,约占总期数的23%,即第一卷第四期"妇女号"、第八期、九期"诗学研究号"、第十一期"新唯实主义号",第二卷第四期"法兰西号"、第八期"宗教问题号(上)"、第十一期"宗教问题号(中)",第三卷第一期"宗教问题号(下)"、第二期"少年中国学会问题号(一)"、第七期"相对论号"、第八期"少年中国学会问题号(二)"。

特刊号的编辑方法主要有:一是学会或月刊编辑部组织编辑,向会内外征稿。例如,为出"妇女号",月刊编辑部在第三期公布了"本月刊第四期特刊'妇女号'的启事"。内中述及编辑缘起,并表示极希望海内富有新思想的名媛投稿。②此前,王光祈在南京会晤女界同志十余人,征求对于妇女问题的意见;又特请北大教授胡适撰《大学开女禁的问题》一文,以扩大影响。通过关于妇女问题的集中讨论,"少中"在妇女问题的解决上达成共识,即从教育下手,而女子教育问题仍须女子自身起来解决,并对此展开进一步的探讨。③又如,"宗教问题号"的编辑,缘起于巴黎会员提出,并由评议部通过"凡有宗教信仰者,不得介绍为本会会员"议案,许多会员觉得宗教问题为关系学会的重大问题,应细加研究讨论,于是拟由各地会员专门讨论之。讨论之前先搜集资料,一是介绍近代科学家、哲学家、艺术家的宗教观;二是敦请名人学者讲演,所有文字、讨论集由月

---

① 梁实秋:《悼念左舜生先生》,载周宝三编《左舜生先生纪念册》,(台北)文海出版社,1981,第49页。
②《本月刊第4期特刊"妇女号"的启事》,《少年中国》第1卷第3期,1919年9月15日。
③ 王光祈按语,见胡适之:《大学开女禁的问题》,《少年中国》第1卷第4期,1919年10月15日。

刊编入"宗教问题号"。①在三期"宗教问题号"中,第二卷第八期主要是名人关于宗教问题的讲演及国内会员论著,由月刊编辑部负责编辑;第二卷第十一期亦系国内名人讲演或在美国会员的论著,亦由编辑部编辑;第三卷第一期则是欧洲方面会员李璜、周太玄负责编辑,寄回上海编辑出版。类此,"诗学研究号"也由编辑部组织编辑,对白话诗及诗学理论作出了贡献。

二是会员研究讨论问题而提出编辑专号。如"法兰西号""相对论号""新唯实主义号"等,由会员讨论月刊编辑改革时拟出的专号(区别于普通号),为学会编辑部所认可,左舜生在报告1921年会务进行情况时也提到了这一点。②

三是关于学会问题或会务的讨论,由月刊编辑部编辑。"少年中国学会问题号"的编辑,缘于南京大会讨论的许多问题悬而未决,拟继续在月刊上讨论,而且认为有些问题虽以学会为中心,但同时是中国多数青年共有的问题,故用一二期月刊篇幅刊载。③从该特刊号可以看出,国内会员和欧洲、美国方面会员均表示了意见,并"对本会问题作详细的讨论"。④因此,该号对于学会内部争论、会员思想的分化、学会的分裂等,提供了宝贵而详细的资料,生动地刻画了会员对于学会、对于社会的情感与体认。

特刊号在当时的杂志中并不鲜见,但对于《少年中国》而言,却明显提升了以"文化运动"相标榜的少年中国学会的社会影响。当时读者尤爱看《少年中国》的会务消息及会员间的通信,也可见当时青年读者的兴趣在了解"少中"会员的思想状况和活动情况,许多青年通过阅读《少年中国》,了解学会而成为会员,或成为学会的同情者。正如宗白华所说,"浪漫精神和纯洁的爱国热忱,对光明的憧憬,新中国的创造,是弥漫在许多青年心中的基调"⑤。所以"少年中国学会问题号"集中讨论会务,真实地展示会员思想,自然影响青年界和社会界。曾琦致函王光祈说,"妇女号既为国内杂志界开一新纪元,新诗号尤切合时势之需要,似此进行敏活,想见吾兄及诸会员奋斗之精神"⑥。自然对于学会产生了

---

① 《北京方面的报告》,《少年中国》第2卷第7期,1921年1月15日。
② 《一九二二年杭州大会纪略》,《少年中国》第3卷第11期,1922年6月1日。
③ 《编者附志》,《少年中国》第3卷第2期,1921年9月1日。
④ 杨钟健:《略谈学会问题》,《少年中国》第3卷第11期,1922年6月1日。
⑤ 张允侯等编:《五四时期的社团》(一),生活·读书·新知三联书店,1979,第554—555页。
⑥ 曾琦致润屿,《少年中国》第1卷第11期,1920年5月15日。

积极的影响。因此,无论是名人论著的社会效应,还是社会热点问题的讨论,《少年中国》特刊号在当时的影响是独步一时的。

(4)月刊的编辑方针

学会成立大会上讨论分组编辑月刊时,规定《少年中国》月刊文字注重鼓吹青年、研究学说、批评社会三种,无论文言白话,均以朴实洁净为主。①可以说基本确定了月刊的编辑方针。因此根据月刊宗旨,拟定月刊内容为四个部分:一是关于青年修养的文字,二是关于讨论学理的文学,三是关于批评社会的文字,四是少年中国学会消息。②1920年7月欧洲会员讨论月刊供稿问题时,主张仍照月刊原来编辑方针分别担任稿子,即关于青年修养的文字、关于哲学科学文学的文字、批评文字、作品(诗与小说)等四种。③后来,宗白华致函月刊编辑部,进一步阐述月刊编辑方针,认为月刊文字分作鼓吹青年、研究学术、评论社会三个部分,并详述自己的看法。④1920年8月15日余家菊致信左舜生,提出两种月刊编辑方针应该明白确定:《少年中国》应该兼重修养的文字、问题的文字和学理的文字,并宜以中学生及与中学生有同等知识的人为对象;《少年世界》宜偏重几栏,并注重与社会运动有关系的文字,如小工艺、小园艺等。会员消息宜灵通,重在各方面全无消息的会员,宜刺探其行径与进步之有无。⑤

由上可见,《少年中国》的编辑方针为注重鼓吹青年、研究学说、批评社会。体现在月刊内容上便是关于青年修养之文字,关于哲学科学文学之文字、批评文字,及关于"少年中国"理想和学会建设的文字。仔细翻检《少年中国》各卷期文字,可以说这一方针一以贯之,只是各期侧重点不同。

注重"少年中国"主义的宣传,是《少年中国》的特色内容。作为机关刊物,《少年中国》以宣传学会宗旨为要职,因此登载了许多关于创造"少年中国"及会员讨论"少年中国"理想的文字通讯抑或会务消息,还有两期"少年中国学会问题号",构成了月刊的基本内容和特色文字之一。会务消息、会员通讯又成为广大青年读者对"少中"的兴趣所在。李大钊的《"少年中国"的"少年运动"》,王光

---

① 《会务纪闻》,《少年中国》第1卷第2期,1919年8月15日。
② 少年中国学会编:《少年中国学会周年纪念册》,1920,第4页。
③ 周太玄魏时珍宗白华王光祈致本会同志,《少年中国》第2卷第4期,1920年10月15日。
④ 宗之櫆致编辑同志,《少年中国》第1卷第3期,1919年9月15日。
⑤ 余家菊致左舜生,《少年中国》第2卷第3期,1920年9月15日。

祈的《"少年中国"之创造》《少年中国学会之精神及其进行计划》,恽代英的《怎样创造少年中国》《少年中国学会问题》等专题论文,无疑为会员乃至青年知识分子构设了一种创造"少年中国"的理想,引导困惑徘徊的青年向光明路上走,因而在社会上造成很大反响。例如,郭沫若在朋友处借阅《少年中国》第一、二两期后,写了一首感怀诗,其中说道:"我读《少年中国》的时候;我看见我同学底少年们,一个个如明星在天。我独陷没在这Stryx的Amoeba,只有些无意识的蠕动。咳!我禁不住我泪湖里的波涛汹涌。"[1]因此,宣传学会宗旨成为《少年中国》的重要职责,对学会的发展起着举足轻重的作用。

4.月刊的出版发行

(1)出版发行机构

《少年中国》第一卷第一至四期由学会在京会员自行刻印发行,从第五期起委托上海亚东图书馆办理印刷出版,这样稿件由北京编辑部先行编辑,按时寄给上海宗白华等,送去亚东书店付印并校勘。自第二卷第九期起,月刊编辑部南移上海,月刊主要由左舜生负责编辑后交亚东书店付印并出版。[2]到第三卷第十二期出完后,《少年中国》改由上海中华书局印刷,印刷地点在上海静安寺路一九二号,发行则是中华书局有限公司,总发行所设在上海中华书局棋盘街,分发行所为各省中华书局。

可见,《少年中国》主要由亚东图书馆印刷出版,其次是中华书局。其实,杂志与出版社的这种关系在新文化运动史上是一种普遍现象。不少新文学社团都为出版宣传之便利,与相对固定的出版机构建立一种特殊的关系,抑或与代派处或书社建立良好的相对稳定的信用关系。陈启天回忆说:"少中会友的专著,则另编为少年中国学会丛书,在中华书局出版。中华书局发行的新文化丛书,也有多种系少中会友所编撰。"[3]说明少年中国学会及其会员与书局的密切关系。其实,《少年中国》由亚东转到中华书局出版,可能是左舜生担任月刊编

---

[1] 林同华主编:《宗白华全集》(一),安徽教育出版社,1994,第234页。Stryx指希腊神话中的冥河。amoeba,阿米巴,是一种变形虫。

[2] 自1920年3月15日起,两种月刊之发行事宜,由左舜生君随时与亚东图书馆交涉。(见少年中国学会编《少年中国学会周年纪念册》,1920,第10页。)

[3] 陈启天:《寄园回忆录》,台湾商务印书馆,1965,第36页。

辑后出于工作之便利,以及田汉、张闻天等会员在书局工作对月刊编辑校对之便利,其中起决定性作用的当是左舜生。有评论说,"左氏任职(指中华书局——引者注)期间,一方面联络以'少中'会员为主干、组成中华书局之编辑及作者群,大量译著出版新书及古籍,行销一时,使中华书局于'后五四时期'之新文化运动,成为继商务印书馆后另一著名之我国出版机构"[①]。专业出版机构的营销网络和手段,对于扩大《少年中国》的社会影响,起了不容忽视的作用。

(2)月刊发行办法

《少年中国》第一至三卷基本上由学会自己发行,实际上由王光祈负责。月刊从第五期起总发行所改在上海亚东图书馆,凡有订报派报者均向亚东接洽。第一届月刊编辑部产生后,由苏甲荣负责发行工作,实际上也由王光祈负责。自1920年3月15日起,送阅交换杂志各事由北京会员苏甲荣、南京会员赵叔愚、上海会员左舜生担任付邮。[②]到月刊编辑部南移上海,月刊发行及邮寄基本上由左舜生负责。第四卷改由中华书局发行,各省中华书局分售。

具体说来,《少年中国》主要是采取送阅和代派销售两种方式来发行。

第一,送阅办法。学会成立大会上就《少年中国》的送阅办法作了具体规定:(一)凡系本月刊之编辑员及职员,每期每人奉送三册。(二)本会会员每期每人奉送一册。(三)由本会酌选教育机关若干处,每期各送阅一册。(四)与本月刊交换之各种杂志社,每期各送阅一册。(五)曾与本会联为友会之学会,每期送阅一册。(六)凡代派本月刊至十册以上者,奉送一册,已打折扣者,不在此限。(七)此外无论会员非会员,如欲购赠亲友,一律现金交易,会员购买作八折计算。可见,如此送阅《少年中国》,实际上通过会员、友会或者有交换关系的杂志社,构建了一个基本的传播网络。

第二,设立月刊代派处。据《少年中国》第一卷第三期启事可知,月刊代派处初时设有16处,不久之后,代派处增至23处,代派处分布在北京、上海、天津、成都、济南、嘉兴、梧州、南宁、长沙、开封、绍兴、广州、武昌、河南等九个省区十多个城市,还远及日本,其流传自然更广。随着会员在国外的广泛流布,西欧如

[①] 李金强:《民国史学南移——左舜生生平与香港史学》,(香港)《中国近代史学会会刊》1989年第3期,第87页。

[②] 少年中国学会编:《少年中国学会周年纪念册》,1920,第10页。

法、德、英、比等国,近东如朝鲜、日本以及南洋群岛、越南等地,均有《少年中国》月刊流播。

(3)月刊的发行量

《少年中国》发行之初,销路形势大出编辑者的意料,可证诸当时会员言论及会外舆论。魏时珍在致王光祈的信中说道,"颇闻人言,月刊销行极广"。①曾琦也提道,"近年月刊销路极好,欢迎者颇多"。王光祈等人解释月刊畅销的现象为青年人"饥不择食"所致。"现在一般人都张(着)口撑着手,向着提倡新思想的人要饮食。但是'新人物'把外国的饼干啤酒极力运输进来,一般人还是面有饥色。"②不难看出,《少年中国》适应了当时社会上欢迎提倡新思想的刊物的要求,因而销行极好。当时尚未入会的恽震对《少年中国》的评价颇高,称月刊虽小,其材料极其精粹,没有一篇是敷衍塞责的。③这也说明,月刊行销还有其质量上的原因,并非一般充数之物。《本月刊再版广告》充分说明了销路形势:"本月刊出版以来颇蒙社会欢迎。第一、二、三期出版后二三日内,即行售尽。而各处函购者仍络绎不绝。"④而月刊初定每册印刷1000册,除部分送阅后,余下大部分能在短短的几天内销售,不能不说销路很旺。正是因为供不应求,以致月刊不得不再版三版,部分卷期出至四版。

据统计,《少年中国》到1920年夏,每期销数达5000份,第四期"妇女号"、第八、九两期"诗学研究号"均销9000份⑤。左舜生接手编辑月刊后,销量明显增大。他后来回忆说:"这时候的'少中'月刊,内容还很幼稚,但销路不坏,平常每期销六七千册,出过两期'妇女问题号',都超过一万。"⑥应当说左氏作为月刊编辑,对杂志销量的叙述是比较可信的。即月刊每期均销6000—7000册,特刊号销量更大。由此数字就可见《少年中国》的影响。

(4)月刊的出版发行时间

《少年中国》第一至二卷各期在每月十五日发行,第三卷各期改为每月一日

---

① 魏时珍致润屿,《少年中国》第1卷第3期,1919年9月15日。
② 王光祈致魏时珍宗白华,《少年中国》第1卷第3期,1919年9月15日。
③ 恽震:《对于少年中国学会信条的意见》,《少年中国》第1卷第5期,1919年11月15日。
④ 《本月刊再版广告》,《少年中国》第1卷第4期,1919年10月15日。
⑤ 少年中国学会编:《少年中国学会周年纪念册》,1920,第10页。
⑥ 左舜生:《左舜生自选集》,(台北)文海出版社,1978,第22页。

发行,第四卷各期原定在每月一日发行,署名出版时间仅到月份。因为第三卷出完后停刊七个月,从1923年3月开始出第四卷,中间又有间断,直至1924年5月出完十二期后停刊。大致说来,第一、第二卷各期发行时间基本正常。第三卷各期发行时间与原定时间有较大出入,第一期至第九期标明发行时间比实际发行时间要迟一到两个月,第十期到第十二期标明发行时间比实际发行时间落后四至五个月。第四卷各期发行时间,各期标明出版时间比实际出版时间要迟一到两个月。[①]

《少年中国》后来延期出版乃至中间停刊整顿,主要原因不外以下几点。

一是月刊稿源不济或不及时。国内社员忙于学业或生计与事业,国外社员忙于语言或学业,大多无暇作文,或因会员程度不齐,或者对于某些专题或特刊号内容不熟悉而作不出文,又因月刊供稿有时限规定,以至到时难以齐稿。1922年8月,王崇植谈到在国外一年来作文乏力,非无责任心,实为才力所限。他说:"少中月刊为弟敬爱之物,故决不肯以潦草塞责之文来搪塞。……弟曾拟题若干,惜自己学问太浅,虽三易其稿而尚无一成,言之汗颜! 弟尝愿将一年研究所得,著为相互关系而又各自成篇之文五六篇,乃译名上殊费推敲,其困苦处有非初料所及者。但无论如何,弟尝勉为其难,在最短可能之时期内寄上,以补少中之白。近半月内恐无执笔余暇。"[②]由此看来,部分会员按期供稿《少年中国》是不可能的。而且随着海外会员增多,供稿日成问题,加之因邮寄时间长而难以齐稿,影响月刊如期出版。所以恽代英曾直言月刊文章的不足,是因为一方面"每个人把个人的学问或事业看得太重要,令自己太忙碌,没有精神时力考虑处置一切学会根本问题"。另一方面是"一切发表的文字,太注重求社会的赞许,太不注意求自己的了解。譬如论理文字,多谈学术的,少研究学会问题的;记事文字,多说别人事情的,少谈自己活动的,结果大家不知彼此正做,而且要做甚么事情,想赞助都无以赞助"[③]。可见,月刊不仅稿件数量成问题,而且文字质量也成问题。稿源困难是不争的事实,尽管学会或月刊编辑部多方催稿,在艰苦支撑两种月刊一段时间后,不得不停刊《少年世界》以全力供稿于《少年中

---

① 李永春:《〈少年中国〉与五四时期社会思潮》,湖南人民出版社,2005,第75—81页。
② 王崇植致舜生,《少年中国》第3卷第12期,1922年7月1日。
③ 恽代英:《少年中国学会的问题》,《少年中国》第2卷第7期,1921年1月15日。

国》。但月刊仍难以谋持久而免文字竭蹶之虞。

二是编辑人员问题。尽管月刊实行分组编辑,但编辑员忙于自己的事业,分组的编辑人员不在同一地方或各有所忙,以及部分编辑怠于月刊编辑工作,分组编辑难以实行。北京会员原负责编辑《少年中国》,后又分担《少年世界》部分稿子,实在应付不来,怠于编辑《少年中国》,因之也常遭受各处会员的责难。①这种责难反过来又影响部分会员的编辑热情。诚如会员所指出,会员原本对于学会的热心程度不一,北京方面的会员没有一个不是一身数职的。有些入其他团体在前,入学会在后的人,以"继母"待少年中国学会。黄日葵担心的是:"这些人以学会当作一种达自己目的的工具,或者借它做装饰品。等到他无需于此的时候,他就弃之如敝屣了。"②实际情况也是如此。来自国民杂志社的会员有周炳林、许德珩、易克嶷、陈宝锷、邓中夏、孟寿椿、鄢祥禔、曾琦、易家钺、黄日葵、高尚德等。许德珩、邓中夏、黄日葵还是国民杂志的主编,自然影响到《少年中国》的供稿与编辑任务。此外,来自北大新潮社的会员有张申府、徐彦之、康白情、孟寿椿、高尚德、朱自清等。来自共进社的有刘天章、杨仲健,两人均忙于共进社事,对于"少中"会务至少在初期参与不多。可见黄日葵的上述言论是有明显的针对性的,确也从一个侧面道出了月刊问题的另一方面的原因。

三是亚东图书馆或中华书局等印刷出版方面的原因。《少年中国》发生不能如期出版的问题后,北京总会议决当设法整顿。1921年10月20日北京总会常会讨论,提出上海月刊编辑处以编辑处名义向亚东交涉,务必按期出版。③由此可见,《少年中国》由亚东图书馆转到中华书局出版,虽说与左舜生等会员从业于中华书局之便利分不开,但亚东一度在月刊广告和出版方面延误,以致引起会员不满,也是一个不容忽视的原因。1924年出版的《会务报告》提到《少年中国》停刊的原因:"此次中华(指中华书局——引者注)之不办少中(指《少年中国》——引者注),当然是由于少中销路少之故。查少中销路之少所以日减,系由于内容太芜杂,少精采[彩],不能引起一般人之注意及兴趣。"④也说明月刊销

---

① 康白情致少年中国学会同志诸兄,《少年中国》第3卷第2期,1921年9月1日。
② 黄日葵致黄仲苏,《少年中国》第1卷第12期,1920年6月15日。
③ 《少年中国学会消息》,《少年中国》第3卷第5期,1921年12月1日。
④ 《紧要提议——刊行"研究专号"以代月刊》,少年中国学会编《会务报告》第1期,少年中国学会发行,1924,第19页。

路不畅有书局方面的原因,其根本原因则在《少年中国》自身。

总之,由于稿件、人手、印刷出版等多方面原因,《少年中国》几度整顿编辑部,但终无济于事,《少年中国》的愆期乃至中途停刊,是当时会员甚至学会无能为力的。

5.月刊的稿源

作为学会机关刊物,《少年中国》是宣传学会宗旨与沟通会员感情的主要阵地,因此会员与月刊之间构成一种至为微妙的关系,正如刘正江所言,"吾会之结合全在精神,而精神之寄托又在杂志"①。《少年中国学会规约》第二十九条规定,学会会员目前应努力进行事项之一是按照学会所出两种月刊的内容,每两月供给文字一篇,长短不拘。如本人事繁,亦得向会外同志请求代撰。恽代英则向全体会员提出以月刊为会员联络的办法:(一)规定每月每个同志至少对于素未通信的别的同志四人,须各通信一次。(二)在月刊中多容纳关于会务讨论的文字,而且会友之造学求业、服务社会等均可以在月刊上彼此讨论。常能如此,同志彼此渐渐都会了解,团体精神一天天便会团结起来。②正因为月刊与学会、与会员这种至关重要的关系,自1919年创刊到1924年停刊,历时近六年,它可以说是维系"少中"的主要精神支柱。

月刊全四卷共发表文字近250万字,涉及内容非常广泛,对于一个当时拥有会员近百人,且多在求学做事阶段的学会而言,确属不易。据初步统计,《少年中国》全四卷48期,包括学会筹备期间的《少年中国学会会务报告》,共刊有文章或诗600多篇(首)。有人对月刊文字进行分类统计,其中讨论"少年中国运动"45篇,会务纪闻73篇,会员通讯146篇,附录25篇,政治与经济29篇,社会问题44篇,哲学思想39篇,宗教信仰31篇,文化与教育20篇,诗156首,其他19篇。③尽管这一分类并不完全科学而且统计数字亦有出入,但确也从一个侧面反映出月刊内容之大概与特色所在。

---

① 刘正江致润屿慕韩,《少年中国》第1卷第2期,1919年8月15日。
② 恽代英致全体同志,《少年中国》第1卷第11期,1920年5月15日。
③ 中共中央马克思、恩格斯、列宁、斯大林著作编译局研究室编《五四时期期刊介绍》第一集,生活·读书·新知三联书店,1978,第755—768页。

(1)月刊稿件的来源

首先是总会按规定向各地会员征稿,会员必须向月刊定量定期供稿。根据学会规约及月刊编辑之规定,学会会员及编辑可随时自由向月刊投稿,而且负责该期的编辑负有绝对的著译责任。除按规定供稿外,会员提议采取"储稿"办法,这是因为:(一)月刊需材既多;(二)会员散居各处难以征集稿子以应急;(三)鉴于历来杂志中途夭折是由于稿件,故此每月限各会员务作一篇以备供求,并定为成议。①此外,总会规定各分会供给月刊材料,如成都分会发行定期周刊(《星期日》)时,将长篇研究送至总会鉴定,以为月刊材料。②巴黎分会规定,星期天谈话稿或经专人记录,得本人许可寄归《少年中国》编辑部。③后来周太玄的《古动物学上的物种原始和变迁》、李璜的《法兰西诗的格律及其解放》等谈话稿,都发表于《少年中国》。又北京总会通告巴黎分会,供给"法兰西号"稿子,④该号即由巴黎会员编译。北京总会整顿月刊的讨论则决定,一是由北京会员继续供给材料,二是由上海月刊编辑处向国内外会员征稿。⑤此外,学会还多次通告,收集会员通信,为会员通讯栏目供稿或编为通讯录,以便会员相互了解。总体上说,这类稿件占了月刊的相当数量,足见学会维持月刊之努力。

其次是月刊安排专人催稿,会员之间亦相互催促索要。月刊前几期主要由王光祈负责催稿。会员都承认,"他催稿的本领顶大,不是走讨,便是函索,仅有不满百人的会员,而居然能维持两种定期刊物,精良作品很不少",这都由于王光祈"督促之力"。⑥后期左舜生负责编辑月刊时,催稿亦勤。据李璜回忆说,左舜生为《少年中国》催稿很急,他只好将译编中的《近代法国文学史》一书中关于历史学的抽出几段聊以塞责。⑦到欧洲后王光祈仍主动为月刊约稿催稿。他在致李璜、周太玄信中恳切地说:"少年中国稿子齐了没有。如未,请太玄从速催

---

① 孟寿椿致慕韩润屿,《少年中国》第1卷第2期,1919年8月15日。
② 李劼人致润屿,《少年中国》第1卷第1期,1919年8月15日。
③ 《学会消息》,《少年中国》第2卷第10期,1921年4月15日。
④ 《法兰西一个学者的"进化"观》,李璜译,《少年中国》第2卷第4期,1919年10月15日。
⑤ 原载《少年中国》第3卷第5期,1921年12月1日。
⑥ 孟寿椿:《五四运动时代王光祈先生的奋斗生活》,载左舜生等撰《王光祈先生纪念册》,(台北)文海出版社影印,1968,第60页。
⑦ 李璜:《法兰西近代历史学》,《少年中国》第3卷第6期,1922年1月1日。

促在法会员,赶于六月中旬付邮。否则付邮误期,国内专候稿子不能出版,则大失信用。"在致曾琦等的信中也说,"少年中国,少年世界稿子均已交太玄否?"①其他会员也主动为月刊催稿。康白情致信许德珩,提醒他"多做点文,多通点信,少年中国和少年世界都要稿子"。许德珩当时在国外忙于语言文字学习,当周太玄向他催稿时,许德珩才赶写来欧两个月的见闻,以充稿件。②除会员相互催索稿件外,海外会员还推举催稿员专负其责。巴黎分会在成立组织前,就推举通信员和征稿员以尽传达消息和征集稿子之责,王光祈、魏时珍分别为德国方面的通信员与征稿员,周太玄与曾琦分别为法国方面的征稿员与通信员。③留欧会员供给月刊的许多稿件,与这些征稿员和通信员有很大的关系。

再次是月刊编辑部向会外征稿或约稿。如月刊"妇女号"征稿启事说,欢迎会外同志投稿。这类稿件在不违背学会宗旨的情况下,由编辑主任审定刊用。④此外,通过会员私谊,或以学会、月刊名义约稿于名人,或索稿于友人。前者如胡适《大学开女禁的问题》系王光祈以学会名义约请而作。又如王光祈看到黄霭女士对女子教育运动、妇女问题有研究,向她为第四期"妇女号"约稿,希望借此为月刊增些生气。⑤此外,李润章《宗教与科学》一文,是应周太玄等人之约为《少年中国》月刊"宗教问题号"所撰。他在文首特别说明,因周太玄等"催促再三,辞不获已,因将平日所知者,拉杂书之,借以报命"⑥。查谦、李小缘当时在金陵大学与方东美等人是同学,他们二人虽各有文章载在《少年中国》及《少年世界》,均系黄仲苏、方东美、刘国钧约稿所得。⑦此类稿件数目不多,但在《少年中国》月刊中很有分量,也很有影响。

最后是采(选)外稿。如太朴《时代观之宗教》是在读少年中国宗教号(上卷)后随笔写就而投到月刊编辑部,为《少年中国》刊登。此外,王会吾在看了《少年中国》出妇女号的告白,把关于妇女问题的意见在月刊登出来,供有学问

---

① 王光祈致幼椿太玄鲁之劼人诸兄,《少年中国》第2卷第2期,1920年8月15日。
② 许德珩致梦九舜生等,《少年中国》第2卷第3期,1920年9月15日。
③《欧洲方面的报告》,《少年中国》第2卷第3期,1920年9月15日。
④《本月刊第4期特刊"妇女号"的启事》,《少年中国》第1卷第3期,1919年9月15日。
⑤ 若愚:《致黄霭女士书》,《少年中国》第1卷第2期,1919年8月15日。
⑥ 李润章:《宗教与科学》,《少年中国》第3卷第1期,1921年8月1日。
⑦ 秦贤次:《方东美与少年中国学会》,(台北)《传记文学》第31卷第3期,1977年9月,第8页。

的姐妹们就妇女问题作研究。①署名M.R.先生看了《少年中国》第二期,了解学会对于妇女问题的态度后,致信请求《少年中国》月刊解决他的几个疑问。②两文均发表于妇女号。此类稿件数量虽不多,但对加强与会外人士的交流,探讨共同关心的问题,以及扩大月刊影响,其作用是不可低估的。

(2)稿件的要求

《少年中国》是学会的机关刊物,以科学的精神为指南,以文化运动为旨归,因此无论学会、月刊编辑部还是会员作者,都对月刊稿件有自己的定位及要求。

一方面,学会、月刊编辑部对稿件的要求。会员包括会外人士的供稿是月刊材料的一个基本保障,编辑(部)对月刊稿件的审别采用则是保证月刊质量乃至扩大月刊影响的根本因素。在这一过程中,月刊对稿件的要求,主要体现在文字、格式、质量、交稿时间等方面。学会对月刊期望值很高,乃至部分会员希冀办成专门的学术杂志,如此要求无疑对月刊编辑是大有益处的。这种学术研究在充实会员个人修养和团体预备工夫的同时,也迎合了当时青年界知识饥荒的局面,在社会上造成一定影响。因此,学会及会员对月刊期许之高,是无可非议的。

《少年中国》创刊伊始,编辑部对月刊编辑有较高要求。稿件内容"注重翻译介绍学说",要求根据学理而阐发,切忌空谈,宜篇篇都体现出"学理的价值"。但这些要求散见于各期的学会或编辑部通告,而真正全面而系统地公示出来,则是《少年中国》刊登的《本月刊编辑部通告》,对投稿者提出了八点注意事项,从稿件格式、内容、交稿期限均有所规定。③投稿的注意事项,可以说是对会内外稿件的共同要求,也可以说是对会员稿件的基本要求,因为学会刊物的作者,主要还是会员。

另一方面,对于会员也有稿件数量或字数及质量或内容方面的要求。《少年中国》每期字数约为五万,单靠北京会员来根据不同栏目,供给相应的稿件以凑足篇幅是难以做到的,而且在京会员日少,更使月刊编辑供稿困难。这一点学会上下都已意识到,因而对于全体会员作出稿件字数的规定。

---

① 王会吾:《中国妇女问题——圈套——解放》,《少年中国》第2卷第4期,1920年10月15日。
② M.R.先生致少年中国学会会员,《少年中国》第1卷第4期,1919年10月15日。
③ "广告",《少年中国》第2卷第3、7期,1919年8月15日、1920年1月15日。

关于月刊供稿数量,从《少年中国》筹备创刊时就有议论,但一直没有形成规定。王光祈在1919年6月出版的会务报告中提出,希望会员每人至少为《少年中国》预担任稿件二千字左右,译著均可。①后来又提出月供一万字的要求。恽代英认为王光祈总限一个人每月交一万字左右,那是做不到的事情。他主张听任会员自己承担,或每月若干字,或每两月三月乃至每半年若干字,至于那些不愿预先答应担任的,亦各随其便。②其他会员讨论中,有人均月供五千字,乃至一万字等不同说法,但也只是提议而已。

1920年7月底,欧洲会员讨论会务整顿问题时,提出应鼓励会员求学,"至于供给月刊文字及会员最低度应负之责,实与其求学无碍,当然不能随意卸责也"。对于稿件质量问题亦有议论,他们重申月刊为会员发表心得,与会内会外同志互相讨论学术之机关。他们认为"学会自身亦在鼓吹时代而未到实行时代,故以整顿月刊为现在之唯一会务",要求集中全力于月刊,自然供稿是一个主要的努力方向。他们议决了一个较为详细的供稿办法,内容如下:(甲)每月法国方面担任四篇,由周太玄付邮,德国方面担任三篇,由王光祈付邮。(乙)每月十五号以前付邮。(丙)每月此间稿子仍依照月刊旧来之编辑方针分别担任。1.关于青年修养之文字,每次必寄一篇。2.关于哲学科学文学之文字,每次寄四篇或五篇。3.批评文字,每次寄一篇或二篇。4.作品(诗与小说),随时供给。(丁)以后此间供给之文字每人皆自为统系,每篇均有结束,不登"未完"字样。(戊)此间学会以为"会员通讯"栏不必登入非会员之信,若有对会外通信必须登者可另辟"通讯"一栏,列在"少年中国学会消息"一栏之前。(己)德、法、英各会员间之通信,当随时寄登。(庚)此间供给稿件之约,自《少年中国》第二卷第六期起实行,即9月15号以前开始寄稿。③这也是会员讨论提出的最完备的供稿办法。

南京方面会员也提出在《少年世界》停刊后,当有余力供稿于《少年中国》,以后南京方面每月供给材料一万字。④尽管欧洲方面、南京方面在供稿方面有

---

① 王光祈致君左,少年中国学会编《少年中国学会会务报告》第4期,1919年6月1日,第35—36页。
② 恽代英致全体同志,《少年中国》第1卷第11期,1920年5月15日。
③ 周太玄魏时珍宗白华王光祈致本会同志,《少年中国》第2卷第4期,1920年10月15日。
④《南京分会的报告》,《少年中国》第2卷第8期,1921年2月15日。

如上明确的表示并率先实行,但终究不能成为会员共同的行动。《少年世界》停刊,相对缓和了《少年中国》稿源的紧张,但不能从根本上解决这一问题。

此外,会员对于创作(译)稿件也有严格的要求。会员言论朴质,少空言妄语,体现在月刊稿件方面,是一种严谨的态度、科学的精神和创造的欲望。尽管会员文化程度不齐,但在创造"少年中国"的新文化这一共同目标下,无论是理论方面的探讨,还是社会活动的讨论,抑或会务发展的建策,都表现出一种进取向上的勃勃生气。如留日会员沈君怡就提出,会员各以读书修养之所思所行所言,借《少年中国》向中国人发表,这是本会会员的重务①。在恽代英看来,与其强要会员供稿若干,不如叫会员先读书后作文。他赞同李大钊所说,不是没有时间作文,只因没时间读书,所以没有文做。所以大家只要肯下一番系统的研究功夫,再把月刊认作大家的事,便预先自己担任若干数目的文字,发表自己的心得,亦不是无把握的事情。②由此可以看出,月刊乃是会员发表读书心得的一个阵地,自然会员供稿当以此为目标,不应为供稿而作文。会员所要求的月刊材料还要有科学的精神,有学理的依据,而不是敷衍了事的文字。欧洲会员学理研究水平相对来说较高,因此对月刊内容一度很不满意,王光祈也希望会员同志们多寄几篇较有价值的文字,为月刊增色,愿月刊一期比一期好。③

如果说以上可算是会员对稿件之要求,那么负责《少年中国》编辑的左舜生等人则表明了编辑部对月刊稿件的要求。他希望会员多供给一些新鲜材料,明确地要求周太玄做一篇战后法兰西之妇女,李璜做一篇法国的农村生活,曾琦顶好把初到欧洲的感想写来。此外希望他们把关于中国人在法国种种的印刷品择要地寄来,最好请曾琦用这一些材料作一篇系统的记载。④后来,李璜将《旅欧随感录》寄来,考虑到是随意所写且月刊有限的篇幅当注重科学文字,因而提出不应刊登此类随感。左舜生则认为这类东西亲切动人,有时比高谈主义的文章还要发生效力,不妨多写,月刊应多刊这类文字。⑤这也表明,左舜生要求文字朴实而内容新鲜的稿件,不大喜欢空论。作为月刊编辑,他的这一倾向

---

① 《会务纪闻》,《少年中国》第1卷第2期,1919年8月15日。
② 恽代英致全体同志,《少年中国》第1卷第11期,1920年5月15日。
③ 王光祈致时珍白华,《少年中国》第1卷第3期,1919年9月15日。
④ 左学训致慕韩太玄幼椿,《少年中国》第1卷第7期,1920年1月15日。
⑤ 李璜致润屿,《少年中国》第1卷第10期,1920年4月15日。

对于月刊材料是有一定导向作用的,反过来说,会员多对各栏目要求或内容的认识不一,稿件的写作(译)也因个人经历体认不同而难以形成共识,在一定程度上也影响到了月刊的稿源,从而局限了编辑的选稿。会员供稿与编辑选稿也难免存在一些矛盾。

6.月刊的作者群

《〈少年中国〉月刊的宣言》指出:"担任本月刊著作的,都是本学会的会员。但是会外同志若以大作见示,只要合于本月刊的宗旨,无论文言白话,一律欢迎。惟去取之权,要让与编辑主任。"[①]根据月刊宗旨的预设,学会机关或会员自然成为月刊的主要作者,《少年中国》的主要编辑者是主要的作者,或以编辑周围的人为主体,这一特点只要稍微对照月刊作者群与第一届编辑部三组编辑名单即可知之。社团刊物的这一特殊性,决定了月刊作者群的相对稳定性,对于着意于培养会员个人修养而具团体精神的"少中"而言,团体意识的弘扬主要是通过作为个体的会员的感情、知识的聚合而充分表达出来。因为没有权威的领导机构,没有中心人物,没有严明纪律的制约,所以月刊也就成为学会维系的纽带,后来月刊停刊,会员失去精神寄托,学会也随之分化。

如前所述,《少年中国》稿件主要来自学会会员的思想传播或学理阐发、会外的批评与讨论、西方名著名作家的译介、名人讲演以及会务消息等,刊布的启事、通告、告示、广告等成为会员表达思想的手段或方法。就稿件来源看,作者包括个人著译和团体作者(包括总会以及评议、执行、编辑各部或分会以团体名义刊布的消息、通知等)。

月刊虽以会员作者为主体,但在供稿时,会员常以译介西方名著名篇或介绍名家以丰富月刊内容,传输欧美各国政治社会文化状况,以及将国内政治文化等译成外国文字在海外发表,以引起世界各国同情,甚至文字上、道义上的支持。

据《少年中国》第一至四卷作者统计表,会员作者54人,会外作者51人,其中国外作者37人。各卷各期文章尽管有数量多少及篇幅长短之别,但总体上说,以会员作者占绝对的主体地位,此由月刊性质所决定,会员作者在第一卷占60%,第二卷占70%,第三卷占80%,第四卷占85%,而会外作者分别占40%、

[①] 原载《少年中国》第1卷第1期,1919年8月15日。

30%、20%、15%；从文章数量看，第一卷共刊文章226篇，其中会员作品199篇，会外作品27篇，分别占88.1%、11.9%。第二卷共刊文章140篇，其中会员作品117篇，会外作品23篇，分别约占84%、16%。第三卷共刊文章117篇，其中会员作品108篇，会外作品9篇，分别占92.3%、7.7%。第四卷共刊文章151篇，其中会员作品144篇，会外作品7篇，分别占95%、5%。

合计全四卷著译文章共634篇，其中会员作品568篇，会外作品66篇（首），分别占89.6%、10.4%。这些统计数据大略表明，月刊是学会机关刊物，为月刊著述或编辑是学会的主要会务之一，也是会员努力维持学会的表征。从会员作者与会外作者比例的变化来看，学会鼎盛期和月刊的影响力主要体现在第二卷，即1920年至1921年初，此与学会开展的学术活动、社会问题讨论关系密切。由于学会后期发生内部争论乃至呈现分裂之势，月刊稿件难以为继，内容的丰富程度亦受影响。由以前文学作品居多，且浪漫色彩明显，到后来涉及政治问题不少，现实斗争性明显增强。当然月刊内容不能仅凭文章篇数而言定，因为文章篇幅在各期没有定准。如第四卷张闻天《青春的梦》就占了该期96页中的65个页面，田汉的《诗人与劳动问题》占了"诗学研究号"（一卷八、九期）256页中的125个页面。这也说明著作者在月刊著述中的重要性。

在作者群的构成中，月刊中"会务纪闻"或"学会消息"由学会指定专人编辑，"作者"当是少年中国学会及下属的执行部、评议部、月刊编辑部、丛书编译部等。此外，前面所列月刊文章作者分类中，还涉及集体作者、团体作者的问题。除已标明集体（即以几个会员联合建议、提案、通信）和上海会员、北京会员、巴黎会员等字样外，还有以学会、各分会或下属部门机关的启事、通告等。

7.月刊的读者群

学会筹备期间发行的《会务报告》很受读者欢迎，《少年中国》在《会务报告》的基础上扩充篇幅且材料更为丰富，自然更为读者喜欢，成为当时与《新青年》《新潮》鼎足而立的刊物，也是当时畅销的宣传新文化的期刊之一。遗憾的是，没有足够的准确的资料数据供我们做关于读者数量的分析，因此我们只能凭有限的记录或回忆资料来推测当时月刊的读者情况。

(1)读者数的估量

月刊发行量无疑是考察读者数的主要参考依据。前已述及,《少年中国》一度每期发行在五千册左右,特刊号高达七千册,甚至一万册。如果按照订购者仅供自己阅读来推算,每期月刊拥有五六千订阅该杂志的读者。而五四新文化运动时期,青年学生闹着知识饥荒,以致新文化运动媒体传阅率是相当高的,一则因为宣传新思想、新文化的刊物少。二则国民有一种"饥不择食"的感觉。胡适在谈到《新青年》一度畅销时曾做这样的解释,"少中"会员对此颇为认同。三是期刊在思想启蒙、传输学理方面较报纸更具优势,其学理内涵之丰富尤为当时青年所喜读。《少年中国》编辑们已清醒地意识到这一点,他们认为,国人阅报之程度已长,月刊若以旧味相进,恐怕会使其"吐弃而不食",故主张月刊由会员群起努力,大加整顿[①],使月刊无论在内容方面还是思想方面都保持一种创新、质朴的面貌,因而为读者所欢迎。如果按传阅率1:5计算,月刊每期读者将维持在两三万人之多。月刊特刊号的传阅率当更高,读者估计达五六万人之多。按1:10的传阅率,月刊一般拥有约六七万读者。而且月刊代销处有二十多个,广布于国内各省区的大都会,国外亦有会员活动,如日本、南洋、西欧等地。国内读者尚难统计,国外读者就更难计算。

从月刊与其他刊物交换广告及京沪各报所登广告可看出,其覆盖面也是相当广的。这不仅对扩大月刊影响,推广月刊销路有积极意义,也对读者了解与传阅月刊有推动作用。进一步言,这些广告中对月刊出版期、要目等的介绍,在一定程度上说,即使对不购买或不直接阅读月刊的人,也是一种间接的阅读。

(2)读者群的成分分析

第一,会员是最基本的原始读者群,也是月刊影响的辐射中心。

首先,会员是月刊赠阅对象,也是月刊赠阅办法所规定的。作为会刊,其作用主要体现在,一是从月刊中得悉学会活动与计划、通知、启事等学会消息;二是会员"当时彼此虽尚未见面,然可以从少年中国月刊的论文、会友消息及通信中互通声气"[②]。而且新加入会员,入会之前按规定由介绍人联络与会员四人通信,互相了解,自然成为月刊的读者。因之会员对月刊特别珍爱,田汉、恽代英

[①] 魏时珍致梦九白华舜生君怡诸兄弟,《少年中国》第2卷第2期,1920年8月15日。
[②] 陈启天:《寄园回忆录》,台湾商务印书馆,1965,第287页。

等视学会为恋人,以月刊为情书,情深意切由此可见。

其次,月刊是会员了解、参与会务的主要渠道。他们把阅读月刊当作一种享受,当作了解会务活动的主要途径。在没有如期收阅月刊时,往往产生一种怅惘失落乃至焦躁不安的心理。恽代英曾述及在宣城师范读《少年中国》的情形:"回到房中,瞥见我最爱的情人底情书——少年中国学会问题号——到了,倍增欢跃!忙剔亮灯光,展开情书,从头细细的看。看了,万感交触!而同时愉快欢乐之情实与俱增!"①而在国外难以参与总会会务的会员,期盼月刊的心情更加热切。远在日本的田汉对郭沫若说,"这几天我因为等《少年中国》二月号看,总总不到,心里非常怅惘"②。远在欧西的会员更是如此。曾琦在1919年11月2日致王光祈信中说:"本会月刊三、四两号计皆出版,而此间迟迟不得接阅,真令人望眼欲穿也。"③此外,月刊对于调动会员积极关心参与会务有积极的引导作用。如1920年3月评议部致各会员书,对学会成立8个月以来的会务情况及会员表现进行分类,分为热心从事、不能直接多所尽力、似觉消极三种。并对三种会员分别表示态度,又录学会规约之条文以示警醒。曾琦阅后自思,"盖琦自出国以来,对于会务,未克尽责,即月刊稿件,亦因俭腹多病,且忙于法语之补习,未尝尽供给之责,有如来书所列第三种会员,私衷实为负疚。惟因诸公之警惕,精神亦为之兴奋"④。可见月刊所登会务消息对于会员的重要影响。

再次,月刊是会员相互了解、讨论切磋的主要阵地。会员消息是会员相互了解的一个重要途径。曾琦在致刘云生的信中说,来法后因忙于语言文字学习,未能写信,但"每接本会月刊,辄先展阅会员消息,而卒未见吾兄近讯,未尝不怅然久之也"⑤。至于会员之间通信,互相攻错,共同探讨之文字,比比皆是,尤以讨论加强个人修养为多,这样加深了感情与彼此的了解。举郑伯奇为例,他对恽代英说:"我从前见你所做的文章,听朋友对于你的批评,已很佩服你;现在又读了你给全体会员的意见,和这封诚恳的来信,你的面目,跃如在我眼前:

---

① 恽代英致少年中国学会同志信,《少年中国》第3卷第5期,1921年12月1日。
②《三叶集》,载林同华主编《宗白华全集》第一卷,安徽教育出版社,1994,第268页。
③ 曾琦致润屿,《少年中国》第1卷第7期,1920年1月15日。
④ 曾琦致评议部诸公,《少年中国》第2卷第1期,1920年7月15日。
⑤ 曾琦致刘云生,《少年中国》第2卷第5期,1920年11月15日。

像你真不愧少年中国的少年呀！"①不仅称赞恽代英关心会务的举动，而且把自己的感想提出与恽代英讨论。又如，宗之椸对田汉、易君左说："读月刊两兄大作，深为倾倒，寿昌兄文如沧海泛澜，波涛雄健。但窃以为转折之处，微察有破裂之痕，尚须养气以补之，则洋洋大篇，如太平洋之天风海涛矣。私心窃爱足下之为文，故有此冒昧。君左兄诗人手度，宜于文学，而弃置不为，致心于经济社会，识解甚超。"并向他们建议余暇时多介绍欧土最新文艺如俄法挪威之写实派。②又如曾琦阅周太玄著《日常生活与学术思想》一文，"力诋思而不作之非，谓为无补于世，不啻为予而作，为之内愧者久之"。他读月刊上周太玄、王光祈的文章，均有所感："太玄本富于感情，而能以理性自制，可谓有修养者；润屿则条理精细，思想新锐，其所撰通信，极有条理，胜予多矣"③。由此可见，月刊提供学会消息和刊登会员通讯、会员消息，读月刊成为会员自己修养、交流心得的重要凭借。

第二，由会员借阅、赠送或代购而形成的一个接近会员的亚读者群。月刊赠阅办法中有一条，"无论会员非会员，如购赠亲友，一律现金交易，惟会员购买作八折计算"④。应该理解为对会员的一个规定，也方便了会员亲友等购买月刊，此可谓在不损学会利益情况下的月刊推广与促销方略。当时通过各种途径向会员索要杂志是一个普遍现象。又如远在欧洲的魏时珍要宗白华将《少年中国》诗学研究号一册寄到成都东玉龙街十号他爷爷魏宝珊手里，并嘱诗学研究号两期并以后各期及《少年世界》都如此转寄。⑤由此，魏时珍的爷爷通过会员赠阅本也成为月刊读者。李思纯自蒙达尼来信嘱王光祈，"从第六期起，请你将寄我的仍寄成都，我家里的两个兄弟，他们要读，我在此间，有慕韩的可借看"⑥。可见，李思纯的那份月刊成为他家两兄弟长期的阅读本。这样魏时珍、李思纯各自的那份《少年中国》赠阅本在成都形成了以亲友为主的读者群。曾琦1920年2月致王光祈的信中提出"月刊以后宜多寄数十份来。妇女号亦望补寄数

---

① 郑伯奇致代英，《少年中国》第2卷第1期，1910年7月15日。
② 宗之椸致田汉、君左，《少年中国》第1卷2期，1919年8月15日。
③ 沈云龙主编：《曾慕韩（琦）先生日记选》，（台北）文海出版社影印，1966，第70页。
④ 《本会通告》，《少年中国》第1卷第1期，1919年8月15日。
⑤ 魏时珍致宗白华，《少年中国》第2卷第2期，1920年8月15日。
⑥ 李思纯致王光祈，《少年中国》第1卷第12期，1920年6月15日。

份"①。这样在法国,几十份《少年中国》的传阅,形成一个不小的读者群。鉴于会员广布国内都市乡村及国外重要都会,尤以法国、德国、美国、日本等为多,因之,月刊寄送所至,有意无意地散布于国内外,构成了一个不容忽视的读者群。

第三,月刊各期赠阅给有关教育机关、图书馆等,便于青年学生传阅。曾琦在法国致王光祈的信中特地提出,国内学校及图书馆,当送者尤应多送。②意在通过学校和图书馆扩大月刊的传播影响。此由月刊送阅办法所明文规定并由专人负责,但具体单位不得而知。由此大致可以推断,大部分会员系学生或刚从学校毕业者,或担任教职,因而通过月刊与各有关教育机关交往联络。据杨贤江记载,他在广东肇庆县立国民师范补习所任教务主任职时,能够阅读《少年中国》《东方杂志》等报纸杂志。③这也说明,除部分教育机关、图书馆得到赠阅的月刊外,一些学校及图书馆也订阅了此月刊。当时是小学生的艾芜在学校图书馆读到了《少年中国》等白话杂志,说:"我们一从热爱《学生潮》开始,就更进一步找寻学校图书馆的白话书刊了。成都出的《星期日》,北京出的《新青年》《新潮》《每周评论》,上海出的《星期评论》《少年中国》就成为以后课余经常的读物。"④这样,青年学生成为《少年中国》的重要读者群。

第四,赠阅与少年中国学会联成友会的会社团体。因之被赠阅的社团及其会(社)员也成了读者群的一部分。"少中"与宗旨相同的学会联成友会,互相协助,实行"小团体大联合"之计划。据学会关于《少年中国学会周年纪念册》赠送规定,以二十本分赠各友会。可知,到1920年夏,与"少中"联为友会的大约有20个。后来与学会交换出版物的团体明显加增,但学会资料没有准确统计。在国外,尤其以日本为多。1920年5月康白情、孟寿椿、徐彦之、黄日葵等组成北京大学游日学生团赴日本,受少年中国学会执行部委任,以少年中国学会代表名义接洽日本种种新文化运动团体。据康白情云,"我们已经和他们相约,互通消息,交换印刷品,我们从日本带回来杂志多种,都是他们送的,已经交结北京总会了。计所接洽的,在东京有新人会、日本建设者同盟本部、冷忍社、晓民会

---

① 曾致致润屿,《少年中国》第1卷第11期,1920年5月15日。
② 曾琦致润屿,《少年中国》第1卷第7期,1920年1月15日。
③ 杨贤江:《愁城生活录》,《少年中国》第2卷第10期,1921年4月15日。
④ 艾芜:《五四的浪花》,载中国社会科学院近代史研究所编《五四运动回忆录》(下),中国社会科学出版社,1979,第961—962页。

和台湾青年杂志社,在京都有劳学会、六日俱乐部、台湾青年会和朝鲜青年会。望执行部长寄本学会机关杂志给他们"①。据此可推断《少年中国》与日本新文化运动团体的印刷品交换为数不少。如果按当时友会会员10—20人阅读《少年中国》及通过各种途径传阅传播,那么这一友好社团中的读者为数亦不少。

第五,与其他杂志相互交换,扩大月刊的读者群。这里指非社团的刊物,或是未与"少中"联成友会的社团的刊物而言。"少中"规定交换杂志由专员负责,先由苏甲荣负责,继由陈愚生,后又为章志负责。与其他杂志交换的数目尚不清楚,但既然作为专条提出,其数目当不算少,但至少与《新青年》交换时就须送两册,一寄编辑部,一寄上海群益书社《新青年》发行所。②

除以上交换赠阅月刊而形成一个相对稳定而且层次相当的月刊读者群外,主要是通过购买或借阅的办法而形成更大范围的不稳定的读者群。而其中青年学生是月刊的最大读者群。《少年中国》主要以中学生或中学同等程度的青年为对象③。这是因为,一则会员或会员作者大多从事教育事业与新闻事业,其中又以中小学教师为多,不乏从事教育改革的热心人甚至教育救国的实践者,当然也不排除从学生中发展会员,扩大学会根基的考虑;二则青年学生的思想发展状况使然。④也就是说,中学时代是人生定型的关键时期,教育在其中起关键作用,此其一方面。另一方面,以"少中"会员或作者为代表,他们的思想极其混乱,这种逻辑的混乱、智识的贫瘠与强烈渴望求真求知并急切付诸实践的矛盾心态,使正处于确立世界观、人生观之关键的青年人显出焦躁不宁、思想反复无常的共相。舒新城曾回忆在长沙读《少年中国》的思想状况,他说,当时的少年学生对新(西洋文化)旧(传统文化)所知太浅,受五四洪流冲击与洗荡,以致产生消极方面不能疑旧,积极方面不能迎新的尴尬与苦闷,于是不加选择地读新刊物,希望能从五光十色的思想主张中求得一条出路,其中《少年中国》最为引人注意,因为其中的文章多注意讨论实际问题,正与那时所谓"多谈问题,少谈主义"的少年心情相合了。而其中,"我又最同情于光祈兄的主张。少年中国创

---

① 康白情致少年中国学会同志诸兄,《少年中国》第3卷第2期,1921年9月1日。
② 《交换杂志的请注意》,《新青年》第7卷第1号、2号,1919年12月1日、1920年1月1日。
③ 余家菊致舜生,载《少年中国》第2卷第3期,1920年9月15日。
④ 李璜:《我所经历的五四时代的人文演变》,载周阳山编《五四与中国》,台湾时报出版公司,1988,第652页。

刊号中,光祈兄有篇题名《'少年中国'之创造》的文章,将他对于改造中国的意见系统地加以说明,而最适合我的胃口的,就是所谓书生之见的不谈政治,专重社会事业与个人改造。……在当时未曾踏进真正社会之门的我看来,他却是一个精神上的同志了"①。舒新城这种喜读《少年中国》的心情,确是代表"当时未曾踏进真正社会之门"的学生的共同心态。自然,"少中"既有蔡元培、胡适、陈独秀等老师辈的支持与关注、指导,又有李大钊、王光祈、康白情等青年领袖在其中倡发舆论与从事社会改造,又以个人修养为下手办法,而求创造理想的"少年中国",自然引起这些青年学生的关注,甚至热切地参与其中,因而对《少年中国》也是喜爱有加并喜读的。其实,《少年中国》月刊研究学问,思想极其自由,态度极其诚恳,友谊与批评融注其中,也引起进步青年的向往。

此外,会员通讯亦为青年读者兴趣之所在。黄仲苏回忆说,"会员间来往通讯,讨论修养、科学、政治活动及一般社会问题之函件,载在《少年中国》月刊者,皆至亲切感人,尤为当时一般青年所争诵者也"②。

可见《少年中国》不仅发抒了会员的这种心理,而且通过会员之口演绎为社会话语,使社会共同关注与研究这些问题领域。不仅如此,在学理方面的探讨令人耳目一新,在社会活动(问题)的讨论也颇引人注意。如关于教育问题、妇女解放问题等的讨论,就引起社会的广泛关注,《少年中国》特地刊发胡适谈大学开女禁的意见,无疑提升了月刊及学会的影响力,并公开表示"凡有关于女子教育的著作及消息,本月刊极愿代为发表"③,更引起青年学生参与其中甚至抒发心中郁闷的兴趣。如工读互助团运动,王光祈以自己半工半读的亲历,又邀集蔡元培、陈独秀、李大钊等学界名流兼青年人心目中的导师共同发起,以解决求学做工问题,自然引起一般穷苦学生的热烈向往,也激起部分青年试图改造劳心劳力问题的欲望。小组织问题的讨论、青年修养的研究也无一不是指向青年人,高远的"少年中国"理想更是迎合了当时在社会转型时期思想苦闷徘徊的青年一代成为"少年中国"之少年的企望。宗白华在20世纪40年代还回忆说,

---

① 舒新城:《哭王光祈兄》,载左舜生等撰《王光祈先生纪念册》,(台北)文海出版社影印,1968,第41—42页。
② 黄仲苏:《王光祈与少年中国学会》,载左舜生等撰《王光祈先生纪念册》,(台北)文海出版社影印,1968,"附录"第3页。
③ 王光祈致M.R.先生,《少年中国》第1卷第4期,1919年10月15日。

"当时一般青年真富有一种天真的无世故气、无政客气的纯洁的热情,而道德的意识颇为浓厚。少年中国学会的会员都相戒不嫖不赌,不做政客,朋友间互相作道德上的监视和警戒是很严肃的,见面时或通讯时往往毫不客气的指责过失,而友谊反而出此,愈觉亲热,绝无芥蒂。未见过面的朋友,只要是同志,就油然而生一种关切的亲爱的心理状态"[1]。所以学会"自成立以来,社会瞩望甚殷,青年之声应气求者,亦遐迩有闻"[2]。而且学会宣传之重心不在空洞的主义,而在解决实际的社会问题,学理探讨与个人修养都只是社会改造的"预备工夫"。这种大处着眼小处着手的社会改造方法自然贴合当时年轻人的心理,不仅为有志于社会改造的青年提供了理论上的指导,而且介绍了实践上的方法。总之,《少年中国》是五四时期知识青年的刊物,也是青年学生极为关注的杂志之一。有评价说:"他们所发刊的《少年中国》杂志,是当时最富于生命力,最有价值的杂志。"[3]

8.月刊的栏目设置

《少年中国》是由《会务报告》扩充而来的,并承接了《会务报告》的精神,因之在栏目设置上亦体现出这一继承性。《少年中国》创刊后,并没有关于栏目的明确设定,推测其原因,一则沿袭《会务报告》的现成模式,内容稍加扩充而已,有其过渡性的一面;二则编辑事务基本上仍由王光祈担任,自然有其连续性。但月刊编辑部议决月刊文字注重鼓吹青年、研究学说、批评社会三种,[4]既可谓月刊的编辑方向,也可说栏目中学理文字的基本内容。

发行《少年世界》后,《少年中国》的栏目或内容作了相应调整。《少年世界》分十五个栏目,以应用科学的文字为主,而《少年中国》登载关于哲学、文学、纯粹科学等项文字,即只载理论文字,大致可以说重新为月刊栏目设定了一个框架,此既为月刊的一个特色,也是期刊的一个缺点。因而引起会员关注。欧洲会员讨论月刊供稿问题时,提出月刊文字分别为青年修养,哲学科学文字、批评

---

[1] 宗白华:《我所见到五四时代的一方面——少年中国学会与〈学灯〉》,载林同华主编《宗白华全集》第二卷,安徽教育出版社,1994,第267页。
[2] 魏时珍致梦九白华舜生君怡,载《少年中国》第2卷第2期,1920年8月15日。
[3] 左舜生等撰:《王光祈先生纪念册》,(台北)文海出版社影印,1968,第25页。
[4]《会务纪闻》,《少年中国》第1卷第2期,1919年8月15日。

文字、作品；会员通讯栏，会外同志来信则另设通讯一栏，拟从第二卷第六期起执行。①其中，学会消息栏由专人负责编辑，理论文字则由编辑部合议决定。通信（指与会外通信来往）为不定期栏目。而广告则由专人负责接洽，附录在前三卷中为不常设栏目，第四卷则为规定栏目。②

（1）诗歌栏目

新诗理论和新诗著译是《少年中国》在新文化运动中贡献突出的一个板块。有评论说，《少年中国》不仅有发表新诗的专栏，还有新诗理论研究的专栏，它是继《新青年》《新潮》之后推动新诗发展的又一重要阵地。③因为诗在月刊中占有相当大的数量，且地位显著，故有必要作一特别分析。

《少年中国》第一至二卷共发表白话新诗近60首④，其中作者有李大钊、康白情、黄仲苏、田汉、周太玄、郑伯奇、应修人等。月刊出诗学专号两期，发表的诗歌论文有：《诗人与劳动问题》（田汉）、《泰戈尔传》（黄仲苏）、《诗的将来》（周太玄）、《歌德诗中所表现的思想》（田汉）、《新诗底我见》（康白情）、《新诗略论》（宗白华）、《英国诗人勃来克的思想》（周作人）、《俄国诗豪朴思砬传》（西曼）、《法比六大诗人》（吴弱男）等。

《五四时期期刊介绍》作《少年中国》分类索引时，列举并统计"诗"（不包括戏剧）共156篇⑤。从全四卷来看，第一卷有九期、第二卷有十期、第三卷有三期、第四卷有四期辟设有诗栏目，共有27期刊有诗作（含译作），占48期总数的57%。创作的诗在第一至四卷分别为51，24，6，45首，共计126首，译诗分别为26，9，1，0首，共计36首，著与译共计162首。值得注意的是，某些期的诗栏为个人专栏，如第四卷第一、二期为田汉所占，分别为6，11首，第十一期为曾琦所占，共21首。

从作者来看，创作最多者为康白情与田汉，各25首，曾琦21首，黄仲苏9首，周太玄8首，黄日葵、杨效春各5首，应修人4首，李大钊、郑伯奇、左舜生各3

---

① 周太玄魏时珍宗白华王光祈致本会同志，《少年中国》第2卷第4期，1920年10月15日。
② 李永春《〈少年中国〉与五四时期社会思潮》，湖南人民出版社，2005，第126—156页。
③ 朱德发：《中国五四文学史》，山东文艺出版社，1986，第321页。
④ 朱光灿：《中国现代诗歌史》，山东大学出版社，1997，第11—12页。
⑤ 中共中央马克思、恩格斯、列宁斯大林著作编译局研究室编：《五四时期期刊介绍》第一集，生活·读书·新知三联书店，1978年，第761页。

首,王光祈、宗白华、沈泽民、李儒勉各2首,孟寿椿、易漱瑜、守拙、湛志笃、M.R.先生、邓中夏、朱自清各1首。译诗最多者黄仲苏25首,其次王独清3首,田汉、周太玄各2首,郭沫若、郑伯奇、李思纯、李鹤岑各1首。

就外国作者而言,泰戈尔诗最多,共26首,保罗·凡尔勒伦2首,苏翠原、威尔科·埃拉、掘口大学、爱米文·得司马落斯、阿诺德各1首,另两首原作者不详。由此可见,译诗主要来自印度与法国、日本,其中印度以泰戈尔为主,占了5篇次共26首,多以黄仲苏、王独清译述。日本就有苏翠原、掘口大学共2篇,法国则有爱米文·得司马落斯和保罗·凡尔勒伦两人。英国、爱尔兰各1首,此外两篇国别不详。

应当说明的是,在诗歌论文中,还夹有大量的译诗。据初步统计,第一卷中《诗人与劳动问题》《英国诗人勃来克的思想》《法比六大诗人》等文中至少引用外国诗34首,且有较多的介绍和评论。第二卷中译介外国诗10首,转引或创作10首。第三卷译介了15首,第四卷译介了6首,大致算来全四卷共约80首,其中译作达59首,又以田汉、周作人、王光祈、黄仲苏等介绍为最多。由此可见,新诗成为诗歌论文的主要材料,也可见其在月刊中的显赫地位。此外,诗歌理论更注重诗人的修养和艺术的训练。这一点会员作者也意识到了并践行之。

李思纯与宗白华通信谈对月刊诗学研究号的观感时,高度评价了"新诗革命",并对其中康白情、郭沫若、周太玄等人的诗大加赞赏,还从诗史学发展的角度肯定新诗发展一日千里的态势,并提出对于新诗的两点意见,一是劝国内作诗的人,留意诗人的修养;二是输入"范本",多译和多读欧美诗人模范的名作。因此,中国的文艺界在创作作品的同时,多译模范的作品,多作艺术的训练和养成。①不难看出,译诗和诗学理论在当时会员乃至新文化运动者心目中的地位。如当时很想加入"少中"的郭沫若所言,"我想歌德底著作,我们宜尽量地多多地介绍、研究,因他所处的时代——胁迫时代——同我们的时代很相近,我们应该受他的教训的地方很多呢!"②很显然,月刊不是为译诗而译诗,而是为新文化运动张目,更是从中吸取文学、政治等方面的养料。因此译诗新诗增多的同时,新诗理论的探讨也随之加增。正如黄仲苏指出的,新诗之完成所需要的元素太

---

① 李思纯致宗白华,《少年中国》第2卷第3期,1920年9月15日。
② 郭沫若致白华,《少年中国》第1卷第9期,1920年3月15日。

多,当从各方面着手,外国诗之介绍,诗的各种派别、某派的主义、某诗家的艺术,都值得精微研究,目的在于"放大我们对于诗的眼光,提高我们对于诗的概念,都是其中刻不容缓的一种重要工作"[①]。因此,对于诗论的探讨,完全是出于研究的目的,而且是为中国新文化运动中白话诗的创作与研究提供"范式"和材料。如果说文学革命是五四新文化运动的一个重要凭借,那么新诗则成为"少中"会员开展"文化运动"的主要手段,一方面顺应了当时文学革命的时势需要,另一方面《少年中国》又身体力行地推动了文化运动。因而也就确立了月刊及从事新诗创作与理论研究的会员如宗白华、康白情等在当时文艺界的地位。

(2)学会消息栏

学会消息是会刊最具特色的内容。《少年中国》的会务报告栏直接承继了学会筹备期发行的《会务报告》的精神,主要内容包括会员通讯、会务消息、会员消息及各种启事公告等。从各卷期栏目可以看出,前三卷多列出"少年中国学会消息"或"学会消息"一栏,主要内容大致包括会务纪闻、会员通讯两大类,其中会务纪闻又涵盖会务报告(含总会、常会、分会会议以及各部会议启事、学会及各部通告等)、会员消息(大致包括会员活动去向、通信地址变更,以及新加入会员消息)。在后来的某些卷期,会员消息与会员通讯并列,在细目上显得点儿紊乱,大概由于编辑操作不统一或材料问题所致。第四卷会员消息多在附录栏中,且显得零乱。该栏编辑则由学会指定专人负责,但前后编辑人员有所变动。

关于会务报告,据初步统计,《少年中国》共刊会务纪闻或报告150条。内容主要包括总会会议、分会活动、新加入会员、会员消息、学会及各部通告启事、总会及各分会报告、友会消息、会费缴纳、会计报告、会员通讯地址变更等。全四卷合计共有会员通讯144则,会务消息150则,学会启事通告59则。至于会员消息,一般设置在会务报告内,或单列与会员通讯并行。第一卷共有五期设会员消息小栏,第二卷各期均有,第三卷则第一至七期及第十期设有此项,第四卷则无。总计全四卷共25期设有会员消息,报道会员100余人次的活动消息。

而且,会员关于月刊所设会务报告栏目的讨论非常热烈。会务方面的材料,除学会及各部直接供给外,各分会亦有编辑与供应的责任,此外会员通讯也

---

① 黄仲苏:《1820年以来法国抒情诗一斑》,《少年中国》第3卷第3期,1921年10月1日。

是一个方面。南京分会规约第三条第七款规定,编辑会务纪闻——凡关于本会会务之记载,应随时编纂在学会月刊公布或另刊小册发表①。1920年6月,执行部议决汇集各分会会务报告及各地方会员消息,这是鉴于学会每月会务报告详于北京总会而略于各分会,以至各地方仅有少数会员而未尝组织分会者,则情形尤为隔阂。故讨论提议并由执行部通告,自7月起以后每月各分会均须作一会务报告;各地方会员未能组织分会者,均须作一通信报告;一切寄交陈愚生编入总会会务报告内。②

随着会务的迅速发展,会员之间情感联络,尤其是会员通信也应进一步加强。如何加强,则有各种讨论。主要涉及月刊学会消息栏中会员通讯的数量问题及篇幅问题,进而有另刊会务报告以补月刊该栏目之不足宜的建议。恽代英提出随着会员人数加增,仅靠月刊后面的会务报告与通信远不够供传达消息变换意见之用,而且这里太占月刊的篇幅或不为读者欢迎。③南京分会进一步提出会务报告用会员通讯录之名义,将会员通信中关于彼此间叙述近状之信及读书心得等另行印刷,分发同人,以通声气。材料少则油印,多则铅印,如是则"信息常通,情谊日密,可收切磋互助之益"④。为此,北京总会2月19日专门讨论刊行会务报告问题,决定一面仍保持月刊原来状态,选择与学会有关或有学术文艺价值的函件登载,一面征集各地会员私人往来之函件,对其中的无须对外公开发表而对内则有传观之必要者(即各人生活之报告及情感之发布等等),不定期发刊于《会务报告》,分配于各会员。⑤此议得到巴黎方面的赞同。而远在德国的王光祈出于学会要节省财力的考虑,提出与其发刊《会务报告》,不如用通信传观办法。具体说来,把可以登载《会务报告》之信,由执行部装订成册。先寄天津,依次南京、上海、武汉、成都等处,然后寄回上海,再由上海寄往日本、美国、欧洲、南洋,最后寄回上海。或由执行部用复写纸写成四份,分寄各处,重要会务当用专函分寄。⑥显然,另行刊发《会务报告》或通讯录,目的仍是联络感

---

① 《会务纪闻》,《少年中国》第1卷第6期,1919年12月15日。
② 《会务报告》,《少年中国》第2卷第1期,1920年7月15日。
③ 恽代英:《少年中国学会的问题》,《少年中国》第2卷第7期,1921年9月15日。
④ 《南京分会的报告》,《少年中国》第2卷第8期,1921年2月15日。
⑤ 《北京总会方面的消息》,《少年中国》第2卷第9期,1921年3月15日。
⑥ 王光祈致恽代英,《少年中国》第2卷第11期,1921年5月15日。

情,便于会员切磋互助。同时也考虑到读者方面的要求,月刊此栏目仍保持不变。

1921年南京大会上讨论会员通信问题时出现两种意见,一是主张将会员往返之信汇订传观,一是主张用南京分会提议之刊用通讯录办法,讨论结果:(a)将月刊上"会员通讯"一栏篇幅于必要时稍加扩充。也就是说,学会消息方面,内容保持原状。(b)每季刊行通讯录一次,以补月刊之不足。后者的具体办法为:用铅印;材料多寡不拘;重要之通信可临时油印;由本届选出之执行部主任于月刊编辑地点相近之会员中,择一人专对此事负责;每人暂缴一元试办。①

1922年苏州大会议决,拟请各分会每半年向总会报告会务至少一次,恳求会员每年报告近况一次,摘要在月刊上发表,以便会员了解团体。②这是学会发出的"紧急通告",仍着眼于会员与学会之关系密切,反过来也可看出学会已呈分裂之态势,希冀以《会务报告》来加强会员的联系。

南京年会议决月刊暂时停刊,《会务报告》由黄仲苏负责编辑,杨效春、唐毂分任校对及发行之责。这样,《会务报告》代替了《少年中国》月刊。由筹备期发行《会务报告》到学会成立时扩充为《少年中国》月刊,到月刊停刊后重出《会务报告》,也说明会务消息在学会及会员心目中的重要地位。

9.月刊的特色

《少年中国》在当时影响很大,但学会内外的认识或评论有差别。

第一,月刊没有体现一种"特殊的色彩"。《少年中国》虽也曾受过社会的赞誉,如《新潮》月刊评论说:现在出版品中"短小精悍""神采奕奕"的月刊,当推《少年中国》。这个月刊有三个长处:(1)有求真的旨趣;(2)有奋斗的精神;(3)是纯粹青年的结合。③但是在会员看来,月刊不够精彩。他们的不满意点在于月刊缺乏一种"特别的精神"和"显著的色采[彩]"④。虽然月刊几经整顿,但是月刊整顿谈何容易。具体说来,月刊之难,一是北京会员为时间、能力所限,二

---

① 《南京大会纪略》,《少年中国》第3卷第2期,1921年9月1日。
② 《本会近事记》,《少年中国》第4卷第8期,1923年12月。
③ 《少年中国学会出版物》,《新青年》第7卷第3号,1920年1月1日。
④ 转引自苏甲荣:《编辑余谈》,《少年中国》第2卷第7期,1921年1月15日。

是月刊与别的团体刊物有性质上的区别。"别的团体是为刊物而办刊物,有二三的中坚人把全副的精神贯彻之。我们的月刊却是一个学会里的出品,现在学会所办的事业都是部分的,分子的个性很发达,对于怎样创造少年中国还没有一定的方针,精密的计划,自然月刊无从产生一种特殊的色采[彩]。"编辑苏甲荣明确提出不主张为月刊而刷新月刊,还要从学会根本着手,求一个他们之所以结合的明了的观念,结合后共同趋赴的方向和系统的具体计划。所以,月刊特殊的色彩便是学会共同的观念趋向与计划的光辉。①确实,除特刊号外,月刊各期稿件少有特色,或者说没有什么中心议题,此与学会的自由研究态度这一特点相适应,也与稿件选择很有关系。

　　第二,具有浓烈的文学色彩与浪漫气息。作为编辑的苏甲荣分析了月刊稿件的特点,大概说来是文学方面的多,科学与评论的文字少,译的多,著的少;诗的作品多,诗的范本少。而且调查记载的文字几无。②对此,会员认识不一。李思纯说,月刊文学色彩浓重极了。这样新鲜活泼的"艺术"的少年中国,真要引起全国极浓郁的兴味。③康白情则认为,月刊浪漫的色彩太浓,令人忧虑。在他看来,一种杂志,著者只是以知识为单位结合起来的,其中没有感情和意志的作用,那么无论怎么样也是一个半身不遂的。而《少年中国》"感情太多,而意志薄弱,知识偏枯,也未尝不同是半身不遂"④。当他读到月刊第一期时感到很精粹、很快活、很满意,并说《少年中国》月刊至少总可以免这半身不遂的毛病了,所以"我极祝他很幸福很顺遂的过日子,逐渐的长大,却永远保持他那少年的精神和样子"⑤。可见,学会会员对月刊的期望因人因时而异,但大都是比较高的,是与创造"少年中国"的理想相始终的,因而"少中"精神与浪漫主义特色是始终存在的。

　　第三,自由讨论与彼此商榷之风甚浓烈。恽代英针对一些会友批评他在月刊上"不慎重的擅发议论",予以反驳说:"我以为果然有关社会重大的问题,只要确有所见,便当发表出来,不能管他是直觉不是直觉。社会的人对于我所发

---

① 苏甲荣:《编辑余谈》,《少年中国》第2卷第7期,1921年1月15日。
② 苏甲荣:《编辑余谈》,《少年中国》第2卷第7期,1921年1月15日。
③ 李思纯致宗白华,《少年中国》第2卷第3期,1920年9月15日。
④ 康白情致少年中国学会同志诸兄,《少年中国》第3卷第2期,1921年9月1日。
⑤ 康白情致若愚慕韩,《少年中国》第1卷第2期,1919年8月15日。

表的意见,只能批评他对与不对,亦不能管他是直觉不是直觉。我只能尽力读书,我只能尽力慎重发议论。但我不能因为怕我的话有错误,遂不说出。我信话有错误,自然是不可免的。以今天这可怜的学问见解,说话固有错误;即将来有一点进步,说话仍会有错误。人不应怕错误不说话,不过说了话总要常常反省,常常欢迎反对论调,这便好了。便令我说错了一句话,被人骂得一钱不值,我的价值虽扫地,但是真理究竟大白。这我们没有什么懊丧。"[1]恽代英的这番"驳论",反映出青年人追求知识与进步的勇气,也折射出学会内部浓烈的自由研究与讨论之风。一方面是求知与探讨,一方面是浓烈的感情,两者的融合,正是"少中"言论的特色之一。正如曾琦所说:"我们的朋友,都喜欢互相劝勉。认为是的,便极力劝做。认为非的,便极力劝改,丝毫不杂世俗敷衍的恶习。的确是寻常的团体所少见的。我盼望大家保此'直道',以存'正气',庶几不愧为万恶社会中的'保险团体'。必须要我们个人和团体都改善了,然后才够得上说改革社会。"[2]证诸月刊内的通信及会务讨论,会员之间不仅有严厉的批评,乃至意气之文字,但之后便是相互劝勉,共同讨论,不仅表现在文头或文尾不乏恳请会友同人批评、指正之词,且许多长篇宏论先在月刊发表,经会员批评后再汇集单独发行,确也达到以月刊研究学术的目的。这充分表现出学会会员崇尚进取,重视新知与思想自由的一面。而且本着"奋斗""实践""坚忍""俭朴"四则信条,会员们不仅互相讨论个人修养与培养团体意识问题,而且彼此互相规劝,相互督策至严,因此月刊对于会员高尚品性、健全人格的养成,以及维系少年中国精神起了重要作用。

二、《少年世界》

1.月刊的创办

《少年世界》是少年中国学会于1920年1月创办的另一种月刊。学会之所以发行《少年世界》,是因为已发行的《少年中国》只能登载关于哲学、文学、纯粹

---

[1] 恽代英致仁静,《少年中国》第2卷第9期,1921年3月15日。
[2] 曾琦致左舜生,《少年中国》第2卷第3期,1919年9月15日。

科学等项文字。学会工农各科会员关于应用科学的佳作,因体裁不宜,不便在《少年中国》发表,深以为憾。而且《少年中国》专载理论文字,而无实际调查之记载,亦系一种缺点,故会员提议再发行第二种月刊《少年世界》,专载各种调查及关于应用科学之文字。而且此种专载社会调查的杂志,在中国尚不多见,颇感必要。①《为什么发行这本月刊?》实际上是《少年世界》的发刊词,也作了如下说明:"这本月刊是一本注重记载事实的月刊。所记的事实,不是以中国为范围,是以世界为范围。要把中国人村落的眼光改变方向,直射到世界上去。""自从欧战的和约成立,我们不仅晓得中国的老年不可靠,同时证明世界的老年都不可靠。全世界的事业和一切待解决的问题,应由全世界的少年采'包办主义'。我们既是世界少年团体的一个,所以把他标出来,以表明中国青年要与各国青年共同负改造世界的责任。"②此外,《少年中国学会周年纪念册》也说道:"我们都晓得少年中国学会绝不采狭义的国家主义。假使世界有改造的必要,我们每一个会员都负得有一份责任,这种思潮常常在我们脑海中起伏,于是就有应运而生的《少年世界》月刊。"显然,《少年世界》反对国家主义倾向,带有世界主义眼光,它昭示少年中国学会改造中国从而改造世界的思想趋势。而且,《少年世界》注重社会的实际调查和应用科学,目的是"详细记载由现代思潮演成的事实,给中国人一种更深的刺激",以为改造中国乃至世界提供参考。可以说,创办《少年世界》就是学会创造"少年世界"的具体表现。

  关于《少年世界》的创办经过,《少年中国学会周年纪念册》有详细的描述,大意说,北京会员张申府、黄日葵、李大钊均极力赞同创办《少年世界》月刊,并问南京会员可能否担任编辑。于是执行部主任王光祈致信南京会员左舜生和黄仲苏申述组织《少年世界》的动机。接着王光祈来信的第二天,南京会员详加讨论,大家对于发刊这种月刊无异辞,不过对于稿子的搜集和编辑没有把握。王光祈到南京召集会议,对于编辑月刊问题作了详细解释,重新引起会员发刊《少年世界》的必要观念。南京会员各自揣度一番,异口同声地说愿意担任编辑《少年世界》的责任。于是就忙着征集稿件,1920年1月1日会员聚集黄仲苏家举行庆祝元旦会,《少年世界》月刊也诞生了。散会的时候,会员为《少年中国》

---

① 《会务纪闻》,《少年中国》第1卷第6期,1919年12月15日。
② 本社同人:《为什么发行这本月刊?》,《少年世界》第1卷第1期,1920年1月。

欢呼万岁,还为《少年世界》使劲地大喊三声万岁。[1]

《少年世界》于1920年12月出满一卷后暂时停刊。南京会员致函评议部说,"该方面多数会员预备努力于丛书事业,无暇顾及杂志,故本会第二种月刊《少年世界》出至第一卷第十二期暂时停刊"。评议员恽代英、李大钊、黄日葵均表示赞成,评议部通过并作出《少年世界》停刊的决议。[2]停刊之后,又于1921年4月续出一期增刊"日本号"。虽然《少年世界》只出了十三期,但是刊物的内容始终以社会调查和应用科学为主,为会员研究和发表关于应用科学的知识提供了平台,对青年学生了解社会的实际颇有助益,也留下了学会及会员宝贵的历史资料。

2. 月刊宗旨

《少年世界》月刊的宗旨是"作社会的实际调查,谋世界的根本改造"。因此,月刊内容大致分为以下十五个栏目:学术世界、劳动世界、学生世界、妇女世界、华侨消息、民族自治运动、学校调查、工厂调查、农村生活、出版界、小工艺、读书录、专论、通信、杂录等。之所以在《少年中国》发行四个月后就发行《少年世界》,是因为两种月刊的"分工不同"。这种分工主要是由两种月刊的宗旨所决定的。在学会主办的两种月刊中,《少年中国》月刊注重文化运动、阐发学理和纯粹科学;《少年世界》月刊注重实际调查、叙述事实和应用科学。可见,《少年中国》与《少年世界》有一个分工配合的问题,即理论研究与社会实际调查相结合的问题。不仅如此,《少年世界》还有为《少年中国》的学理研究提供调查材料的作用,即有补充《少年中国》不足的特点,从而在一定程度上巩固、维持《少年中国》作为学会机关刊物的作用。对此,会员亦有清醒的认识。康白情在与罗元恺讨论会务时说到,出版《少年中国》四个月后又出《少年世界》,"这就是要想以事业与思想并重的。少年世界应用科学注重调查,征集社会上种种材料,作我们底研究之资。我相信我们既明社会底真相,要想法子去实行革新,必是迎刃而解的"。[3]这大致反映了会员对两种月刊关系的认识和发展会务的期许,

---

[1] 少年中国学会编:《少年中国学会周年纪念册》,1920,第23页。
[2] 《少年中国学会消息》,《少年中国》第2卷第4期,1920年10月15日。
[3] 康白情致举百兄,《少年中国》第1卷第11期,1920年5月15日。

也可见少年中国学会改造中国与世界的努力方向。

事实上,两种月刊从宗旨规定到具体内容都体现了分工互助的特点。正因为如此,在《少年世界》停刊后,《少年中国》的内容作了适当调整,增改了以下内容:(1)关于青年修养的文字;(2)关于学理(哲学、科学、文学)上介绍或讨论的文字;(3)关于研究问题的文字;(4)关于调查及批评社会的文字;(5)艺术(作)品——小说、戏剧与诗,包括创作和翻译。①显然,《少年中国》部分地容纳了原定由《少年世界》负责的调查记载的文字,从《少年中国》后来所刊文字来看,确也部分地完成这个"任务",但相比于《少年世界》,这方面的内容及影响则明显不如。

《少年中国》与《少年世界》除相互映证以供会员研究的分工配合外,从其宗旨来看,还有更丰富的内涵。发行《少年世界》意在表明学会决不采狭义的国家主义,而是取世界主义。随着会员广布世界的一些大都会,或求学深造,或调查研究,或从事教育,或开展新闻事业,从中国走向世界,学术研究立足和服务于中国的特点和必要性也凸显出来。正如学会所言,"假使世界有改造的必要,我们每一个会员都负得有一分责任,这种思潮常常在我们脑海中起伏,于是就有应运而生的少年世界月刊"②。《少年世界》的发刊词也明确表示,月刊注重记载事实,不以中国为范围,而是以世界为范围,一则要把中国人村落的眼光改变方向,直射到世界上去;二则,少年中国学会作为一个世界少年团体就义不容辞地负有这一推动与改造世界的作用。③可见,学会早在1920年1月就明确提出改造中国与改造世界的主张。尽管朱执信等批评《少年世界》杂志有一种"少年包办"的话头,同时他也承认,现在打破旧惯,发张民力,抵抗强权,确是人民的责任,尤其是少年的责任,少年应该有负责的精神。④中国青年与世界青年共同担负改造世界的责任,这种革命性是应予以充分肯定的。

而且,《少年世界》的发刊词申明,改造中国是改造世界的一部分,而且是改造世界的第一步。根据学会设想的改造步骤,第一步本科学的精神,研究现代思潮,使中国人对现代思潮的趋势有一个明确观念,《少年中国》月刊是做的第

---

① 《本月刊编辑部通告》,《少年中国》第2卷第6,7,8期,封页二广告。
② 少年中国学会编:《少年中国学会周年纪念册》,1920,第23页。
③ 本社同人:《为什么发行这本月刊?》,《少年世界》第1卷1期,1920年1月。
④ 朱执信:《主张军国主义的留美学生》,载广东省哲学社会科学研究所历史研究室编《朱执信集》(下),中华书局,1979,第668。

一步工夫;第二步详细记载由现代思潮演成的事实,给中国人一种更深的刺激,《少年世界》月刊便是要做第二步的工夫;第三步根据思潮和事实的趋势,草一个具体的改造中国的方案,第三步工夫要让中国全体青年去做。①这说明两种刊物在学会改造中国与世界的设想中的地位和作用,《少年世界》还是为服务于创造"少年中国"理想目标的。

3. 月刊的编辑和发行

按照少年中国学会的规定,《少年中国》由北京会员负责编辑,组织《少年中国》编辑部。《少年世界》由南京会员编辑,组织《少年世界》编辑部,分组轮流编辑。黄仲苏兼负催稿之责,张闻天、沈泽民担负校勘责任,两人出国后,则《少年世界》与《少年中国》一起由左舜生、王崇植、吴保丰、恽震四人分校。《少年世界》委托亚东图书馆办理印刷发行事宜,送阅交换各事由北京会员苏甲荣、南京会员赵叔愚、上海会员左舜生三人担任付邮。②

关于《少年世界》的编辑,1919年11月9日在《少年世界》编辑讨论会上作了详细说明:学术世界、劳动世界——杨贤江;学生世界、学校调查——黄仲苏;妇女世界、农村生活——谢循初;华侨消息、通信——左学训;民族自决运动——王克仁;工厂调查——沈泽民;出版界——方珣;读书录——阮真。"余外无人认定之门类,由会员共同负编辑之责任。"③刊物实行轮流编辑的方法,有助于稿件的收集和审查,也能保证其按时出版。1920年2月,上海会员提出分国研究法,决定《少年中国》与《少年世界》彻底刷新:《少年中国》于1920年7月15日,《少年世界》于1920年8月1日,同时出日本号,间一期出法国号,再间一期出德国号,其他美国号、英国号、德国号依次例推。④1920年3月1日,评议部致各会员,将编辑方法进一步明确,指出北京会员负责编辑《少年中国》,南京会员负责编辑《少年世界》,上海会员负责两种月刊校勘及发行的接洽。原来由黄日葵兼负《少年世界》催稿件事务交由邓中夏办理。⑤后来一些会员暑假后出国留学或毕

---

① 本社同人:《为什么发行这本月刊?》,《少年世界》第1卷1期,1920年1月。
② 少年中国学会编《少年中国学会周年纪念册》,1920,第9页。
③《少年中国学会消息》,《少年中国》第1卷第6期,1919年12月15日。
④ 左舜生致愚生及北京诸同志,《少年中国》第1卷第11期,1920年5月15日。
⑤《少年中国学会消息》,《少年中国》第1卷第10期,1920年4月15日。

业后另有打算,学会改选《少年世界》月刊职员:方东美负责编辑月刊;赵叔愚负责交换杂志;杨英甫负责征稿及收稿;邰爽秋负责会务记录及收稿。①校对方面,原由左舜生、王崇植、吴保丰、恽震四人负责,改为王崇植、吴保丰、恽震三人校对《少年世界》,左舜生则负责《少年中国》的校对工作。②随着会员出国甚多和国外稿件常常不能按时送来,北京会员在1920年6月还提出将《少年世界》编辑迁往巴黎的建议:"《少年世界》自第二卷第一号起,将编辑部移往巴黎,以后关于少年世界编辑事务,概由欧美同人担任。国内同人,专担任《少年中国》一种月刊之编辑"③,但未果。

关于编辑方针,学会规定"这本刊物记载的,便是各种'社会的活动'。而且他的范围永远限于'社会的活动',决不会谈政治"④。关于学会的各种社会活动,体现在月刊各栏目中,则为学生、劳动家、华侨、妇女等的调查研究,或是社会上的黎明运动,或是关于各种专门科学的专论,用以作"我们青年的参考资料"⑤。1920年8月15日,余家菊向左舜生提出两种刊物的编辑方针应该明白确定,强调《少年中国》应该兼重修养的文字、问题的文字和学理的文字,并宜以中学生为对象,及与中学生有同等知识的人;《少年世界》宜偏重几栏,并注重于社会运动有关系的文字——如小工艺、小园艺等。⑥这种编辑方针始终贯彻其中,而且基本上采用分栏编辑法。《少年世界》月刊的文字,以社会调查占绝大多数,且多为数量的统计,并未见科学的或少见研究的结论,确也与月刊提供"参考材料"的规定名实相符。而且社会调查的内容,不仅以中国为范围,更以世界为范围,目的就在于扩大中国人的眼界,给中国人一种刺激,为改造中国乃至世界提供参考,对学会及会员乃至社会都造成了一定的影响。

关于《少年世界》的发行,1919年10月31日学会负责人王光祈与亚东图书馆签订了《少年世界》合同,并说明:"所有条件与《少年中国》相同,亚东图书馆

---

① "广告",《少年世界》第1卷第6期,1920年6月。
② 《上海方面的报告》,《少年中国》第2卷第2期,1920年8月15日。
③ 《会务报告》,《少年中国》第2卷第1期,1920年7月15日。
④ 中共中央马克思、恩格斯、列宁斯大林著作编译局研究室编:《五四时期期刊介绍》第一集,生活·读书·新知三联书店,1978年第404页。
⑤ 本社同人:《为什么发行这本月刊?》,《少年世界》1卷第1期,1920年1月。
⑥ 余家菊致左舜生,《少年中国》第2卷第3期,1920年8月15日。

出于对学会精神的了解,愿意包办《少年中国》与《少年世界》。"①故其编辑者、发行者均为少年中国学会,印刷者及其总发行所同为亚东图书馆。

关于《少年世界》的发行量,据杨贤江于1921年4月发表的《出版界》指出:《少年世界》每期销售5000份。此外,在各地的销售量也是比较可观的。如1920年初在安徽芜湖,《少年世界》每月销售30份,《少年中国》50份,《新潮》28份,《新青年》30份,《新中国》50份,《解放与改造》60份。②由此可见,与《新潮》《新青年》相比,《少年世界》在芜湖的销售量也不遑多让。又如,长沙文化书社在1920年9月9日至10月20日期间,《少年中国》共销售了50份,《少年世界》30份,《新潮》25份,《改造》30份。③可见《少年世界》在各地的销售也是不错的。

4.月刊稿源

《少年世界》月刊的稿源主要有三种:一是对外约稿或征稿。《少年世界》的征稿启事就说明"如承读者投稿,不胜感谢,女界惠稿,尤所欢迎"④,如《半年来居东京的感受》是黄仲苏约请易漱瑜女士写的。二是翻译外国文章,这类译著在《少年世界》是比较常见的,如刘国钧译杜威夫人的《美国的男女同校教育》、方珣译英国记者袁逊的《一九一九年之俄罗斯》等文章。三是会员分配稿件,诸如赵世炎《北京高等师范附属中学校》、黄日葵《各国妇女运动史》等文章,都是学会或编辑部分配的写作任务。因此,《少年世界》的作者可分为会员作者和非会员作者。非会员作者在《少年世界》登载的文章比较多,如学校调查、工厂调查、农村问题等非会员所著文章都达到了各该栏目文章数量的一半。会员作者则以北京、南京、国外等地的投稿居多。因为月刊文字注重社会调查的要求,一些会员是无能为力的,或者说出现了供稿方面眼高手低的尴尬,这正是当初南京会员编辑《少年世界》时担心的稿源及编辑的把握问题。黄日葵曾负责为《少年世界》催稿,对于月刊稿荒颇为愧疚,但他本人也无能为力,"我们所作的文章,不合该志的体裁,我们能为力的只有翻点旧文,但这都是我不愿为的"⑤。李

---

① 王光祈致太玄幼椿慕韩调元,《少年中国》第1卷第6期,1919年12月15日。
② 钓叟:《芜湖文化运动记》,《少年世界》第1卷第9期,1920年9月。
③ 中共中央文献研究室等编:《毛泽东早期文稿》,湖南出版社,1990,第537—538页。
④ "广告",《少年世界》第1卷第4期,1920年4月。
⑤ 黄日葵致黄仲苏,《少年中国》第1卷第12期,1920年6月15日。

璠则认为,《少年中国》稿难写,《少年世界》稿较容易凑。①可见,两种月刊在会员心目中的位置本不一样。后来事实证明,《少年世界》时起"稿荒",乃至不得不向会外求救,而《少年中国》在同时期尚没有发生如此严重的问题,不难看出两种月刊在学会中地位之悬殊。《少年世界》后来停刊,稿源就是一个重要原因,而且停刊也有保证《少年中国》供稿的考虑。

5. 特点和影响

透析《少年世界》晚出生而先夭折这一事实,其原因不外乎稿源、人手及本身地位三个方面。据学会消息,《少年世界》稿源严重不足,会员赴欧美留学者日众,而月刊发稿日期既有一定,国外寄归稿件却往往不能按期而至,编辑上极感不便。故总会六月会议时,北京会员建议《少年世界》编辑部迁巴黎,国内会员专担负《少年中国》一种月刊的编辑。②这种局面当然与月刊宗旨及稿件内容有关系,恐怕更重要的是《少年世界》的地位所致。国内会员如此,巴黎会员亦重《少年中国》而轻《少年世界》,主要表现在供稿方面,一是对前者尽量做到按时限定供稿,而对后者,"此间同人当随时收集寄上,唯不能按时限定,尚望美国、日本及国内之同志多多供稿子";二是供稿类型多针对前者,而未及后者。③从编辑力量看,后者编辑势力之弱也不容忽视。方东美说,《少年世界》月刊编辑组的几个人中,"金大高师两校的会员,都在学生时代,平日读书,都很忙碌;而编辑最吃紧的时候,就在要交稿的几天,两校校址虽近,但是编辑员实际上的联络,很不容易,还要请大家设法"④。而且南京会员多数预备努力于丛书事业,无暇顾及杂志。⑤由此可见,两种月刊在学会刊物中的地位自有等差。还有一个方面的原因是,《少年中国》在宣传学会主义及联络会员感情、沟通信息方面起着关键作用,远非《少年世界》所能企及,而这种境况是由学会安排月刊宗旨时所决定了的,也是与学会处于文化运动,着重于会员个人求学与理论讨论时期分不开的。这就注定了《少年世界》月刊的命运。

---

① 李璜致舜生,《少年中国》第2卷第3期,1920年9月15日。
②《会务报告》,《少年中国》第2卷第1期,1920年7月15日。
③ 详见《南京方面的报告》,《少年中国》第2卷第4期,1920年10月15日。
④ 周太玄魏时珍宗白华王光祈致本会同志,《少年中国》第2卷第2期,1920年8月15日。
⑤《会务报告》,《少年中国》第2卷第4期,1920年10月15日。

从《少年中国》到《少年世界》,见证了学会从文化运动向社会运动的转变趋势。而社会运动极易导向政治运动,"少中"会员以不谈政治,不涉政治运动相劝勉,但创造"少年中国"与"少年世界"无论对于会员个人抑或学会都带有明显的政治目的。尽管说是学会"将来"的目标,但这"将来"的时限对于会员而言,在当时的政治形势下是不确定的,会员中有十年、二十年、四十年等创造"少年中国"的不同言说。创造"少年中国"的手段,实际上存在着政治活动与社会活动的分歧,二者本来难以清晰地划分,而况1920年代时势急剧变化,现实政治又时时逼近学会或者会员。所以说从《少年中国》到《少年世界》是少年中国学会由"学"会到学"会"的体现,是会员从中国走向世界潮流这一强烈倾向的写照。

台湾学者陈正茂认为,《少年世界》似是比《少年中国》在精神上更富于本土化与通俗化,为人力、资力所限,此一刊物未能持久编印,对"少中"其后思潮趋向的发展,颇有影响;最明显的一点是,倡导的社会活动从此缺乏实际材料的印证,于是逐渐走上理论化的道路,抛弃了本土化的社会活动目标,而开始以接受和整理外来文化为方向,其后表现了强烈的政治倾向,不能不说是一种不幸的转变。[1]显然是过高估计了《少年世界》对学会会员事业趋向的影响。吴小龙认为,《少年世界》对"少中"会员事业趋向的影响并没有上述所说的那么大。所发表的文章从内容来看,明显表现着认同于世界潮流的强烈倾向,反而不如在理论论述中有些会员极力强调中国的思想传统和特定国情。而且,从那些"实际材料的印证"中所体现的国情、所得出的结论只能加强会员的"干政欲望",加强其改造社会的急切和革命趋向。[2]

少年中国学会初期的蓬勃发展,与王光祈等负责人的努力密切相关。1936年3月15日,在南京中央大学音乐系召开的王光祈先生追悼会上,主祭人宗白华在祭词中说道:"见他目光炯炯,沉默寡生,可是一开始谈到学会的事,这态度立刻放弃,以活泼的热情的来谈会务,每一问题,他能运用细密的思考使各方面都顾到,他简直是将少年中国学会作为他的爱人,他的思想文字及事业无不集中于学会。学会同人,都无形地以他为学会的中心人物,学会的灵魂。公推他返北京任执行部主任。在此时期中,学会的对外对内的会务,他用全力处理,他

---

[1] 陈正茂:《少年中国学会之研究》,中国青年党党史委员会,1996,第54页。
[2] 吴小龙:《少年中国学会研究》,上海三联书店,2006,第85页。

这种勇于负责治事的精神,是没有人不钦佩的。是时中国青年都感觉知识的饥荒,于是王先生不得不暂时抛弃——少年中国学会——他的事业的爱人,和所恋爱的爱人,同着魏时珍等到欧洲留学。"①

学会事业的迅速发展,也得到学术文化界名流的支持。梁启超应允担任学会赞成员,而且他一直关心学会会务,当左舜生于1921年春在中国公学拜晤归国不久的梁启超时,梁启超"询问学会状况甚详"。②同时,梁启超对曾琦提出两种希望,一是就所治科学益加精研;二是以研究科学之方法再治国学,且"宜以六分精神致力学问,四分精神尽力社会,必学问大成,始有裨于世"③。梁启超对学会如何将科学精神与社会活动结合的启示,以及如何治国学与尽力社会的指导,对于曾琦和少年中国学会颇有裨助。北京大学的蔡元培、胡适、陈独秀等支持少年中国学会的活动。学会依托于北京大学,不仅获得了校长蔡元培、文科学长陈独秀等人的支持,而且还有胡适、周作人等知名教授的帮助与指导。其中,胡适对学会"注意最早","帮忙最大",被会员奉为学会的精神指导者。④章太炎也关心学会的发展,已如前述。这些名人与学会事业的关系,为学会活动的开展和影响奠定了坚实的基础,为会员的学术研究提供了助益和指导,也扩大了学会的社会影响。

然而,会务活动的开展并不顺畅,加上会员从事社会活动而涉及政治活动,引发了学会宗旨问题、主义问题和活动问题的争论,尤其是国家主义派与共产主义派在主义和活动方面的争持乃至对抗,导致学会的分化和瓦解。

---

① 《南京的追悼会》,载左舜生等撰《王光祈先生纪念册》,(台北)文海出版社影印,1968,第105页。
② 左舜生:《万竹楼随笔·近三十年见闻杂记》,(台北)文海出版社,1967,第171页。
③ 沈云龙主编:《曾慕韩(琦)先生日记选》,(台北)文海出版社影印,1966,第28页。
④ 李永春:《"问题与主义"之争和少年中国学会》,《安徽史学》2006年第2期。

少年中国学会的主要活动(一)

第三章

少年中国学会的宗旨从最初的"振作少年精神,研究真实学术,发展社会事业,转移末世风气",到后来修改为"本科学的精神,为社会的活动,以创造少年中国",始终强调以社会活动去创造"少年中国"。所谓"发展社会事业"或者"社会的活动",在积极方面主张从事社会事业,在消极方面则反对政治活动。王光祈在《少年中国学会之精神及其进行计划》中解释说:"本学会是主张社会改革的团体,从教育实业下手。因为教育可以革新我们的思想,灌输各种智识;实业可以增益我们物质上的幸福,减少我们生计上的痛苦。只要教育实业办好,我们精神生活物质生活皆可达到极圆满的地位。所以我们会员平居则研究真实学术,若建树事业,则不外教育实业两途,这便是我们会员活动的方向。"[①]这从实际上规定了学会及会员从事文化学术方面的社会活动,以创造理想的"少年中国"。

第一节　学术研究活动

学会发起之初就确立了学术研究的目标,为此设立科会、研究会等研究组织,举办学术谈话会,延请名人讲演,出版机关刊物,编译学会丛书,都是沿着研究真实学术,先改造个人再改造社会的路径,为创造"少年中国"作各种预备。

---

① 王光祈:《少年中国学会之精神及其进行计划》,《少年中国》第1卷第6期,1919年12月15日。

可以说学会始终是"一个纯粹研究学术,并从事社会运动的团体"①。

一、以学术研究创造"少年中国"

少年中国学会"并非是集合已成功的专门家所成的专门学术团体,而将纯洁有为的青年[集]合在一起,本着坚苦互助的精神,向着共同的目标,向前为社会国家文化学术而奋斗,所以他的旨趣,不但是造成专家,尤其引导此等专家,从事于社会改革,国家复兴的工作,方法工具,不必相同,而精神目的则系一致"②。王光祈在《"少年中国"之创造》中明确指出:会员"学有所长时,大家相期努力于社会事业,一步一步来创造'少年中国'"③。就是以文化学术事业来创造理想的"少年中国"。

创造"少年中国"不可不致力于学术研究,为将来活动作预备。④王光祈在1919年1月吴淞会议上解释学会宗旨中"研究真实学术"的含义。他说:"研究学术,从小的方面说起来,是养成个人的专门技能;从大的方面说起来,是对于世界文化,必求有所贡献。现在过去人物,既都不愿意讲求学问,我们青年关于学术上的责任,比较各国的青年,更是加倍重要了。故本会会员皆须认定专科,提出问题,切实的研究学术。此则本会同人根本上完全相同者二也。"⑤曾琦起草的《少年中国学会会务报告》的发刊词,解释了学会通过学术研究来改造社会的意思:"国运之盛衰奚系乎?系乎学风之消长而已。学风者,始乎士林之讲习,蒸为一时之风尚。颜习斋先生所谓'一人行之为学术,众人从之为风俗'。一民族一国家之精神文明,于是焉著。大雅之风复乎尚已。自顷以来,国运衰微,士习委苶。究厥原因,虽亦多端,而学术凌替,思想锢蔽,要为主因。不悦学之风,中于全国,德之不修,学之不讲,群惟偷惰,苟且是习。循是以往,微特西方学术,输入靡由,即固有文明,亦将消丧,安望国运之隆昌哉。吾侪同志有鉴

---

① 常燕生:《从王光祈先生想到少年中国学会》,载左舜生等撰《王光祈先生纪念册》,(台北)文海出版社影印,1968,第25页。
② 左舜生等撰:《王光祈先生纪念册》,(台北)文海出版社影印,1968,第22页。
③ 王光祈:《"少年中国"之创造》,《少年中国》第1卷第2期,1919年8月15日。
④ 恽代英:《怎样创造少年中国》(下),《少年中国》第2卷3期,1920年9月15日。
⑤《会务纪闻》,《少年中国学会会务报告》第1期,1919年3月1日,第18页。

于是,爱组织少年中国学会,以振作少年精神,研究真实学术,发展社会事业,转移末世风气为宗旨。"强调了学术研究在学会宗旨中的地位和对创造"少年中国"的影响。为此,曾琦公开提出,宣言学会为纯粹的学术团体,只许个人本其所学专长,为社会的活动,不许个人为政治的活动。若有怀抱政治野心者,应请其尊重团体宗旨和他个人人格,早日出会。①也说明学术研究在学会活动中的重要地位。在后来加入学会的刘衡如看来,"我们看这个结合的名称既然嵌了一个学字,便知道发起这会的人当初的主意了,再参考原来的宗旨和现在的宗旨,再看一看会员的地位,那就知道这会原是个注重学术的团体。但是我们相信学术要有人格作后盾的,所以有关于道德方面的规定。将学术和人格并重是我们学会的特点"。"我个人的意见,少年中国学会是少年中国内的学术团体,目的在创造少年中国内的思想,但是现在还是在研究的时代而不是以全力实行的时代,自然创造少年中国不单是靠思想,个人的兴趣,不仅是在学术,但以这个结合而论,只限在这一点罢了。"②这大致代表了一般会员对于学会性质的认识。

从学会宗旨来看,社会活动是以创造"少年中国"为目标,亦以"本科学的精神"为条件。学术研究则是"本科学的精神"的集中体现。学会将原初宗旨中的"研究真实学术","振作少年精神"修改为"本科学的精神",强调了个人学问及其对社会文化贡献的要求。宗旨的变更不仅仅是学会思想进步的一个表征,而且更明确地体现了以社会活动创造"少年中国"的理想追求。从词义来看,"本科学的精神"意为在科学精神指导之下,其英译为 under the guidance of the scientific spirit,所以《少年世界》的发刊词中明确规定少年中国学会改造中国的具体步骤为:本科学的精神,研究现代思潮及由现代思潮演成的事实,草一个具体的改造中国的方案。③可见,"科学"的含义已不再局限于自然科学的研究,而是明确现代思潮的趋势及给予中国人事实的刺激,服务于学会的社会活动,使学会成为一个健全的、互助的、社会活动的团体。

具体说来,"本科学的精神"大致体现在以下几个方面:一是研究科学,以科学的理论与知识,培养积极向上的人生观与世界观。宗之橅说得很明白,也极

---

① 曾琦致左舜生,《少年中国》第2卷第3期,1919年9月15日。
②《少年中国学会问题》,《少年中国》第3卷第2期,1921年9月1日。
③ 本社同人:《为什么发行这本月刊?》,《少年世界》第1卷第1期,1920年1月。

具代表性。他说,我们青年学者现在进行的方法就是先于各种自然科学有彻底的研究,作为一切观察思考的基础,然后于东西今古的学说思想有严格的审查,考察其在科学上的价值,再创造一种伟大、庄宏、根据实际的宇宙观与人生观,作行为举动的标准。[①]二是指具体的自然科学或实验科学,包括生理学、心理学、算学、名学等,后来加上教育学、社会学、经济学等,甚至文学也要求体现出科学的真理,所反对的是空谈科学,或不作彻底研究,而剽袭西方科学的皮毛而大事鼓吹。因之科学体现出"具体的""进步的""批评的""实利的"特点。三是运用科学的方法,切实从事社会问题的研究。科学的方法主要针对青年人与学术界"主观直觉"的方法,科学的脑筋主要指向"文学的脑筋""空泛的头脑",实际上是要求一种方法论的革新,以追求科学真理。而且他们希望学习科学家追求真理的方法,诸如"实验的""主动的""创造的""有组织的",等等。四是培养科学的态度,针对中国人"惯例的遗传的私见及信仰",固守成见的态度,要求"分析的""怀疑的""创新的"态度,反对万能的总解决式的宗教态度。总之,"本科学的精神"与"社会的活动"联结,旨在制定具体的改造中国的方案,踏踏实实地从事少年中国运动,是少年中国学会的发展趋向。会员张闻天总结说:"对于科学,我们所拥护的是科学态度,不是从科学态度所产生的结果。拥护由科学的态度所产生的结果,确是像一般人所说的足以危害思想的自由,而拥护科学的态度正是主张个人的思想自由。科学的真精神就是个人的思想自由。"所以,"非宗教运动是中国人的科学态度的有意识的觉醒的一方面的表示,拿这种科学态度来考察社会的组织,那末,打倒现社会,实现社会革命,也是必然的结论"[②]。

由此可见,"本科学的精神"是新文化运动时期科学思潮的产物,是学会以科学与民主的精神创造"少年中国"的方法与途径。这一点从"少中"对科学主义与科学的理解可以得到证实。如方东美致杜威欢迎辞中说,"我们要过着一个理性的,科学之真确的生活,须知我们对于惯例的遗传的私见及信仰,不复是受动的,不批评的奴隶"[③]。宗白华批评当时一般著名杂志没有几篇真有科学的

[①] 宗之櫆:《中国青年的奋斗生活与创造生活》,《少年中国》第1卷第5期,1919年11月15日。
[②] 闻天:《非宗教运动杂谈》,上海《民国日报》副刊《觉悟》1922年4月6、16日第2版。
[③] 少年中国学会编:《少年中国学会周年纪念册》,1920,第26页。

精神或用科学方法彻底研究社会问题的文字,在他看来,既然世界的新思潮在学术上是真正自然科学的精神,在社会上是真自由真平等的互助主义新式社会组织,在文字上是写实主义与人道主义,因此《少年中国》月刊对于学理总要有点科学的精神,对青年读者有点知识上的增益,改造青年的文学脑筋为科学脑筋,要对于几个最重要的科学如生物学、心理学、算学、名学等彻底研究。且从实验科学入手,根本打破一切主观直觉。①罗世嶷认为今后世界人类的生活都依赖科学,因此,"今日的青年,不独要努力科学,并且要求科学的正当应用方法。若是不明白正用,那就会把力量最大的科学来造成万世没有的奇祸",这是从近来欧战得来的大教训,当引起从事科学的人之注意。②

科学精神也是学会以学术研究创造"少年中国"的要求。周太玄具体分析了学会的四种特性:一是不为政治活动,二是注意个人道德,三是从事社会事业,四是努力于思想学术。三种特质,而为学会的重心的,最后便是一个"学"字。指示我们如何去实行我们所抱的精神,如何去随时检证我们的这种精神,并如何去滋培长养他,这都是我们所以要趋重学的缘故。至于学术思想对于人类社会关系如何重大的普通的理由更不用说了。但这种学术思想上的用力,既然是有为而为,所以在消极方面既非以之猎官,亦不以之钓名。虽然学术自身的发展是不纯受实用的支配,然而就"此时此地"主义说来,学术固非吾侪最终的目的,不过为会内分工与人才经济起见,会中依然不少终身从事于学术的人罢了。所以学术思想上的努力,是学会第四个特点。③会员研究学术也正是学会宗旨规定的奋斗目标,也是其中科学精神的体现。

恽代英在《怎样创造少年中国?》中专门论及创造"少年中国"与学术研究的问题:"人人都知道要真想创造少年中国,不可不致力于研究学术,为将来活动的预备。而且这几年,知识阶级程度的进步,青年求知欲望的长进,使讲学的风,渐成为一般的风尚,出国以求高深些造就的,亦复踵趾相接;不能不说这是少年中国最有希望的一个好现象。""我们今天的研究学术,是对于我们所仰望

---

① 宗之櫆致编辑诸君,《少年中国》第1卷第3期,1919年9月15日。
② 罗世嶷:《化学的改革与物质的新生》,《少年中国》第2卷第5期,1920年11月15日。
③ 周太玄:《学会的四种特性》,《少年中国》第3卷第8期,1922年3月1日。

的未来的少年中国负责任。"①另文《少年中国学会的问题》进一步指出:"依我的相信,我们学会唯一的真目的,只是创造少年中国。我们要求学,但我们不是盼望做民众装饰品的所谓学者;是因为不求学得不着最合理而且最经济的创造少年中国方法的知识。我们要做事,但我们不是盼望做畅遂支配欲的所谓事业家;是因为不做事,不配说什么创造少年中国,或者至少亦养不成我们创造的能力。我们要结会,但我们不是盼望成就广通声气互相标榜的一个无目的或目的不正不大的徒党[党徒],是因为不结会不能实现个在共同目的下有计划的分工与互助的组织。""我们今天的同志,总算肯发奋做学问,总算肯发奋做人,总算肯不客气的彼此互相督责勉励。但是创造少年中国,不是件容易的事。不仅要每个同志有学问,而且不仅要每个同志有品格;最要的是每个同志能自觉的联合于一个共同目的之下,有计划的分工与互助。中国不是一个人做得好的。联合便是权力。这所以我们为创造少年中国有结合为一个学会的必要。"②正如张君劢所说,在清末至民初国内外知识界对于学问有一种风气:求学问是为了改良政治,是为救国,所以求学问不是以学问为终身之业,乃是救国之目的。③同样,少年中国学会会员注重研究学问,就是为了创造"少年中国"。

学术研究也是会员改造中国的基础。王光祈分析了学术研究对民族独立的必要性,他指出:"社会不重视真实学术,只重视虚荣头衔","倘政府及社会方面不从速奖励真正学者,以提倡讲学之风,并网罗硕学宏[鸿]儒……则吾国学术势将永远不能独立,势将永为白种人之殖民地!而衰颓国运,亦难望其挽回!"总之,任何国家与社会的事业都是以学术为基础。中国要发展学术,就需要国家、社会、留学界、少年中国学会等共同努力。尤其是国家、社会应重视学术,"极力提倡讲学之风,不以党见或私人关系尽将全国学术机关握于一般不学无术者之手"。④他在《旅欧同人的使命》中指出,留学界应组织学术研究的团体,从事学术上的互助,尤其是德国、英国、法国、俄国等国的文明各有其特色,彼此之间有交流互助的必要。只有学术上互助,才会使学术更精深更有用。同

---

① 恽代英:《怎样创造少年中国?》,《少年中国》第2卷第3期,1920年9月15日。
② 恽代英:《少年中国学会的问题》,《少年中国》第2卷第7期,1921年1月15日。
③ 张君劢:《我从社会科学跳到哲学之经过》,《再生》第3卷第8期,1922年3月1日。
④ 王光祈:《留学与博士》,载王光祈著《王光祈旅德存稿》,中华书局,1936,第461—462页。

时,留学界负有传播东方文化的使命,负有介绍西方文化的责任。要完成这种责任和使命,必须参加欧洲的文化团体。留欧学界宜组成以下三类组织:以学术为标准类,如化学会;以研究某一问题为标准类,如新村研究会;以砥砺学行为标准类,如普通学会。这些学会不必拘泥于形式,但必须有精神上的结合。① 这也是留欧会员的责任和使命。王光祈在1926年12月撰文谈到教育家对中国现状应有三大觉悟:第一是中国之贫弱在于无能力,不是单纯的道德问题(如爱国与不爱国之类)。第二是能力之增进须是多方面的,须下全体动员令。第三是对于宗教与政治须用纯粹理智批评,勿杂丝毫成见意气。他说:"我在八年前曾与许多同志组织一个少年中国学会,当时便一眼认定上述第一、第二两个原则,为中国问题之中心,所以我们规定宗旨为:'研究真实学术,发展社会事业',以增进国人多方面之能力。而当时加入学会之人,各派主义均有,亦颇能实行'群而不党'之义。后来虽有一部分同志特别专从政治运动着手,分头而去;而其余一部分却仍留大本营中,专在'学'与'事'方面奋斗。"② 显然,学术研究是少年中国学会从事社会事业的基础,是创造"少年中国"必不可少的手段。

所以,少年中国学会始终强调要研究真实学术。一方面如左舜生所说,"学会系学行兼顾的团体,即欲实现一种主义,总少不了一般为学的人"③。另一方面如王光祈所说,欲造成社会实力,不能不从事学术研究。这是因为,"若要使中国民族有独立自尊精神,必须先养成'民族文化',以为其中心思想;所以我们应该努力研究学术。因此之故,我们学会内部宜分为三股进行:一、民众教育实施股。先编大批常识小丛书,其中分:(甲)关于政治经济问题者;(乙)关于农工商各业常识者两种。篇幅以一万字为限,文字以浅显为主。每书所讲,限于一个问题,自为起结;并随时灌入民族独立、自由、秩序、公益种种思想。每月之中,由本会会员亲到乡村或城市之中讲演及发卖四次。二、东方民族联络股。先设一东方语言研究会,然后再联络各该国侨华人士,共同办一东方民族杂志,专介绍各该国近况,并随时延请各该国侨华人士讲演。吾会一部分会员,宜分

---

① 王光祈:《旅欧同人的使命》,《旅欧周刊》第42号,1920年8月28日。
② 王光祈:《教育家对于中国现状应有的三大觉悟》,载王光祈著《王光祈旅德存稿》,中华书局,1936,第329—330页。
③《少年中国学会问题》,《少年中国》第3卷第2期,1921年9月1日。

习各该国语言文字,以便将来到各该国实地旅行。三、专门学术研究股。本股宜设各种学术研究会;组织少年中国书院;举行各种学术讲演;附设少年中国图书馆;并主持《少年中国杂志》事宜"[1]。无论是个人改造还是社会改造,无论是实现个人的理想还是创造"少年中国"理想,都需要从事学术研究。学术研究是学会创造"少年中国"的基础,也是开展社会活动的"预备工夫",更是创造"少年中国"的主要手段。

二、成立学术研究组织

为了便于会员开展学术研究,少年中国学会成立了科会、研究会等研究组织,还制定了一系列的具体措施。学会正式成立后,为了便于会员的相互了解和学术的共同切磋,由王光祈、宗白华等留欧会员提议,第三届执行部编制了《少年中国学会会员终身职业调查表》,对会员终身研究的学术进行调查并刊印分发会员,以便会员互助。并在此基础上提出组织各种研究会,开展专门的学术研究。

1.科会

科会是少年中国学会为深化研究专门知识而特设的组织。"会员于学理或事实上发生疑问时,得提出于科会研究之",会内不能解决,则"征求中外学者意见以解决之"。少年中国学会筹备时就提出:"本会向例,凡一科会员三人以上者,即应组织科会",从该科会会员中选举科会主任一人。[2]而且规定新加入会员,分别加入各科会。学会筹备期间,最早分文科、工科、经济科、政治科、商科共五个科会。[3]《少年中国学会规约》就科会作了详细的规定:第八条"凡会员均须选择下列各科之一种以研究之:一、文科;二、理科;三、工科;四、农科;五、医科;六、商科;七、政治科;八、法律科;九、经济科。"第九条"凡会员认定专习科

---

[1] 王光祈:《致少年中国学会同志书》,载王光祈著《王光祈旅德存稿》,中华书局,1936,第678—679页。
[2] 少年中国学会编:《少年中国学会会务报告》第3期,1919年5月1日,第22页。
[3] 王光祈:《本会之发起旨趣及其经过情形》,少年中国学会编《少年中国学会会务报告》第3期,1919年5月1日,第20页。

目,若中途更改,须提出理由书,经评议部认可"。第四十二条"第八条各科会员,得组织各科科会,讨论该科问题,由该主任召集之"。第五十一条"第八条各科主任由各科会员互选之"。据此,《科会办事规则》规定:(一)据本学会规约第四十二条之规定,各科会员须组织科会,由科会主任召集之。(二)凡有关于该科之问题发生时,该科科会主任得提出题目说明范围,交该科会员研究,限期答复,或召集该科会员开会讨论。(三)凡一问题而涉及数科者,该数科科会主任得分别征求各该科会员对于该问题之意见,并开一科会主任联合会以决定之。(四)同科之各会员,互有供给材料之责。(五)凡科会不能解决之疑问,由科会主任征求中外专门学者之意见。(六)凡会员研究问题,其议论精碻者,由科会主任鉴定后,得公布于本学会报章。①可以说提供了组织科会的具体而详细的规章。

会员也体认到组织科会的重要性。王光祈在给会员的通信中就指出,本会宗旨为研究真实学术,发展社会事业,凡会员皆应该遵守做去。不过会员性情有偏重学术者,则尽力发挥他的本能去研究学问;有偏重事业者,则尽力发挥他的本能向事业方面发展。各尽所能,各去所短,这就是团体比个人效力较大的原因。"我与足下都是喜欢做事的人,自然是偏重事业方面。不过本会同人主张,凡事皆须本于学理,见诸事实,故本会会员皆须认定专科,提出问题。认定专科的意思,以便此后发生关于该科的问题,本会就可以致函征求他的意见,限期答复。提出问题的意思,是全为会员研究学问便利起见,故所提出之问题,不必限于所认定之科目。提出之后,由会中知会同人,以便供给材料。又如足下研究某种问题,而无某种问题相关连[联]之特种智识,亦可致函本会,由会中征求会员中有此特种智识者之意见。要之,此种办法纯为会员研究学问便利起见而已。"②方东美在南京会员举行的学会周年纪念会上,提出对科会的意见:各会员就所入的科,分为若干系,或再详分为若干组,组织小团体,专门研究。③这些都说明科会对会员研究学问的重要性,也就是对学会"研究真实学术"的重要意义。

---

① 少年中国学会编:《少年中国学会周年纪念册》,1920,第33—39页。
② 王光祈致子章,《少年中国学会会务报告》第1期,1919年3月1日,第27—28页。
③《少年中国学会消息》,《少年中国》第2卷第2期,1919年8月15日。

为了便于会员研究专门学问,科会还要负责提供研究材料和讨论问题。王光祈在《本会发起之旨趣及其经过情形》中说到"供给材料讨论问题":"此事虽有少数会员业已履行,惟尚未如当时预期。此实由于科会进行未臻活泼之故。本会研究学术成绩之有无,全视科会进行活泼与否为断。故此后选举科会主任一事,极宜注意。"①总之,科会是学会为了深化研究专门知识而设的学术组织。

如何组织科会,会员各有所见。方东美提出:现在会员人数不多,从文科做起,分科的办法进一步细化,如文科须分为文学门、哲学门、教育学门、社会学门、心理学门等,各门再细分若干组,研究文学、哲学、社会学、心理学里哪一派或哪一项专门的问题。其他科也可以仿此办法。这样做的好处,一可以免除学会组织大而无当的弊病;二个人的学业才专而精,对于学术才真有贡献;三可以刷新月刊,可以免去为作文而读书的苦痛;四如各科成绩真好,发达又快,可把各科会扩充作少年中国学会里的独立而又联络的科会。郑伯奇认为,会员入会就填写加入某科,精力大的人可兼科,并听其自由。"科会组织成后,一方面对内,可以与本会他科联络,一方面对外,可以和与自己相投合,同性质的团体或个人交通。如此科会不仅我们一部分人的集合,并且可希望他成为文化运动全局面中的一部分的动力。"他还提出,科会应该提倡临时事业,如"儿童公育""家庭改革""自由恋爱"等等非仅由学理而兼有事业性质的问题,可以由性质相近的科会提出组织讨论会,或商榷会之类的临时机关,促起会内其他科或会外同志的讨论研究。其结果可以在杂志上汇集发表或集成专书。②显然,科会是促进会员学术研究和学会成为真正学术团体的重要机关。

留日会员郑伯奇、沈懋德在1921年6月23日向南京大会提出的意见也涉及组织科会的问题。此外,各科会可发行该科会专门之杂志。学会丛书由各科会议决编辑方法。③由此可见,学会对于组织科会的重视,会员也进行了热烈的讨论,并且提出诸多建策。

由于会员多在求学阶段,而且流动性很大,科会难以组织起来。1922年7

---

① 王光祈:《本会发起之旨趣及其经过情形》,少年中国学会编《少年中国学会会务报告》第3期,1919年5月1日,第19页。
② 方东美来信,转引自郑伯奇致会员同志诸兄,《少年中国》第2卷第6期,1920年12月15日。
③《少年中国学会问题》,《少年中国》第3卷第2期,1921年9月1日。

月在杭州大会上,主席左舜生报告了上年议决的科会进行状况,认为各科研究会虽成立,但进行很不顺利,成绩亦无可称述。[①]直到学会解散,也没有建立起真正的科会组织,在一定程度上影响了学会发展成为真正的学术团体。

2.研究会

按照学会的设想,研究会是会员讨论研究专门问题或事业的组织。王光祈早在1920年3月12日与会友通信讨论学行修养问题时,就提出了成立研究会的办法,即先调查会员之学问事业,造成一表,然后再由学问、事业相同之会员组织一种"某种学问研究会"或"某种事业研究会",以此做到"互助"二字。[②]同年4月,他在《对今年七月南京大会提议》中提出,按照会员终身学术、终身事业表,速组织某项学术、某项事业研究会。蒋锡昌在给南京大会的提案中也提议组织研究会。[③]1921年南京大会讨论结果,全体主张将研究会分为学科研究会和问题研究会两种;前者为永久的,后者为临时的。每一会员同时可入两个以上的学科研究会。问题研究会更可自由加入,非会员亦得加入。同时议决学科研究会须即时成立,积极进行,其组织方法,各会尽可自由,由加入各会分子自行商酌。此外,规定各会在学术方面可以对外发生关系,关系重大者须报告学会经大众同意,并不得违反学会精神。南京大会把研究会提升到"关系本会前途极巨"的高度,认定其"是学会一切计划进行的基础",因而敦促国内外会员特别注重研究会问题。而且,到会者加入了下列9种研究会者:教育研究会13人,哲学研究会5人,心理学研究会7人,文学研究会8人,社会学研究会10人,经济学研究会2人,生物学研究会2人,土木工程研究会1人,地质学研究会2人。因此,《南京大会纪略》的编者特别提出:"按研究会运动,关系本会前途极巨,如不组织完好,本会一切计划均无从进行,应请国内外会员特别注意。最好此期(《少年中国》)月刊发表后,于半年中将各种研究会全部成立,积极进行。此次大会所举出之九种研究会,系限于到会会员研究的范围,未到会会员,其研究兴趣不属此范围者,当然另行组织。"学会要求各科研究会推定某科组织法起草专

---

① 《一九二二年杭州大会纪略》,《少年中国》第3卷第11期,1922年6月1日。
② 原载《少年中国》第2卷第11期,1921年5月15日。
③ 《少年中国学会问题》,《少年中国》第3卷第2期,1921年9月1日。

员,凡关于月刊、丛书之编辑,以及团体或个人之研究方法,乃至交换书目种种手续,均应于组织法中详细规定。大会还推定恽代英为研究会促进员,将各研究会报告在月刊上作一总结。①执行部主任杨钟健在1921年11月强调:"关于学术的进行,今年内所最当努力的是各种研究会。如能于明年七月一日以前,把各种重要的研究会依次成立,每个研究会都有负责的热心分子努力从事,其将来成效到什么程度,目前不必夸计,但总可说这一年在少年中国学会的历史上不为错过。"②这样,成立研究会被提上学会开展新会务的议事日程。

首先,成立少年中国学会教育研究会。

研究会运动首先由南京分会会员付诸行动,成立教育研究会。之所以首先成立教育研究会,是因为1921年7月南京大会所组织的各科研究会中以教育研究会人数最多,于是杨贤江、左舜生两人受学会委托,于1921年9月15日提出研究会简约草案,以便加入研究会诸君发表意见。《少年中国学会教育研究会简约草案》内容如下:

(一)本研究会本少年中国学会之精神,谋中国教育之改进。

(二)本研究会为少年中国学会之一部,以学会从事教育之会员组织之。但不直接从事教育之会员,对某项问题愿加入本会共同研究者,亦得随时加入。

(三)本研究会暂定会务范围如下:

a.会员间交换关于教育书报之读书录及各人所有之图书目录。

b.发表研究教育之文字,并预备每年两期之"教育研究号",即充少年中国月刊之专号。

c.编译教育丛书。

d.讨论关于教育学理上或实际上之问题。

e.得用本研究会名义组织国内外教育参观团;此项参观团团员,得有非会员加入。

f.学会创办学校,得由本会推举教职;被推之会员,非有事实上之障碍,有服务于本学会所办学校之义务。

---

① 《南京大会纪略》,《少年中国》第3卷第2期,1921年9月1日。
② 杨钟健致会员诸同志,《少年中国》第3卷第4期,1921年11月1日。

(四)本会暂设职员如下,必要时得扩充之。

a.干事一人,综理并促进本研究会一切会务。

b.书记一人,襄助干事经理本研究会会计及会员间通信事务。

c.出版经理员一人,经理本研究会出版事宜。

(五)前项职员,由本研究会会员互选,任期一年,但得连任。又,干事及书记,限于同在一地之会员分任。

(六)本研究会一切用费,暂由会员共同担任。

(七)每年学会开大会时,本研究会得另以一定时间,讨论本会会务。

(八)此项简约,于每年大会时,得本研究会到会会员全体同意,得修改之。[①]

不过,该研究会的具体活动未见《少年中国》月刊的报道,详情不得而知。

其次,组织社会主义研究会。

1921年10月20日北京总会常会讨论会务状况,鉴于研究会既经南京大会议决,又实为必要事件,似宜努力进行,北京总会至少须有一研究会作为中心,则于会务上、会员间智识上感情上均有裨益。后由苏演存提议先组织一个社会主义研究会,推邓中夏负责组织。又议决组织一文学研究会,推黄日葵筹备一切。上述两个研究会必须努力进行,于短时间内成立。至于其他研究会,以后再量力组织,并希望各地会员一致奋起。[②]11月13日、16日北京总会常会议决两个研究会必须组织,但文学研究会可以暂缓。[③]可见,北京会员组织社会主义研究会是学会贯彻南京年会决议的产物,也是学会一直坚持学理研究的产物。

少年中国学会总会首先组织社会主义研究会,一方面得益于北京大学社会主义研究会的启迪。李大钊倡导的北京大学社会主义研究会于1920年12月成立,其简章以通告形式公布于《北京大学日刊》,以"集合信仰和有能力研究社会主义的同志,互助的来研究并传播社会主义思想"为宗旨,以文字宣传与讲演为方法,而文字宣传包括编译社会主义丛书、翻译社会主义研究集、发表社会主义

[①]《少年中国学会消息》,《少年中国》第3卷第3期,1921年10月1日。

[②]《少年中国学会消息》,《少年中国》第3卷第5期,1921年12月1日。

[③]《少年中国学会消息》,《少年中国》第3卷第5期,1921年12月1日。《少年中国学会消息》,《少年中国》第3卷第6期,1922年1月1日。

论文。在社员九人中,有"少中"会员李大钊、鄢祥禔。这是北京大学公开研究与传播社会主义的组织,"少中"在京部分会员组织或参加该社会主义研究会。此前李大钊1920年3月在北京还秘密组织了一个马克思主义研究学会,即马尔萨斯研究会。[①]之后正式公开成立"北京大学马克思学说研究会",发起者十九人,内有"少中"会员邓中夏、黄日葵、刘仁静、高尚德,李大钊虽未列名发起,实际上是该会的指导者。其研究方法为讨论、讲演、特别研究共三种,分组研究唯物史观、阶级斗争、剩余价值等马克思主义学说,也研究社会主义史、晚近各种社会主义之比较及其批评、经济史及经济学史、世界资本主义各国掠夺弱小民族之实况等。此外,俄国革命及布尔什维主义、第三国际共产党,也是研究内容之一。[②]可见,当时北京大学研究社会主义学说,已由个别的秘密状态开始转向有组织的公开的研究,"少中"部分会员参与其中并发挥了重要作用。可以说,北大社会主义研究会为少年中国学会社会主义研究会奠定了一定的基础。

另一方面,社会主义对于"少中"的影响自其筹备发起之时即已存在,如发起人王光祈自称不知不觉中了社会主义的魔术,形成了所谓"温和型的社会主义",李大钊、陈愚生就倾向社会主义。倾向国家主义的李璜在留法前从各派社会主义学说中了解社会主义者的思想,认为社会主义现在正由理想的时代进入实行的时代,与人类将来的幸福关系很深,鼓励会员抱定"爱世努力的改造主义",想个改造的下手方法。[③]他与王光祈等大致商定从经济学史来探讨社会主义。李大钊、邓中夏等受共产主义思想影响,发起组织北京大学社会主义研究会,成为"少中"内激进的社会主义者。

可见,当时北京会员的社会主义倾向在"少中"内是居前的,他们为了确定学会为社会主义的团体,在1921年2月就议定一面研究社会主义,一面邀请深知社会主义的学者到会讲演,以备会员参考。[④]大致说来,北京会员原本对于主义,尤其是社会主义的研究以及确定社会主义为学会共同主义的呼声日高,而且在京会员中,李大钊、邓中夏、鄢祥禔等对社会主义颇有研究并极力宣传,高

---

① 中国社会科学院近代史研究所近代史资料编辑组编:《五四运动回忆录》(上),中国社会科学出版社,1979,第340—341页。
② 罗章龙:《椿园载记》,生活·读书·新知三联书店,1984,第68—69页。
③ 李璜致润屿兄,《少年中国》第1卷第5期,1919年11月15日。
④《少年中国学会消息》,《少年中国》第2卷第9期,1921年3月15日。

君宇、黄日葵、刘仁静亦受社会主义影响,已开始研究、宣传社会主义乃至马克思主义。所以社会主义研究会的组织,对于推动会员的社会主义研究是有裨助的。在此前准备南京年会提案时,北京会员展开了是否以社会主义为学会主义的争论,自然社会主义研究会的成立有助于学说研究和会员感情的交流。南京大会既已决定组织研究会,北京作为总会所在地,成立研究会以为各地之表率,也是义不容辞的。之所以推定邓中夏负责组织社会主义研究会,是因为其时邓中夏代理执行部主任,执行部是办理学会会务的机关,由邓中夏出面组织,自然是名正言顺的,在程式上更有利于推动北京会员乃至学会的社会主义研究。而且在京会员中,除李大钊外,邓中夏应当是研究社会主义及运用社会主义开展工人运动的领袖人物,以其在学会中的地位及社会主义研究水平,自然是最合适的人选。由上可见,社会主义研究会是问题研究会的一种,属于临时性的。其成立既是学会会务开展的需要,也是学理研究的体现,其中也隐约带有一种政治倾向。

11月16日,北京总会常会讨论社会主义研究会问题,议定研究会不必定无聊的规约,由邓中夏拟定若干题目,由会员担任研究,自次月起每月开会两次,研究方法为开会讨论、公开讲演、通信理论等,由研究者报告并推人记录,寄交月刊。[①]

研究会竟然不定规约,而且认为规约是无聊的文字。这对于以学术事业为重的团体而言,确也耐人寻味。南京大会上还规定各研究会推定专员起草组织法,前述杨贤江、左舜生组织的教育研究会制定了详细而周到的规约,对于如何开展研究亦作了细致的规定。而北京总会组织的社会主义研究会则认为规约没有必要,大致推测是因为在京会员多受李大钊指导下的北京大学社会主义研究会或马克思学说研究会的影响,思想倾向上的基本一致,所以制定规约便无多大意义了;也可能是因为时间上来不及所致。但可以肯定,在京会员多从事实际的社会主义运动,宣传科学的社会主义,已开始取代或明显超越社会主义学理研究。

邓中夏拟定各派社会主义的题目共十五个,即:马克思社会主义(包括唯物

[①]《学会消息》,《少年中国》第3卷第6期,1922年1月1日。

史观、阶级战争、剩余价值、无产阶级专政)、社会民主党、修正派社会主义、无政府主义、工团主义、世界产业劳动者同盟、基尔特社会主义、布尔什维克、社会主义发达史、社会主义运动之现况、社会党与共产党、第二国际共产党、德谟克拉西与社会主义、中国救亡与社会主义、改造世界与社会主义。①从所列题目可看出,社会主义派别有10种之多,其中对于马克思社会主义则述析更详细;社会主义运动有2种,与社会主义的关系3种。显然,邓中夏拟定的"社会主义"是广义的社会主义,无政府主义、工团主义等亦在其中。邓中夏1921年10月从四川返京途中在长沙(湖南第一师范)的讲演,就对无政府主义与共产主义作了比较②,应当说其对社会主义流派及其渊源关系还是比较了解的。在研究会中,他也承认社会主义派别甚多,所以特地列表以醒眉目。邓中夏拟定的研究社会主义计划,大致体现了北京会员乃至会员全体对社会主义的理解程度,这与当时社会主义的总体认识水平大致相符。

邓中夏拟定的研究方法为:一是开会讨论。每星期开会一次,每次由一人对该主义或该主义中的一个观念详细述释,然后付之讨论,讨论时推一人任速记员,之后寄交月刊发表。二是通信讨论。三是公开讲演。从研究方法看,与北京大学社会主义研究会大致相同,但体现出"少中"学术团体这一特点,对于社会主义的广泛而深入的研究是组织该研究会的目标。社会主义研究会先由北京试办,而后向各分会所在地推广。由上可见,邓中夏组织社会主义研究会系由总会委托,以代理执行部主任身份出面组织的,不能完全代表他本人的社会主义水平,也不能说纯粹出于热心宣传马克思主义而组织研究会。社会主义研究会作为问题研究会的一种,是会员个人的学术倾向与学会的学术化倾向及政治问题与主义问题结合的产物,既是学会"预备工夫"的体现,又是学会由学术走向政治、主义等现实问题的表现。这无疑为共产党人宣传社会主义提供了一个有利的机会。

社会主义研究会的研究情况,因未见《少年中国》的记载,也未见邓中夏关于研究会的报告,更无研究报告的相关文字发表,因此可推断社会主义研究会的活

---

① 《学会消息》,《少年中国》第3卷第6期,1922年1月1日。
② 谢觉哉日记编辑组:《谢觉哉日记》,人民出版社,1984,第62页。

动并不多,甚至说根本没有开展活动。[①]或者说因为李大钊、邓中夏、高君宇、黄日葵等人忙于组织社会主义青年团,开展工人运动和各地共产主义运动,从学术上研究社会主义的活动根本就没开展,或者说根本没有在学会开展社会主义研究的必要。这与当时中国先进分子注重社会主义的实用,而轻视理论研究的大势有关。但少年中国学会作为在青年学生及知识界有重大影响的社团,公开打出研究社会主义的旗号,在社会主义运动史上还是有一定影响的。据当时一位《少年中国》的读者来信说,他不知除马克思学说外是否有更宜实行于中国之社会主义?"贵学会现在研究,必须所得以为世倡。弟亦有心着手研究,希望少中能介绍一些简明的经济学或社会主义译本。"[②]在学会内部,对社会主义研究会有明确反应的,当是留法会员。李璜在《社会主义与社会》文中分析说,"少中"会员提议研究社会主义并列出许多社会主义的学说以为研究的标准,提议会员的意思是"就研究的结果,或者是弃众说而独取一说,或者是折中众说而另创一说。就少中会员以往研究的态度及趋势而言,以取后一种说法者为多"。[③]

社会主义研究会对于会员从事各自信仰的社会主义研究与活动,提供了组织与制度上的保证,明显比此前对各种主义所取的自由研究与个人探索,更进了一步。按李璜的如上分析,李大钊、邓中夏、黄日葵、恽代英、张闻天等显然已选择了马克思社会主义学说,而且已运用于改造中国与世界的实践中。而郑伯奇、周太玄、王光祈等则是"折中众说而另创一说"的代表者。后者成为会员中的主流,又可分出许多支流。如郑伯奇主张无政府式的社会主义,便是向无政府主义的过渡物,它具有中国的特色;李璜则持一种民主主义式的社会主义,王光祈则主张傅立叶式的农业社会主义;等等。

社会主义研究会也有利于会员社会主义研究方法的多样化。会员一部分从事学理的研究,一部分则运用于中国社会主义运动实践。前者如李璜所言,

---

① 据恽代英1921年11月致杨效春及致杨钟健信,在武昌期间他没有接到一纸关于各科研究会的报告,在川南师范也没有接阅,析其原因,"以前是在假期之中,会员分散迁徙,研究会不易进行,亦不为怪"。在川南则因兵事与交通关系,函札往来迟滞,故函执行部及左舜生辞研究会促成员之职,又致杨钟健及其他评议员商议荐举陈启天以代。(见《恽代英文集》,人民出版社,1984,第318、321页。)但陈启天在回忆中亦未提及此事,大致推断研究会活动基本上没有开展。

② 李璜:《社会主义与个人》,《少年中国》第4卷第1期,1923年3月。

③ 李璜:《社会主义与社会》,《少年中国》第3卷第10期,1922年5月1日。

"社会主义在现今已经很有了研究的价值,况且我们要从许多社会主义学说中间另创一个新说为中国最近的将来的改革方针,当然更是非常重要。因此觉得万不可辜负了这一番的研究,并且觉得如要不空负这个研究的虚名儿,我们该当注意一个要点:就是不可堕入经院派(Scolastique)的议论程式里面去无味的在字眼上生些辩论,成为近今学术界所诟病的舌辩主义(Verbalisme)",而应当从实际下手,研究社会主义的实际。[1]后者则是李大钊、邓中夏等人忙于开展社会主义运动,自然难以同时顾及学会的社会主义理论的深入研究,引而申之。

作为一个学术团体,无论是为了解决会员的主义之争还是便于会员学理研究,公开组织一个社会主义研究会,应当说是极有意义的。虽说是临时性的研究会,但是针对学会社会主义研究而来,它大致反映了北京会员研究社会主义乃至确定其为学会共同主义的要求,也推动了学会内尤其是早期共产党人研究和实践社会主义的热情,使之趋向社会主义尤其是马克思主义奠定了一个法理基础。可以说,社会主义研究会是会员个人与学会的学术化倾向,同政治问题、主义问题结合的产物,使原本向学术走向的学会又拉回到主义、活动等现实问题中。

二、开展学术研究的形式

学会开展学术研究的形式,主要有会员学术谈话、邀请名人讲演、社会调查研究等,由总会或分会甚至科会、研究会组织进行。

1.组织学术谈话会

学术谈话会为学会会务的重要内容之一。如果说科会为深化研究专门知识而设,那么学术谈话会是以交换知识、扩充常识为主的。根据《少年中国学会规约》第二十三条的规定:凡一地方有会员三人以上者,即应组织学术谈话会交换智识。1919年10月9日,北京总会开会讨论组织学术谈话会的问题。1920年4月10日,北京总会议决组织学术谈话会办法:开会方法合并于常会办理;会议事项除常会应议之会务外,应特别注重:德行之砥砺;学术之研究;社会问题

---

[1] 李璜:《社会主义与社会》,《少年中国》第3卷第10期,1922年5月1日。

之讨论,由会员就自己愿讲述者,或自己愿听取者,提出问题。①而最早开展学术谈话会的是南京分会会员。1919年11月1日,南京分会成立大会上讨论了每次学术谈话会的轮值人数、次序及开会时间,议决第一次学术谈话会轮值人、日期、地点及谈话方法。

1920年5月22日,北京总会常会讨论实行学术谈话会办法。决定每个会员自认学术研究书籍,然后在学术谈话会上作出报告,其中李大钊报名研究"政治与群众道德"。②据学术谈话会组织者解释说:"本会规约本有组织学术谈话会之规定,上海、南京两处都组织过,成绩也很好。北京方面自从四月亦感着召组织的必要,曾经决议着手组织。不过后来因种种原因,迁延复迁延,总未见诸事实。近来同人都因德行的缺恨,智识的饥慌[荒],更觉得非旧事重提,从新组织不可。"于是在11月28日北京会员召开第一次学术谈话会,李大钊讲演《自然与人生》,邓中夏提出讨论《罗素、勃拉克与中国婚姻问题》。③同年10月17日,巴黎会员举行星期谈话会(学术谈话会),由胡助谈"理化学之革命"。按照计划,巴黎会员连续举行七次谈话会。可以说,这一时期总会或各分会的学术谈话会开展得有声有色,成为会务发展的重要表现。

随着1921年南京年会及以后学会内部主义与活动之争发生,会务逐渐消沉,学术谈话会几乎停滞。1924年10月10日,南京总会执行部第一次会议讨论举行讨论会或讲演会的提案,其目的是从事社会活动,使学会对社会有更大贡献,宣传学会精神,吸收同志,砥砺学术。议决每月举行一次,地点和讲演者由执行部正副主任临时商议,当年讲演及讨论的范围为:"国家主义的研究",如中国历史上的国家观、国家主义与社会改造、国家主义与国际主义、国家主义与教育、国家主义与文学思潮等。④随后留法归国的国家主义派会员李璜、曾琦在南京总会作了国家主义的系列讲演,学术讲演或讨论在学会内一度兴盛起来,容后详述。

总之,无论是总会还是各地分会,多次开展的学术谈话会,在当时影响很大。

---

① 《少年中国学会消息》,《少年中国》第1卷第11期,1920年5月15日。
② 《少年中国学会消息》,《少年中国》第1卷第12期,1920年6月15日。
③ 《北京方面的报告》,《少年中国》第2卷第7期,1921年1月15日。
④ 少年中国学会编:《会务报告》第1期,第23页。

2.举办名人讲演会

根据《少年中国学会规约》第二十条,举行讲演为学会重要会务。学会按期由执行部推荐会员或延聘名人讲演,以益学识。学会筹备期间延请名人进行有系统的讲演以求取得学术或事业上的指导,先后请陈独秀、章太炎、梁漱溟、胡适作专题性撰述以代讲演。学会正式成立后,一如既往地延请名人讲演。1919年12月16日,由王光祈等出面邀请蔡元培作了《工学互助团的大希望》的讲演,是为"少中"正式成立后组织的第一次名人讲演。①1920年4月21日李石曾应邀在北京大学法科大学讲堂作了题为《中国少年与社会之新潮流》的讲演。②

关于宗教问题的讲演,是少年中国学会举办的颇有影响的专题讲演活动。自学会确定开展宗教问题讨论后,总会及分会均筹备名人讲演会。北京方面拟开四次讲演大会,请周作人、王星拱、屠孝实、梁漱溟、李石曾、罗素和杜威七人作宗教讲演。南京方面亦准备请陆志韦、刘伯明讲演。后来情况有所变化,讲演计划作了部分调整。北京总会举行了如下三次宗教问题讲演:第一次请周作人、王星拱讲演,第二次是梁漱溟讲演,第三次是屠孝实、李石曾。据组织者称,学会原拟请罗素先生,因为北大哲学研究社同样有研究这个问题的兴趣,已先约了罗素先生讲演,所以学会就不再请,但很注意他对宗教问题的态度。③出于关心罗素对宗教问题的态度以及希望求得罗素的学术指导,罗素在北大哲学研究社的讲演内容,在《少年中国》"宗教问题号"即第二卷八期以《罗素先生的讲演》为题发表,也可以视为"少中"的讲演之一。南京分会于1月底请了陆志韦讲演宗教问题,刘伯明的讲演也按计划举行。此外,北京总会曾有请杜威先生讲演的计划,但他不喜欢谈宗教,因此未能在"少中"作宗教讲演,④而与南京会员举行茶话会。

可见,少年中国学会把邀请名人讲演宗教问题作为向会员提供材料以供讨论的重要方法之一,而且是本着科学研究的精神,无论反对与肯定态度都视为学理上的研究,这种至诚的态度,体现出青年团体求知求真理的勇气,本科学精

---

① 少年中国学会编:《少年中国学会周年纪念册》,1920,第11—12页。
②《讲演会纪事》,《少年中国》第1卷第11期,1920年5月15日。
③ 苏甲荣:编者按,见《宗教问题号(上)》,《少年中国》第2卷第8期,1921年2月15日。
④《北京总会的报告》,《少年中国》第2卷第8期,1921年2月15日。

神研究社会问题的态度。

3.开展社会调查

社会调查是学会的主要活动之一,也是创造"少年中国"进而改造世界的"预备工夫"之一。王光祈在《"少年中国"之创造》一文中提出,我们"少年中国"的少年,应该要了解社会的生活。"社会的生活,简单说起来,就是共同(的)生活、互助的生活。我们人类同居地球上面,凡愈进化的民族,他们的生活内容愈扩大、愈丰富、愈优美。这种丰富优美的生活,是要大家共同协力,才能够创造出来,不是一个人或几个人或一个家庭单独行动所能获得的。所以我们个人对于社会,就有了一定的地位,一定的关系,一定的责任。"[1]社会调查是会员了解社会,进而改造中国与世界的重要途径。

关于社会调查的方法,王光祈在1920年4月致会员同志的信中提出:欲实现吾会精神,不可不组织国内旅行团和国外旅行团二种团体。"吾辈固日日倡言改造社会、改造家庭、改造个人生活、从事社会事业。然各地社会之组织如何?家庭之实况如何?个人生活宜从何处改起?社会事业宜从何种做起?若非有详明确切之调查,而乃轻言改造,岂非大语欺人乎?现今各种主义学说虽皆可以供吾人改革之参考,然欲实地改革则非熟习各地实在情形不可。若不知社会实际状况,……而欲贸然实行其主张,安能望其有成?"根据他的设想,国内旅行团的任务有三:(1)调查各地社会状况、家庭组织等等,以为改造社会、改造家庭之预备。调查所得,即开科会讨论,决定学会对于某种问题之意见。(2)采集标本,征求图籍,为学术上之贡献。(3)到各地学校演说,宣传学会之精神,并调查各分会进行状况。每年旅行一次或二次,由本会会员组成数团,每团数人。他强调,"此事于个人学问、社会事业,皆有极大益处。想吾会会员素以精研学术、改革社会为己任,必不惜此区区旅费及时间。否则坐而论道,闭户造车,所谓改造社会、精求学问,皆虚言耳。"在王光祈的计划中,国外旅行团的任务亦为采集各地标本图籍,调查各国社会状况。每一年或二年举行一次,唯需费较巨。解决办法如下:"弟拟与欧美、日本、南洋各处会员商量,凡吾会会员赴国外旅行,所有食宿费,皆由侨居该地之各会员担任,并尽指导之责,其日期以十日至一月

---

[1] 王光祈:《"少年中国"之创造》,《少年中国》第1卷第2期,1919年8月15日。

为限。现在世界上各名都大埠,多有本会会员之足迹,此举亦不甚难,故各会员欲旅行世界者仅筹路费千元,便足敷用(平常周游世界者需费五六千元)。此时暂由会员自备,将来会款充裕,可全由会中津贴。凡非会员欲周游世界者,若得本会之介绍函,各地会员亦可尽招待指导之责,唯不担任食宿经费。"并且指出:"吾会会员有留心教育事业者,则赴各国学校参考教育状况,有研究自然科学者,则赴各国采集标本。此外如研究社会学、哲学、经济学等等,皆可赴各国调查一切,以证所学。此事若行,于世界学术上及吾国之改造事业上,必有极大惊人之贡献,可断言也。"① 王光祈实际上提出了会员开展社会调查的具体而详细的方法。恽代英很赞成王光祈的国外和国内旅行团的办法,进而提出:"这亦最好有个共同居住的会所,或共同经营的学校或商店,为旅行者寄居之地。为大家的便利,我想与其要酒食酬应,徒长奢靡之风;还不如各就地方情形,规定一定火[伙]食费用,由旅行者自己担任。我想最重要的还是每两个以上会员会晤的时候,要多有时间自由谈话,最好有一两天家常生活的相处,这样便略可以看出彼此的真人格、真性情,以便于将来彼此的互助。"② 可见,会员在开展社会调查方面的共识,就是借社会调查实现学会的精神。

《少年世界》揭橥"作社会的实际调查,谋世界的根本改造"的旗帜,在发刊词中宣称要"详细记载由现代思潮演成的事实,给中国人一种更深的刺激",为此提出两点希望:"一、这种调查事业不是少数人一两个学会办得了的。我们出了这本月刊,同时希望有多数同性质的杂志发生,以便互相参证。二、我们没有统计调查的素养。在这头几次出版的时候,我们自己都是不满意的。但是希望一期比一期的精密,并且极欢迎各处同志的投稿"③。可见,《少年世界》希望成为会员开展社会调查进而研究讨论的阵地。

因此,会员积极开展各种专题社会调查,大多刊于《少年世界》。该月刊专辟"学术世界""劳动世界""学生世界""妇女世界""华侨消息""民族自治运动""学校调查""工厂调查""农村生活""出版界""小工艺""读书录""专论""通信""杂录""地方调查""社会批评""教育世界""儿童世界""森林调查""会务消息""家庭生

---

① 王光祈致少年中国学会诸同志,《少年中国》第2卷第1期,1920年7月15日。
② 恽代英:《少年中国学会的问题》,《少年中国》第2卷第7期,1921年1月15日。
③ 本社同人:《为什么发行这本月刊?》,《少年世界》第1卷第1期,1920年1月。

活""游记""世界之世界"等栏目。月刊编辑部还明确规定:"以上各栏每期至少有五门以上。如临时发生重要事务,为上列各栏所不能包括者,自当另开一栏。"①因此,《少年世界》是以会员为主开展社会活动的记载,是学会社会调查事业的尝试,也是改造中国与世界的参考资料。

从《少年世界》的内容来看,"学术世界"专载世界学术界消息,刊有杨贤江的《美国学术界现在的趋势》和《中国现有的学术团体》等文章;"劳动世界"专载世界劳动界消息及华工近况,有黄日葵的《最近英美的劳动运动》、蔡和森的《法国最近的劳动运动》等;"学生世界"专载国内外学生活动消息,如周炳琳的《五四以后的北京学生》、一民的《天津学生最近之大活动》、易家钺的《日本学生界的黎明运动》等;"妇女世界"专载国内外妇女活动消息,诸如赵叔愚的《日本实业的女劳动者之生活状况》、田汉的《吃了"智果"以后的话》、恽代英的《妇女之弱》等文章;"华侨消息"专载海外华侨近况,有郑忠富的《南洋庇能岛调查记》、汤腾汉的《五四以来的南洋华侨》等文章;"民族自治运动"专载世界各民族自治运动的消息,如方珣的《一九一九年之俄罗斯》、赵叔愚的《新俄罗斯建设之初步》等文章;"学校调查"专载国内外学校内容的详细调查,诸如徐彦之的《北京大学》、沈泽民的《河海工程专门学校》等文章;"工厂调查"专载国内外工厂内容的调查,有梁空的《武汉的工厂调查》、李劼人的《法国Groupement工厂写真》等文章;"农村生活"专载国内外农村生活状况,如余家菊的《农村生活彻底的观察》、唐启宇的《新时代之农人》等文章;"出版界"专介绍或批评国内外新的出版物,诸如杨贤江《出版界》等文章;"小工艺"专载各种小工艺制造的方法,有官述康《资中内江富顺简阳资阳的糖业生活》等文章;"读书录"专载读书心得,有谢承训《洛士的群众心理》、李儒勉《一九一九年旅欧观察之一瞥》等文章;"专论"专载应用科学的文章,如沈怡《铁筋土与近代建筑世界》、范静安《利用光线之电话》等文章;"通信"专载各种通信,如郑伯奇《与S君论日本学术界底现状》等文章;"杂录"专载随时杂感,诸如黄仲苏《海行五日记》、恽震《汉游杂志》等文章。此外,"地方调查"专载各省各县的各种调查,诸如杨钟健的《陕西》、闵叔敬的《南通》等文章;"社会批评"有李贵诚的《中等社会的联合问题》等文章;"教育世界"专

---

①《少年中国学会消息》,《少年中国》第1卷第6期,1919年12月15日。

载世界各国教育实际方面的计划、事业以及活动情形等,如杨贤江的《美国教育救急委员会的全国教育进行计划》、倪文宙的《波希微党之教育计划》等文章;"儿童世界"讨论儿童的教育、待遇、工作时间及社会服务问题,诸如杨贤江的《儿童年》、李儒勉的《儿童用书研究会》等文章;"森林调查"引起人们对森林事业的注意,有林刚的《老山造林场》等文章;"会务消息"载有《南京分会会员与杜威教授之谈话》等文章;"家庭生活"有陈启天的《一个模范家庭——小桃源》等文章。从这些栏目和标志性文章可以看出,《少年世界》的内容是相当丰富的,而且都是关于社会调查的。这些内容既是《少年世界》月刊的主要特色,也体现了学会创造"少年中国"与"少年世界"的"预备工夫"。

少年中国学会开展社会调查的目的非常明确。《少年世界》宣布该刊物记载当时思潮演成的事实以给国人谋求改造中国,为此收集调查许多具体的资料,提出解决社会问题的办法。如"劳动世界"一栏中提出了当时国际劳动运动的发展趋势,还提出了解决劳动问题的方法,"妇女世界"中提出了解决妇女问题的方法,等等。尤其是关于华工生活、华侨生活的调查,《少年世界》一方面指出了华工在法国的地位和生活状况,指出华工在法国受到歧视,经常被称为"中国猪""狗朋友"或"肮脏的东西",由此表明了华工的地位与国家的昌盛、民族的强弱状况是休戚相关的。华工在法国的实际生活,在游乐方面不是赌博、斗殴,就是吸食鸦片和嫖妓,而且华工的性情与法国工人的性情相距甚大,这就为留法勤工俭学生进行华工教育、改造华工和社会提出了努力方向。另一方面,《少年世界》具体介绍了南洋华侨的生活,涵括了南洋华侨的事业、教育、思想、爱国运动、妇女情况和当地殖民者对华侨的压迫状况。如"华侨之生于七州府者,不但不知中国文字,并不谙本国之语言风俗,全操马来语"[①],凸显了华侨教育对本国文字与语言教育的不足,由此为华侨教育指出了明确的方向。以妇女问题的调查为例,仅妇女号两期就发表了37篇文章,调查内容涉及妇女的生活状况、婚姻与家庭问题和妇女运动等方面。关于妇女解放的观点可以分为两方面,一方面通过探讨妇女的人格、教育、婚姻、家庭、经济独立及妇女运动等问题,提出了从人格、教育、家庭、经济独立等方面来解决妇女问题,指出了妇女在高等教育

---

① 郑忠富:《南洋七州府调查记》,《少年世界》第1卷第12期,1920年12月。

上应该与男子享有同等的教育权利,否定了妇女智慧比男子低劣的荒谬论点,剖析了家庭对妇女的束缚等。另一方面有作者指出上述的妇女问题及解决方法只能属于中产阶级的妇女,于劳动阶级的妇女没有关系。由此提出了"第四阶级运动",并认为用社会主义制度去解决妇女问题,才是根本解决之法。

少年中国学会注重社会调查活动,创办《少年世界》就是为了刊布会员关于调查研究和应用科学的文字,为创造"少年中国"和"少年世界"提供参考资料。因此,1920年3月1日,学会评议部致各会员书,明确提出,在国外的会员随时将各国学术界的消息以及从事新运动的团体的活动报告评议部,如在欧洲的会员"应常与在法华工联络,谋其知识上及生活上之改良,并随时以其成绩报告评议部",欧洲方面学术界的新消息(如新出版物新发明新学术团体之组织等等),宜以极迅速之方法报告评议部,在学会月刊发表。在日本会员"应注意日本各种从事新运动之团体,并随时报告近况。关于日本方面学术界新消息之报告,责任与欧会员同",在南洋的会员"应设法谋华侨上知识上生活上之改进",在美会员"应随时将美洲方面学术界新消息,报告评议部"。[①]因此,《少年世界》的文字内容与社会生活联系密切,提供了许多具体的调查资料,助益会员和读者了解社会实际情形,思考社会问题,提出社会改造的方略。

4.研究农村改造运动

发展实业是学会的主要社会活动和事业之一。王光祈对于实业的意见是,主张于工业、商业、农业三者之中,应侧重农业。他的解释是:发展实业,诚为改良民族物质生活最要之图,但是发展不得其道,亦将贻害民族。现在关于在中国发展产业的两种说法:一种是用资本主义,一种是用社会主义。主张用资本主义的,不惜勾结外国资本家,以吮吸中国劳动阶级的膏血;主张用社会主义的,又只偏重厂工路工,对于占有全国多数人口的农民反不甚措意。因此,少年中国学会会员对于发展实业一事,尤侧重农业。因为中国是农业国,无论为世界分工计,还是为国家发达计,皆非大规模从事农业发展运动不可。"我以为现在世界上虽是工商国家大出风头的时代,而最后胜利则仍属之于农业国家。所以我常常提倡'农村改造'完成一种'基于农业的社会主义',无论在人类生计方

[①]《少年中国学会消息》,《少年中国》第1卷第10期,1920年4月15日。

面、道德方面、身体方面,皆有重要关系。""总之,发展农业,改造农村,诱导农人,是我们学会对于'民族生活改造运动'的一个下手之处。"①

学会"既认定'少年中国'底基础在乡村"②,因此积极提倡新农村运动,把农民阶级改造运动列为他们的特殊工作之一。其理论预设是,只有健全的"人"才能运用主义。少年中国学会宣称从精神与物质两方面从事改造农民生活的"预备工夫"。具体的方法便是从事农民教育,组织理想经济的模范村。王光祈在1922年8月1日参加国际青年团会议时散发《少年中国学会传单》,其中说道:"因为我们欲改造农民思想,所以我们一部分会员从事农民教育。"③可见,少年中国学会以农村为"少年中国"的基础,注重农村改造,而且以乡村教育作为开展社会活动的重要内容,坚信"中国在五年或十年内,将有一种绝大的运动要起来,便是乡村运动"④。

农业社会主义是少年中国学会改造农村的主要目标。王光祈提出,"我们改造中国第一步便应该就农民身上着想。若要实行社会主义,亦是一种筑基于农业的社会主义"。"我们现在应该把一切事业皆植基础于农村之上,成为世界上一个最新式的组织;而且将物质文明与精神文化皆建筑在一个基础之上。朋友们!这便是我们未来的'工读互助社会'。"⑤王光祈虽知有外国资本主义侵入,中国不能专以农业立国,却又主张"农业则求其尽量发展,增加输出;工业则但求自给,借塞漏卮",最后胜利仍属于农业国家,是基于农业的社会主义。⑥郑伯奇进一步提出,中国本是农业国,农业发达的历史悠久,将来社会主义对于农业能否机械化,实是决定中国社会主义性质的分歧点。所以中国将来的社会主义至少具有农业机械化的特色。⑦无论是农业社会主义还是以农业机械化为特色的社会主义,都表明学会改造中国农村乃至中国的社会理想。

---

① 王光祈:《少年中国运动序言》,载王光祈著《少年中国运动》,中华书局,1924,第22—23页。
② 余家菊:《乡村教育的实际问题》,《少年中国》第3卷第6期,1922年1月1日。
③ 王光祈:《我们的工作》,《少年中国》第4卷第1期,1923年3月。
④ "舜生附志",载余家菊《乡村教育的实际问题》,《少年中国》第3卷第6期,1922年1月1日。
⑤ 王光祈:《读了社会主义者傅立叶学说的感想》,载王光祈著《王光祈旅德存稿》,中华书局,1936,第574—576页。
⑥ 王光祈:《我们应该怎样运动》,《少年中国》第4卷第5期,1923年7月。代英:《评王光祈著〈少年中国运动〉》,《中国青年》第53期,1924年11月15日。
⑦《郑伯奇等的提案》,《少年中国》第3卷第11期,1922年6月1日。

进而言之,新农业是少年中国学会新农村运动的重要内容。会员唐启宇长期研究新农业问题,在《少年世界》发表了关于"新农村问题"的系列论文。其思想可归纳为:一是提出要创造"中国的新农业"。中国新农业的创造,就要求有新时代的农人的性质。新时代的农人第一要具自然的乐趣,第二要有经营的能力,第三要有科学的知识,第四要做精细的劳农,第五要有农事的经验,第六要男女互助。"我觉得我们要改造农村生活,必先改造我们个人生活;要解决农村问题,必先解决我们自身的问题。悬一个标准,凭着坚固的信心与意志,一步一步的做去,都可以达到我们所理想的新农业。等我们中国的新农业实现,于世界农业的状况贡献正多呢。"①二是提出青年男女农业竞进团的计划。青年男女农业竞进团是铲除守旧劣根性唯一的利器,是创造簇新优美性唯一的结晶体。其优点是助青年男女以从事农业为毕生事业,得十分有价值之知识及训练,养成忠实的精神,实地改良农业使之增加效率,节省或利用废物与剩余之农产物,获精神上的愉快,利用宝贵的光阴,发展经济能力、求高深学问的欲望,等等。②三是提出改良农村交通,造成一个庄严灿烂的村落文明。其中着重讨论道路的改良与汽车的发达,推广乡间电话制度,设立及改良农村邮便制度,将乡村与城市的消息变得极灵便,使乡村的货物与城市的商场流行极便利。至于改良道路的益处,在经济方面可以减少运费,使旅客愉快,农产物运输极便利,利用农隙的时季,增加货物的流通,使地价增高。在社会方面可以改良学校制度,改良社会情形。在政治军事方面,良好道路使平民政治推行便利,使军事行动异常敏捷。③四是提出关于农业机械的思考。农业机械对于生产和工作的影响表现在:第一,增加生产品;第二,减少生产费;第三,改良生产品的性质;第四,减少农民;第五,妇人从事新工作;第六,增加工值;第七,体力与智力的改变;第八,减少工作时间;第九,增进农人的福利。文章批评了中国农业由人工进入机械的途径很远,农业机械使中国人力失业等等说法,认为机械输入带来的痛苦在所难免,在农业革新时期这点痛苦是可以忍受的。农业机械的输入,一定在我

---

① 唐启宇:《新时代之农人》,《少年世界》第1卷第3期,1920年3月。
② 唐启宇:《青年男女农业竞进团》,《少年世界》第1卷4期,1920年4月。
③ 唐启宇:《农村交通的改良与村落文明》,《少年世界》第1卷第9期,1920年8月。

们中国农业历史上开一个新纪元,在世界生产供给上开一个新局面。①这些关于农村问题的研究,对少年中国学会开展农村运动也有一定的影响。

注重农村改造运动,是与学会向来主张从破坏与建设的训练两个方面从事社会改造分不开的。因为中国知识阶级大多数不习劳动,劳动阶级又无机会受教育,故学会提倡半工半读,使读书者必做工,做工者亦得读书,使知识阶级与劳动阶级打成一片。王光祈认为,在改造中国问题上,最有希望的就是中国劳动家。中国是农业国,劳动者中以农民为最多,亦以农人为最纯洁天真烂漫的农夫,便是热血青年的伴侣。所以少年中国学会会员有一部分职员到农村活动,学会也积极提倡"新农村运动"。②王光祈发起少年中国学会,是以"坚忍,奋斗,实践,俭朴"四大标准创造有力的个人,要集合有为之士组成有力之团体,为革新社会树立风范。他希望"一般青年与一般平民——劳农两界——打成一气",以实现其"少年中国主义"③。

因此,少年中国学会积极从事农民阶级改造运动,着力于改造农民生产、农民生活和农民生计,开展建设新农村运动。王光祈非常推崇傅立叶的理想组织,注重农村运动,提出以农立国的农业社会主义。④在倾向共产主义的恽代英看来,王光祈改造农民生计的许多内容都是革命以后的事,他虽然主张青年去接近农民,但不注意引起农民改善生活的要求而使之进行革命,只说"应该把我们所知道的传授一点,与我们未有机会得受教育的劳动同胞",这是没有什么意义的。恽代英进一步提出,"我们要到劳苦的农人工人里面去,指出他们的痛苦,剖示他们痛苦的根原[源],告诉他们可以有的救济方法,将一国与一地方的财政经济情形给他看,使他知道若能打倒帝国主义,不付赔款外债,打倒军阀,不出资养兵,且没收军阀的财产,打倒贪官劣绅,不许他们中饱浮费各种公款,那便一切救济的方法都是可以做得到的事。我们用此引起他们为要求生活改善而革命,为革命而与我们一致的宣传,而且将民众联络组织起来。所以我们教育农工,与农工接近,丝毫不想组织新村,只是想使他们明了只有革命是救济

---

① 唐启宇:《农业机械对于生产及工作之影响》,《少年世界》第1卷第12期,1920年12月。
② 王光祈:《少年中国学会之精神及其进行计划》,《少年中国》第1卷第6期,1919年12月15日。
③ 王光祈:《"少年中国"之创造》,《少年中国》第1卷第2期,1919年8月15日。
④ 王光祈:《傅立叶的理想组织》,《少年中国》第3卷第9期,1922年4月1日。

他们自己的唯一法子"①。这是共产主义派会员对于王光祈农村改造计划的批判,显示了学会内部关于农村改造方法的分歧。

从上可见,少年中国学会是一个学术研究团体,研究学术既是会员个人发展的需要,也是以社会活动创造"少年中国"的预备。恽代英在《怎样创造少年中国?》中指出:对于创造"少年中国"的手段,会员各有所见,或者主张切实从根本做起,所以注意教育活动、实业活动;或者主张要应激进一点,要从大一点地方着手,所以注意救国活动、国际活动;或者主张更要猛烈一点,所以注意革命运动。不过,应该"最近期间努力于自身的改造,教育的改造,以这求平民真正的觉悟,雄厚的实力,以为各方面取用各种手段的预备"②。因此,学会中出现了研究学术与从事社会事业两种路径。留欧会员周太玄、魏时珍、宗白华、王光祈等联名提出整顿会务的意见:首先调查各会员欲终身从事的学术与事业,以使团体与会员及会员之间的互助,尤其是学术或事业相同的会员便于切实讨论,也便于确定学会将来事业进行之途径。"吾会宗旨学术与事业并重,然此二事往往一人不能同时兼顾,故常有偏重学术或偏重事业之现象,弟等以为会务亟宜培养学者,凡会员愿意深造学术者,吾辈不宜多以会务扰之,但求其努力造学而已。"③就是着眼于培养少年中国的学者和造就学术事业。学术研究是开展社会事业的基础,同时也是造就专门学者的前提。事实上,学会发行《少年中国》《少年世界》两种月刊,而且出版"少年中国学会丛书""少年中国学会小丛书"等,在学术界造成了一定的影响。而且通过组织科会和研究会开展学术研究,从而造就了一批有学术造诣和影响的学问家、理论家、政治家,在创造"少年中国"方面做出了重要贡献。

---

① 代英:《评王光祈著〈少年中国运动〉》,《中国青年》第53期,1924年11月15日。
② 恽代英:《怎样创造少年中国?》(上),《少年中国》第2卷第1期,1920年7月15日。
③ 周太玄魏时珍宗白华王光祈致本会同志诸兄,《少年中国》第2卷第4期,1920年10月15日。

第二节　新闻出版活动

按照王光祈的设想,"少年中国"之创造,主要是革新思想和改造生活。而革新思想包括教育事业、出版事业和新闻事业三种。其中出版事业则创作与翻译并重,新闻事业则拟在各国筹办通讯社,一面将欧美政治社会情况介绍给国内,一面将国内青年活动状况译介到海外,造成一种青年的国际运动。[①]也就是说,新闻出版事业是在"少年中国"的创造中起着革新思想的作用。同时,新闻出版活动是学会会务的内容,也是宣传学会精神的手段,更是以社会事业创造"少年中国"的现实需求。

一、开创新闻事业

会员大多从事或计划从事新闻事业或活动。如王光祈所指出:"敝会同人大都从事教育实业,新闻事业又为广义的教育,故敝会同人兼营新闻事业者占全数十分之五六。"[②]左舜生在1920年6月统计:时有会员73人中学文科的占45人,其中热心教育的又占大多数。其余文科中的一部分学政治经济的(共13人),又大多热心新闻事业,并且对于新闻事业有素养的也很多。因此新闻事业是会员最早从事的工作,准备从事新闻事业的也不在少数,这也是学会开创新闻事业的基础。

创办或编辑报纸杂志是学会新闻事业的重要表现。学会发起人中除雷眉生从业资格较浅以外,其余六人都是一流的报人[③]。王光祈从事报馆生涯,实以供职于曾琦所主办的重庆《民国日报》为始。其后在北京兼任成都《群报》驻京

[①] 王光祈:《"少年中国"之创造》,《少年中国》第1卷第2期,1919年8月15日。
[②]《会务纪闻》,《少年中国》第1卷第1期,1919年7月15日。
[③] 以曾琦为例,他自己历数1910—1924年间从事办报之经过,创办之报有重庆《民国日报》、重庆《群报》、上海《救国日报》;就聘之报有成都《四川公报》、成都《西方日报》、上海《新闻报》;投稿之报有《成都商报》、《成都商会公报》、《两顾报》、《成都群报》。投稿之杂志有《少年中国》《东方杂志》《妇女杂志》《航空杂志》《孤军杂志》、巴黎《旅欧周刊》、上海《民心周报》、巴黎《先声报》等。沈云龙主编:《曾慕韩(琦)先生日记选》,(台北)文海出版社影印,1966,第97—98页。

通信之事。在短时期内并与同学周太玄为北京《京华日报》之编辑员。其后主持少年中国学会会务时,刊行《少年中国》《少年世界》两种月刊,对于编辑事务之训练,更属得益不少。1920年赴德国留学,受上海《申报》《时事新报》和北京《晨报》等之约,担任驻德特约通讯员之职。据王光祈分析,周太玄、李璜、李劼人、何鲁之等人在巴黎组织通讯社,为供给国内各报海外消息之机关。此外,尚有同志多人在英、美、日本等处分任国内各报之特约通讯员。故当时各报之海外通信员,多系少年中国学会会员。①此外,许多会员积极创办或编辑报纸杂志。张梦九、曾琦等人1918年在上海创办《救国日报》;梁绍文1921年1月在武汉创办《武汉星期评论》,陈愚生、刘泗英1921年2月在四川创办《新蜀报》,在重庆组织一个渝社,出版提倡自治的《渝社旬刊》。②王光祈、康白情等人在1921年1月发起的《新四川》杂志社,"集合同志,砥砺学行,对于四川青年,谋文化上的交通,以创造新四川,使其适应为新世界的一部份[分],发起《新四川》杂志社,并作其他种种的文化运动"。③可以说,会员从事新闻活动者比比皆是,而且渐有成效,因此新闻事业成为学会的重要事业。

通讯社也是学会举办的重要新闻事业之一。1918年3月,曾琦、张梦九等在日本创办华瀛通讯社,是会员创办的第一个通讯社。曾琦有慨于日本通讯社之操纵东亚舆论,影响中国国际地位,与易君左、张梦九等人于东京发起华瀛通讯社。3月27日,华瀛通讯社在日本东京召开成立大会,选举唐林、丘仰飞、庄善昶为理事;唐林、雷眉生、张梦九分别担任经济、外交、政治方面的通信,供国内报纸采用,每月发稿8次,旨在揭发日本的阴谋,抵制其传播不利于中国的舆论。④随着曾琦等人回国,该社不久停止活动。学会成立以后非常重视通讯社事业,提出了开办国内外通讯社的庞大计划。1919年10月9日,北京总会开会讨论筹办通讯社问题。学会负责人王光祈要求学会在各国办通讯社,既可以扩大"少年中国"的影响,引起各国同情;又可以将欧美的政治社会状况输入国

---

① 王光祈:《自序》,载王光祈著《王光祈旅德存稿》,中华书局,1936,第2页。
② 参阅秦贤次《少年中国学会始末》,(台北)《传记文学》第35卷第1期,1979年7月,第21页。
③ 韩立文、毕兴主编《王光祈年谱》,人民音乐出版社,1987,第39页。
④ 1918年3月27日成立华瀛通讯社大会,讨论章程,选举理事。曾琦报告筹备经过情形及应讨论之要件。沈云龙编:《曾慕韩(琦)先生日记选》,(台北)文海出版社影印,1966,第15页。

内。①他分析指出:"因为现在欧美人士对于中国情形颇多隔阂之处,国内报馆虽多,然操纵新闻之权,仍握诸外人所办之通讯社,危险实甚。"因此,法国方面周太玄、李璜创办巴黎通讯社。东京方面曾琦、易家钺创办有华瀛通讯社,因为拒约归国运动遂致停顿。南洋方面、美国方面亦有筹办通讯社的计划。②留日会员刘泗英等人1919年冬在日本创办东京通讯社。

学会有在美国筹设"纽约通讯社"的计划,但未能实现。王光祈1920年出国拟赴美洲留学,目的之一是筹办华盛顿通讯社。他说:"兄弟常常接着欧美友人来信,都说欧美人士对于中国情形极为隔阂,他们误认中国政治舞台上一般卑鄙龌龊的大人先生,是我们中华民族的优秀分子。一般优秀分子尚且如是,卑鄙龌龊,其余一般平民更不问可知了。自从五四运动以来,他们的观念稍稍有点变迁,但是还不彻底了解。华盛顿通讯社的第一个任务,便是将中国一切有价值的运动及中华民族青年的精神要表现出来,译成外国文字,在美国发表,为一种青年的国际运动。吾国人士对于世界大势向不过问,关于西洋社会组织,一切文化运动,尤不注意。"所以该通讯社的第二个任务便是要把世界大势、西洋社会状况输入国内,以备参考。王光祈还设想,此行争取为巴黎通讯社、东京通讯社、伦敦通讯社、华盛顿通讯社筹措一点拍电费。③因为会员太少,也因为王光祈赴美计划中途变更,在美国设立通讯社的构想未能实现。

1919年10月,徐彦之在济南创办齐鲁通讯社,一面向外通信,一面代派书报,向内输入。④该通讯社主要报道国内外时事新闻,还附设一个卖书部,专以贩卖各项杂志及新出版物。通讯社虽以人的问题未能十分发达,卖书部却是一月比一月有进步。头一个月仅卖五六十元的书,到最近每天平均总可卖十块钱。卖书部创设的本意,固非以营利为目的,但营业扩充,即是证明山东学界想着研究新文化的也很有进步。创社的会员都非常喜欢,愿意增加资本,设法扩充,租赁大布政司街路东铺房为营业地点。⑤后来成立齐鲁书社。齐鲁通讯社一方面作通信事业,传达到外边去,一方面代派各处新出版物,为介绍思潮改良

---

① 王光祈:《自序》,载王光祈著《王光祈旅德存稿》,中华书局,1936,第1页。
②《会务纪闻》,《少年中国》第1卷第1期,1919年7月15日。
③ 王光祈:《留别少年中国学会同人》,《少年中国》第1卷第8期,1920年2月15日。
④ 徐彦之致若愚慕韩,《少年中国》第1卷第2期,1919年8月15日。
⑤《山东新文化与齐鲁书社》,载《晨报》1920年10月7日第3版。

社会的先声。如《新青年》《新潮》《少年中国》《新教育》诸报销数都在百份左右，其他如《解放与改造》《建设》《星期评论》等期刊销数亦都不少。①当齐鲁通讯社销售的新出版物逐渐传播开来时，济南各校校长"更是慌起来了，怕学生中了新文化的毒，于自己饭碗有碍，遂召集了一个会议，商量对待办法"。官方对通讯社所售《建设》《解放与改造》两种杂志明令取缔，②可见齐鲁通讯社在传播新文化方面的影响。

巴黎通讯社是学会办理的最有成效的通讯社，也是中国民间欧美通讯社的开端。当时巴黎方面形势要求紧迫，留法会员增多，所以学会决定把主要力量都投在巴黎通讯社。巴黎通讯社的一切具体办法和准备工作由周太玄在赴法途中就先已好。在赴法途中和到巴黎后，得到了有关方面的赞助③，在3月底便向国内报馆发稿。当时国内报纸关于国际事件的通讯报道完全为英、日、美等国的通讯社所垄断把持，都热烈希望能有自己的通讯社供稿，加之少年中国学会筹备处负责人预先的宣传联络，所以一开始供稿，京沪各大报纸便无不采用。④巴黎通讯社打破了国内媒体的国际新闻由外国通讯社长期垄断的局面。从此，国内各大报刊的主要国际新闻大都采用巴黎通讯社的电信稿，而英国、德国等处由留学生所采写的稿件，也大多先传至巴黎，再由巴黎通讯社的网络传回国内，一时影响很大。通讯社的工作主要由少年中国学会会员进行。原华瀛通讯社的创办人之一的曾琦赴法帮忙周太玄等会友组织巴黎通讯社，"贯彻排日的宗旨"是他赴法的最重要的原因。他说："兄弟向来反对强权，是要贯彻到底的，觉得日本人常在国际间活动，毁坏我国的名誉。如像说中国已经成了俄国过激化，这都是报纸所常载的，于我国在国际间的信用大有关系。所以兄弟也打算赴法后漫漫[慢慢]的把在日本所亲眼看见的日本人反乎协约国的论调，违背正义人道的行为，侵略我国的阴谋，镇压朝鲜的毒计，择要介绍于法国言论界，使欧洲人也明白日本的真象[相]。"⑤宣传排日也成为巴黎通讯社稿件的一项主要内容。左舜生在1920年6月22日给会友的信中提到，已有会务是成立

---

① 徐彦之：《济南两则见闻记（四）》（续），载《晨报》1920年2月1日第6版。
② 《济南特约通信：山东的文化运动》，《晨报》1919年12月28日第3版。
③ 如在香港的吴玉章、在法国的李石曾及与周太玄同船的伍朝枢和郑毓秀都是主要的赞助人。
④ 张允侯等编：《五四时期的社团》（一），生活·读书·新知三联书店，1979，第545—546页。
⑤ 曾琦：《留别少年中国学会同人》，《少年中国》第1卷第3期，1919年9月15日。

巴黎通讯社和筹备中的纽约通讯社。①说明通讯社是学会此期重要的会务而且初见成效。

在现有通讯社的基础上,学会准备组织国际通讯社。据1920年7月出版的《少年中国学会周年纪念册》可知,由巴黎通讯社代表周太玄、纽约通讯社代表黄仲苏、上海经理人左舜生和北京经理人陈愚生共同签署了组织国际通讯社的文件。他们指出国际通讯社为国内青年同志所组织,专从事国际运动。其理由可以概括为:一是开展国民外交的需要。巴黎和会上中国外交失败,一个重要原因是中国国民在国际间向来缺少新闻方面的活动,较之日本明显落后。现在国际联盟会议将召开,中国国民在国际间亟宜有所活动,务使消息灵通,以挽救以往之失败。此外,欧美人士与中国国民之隔阂较深,务使其相互了解,常通正确之消息。总之,世界大势既趋重国民外交,中国国民亟宜以真正之民意宣传国外,万不可依赖政府。二是进行学术文化交流的需要。这是因为,关于世界学术界消息传播极其迟缓,为中国教育界之最大损失,亟宜设法使之迅速。三是海外华侨及留学生对于祖国之消息极不易得,国内对于侨胞亦复漠不关心,亟宜设法使其消息灵通。四是新闻事业发展的需要。中国在国际间向无自办之通讯社,一切新闻传播完全假手外人,实属异常危险,亟宜自设法以图补救。五是在国外既有通讯社之机关,便可借此与外国各种团体联络,以为改造世界之第一步。他们设想组织国际通讯社的具体办法:先设巴黎、上海、纽约三处通讯社,以传达欧美之消息。巴黎通讯社已成立一年,纽约通讯社拟于1920年8月创设,上海通讯社与纽约通讯社同时设立。东京、伦敦两处通讯社亦将筹备妥当,不日便可成立。其余国内国外各大埠暂时遍设通信员。各通讯社所办之事已有详细说明,关于传播消息的方法及订阅价目,也作出详细规定。②

同时,王光祈还提出了组织各国通讯社的计划,以此作为学会的重要活动。他在1921年致少年中国学会诸同志书中提出:"吾辈留学外国者,亦拟速将各国通讯社组成,其办法如左[下]:(一)将外国社会、政治、学术各种消息输入国内,并将中国近来有价值之活动,译成外国文字,在外国报上发表。(二)每月将外国新出版之书报目录报告一次,并代国人采购书籍。(三)凡国内私人或团体,

---

① 少年中国学会编:《少年中国学会周年纪念册》,1920,第63页。
② 少年中国学会编:《少年中国学会周年纪念册》,1920,第72—74页。

欲调查教育实业各种情形者,亦可委托本社(如指定调查某种学校及某种商情之类)。总之,吾会会员须时时不忘本会研究学术、改造社会之宗旨,并时时思下手方法,此则愿与诸兄共勉者也。"①由于会员人手不够,这一庞大计划未能实现。

左舜生在1920年6月22日给会友的信中谈到已有会务的发展情形:"通讯社事狠有发展的希望。现在国内报馆定的虽只是十数家,但国人已渐渐注意世界消息。只要在内容上组织上再进一步,根基即可稳固。我对于组织纽约通讯社诸同志的意见,希望多介绍美国方面教育实业界的新消息,因为这两项国内十分需要。我们要希望各报纸定的多,不能不在这两点上特别注意。巴黎通讯社稿件的内容,我觉得很好。每次能详细介绍旅欧华工和留法俭学的消息,实在有益国人海外发展的事业不小。但有一憾事,就是上海有几家报馆,还比较的欢迎文言。事实上是他们的稿件不能一律改为白话。我觉得要引起国内多数人注意世界大事,还是改为白话的好。这是讲内容。至于讲到组织,将来纽约通讯社成立,或再加上南洋通讯社,在国内实有组织一个机关的必要。第一,可使发稿的时期统一。上海北京天津广州不至有迟早的冲突。第二,由这种机关可产生许多由通讯社兼办的附带事业,如替国人采购新书,或受私人委托,调查某种特别事项,都非国内有个机关接洽不可。第三,关于征收稿费的种种手续,国内有一处机关完全负责,可以按期寄出,不至东一处西一处,弄得零零落落。这种机关的名义,顶好用国际通讯社。巴黎纽约南洋各社仍存本名。"②不过,无论是王光祈的各国通讯社的设想还是左舜生成立国际通讯社的计划,都没有能够付诸实行。

二、开展文化运动

少年中国学会是新文化运动的产物,同时致力于发展文化运动。《少年中国》月刊在宗旨中规定以文化运动创造"少年中国",揭橥学会文化运动的旗帜。

一方面,学会致力于民族文化复兴。王光祈在1924年总结了少年中国学

---

① 王光祈致少年中国学会同志诸兄,《少年中国》第2卷第1期,1920年7月15日。
② 少年中国学会编:《少年中国学会周年纪念册》,1920,第64页。

会在复兴民族文化方面的种种努力,列举了最显著的四件事:

(一)《少年中国》初刊时,魏时珍尝致王光祈函批评当时所谓文化运动,刊于《少年中国》第3期,颇引起一般人士注目。某日不少新文化杂志的主笔健将大会于某大学教授宅中,斥魏时珍为张之洞式的思想(即"中学为体,西学为用"之意)并协谋抵制《少年中国》之法。某教授随后作《随感录》数则,极尽谩骂之能事,将于某杂志发表。其时王光祈在北京主持学会会务,这些杂志的主笔多与他相熟,将此事泄露于他并愿出面调停,还说《少年中国》作为后起之秀就持此种论调,势将不利于新文化运动前途,其弊实较"国故党"尤甚。倘《少年中国》以后少登此种文字,某杂志的《随感录》以及其他攻击文字也不再发表。王光祈闻言大怒,且谢之曰:"某某杂志若有攻击《少年中国》之文字,尽可发表,无须顾虑,惧人攻击者非少年中国学会会员也。"后来所谓《随感录》似未登出,该杂志某某对魏时珍的文字曾有数次笔墨官司而已。由此可见魏时珍拥护"中国人生观"的影响,也可见《少年中国》批评当时文化运动的影响。

(二)中华民族是一种"哲学民族",素来生长于孔孟学说之下,不知有所谓宗教,故中国数千年来循着信仰自由的原则,亦未曾发生一次宗教战争。但近年一般欢迎欧化的人,以欧化中含有宗教成分,亦主张"中国基督教化",尤以留美学生为最甚。当时中国新文化杂志中亦发现赞美基督教的文字。会员周太玄、李璜看到以哲学精神为根本思想的中华民族,要被人弄成以宗教迷信为根本思想的中华民族,怒焉忧之,著了许多"非宗教"的文章在《少年中国》月刊发表,同时国内方面亦请名人讲演,此事在中国人思想进化史中有相当重要的地位。

(三)从前西洋政治家对中国使用"武力侵略政策",但是武力只能服其身而不能服其心,后来他们又变为"文化侵略政策","要把中国人弄得心悦诚服地投降他们,要把中国人变成一个'某国人的中国人'"。于是在中国忽然添加了许多"籍隶中华而心存外国的侨民",西洋人的"文化侵略政策"遂从此告厥成功。鉴于此,会员余家菊、李璜立足于"中华民族主义",撰写了许多宣传"民族主义教育""反对教会学校"的文章在各杂志发表,亦渐渐引起国人注意。近来南京会员欲组织学校,一则实现学会的宗旨,二则"创造中国的教育"。这些都是少年中国学会拥护中华民族根本思想的表现。

(四)上述魏时珍拥护"中国人生观",周太玄、李璜反对"民族宗教化",余家菊、李璜提倡"民族性教育",都是对中华民族的根本思想欲加以拥护,对中华民族文化欲加以阐扬。那么,中华民族的根本思想是什么?中华民族的根本思想又是从何种民族文化产生出来的?王光祈尝深思苦索中国人的性格,详考细察西洋人的习俗,最后恍然大悟:"中国的'民族文化'便是古代的'礼乐',由这种'礼乐'以养成中华民族的根本思想。礼也者,小而言之,则为起居进退之仪;大而言之,则为处世待人之道。乐也者,小而言之,则为涵养性灵之具;大而言之,则为协和万方之用。我们中国人生息于孔子学说之下者数千年,而孔子学说又实以礼乐二事为基础,所以中华民族的根本思想,与我们古代礼乐实有至深密切的关系。我们的古代礼乐,诚然有许多不适于今的地方,而且简陋得很,但是古人立礼制乐的本意则千年不磨。我们现在宜利用西洋科学方法,把他整理培植出来,用以唤起我们中华民族的根本思想,完成我们的民族文化复兴运动。"

王光祈认为:以上四例都是少年中国学会五六年以来对于"民族文化复兴运动"最显著的表现。此外,国内外会员为"中华民族独立"之运动者尚不知若干,或见于文字,或证诸行动,要皆以拥护"民族文化"为出发点。[①]从中不难看出,少年中国学会在复兴民族文化方面的影响。

另一方面,学会努力开展文化运动。周光煦通过分析世界文化与民族特性的关系,认为各国对世界文化各有贡献,同时又能够尽量承受世界的文化。因此中国民族疾起直追,应当从以下方面努力:一、先须尽量地承受世界共同的文化,务期某种文明程度与欧美、日本在同一水平线上。二、文明程度既与欧美、日本均等,则少年中国可以实现。三、少年中国既已实现,遂完全有资格提倡人类正鹄,世界和平大同,于是少年世界可以实现。[②]可见,中国人应当努力开展文化运动,以创造"少年中国"进而创造"少年世界"。郑伯奇则说,"我想少年中国学会不过是少年中国的一个团体,再进一步虽可说他是正在改造中的世界的一个团体,但他绝不是包揽少年中国文化运动的专卖特许的唯一机关。我想谁也不会为此想,不过我们虽没有垄断的野心,我们却不可不存一番要尽我们的 best 的决心"。[③]表达了学会致力于文化运动以创造"少年中国"的决心。

[①] 王光祈:《〈少年中国运动〉序言》,载王光祈著《少年中国运动》,中华书局,1924,第15—21页。
[②] 周光煦:《世界文化与民族特性》,《少年中国》第4卷第6期,1923年8月。
[③] 郑伯奇致恽代英,《少年中国》第2卷第1期,1920年7月15日。

少年中国学会以教育为社会活动的主要内容,把教育作为传承固有文化的重要手段,更是发展文化、创造新文化的主要途径。余家菊解释说:"教育本是一种文化事业,其职责在启发受教育者,使之能够领受已有的文化,此为教育之保守机能。更以固有的文化为基础,使受教育者能够利用之以创造新文化,而对于文化上为多少的新贡献,此为教育之促进机能。必能尽此两重职能,才可叫作真教育。"①从理论上揭示了教育与文化运动的关系,阐释了学会以教育来创造"少年中国"的依据。苏甲荣进一步认为文化运动的实质就是教育扩张,在文化运动转型期当更注意学校、讲演、调查、出版等几项。其中,学校包括办平民夜校,参加青年的文化运动;讲演主要是学生的讲演,宣传文化;调查就是调查社会实际,以确定改造的计划;而出版对文化运动关系尤为重大。故杂志出版的推广当注意两点:(一)出版物自身要力求改善;(二)社会上要有推行的机关。总之,"我们认定文化运动是普及民众的运动,不要当作智识阶级里的交换智识"。要普及文化,须把教育扩张,增多文化运动的途径。少年中国的少年"不要当文化运动是一种英雄名士的事业,沽名钓誉的方法,要当他是义务的教育,确确实实做去"。②如前所述,《少年中国》《少年世界》两种月刊和《少年中国学会丛书》的编辑发行与推销,都是学会致力于文化运动的重要表现,也因此奠定了学会作为学术文化团体的地位。

此外,少年中国学会成立各种宣传文化运动的组织,主要有:

一是留德学生中德文化研究会。会员留学德国肩负着文化研究与传播的使命。③宗白华在谈到他留学德国的目的时说:"我预备在欧几年把科学中的理、化、生、心四科,哲学中的诸代表思想,艺术中的诸大家作品和理论,细细研究一番,回国后再拿一二十年研究东方文化的基础和实在,然后再切实批评,以寻出新文化建设的真道路来。"表明了他留学欧洲就是为了研究东方文化进而寻求建设新文化的道路。王光祈自称他远赴欧洲的两大宏愿,就是集合欧洲和美洲素日生死患难的青年同志,一方面拟将中国文化播扬于国外,一方面拟将

---

① 余家菊:《教会教育问题》,《少年中国》第4卷第7期,1923年9月。
② 苏甲荣:《文化运动——教育的扩张》,《少年中国》第2卷第5期,1920年11月15日。
③《留德学生中德文化研究会》,《少年中国》第3卷第2期,1921年9月1日。

欧美文化介绍于国内。①进一步表明留欧会员开展文化运动的心迹。他在1920年10月26日撰写的《旅欧杂感》中说得很明白：欧洲人急欲知道中国文明。但是要找一本介绍中国文明的著作终不可得，找来找去只找着一位辜鸿铭先生，于是欧洲报纸杂志书籍上常常都有辜鸿铭三字出现，称他是欧洲人的先知先觉，说他的著述是介绍东方文明的杰作。王光祈对此非常不满，"由复辟派辜鸿铭所介绍的中国文明，究竟是一种什么文明？我实为中国文明寒心。但是中国文明仅由辜鸿铭始传到欧洲，这又是我国一般文化运动家所当引为深耻的。我希望中国青年不要专从事输入，还须注意输出"。②王光祈对于中国新文化运动也很不满意。鉴于热闹之极的新文化运动被欧洲人认为抄袭欧洲学说而轻视中国人，他提出抬高中华民族的人格的最好办法，就是自己能创造新文化以贡献于世界，否则至少应将中国古代学术介绍一点到欧洲来，一则使东西文明有携手机会，可以产出第三文明；二则亦可以减少欧洲人轻视中华民族的心理。③他反思新文化运动的结果，就是要致力于创造中国的乃至世界的新文化。于是，1921年2月15日，王光祈、宗白华、魏时珍、张梦九等会员在法兰克福创办"留德学生中德文化研究会"。该研究会也成为学会开展的文化运动事业之一。

《留德学生中德文化研究会简章》指出："我们以为世界的和平，与人类的幸福，要建筑在各民族的了解和同情上面。我们又以为东方文化与西方文化皆各有所偏，在人类的历史上，已经给我们许多痛苦和教训，假如我们人类自认是一种智慧的反省的进步的动物，便应该打破从前自己造出来的民族界限，另创造一种共同合作的生活。我们以为要实现人类共同合作的生活，非使东西两文化结婚，另产生第三种文化不可。我们是生长在东方文化的中国，现在又来在西方文化的德国，便引起一种重大责任。这个责任便是力谋中德两民族的了解和同情，并且产生第三种文化，以实现我们人类共同合作的生活，一洗人类历史上的污点。"《留德学生中德文化研究会简章》提出："本会以介绍研究中德两国文化为宗旨。""本会随时发表德文著述，介绍中国学术上社会上政治上的思想或消息在德国发表（如不能作德文者即请暂作中文由会中派员翻译）；如德国报上

---

① 宗白华：《自德见寄书》，《时事新报》副刊《学灯》，1919年2月11日。
② 原载《少年中国》第2卷第8期，1921年2月15日。
③ 王光祈：《旅欧杂感》，《少年中国》第2卷第8期，1921年2月15日。

有关于中国的论文和消息由本会译寄国内各报;凡本会会员对于德国文化研究之心得寄回国内各杂志发表,唯由作者自行指定该项杂志,会中不加干涉。"①

留德学生中德文化研究会作为民国时期成立最早的中德文化交流组织,在介绍中国和德国文化,促进东西方文化交流和发展,探索中国自身文化建设等方面都具有重要意义。②王光祈倾力于中德文化交流,"将中国艺术文化传到德国,而将德国的精神生活及艺术、历史、政治等,传到中国",成为沟通中德文化的重要人物。③

二是中美书报代售处。1920年10月,孟寿椿等留美会员在美国发起成立中美书报代售处。《中美书报代售处缘起》指出,会员举办这个中美书报代售处,并不含任何营业的性质,只想利用课余时间做到下列三种事体:一、有条理地介绍美国书报,以便国人作系统的学术研究;二、免费服务,使国人得享有廉价购书之便宜;三、输出国内最近出版之书报,以便华侨及留学界注意于国内新文化运动者之购阅。他们提出具体的购书办法,国内购书者可以接洽在北京、南京、上海、武昌、成都所设的代表;国外购书(指南洋、日本等处)直接联系书报代售处。

新书介绍分为文学类19种,哲学类13种,心理学类15种,教育类10种,社会学类15种,经济学类11种。其中涉及社会主义的书籍有:《哲学与社会问题》(涂尔干,1917年),《工团主义与唯实主义》(J.W.斯科特,1919年),《社会学大要》(布来克马和姬灵,1915年),《建设的乡村社会学》(M.吉勒德,1919年),《德谟克拉西再进一步观》(R.W.塞拉斯,1916年),《近代欧洲之经济发展》(F.A. Ogg,1917年),《改造问题》(利平科特,1919年),《战后之劳动与资本》(查帕马兹,1918年),《美国工团主义》(I.G.布鲁克斯,1913年),《劳动世界》(G.D.H.科尔,1915年),《社会主义要领》(J.斯帕戈和G.L.阿尔纳,1912年),等等。④

三是长沙文化书社。左舜生在1920年6月22日给会员的公开信中讨论会

---

① 《留德学生中德文化研究会》,《少年中国》第3卷第2期,1921年9月1日。
② 叶隽:《另一种西学——中国现代留德学人及其对德国文化的接受》,北京大学出版社,2005,第185—186页。
③ 《南京的追悼会》,载左舜生等撰《王光祈先生纪念册》,(台北)文海出版社影印,1968,第107页。
④ 《新书介绍》,《少年中国》第2卷第7期,1921年1月15日。

务问题,其中提到"润之日内要回湖南(组织新书报贩卖部)"[1],可见毛泽东(字润之)回湘创办文化书社属于学会会务的范围。1920年8月2日,毛泽东等人在长沙发起文化书社。《文化书社组织大纲》规定,"本社以运销中外各种有价值之书报杂志为主旨。书报杂志发售,务期便宜迅速,庶使各种有价值之新出版物广布全省,人人有阅读之机会"[2]。可见文化书社以传播新文化为急务,经营宗旨不以营利为目的,销售新文化的进步书刊。关于发起书社的原因,《文化书社缘起》提到:没有新文化缘于没有新思想,没有新思想缘于没有新研究,没有新研究缘于没有新材料。文化书社尽最大可能迅速地、全面地搜罗国内外新文化书籍、杂志和报纸,送到湖南一部分群众,尤其是学生、工人、农民的面前,使他们逐渐了解中国和世界的革命形势。[3]长沙文化书社的成立,不只是介绍新文化,还介绍创造新文化的新思想进行新研究的新材料,即各种新出版物,这是文化书社的目的。

文化书社还提出了未来的发展计划:一是多邀同志来为书社事业贡献一分力量,以进一步扩张业务;二是添筹股本,便于书社开展各项计划工作。由于书社以前只是销售外埠书局供应的书籍报纸杂志,而没有自己的出版物,于是计划组织一个编译社和印刷局,与书社的发行连为一体。另外计划在各县开办分社,在省城内的学校或者个人成立贩卖部,以推广新文化。计划编译社定3000元,印刷局定5000元。[4]后因条件不具备,这个计划没有实现。文化书社组织读书会,号召先进青年聚资购书,共同研究,既能节约经费,又能看到很多书报,收到较好效果。设立书报阅览室,设法为读者考虑,以期更多的人群能受到新思想、新文化的熏陶,解决人们的精神饥荒,实现书社传播新文化、新思想的宗旨。《湖南近年来之新文化运动》这样评价说:文化书社"专以介绍新文化书籍为务";"全国新文化书籍销行多者,首推湖南与四川";"销行新出版物最力者"是文化书社。[5]可见文化书社在新文化运动中的影响。

四是齐鲁书社。1920年9月齐鲁通讯社附设卖书部扩充为齐鲁书社,成为

---

[1] 少年中国学会编:《少年中国学会周年纪念册》,1920,第63页。
[2] 原载长沙《大公报》1920年8月25日第7版。
[3] 《文化书社缘起》,长沙《大公报》1920年8月24日第7版。
[4] 《文化书社社务报告(第二期)》,载中国革命博物馆等编《新民学会资料》,人民出版社,1980,第281页。
[5] 宫廷璋:《湖南近年来之新文化运动》,载《大公报十周年纪念特刊》,彰文印刷局,1925,第72页。

当时济南唯一一家销售新文化出版物的书店。9月25日该社创立总会,公推姚伸辉、徐晶岩等七人为董事,由董事会公推王乐平为正社长,聂湘溪为副社长,复经大家公决:该社贩卖的书籍,不注重教科书而以参考科为主;该社贩卖的教育用品不注重学校团体的用品,而以学生个人用品为主。该社的精神就是不纯粹以营利为目的,而以促进社会文化的进步为主要目的。该社招股简章为:(一)本社定为齐鲁书社。(二)本社以传播文化为宗旨。(三)本社营业如左[下]:(1)代派日报。(2)销售杂志。(3)贩卖各项中外书籍。(四)本社地点设于济南。(五)本社资本拟招三百股,每股十元,共为三千元。(六)本社为股份有限公司,一切对内对外,悉照公司条例办理。(七)本社股票为记名式,得随意让渡于本国人。(八)本社由股东推选董事七人,组织董事会议决进行事务。(九)本社由董事会公推社长、副社长各一人,经理本社一切营业事项。(十)本社董事每二年改选一次。(十一)本社每年结账一次,由董事会核阅后,开股东会报告。(十二)本社所得纯利分为十成,以一成为基金,三成为办事人花红,其余六成分配众股东。(十三)本简章有不适用时,得由股东提交董事会修改。① 齐鲁书社成立后,与北京、上海、广州等地的出版界建立联系,推销全国各地出版的新书,宣传新文化运动。像《俄国革命史》《社会科学大纲》《唯物辩证法研究》《资本论入门》等介绍十月革命和马克思主义的书籍,以及《新青年》《每周评论》《新潮》《莽原》等进步期刊,都受到进步青年的极大欢迎。这也使得山东地方当局十分不安,督军张树元在1919年6月11日向北京政府密电济南罢市风潮时,密报了共产主义读物在山东流传的情况,并且通电山东地方官员,对此严加防范。可见齐鲁书社宣传新文化、新思想刊物的影响。

五是武汉利群书社。会员恽代英等人在武汉创办利群书社。恽代英早在《我们的新生活》中设想书报贩卖的营业项目:(一)代售武汉不易购买的新书和杂志;(二)代派有名日报;(三)兼售几种国货;(四)兼售西书;(五)代订不易购买各项书报。② 1920年2月1日,利群书社正式营业,被誉为"是一个营业的机关,是一个文化运动的场所,是一个修养会社的结晶体,是一个社会服务的工团

---

① 《山东新文化与齐鲁书社》,《晨报》1920年10月7日第3版。
② 李良明、钟德涛主编:《恽代英年谱》,华中师范大学出版社,2006,第161页。

社会的雏形"①。

由上可见,学会及会员积极开展文化运动,在传播新文化新思想方面发挥了重要作用。不过,这些文化运动都开展于都市,未能深入乡村。会员郑伯奇在1920年8月20日致会员同志诸兄的信中,批评学会成立一年来的文化运动存在的缺陷,指出学会同现在各地新文化运动团体一样,活动范围集中于都会商埠。"但是我们中华民国现在还没进步到商工国,还只是一个农国,所以新文化运动只集中于都会是不行的,最要向地方分散,至少应于每省有一二个中心地。少年中国学会地方方面除过成都分会便没有了,很希望诸兄注意向地方方面发展。"他进而提出学会向地方发展的一个变通办法:"我们只回家去连[联]络同志,征求纯洁的青年来组织地方的'新文化运动'的团体,来作地方的新文化事业的活动,这团体的宗旨和团员,须力求与少年中国学会的精神不冲突(至少要不背'少年中国'精神),我们可以拿他作少年中国学会的副团体,或是少年中国学会的准分会。以后大家觉得他的精神和行动都可与我们学会一致,他的分子很纯洁,我们便可以介绍他的团员入会,承认他们的团体为分会。这法子如果可行,不仅于少年中国学会发展上很好很便利,恐怕于中国的'新文化运动'也有很大的好影响;因为少年中国学会是——应该是——中国'新文化运动'的一个良好团体的缘故。"②这与其说是对学会的批评,不如说是对学会进一步发展文化运动的建策,旨在实现以文化运动创造"少年中国"的理想。

三、编译出版活动

出版物是新文化运动的利器,也是开展文化运动的集中表现。学会成立后以编译出版书刊,介绍并研究新思潮为主要活动内容。学会负责人王光祈认为:中国的出版界真是贫乏极了,"世界潮流已闹得天翻地覆,我们还在这里大作其梦"。所以要实现"少年中国"理想,就应发展出版事业,一方面将自己求学心得随时编著,另一方面将外国出版的新书次第译出介绍于国内,以便革新一

---

① 《利群书社》,《互助》第1期,1920年10月。
② 郑伯奇致会员同志诸兄,《少年中国》第2卷第6期,1920年12月15日。

般人的思想。①沈泽民在1921年南京年会上提出,少年中国学会在数年之内应该致力的方向,"在纯粹学术文化的方面少年中国(学会)应该尽介绍的责任,不管会员思想以及会员所介绍的思想互相冲突不冲突,我们总是忠实地尽量介绍给国内"。②基于这种共识,学会在编译出版方面提出了很多设想,也开展了许多活动,在发展文化运动方面作出了不少成绩。

1. 筹设印刷局

学会成立之初就讨论了印刷局及印刷储金问题。上海吴淞会议专门讨论了印刷局办法。主持人王光祈在发言中指出:"本会同人现在所能尽力于社会者,只编辑丛书一事较易着手。因本会人数虽少,大概都有专门智识,且通晓英法德日各国语言者,亦颇不乏人。惟从前印刷丛书费用,皆由同人劳动所得之工资凑合而成。因本会未办印刷,处处受掣肘。现拟筹办印刷局一所,所需资本,或用储金办法或用招股办法,或有其他方法,请同人公决。"此议一致通过,并讨论制定印刷储金简章,从1919年4月1日起施行。③1920年6月22日,左舜生在给会友的信中提出关于创办新的会务的意见,他说:"我以为最近几个月的经验,不赞成办印刷局,因为做这种事,确非内行不可。我们既志不在赚钱,不如把学会现在和将来的出版物,通通委托各书局去办,移出我们的财力人力,另做别的事。"④学会出版《少年中国》《少年世界》两种月刊和《星期日》周刊的情况及其影响,已如前述。因自身出版能力的薄弱,学会自办印刷局计划无法实现,只得借助于当时已有书局书店的出版发行力量,出版发行会刊和学会丛书等出版物。《少年中国》月刊前四期自行经营,从第五期起则委托上海亚东图书馆办理,《少年世界》的印刷发行事务,全部托付给亚东图书馆。《少年中国学会丛书》和《少年中国学会小丛书》则交给全国第二大书局——中华书局出版。通过专业书局的出版发行,少年中国学会的出版物影响迅速扩大。

---

① 王光祈:《"少年中国"之创造》,《少年中国》第1卷第2期,1919年8月15日。
②《少年中国学会问题》,《少年中国》第3卷第2期,1921年9月1日。
③《会务纪闻》,少年中国学会编《少年中国学会会务报告》第1期,1919年3月1日,第21—22页。
④ 少年中国学会编:《少年中国学会周年纪念册》,1920,第64页。

2.编译社

组织编译社编译图书,是学会规定的会务内容。王光祈在1920年提出学会同人于最短时期中组织一个编译社的计划。他说:"编译事业的计划,在我们会中已有一年多了,因为经费关系,至今还未成立。但是这种事业异常重要,可以帮助我们文化运动,可以解决我们生活问题,所以有从速筹办之必要。这个编译社的社员不必限于会员,非会员亦可加入,所有经费用招股方法凑集。"他设想:"我们译书所得的收入,除资本外,以十分之二作为共同生活之费,其余十分之八作为译书者的酬资,我们生活问题亦从此解决了。我们会员有自愿劳动的,便可以作我们印刷局的工人,自己著书,自己印刷,这是何等有趣,何等快活。我们印行的书籍,可以组织书报流通处自行发卖,并可以代人向欧、美、日本采购书籍。"关于征求编译社的社员,康白情主张从各种学术团体中物色,因为这种事业不是一个学会的力量所能包办。北京会员开会,张申府主张组织一个委员会进行此事,当时推定陈愚生、康白情和王光祈三人。"将来各处会员皆要举出一人筹商办理,以便积极进行。兄弟此次出国亦拟与欧、美、南洋各处会员面商此事。"[1]实际上分析了组织编译社对于学会及会员的重要性。

按照王光祈的设想,编译社中所办之事:一是编译专门智识的书籍。二是编纂中小学校教科书。三是编辑革新平民思想、增进平民智识的小册子。[2]但是,由于经费和人员等局限,学会的编译社计划未能实现。

3.组织日刊

学会出版一种日报,出自左舜生的提议。他在1920年6月给会友的信中提出:现有会员大部分热心新闻事业,所以五年内学会创办的第二桩会务,最好组织一个完善的日刊。他还提出,这种日报的地点,仍以上海为最宜,所以学校也主张办在长江流域(上不出武汉下不出南京),因为会员做事,要做到地点集中人力集中才有力量,才不散漫。[3]

左舜生着眼于筹备学会新的会务,基于会员大多从事新闻报刊事业,提出

---

[1] 王光祈:《留别少年中国学会同人》,《少年中国》第1卷第8期,1920年2月15日。
[2] 王光祈:《留别少年中国学会同人》,《少年中国》第1卷第8期,1920年2月15日。
[3] 少年中国学会编:《少年中国学会周年纪念册》,1920,第65—66页。

少年中国学会在上海出版一个完善的日报。一方面是开创学会共同事业的需要,另一方面也有开展文化运动,引领"真正的舆论"的考量。但此议未见会员的积极响应,倒还有反对之声。王光祈在1921年4月写信向南京大会提出:上海办日报之事,非俟地方基础事业稳固后,不可轻易实行,至多亦只能先发行一种周刊。①结果学会出版日报一事,就不了了之。

4.编译少年中国学会丛书

学会既以编译出版为主要事业,自成立伊始就提出了出版学会丛书的计划,并且以编译丛书作为学会的重要会务之一。《少年中国学会规约》第十九条规定:"本学会编译丛书,以为补助教育之用。"这样编译丛书成了学会的一种事业。

在学会筹备期间出版曾琦的《国体与青年》,是学会丛书的第一种。据《少年中国学会会务报告》第4期"广告"说:"少年中国学会丛书第一种《国体与青年》,曾琦著,少年中国学会出版,1919年1月。是书为会员曾琦君著,全书分上下两编,上编所述关于青年之修养,下编译述青年与国体之关系,约四万余言。"该广告还提到:"少年中国学会丛书第二种出版预告《德摩苦拉西Democracy》,是书为日本室伏高信氏著,室之著作甚多,是篇为其最近杰作,精审完备,足供吾国青年参考之用。兹经本会会员陈愚生译成白话,准于下月底复印,特此预告。"②但是,此书最终未能出版。因为此后出版的《少年中国学会会务报告》没有提及该书。其中提到除会员曾琦所著《国体与青年》已出版外,正在编译者有数种:一、《新自由主义》,美国总统威尔逊著,曾琦译;二、《人生何时觉醒乎》,美国总统威尔逊著,曾琦译;三、《实际与学术》,德国理学博士德士烈著,魏嗣銮译;四、《平民互助银行》,美国德缊氏著,陈愚生、雷宝华译;五、《中国妇女问题》,周太玄著;六、《青年进取方法》,周太玄著;七、《少年中国主义》,李大钊著;八、《各国之研究》,张尚龄著;九、《战后国际之变迁》,王光祈著。③后来出版的丛书目录中,亦未见陈愚生的这本译著,说明该书未纳入丛书出版。而且列入出版计划的丛书如李大钊的《少年中国主义》、周太玄的《中国妇女问题》等等,

---

① 《少年中国学会问题》,《少年中国》第3卷第2期,1921年9月1日。
② "广告",少年中国学会编《少年中国学会会务报告》第4期,1919年6月1日,第52页。
③ 《会务纪闻》,少年中国学会编《少年中国学会会务报告》第1期,1919年3月1日,第24页。

最后也未如期出版或至少未列入学会丛书出版。看来这也是学会丛书出版中的常见之事。

学会成立以后不久,筹设丛书编译部,以促进丛书编译事业。1920年3月3日,北京学会同人欢迎南京会员王德熙,王德熙介绍南京分会经验后,提议筹办丛书编译部,会上公推徐彦之起草简章,俟下次常会详细讨论。3月13日总会常会逐条讨论徐彦之起草关于组织丛书编译部的简章,然后付印,再分发各地会员征求意见。①

1920年3月,学会正式组成"少年中国学会丛书编译部",发布《少年中国学会丛书编译部简章》共11条,其主要内容为:

一、本学会为履行规约第三章第十九条之会务起见,组织丛书编译部。

二、编译部刊行丛书,出版无定期,即名为"少年中国学会丛书"。

三、丛书之印刷与发行,完全委托一书局经理。其详细条件另订之。

四、编译部由本学会会员自由认定组织之。

五、编译部设审查委员会,由全体编译员就本学会会员中选举七人组织之,每年改选一次。

六、审查委员会审查预备出版之丛书稿件是否合宜,有完全裁定之权。如认为必要时,得请求会外专家之援助。

七、审查委员会设干事一人,由委员会全体互选之。

八、审查委员会干事司理通讯及接收稿件等事,委员会开会时为主席。

九、编译员欲编译某种书籍时,须预将所著或所译书籍之大纲字数及脱稿之日期作成说明书,报告于审查委员会,审查有无出书之价值或必要。

十、编译之说明书经审查通过后,在《少年中国》月刊发表。本学会会员皆有供给参考资料及指正之义务。如在他处见有类似之著作或同样之翻译,亦须报告于审查委员会干事,转告编译员停止编译,以免重出。又本学会会员遇有价值之外国书籍,而自己无力翻译者,有介绍于编译部之义务。

十一、本章施行遇有不妥,随时修正,登《少年中国》月刊发表。②

《少年中国丛书编译部简章》对丛书编译事务作了具体的规定,考虑到编译

---

①《少年中国学会消息》,《少年中国》第1卷第10期,1920年4月15日。
②《少年中国学会消息》,《少年中国》第1卷第10期,1920年4月15日。

丛书为学会重要会务,非推定专员担任组织,不足以利进行。①于是在4月10日北京总会常会上,由执行部推荐恽代英任丛书编译部专员,负责一切出版事宜。②恽代英上任后,在给会员汇寄丛书编译部简章的同时,发表一封致学会同人的信,提出自己编辑丛书的主张,以征求会友的意见。他说,前次议决的丛书编译部简章,仅仅是大概的规定,而且是关于事务上的规定。究竟丛书的编辑应怎样下手,应以怎样的目的规定编辑上应有的条件,这些都没有提及。这些事应当有个规定。他认为:"为学会名誉起见,亦为在社会上所生功效起见,亦为丛书销路前途起见,我们要编译丛书,应注意下列诸点:一、应为社会不可少的书,那便是说为社会制造需要;二、应为社会急切需要的书,那便是说要为社会供给需要;三、应为可供学者研究的书;四、应为可帮助指导读这书的人进一步研究的书;五、应为一般社会得借以获得正确知识或意见的书;六、应为一般社会能读的通俗的书。我们学会,既不是如一般书贾以营利为目的,亦无须仅为学会撑空架子,太轻易的刊印丛书,反失社会的期望,为有识的所齿冷。所以提议出丛书的,原冀以正当的供给,应社会正当的需要。如此,那便我们应力避下列诸点:一、潦草出书;二、材料不完密;三、叙述不成系统;四、介绍知识不正确;五、文字不通俗;六、意见太肤浅;七、所研究问题太高远,不合实用。"由此可以确定编辑方针如下:一、发表研究心得,以引起一般的注意及学者的讨论;二、介绍正确的科学知识,为知识界供给需要的材料;三、介绍正确的世界知识,以养成一般人正确的人生观及社会观;四、指导研究方法,参考材料,以引起一般人更进步的好学心(应采用西书书目提要法);五、文字浅显通俗,力避专门名词;六、材料搜集要力求完备,而综括叙述出来,这样比直接译专著好;七、编辑要有系统,使人易看易懂。若此可以把所有的丛书分为三类:(一)关于专门研究的;(二)关于通俗科学的;(三)关于世界知识的。

恽代英进而提出他设想的编译办法,分为四个步骤:一、由会员各将他所盼望的书拟出,经大家讨论,拟为书目表公布。二、会员愿担任且能担任的,从书目表中选定一种或二三种题目,担任编辑,或自定题目。三、选定后应以所选定的题目为研究的中心,至少学习一年以上,搜集有关的材料。四、应自觉对所选

---

① 《少年中国学会消息》,《少年中国》第1卷第11期,1920年5月15日。
② 少年中国学会编:《少年中国学会周年纪念册》,1920,第10—11页。

的题目,有明显系统的见解,然后下笔。他还提出他所盼望看见的书,题目如下:《马克司及其学说》《克鲁泡特金及其学说》《罗素及其学说》《太袞儿及其学说》《杜威及其学说》《哲姆士及其学说》《达尔文及其学说》《尼采及其学说》《蒲鲁东及其学说》《康德及其学说》《唯物史观》《实验主义》《道德的起源》《生物进化论》《优种论》《德谟克拉西》《布尔塞维克》《新村运动》《劳动问题》《女子问题》《乡村小学教育》《中学校教育研究》《安那其》《日本》《国际运动》《群众心理》。恽代英表示,先提出这些题目的方法,亦提出些题目来供大家讨论。而且希望大家在这些题目之中或者之外愿意担任编辑的可预先告知。①

恽代英发表丛书编译方针和步骤以及编译书目,征求会员意见。他强调丛书编译要有系统性,明确表示不赞成翻译专著。在他开列的反映各种新思潮的书目中,其中马克思学说、唯物史观和布尔什维克主义等占了相当分量,不难看出其思想倾向。因此引起会员对于丛书出版问题的讨论。留日会员郑伯奇在1920年6月16日给恽代英的信中说:"关于编丛书的方针,大体都说的很是,不过期许太高,怕难即刻成功。不要紧!我们时[持]以恒久的决心,图最后五分钟的胜利:当然不成两字是没有的。"不过,他认为恽代英所列举的书目不甚完全,故想补充:(1)柏格森的哲学;(2)各国社会主义运动之现状;(3)新宗教运动;(4)新文学潮流;(5)托尔斯泰;(6)美国、英国等与太平洋问题有关的各国;(7)各国的文学史;(8)科学发达史;(9)白话文的文典;(10)罗马字的缀音字典。②随后,郑伯奇与沈懋德在1921年6月23日向南京大会提出意见,其中关于出版物的意见为:1.本会丛书由各科会议决编辑办法;2.编辑委员经理编辑事宜;3.丛书之外,会员之著作学会亦可代为刊行;4.委员外有欲学会代为出版时,其书须由学会委员会或科会审定之。③可见会员对丛书出版事务还是比较关注的。

学会也很重视丛书出版工作。为了推动丛书编译进度,1920年6月6日北京总会在会议上提议要编制丛书部报告:"编译丛书为本会重要会务。故向无定期报告,殊不足以策进行。兹由执行部提议即请丛书部主任恽君代英担任,

---

① 恽代英致学会同人,《少年中国》第1卷第11期,1920年5月15日。
② 《会员通讯》,《少年中国》第2卷第1期,1920年7月15日。
③ 《少年中国学会问题》,《少年中国》第3卷第2期,1921年9月1日。

自下月始,每月终将本月丛书部进行状况,作成报告,交陈君愚生编入会务报告。"①1921年7月,南京大会讨论了丛书问题并作出详细规定,而且得到全体一致赞成。1.产生问题:由各科研究会分科编译。2.审查问题:某研究会会员所编译之书,即由编译者请同科会员一人或二人审查,审查者于该书出版时,须署名负责,出版后所得报酬,审查者得取全数十分之一。3.抽版税或售稿:此次议决版税须改为百分之十五,售稿须改为每千字三元,校对须由书局方面完全负责,如亚东办不到,即请上海会员向他方面接洽。4.丛书与学会关系:丛书出版得用学会名义,称"少年中国学会丛书",或"少年中国学会某项丛书"。每一丛书所得报酬,应提出全数百分之五,作为学会储金。②这些决议对丛书出版作了翔实的规划,奠定了学会丛书事业的基础。

于是,丛书出版地点也开始确定。1922年4月左舜生代表少年中国学会与中华书局签订丛书出版合同,《少年中国》发布学会公告:"本会各研究会丛书今年可出版者约有十种,并有两种已寄到上海,而出版处尚未确定。现由左君舜生与中华书局交涉,已将此项合同正式订妥,合同精神颇着重出版迅速,印刷精良。"合同规定每种丛书在十万字以内,应于稿到后三个月内出版;十万字以外者,酌加日期,但稿到后不得搁置不印,合同有效期为两年,即1922年1月1日起至1923年12月底。③这样,学会丛书的出版问题解决了。在1922年7月在杭州大会上,主席左舜生报告一年来丛书出版的进行状况,指出:丛书合同已订好,由中华书局印行,已出书两种:《人心》和《古动物学》。准备付印者有数种,年内至少出书八种。④

学会与中华书局的丛书出版合同到期后,又继续签约两年。1924年7月学会第五届年会讨论下年度应办事宜,议决丛书问题如下:丛书印刷不成问题,应请宁、沪两处会员组织丛书审查部,以利进行。⑤到1924年10月,根据执行部的统计,已出版丛书16种,在印刷中的7种。可以说,因为丛书出版有学会与中华书局的出版合同,加上在中华书局工作的左舜生等人接洽便利,丛书出版比较

---

① 《少年中国学会消息》,《少年中国》第2卷第1期,1920年7月15日。
② 《南京大会纪略》,《少年中国》第3卷第2期,1921年9月1日。
③ 《少年中国学会消息》,《少年中国》第3卷第7期,1922年2月1日。
④ 《一九二二年杭州大会纪略》,《少年中国》第3卷第11期,1922年6月1日。
⑤ 黄仲苏:《本会第五届年会记略》,少年中国学会编《会务报告》第1期,少年中国学会发行,1924,第6页。

顺利。到1926年底,学会丛书一共出版33种,其目录如下:

(1)《国体与青年》,曾琦著,少年中国学会出版,1919年1月。

(2)《法兰西学术史略》,李璜译,亚东图书馆出版,1920年。

(3)《人心》,莫泊桑著,李劼人译,中华书局出版,1922年4月。

(4)《小物件》,都德著,李劼人译,中华书局出版,1922年11月。

(5)《哈孟雷德》,莎士比亚著,田汉译,中华书局出版,1922年11月。

(6)《法国文学史》,李璜译,中华书局出版,1922年12月。

(7)《古动物学》,布柏著,周太玄译,中华书局出版,1922年。

(8)《沙乐美》,王尔德著,田汉译,中华书局出版,1923年1月。

(9)《国家主义的教育》,余家菊、李璜合著,中华书局出版,1923年10月。

(10)《德国之婚姻问题》,王光祈著,中华书局出版,1924年1月。

(11)《同情》,李劼人著,中华书局出版,1924年1月。

(12)《经济学要旨》,李璜译,中华书局出版,1924年2月。

(13)《盲音乐家》,柯罗连科著,张闻天译,中华书局出版,1924年2月。

(14)《妇人书简》,卜勒浮斯特著,李劼人译,中华书局出版,1924年3月。

(15)《罗蜜欧与朱丽叶》,莎士比亚著,田汉译,中华书局出版,1924年4月。

(16)《少年中国运动》,王光祈著,中华书局出版,1924年6月。

(17)《达哈士孔的狒狒》,都德著,李劼人译,中华书局出版,1924年8月。

(18)《人的研究》,让·弗利德著,周太玄译,中华书局出版,1924年8月。

(19)《南洋旅行漫记》,梁绍文著,中华书局出版,1924年10月。

(20)《琪珴康陶》,邓南遮著,张闻天译,中华书局出版,1924年10月。

(21)《日本现代剧选(菊池宽剧选)》,菊池宽著,田汉译,中华书局出版,1924年12月。

(22)《咖啡店之一夜》,田汉著,中华书局出版,1924年12月。

(23)《青春的梦》,张闻天著,中华书局出版,1924年12月。

(24)《英国教育要览》,余家菊著,中华书局出版,1925年2月。

(25)《国家主义论文集》,陈启天著,中华书局出版,1925年3月。

(26)《应用教育社会学》,陈启天著,中华书局出版,1925年3月。

(27)《吴伟士心理学》,谢循初译,中华书局出版,1925年4月。

(28)《马丹波娃利》,福禄贝尔著,李劼人译,中华书局出版,1926年1月。

(29)《正义进化与奋斗》,邰爽秋著,中华书局出版,1926年初。

(30)《宋词研究》,胡云翼著,中华书局出版,1926年3月。

(31)《古生物学通论》,李希霍芬·亚伯尔著,杨钟健译,中华书局出版,1926年3月。

(32)《生物学纲要》,葛尔曼著,周太玄译,中华书局出版,1926年3月。

(33)《建国政策发端》,陈启天著,中华书局出版,1926年9月。

从上述丛书目录来看,丛书编译虽有一定计划,但远不及恽代英当初所要求的那种系统性,大多是会员依其自身的兴趣和专业而撰写的科学著作或者翻译的外国文学作品。其中,李劼人占了6种,全是文学方面的译著;其次田汉有5种,主要是译著。①田汉编译的少年中国学会丛书影响很大,从《少年中国》第四卷的封面广告可以看出,少年中国学会丛书10种,其中田汉翻译莎士比亚著《哈孟雷德》("莎翁杰作集"第一种)、莎士比亚著《罗蜜欧与朱丽叶》("莎翁杰作集"第二种)、王尔德著《沙乐美》等。广告词说道:"哈孟雷德是莎翁四大悲剧之一,凡读过林译吟边燕语或英文的莎氏乐府本的大概都知道这个剧本内容。兹经田汉君用口语苦心经营,费时半年以上,爱读莎氏剧本者当以先睹为快也。"②可见田汉译著在学会丛书中的地位和影响。此外,田汉还曾与宗白华商定出一套关于社会问题研究的丛书,集合少年中国学会员对一个方面问题的研究,将研究所得集合成册,作为丛书的一种。③由此可见会员对于丛书编译的热情和文化运动的热烈追求,也因此培育了田汉等一批会员在学术文化事业方面的成就,也奠定了学会在文学领域的地位。

5.编译少年中国学会小丛书

1920年9月6日,北京总会会员提议编辑简明小册丛书。因为学会丛书编译部所拟编辑者,类皆属于研究专门学术之书籍,成书不易,且于一般社会影响甚小。于是陈愚生提议,另出一种通俗简明小册丛书,宣传主义、讨论问题、叙

---

① 张允侯等编:《五四时期的社团》(一),生活·读书·新知三联书店,1979,第260—261页。
② 参见《少年中国》第4卷第4期,1923年6月。
③ 王光祈致太玄幼椿慕韩调元诸兄,《少年中国》第1卷第6期,1919年12月15日。

述事件均可。字数以三千字以上、一万字以下为宜,体裁专用浅显白话,期老妪可解为度。当经议决,另拟简章,征求全体意见。①

1924年第五届年会议决《少年中国》停刊,停刊期内发行小丛书。随后《总会执行部启事》提出:《少年中国》停刊期内,凡长篇有系统之作品改印研究专号及小丛书,由左舜生向中华书局接洽。②从目前资料来看,出版的少年中国学会小丛书,有王光祈的《德国人之婚姻问题》、李劼人的《同情》,均由中华书局发行。③是否还有其他著作,不得而知。

总的说来,编译出版活动是学会开展文化运动的基本内容之一,也是会员开展的社会活动和社会事业的表现。学会规定社会活动包括教育和实业,但是因为资金和人才等方面的原因,真正的实业难以开展,主要开展了与文化运动有关的事业。恽代英在《少年中国学会的问题》中明确提出,各地会员不可不有共同事业。陈愚生曾说在北京创印刷局或书社,左舜生亦说在长江一带办学校和报纸,均以学会同志共同经理之。这种办法虽一时难成,但不可不努力。"我说要共同事业,意思是不仅指着可以服务社会,而且所以求大家更容易共同居住,否亦更容易共同聚晤。"④实际上,学会的共同事业并未有计划地开展起来,对于学会发展产生了一定的影响。不过,学会出版《少年中国》《少年世界》两种月刊,成都分会也发行《星期日》周刊,还出版了"少年中国学会丛书"和"少年中国学会小丛书"。会员组织书社或书报代售处,介绍宣传新思想新文化的出版物,在文化运动方面也不无影响。学会成立编译社、出版社或书局的计划未能实现,但会员服务于书局者大有人在,如左舜生、张闻天、田汉、陈启天、余家菊、曹刍、金海观、倪文宙等先后在中华书局新书部服务,左舜生等人长期担任中华书局编辑所所长,中华书局是全国第二大书局,其声誉可说大多是"少中"会员打下基础的。⑤这无疑也是学会及会员开展文化运动的贡献。总而言之,少年中国学会对五四运动后的新文化运动具有创发的力量。

---

① 《少年中国学会消息》,《少年中国》第2卷第4期,1920年10月15日。
② 少年中国学会编:《会务报告》第1期,少年中国学会发行,1924,第26页。
③ "广告",《少年中国》第4卷第11期,1924年3月。
④ 恽代英:《少年中国学会的问题》,《少年中国》第2卷第7期,1921年1月15日。
⑤ 参阅秦贤次《少年中国学会始末》,(台北)《传记文学》第35卷第1期,1979年7月,第21页。

第三节　对外联络活动

少年中国学会以社会活动创造"少年中国"和"少年世界",在积极开展对外会务的同时,积极开展对外联络活动,宣传学会精神,扩大学会的社会影响,逐步实现"少年中国"理想向实际运动的转变。随着会员抑或学会日益趋向于社会问题甚至政治问题,学会出现了从开展社会活动转向政治活动的趋势。

一、从学术文化运动转向社会活动

从学会宗旨的规定来看,学会既是学术研究团体,也是社会活动团体,也就是学术与事业并重的团体。王光祈曾经解释说:"故学会之性质,同时包含学术与事业两种,既不能将学会完全退在一个'学'字范围内,亦不能将学会之'学'字取消而专为事业团体。学会既含有两种性质,所以集合之分子亦有两种:(一)有志学术之青年;(二)有志事业之青年。学者如学会之头脑,事业家如学会之手足。吾会学者之所以异于三十年来主张政治改革之学者,在一个'专'字。吾会事业家之所以异于三十年来主张政治改革之事业家,在一个'做'字。吾人本于学术见诸事实,同时又以事实证诸学理。此吾会分子与事业之关系也。"[①]虽然学术与事业都是从事创造"少年中国"的"预备工夫",而且学会强调学术与事业并重,但在不同时期会员对学会产生了不同的要求和期望。郑伯奇在1920年9月20日致信全体会员,批评学会在宗旨中标榜"本科学的精神,为社会的活动,以创造少年中国",而实际上学会关于社会事业着手太少。[②]此前,恽代英在4月22日致信全体会员说:"我们学会的宗旨,原说'本科学的精神,为社会的活动,以创造少年中国'。所以我们不仅仅是讲学的团体,亦不仅仅是做事的团体,且不仅仅是讲局部的学、做局部的事的团体。我们的目的,在于创造适应少年世界的少年中国。"他表示:"我决不是主张不讲学,不用文字鼓吹;更不是不主张我们应尽力于一切社会活动。只是我觉得我们应该看清我们的目

---

① 王光祈:《政治活动与社会活动》,《少年中国》第3卷第8期,1922年3月1日。
② 郑伯奇致会员同志诸兄,《少年中国》第2卷第6期,1920年12月15日。

标,知道我们最大的任务在甚么地方,我们今天为这最大的任务应该下怎样的预备功[工]夫;这样我们才是有力的社会活动团体。"①这些都是立足于将学会建设为健全的社会活动团体,实现"少年中国"的理想。

刘仁静在1921年致恽代英的信中提出:"我总盼望少年中国学会的学字是暂时的,不是永久。我总不愿意他将来变成英国的Royal Society(指英国皇家学会——引者注)或法国French Calamy(指法国卡拉米——引者注)。假如能决定一主义,会员在这主义之下各尽所能的活动,互相协助,也许比一个学会适应中国目前的需要些,因为一个团体的精神在有一定的主张。"②刘仁静不满于学会停留在学术研究方面,希望学会转向社会活动,开展社会事业,用社会运动去创造"少年中国"。1923年他公开提出对学会的一个建议,明确表示对学会现状的严重不满。他说:"现在的状况是只做到学之一字,而创造少年中国的工作,即在文字上说,也付之阙如。这是会员所能安心的么?倘如我们以为此组织适宜于此使命,我们应力加整顿,求其对社会及国事有更大的贡献,倘如我们不为目前的政治着想,只努力树百年文化之大计,我们应改变我们的宗旨,只求真成为科学社或中华学艺社之组织。长此以往,维系人心的只有感情,别无共同之点,我不能说这是很可怜的。"③所谓建议就是希望学会"为目前的政治着想",从原来的文化运动转向社会活动,实现创造"少年中国"的使命。

如果说郑伯奇、恽代英、刘仁静等会员提出了学会从研究学术文化向社会活动的要求,那么王光祈、沈泽民等开始谋划学会的社会事业如何开展的问题。王光祈在《留别少年中国学会同人》中明确指出:少年中国的运动先从学生、华工、华侨三类人下手。关于各地的学生运动,会员大多数均已参加。学会发行各种出版物的宗旨,亦系与海内正受教育之青年同志砥砺学行。"因为我们对于过去人物完全失望,我们唯一的希望便是生气勃勃之青年。"当时学会对于学生运动的计划,虽未能完全实现,但是业已着手进行。至于华工运动,巴黎会员亦正努力从事。至于华侨运动,南洋方面只有涂开舆、朱镜宙两人(一任新加坡中学校长,一任《国民报》总编辑),人少事繁,又限于职务,不能遍游世界各地,联

---

① 恽代英致少年中国学会全体同志,《少年中国》第1卷第11期,1920年5月15日。
② 刘仁静致恽代英,《少年中国》第2卷第9期,1921年3月15日。
③ 刘仁静:《对学会的一个建议》,《少年中国》第4卷第7期,1923年9月。

络各处华侨之优秀青年。"近来南洋方面常有华侨来信殷殷探询本会进行状况,因之兄弟欲趁此游美机会,前往南洋、欧美各处宣传吾会精神,并介绍年来国内各处之'青年运动',以慰我远居海外之华侨。诸君须知年来华侨处欧、美、日本势力之下,阅报均不自由,言之可为痛心。""故兄弟此行第一个目的即在联络世界各地华侨之优秀青年,宣传吾会'青年运动'的精神。"以上所说联络世界各地华侨优秀青年,及筹办通讯社,皆是学会会务,亦即此行的重要目的。①这说明学会开始注重对外会务和社会活动的开展,将学行并重付诸实践,也可以说开展少年中国运动。沈泽民在1921年南京大会上提出学会数年内应该致力的方向,在社会事业方面会员应该尽量去参加。②意思是学会要广泛参加社会事业或社会活动。因为社会活动范围甚广,而政治活动与社会活动难以区分,于是王光祈在《政治活动与社会活动》中重申会员只能从事社会活动,不能从事政治活动。并且明确规定社会活动为教育和实业。至于政治活动,根据学会反对一切强权和从事社会事业的精神,只允许推翻一切强权政治之革命运动、批评现代政治之舆论运动、学会全体动员革命后之理想政治活动、官办学校及实业等所谓"政治活动之例外"。③王光祈在1922年8月1日参加国际青年团会议时散发的《少年中国学会传单》中说道:"因为我们反对一切国内国外强权,所以我们有一部分会员从事革命事业。"④表明王光祈承认会员从事社会革命运动。事实上,不少会员本着学会的精神,积极开展国民外交、反宗教运动、救国运动等活动。学会派代表参加远东各国共产党及民族革命团体代表大会,表明学会作为革命团体得到了社会的认同。

所以在1922年杭州大会上,主席左舜生报告少年中国学会一年来的情形,谈道:"据年来一般趋势,学会已感觉有同他方面发生关系的必要。"而且他把学会加入非宗教同盟,评议部派代表参加远东各国共产党及民族革命团体代表大会,列为学会对外交往联络事件。刘仁静在1923年《对学会的一个建议》中评论说,"年来学会的发展,颇似依此方向进行,如攻击宗教(至少,反对现在中国

---

① 王光祈:《留别少年中国学会同人》,《少年中国》第1卷第8期,1920年2月15日。
②《少年中国学会问题》,《少年中国》第3卷第2期,1921年9月1日。
③ 王光祈:《政治活动与社会活动》,《少年中国》第3卷第8期,1922年3月1日。
④ 王光祈:《我们的工作》,《少年中国》第4卷第1期,1923年3月。

之教会基督教),赞成打倒军阀与国际资本帝国主义,等等,都是我们要歼灭仇雠,伸张我们的新势力的表示"。①这也表达了会员对于学会顺应社会发展潮流,进一步开展社会活动的期待。

杭州年会第一次公开发表学会对于时局的主张,有谓:"本会对时局的主张:对外反对帝国主义的侵略,对内谋军阀势力的推翻。为实现此种目的,本会用舆论及其他方法为独立的活动。同时国内外任何团体,凡实际上能作此种民治主义的革命运动者,本会于必要时得与以相当的协力。"②可见,学会由注重个人修养与学术研究,开始关注时局,有组织地开展反帝反军阀的革命活动,从开展社会活动转向参与政治活动,学会开始由学术团体向政治团体转变。学会公开发表对时局的主张,也可以说是学会创造"少年中国"方针的转变。

就学会对时局的态度,恽代英在《先驱》发表评论说,在中国资产阶级和知识阶级中,少年中国学会能有那样合乎目前需要的主张,是一个较有意义的进步。理由在于,少年中国学会产生自五四运动,他的分子起先在学生运动里确乎还带些爱国主义的革命精神;到后来标定"本科学的精神,为社会的活动,以创造少年中国"这样宽泛不着边际的语句为信条之后,"少年中国"便立即由地上升入云中,"理想的少年中国是怎样""达到他的方法是怎样",不但社会上不知道,就是少年中国学会的人也答不出。"这样空洞没有政治的目标的团体,在组织他的人或许以为他们弃了狭义的爱国主义来希图创造一个少年中国,当然是进了很长的一步。但他们标定的是空泛不能工作的一个少年中国,实恐退了不止百步。去年有他的[一]些分子企图将他的根基建筑在社会主义之上,由他来替中国的无产阶级工作,我觉得这是个罗曼的想法。少年中国学会纯然是个智识阶级的结合,我们是不是能将他们多少庞杂纷纭'我有我的'主张归范到一个明确的社会主义管领之下?假定就说能了,要些只动笔尖的人们去做工人的革命究竟代表何种'值钱'的意义?我老实说一句话,少年中国学会实够不上有一种革命的社会主义。——少年中国学会的进步不是说由现在进到有了一种明确的主义;由空洞信条的现在走向老老实实做历史使命给他决定的工作,那才是他的进步。现在好了,他复由天空下着实地了,他要做倒帝国主义和军阀的工作

---

① 刘仁静:《对学会的一个建议》,《少年中国》第4卷第7期,1923年9月。
② 《一九二二年杭州大会纪略》,《少年中国》第3卷第11期,1922年6月1日。

了,我要希望他成个社会主义团体的人们承认他这是个有意义的前进,不要说'他更退步了'。"①《先驱》是中国社会主义青年团中央机关刊物,站在中国共产党的立场来评论少年中国学会对于时局的态度。如果将《中国共产党第一次对于时局的主张》和少年中国学会的上述态度进行比较,可以看出学会确实用实际行动,顺应反帝反封建的民主革命潮流并跻身其中,开展"独立的活动"。

不过,随着学会包括会员对外活动的影响日益扩大,学会开始规范会员和学会及分会的行动。1923年9月30日,南京会员集会议决对于会员活动的规定:1.学会对于会员个人不违背学会信条的各种活动和意见不加干涉(包括政治活动在内);2.会员个人或少数人不得用学会全体名义参加任何活动。同时对学会对外活动也作出如下规定:1.学会对于国家根本问题欲表示意见或参加活动时,须经过合法手续,预得全体会员多数之同意。2.国家或社会有紧急事件,会员认为学会须表示态度时,得由各分会征求该地会员之同意,用分会名义表达意见;但同时须通知总会请其追认,如多数会员不承认时,应即停止继续进行。他们申明"我们以上的意见纯就学会目前的状况立论,以图多数会员始终爱护学会的结合继续努力"②。表明他们对于会员不违背学会信条的各种活动(包括政治活动在内)的不干涉态度,也是对学会及分会对外活动或对于国家根本问题表达意见的程序规范。

随后,苏州大会决定学会之后的方针为"求中华民族独立,到青年中间去",并确立纲领九条。表示"对曹锟贿选态度,虽明知实言反对无效,仍决定发宣言申讨"③。《总会执行部启事》指出:"此次南京大会议决本会纲领九条,实为本会全体精神所寄托,望会友特别注意。其未到会会员对此如有异议,亦请尽于两月内函告总会执行部,以供会友讨论。如其同意以后,对外切勿再作与此九条精神相违反之言论。"④纲领九条实际上规范了会员的对外言行,明显改变了原定会员不得从事政治活动的禁条。《少年中国学会苏州大会宣言》指出,学会会员的任务为"到青年中间去",鼓吹预备而切实进行民族独立的运动事业。"同人

---

① 恽代英:《少年中国学会最近的进步》,《先驱》第10期,1922年8月10日。
② 《会员通讯》,《少年中国》第4卷第7期,1923年9月。
③ 《本会近事记》,《少年中国》第4卷第8期,1923年12月。
④ 少年中国学会:《总会执行部启事三则》,《会务报告》第1期,1924年,第16页。

等以机会之所容许,多能接近青年。同人决定以后更当注意青年,使他们觉悟而联合起来,以为中华民族独立而努力奋斗。这便是同人最近切实商定的创造少年中国的方针。"[1]表明学会由最初的学术和感情结合转入逐渐实现多数人的理想之实际活动,开始趋向社会活动甚至政治活动,实际上把创造"少年中国"融入追求中华民族独立的奋斗中。不过,也由此引起了学会内部关于共同主义问题、活动问题尤其是政治活动问题的激烈争论。鉴于此,刘仁静发出《对学会的一个建议》,提出在采纳任何一种主义为学会目标都不可能的情况下,"我们总可以提出若干最低限度要求为联合我们的标准,才能改造社会"。"我们为使学会成一知识者的群众机关,我们应扩大我们的联合基础,倘使我们对于现在各种问题皆有一定的态度,一致的主张,无复今日之模糊不清,则同声相应,同气相求,国内志士将不待我们的认识,起而与我们联合,或加入我们的队伍,我们在中国将造成一巍然的社会势力,我们创造少年中国的使命将由此实践。于是组织此会的初意,其精神与锐气,将赖此以复活,中兴与保存。"[2]事实上,随着会员参与政治活动的热情日益高涨,学会的社会活动出现了严重的分化趋势。

就学会的社会活动发展历程来看,如果说少年中国学会"本科学的精神,为社会的活动"的实质内容,在此前"对于政治经济不甚注意,于实际政治尤不愿参加";那么,苏州大会宣言及纲领"不独表示学会由教育、出版、新闻等文化性质的活动,而趋向一般社会问题,尤其是政治经济与国际势力压迫问题",同时也反映出当时的社会情势与知识界对于民族独立精神要求的迫切。[3]因此,1923年以后学会活动已由文化方面扩大到社会方面甚至政治方面,学会方针也确立为"求中华民族独立,到青年中间去",以国家主义为此后学会的教育目标。同时留欧会员在法国组织中国青年党,国内会员也产生是否以国家主义为学会方针的争论。学会因此面临着从学术团体向政治团体转化的危机。

---

[1] 原载《少年中国》第4卷第8期,1923年12月。
[2] 刘仁静:《对学会的一个建议》,《少年中国》第4卷第7期,1923年9月。
[3] 舒新城:《我和教育》,中华书局,1945,第269—270页。

二、对外交流活动

如前所述,学会酝酿和发起于留日学生罢学归国运动,可以说是社会运动的产物。学会从筹备发起之后就积极参加各种社会活动乃至政治活动,在社会上形成一定的影响。

例如,学会发起于1918年6月,正式成立于五四运动之后,但以学会名义参与五四运动的发起筹备。据回忆资料,五四运动的前两天,少年中国学会、爱国会、国民杂志社三个团体的少数成员,大约二十余人,在高工或北大理学院开了一个秘密会议。与会者异常愤慨,有主张暗杀卖国贼的,有主张实行暴动的。最后决定派人密查卖国贼曹汝霖、章宗祥、陆宗舆等人行动,并准备五月四日那天采取行动。这是五四前夕秘密会议的大概。这次会议可以说是痛打章宗祥、火烧赵家楼事件的准备战。①之后,不少会员实际参加五四运动,黄日葵、许德珩等人非常活跃,王光祈、曾琦等学会发起人从他们奋勇有为的表现中,看到了"国家前途一线光明全系于此",认为"少年中国"理想有如此会员不懈奋斗,就有实现之一日。②并将他们吸收到学会中来,共同创造理想的"少年中国"。曾琦此前积极参与留日学生反对中日军事秘密协定运动,留日学生罢学归国运动成为五四运动的引子,曾琦、张梦九等会员不无贡献。五四运动爆发,"先生(曾琦——引者注)时执笔《救国时报》,忧愤成疾,几不起,闻讯霍然,越日北上,代表救国团慰问被捕学生,并与易克嶷等策划六三运动,罢市排货,风靡全国"③。此外,在五四运动中,易克嶷、许德珩、康白情、黄日葵等参加游行示威运动,随后加入少年中国学会。这些都可以说是学会在五四运动中的积极表现。所以黄仲苏说:"民国八年(1919年)五四运动,少年中国学会南北会员多人均在求学期间,实主持其事,其热情与毅力之表现乃于此初试其锋也。"④

又如,学会参与营救陈独秀活动。1922年陈独秀被捕后,由自治同志会、新

---

① 俞劲:《对火烧赵家楼的一点回忆》,载中国社会科学院近代史研究所编《五四运动回忆录》(下),中国社会科学出版社,1979,第89页。
② 李永春、郭汉民:《曾琦"少年中国"理想的渊源》,载《湖南城市学院学报》2006年1期。
③ 沈云龙辑:《曾慕韩(琦)先生遗著》,(台北)文海出版社,1973,第44页。
④ 黄仲苏:《王光祈与少年中国学会》,载左舜生等撰《王光祈先生纪念册》,(台北)文海出版社影印,1968,"附录"第3页。

中国会、共存社、少年中国学会、改造同盟、中国社会主义青年团、马克思学说研究会、非宗教大同盟、非基督教学生同盟等团体联合发表《为陈独秀被捕事敬告国人》的宣言,刊于1922年8月15日的北京《晨报》和8月19日上海《民国日报》。宣言列数了法国殖民者在中国的暴行,阐明这次运动不仅是为了救护陈独秀个人,更是为了救护他所代表的反帝反封建的革命运动。同时指出陈独秀"是个自由思想家","是我们一刻不能离开的好朋友"。我们要牺牲一切,"救护解放运动的明星呀!"号召人民团结起来,共同为打倒封建军阀和帝国主义而努力奋斗。少年中国学会对营救陈独秀亦有所主张,参与发起营救宣言。

又如,学会参加国际青年团会议。1922年8月,王光祈代表少年中国学会参加在德国哥廷根举行的国际青年团第四次会议。他向大会提出了一个改造中国的计划:一方面从事农民教育,一方面拟组织理想经济之模范村,使全国受其影响。"此种模范村之集合,即是我们的少年中国。"[1]并且在会上散发《少年中国学会》传单,宣传学会的宗旨和责任。这也是少年中国学会第一次在国际会议上公开宣传"少年中国"理想,一定程度上扩大了学会的国际影响。

从现有文献资料来看,学会参与的比较有影响的对外联络活动,主要有:

1.参加北京大学学生游日团

1920年北京大学学生游日团访日,被誉为五四运动后中日文化交流的第一步和"中日交流的曙光"。少年中国学会会员是此次游日活动的主体,在推动中日交流方面起了重要作用。

(1)游日团成员组成

访日团成员由孟寿椿、徐彦之、方豪、康白情、黄日葵五人组成,他们都是五四运动中的学生领袖,其中除方豪外均系"少中"会员,而且都是学会执行部的重要职员。黄日葵、孟寿椿也是《国民》杂志的编辑,康白情、徐彦之、孟寿椿也是北大新潮社的干事。他们赴日本所持介绍信说"诸君多是《新潮》《少年中国》《国民》诸杂志的关系者"。[2]五人中"少中"会员占四席,自然成为游日团的主体。事实表明,游日团成员决非"少中"所指定的,而是依据赴日考察的要求,从

---

[1] 王光祈:《我们的工作》,《少年中国》第4卷第1期,1923年3月。
[2]《李大钊全集》编辑委员会编辑整理:《李大钊全集》第3卷,河北教育出版社,1998,第482页。

4月份开始物色,经过徐彦之、罗家伦等人反复讨论,并与胡适等人商议,最后由北京大学校方确定的。① 1920年5月11日《北京大学日刊》公布《本校之赴日考察团》消息称:"本校前届及本届毕业同学孟寿椿、徐彦之、方豪、康白情君等四人,同翻译员黄日葵君(本校预科同学)以北大赴日考察团名义,持有本校介绍书,于前月底赴日本……四君回国后,将以其调查所得详细报告云。"可见,北大学生游日团正式成员只有四人,加上黄日葵是随团翻译。

　　至于游日团的目的,北京大学方面说是"赴日本调查大学学制、课程、图书馆、学生活动、青年思潮等"。②"少中"则公开宣传说,孟寿椿等四会员"赴日作宣传及视察之事业"③。对此,康白情证实说,他们游日"主要是对日本国民进行外交宣传"。徐彦之说此行的目的有宣传与考察两种,宣传主要是将国内学生运动的真相宣传到日本;考察则有日本的教育、社会状况以及5月举行的大选。④这样,北大学生游日团肩负着的中日文化交流的使命,与"少中"对日宣传与考察的任务是统一的。

　　值得注意的是,康白情等人受"少中"执行部的委托,以学会名义在日本进行宣传和接洽。他在1921年2月致学会诸君的信中说道:"去年五月我和彦之、寿椿、日葵他们组成北京大学游日学生团往日本去,曾受执行部委任,以少年中国学会代表名义,接洽其种种新文化运动团体,作相当的宣传。""我所到之处,只要有机会总为少年中国学会宣传。我实际能为她做底事甚少,只不敢藏她底善处,将随舟车所至,把你们所作底成绩告诉给世界底人们罢了!"⑤不仅如此,在游日会员以"少中"名义开展活动时,留学日本的会员田汉一度担任访日团东

---

① 关于游日团成员的组成,徐彦之1920年4月7日致胡适的信说:"派代表到日本去的事情,曾经和志希(罗家伦——引者注)几个人商议了一次,到了用人才的时候,真觉得人材不够用。我们想要各具三种特长,才可以去。一能作文鼓吹,二能演说动人,三善交际。这人材实在难得,不得已,能有一长,几个人拼起来也可以的。于是我们预备在最近十天之内,把此间事情理了手;再一礼拜或十天,预备点材料,作文和演说用的;在五月十日以前,可以到日本。预备三四个人至多不过五个,是谁还不能确定:规[定]了再对先生说。"耿云志主编《胡适遗稿及秘藏书信》第32册,黄山书社,1995,第94—98页。
②《本校之赴日考察团》,《北京大学日刊》1920年5月11日第2版。
③《会务报告》,《少年中国》第1卷第11期,1920年5月15日。
④ 本报驻日特约通信员晋青:《留日学生国耻会盛况》,《民国日报》1920年5月14日第3版。
⑤ 康白情:致少年中国学会诸同志,《少年中国》第3卷第2期,1921年9月1日。

京站的翻译,郑伯奇充当了京都站的随行人员。①沈懋德也为游日团活动"出得有力"。他们三人与新人会等团体接洽,安排游日团的活动,还参与游日团的讲演或聚谈,完全以游日团为"少中"的代表进行活动。所以,北大游日团实际上成为"少中"与日本新文化团体进行接洽的组织。

(2)游日团活动情况

北大学生游日团于5月5日到达东京,6日到中国留日学生国耻纪念会演说,7日开始与日本的进步社团和大学生接洽,8日与东京帝国大学新人会、辩论会、青年会约定分别开会接洽并交换意见,确定在日活动计划。②他们先后参观了东京新村支部、常宝博物馆、早稻田大学、日本女子大学、京都帝国大学、大阪朝日新闻馆、市民博物馆、神户贫民窟,游览了东京、横滨、日光、琵琶湖等地,观察了5月10日的大选举;还先后接洽黎明会、新人会、建设者同盟、友爱会、冷忍会、六日俱乐部及东京西京两帝国大学学生会等团体;会晤吉野作造、森户辰男、宫崎滔天、细川榕次郎、今井嘉幸、片上伸、谭新次郎、木村六一、大山郁夫、长谷川如是闲、椡田烟、麻生次藏、西川辉、河上肇、贺川丰彦等名流。③如《民国日报》所说,北大五个人访问的都是日本新思想占有重要位置的人;所接触的学术团体也都是高挂学术招牌的,所以结果他们都还果有所得。④

就宣传活动言,游日团先后在中国留日学生国耻纪念会、东京帝国大学、中国留学生总会、建设者同盟、东京帝国大学青年会、京都同志社大学、六日俱乐部等发表演讲。演讲的主题,首先是中日亲善问题,着重宣传扩大国民外交之必要,批判无诚意的中日亲善。康白情在《大和魂与世界文化》中指出:"大和魂之精神在重名誉、尚廉耻,勇敢轻死",但是,"今日本人以此精神作利己国而损世界之事实",实则以"大和魂"精神对中国的侵略。方豪演讲《今日青年之责任》时明确地说,今日世界已由国家主义进入世界主义,改善日本这种不合世界新潮的旧教育,实为日本青年之责任。两人的演讲都揭露日本对中国乃至世界的侵略。其次,宣传中国排日运动真相及其原因。方豪直言不讳地说,"中国青

---

① (日)小谷一郎、刘平合著:《田汉在日本》,人民文学出版社,1997,第501—502页。
② 中国社会科学院近代史研究所中华民国史组编:《胡适来往书信选》(上),中华书局,1979,第91页。
③ 《北大游日团与日本思想界》,《晨报》1920年6月15日第3版。
④ 晋青:《中国学生团在日运动所得的教训》,《民国日报》副刊《觉悟》1920年6月11日第1版。

年之所以排日者,实由日本教育上采取军国民教育,致使日本国民有侵略的国民性"。另在《世界改造与思想的关系》中,他指出,"中国排日乃基于世界主义的意义而非国家主义的意义"。孟寿椿的《最近中国思想之改革》分析了中国思想界由于五四运动而发生的剧变,"即由国家的而变为世界的,由静的而变为动的,由个人的而变为自觉的"。康白情在《中国社会的改造》中谈到,抵制日货运动是中国民众对日本帝国主义政策的反击,是促使日本资产阶级反省的不得已手段。他严厉批判日本的侵略主义,同时宣传中国学生运动的真相。这些讲演说明中国反日运动是对日本帝国主义侵略的反击,是中国改造和世界改造的必然。再次,中日学生提携问题。方豪在中日学生联合演说会上重申,现今中日学生是实处于同一难堪之境遇,即皆受军阀官僚资本压迫,我们如果想举提携之实,唯有互相扶助;推倒贵族,推倒官僚,推倒军阀、资本家、特殊阶级。康白情的《中日学生提携运动》演说也指出,中日学生唯有互相扶助才能达到提携的目的;《东亚之新建设与中日文化同盟》进一步提出:"中日青年既皆有改造世界之意愿,而欲以新建设代替旧组织",为排除旧势力的障碍,"不可不为文化同盟",这种同盟"非形式的,乃精神的,非契约的,乃事实的"。另外《世界和平与吾人之使命》也指出,知识分子对世界的战争与和平负有重大责任,"吾人欲弭将来之兵端而谋世界之和平,舍打破帝国主义无他法"。这些说明中国青年包括日本青年都肩负改造世界的责任。最后,交流和讨论社会主义及社会改造问题。康白情在《中国的社会改造》演说中介绍了中国当时推展社会改造的目的及现阶段实况,指出辛亥革命在政治改造方面甚不彻底,此后当为社会改造,改造的目的在谋全人类之永久的最大安全与幸福,建设一种尽善尽美的制度。所作预备事可分为四种:(一)鼓吹,如办报及教育等;(二)组织,如设立各种团体,使中国社会有系统有组织;(三)社会的建设,如关于文化上之永久的设备;(四)实际运动,如学生运动及排货运动等。徐彦之还拜访了日本的马克思主义大师河上肇教授。[1]说明中国社会改造的目的是建立理想的"少年中国"和"少年世界"。

此外,游日团应邀在留日学生国耻纪念会进行演说,向留日学生报告北京

---

[1]《北大游日团与日本思想界》,《晨报》1920年6月15日第3版。

学潮始末详情,被誉为"北大学生与留日学生第一次海外握手"。方豪首先报告一年来国内运动的经过,强调青年的重要责任在对内灌输知识于一般国民,对外当发扬国光,为东亚谋永久和平。徐彦之讲述了北大学生团与留日国耻纪念问题,提出:"我们是狠望今年有这个纪念,明年就消灭这个纪念。消灭的法子,就是雪国耻。但雪国耻,不单是开个纪念会,就可了事,还须有种种进行的方法,我们当竭力研究日本的优点和劣点,作我们雪国耻的准备。"康白情在《知耻与雪耻》演讲中指出:我们从今以后,要从感情运动的中心,移到文化运动上面了。办法是组织通讯社,创日文日报于东京,组织日本调查协会。①纪念会最后通过决议:要求山东由中国直接管理,废除中日军事协约,福州问题依民意解决,释放京津被捕之学生,承认俄国工农政府等。②

从上述演讲可以看出,"少中"会员在游日团对日宣传中起着关键的作用。据亲历演讲现场的《晨报》记者证实,游日团在日本演说的态度"都是狠彻底明瞭的。譬如他们提起政治问题,总都是极力攻击日本军阀和资本家的侵略主义。提起将来的国交,总都是句句说非打倒军阀和资本家永不能有真亲善的实现。提起排货问题,总都是说排货是促使日本国民反省底手段。日本国民何时能彻底觉悟改造国家,我们即何时停止。并且常常说:我们不是排斥那一国军阀资本家底侵略,凡是抱侵略主义的,任何国家我们都一律排斥。这种态度,很能使日本的政府当局和与当局有关系的人注意,并也很能使日本有觉悟的青年,表示同情"。在日本基督教青年会演讲会上,"中国人底持论,个个都是开心见肠,淋漓尽致。对于日本底官僚军阀、资本家,和最高的偶像,都尽全力抨击"。其中康白情等人的演说,"尤使两国青年盛表同情"。③此外,留日会员田汉、郑伯奇、沈懋德为游日团活动起着联络与组织的作用。康白情回国后向"少中"常会汇报时特别提到,游日宣传"这种运动,寿昌、伯奇、懋德都很出得有力"。④可以说,留日会员与新人会的配合,成功地组织了这次文化交流活动。新人会5月8日到游日团所居旅馆接洽,在11日共进晚餐会上,新人会负责人

---

① 《北大游日学生团近讯》,《民国日报》1920年5月8日第6版。
② 《留日学生与国耻》,《晨报》1920年5月13日第6版。
③ 晋青:《中国学生团在日运动所得的教训》,《民国日报》副刊《觉悟》1920年6月11日第1版。
④ 康白情致少年中国学会诸同志,《少年中国》第3卷第2期,1921年9月1日。

赤松克麿提议加强新人会与少年中国学会之友谊,康白情代表学会致答词,表示今后要"互通声息和交换印刷品"。两个团体的联谊,也使这次交流活动达到高峰。新人会在他们出版的《先驱》6月号发表欢迎北大游日团和"少中"的社论说:"五月初能接待您等远来的同志,对吾辈同学、对两国文化运动的未来前途而言,皆是何等高兴之事。"确如所言,游日团到东京以后"陡然为新人会等增加几多声势",罗家伦和胡适都肯定游日团"在日本成绩很好"。①而且通过与新人会的联谊和宣传,日本新文化团体对"少中"十分信任,"他们对于少年中国学会表示十分信托,他们都以改造中国底责任信仰她"。②可见,"少中"的宣传与接洽活动,对于游日团取得好成绩是功不可没的。

(3)游日活动的影响

此次游日活动加深了"少中"会员对日本社会的了解。《民国日报》的社论说,这是中国学生在国际上第一次直接的政治运动,第一次公开与日本人民交换意见,"现在不过在试验室中,仅有公开批评与改益底余地"。③《晨报》记者总结说,通过此次游日团,"日本青年觉悟中国青年不好利用愚弄,而可怕可注意。中国青年确信日本人民觉悟时期尚未到,即有觉悟,也是极少数,不可不格外努力"。日本当局对于中国青年的失望到冰点以下,中国青年对日本新人物的失望至少也要到冰点。④因此,两国学生首次交换,不能在打倒日本军阀的具体目标上达成共识,互相提携的目标也终归失败。

对于"少中"而言,此次赴日活动则颇有成效。首先,会员在日本的广泛宣传与接洽,加深了与新人会的友谊,建立了友会关系。新人会在《迎接国民之友》的报道中说,少年中国学会,与年轻的日本先驱者组织的新人会结下了牢不可破的友谊。⑤康白情回国后向学会专门汇报了此次与新人会接洽的情形,学会嘱作书面详细报告刊登于《少年中国》以广泛宣传。⑥表明学会对于联络新人会活动非常满意。其次,学会进一步接洽了日本的许多新文化社团和进步人

---

① 中国社会科学院近代史研究所中华民国史组编:《胡适来往书信选》(上),中华书局,1979,第94、54页。
② 康白情致少年中国学会诸同志,《少年中国》第3卷第2期,1921年9月1日。
③ 楚伦:《对日交换意见底评论》,《民国日报》1920年5月20日第3版。
④ 晋青:《中国学生团日运动所得的教训》,《民国日报》副刊《觉悟》1920年6月11日第1版。
⑤ (日)小谷一郎、刘平合著:《田汉在日本》,人民文学出版社,1997,第502页
⑥ 《少年中国学会消息》,《少年中国》第2卷第2期,1920年8月15日。

士,交换了社会改造的意见。1921年2月康白情向学会作的报告说:在宣传"少年中国"的理想及成绩的同时,"我们已经和他们相约,互通消息,交换印刷品。我们从日本带回来杂志多种,都是他们送的,已经交结北京总会了。计所接洽的,在东京有新人会,日本建设者同盟本部、冷忍社、晓民会和台湾青年杂志社,在京都有劳学会、六日俱乐部、台湾青年会和朝鲜青年会,望执行部长寄本学会机关杂志给他们"。此外,还有偶然接洽的,并没有互通消息,交换印刷品的团体繁多。① 正是通过与新人会等日本团体的接洽,"少中"广泛宣传了学会以社会运动创造"少年中国"的理想,同时与许多日本新文化运动团体交换出版物,交流社会主义和社会改造的意见,达到了宣传自己和考察日本的目的。从这个意义上说,"少中"借助北大学生团游日的机会进行宣传和考察,不失为以社会运动创造"少年世界"的一次尝试。

2. 发起成立"改造联合"

1920年,少年中国学会与觉悟社、人道社、曙光社和青年互助团在北京组织"改造联合",这是五四运动后进步团体走向联合的一个重要标志。

(1)筹备组织"改造联合"会议

京津地区五团体"改造联合"发起于周恩来及其领导的觉悟社。在1920年8月初该社年会上,周恩来总结一年多来开展天津学生和各界救国运动的经验教训,认为只有把五四运动以后在全国各地产生的大小进步团体联合起来,加以改造,采取共同行动,才能改造旧的中国,挽救中国的危亡。并把它概括为"改造""联合"四个字。② 会后11名社员来到北京,请"少中"负责人之一的李大钊指导并帮助他们联络北京的进步团体。李大钊代表"少中"表示赞同,而且推荐联系曙光社、人道社、青年互助团等宗旨相同的团体,于是觉悟社函邀"少中"、人道社、曙光社和青年互助团五个宗旨相同的团体于16日在陶然亭聚会,商议改造联合的问题。

8月16日,少年中国学会与觉悟社、人道社、曙光社和青年互助团等团体社员聚会。各团体代表相继各有所述后,李大钊代表"少中"答谢觉悟社发起此

---

① 康白情致少年中国学会诸同志,《少年中国》第3卷第2期,1921年9月1日。
② 中共中央文献研究室编:《周恩来年谱(1898—1949)》(修订本),中央文献出版社,1998,第43页。

会。张申府亦发表意见,极力赞成改造联合。李大钊继而提议各团体有必要标明本会主义,"此后似应有进一步的联络"。会议议决各团体各推代表三人,再次开会讨论联合办法。18日,五团体在北大通信图书馆开各团体联络筹备会。议决名称为"改造联合",决议事业数条及组织大纲,公推张申府创拟草案,拟妥后开委员会讨论,决定后再分交各团体通过。根据张申府回忆,他"根据会议的决定和大家提出的意见",草拟了《改造联合宣言》和《改造联合约章》。①8月28日,"少中"常会审查并且全体通过张申府起草的《改造联合约章》草案,由张提交各联合团体代表会议正式通过,并决定各团体通过后生效。到9月6日"少中"通过《改造联合约章》草案,五个团体全部通过,于是《改造联合约章》正式生效。②这样,五团体及其代表先后在陶然亭、中山公园、北京大学图书馆、北大通信图书馆等处召开会议12次,通过了《改造联合宣言》和《改造联合约章》,标志着"改造联合"组织正式成立。

在"改造联合"会议中,"少中"发挥了重要的组织作用。一是积极支持五团体的联络活动。在8月14日学会茶话会上,张申府向北京同人报告了觉悟社在京社员函邀学会会员在陶然亭聚会之事。16日,"少中"推举李大钊、张申府、陈愚生为出席各团体联络会议代表。28日,学会总会常会审查张申府起草的《改造联合约章草案》,征求学会北京会员意见。9月6日"少中"提议通过《改造联合约章草案》,并特别说明:"前经各团体代表会议议决,但须经各团体通过始生效力。本会除南京、上海、汉口及国外各处须另行通告,由其自行开会取决外,北京同人特借本日集会讨论;经全体通过。"③二是"少中"代表在联合改造会议中起着决定性的作用。李大钊支持觉悟社发起的团体联合建议于前,推荐或联络人道社等团体于后,担当了实际召集的作用。更重要的是,他关于各团标明本会主义以便联合行动和今后进一步联络的提议,使五个团体由带有联络性质的聚会发展到共同从事社会改造的联合组织,为"改造联合"奠定了基础。作为学会执行部主任的陈愚生,自始至终参加学会会议和联合团体代表会议,为"联合改造"会议在北京的顺利进行提供了保证。此外,作为"少中"代表的张申府,

---

① 王世儒、闻笛编:《我和北大》,北京大学出版社,1998,第255页。
②《少年中国学会消息》,《少年中国》第2卷第4期,1920年10月15日。
③《会务报告》,《少年中国》第2卷第4期,1920年10月15日。

根据各团体"决议事业数条及组织大纲","创拟草案",将各团体尤其是"少中"的社会改造思路融注于联合改造的约章之中,确立了青年学生运动此后的努力方向。三是,学会的机关刊物《少年中国》起了重要的宣传作用。正如《改造联合宣言》"前言"所说,"五团体谋从事改造事业的各团体之大联合,其进行情形,已见本月刊前两期内的少年中国学会消息栏"。具体地说,第2卷第3、4期学会消息栏分别报道了8月14日"少中"讨论聚会事、16日五团体茶话会、18日友会筹备会、19日"少中"茶话会的讨论、28日审查《改造联合约章草案》,以及9月6日通过约章等消息;第5期刊布了《改造联合宣言》和《改造联合约章》。这表明,学会是将"改造联合"当作此期重要的会务活动来开展并宣传于学会内外的。在《觉悟》《人道》《曙光》等团体刊物未能及时出版或发行的情况下,《少年中国》充当了"改造联合"组织的舆论机关。此外,在推广"改造联合"方面,"少中"率先行动,促成武汉会员在1920年10月成立了武昌改造同盟。[①]这也是目前所见"改造联合"成立后开展的具体活动的唯一史料,也说明"少中"将推广"改造联合"于各地作为重要会务继续开展的。总之,在北京"改造联合"中,李大钊和"少中"会员是召集和筹备的组织者,对于"改造联合"起了重要的推动作用。

(2)"改造联合"的主要目标

《改造联合宣言》称,五团体以"谋从事改造事业的各团体之大联合"为目的,以各团体联合,从自己做起,从小团体到人类大联合的大同为基础,以求人类"基于相爱互助的精神,组织一个打破一切界限的联合",以实行社会改造。组织"改造联合"的理由是:在一个联合里的各团体,所悬的理想固然不无稍有远近的差别;但是我们相信社会若是已经到了一种机运,可以实现我们的最高理想,那悬较近的理想的团体,绝不固执他们最初的理想,反之,也是达到最高理想的过程;"共同努力于这个目标,我们距离最高理想也就较近了一步"。因此,团体联合乃出于克服"单微、孤独、不经济的苦痛",在分工与互助的基础上联合起来,切切实实地求社会改造,其方向是"到民间去"。

根据《改造联合约章》的规定,联合团体即须举行的事业包括"宣传事业之

[①] 张允侯等编:《五四时期的社团》(一),生活·读书·新知三联书店,1979,第155页。

联络""社会实况之调查""平民教育之普及""农工组织之运动"和"妇女独立之促进",其活动指向"民间",也就是到田间和工厂去,与人民为伍。他们深入民间的目的,一方面在于改造自己,更重要的一方面是宣传友爱互助的精神,建立一个打破一切界限的大联合形式的大同世界。这种大联合的实现,不可不先由自由人民按他们的职业结合的小组织作为基础。"我们为渴望此土的各种自由组织,一个一个的实现出来,不能不奔走相告,高呼着'到民间去!'"显然,这是一种明显带有理想主义色彩的联合改造思路,"到民间去"表达了知识分子对于新社会的热烈追求和努力创造一种新生活的尝试,表明了他们将个人改造与社会改造并举的决心。

"到民间去"的口号不仅仅是五四时期社会改造思潮的反映,也是五个团体的社会改造思想的综合和具体反映。就"少中"而言,除了前述的联络友会外,王光祈组织菜园新生活的讨论和开展工读互助团的实验,不少会员进行联络在法华工和学生的活动,也有会员宣传和发动农民以建设新农村,以农村作为社会改造的起点。有回忆说,在8月16日五团体联络会上,李大钊在答谢词中"热情地希望青年知识分子到劳工中去,到农民中去,和他们同命运,共呼吸,了解他们,启发他们,依靠他们。因为20世纪的革命,必定是滔滔滚滚的群众运动"[①]。与李大钊同样倾向社会主义的陈愚生,认为中国的政治问题不可能在政治的本身求得相当解决,而要进一步从根本上(即生计与道德两个方向)着想,"非以自下面做起的精神,不足以改革政治,扶起中国",并以此自勉勉人。[②]他译述的《俄国青年的独立生活》,颂赞俄国青年是社会主义的实行家,"他们看劳动者与自己是平等的,有许多青年男女舍了他们的家庭,尽着他们的力量到那农村和那实业发达的城市,去谋他们自立的生活"。[③]从王、李、陈的思想倾向可看出,"到民间去"不只是他们个人,而是"少中"以社会运动改造中国的基本路径。

人道社、曙光社的社会改造思想,不妨以先后加入两团体的郑振铎为例来说明。他在1919年12月讨论社会改造问题时,就提议成立一个宗旨趋向相同的新文化期刊的联合机关,提出知识分子为"社会服务"的口号,号召青年学生

[①] 马连儒:《风云际会:中国共产党创始录》,中国社会出版社,2001,第144—145页。
[②] 周太玄:《悼陈愚生》,《少年中国》第4卷第10期,1924年2月。
[③] 少年中国学会编:《少年中国学会会务报告》第2期,1919年4月1日,第7—8页。

"我们的将来在田间,在工厂里;我们的朋友乃是可爱的农夫,乃是自食其力的工人"。在《再论我们今后的社会改造运动》中提出,进步青年"去学俄罗斯的青年男女的'去与农民为伍'的精神,去教育他们,指导他们,把他们的思想改造,迷梦警醒,同时并把他们的生活改造"[①]。他负责编辑的《人道》着力宣传以人道主义来改造旧社会,建立一个德谟克拉西的新社会。觉悟社在其宗旨中揭橥"互助""改造"的旗帜,强调以思想改造为主。可以说,"到民间去"是在各团体的社会改造精神的基础上,综合与会代表的意见而提炼出来的共同口号,并正式确定为五团体乃至更多青年团体的努力目标和方向。

"到民间去"也是实现《改造联合约章》规定的"结合各地革新团体,本分工互助的精神,以实行社会改造"的方法或手段。鉴于此前宗旨相同的各小团体长期以来各不相谋,不能互通声气而为共同活动,使种种改造活动成为空谈梦想,"改造联合"旨在克服各小团体势孤力单,各不相谋的散漫状态,"切切实实做点事",联合实行社会改造。"况且联合的团体愈多,我们的共同目的愈加简单,我们向此目的的实行力愈加集中,我们共同努力的效果或者可以愈加实在,我们达到最高理想的距路也就近了一程"。可见,组织"改造联合"的目的,在于联合宗旨相同的团体,切实从事改造运动,以"民间"作为改造社会的起点,"到民间去"为各团体改造社会的统一路径与具体方法。"到民间去"作为共同口号,显示了京津地区青年进步团体的联合态势,表达了各团体朝着实现社会改造这一最高理想而共同努力的路向和决心,成为团体联合改造的核心内容。

不仅如此,"改造联合"会议提出了确定少年中国学会主义的要求。"改造联合"旨在结合各地革新团体实行社会改造,因而在各团体分工互助中就难免地存在着各团体的改造与联合团体的改造之间的矛盾。虽然各团体宗旨相同,即他们要达到的目标或实现的理想大致相同,但是具体实现各自宗旨的手段、方法与步骤并不一样,而主义是实现理想的工具与手段。在各团体的最初理想与联合团体的最高理想的关系上,虽然各个团体所悬理想存在远近高低之别,但在一个最高的共同理想之下,只要切实从事改造运动而不是流于空谈,就有俾于社会改造事业。《改造联合宣言》明确表示:要实现共同的最高理想,必须有共

[①] 陈福康编著:《郑振铎年谱》,书目文献出版社,1988,第25、27—28页。

同的主义。在社团宗旨相同的前提下,共同理想虽说并不要求以最高理想来改变各团体的理想,但是共同主义势必或局限或推动各社团原有主义,自然要影响到各社团成员的具体的行动。

于是,李大钊在8月16日五团体的聚会上提出了标明主义的问题。《少年中国》月刊是这样报道的:"李君(李大钊)提议各团标明本会主义之必要,盖主义不明,对内既不足以齐一,全体间此后似应有进一步的联络。"[①] 这是目前所见李大钊就"改造联合"提出主义要求的最原始的记载,因为《少年中国》的"会务消息"栏是由参与"改造联合"会议且向来与李大钊思想倾向一致的陈愚生负责编辑的,应当是相当可靠的。就文字来理解,标明主义在各团体内部是为了统一会员思想,在联合团体则是为了进一步联络与共同行动。从具体要求与步骤来看,应当是各团体已有了主义的将主义明确地标出来,没有主义的则明确自己的主义。这是对参加联合各团体的一致的要求。李大钊在提议中列出应该标明少年中国学会主义的三个理由:一是其他小团体都有自己的主义作为"鲜明之旗帜";二是学会已经进行了两年的主义研究,确立主义的条件已成熟;三是标明主义便于对内统一思想与对外联合行动。就无数小团体有"鲜明之旗帜"这一层来讲,此乃李大钊提出"少中"标明主义的一个前提条件和外部因素,自然不容忽视。在这种情况下,李大钊提出要确定学会的共同主义,其可供选择的解释就是改造联合的需要,即以联合为契机,推动学会标明主义的进程,实现学会性质的转变。

(3)"改造联合"对学会的影响

"改造联合"对少年中国学会产生了重要影响,一方面以"改造联合"为契机推动了会务的发展,也成为学会在1920—1921年发展到鼎盛时期的一个重要表现。"改造联合"对于学会会务的推动,表现在八九月间北京会员多次参与讨论联合与改造诸问题,尤其是李大钊等代表学会参与"改造联合"会议,《少年中国》月刊进行舆论宣传,已如前述;更为重要的是推动了武昌改造同盟的成立。据《互助》第1期(1920年10月)的报道:"武昌有许多小团体,他们每个团体人数都少,程度亦幼稚,但他们却一样是有志改造社会,而且彼此有几分了解。本年

[①]《少年中国学会消息》,《少年中国》第2卷第3期,1920年9月15日。

九月间,因北京各小团体有改造联合的动议,少年中国学会陈愚生通知了他们,他们因有发起同类联合的意思。"10月3日,日新社、互助社、辅仁社、利群书社及人社等社团的部分社员,在利群书社开改造同盟发起会议,定规约七条。有论者指出,改造同盟是恽代英等人社团思想具有政党内容的标志,是"结一个死党"(以实现事业)思想的直接行动,也是他们企图扩大组织、改革社会的一种尝试。① 其实,陈愚生对于武昌改造同盟的推动作用也是不容忽视的。他是参加北京改造联合的"少中"的代表,更是学会第一届执行部的副主任,在主任王光祈1920年3月赴欧洲后代理其职务,又是第二届执行部主任,在北京发起组织"改造联合"后,以学会总会名义通知武汉会员恽代英等人,要求发起同类联合。从北京与武昌的两个规约的比较可知,二者的基本精神是一致的,从团体的入会退会到会议联络、通信等具体内容也基本相同。不同之处在于,一是武昌改造同盟没有标明组织宗旨,似是接受北京总会所定宗旨之意;二是明确利群书社是同盟的中心,具体负责收捐款、筹备开会,其发行的《互助》负责搜集同盟报告及其有价值的讨论文字。这一点比北京"改造联合"中《少年中国》的职责更明确。可以说,作为武昌地区小组织联合的标志,改造同盟是"少中"直接影响与推动的产物。

另一方面,由"改造联合"引发了学会的共同主义的争论,成为导致学会分裂的最大原因。陈愚生在1921年7月南京年会上说,学会"在最初组织时,原不求大家主义相同。自去年与其他团体接洽,他们都有一定主义,于是我们遂发生需要共同主义的要求"②。李大钊虽然在"改造联合"过程中没有提出以社会主义为共同主义,但他早在1918年底就在北京会员中宣传布尔什维主义与共产主义,在提出标明主义问题后积极推动学会确立以社会主义为共同主义,试图改变学会为社会主义团体。张申府在"改造联合"会议之后的9月20日,给学会发出一封公开信,主要目的"是希望把少年中国学会内部的辩论引向有利于政治参与的方面,特别是共产主义"③。他主张废国、减产、绝婚姻,"对于社会主义自然要绝对的信奉,共产主义是社会主义的精华,对于共产主义自然更要绝

---

① 田子渝:《武汉五四运动史》,湖北人民出版社,1999,第194—195页。
②《少年中国学会问题》,《少年中国》第3卷第2期,1921年9月1日。
③(美)舒衡哲:《张申府访谈录》,李绍明译,北京图书馆出版社,2001,第110页。

对信奉"。而且要将它作为改造现社会的工具,"吾绝对相信救治今日的病恶,必须实行社会主义(共产主义)"。①同年12月,刘仁静与恽代英通信讨论学会主义问题,提出要考察中国的制度风俗习惯,用原来信奉的主义作参考,确定一个共同的主张。他认为,学会当时的任务就在用科学方法,研究中国实际来寻求一个适合中国国情又能达到共产主义的方针来。②而且,张申府、刘仁静出于对学会主义现状的不满,相继要求退会,或者说是以退会胁迫学会确立共同主义。总之,在李大钊提议标明学会主义之后不久,北京会员主张鲜明地标出学会主义,部分会员对以社会主义为共同主义的要求也相当高,甚至以改造学会为政治团体而努力。可以说,李大钊在改造联合会上的提议以及刘仁静、张申府等人标明共同主义的要求,把吴淞会议上确定学会共同主义的时机与预设提前了。这也表明,学会内自由研究主义,尤其是社会主义的学理研究与预备实验,已经创造了学会确立主义的有利条件。而共同主义的问题,同时也直接造成学会性质转变或者学会分化的危机。

3.参加北京民权运动大同盟

1922年8月在北京发起成立的"民权运动大同盟",是中国共产党利用公开群众团体的组织形式实现民主联合战线的一种尝试。③少年中国学会会员邓中夏等人是主要的发起人和积极参与者,学会还参与了一系列的力争民权运动。

(1)参与发起民权运动大同盟

1922年直奉战争结束后,独掌中央政权的直系军阀政府提出"恢复法统",恢复《临时约法》和国会,并准备召开国会,酝酿制定宪法。北京各界人士乘机要求在宪法上规定人民的权利和自由,于是发起组织"民权运动大同盟",进行广泛的争取民权运动。其发起人为李石曾、王法勤、王用宾、胡鄂公、焦易堂、彭邦栋(以上五人为国会议员)、李大钊、王士杰、高一涵、皮宗石、周鲠生、张竞生、马叙伦、黄侃、马裕藻(以上为北大教授)、邓中夏、杨钟健、朱务善、范鸿劼、黄日葵、范体仁、杨副时、高君宇、李世军、韦青云、许孝炎、邓文、范予遂等(以上为各

---

① 中国社会科学现代史研究室等编:《"一大"前后》(一),人民出版社,1980,第144—145页。
② 刘仁静致代英,《少年中国》第2卷第9期,1921年3月15日。
③ 参阅李永春、黄海林:《北京民权运动大同盟成立及其活动述略》,《党史研究与教学》2015年第6期。

大、专学校学生)等,于8月15日在湖南会馆开会,选出李大钊、李煜瀛、邓中夏、胡鄂公等十五人为执行委员。①发起人中李大钊、邓中夏、黄日葵、高君宇等都是少年中国学会会员。

8月20日,缪伯英、罗澄、邓飞黄、高君宇、范鸿劼等十余人发起"民权运动大同盟",以扩大人民权利,保障宪法,扫除民权障碍,贯彻民主政治为宗旨,在北大第二院召开筹备会议,到会者近百人,首由发起人代表郭春涛说明发起此会之宗旨及经过后,众遂推高君宇为临时主席。会议讨论了组织名称、宗旨及组织活动等项,经两小时之久,最后乃推定杨廉为筹备主任,范鸿鹄[劼]、刘仁静、高尚德、邓飞黄、缪伯英、罗澄、刘范科、蔡和森等8人为筹备员,起草章程,筹备开成立大会事务。"闻该会纯取公开态度,凡有志争民权者,皆可加入云。"②筹备员中刘仁静、高君宇等是少年中国学会的骨干。

8月24日下午,民权运动大同盟在北京大学大礼堂举行成立大会,会议首先由杨廉代表筹备委员会报告同盟成立经过,邓中夏将《简章草案》逐条向大会宣读,提请与会者讨论。会上通过大会宣言,并通电全国。宣言提出集会、结社、言论、出版自由,实行普通选举,制定劳动保护法,男女平权四大政治要求。会后,选出各股职员:主席邓中夏,副主席杨廉,文书股杨钟健、章廷谦,庶务股罗澄、刘俊,交际股何孟雄、郭春涛,宣传股范鸿劼、杨廉,编辑股罗章龙、邓飞黄,法律委员会周长宪、林素园,劳动委员会邓中夏、刘明俨,筹款委员会李骏、缪伯英。为了扩大宣传,唤起人民觉醒,大同盟决定出版刊物,定名为《民权》,由邓中夏、范体仁负责出版发行工作。

由此可见,少年中国学会会员李大钊、邓中夏、杨钟健、朱务善、黄日葵、高君宇等人参与北京民权运动大同盟的发起和筹备工作,在成立大会上李大钊、邓中夏等15人被选为执行委员。所以有人说,民权运动大同盟有少年中国学会的会员在里边做骨干。③而且,少年中国学会加入民权运动大同盟。据《晨报》报道,民权运动大同盟自成立以来,加入者异常踊跃,达数百人。日内将举

---

① 中国社会科学院近代史研究所编:《五四运动回忆录》(下),中国社会科学出版社,1979,第186—187页。
②《民权运动大同盟将成立》,《晨报》1922年8月21日第3版。
③ 中国社会科学院近代史研究所编:《五四运动回忆录》(下),中国社会科学出版社,1979,第1015页。

行公开讲演,以讨论各种——争自由运动、普遍选举运动、劳动立法运动、男女平等运动——之方法,并举行游行讲演及庙会讲演,以惊醒市民之迷梦,而得大多数之同情。①该同盟这次运动联络各团体作一大规模的运动,闻加入者已有平民阶级大同盟、少年中国学会、国民裁兵促进会、新潮社数十团体,在双十节国庆日举行游行示威,露天讲演,分发传单,对军阀和国会加以警告。②可见,不仅少年中国学会会员参与发起北京民权运动大同盟的筹备活动,少年中国学会也加入北京民权运动大同盟。

在推动民权运动大同盟方面,邓中夏及中国社会主义青年团亦作出了许多努力。1922年9月24日团中央执委会议上书记报告:北京邓中夏同志来信促组织民权运动大同盟,并附有民权运动大同盟大纲和宣言各一份。议决民权运动大同盟由中央通告各地方团和共产党支部合力进行,联合各处各团体,发起组织之。③9月26日,中国社会主义青年团中央执委会就"民权运动大同盟"一事发出第22号通告,要求全国团员加入"民权运动大同盟"。通告指出,现在北京同志已经首先在北京发起民权运动大同盟的组织,并公布其大纲和宣言,邀请全国的人民一齐加入去干。中央议决团员同志加入这个运动的必要,并且得承认其大纲和宣言。使这个运动的组织一致和民众的势力集中,尤其是这种群众运动的最要条件。④1922年10月15日,邓中夏草拟的《民权运动大同盟宣言》在《先驱》第12号全文发表。宣言称:"我等人民困于水深火热之中,受尽种种强权者的非法摧残,其痛苦已达极点!同人等于忍无可忍之余,起而组织这个'民权运动大同盟',冀得伸张民权,以解厄运","我们'民权运动大同盟',就是以伸张民权,铲除民权的障碍(即军阀和国际资本帝国主义)为职志","我们揭橥的四大标的,就是:(一)集会结社言论出版有绝对自由权;(二)普遍选举;(三)劳动立法;(四)男女平权"。宣言号召全国青年:"宪法是人民的权利保证书,我们该乘此国会重行制宪的时候,来作一番争夺民权的运动。"宣言经过团刊《先驱》的宣传,进一步扩大影响,成为全国性民权运动的指导思想。

---

①《民权运动大同盟之进行》,《晨报》1922年9月5日第3版。
②《民权运动大同盟之进行》,《晨报》1922年9月26日第3版。
③《中国社会主义青年团一大及其筹备会议和第一届团中央执委会议记录》,《党的文献》2012年第1期。
④原载《先驱》第16期,1923年2月1日。

(2)参与力争民权的活动

1923年2月3日,民权运动大同盟、北大学生干事会、中国劳动组合书记部、少年中国学会、马克思学说研究会等40多个团体联合在北河沿举行会议,讨论对于时局的态度,决定开展以"推翻军阀政治、建设民主政治"为目标的"废督裁兵,教育独立"运动。

1923年2月7日,邓中夏与李大钊、张国焘、罗章龙、何孟雄、杨廉、阮永钊等参加民权运动大同盟、北京学生联合会、北大学生干事会、北京各团体联合会筹备会、中国劳动组合书记部、北京社会主义青年团、少年中国学会等十余个团体的代表开联席会议,讨论援助京汉铁路工人罢工事宜。会上大家认为"此事为国民争自由运动之发端,非仅京汉工人之自身问题。当议决向全国各方面积极的大规模的活动,以援助赤手奋斗的京汉工人"。一致议决:一、由李大钊草拟,以中国劳动组合书记部名义发出快邮代电,通告全国各工团起而援助,为一致之行动;二、派朱务善、罗章龙到郑州,张国焘到长辛店,在工人补习学校内或化装从事鼓吹工人坚持八小时工作,增加生活费,恢复总工会等条件,并代拟各文件;三、致函天津、济南、郑州等各学生团体、所属劳动组合书记分部,出全力以助长此次罢工风潮;四、推定宋天放、范鸿劼、邓飞雄、张济海、郭春涛、刘仁静等分别向未罢工各路工会,出面提倡罢工,以与京汉表同情,并由在京同志担任代拟工人一切种类传单,由北大印刷部印就,陆续寄发,一面进行募捐事宜。五、积极筹款,为京汉工人提供经济援助。并当场推定委员七人,执行议决事项。决议通过发表宣言、组织游行示威和筹款援助等办法,向全国各方面进行积极的大规模的活动,以援助赤手奋斗的京汉工人,并决定派代表慰问罢工工人。决定成立"铁路工人后援会","向全国各方面为积极的大规模的活动,以援助赤手奋斗的京汉工人"。[1]

1923年5月1日,在北京天安门召开纪念五一国民大会。到会团体有劳动组合书记部、社会主义青年团、俄罗斯研究会、民权运动大同盟、少年中国学会等40余团体及高师、北大等30余学校,约计五六千人,韩麟符为主席,何孟雄、高尚德等十余人发表演说。会议通过五项决议:(一)拥护工人集会结社及罢工

---

[1]《京汉路罢工中之惨剧》,《晨报》1923年2月8日第3版。《京内外各团体群起援助》,《晨报》1923年2月8日第3版。

之自由,恢复被封工会;(二)推倒张内阁并严惩张绍曾、刘恩源、彭允彝、程克等;(三)革除国会中被政府收买之不良分子;(四)请国民一致努力收回旅大及片马;(五)严惩"二七"屠杀祸首。①

1923年8月21日,北京的新潮社、晨报社、马克思学说研究会、社会主义青年团、非宗教大同盟、改造同盟、新中学会、共存社、少年中国学会、新民学社、平民阶级大同盟、共进社等14个团体700余人,在北大三院召开欢迎苏俄代表会。苏俄代表团在会上报告俄国社会近况,与会同志受到很大鼓舞。

1923年10月10日,民权运动大同盟联络在京的平民阶级大同盟、少年中国学会、国民裁兵促进会、新潮社、社会主义青年团、马克思学说研究会、劳动组合书记部、共进社等70多个团体,在双十节举行了一次大规模的国民裁兵游行示威运动,参加游行的群众达两万多人。②

1923年2月3日,北京民权运动大同盟、平民阶级大同盟、北大职员校务协进会、直隶教育改进会、马克思学说研究会、中俄协进会、北大平民教育讲演团、共进社、民治主义同志会、少年中国学会、国民监督会团、北大学生干事会、北京学生联合会、唯真学会、社会主义青年团、劳动组合书记部等40余个团体,在北京开会讨论应付时局之办法。结果决定以推翻军阀,建设真民主政治为宗旨。并决议:(一)推翻现国会;(二)废督裁兵;(三)教育独立;(四)联络团体至相当时期开一国民大会。③

由上可见,少年中国学会作为北京民权运动大同盟成员,不少会员参与民权运动大同盟活动,力争民权。

4.参加非宗教大同盟

少年中国学会加入非宗教大同盟,成为非宗教运动的主要参与者之一。

非宗教大同盟于1922年3月12日在北京发表公电,称发起组织该同盟是"依良心之知觉,扫人群之障雾,本科学之精神,实进化之光华",发誓"要为人类社会扫除宗教的毒害,我们深恶痛绝宗教之流毒于人类社会十百千倍于洪水猛

---

① 《五一节之国民大会》,《晨报》1923年5月2日第3版。
② 中国革命博物馆党史研究室编:《党史研究资料》第7辑,四川人民出版社,1987,第23页。
③ 刘文耀、杨世元编:《吴玉章年谱》,四川人民出版社,1998,第101页。

兽,有宗教,可无人类,有人类,应无宗教,宗教与人类,不能两立"。① 其着眼点在于宗教与科学真理不相容,亦与人道主义完全违背。《少年中国》月刊第三卷七期刊登了《本会响应非宗教同盟之通电》,原文如下:二十世纪科学昌明,宗教势力何能存在? 本会宗旨系"本科学的精神",对于此非科学的而满带迷信臭味之宗教,自在反对之列。非宗教大同盟登高一呼,誓破迷毒。本会闻之,不胜欣喜。自当力尽绵薄,誓为后盾,以期障雾扫尽,文化昌明。尚祈国内外各同志一致奋起,共图进行,无任盼祷。②首次公开表明学会对非宗教运动的态度。在1922年7月杭州大会上,左舜生报告一年来学会趋势时明确说,学会已感觉有同其他方面发生关系的必要,故参加此次反基督教同盟大会,并成为宗教同盟之一员。③从左氏总结及团体的行动可以看出,"少中"同其他方面发生必要关系主要指这些政治性质的组织或政治运动,表明"少中"以非宗教运动开其端,转向政治运动。

此外,少年中国学会出版了许多非宗教的演说、声明和电文,用舆论推动非宗教运动。学会在非宗教运动中的具体活动和影响,容后详述。

5. 派人参加远东各国共产党及民族革命团体代表大会

远东各国共产党及民族革命团体第一次代表大会是共产国际为推动各国革命、抵制与对抗帝国主义瓜分远东的华盛顿会议而召开的国际会议。少年中国学会派高君宇出席会议,在会上宣传少年中国学会的主张。

(1) 高君宇代表学会出席大会

据罗章龙关于远东各国共产党及民族革命团体第一次代表大会的回忆,共产国际代表当时一再强调,各党派各民众团体都要有代表,特别注意要容纳有代表性的人物参加。④少年中国学会评议部讨论决定派高君宇为代表出席这次大会。学会执行部主任杨钟健开出介绍信,内容如下:

远东民族问题讨论大会诸君:

---

① 《非宗教大同盟宣言》,《晨报》1922年3月12日第3版;《民国日报》1922年3月21日第3版。
② 《本会响应非宗教同盟之通电》,《少年中国》第3卷第7期,1922年2月1日。该期标明出版时间为2月1日,实际出版约在4月。
③ 《杭州大会纪略》,《少年中国》第3卷第11期,1922年6月1日。
④ 罗章龙:《椿园载记》,生活·读书·新知三联书店,1984,第175—176页。

我们十分欣喜接收你们约我们赴会的召请。少年中国学会的重要目的,是要从旧中国里奋斗出个少年中国来。我们理想中的少年中国和达到她的方法,完全是依据着科学的安置及指导;所以凡是企图从颓败的旧社会里另建安适的秩序的运动,我们对之莫不深表同情,我们现在特举我们的会员高尚德君代表我们到会;我们很希望他能表示出我们为国际努力的垦忱,并希望他能给我们带归好多需要的训练及材料。我们谨预祝此会的成功!

少年中国学会执行部主任　杨钟健
北京,一九二一年十月廿五日①

高君宇于1920年10月底动身赴苏俄,11月7日到达满洲里中苏边境,13日到达伊尔库斯克。他当天用英文填写"代表调查表",其中填写内容有"现有什么委任状:少年中国学会","委任状签署者:少年中国学会执行部主任杨钟健","属什么党派或团体:少年中国学会"。②

1921年1月21日,远东各国共产党及民族革命团体第一次代表大会开幕,高君宇当选为大会资格审查委员会委员,负责审查代表资格。主要工作一是填写《远东共产革命党代表大会代表调查表》;二是由大会资格审查委员会公布各国代表团政治文化状况调查表,对各国代表的成分、党派和教育程度进行归类和统计;三是填写大会资格审查委员会关于中国代表团年龄状况统计表。③

高君宇还代表少年中国学会于1922年1月24日上午在第四次会议上发言,主要介绍中国的经济形势,提出中国工农不仅受到帝国主义的剥削,而且受到本国资本家和军阀官僚的统治。因此,中国民众的境遇是十分艰难的,所以中国革命者的首要任务是谋求中国人民的经济解放,只有这个问题解决了,其他问题才能迎刃而解。如果中国人民能摆脱外资的控制,其他民生问题也迎刃而解了。他首先谈到中国的经济发展问题,强调随着外国在华资本的增加,年轻的中国工人阶级开始觉醒并认识到自己的阶级利益。中国工人阶级很快就会起来公开与外国压迫者斗争,反对外国干涉。接着,介绍中国的经济形势的

---

① 中共"一大"会址纪念馆编:《中共首次亮相国际政治舞台　档案资料集》,上海人民出版社,2016,第352页。

② 中共"一大"会址纪念馆、上海革命历史博物馆筹备处编:《上海革命史资料与研究》第7辑,上海古籍出版社,2007,第809页。

③ 杨奎松:《远东各国共产党及民族革命团体代表大会的中国代表问题》,《近代史研究》1994年第2期。

背景,涉及大工业、财政和财政政策、农民状况、纺织业等方面。"整体上说,目前中国的经济形势呈现出的是一幅受到残酷压迫和外国帝国主义国家前所未有剥削的图景。正在举行的代表大会应当指定出一个使我们摆脱这种羁绊的办法。我们在这里的所有代表一致认为。我们代表的是那些完全被帝国主义统治的国家。同志们,我们希望你们,与会代表们,考虑这个问题并且寻求行之有效的使我们挣脱帝国主义压迫的办法。"最后,高君宇还应代表们的要求,介绍了银行团的历史及其影响,指出,"它(银行团)没有建成乃是因为各帝国主义国家尤其是美国和日本利益的分歧。华盛顿会议的召开部分地是想达到启动银行团的目的"。[①]

学会派遣高君宇出席远东各国共产党及民族革命团体代表大会,视为学会对外联系的重要事件之一。在1922年7月杭州年会上,左舜生报告上次年会以来的会务情形,说道:"又如去年在俄罗斯的莫斯哥京城所开的民族自决大会以对抗同时在华盛顿招集的太平洋会议的远东各民族参与的会议,本学会亦由评议部议决派人出席大会。"[②]

(2)对大会精神的宣传及其影响

远东各国共产党及民族革命团体第一次代表大会初步提出了建立国际的反帝国主义联合战线和国内的民族革命统一战线。中共代表回国后一起向中共中央汇报和宣传这次大会精神,中共中央据此提出了建立民主联合战线的政策。1922年6月15日发表的《中国共产党对于时局的主张》提出要邀请国民党等革命的民主派及社会主义各团体召开一个联席会议,共同建立一个民主主义的联合战线。[③]李大钊、邓中夏、刘仁静等共产主义派在1922年6月1日向杭州年会提交《北京同人提案——为革命的德谟克拉西(民主主义)》,宣传中国共产党的政治主张——打倒军阀和国际帝国主义,并且在学会内率先倡导建立"联合的战线,用革命的手段,以实现民主主义为前提"。这不仅对宣传《中国共产党对于时局的主张》及其建立民主联合战线的策略主张产生了积极的影响,而

---

① 中共"一大"会址纪念馆、上海革命历史博物馆筹备处编:《上海革命史资料与研究》第7辑,第729—732页。
② 《一九二二年杭州大会纪略》,《少年中国》第3卷第11期,1922年6月1日。
③ 中共中央党史研究室第一研究部译:《联共(布)、共产国际与中国国民革命运动(1920—1925)》,北京图书馆出版社,1997,第118、119页。

且对学会尤其是杭州年会产生了重要影响。

高君宇在学会内宣传贯彻远东各国共产党及民族革命团体代表大会精神，对于少年中国学会的影响也是不容忽视的。在1922年7月的杭州年会上，讨论学会近来争论最为激烈的政治活动问题，左舜生、郑伯奇、田汉等都主张对当时的时局应该表示明确的态度，一是借力舆论，推倒军阀；二是对于倒军阀的团体在精神上予以积极的援助。高君宇发表长篇大论，大意是说："我们的团体非有明白的主张不可。这种主张就是主义。我自身是信马克斯主义的，去年便已如此想，并希望学会采取马克斯主义。我相信无明显的主义，便不能做出什么事业。就目前而论，采明显的主义虽是不可能，而采取共同的趋势却是必要，并且可能。"就对于时局的态度，高君宇明确表示："我们对时局的态度，当脚踏实地，根据于目前的政治及经济的实况。就现状言之，中国所有者［是］外国的帝国主义及国内军阀。外国资本家除经济的侵略，并利用政治以达他们的目的。结果中国的政治陷于半独立状态中。因此除反对军阀以外，我们应于任何可能范围内揭示帝国主义的恶魔，美国亦在反对之列。至于倒军阀的方法，第一步就是用舆论唤醒国人对军阀的意识的反抗。凡是赞成民治主义者，我们都当表同情，并监督他们不许与军阀联合。我们更不能赞成小资本主义的妥协主义。"据《杭州大会纪略》，高尚德发表了他的意见以后，经过一番很激烈的讨论，结果通过学会对时局的主张："对外反对帝国主义的侵略，对内谋军阀势力的推翻。为实现此种目的，本会以舆论及其他方法，为独立的活动。同时国内外任何团体，凡实际上能作此种民治主义的革命运动者，本会于必要时得与以实际的协力。"对于学会的主义问题，左舜生提议："我们仅能揭明希望的趋势，而不能确定什么主义。""富有弹性的列举，把各会员心目中理想的少年中国所当具有的特色胪列出来，然后抽出共同点作为全体活动底共同目标。"高尚德赞成左舜生的提议，并列举他的意见：(a)反资本主义；(b)反对个人主义的运动；(c)表同情于第四阶级。据《杭州大会纪略》可知，对主意问题讨论多时，大众统赞成左舜生的提议。[①]显然，高君宇在发言中宣传远东各国共产党及民族革命团体代表大会精神及中共提出的建立民主联合战线策略精神，学会对于时局的主张以及对政

[①]《一九二二年杭州大会纪略》，《少年中国》第3卷第11期，1922年6月1日。

治的态度,基本上接受和体现了他的发言精神。由此可见高君宇对杭州年会及学会发展的影响。

由上可见,少年中国学会的对外联络和宣传活动,是学会对外会务活动的主要表现,适应了创造"少年中国"和"少年世界"的需要,也顺应了当时国内外形势发展的需要。在扩大学会的社会影响的同时,也加快了学会从社会活动团体向革命团体的演变。随着创造"少年中国"从理想进入实际运动,会员纷纷参加各种社会活动和学会允许的政治活动,部分会员甚至参加学会限禁的政治运动。学会也开始从学术团体向社会活动团体甚至政治活动团体转变。

第四章 少年中国学会的主要活动(二)

少年中国学会以社会活动创造"少年中国",而以教育作为社会活动和社会事业的重点。因为教育一方面革新思想,另一方面培养和吸纳人才,是创造"少年中国"的重要手段,或者说以教育运动来创造"少年中国"。学会从研究教育问题到改革现在教育到创办中小学校,旨在创造"少年中国的教育"。致力于教育救国的会员则从宣传国家主义教育到策动收回教育权运动,将教育从社会事业延伸到政治运动,使学会面临着从社会活动转向政治活动的危机。

第一节　开展教育运动

少年中国学会以教育运动作为创造"少年中国"的手段之一。如陈启天所言,教育活动的范围非常宽泛,从事实际教育、主持教育言论等都是教育运动。[①]会员从事的教育事业既包括办学校、开展平民教育等活动,也包括教育理论的研究和教育调查等等,都是创造"少年中国"的预备工夫。

---

① 《会员通信》,《少年中国》第2卷第2期,1920年8月15日。

一、以教育运动创造"少年中国"

教育运动是创造"少年中国"的主要途径之一。青年教育家恽代英解释说:"学会的前途应该靠教育运动。因为这样我们才不仅找我们需要的同志,我们有力量造我们需要的同志。"[①]更重要的是,教育是革新思想的手段,是改造国人生活的途径,是创造"少年中国"的现实需求。王光祈分析了学会以教育创造"少年中国"的问题,他说,现在中国人的日常生活真是简陋枯寂得很,究其原因,一为无识,二为无业。要医治这两种病症,只有普及教育与发展实业两法。不过现在中国办教育的人,多偏于"理智教育"(即学术教育)与"职业教育"两面,而对于"感情教育"(即兴趣教育)则尚不大注意。少年中国学会会员从事教育的则一反其道,于讲求学术、谋生技能两事之外,尤注重青年感情的发展与兴趣的培养,以引导他们渐渐走入一个丰富愉快的人生,完成我们"民族生活改造"的使命。至于发展实业,诚为改良民族物质生活最要之图,但是发展不得其道,亦将贻害民族。因此,学会在宗旨中标明"为社会的活动"几字,所谓社会活动不过从事教育与实业两者而已。在教育之中又偏重"感情教育";在实业之中又偏重农业。换言之,"为社会的活动"就是从事教育实业,以达到我们"民族生活改造运动"的目的。[②]他进一步指出,"教育所以谋国人精神上之解放,实业所以谋国人物质上之解放。一方面吾人现在所从事之教育实业,为将来大规模改革时之预备工夫。他方面吾人又欲于此时将精神文化与物质文明建筑在一个基础之上,以实现吾人理想之'工读社会'"。[③]曾琦强调:"我们要想创造'少年中国',非先有个最纯洁最坚实的团体,以为国人之模范不可",继而"守着我们的奋斗、实践、坚忍、俭朴四个信条,向着我们所认定的教育、实业两条大路,依着曾文正的'大处着眼,小处下手,规模宏大,条理细密'四句格言,一步步的往前做去,只要我们的同人不会一个个都死尽,我们理想的少年中国终必有实现之一日。"[④]总之,学会坚持以社会活动创造"少年中国",而教育成为创造"少年

---

① 恽代英致全体同志,《少年中国》第1卷第11期,1920年5月15日。
② 王光祈:《少年中国运动序言》,载王光祈著《少年中国运动》,中华书局,1924,第23页。
③ 王光祈:《政治活动与社会活动》,《少年中国》第3卷第8期,1922年3月1日。
④ 曾琦:《留别少年中国学会同人》,《少年中国》第1卷第3期,1920年9月15日。

中国"的主要途径之一。

其实,社会活动以教育活动或教育事业为主,也是学会不得已的选择。宗白华坦言,"我们少年中国少年对于中国政治没有别的方法,还是从教育方面去促进国民道德智识的程度,振作国民独立自治的能力,以贯彻民主政体的真精神。这虽是老生常谈,却还并没有人去做,我们如果去实行,虽老生常谈,也有价值"①。说明了学会选择教育作为创造"少年中国"手段的原因。事实上,会员差不多全体和教育界有关系,至少读书的占了一半②。

会员大多数从事或计划从事教育事业,也是学会以教育运动创造"少年中国"的基础。据对1920年10月—1921年11月间62位会员所填终身志业调查表③的统计,其中"终身从事研究之学术"中有27人从事教育或教育学,有37人以教育为终身欲从事之职业,有25人以教育为将来终身维持生活之方法。可见大多数会员欲以研究和从事教育作为终身职业。教育事业是大部分会员的努力方向,也是创造"少年中国"的主要途径。恽代英提出会员的教育活动要有分工和互助的计划,以有利于创造"少年中国"。他说:"我们说预备入教育界,以为我们这预备的范围是明确的了,其实这还是一个太宽泛的了的话。我们入教育界,可以说是预备做教员,或预备做职员,可以说是教这一门或那一门的功课;可以说是办这一桩或那一桩的职务;又可以说是在大学或在中学或在小学或在别的学校。教育是一个抽象的总名词,我们人一定要放在一个具体的特别的事务上去。"④这就提出,学会要以教育创造"少年中国",不仅要研究教育活动的问题,还要研究教育活动如何分工和互助的问题。

教育确是改造中国的重要手段。会员对中国当时教育的不平等、腐败等情状非常不满,提出要创造"少年中国的教育"。王光祈认为,"现在中国的教育是贵族的教育,现在中国的学校是纨绔子弟的俱乐部。我们辛辛苦苦劳农两界的子弟,能够进大学堂吗?出洋留学吗?越是经费充足、设备稍全的学堂,越是贵族子弟的专利品。我们劳农两界的子弟,生下地来就受了饥寒交迫的苦况——

---

① 宗之櫆:《中国青年的奋斗生活与创造生活》,《少年中国》第1卷第5期,1920年11月15日。
② 《少年中国学会问题》,《少年中国》第3卷第2期,1921年9月1日。
③ 《少年中国学会会员终身志业调查表》,载张允侯等编《五四时期的社团》(一),生活·读书·新知三联书店,1979,第420—435页。
④ 恽代英:《怎样创造少年中国?》(上),《少年中国》第2卷第1期,1920年7月15日。

他并未作过坏事——那里还有机会读书！……教育不平等就是社会上的绝大危机"。①苏甲荣认为，人人都要有享受教育均等的机会，决不能把教育只限于资本的与贵族的阶级圈子里。文化不是阶级的，教育自然不能不扩张。"那些大人先生们天天空谈普及教育、强迫教育的梦想，一二十年内也不至绝无实现的希望。"因此，少年中国学会一方面要尽自己的力量随时随地办平民学校和半工半读的学校，办一些不需要学费还要顾全他们的生活的学校；还要到贫民中进行演讲、办夜校，以增长他们的知识。②其中学会以开办平民夜校为重要目标。王光祈在《"少年中国"之创造》中指出，教育事业是为劳农之贫穷子弟着想，应积极创办平民学校及半工半读学校，平民教育讲演之类也包括在内。因此希望学校教育扩大到社会教育的范围，以改造国民的生活。

会员中有不少中小学教师或攻读教育学专业的学生，有志于从事教育或研究教育理论。他们或出国考察外国教育，或研究国外各种教育理论，更多的在国内的教育界或出版界、文化界从事教育活动与教育理论研究或开展各种教育实验，守持着教育是立国之根本的信条，其教育救国趋向是显而易见的。

二、研究教育问题

1. 女子教育问题

关于女子教育问题，会员作了许多的调查研究，提出了开展女子教育的各种方法和途径。少年中国学会认为，要创造"少年中国"，首先要解决的是妇女问题。因为妇女占全国人数之半，若是妇女问题不解决，那就是半身不遂的"少年中国"。③因此《少年中国》第一卷第四期特出"妇女号"，集中讨论妇女解放问题，提出关于妇女解放的种种主张。王光祈在编辑"妇女号"时总结说："我们这回讨论妇女问题的结果，几乎每篇文章都归根结底于教育，都主张应该从教育下手。"④因此学会决定从教育入手解决妇女问题。

---

① 王光祈:《"少年中国"之创造》，《少年中国》第1卷第2期，1919年8月15日。
② 苏甲荣:《今后的文化运动——教育扩张》，《少年中国》第2卷第5期，1920年11月15日。
③ "广告"，《少年中国》第1卷第3期，1920年9月15日。
④ 原载《少年中国》第1卷第4期，1920年10月15日。

在女子教育问题上,苏甲荣主张实行自下而上的方法,强调最根本的是初等教育,"我觉得最有希望的,不是十龄以上的女子,是十龄以下方受或将受初等教育的女青年。现在若能够把初等教育赶紧提倡改善,一二十年之后,新女子的大生命,就不难涌现了。若大家都眼睁睁的把视线集中于教育的顶点,把根本的初等教育轻轻放过去,妇女问题总不会得根本的全部的大解决。"因此,"我们最重要的责任,就是如何能够使一般为父母的叫他已到学龄的女儿立刻得领受学校教育"。①

大学开女禁的问题,也引起会员热烈的讨论。学会邀请北大教授胡适撰写《大学开女禁的问题》一文,其中提出大学开女禁的三个步骤:第一步是大学聘用中外有学问的女教授,第二步是大学收女子旁听生,第三步是女学界的人应该研究现行的女子学制,把课程加以改革,使女子中学的课程与大学预科的入学程度相衔接,使高等女子师范预科的课程与大学预科相等,能添办女子的大学预科更好。北京大学率先招收女学生,徐彦之在《北京大学男女共校记》一文中称赞北京大学男女同校是"民国教育史上一个大纪元","是深冬时节的霹雳一声雷,惊人不浅"。②

学会还邀请杜威及其夫人座谈讨论大学开女禁问题,《少年世界》第一卷第六期刊载了南京分会会员与杜威教授的谈话,杜威赞许会员将解放妇女的根本方法归结于教育是一个好现象。就会员关心的男女同学之后如何使男女养成新的思想习惯等问题,杜威提出了具体的方法:"可以使男女做公共的工作,如在课室内读同样的书,在试验室里做同样的试验,渐渐两性相化,不知不觉的旧观念无形淘汰。"进而指出,男女皆要有远大的见解,新习惯的影响与价值通通要看得清楚;男女都当受智慧的指导,因为其中必有错误的动作,所以顾问是不可少的。③杜威夫人在《少年世界》上发表文章,条列了美国那些反对派反对大学男女同校的理由,并将其与实践结果相对照,驳斥反对派的意见。同时列举了大学男女同校的其他益处,比如可以节省各州用于建设专门的女子大学所需要的费用;消除两性间的神秘,使青年男女间的社交关系因男女同校而达到更

---

① 苏甲荣:《对于妇女解放实行上的意见》,《少年中国》第1卷第4期,1919年10月15日。
② 徐彦之:《北京大学男女共校记》,《少年世界》第1卷第7期,1920年7月。
③《南京分会会员与杜威教授之谈话》,《少年世界》第1卷第6期,1920年6月。

高的标准,并能教导他们如何在一处工作;推迟男女结婚的年龄,使其不至于早婚等。①在北京大学等学校开女禁之后,会员对北京大学、岭南大学、南京高等师范学校甚至日本帝国大学男女同校的历程作了深入考察,并从中总结了经验。②

总之,少年中国学会积极参与推动大学开女禁,对妇女教育的解放起到了不可忽视的作用。大学开女禁的成功,使以后中国的教育和学校,渐由女性除外的教育和学校,变为全人类的教育和学校,以后中国的文明进步亦渐由半身不遂而变为双足并进,从此也就可以和世界上的全人类并驾齐驱。③

2. 教育调查

教育调查也是会员活动的一个重要方面。《少年世界》在发刊词中明确指出:学会的第一个朋友是学生,所以对学生消息特别关注,其中尤注重对国内外学校的详细调查,给现在的中学生一个"入学指南"。④据沈泽民调查,当时学校存在两种不好的现象,一是不脱科举的气味,二是完全盲目地模仿西洋教育。因此他提出《少年世界》对学校的调查,本不是代一切学校登招生广告,它一方面揭露各校的真相使办学的人善者知改,希望有革新的一日;另一方面把各校的真确情形和入学手续披露给国内青年,使他们对于各校的性质内容了解得更清楚一点,入学方法知道得更详细一点,省得他们以耳代目,从道听途说中去讨消息。⑤因此,学校调查的目的"意在给一般青年学生很明了的一个观念:那个学校好,可以入;那个学校不好,不可以入",同时要"揭破坏的学校的黑幕,警告大家不要上他的当"。⑥基于此,《少年世界》对当时国内各种学校作了很多调查,主要涉及北京大学、天津南开中学校、国立北洋大学、河海工程专门学校、国立北京高等师范学校、南京高等师范等学校。这些文章详细介绍了各学校情

---

① 杜威夫人:《美国男女同校的问题》,《少年世界》第1卷第8期,1920年8月。
② 徐彦:《北京大学男女共校记》,《少年世界》第1卷第7期,1920年7月。甘乃光:《岭南大学男女同学之历程》,《少年世界》第1卷第8期,1920年8月。郑心南:《日本帝国大学特收女学生的经过和在学女生的情形》,《少年世界》第1卷第7期,1920年7月;等等。
③ 徐彦之:《北京大学男女共校记》,《少年世界》第1卷第7期,1920年7月。
④ 本社同人:《为什么发行这本月刊?》,《少年世界》第1卷第1期,1920年1月。
⑤ 沈泽民:《河海工程专门学校》,《少年世界》第1卷第4期,1920年4月。
⑥ 徐彦之:《北京大学》,《少年世界》第1卷第1期,1920年1月。

况,包括学制及课程、学校组织、社团、刊物、入学手续、历史沿革等,同时指出他们的优缺点,以便青年学生了解各学校的具体情况。

关于留学教育,许多会员留学海外,有调查留学教育的便利条件,也有为更多有志青年尤其是会员出国留学提供参考的意义。更重要的是,会员留学对于创造"少年中国"具有重要意义。曾琦分析少年中国学会与留学问题时说,"会员之留日者有之,留美者有之,留英者有之,留法者有之,留德者有之,乃至预备留俄者亦有之;至在国内求学或从事社会活动者,更不待言。故本会分子为多方面的而无囿于一隅之弊。吾人之意将来拟采取各国之长而去其短,折中至当,别出心裁,以创造吾人理想之'少年中国'"。①也就是会员留学各国,学习其先进文化和科学技术,以裨助"少年中国"的创造。其次,出国留学对于中国教育发展也有重要意义。李璜认为当时国内教育存在很多问题,留学就很有必要,首先是教材尚未培植成功,聘请外国名师很不容易;其次是博物馆、图书室、化验室和实习场等种种基础设施尚不能一下子办好,学生没有观摩实习的场所;另外,国内需才很急,百废待兴,工程师更是缺乏,实不能等待先造教材再修学校;最后是国内战争不息,不容教育的发展。因此,解决上述的困难,留学是必不可少的,而且是中国很急需的一件事情,可以通过以下途径来进行:第一,北京大学派教师留学的办法;第二,实业家派遣工匠的办法;第三,成美会的办法;第四,留法俭学会的办法;第五,留法勤工俭学会的办法;第六,海外大学的办法。文章分析指出,千余勤工俭学生到欧洲以工求学,是很好的现象,在素来贱视做工的中国社会又是一种奇异的现象,所以很引起一般人的注意。②

留法勤工俭学是当时进步青年学生的热切追求。李璜利用在华法教育会帮忙做事的机会,详细调查留法勤工俭学运动。他在《留学平议》中指出,勤工俭学是中国平民学习高深知识的一个好途径,而且勤工俭学生习惯于欧洲平民生活,知道欧洲平民的真相,回国去从事平民改革,便容易着手了。他强调,勤工俭学的动机很好,勤工俭学的主义无须再论,现有勤工俭学会中有些蹊跷是勤工俭学会的办法未尽妥当,成熟太早的缘故。③他调查指出,留法勤工俭学进

---

① 曾琦致舜生,《少年中国》第2卷第5期,1920年11月15日。
② 李璜:《留学平议》,《少年中国》第2卷第6期,1920年12月15日。
③ 李璜:《留学平议》,《少年中国》第2卷第6期,1920年12月15日。

行尚好,了解劳工主义者占半数,做工皆胜任愉快。其余大半则多以不愿服劳,而常与勤工俭学会招待人生缪辂。来者皆是学生,学生是数千年阴袭之坐以治人阶级,故多不愿过于劳役。①《少年世界》关注留法勤工俭学,调查勤工俭学运动中出现的问题,为留法学生乃至管理者提供参考。总而言之,少年中国学会对留学教育作了许多调查,为当时留学者或准备留学者提供了有价值的参考。

3.教育改革

会员对于教育现状的普遍不满,是他们从事教育改革的重要原因,也是他们创造理想的"少年中国"教育的借鉴。教育无疑是改造社会的重要途径,也是社会改造的重要方面。左舜生公开提出他五六年来的志愿,就是想在教育界尽尽力,但是他的理想教育家,不仅仅是研究管理法教授法可以了事的,是想借教育的力量真实地改造社会。②毛泽东也认为,"我国今日之要务,莫急于图强;而图强之根本,莫急于教育",故大声呼吁社会"崇教育以培国本"。③但是,中国教育腐败落后,必须改革才能适应社会发展的需要。注重教育研究的陈启天在1920年6月17日向左舜生提出,改革教育的第一件大事,就是要言论界鼓吹"教育自由与学校共和",警醒学校的皇帝和贵族,然后才可以着手改革。④主张教育扩张的苏甲荣指出:提高与普及是两件事,不是提高便可普及,也不是只管普及而不必提高。但是提高是自身的事,普及和宣传才是运动。人类的文化一天一天提高,却是知识阶级中的文化。任少数学者的学问高到天顶,中华民族依然是原来的中华民族。因此,"要使中华民族起死回生,要使民治的共和实现,只有普及教育"。⑤他们实际上思考和提出了如何改革教育的问题。

乡村教育是会员关注的重点内容之一。王光祈非常重视农民教育,将其纳入农民阶级改造运动之中。他认为,农民阶级是中国最大的阶级,要改造中国社会,必须对农民阶级进行教育。并设想通过成立乡村教育协进会来教育农民:第一步改造农民的生产,到农村中去演讲并指导农民改良种子、农器和耕植

---

① 李璜致舜生,《少年中国》第2卷第3期,1920年9月15日。
② 《会员通讯》,少年中国学会编《少年中国学会会务报告》第2期,1919年4月1日,第15页。
③ 中共中央文献研究室等编:《毛泽东早期文稿》,湖南出版社,1990,第667—669页。
④ 《会员通讯》,《少年中国》第2卷第2期,1920年8月15日。
⑤ 苏甲荣:《今后的文化运动——教育扩张》,《少年中国》第2卷第5期,1920年11月15日。

方法。第二步改造农民的生活,与他们谈饮食、娱乐以及婚姻、家庭、社会关系,给他们不奢、不陋、不偏、不激的主张。第三步改造农民的生计。中国人大半是农民,而农民大部分又是为小地主做奴隶的,所以要改造农民的生计,就要设法铲除小地主,把他们的产业归为村有,要让农民都有生存的依据。①在乡村教育方面,会员中提倡鼓吹乡村教育最早者是余家菊。他在1919年冬发表《乡村教育之危机》一文,揭开了乡村教育运动的序幕。后来发表《乡村教育运动的涵义和方向》等文章,出版《乡村教育通论》等,②在当时产生了不小的影响。左舜生把乡村教育视为"少年中国的基础",希望会友或鼓吹研究或出国考察并发表心得或在国内试验。③从乡村教育的体认可以看出会员中有一种民主主义倾向,就是立足国情,以教育来挽救衰颓的国势,而后借社会运动之力来提高与普及教育,建立民主的共和国家。

关于中小学教育,会员也纷纷提出改革的建议。1920年7月,武昌会员陈启天、冼震和上海会员吴保丰同时入南京高等师范暑期学校,南京会员在8月1日召开欢迎会并讨论小学教育问题。王克仁提出"小学校教科书及儿童参考书问题",邰爽秋提出"小学训育问题",李贵诚提出"小学教授法问题",陈启天提出"教师问题",以供大家讨论。如王克仁指出:因为新教育是以儿童作教育的基础,社会作教育的目的,所以研究小学校的教科书和儿童参考书,当然就有两个最大的原则:一是要根据儿童的心理,一是要适应社会的生活。二者缺了一样,无论教科书参考书,一定不见得如何好。要根据儿童的心理,儿童才能自动去研究,才能发展他的自我;要适应社会的生活,社会才能赖教育而延长生命,而永远进化。④

李璜在1920年9月8日致信左舜生讨论教育问题,提出关于改革中国中小学的意见,他特地介绍了法兰西教育改革的经过,以助诸同志之研究。一是首定理想之宗旨:第一,教育之理想宗旨须随地方与民族变革,不能一味采用他国之教育宗旨;第二,教育之理想宗旨须明确不移,顾名即可思义,可免实行上之

---

① 王光祈:《我们应该怎样运动》,《少年中国》第4卷第5期,1923年7月。
② 参见秦贤次:《记"少年中国学会"时代的余家菊》,(台北)《传记文学》第29卷第1期,1976年7月,第97页。
③ 舜生附志,见余家菊《乡村教育的实际问题》,《少年中国》第3卷第6期,1922年1月1日。
④《少年中国学会消息》,《少年中国》第2卷第2期,1920年8月15日。

误会。二是研究一贯之方法：第一，中小学生宜暂与中国社会隔绝；第二，除学校规定书籍外，禁止翻阅一切书报。①杨效春在1920年12月29日与左舜生通信，对李璜通信中关于教育的观点提出商榷，指出学校与社会分离存在两种弊端，一是阶级思想，二是学生不能适应社会生活。②左舜生立足于平民主义教育，主张把教育家与劳动家拿到一起，实行"工厂的学校化"。他认定教育家为根本解决一切问题的枢纽，教育家如果态度公正，判断明确，可以造福无量，反之则流毒无穷。这就要求，一方面劳动者应受相当的教育；另一方面教育家应从政治问题的解决求教育问题的解决。③

关于教育理论的研究，会员各有侧重，如舒新城注重于道尔顿制的研究与试行，杨效春注意杜威的教育理论，陈启天阅读罗素《实用教育统计学》并节译在《少年中国》发表，他的意图很明显，"希望大家注意研究教育的根本方法，然后才易于从事教育的科学研究罢了"④。余家菊在英国研究教育哲学，批评国内教育界东涂西抹，"全由于学术之空疏"，"严密的分析乃去掉粗浮之唯一方法"；并建议会员施行道尔顿制时，用严密的态度作细密的试验，俟以时日再将结果冷静地示人。并就训育目标、校风等有所陈议。⑤余家菊的教育思想经历了由民主主义教育到国家主义的转变。他的两大教育信条是教育应当为专业职业，及教育应为终身之研究。他赞同杜威的"一切社会底变迁或改革，一定和思想信仰的变迁和改革同时到来"的主张，并且明确表示，"看重本能与习惯在社会上的地位，而不敢轻于附和自命为理性主义的社会改造论者"⑥。也就是反对从经济及其制度来进行社会改造，主张从心理学研究来讨论社会改造问题，所以把教育当作科学来研究，认为教育是立国之本；共和国主权在全体人民，所以全体人民都当受教育，国势才能蒸蒸日上。⑦又如陈启天、邰爽秋热心于乡村教育，恽代英注重小学教育并对学生自治问题很感兴趣，以为与自己的理想相合；

---

① 《会员通讯》，《少年中国》第2卷第6期，1920年12月15日。
② 《会员通讯》，《少年中国》第2卷第8期，1921年2月15日。
③ 左舜生：《工厂的学校化》，《少年中国》第4卷第3期，1923年5月。
④ 陈启天译：《科学的教育与教育统计》，《少年中国》第3卷第6期，1922年1月1日。
⑤ 余家菊致王克仁，《少年中国》第4卷第3期，1923年5月。
⑥ 余家菊：《教育是科学了》，《少年中国》第3卷第5期，1921年12月1日。
⑦ 余家菊：《乡村教育的实际问题》，《少年中国》第3卷第6期，1922年1月1日。

余家菊、李璜从教会学校学习或教育经历中提出反对教会教育以维护国权的问题;张梦九、周太玄等着力于教育独立问题及中国高等教育的研究;等等。这也表明,少年中国学会的教育,开始由平民教育逼近或转向民族主义教育甚至国家主义教育,已涉及国家主义的政治问题。又鉴于当时的教育家无论倡世界主义还是民主主义,实质上都是几乎没有主义,所以他们主张新国家主义的教育以救济教育界的无主义。[1]因此,教育思想体现在"少中"会员中既有民主主义、国家主义与共产主义的分野,同时也表现出国家主义与世界主义、个人主义的差异,但也一度体现出融合或并存一体的态势。这也是少年中国学会长期注重教育活动和教育事业的基础。

在开展教育活动方面,北京会员积极参加北京大学平民教育讲演团的活动。北京大学平民教育讲演团于1919年3月27日成立,发起人中的邓中夏、周炳琳、易克嶷、黄日葵、康白情不久即加入少年中国学会,讲演团中的许德珩、陈剑修、孟寿椿、杨钟健、朱自清等后来先后加入少年中国学会。王光祈、高君宇、杨钟健等也积极参与其中的活动,北京大学平民教育讲演团虽不是少年中国学会发起成立的,但是许多会员积极参与平民讲演活动。讲演团的宗旨为"增进平民智识,唤起平民之自觉心"。最初分为定期与不定期两种讲演方式,前者每逢星期日借京内各处讲演所举行,后者遇有特别事件发生或放假,经团员认为必要讲演时举行。[2]应当说,这些教育活动与实验服从于学会宗旨规定的社会运动的要求,汇合于"少中"的社会事业。

总之,学会在教育活动方面提倡"男女同校"与"女子教育",参与平民教育活动,宣传普及平民教育,旨在创造"少年中国"的平民。研究教育理论,创办学会学校,倡导国家主义教育,倡议收回教育权运动,则是为了创造理想的"少年中国的教育"。这些都是创造"少年中国"的预备工夫,试图以教育运动来实现"少年中国"的理想。

---

[1] 左舜生:《现在的教育家有主义吗?》,《少年中国》第4卷第10期,1924年2月。
[2] 张允侯等编:《五四时期的社团》(二),生活·读书·新知三联书店,1979,第198页。

三、创办学校的计议

学会成立以后就要求会员储金,通讯社和丛书编译也是学会储金的重要来源。在此基础上,学会制定《少年中国学会会员储金团》①,为将来开展教育和实业作准备。办学校也是学会的一桩心事,甚至以此作为学会的生利事业,大部分会员倡议或储金或办印刷局生利,为将来开办学校筹措经费。

1920年6月22日,左舜生在与会友讨论会务的通信中提出要办一个学校。他认为五年内要创办的第一桩会务,最好是办一个学校。这种学校应从小学办起,能办至何种学校止,就看会员求学与做事的努力程度。最初的规模并不要大,更不必好多的经费,好大的地点来吓人。不过时时要为发展留地步,要为发展造机会。第一步也不限定用学会的名义筹办得完完善善去正式地开办,只让少数人自动地去做,多数人直接或间接从旁竭力地赞助他们,使他们事实上成为一个少年中国学会经营的学校。这种学校的地点,暂时以长江流域为宜。(理由详后)经营的人,总以认教育为终身事业而又确有研究的为最好。②学会办学校,作为新的会务内容,也作为学会事业。

1921年1月,南京分会会员余家菊、左舜生明确提出学会储金办学校的倡议。③同年2月19日,北京总会专题讨论学会自由储金及用途问题,会员多主张储金并指定用于办学校。④5月20日,巴黎分会向南京大会的提案,公开提出学会办中小学校的问题。他们说:"吾会对于宣传鼓吹之事业,虽略有根底,但基础事业尚未着手。同人等以为基础事业中最要而较易办者,厥惟中小学校,已有学校,则通俗讲演图书馆及编译社等皆可以依附成立。以吾会已有之信用,筹创一中小学,似亦非绝不可能者。若学校已有基础,则吾会会员集中精神,各就所能,直接间接以谋此校,则此校之发达而得一般人之信用,亦可预期,故同人等希望与会诸兄,对于此层详加筹划。"⑤显然,学会办学校作为新的会务,是为了团聚会员精神,实践学会的宗旨。远在欧洲的王光祈进一步提出,学会的

---

① 《少年中国学会消息》,《少年中国》第2卷第12期,1921年6月15日。
② 少年中国学会编:《少年中国学会周年纪念册》,1920,第64—65页。
③ 《少年中国学会消息》,《少年中国》第2卷第8期,1921年2月15日。
④ 《学会消息》,《少年中国》第2卷第9期,1921年3月15日。
⑤ 《巴黎分会提案》,《少年中国》第3卷第2期,1921年9月1日。

社会活动是"高远思想的宣传"与"社会改革家的实利事业"(如学校、陈列所、图书馆之类)结合,因此非办学校不可。进而言之,"我们运动以激起民众不安与反抗情绪后,创办种种学业校,就是给智识贫乏的民众以安慰"[①]。

执行部主任苏甲荣在1922年6月22日向南京大会报告总会会务情况,其中谈到储金及其用途的问题,希望与会会员也进行讨论。他说,"我个人及北京同人大概无主张用在一种生利的事业上,京外会员则有一部分主张办学校,我们也不反对办学校,不过很不以储金直接办学校为然。因为学校不能生利,而且永远需要消费上的供给,决不是几百圆几千圆所能够办的,要是像一般只为维持一二人生活计的私立补习学校,一面征收学费,又没有什么设备,那就租一间房子,只有几十圆钱,便可以着手,一两周便可以成立。但我想这绝不是我们心目中所想办的学校。设使在一二年内能够积储一万数千圆,我们理想的学校自不难实现,可是我们没有这样大的财力,就算有,完全是一种捐款的性质,恐怕事实上也做不到,就算做得到,也很不经济。我们若先办一种实业,再拿这实业的出息去办学校这一类消费的事业,岂不更好"。他认为,学会以后不可不养成自己的实力,去办自己的事业,以自己的生产供给自己的消费。因此无论为个人为团体,都有通过储金兴办实业的必要。[②]

1921年7月南京大会专题讨论了储金用途问题,左舜生在会上提出确定储金用于办教育,其理由有六:(一)办学校人才可取给于本会,比较办实业有把握;(二)以本会之力建设一学校;凡本会一切机关,如图书室、实验室以及编辑部等将来次第发生,可以一一附属于学校;(三)以学校为大本营,容易使会员集中,会务进行可大见敏活;(四)假定五年后吾会有两百会员,储金者半数,每人每年平均储五十元,亦得五千元,再益以他种筹款,发展一中小学非绝无把握;(五)学会会员愿终身从事教育者颇多,但他们所认为较好的教育理想,非自办学校万难实现;(六)教育就广义的解释,当然是生利的事业,不得认办实业为生利,认办学校为非生利。此外,发言者极多,结果主席付表决,主张指定办教育者十五人,主张先办实业生利者再办教育者四人,主张将来再决定用途者三

[①] 王光祈:《社会活动的真义》,《少年中国》第4卷第10期,1924年2月。
[②] 苏甲荣致南京大会出席诸公,《少年中国》第3卷第2期,1921年9月1日。

人。①大致代表了与会者对于学会办学校的态度。王光祈在1921年4月向南京大会提出了更详细的计划,将学校办在湖南或安徽江北,步骤是先办一半工半读的小学校,三年之后扩充为中学校,又四年之后扩充为大学。②

在主张储金办学校的会员看来,实现会员的教育理想是办学校的重要目的,以学校为中心来促进会务发展,以及办教育来生利均是其中理由之一。从会员提案尤其是南京大会决议案可以看出,学会把办学校由理想、计划开始付诸实践,大致反映出学会由主义宣传到社会实践的转变。办学校来实验各种教育理想既是多数会员的要求,也是社会改革的需要。

1923年10月,苏州大会议决学会进行方针为"求中华民族独立,到青年中间去",并制定学会纲领九条。不仅表示学会由教育、出版、新闻等文化性质的活动而趋向于一般社会问题,尤其是政治经济与国际势力压迫问题,足以反映当时的社会情势与知识界对于民族独立精神的迫切要求。③苏州大会决定总会迁南京,根据上述的宣言与纲领,学会此后要注重事业,以团聚会员的精神。左舜生最初提议向会员募五千元建筑会所,南京总会以为应该有事业来支撑,所以决定在南京创办学校,将会所附设于学校内,确是一举而两得的事。并推荐舒新城与杨效春、曹刍三人为办学计划书的起草员。这也是学会从学术研究向社会事业的转变,而教育事业或办学校是这种转变的纽带。

舒新城与杨效春、曹刍三人起草的办学计划书于1923年11月16日提交总会。12月2日南京总会第三次常会讨论建筑会所与开办学校事,宣读由舒新城、杨效春、曹刍草拟的计划书并获一致通过,以总会名义提出征求各地会员之意见与协助。关于学校开办费,拟暂时挪用建筑会所捐款三千元并向会员募债二千元以作预备金。募债及募捐详细办法由会员推定的涂开舆、舒新城、沈昌三人草拟计划书,再开会共同讨论。④随即学会发出紧急通告,指出:"本会现有会员提议募款建筑会所,创办学校,以立学会不拔之基,总会认为必要,已推定委员,草拟计划书,定后即再行通告会员,征求赞否,但会员如已有何种意见者,

---

① 《南京大会纪略》,《少年中国》第3卷第2期,1921年9月1日。
② 王光祈:《对今年七月南京大会的提议》,《少年中国》第3卷第2期,1921年9月1日。
③ 舒新城:《舒新城自述》,安徽文艺出版社,2013,第230页。
④ 《本会近事记》,《少年中国》第4卷第8期,1923年12月。

深愿从速函告,以求集思广益,利于进行,是为至要。"①

《少年中国》第四卷第八期刊登了《本会建筑会所创办学校计划书》,列出应该创办学校的三种理由:

a.本会四年来空谈多,事业少。会员的结合全恃感情,终觉飘忽不定。有了事业,会员的注意比较上可以集中。那末借事业以团结本会之精神,未尝不是好办法。

b.学说必有创造的机能,否则终不免于盲从抄袭。中国的教育从前抄日本,近来抄欧美,何尝是中国的教育。本会希望改造现在之中国成一少年的中国;那末必先把现在外国式的教育,改造成一少年中国的教育。我们不可不自办学校来实验我们的理想,创造我们的教育学说。

c.我们要求合作的精神满布我们学会里,但是在现状下的我们,因为受着经济的支配,零碎的参加在社会事业里,都觉得不能充分发展我们的能力。那末我们利用余力来成一事业,实现非利己的真正之合作,在现在非常必要。②

从《本会建筑会所创办学校计划书》可以看出,学会计划在五年内先办成一所完全的中学校,学生以300人为限。第一年(1924年)招初级中学一、二年级生100人,此后年招50人。开办费拟募集3000元,其筹集办法:一是向国内任事之会员募集1500元;二是向国内求学之会员募集1000元;三是向国外会员募集1000元;四是向会外募集,数目不定。关于经费使用,建筑会所本拟募集5000元,学校开办费3000元,余2000元在第二年(1925年)募集,全数用于购买地皮,以备将来建筑会所校舍之用。此外拟接受会外之捐款,储为学校基金,或建筑会所与校舍之用。关于学会拟办的学校,第一步为中学校。学校目的规定为:(1)实现学会之宗旨。(2)创造中国的教育。学校组织为:a.董事会,分经济董事(谋学校经济之发展)、校务董事(规划与决定教育之方针与实施之方法)两部;b.校长,由董事会产生,对外代表学校;c.驻校理事二人,从会员中选任,负校内行政与教育之责。学校编制采混合编制。课程则注重人格的培养、筋肉的练习,分科不必多,但求其适合国情。对于学生课业求其熟练而运用自如。训育方面,主张训育与教学不分,教师与学生共同生活,养成勤劳俭约的习惯,并能

---

①《少年中国学会紧急通告》,《少年中国》第4卷第8期,1923年12月。
②《本会建筑会所创办学校计划书》,《少年中国》第4卷第8期,1923年12月。

实际服务国家。学校行政方面,主张极力减少无谓而琐碎之手续,以期用极少之人力与时间处理校中行政事务。教师待遇,则拟采用终身专任制,希望合家庭与学校为一。教师自身之生活予以相当之保障。①

由此可见,学会办学校以"借事业以团结本会之精神"为出发点,以学会事业来实现会员"真正之合作"为目标,以"实验我们的理想、创造我们的教育学说"为主要旨趣。但问题不仅仅在于此。在会员看来,中国的教育从前抄日本,近来抄欧美,中国的教育需要彻底改造。学会既然希望改造中国成为"少年中国",那么必先把外国式的教育改造成一种"少年中国的教育",所以办学除了要实现学会宗旨外,更主要的是"创造中国的教育"。起草者舒新城也承认,该计划与此前会员讨论中小学教育和学生自治能力训练等有明显的相承之处,这个计划虽由三人起草,其中很多是他个人的凤见。②参加制定办学计划书的杨效春在致李璜、余家菊信中说,他大致赞成国家主义教育的主张,"两兄看苏州会议之所议决即可知国内同人——至少是当时与会的同人,对于两兄之所主张也大体皆是赞成的"。③这一论析是大致恰当的。苏州会议确定国家主义作为学会方针,无论从理论还是实践来看,国家主义已成为学会的教育目标,并且在学会内部舆论中占据了主导地位。从注重研究教育的金陵大学、东南大学的"少中"会员多倾向国家主义,尤其是杨效春、曹刍、吴俊升、王克仁等同情或参与国家主义教育的宣传及活动,也大致可以看出国家主义教育的发展趋向。析其原因,一方面是南京高师(后更名东南大学)、金陵大学等在新文化运动中成为与北京大学相呼应的南方的重镇,另一方面主要是教育改革与试验的影响。当时有名的教育家如郭秉文、陶行如、杨杏佛等多在东大任教,在学风上体现出"纯朴""阔大"两种精神,在学术上不囿于一说,在政治上不囿于一党,在人事上不囿于一系,在地理上不囿于一隅,而具有含摄一切的人文主义倾向。特别是东南大学按照美国哥伦比亚大学师范学院的办法,于1918年秋首创教育科,专于教育,其指导方法大体依据杜威教育哲学、民主主义的教育原理及教育实验方法。因而一时成为教育研究与实验的重心。加上少数师生倾向国家主义,以致

---

① 《本会建筑会所创办学校计划书》,《少年中国》第4卷第8期,1923年12月。
② 舒新城:《我和教育》,中华书局,1945,第271页。
③ 杨效春致李璜余家菊,《少年中国》第4卷第8期,1923年12月。

东大被人称为"国家主义派大本营"。舒新城所谓"个人的夙见",也包括了国家主义教育的内容。因此,《本会建筑会所计划书》中"服务国家"等语词中已有明显的国家主义教育的倾向,所要实验的教育学说无疑是国家主义教育。

共产主义派会员对于学会办学计划也有明确的态度。恽代英最初并不赞成储金办学校,理由是:学会办学校,专找会员来办,亦是一样没有共同理想的,亦是一样不见得能盼望怎样根本改造教育,与其勉强迁就地办学会学校,不如在外面赚钱,为将来办自己较好的事。①他在收阅学会办学计划书后,洞察其中的空洞和抄袭外国办法,在1923年12月给舒新城的信中表达了他关于学校编制的意见,他认为,学会真欲办"中国化"教育,宜决然改弦更张。中学应分三级,初级中学三年以养成普通人生足够的知识技能为主。一是教有关人生的自然常识,如天文、地质、生理卫生、博物、理化,但决不涉及专门化的技术知识。二是教有关人生的社会常识,如历史、地理、社会学、政治、经济,宜多加时间,看作主要的功课。三是教必要的日用技术,如国文、算术、初步代数,太偏于理论或文艺的,都为不急之务。高级中学二年,以养成中等、下等职业技术人才为主,按地方情形需要分科。教该科需要之各项课程,如机械则教高等数学、物理,农业则教地质、化学及其他一切专门学科。补习一年,可进可不进,亦可只选一种。此一年可在初级毕业后,亦可在高级毕业后。半日学习英文,每日不断学到可用。半日学习几何三角及其他升学应补之课。"用上法定比现在分四五年学习的有成效,而不升学的人又不致因此不必要之谋害其成就。"在舒新城看来,恽代英对学校的意见,是对他们办学计划书的空洞和抄袭外国办法而发。舒新城等人对恽代英的这些意见在思想上还不能完全接受。②显然,恽代英的教育主张与教育救国论者或国家主义教育是冲突的,诚如左舜生所说,"无一定之主义,竟[意]见必致分歧,甲办学校欲养成为资本家供奉奔走之人才,乙办学校欲养成劳动者之良友,终必无和谐之希望"。③这也说明会员对学会办学校存在的明显的分歧,影响到办学计划的实行。

---

① 恽代英致光祈,《少年中国》第2卷第12期,1921年6月15日。
② 舒新城:《回忆恽代英同志》,人民出版社编辑部编《回忆恽代英》,人民出版社,1982,第245—246页。
③ 左舜生语邰爽秋,转引自恽代英致同志诸兄,载《少年中国》第3卷第5期,1921年12月1日。

1924年7月第五届年会讨论下年度应办事宜,其中学校问题涉及校舍、捐款和人才等方面,决议中等学校因经济及人才关系,当年暂不举办。①也就是说,学会专办小学校,不办中学校。随即,学会开始向会员募集办学校捐款。据《本会学校捐款总录》可知,共有会员36人捐款和认捐,到1926年7月,现金3780元,收书稿20万字值400元,地图100部值120元。合计4300元。②学会执行部推举段调元、沈昌、左舜生三人为学款保管委员会委员,得到评议部批准。③学会执行部于1924年国庆日举行会议讨论在南京筹设学校问题,因为黄仲苏报告上海会员有在沪筹建自由讲学学院之意,等双方磋商决定后,再作详细报告。④但事实上,由于学会分化和瓦解,学会的办学计划也不了了之。

　　总之,会员关于教育改革的讨论和办学校的倡议,乃着眼于国家教育的改革或国家教育宗旨的确定,创造"少年中国的教育"。在国家主义教育成为"少中"的思想主流之前,多是民主主义的教育,无疑是通过教育来改造中国的积极尝试,之后部分转向国家主义教育,部分转向于无产阶级革命教育,是与学会的分化同趋向的,而贯串始终的是科学的精神与爱国的观念。大致说来,学会的教育趋向以反帝反军阀为主线,包括反对教会教育和收回教会教育权,反对军阀对教育的控制与垄断,反对中国搬抄国外教育模式等等方面。所以王光祈称,对外反帝国主义之侵略,对内谋军阀势力之推翻,"固为吾辈素志",以社会事业为基础之势力的联合,建立民族自觉与社会自觉的基础以反对帝国主义和推翻封建军阀势力,根本的办法在如何唤起民族新觉悟与如何建筑社会新势力。⑤正是在以教育创造"少年中国"的旗帜下,学会也孕育了国家主义教育思想和流派。

---

① 黄仲苏:《本会第五届年会记略》,少年中国学会编《会务报告》第1期,少年中国学会发行,1924,第5页。

② 少年中国学会编:《少年中国学会会务报告》第1期,1919年3月1日,第26页。

③《少年中国学会消息》,《少年中国》第4卷第11期,1924年3月。

④ 少年中国学会编:《少年中国学会会务报告》第1期,1919年3月1日,第25页。

⑤ 王光祈致本会同志诸兄,载《会员通讯》,《少年中国》第4卷第2期,1923年4月。

第二节　国家主义教育的宣传与论争

随着反帝爱国运动的勃兴和反宗教运动的发展,倾向国家主义的会员提出和倡导国家主义的教育,以振奋民族精神和国人自信自强之心,在少年中国学会内部形成一种占明显优势的国家主义教育思想。他们与留欧归来的国家主义者汇聚成国家主义派,使国家主义教育思想占据了学会的主导地位。

一、国家主义教育的研究与讨论

会员的国家主义教育思想,一方面是对欧美国家主义教育理论的传介,一方面是对传统文化中忠君爱国爱种族观念的吸纳,在理论形式上涵括古今中外的国家主义学说。从现实成因看,五四前后救国救种的现实要求以及受外国侵略刺激而产生的强烈的民族主义倾向,也是国家主义产生的不可忽视的因素。可以说,国家主义教育思想也是时代的产物。①

1.部分会员选择国家主义

国家主义是一种广义的国家主义教育。在少年中国学会关于主义的研究和预备过程中,部分会员倾向或选择了国家主义。"少中"自筹备发起,就存有主义不一致的倾向,但学会对于主义采求大同存小异的策略,期之从各自主义下手共同从事创造"少年中国"的预备工夫。他们认为青年思想与世界潮流是同趋向的,战后世界潮流是变迁最烈的,因之青年思想亦是一种变迁锐进的,故少年中国学会为青年的组织,会员有偏重国家主义的,有偏重世界主义的,亦有偏重无政府主义的,是不一致的,亦不能强同的。②所谓偏重国家主义,指涉曾琦、张梦九等人信仰国家主义或国家观念,但尚未形成政治主张。张梦九在1921年对会员的"主义"水准有一个大致估算,他说学会同人真正对一种主义有深厚的研究与明确的判断、信仰终身而一成不变的人,还不多见;"就偶有一二其人,

---

① 李永春:《〈少年中国〉与五四时期社会思潮》,湖南人民出版社,2005,第417—437页。
② 少年中国学会编:《少年中国学会会务报告》第1期,1919年3月1日,第18页。

而各人信仰也极不一致,或信仰国家主义,或信仰社会主义,或信仰无政府主义。信仰国家主义的人,既不能强社会主义者以苟同,信仰社会主义的人,亦难强国家主义者以附和,至于无政府主义者,则又对于国家[主义]与社会主义,皆极端怀疑"。①

析其原因,一是会员尚没有形成明确的政治主张,"无论对于何种说法、主张,总以'研究'二字为主,不轻加排斥。因为我们是'开创'的,'究理'的,'大公'的,对于一切事情,都没有成见"。②因此,学会尚处于一种没有理论中心的状态。二是在会员心目中,"少年中国"或"中国"是一个地域概念,本非政治意义上的名词,即"中国"只是世界的一部分而已,"少年中国"只是"少年世界"的一部分。因此,"少年中国"的意义不是一种国家主义,而是一种世界主义。③王光祈明确表示,"我不是抱'爱国主义'的人。但是因为我们国弱。并我们人格亦为外人所轻视。则无论如何必与之力争。非至争得平等地位。虽因此牺牲身命亦在所不恤,唯我们与外人力争平等不必取途于'爱国'"。④表明了反对侵略的或和平的国家主义的态度。曾琦也称,所谓少年中国乃指人所生之地域而言,没有狭义的国家主义存乎其间。显然是反对狭义的爱国主义的。可见,从地域观念来理解中国,限制了国家主义在学会的宣传。三是,对新教育的体认也是不可忽视的因素。正如陈启天所说,欧战和苏俄革命改变了人们对国家的态度,原来把国家当作人生归宿,努力发展自己的国家而摧残人家的国家,而转变为希望超国家的组织。⑤体现在教育上,便是世界主义的教育盛行,国家主义教育成为人们厌恶或谨言慎行的事业。从新文化运动角度反思西方的科学与民主以及中国的教育问题,一度在学会内占据主导地位,也在一定程度上制约了国家主义教育的宣传。

恽代英剖析了自己对国家主义的态度,指出:"只要明白世界大势的人,今天或者亦不至仍拘守着狭隘的国家主义,说什么爱国是人类最终的义务。"退一步讲,中国永远不应发什么做世界主人翁的痴想,亦不应想做无论别国或别民

---

① 张梦九:《主义问题与活动问题》,《少年中国》第3卷第8期,1922年3月1日。
② 周太玄致曾琦,载少年中国学会编《少年中国学会会务报告》第2期,1919年4月1日,第10页。
③ 王光祈:《我们的工作》,《少年中国》第4卷第1期,1923年3月。
④ 王光祈:《留别少年中国学会同人》,《少年中国》第1卷第8期,1920年2月15日。
⑤ 陈启天:《什么是新文化的精神》,《少年中国》第2卷第2期,1920年8月15日。

族的主人翁,反过来也不应做别国别民族的奴隶,亦不能让中国亡国与受资本家掠夺。①他明确表示自己不是国家主义者,而且深恨一般国家主义者以防御为侵略的代名词,使世界人种发生许多嫌怨争哄。其反对的依据,不仅仅是中国现实社会之不需求,还在国家主义学理上之不足。他说:"国家主义学理上的根据,以为国家既是因人类的需要而自然产生,那便国家的存在,乃是争存的人类不可不十分珍护的。由这样推衍下去,因之他们主张国家有独立人格,是人类最终义务的对象,是可以违背大多数国民的意思以行他[们]所谓有益国家的事的一个怪物。"②在恽代英的社会主义认知中,国家的社会主义并非真诚的社会主义,而只是一种国家主义。而社会主义的国家主义,主张利用国家的组织,以谋社会利益的,这便是能常所得的国家社会主义。③可见,恽代英以其社会主义的有限识见与国家主义的认知,反对狭义的国家主义,而主张社会主义。事实上,除一些会员明确表示反对狭义的国家主义的态度外,《少年中国》月刊也刊载了一些宣传世界主义反对国家主义的译作,④大致也可代表当时会员的主义倾向。

少年中国学会在1920—1921年正值鼎盛期,会员热心于社会活动的同时,专心于个人求学和道德修养,学会负责人王光祈自鸣得意地说,"本会初发起时,尚有二三主张国家主义之人。经三年来之酝酿,亦皆慨然弃其主张。故今日会中虽不标明主义,而各人信仰,起码亦系社会主义。所未能一致者,不过实现之方法及其组织耳"⑤。应当指出,王光祈所言"社会主义"是一种泛社会主义,对于其中的国家主义持一种相当宽容的态度,与恽代英在《论社会主义》一文中对社会主义的分类相比较,可以看出把国家主义视为社会主义或国家社会主义,在学会内部并未引起争论,《少年中国》第一、二、三卷基本上没有从正面来宣传国家主义的文章。这固然与月刊编辑方针不无关系,但也表明"少中"作为一个学行并重的团体仍有强大的生命力和包容力。最为关键的是,国家主义

---

① 恽代英:《怎样创造少年中国?》(上),《少年中国》第2卷第1期,1920年7月15日。
② 恽代英:《论社会主义》,《少年中国》第2卷第5期,1920年11月15日。
③ 恽代英:《论社会主义》,《少年中国》第2卷第5期,1920年11月15日。
④ 比较典型的文字有汪颂鲁译自《光明》上的罢尔比斯著《我从未见过上帝》和何鲁之著《法兰西国际社会学者若赫斯》。(见《少年中国》第2卷第4期,1920年10月15日。)
⑤ 王光祈:《政治活动与社会活动》,《少年中国》第3卷第8期,1922年3月1日。

与民族主义的分歧尚未随着政治运动的深化而达到非此即彼的对抗地步。用王光祈的话来说,"我是一个反对国家主义的人,我以为国家只是一种政治组织,可以随时取消的。不过国家主义虽不必主张,而民族主义却不可不提倡,我所说的民族主义,当然不是拿我们民族去侵略他人的民族。只是主张我们这种又勤又俭的民族、素有文化的民族,要在世界上谋一个安全的地位"。①其实,王光祈"反对"国家主义而提倡民族主义,实际上又难与国家主义相分离,其依据还在于"国家"是团体与组织,而非政治概念,显然忽视了民族主义的政治内容。立足于创造"少年中国",王光祈把国家主义也视为团体预备工夫的内容之一。他清醒地意识到,中国人缺少团体的训练,所以缺乏一种互助的精神。国家是一种团体生活,国家主义便是主张缩小个人自由,从事国家生活,造成一个最强固的团体——国家,因而"少中"的预备工夫自当包容这一点。②他把中国人不爱国归之于"未经过团体生活之训练",因此提倡国家主义还须从团体训练入手。看来,王光祈反对的是国家主义的内容,提倡的是国家主义的团体训练的方法,并希望能与无政府主义、社会主义信仰者形成一种"合力",共同推动"少中"的团体训练之预备工夫。所以他在"少中"改组委员会调查表中填写"不完全反对国家主义与共产主义",认为各有其用,也可资证明。

总的说来,对于主义问题,学会坚持"从事深悠苦索之研究"的预备工夫,对于国家主义同样采取一种切实研究的态度,研究内容涉及国家主义理论的历史及流派,各国实施主义的组织现实以及中国知识分子现实生活状况和对主义的需求状况,宣传国家主义的人及其精神等等。在此期初步研究中,一些会员明确表示反对狭义的国家主义,应当说是一种学会宗旨所标榜的科学精神的体现。

2.主张国家主义教育的趋向更加明显

从学会的教育思想与活动来看,内部大致隐含着普通的启蒙教育与革命教育的分野。就民主主义的教育而言,无论是教育方法还是教育手段,则大致相同:第一步预备工夫便是唤醒民众,集合起来便是革命的力量。要达到这一认

---

① 王光祈致代英,《少年中国》第2卷第11期,1921年5月15日。
② 王光祈等界定团体生活为,"本互助的精神,为相当的组织,以适应环境"。参见王光祈:《团体生活》,《少年中国》第1卷第6期,1919年12月15日。

识,一方面要从"革命的经验知道自家的利益是靠不着别人的",一方面还全是靠教育的能力,养成真正的舆论,使大多数人自己觉着他们的力量。①从舆论和风俗革新立论,李璜比较了五四爱国运动与欧西的爱国主义,认为五四运动以爱国为帜志,但其中因为爱国而强迫群众爱国以致引发冲突,这是平时没有舆论预备工夫的缘故。欧洲人国家主义的力量则是雷霆万钧,以致欧战一起,无论智识最高的学者,还是主张最激烈的社会主义者,都甘心赴前线去拼命,很少听见个人反对去上阵效死的。这种力量及中西社会对比,使李璜不得不佩服这班国家主义者预备工夫的深厚。这种工夫不仅体现在从初等小学校的课本以至于大学校的讲演天天都在介绍青年爱国的道理,而且出了学校受爱国报纸的影响更大,"可以说欧洲人的国家主义到现代简直注射到各个欧洲人的血里去了,脑经[筋]里装满了他,一举一动无不呈现他的色彩。"②他明确表示不十分赞成那种狭义的国家主义,但应当仿效这种建设舆论的方法。而且他认为,法国民主革命的舆论预备工夫既是革命成功的先例,也造成了群众灵魂里预卜国家主义的命运的结局,又认为列宁从俄国革命经验中认识到抬高群众的程度,也是至理之言。正是以法国革命与俄国革命为借鉴,他把高谈新主义而与旧势力接近,称为"怪现象的接近",张梦九则称为"不彻底"的态度,曾琦甚至认定"彻底主义者,吾党之信条而亦实成功之妙诀也"。③由此可见,对于民主主义的信从,尤其是对于国家主义教育方法取"彻底主义"的态度,影响了其后他们对国家主义的信仰和追求。

如果说在学会初期以教育为创造"少年中国"的预备工夫,尚未上升到明确以国家主义为教育宗旨的地步;那么,李璜、左舜生、杨效春针砭中国教育现状,讨论教育方针的通信,无疑提供了关于国家主义教育的一个渐趋明确的信息,为尔后的国性、民族性的教育提供了思想线索。教育是一种革命的武器,它可以被有计划地用于助长民族整合、爱国主义和新价值的形成。由此来看,"少中"会员尽管对国家主义颇有物议,但民族主义始终是一种共同的趋向,因而在当时特定的历史条件下为教育与国家主义"联姻"充当了媒婆的角色。

---

① 李璜:《再谈对于少年中国的预备工夫》,《少年中国》第3卷第8期,1922年3月1日。
② 李璜:《再谈对于少年中国的预备工夫》,《少年中国》第3卷第8期,1922年3月1日。
③ 曾琦:《彻底主义与妥协主义》,《少年中国》第3卷第8期,1922年3月1日。

从会员的教育思想发展来看。左舜生立志以教育来改造中国,杨效春颇重中学教育。李璜虽未经手教育,而在法国亦留心考察法国教育改造的历史,并以平民教育为职志,因而在如何发挥教育的社会功能甚至"教育救国"方面,三人自然有着共同的话题。李璜数年来留心中国社会,到欧洲后复与欧洲社会接触,"以种种现象,归纳结果知非从初级教育下手,则其他皆是空言"。不仅如此,"东方民族以后之进步,是否还循西方民族迂曲迟缓之过程,皆取决于此时训练子弟之精神与方法如何",他希望同人精深极虑之。他详考法国教育改造经过后向左舜生建言:一宜首定理想之宗旨,一宜研究一贯之方法。联系到他后来公开表示不当中小学教师便去革命,当中小学教师还是为实现真正的革命,但又把革命当作万不得已的事情,可知教育在他的社会改革论中的地位,法国教育改造给他的深刻影响。针对李璜以法国教育宗旨来衡量中国的教育宗旨,杨效春提出异议。他全面回顾了晚清以来教育宗旨之变迁,认为中国教育并非没有宗旨,而是有宗旨却没有切实实行或行之不得法,没有实现出效果而已。如何确定理想教育宗旨,李璜认为:教育之理想宗旨须随地方与民族变革,不能一味采用他国之教育宗旨。在他看来,无论法国之自由主义教育、德国之军国主义教育、美国之民主主义教育,还是日本的模仿主义教育,皆有其是处,皆有其宜处,但鉴于中外国情之区别与时代之差异,"吾人欲定教育宗旨,当自审国人之天性与所处之时代,最擅教育者,莫过于启发国人天性之所长,而使其适应生存于所处之时代"。[①]意思很显然,他反对中国一向以来的搬用外国的教育宗旨而制定中国之宗旨,批评在教育模式上完全仿效日本于前,搬抄欧美模式于后。他的结论是改变中国教育无宗旨之弊病,借鉴法国等国的教育宗旨,制定一个适合中国国情与时代要求的理想教育宗旨。但无论德国、法国、日本还是美国,其国家主义教育是非常实用且明显的,从而为在中国确立国家主义教育宗旨提供了一定思想基础和历史依据。后来国家主义派反复谈及确定国家教育宗旨问题时,持论大致同此,只是更加具体而深化。

杨效春从世界主义教育的角度批评李璜"国家观念太浓",并非无的放矢。他认为,谈起教育应把国家的观念避开,教育是没有国界的,一旦染了国性,就

[①] 李璜致舜生,《少年中国》第2卷第6期,1920年12月15日。

会磨灭个人的人性,因而主张"善教育者,是能启发个人之所长,而使其适应生存于所处之时代"①。有意思的是,李璜强调的是"国人",杨效春注重的是"个人",两者相映成趣,大致分别指涉民主(世界)主义与国家主义的两种路向,在教育上一是追求教育理论的完善,一是追求教育的中国化,因而在教育的理解及教育理论上呈现分歧。在杨效春看来,各种主义是不同时势的反应物,而非一个民族一个国家所创造出来,教育方面的主义冠以国名是不可取的。证诸史实,欧战以前各国的教育无不带军国主义的色彩,欧战以后的教育又渐渐采用民主主义了。"所以我们的教育要采用什么主义,或注重什么主义,只须看时势,不必问什么国情。"②他的态度很明确,教育上不应有一种无上的特殊的固定的主义,教育是人类的事,不应当做国家的工具,学校的理想应该表示人类的理想,不应该表示国家的理想,否则便有重新开启恐怖战争的可能。③杨效春从时势或社会要求、个性的发展立论,坚决反对以国家主义作为教育宗旨,或者说教育宗旨带上国家主义色彩,与李璜以教育为国家的工具的旨趣大相径庭。可见,西方教育理论传入中国并在中国土壤上滋生出各式各样的"不中不西,亦中亦西"的教育理念,经教育家或理论工作者兼融为不同的教育思潮,又在不同场合付诸实验,形成不同的教育思想。后来杨效春亦提倡与李璜等人的国家主义内容迥异的国家主义,且加入中国青年党,似乎很难令人理解,大概爱国之念或教育救国的动机在其中起了不小作用,或者说是时势的需要与国家的要求在一定时期的契合交汇。带有无政府主义倾向的王光祈由反对国家主义到后来同情于国家主义与共产主义,亦大致类此。

倾向国家主义的舒新城对中国的教育目的产生了疑惑。他依据个人经验并列举国人只注意于枝叶的学制、教法问题而忽视作为舟中之舵的教育宗旨的事实,认为其造成的后果,"最普遍的现象,就是最大多数的中等学生,至除死读英文数学以为升学或炫人的工具以外,不知社会国家为何物,其次则受主持教育者之陶化而为拜金主义,伟人主义,势力主义者之走卒",所以现在的教育不仅谈不到救国,即便学生个人之生活技能,反不及从前的徒弟,而为一般人所诟

---

① 杨效春致舜生,《少年中国》第2卷第8期,1921年2月15日。
② 杨效春致舜生,《少年中国》第2卷第8期,1921年2月15日。
③ 张梦九:《主义问题与活动问题》,《少年中国》第3卷第8期,1922年3月1日。

病,故提出以国家主义的教育为宗旨。①而欧洲国家主义教育的救国先例,自然成为仿效对象乃至依样画瓢的蓝本。正如时人所言,"近顷以来,一部分的爱国的教育家,内感于国势愈趋愈下,外感于世界列强立国政策之未变战前态度,于是毅然提出'国家主义教育',以期引起全国教育界人士之努力,共同集中于延续将斩的国命之运动,而唤醒大同主义者之迷梦"②。

　　按照国家主义派会员的解释,民主主义、世界主义是与国家主义相容的。以上各种主义都可服务于或服从于中国救亡图存的需要。具体说来,杨效春坚持确定教育宗旨的标准为:(一)有伸缩之余地,应随人随时随学校之性质而变迁;(二)应兼收并蓄,吸收各种主义之长,对各种主义取持平态度;(三)应切于事情,从事情中创造出宗旨。③从教育理念上看,杨效春倾向于杜威的"教育即生活",他希望的是学校为社会的缩影,社会为学校的扩张,学校能社会化,又能化社会,学校与社会打成一片,使学生同时对校做个好学生,对外便是好公民。④李璜则认为"教育是预备生活"。这一讨论虽从中国历史沿革与西方教育之得失着眼,尚属草创之作,也可以说是揭开了"少中"内部国家主义教育与世界主义教育论争的序幕。

　　学会坚持以教育创造理想的"少年中国",希望会员为中国的教育制定一个固定的宗旨。李璜通过研究法国教育的改革,以法国教育为参照来批评中国的教育,他自称与杨效春、左舜生谈教育的信,"句句都是为中国的现状而言",即针对于中国"病态的社会,并且那个病遗传和传染的力量都是很危险可怕"。他提倡的教育,就是要想法医治这个病,不然一切说法都是枉自费力。⑤杨效春"忽视"了李璜的这一急切"救病"的前提而推论其国家观念太浓,忽略了李璜以救国为目的,实现民主社会这一预设,反而不被李璜所承认。其实,李璜根据中西教育之比较,主张学生与那种社会生活暂时隔离,甚至主张实行"儿童公育",他的出发点在于,要去创设新鲜空气的社会,不是孤立,也不是卢梭的爱弥尔教育

---

① 舒新城:《什么是国家教育底目的?》,《申报》副刊《教育与人生周刊》第15期,1924年1月。
② 导之:《从什么地方看出国家主义的教育之需要》,《少年中国》第4卷第10期,1924年2月。
③ 杨效春致舜生,《少年中国》第2卷第8期,1921年2月15日。
④ 杨效春致舜生,《少年中国》第2卷第8期,1921年2月15日。
⑤ 李璜致效春舜生,《少年中国》第3卷第6期,1922年1月1日。

的主张。①其现实依据,一是中国青年为不正当之书所诱惑而为浪行者甚多,二是似是而非之理学书、哲学书(如先秦诸子以至宋明儒之说),亦非判断力未成的中小学生所宜;时事报章徒乱中小学生之心思,而丝毫无补于学识与政治,亦绝对禁止购阅。②这一主张是基于"实现真正的民主社会,启发创造之科学思想"的考虑,是一种民主主义的教育主张。说它是一种教育救国论也未尝不可,问题就在于救国教育与民主教育孰先孰后,孰主孰从,则取决于时势与社会的要求。但是他着眼于国家的教育,自然是后来提倡国家主义教育的现实根源。由民主主义教育到国家主义教育或共产主义教育的转型是时势使然。会员吴俊升回忆当初写作国家主义教育的文章时说:"我的教育思想,由赞同当时以杜威思想为主的自由、民主及国际主义的立场,渐渐加以修正和补充而兼顾民族文化的延续与发扬和爱国主义的提倡,实与青年党人李璜、余家菊、陈启天等诸会友所倡导的国家主义教育同调。"③由此可见,一些会员对于民主主义教育与国家主义教育没有严格的区分。此外,倾向国家主义的杨效春与信仰共产主义的恽代英讨论学生自治问题,也大致体现出不同的教育理念,从而走上两种不同的人生道路。

观诸近史,推崇教育,以教育为救国之唯一法门者不在少数;救国的教育,也不止国家主义教育一种。但是真正对国家主义教育作系统的有组织的宣传,是倡导教育建国论的国家主义派,其中又始于余家菊、李璜出版的《国家主义的教育》论文集,以及南京会员在《少年中国》公开讨论并确定新国家主义的定义。在1924—1925年间,国家主义教育"盛极一时"。许多教育刊物,如《中华教育界》《教育杂志》《新教育》《教育与人生周刊》《新教育评论》《国家主义与教育》等都刊登了大量研究和宣传国家主义教育的文章,以教育救国,用教育来促进国家的统一与独立。在此基础上,《醒狮》的创办,成为国家主义运动兴起的一个显著标志。如陈启天所言,《醒狮》出版最大的影响为"各地爱国青年团体风起云涌",最大的成就是"为国家主义理论体系的建立"。在学会内部,《国家主义论文集》《国家主义讲演集》《建国政策发端》等宣传国家主义教育的著述作为少

---

① 李璜致效春舜生,《少年中国》第3卷第6期,1922年1月1日。
② 李璜致舜生,《少年中国》第2卷第6期,1920年12月15日。
③ 吴俊升:《教育生涯一周甲》,(台北)《传记文学》第27卷第2期,1975年8月,第47页。

年中国学会丛书出版,也可以说代表了学会的一种思想倾向。陈启天非常明确地说,"国家主义在我国建立起一种系统理论,可说是从我们这几本书开始"①。确如所言,这些著述奠定了国家主义教育救国论的理论基础,而且对国家主义教育思潮的形成起了重要的推动作用。许多会员包括国家主义派都以教育救国为己任,致力于国家教育的统一与民族的独立。诚如余家菊所说:"我提出国家主义,纯然站在教育的立场。我要唤起青年以国家为至上,为国家而努力。"②

不仅如此,国家主义派会员试图容教育救国与经济救国于一体,联合共产主义派开展革命。李璜在1924年4月24日给恽代英的信中强调:主张教育救国,是先认定了教育的价值是能够在人的精神上产生很大限度的影响,所以才加以研究后,很诚恳地来提倡。"我们以为主张教育救国者固然该当去提倡爱国精神,而主张经济救国者也一样的该当去提倡爱国精神;这两种提倡是相辅而效益彰的。"③言下之意,国家主义派是教育救国论者,共产主义派是经济救国论者,两派会员应当联合开展革命,共同创造理想的"少年中国"。但是,随着共产主义派反对国家主义日益激烈,国家主义派反"共产"意识进一步强化,在教育理念上鼓吹国家主义的教育以对抗共产主义者主张的世界主义的教育或革命教育,民主主义的教育就为国家主义教育所取代而在学会成为"主流"思想。由此,"国家主义教育"成为一种流行的话语,国家主义教育成为盛极一时的社会思潮,并从中涌现出了对国家主义教育理论宣传与研究最有力的余家菊、陈启天、李璜、曾琦等人。而致力于教育事业的会员如吴俊升、舒新城、谢循初、左舜生、杨效春等也发表了一些关于国家主义教育的文章及参加一些国家主义派组织的教育活动,共同促成了国家主义教育思潮。

《少年中国》是学会的机关刊物,也大致代表了学会的立场和观点。如果说前三卷或说在1922年底以前更多的内容关涉会员讨论学会主义问题和关于教育宗旨方法等社会改造理论层面的问题;那么,从第四卷开始则出现了关于国家主义教育的长篇大论以及频繁的通信讨论,涉及教育实践中的具体问题。而且随着国家主义教育运动的勃兴,国家主义教育在学会内部开始以团体主流思

---

① 陈启天:《寄园回忆录》,台湾商务印书馆,1965,第145页。
② 余家菊:《余家菊回忆录》,中华书局,1948,第17页。
③ 少年中国学会编:《少年中国学会会务报告》第1期,1919年3月1日,第14页。

想的形式出现。这既是时代发展的要求,也是会员努力奋斗和实践以顺应潮流的结果。尤其是旅欧归来的国家主义派与国内同情并宣传国家主义教育的会员合流,开始有组织有系统地宣传国家主义教育,迅速形成学会内的国家主义教育思想。

二、学会对国家主义教育态度的变化

从少年中国学会的教育思想发展来看,在1923年一个最显著的变化,就是南京会员以总会名义公开表明对主义与会员活动的态度,他们提出对于学会的四项主张,其中如"(一)学会对于会员个人不违背学会信条的各种活动和意见不加干涉(包括政治活动在内)",为国家主义、共产主义在学会内的兴起提供了组织方面的基础,便于他们把理论方面的宣传变为一种实际活动。而且学会已开始改变不准会员从事政治活动的禁条,在程序上分会有依据会员意见而行使对外发言的决定之权。这就意味着学会的发展开始面临一个重要转机。

1.学会对国家主义教育的态度日益明确

1923年10月14日苏州大会决定学会方针为"求中华民族独立,到青年中间去",制定学会纲领九条,这个纲领系大会讨论,条文经过恽代英和左舜生等三人"详细斟酌",最后由恽代英起草。[①]到会会员签名而以团体的形式通过。其中提倡民族性的教育,培养爱国家爱种族的精神,以及反帝与打倒军阀,唤醒国民注意现实的政治经济等,都成为宣传国家主义或共产主义教育的法理依据。苏州会议对社会形势或时局的反应,则表明学会会员以教育或舆论唤醒国人的决心。

从苏州大会决议和纲领来看,学会强调了教育的作用,而且着眼于民族性教育,固然由于与会者多从事教育工作,受到当时教育救国思想的影响,更主要是便利了国家主义宣传的需要,故而借教育以振奋民族精神为旨归,积极开展青年运动,以求中华民族独立。会议对于月刊内容亦作出"每期必有两篇以上

---

① 左舜生:《答共产党并质恽代英君》,《醒狮》第32号,1925年5月16日。

此类的文字"的规定。从后来月刊内容看,只有民族性的教育或国家主义教育方面做到了,青年运动方面也有所涉及,此与学会内部纷争日益激烈有很大关系。但这种规定对于学会,尤其对于《少年中国》月刊,意义是非同寻常的。这种组织的约束,一方面说明学会组织与会员关系存在问题,另一方面表明学会试图由学术团体向政治团体转换,至少为宣传国家主义提供了便利条件。

  在南京分会第三次会议讨论会务进行计划问题时,由曹刍提议,南京同人必须标揭新国家主义作为教育上努力之目标,"以期觉醒现在一般教育家之迷梦,而造成中华民国之教育,不要徒事贩卖洋货"。①从曹刍的言说来看,南京会员着眼于改造教育现状,建立"中华民国之教育",因而提倡"新国家主义"的教育。会议决议采"新国家主义"之名称,并责成陈启天、吴俊升研究"新国家主义"的定义,下次开会时宣读修正;并根据定义分类研究,如"新国家主义与大学教育","新国家主义与中华教育"之类。从实而论,学会确立以国家主义为教育方针,一方面是陈启天、李璜、余家菊等人宣传国家主义的结果,另一方面是共产主义派在同情理解的基础上给予有力的支持而促成的。②从教育革命的角度来看,共产主义派表现出一种帮助或期待觉醒的急切心情,可以说国家主义教育与共产主义教育共栖于"少中"民族性教育或民主主义教育之中。从这个意义上说,国家主义作为学会教育上的努力目标,是国家主义派与共产主义派或妥协或共同协作的结果。

  在南京总会第三次常会上,陈启天宣读《何谓新国家主义?》的论文,与会者大致无异议,乃议决在月刊上出"新国家主义特号"分题讨论。在《少年中国》发表该文时,陈启天特别说明,"此文乃予受南京总会同人之嘱而作,所以使新国家主义之涵义较为条理、明晰而非一空洞之新名词也……可代表南京会友心目中之新国家主义也"。③陈启天宣读《何谓新国家主义?》的专题论文,代表学会同人的共同意见,该文对于国家主义的界说、效能及与其他主义之关系详为厘

---

  ①《本会近事记》,《少年中国》第4卷第8期,1923年12月。
  ② 恽代英后来承认,对于余家菊、陈启天等鼓吹提倡国家主义教育,谋中国独立的意见表示"一定的同情",并为国家主义教育在"少中"纲领的确立亦作了推动。(见恽代英《评醒狮派》,《中国青年》第76期,1925年4月25日。)
  ③ 陈启天:《新国家主义与中国前途》,《少年中国》第4卷第9期,1924年1月。

定,是"一篇有系统而具统系的文章",①呼应国外会员的国家主义的宣传。由此确立国家主义思想和运动在"少中"的地位。标举"新国家主义"对于学会的影响很大,对于会员个人的影响更大。其后会员中关于国家主义教育的讨论也大多涉及或针对于此,由此引起学会内关于国家主义教育的激烈争论,甚至于影响到学会的分化。对于陈启天本人而言,其意义更是非同寻常。他在回忆中详细写道:"当时在南京的少中会友十多个人,曾在一次聚会中讨论到国家主义的问题,并指定我对此问题特别加以研究。于是我费了两三个月的功夫,搜阅中英参考书籍,草成《何谓新国家主义?》一文,于是年十二月二日向在宁会友宣读,并送登《少年中国》月刊。"他说"这是我主张国家主义的第一篇文字,该文的要点,除辩驳对国家主义的精神误解外,并将民主主义的原则融摄在内,成为一种新理论,所以冠上一个新字。结论认为新国家主义不但可以适用于教育方面,而且可为今后中国立国的总方针"。②此文发表之后,陈启天的思想和行动进一步趋向国家主义,可见少年中国学会或《少年中国》月刊促成了陈启天教育思想由民主主义向国家主义的转变。也可见部分会员主要是从教育的角度研究和思考国家主义的,而后随着政治斗争的现实要求,新国家主义从教育转入政治,从教育救国转到教育立国建国。

1924年7月南京大会集中讨论苏州大会宣言,在舒新城看来,到会会员皆根据其对于学会之忠诚,表示各人之主张,逐条讨论九条纲领,辩论三小时之久,对其中第四、六条提出修改。国家主义者认为第四条"含有浓厚的唯物史观之色彩",如"经济改造为国民道德改造的重要途径",这与中国传统的形而上学的道德观的看法完全相反。结果以投票方式决定取消该条,另立一条为:"推阐外资压迫,为民生穷苦、兵匪充斥的重要原因,应反对一切不平等条约,以谋发展国内产业。"第六条则删去"提倡青年为民族独立运动"和要青年向国家社会服务,理由是:民族独立运动是苏联的口号,和中国当前的国情不合;青年只为社会服务,不应参加国家事务。③可见这次南京年会上的主义之争占着显著地位,争论的焦点,一方面是外资压迫还是国民意识薄弱是中国贫弱的主要原因,

---

① 舒新城:《教育上的国家主义问题》,《民铎》第5卷第1号,1924年3月1日。
② 陈启天:《寄园回忆录》,台湾商务印书馆,1965,第105页。
③ 舒新城:《回忆恽代英同志》,载人民出版社编辑部编《回忆恽代英》,第247—248页。

另一方面是经济改造还是教育(或社会改造)的手段或途径,表面上是国家主义教育与共产主义教育的论争,实质上是共产主义与国家主义的意识形态之争。根据《会务报告》记载,会员25人到会,每次至少20人参加讨论,"各人发表言论极诚恳,虽至争辩最热之时,亦纯以理知判断,不尚感情;即或主张各异,仍无丝毫意气之事,足见本会会员拥护学会之诚意及会员间友谊与了解之深切也"①。而且,由左舜生起草的大会宣言,大抵与苏州大会宣言之精神相同。对照新的九条纲领,提倡团体生活训练、民族性教育、反对教会教育、反帝反封建军阀尤其是注重反日之外的反英美的侵略,大致与苏州大会纲领相符。所以总会执行部发布启事称,纲领九条实为学会全体精神的寄托,望会友特别注意,并望有异议者函总部以供会友讨论②。因此从程序上说是合法的,而况到会者之意见并不代表全体会员之意见,会后讨论成为学会一贯的原则。从会员的讨论到学会的规定,无疑强化了学会内的国家主义思想。执行部启事还提到左舜生、陈启天等发起醒狮周报社,以鼓吹国家主义,与孤军社等联合作公众讲演。可见,国家主义者在南京总会占据主导地位,国家主义派与共产主义派的论争也因此更趋激烈。

国家主义确立为学会方针,在学会内也占据学会思想的主导地位。具体表现在:一是《国家主义的教育》《国家主义论文集》等列入学会丛书出版。余家菊、李璜将近两年间发表在《少年中国》《中华教育界》等刊物上宣传国家主义教育的论文编成论文集,于1923年10月出版。内中余家菊的论文有:(1)《民族主义的教育》,原名《民族性的教育与退款兴学问题》,以教育的立场来提倡民族性的教育;(2)《基督教与感情生活》,从心理学的观点析论基督教之非与是;(3)《教会教育问题》提出切实可行的对付教会教育的方法;(4)《中国教育的统一与独立》反对办清华式学校,首次提出"收回教育权"的口号;(5)《国庆日的教育》,主要对国歌《卿云歌》进行批评,如说:"中国此时正在国运阽危民不聊生的时代,国歌为立国精神所系,不可不有发扬蹈厉奋发有为的气概。与其失之于单缓,毋宁失之于燥急。所以在这一点上,卿云歌完全不适宜。"李璜的论文两篇,一篇是《国民教育与国民道德》,提出利用历史、地理的教材养成国民道德而实

---

① 黄仲苏:《本会第五届年会记略》,载少年中国学会编《会务报告》第1期,少年中国学会发行,1924,1919年3月1日,第4—6页。

② 《本会执行部消息》,少年中国学会编《少年中国学会会务报告》第1期,1919年3月1日,第22页。

现精神上的统一,以共当国家大难。另一篇是关于教育宗旨问题的讨论,已如前述。《国家主义的教育》的出版,在"少中"内部尤其是国内会员中引起注意并展开了热烈的讨论。

此外,少年中国学会丛书还先后出版余家菊的《英国教育要览》、陈启天的《国家主义论文集》《应用教育社会学》和《建国政策发端》等,对国家主义教育进行广泛宣传。陈启天主编的《中华教育界》在左舜生等人的支持下,特刊了一系列国家主义教育专号,其中的一些文章与在《醒狮》上发表的文字,又汇编为《国家主义论文集》第一、二集和《国家主义讲演集》等,基本奠定了国家主义教育的理论体系。这些论著既然都经过学会审查并列入"少年中国学会丛书"出版,大致代表了学会对于国家主义的态度。舒新城著文指出,国家主义的教育问题到底是谁先提出来,尚难确切的断定,然足以引起一般教育者注意的,要算是余家菊、李璜两人合著的《国家主义的教育》一书,于十二年(1923年)十月出版,而其论文散见于《中华教育界》《少年中国》之中,其中《民族主义的教育》最早于十一年(1922年)九月的《中华教育界》,不过一般人不很注意,及至专集出现,大声疾呼,以国家主义的教育为号召,同时并有其他关心中国教育不是专事抄袭所能解决的人们注意及之,而发生反应。国家主义遂成论坛上的一个问题。①由此可以看出国家主义派及其国家主义教育宣传在学会内外的影响。

二是《少年中国》亦拟出国家主义教育特别号,虽未果,但在月刊第4卷第10期集录国内杂志关于国家主义讨论的文章近十篇,开设"关于国家主义的讨论种种"专栏,也有相当的社会影响。诚如编者在"前言"中所说,中国人普遍存在一种媚外风气,"不仅一般靠分外人余沥以生活的人脑筋中横亘一个洋大人的偶像,就是号称知识阶级的教育界,也往往有这种一唱百和的盲从丑态!现在好了!时会渐渐转移了,许多人已经毫不疑惑的一致提倡国家主义了!""我们认定要使中国在这个时代能够稳度难关,只有盼望一种爱国精神的复活,我们盼望这种思想成为潮流,尤其盼望普遍到我们青年朋友的脑筋里去!"②编者明确表达了对于国家主义的态度。该附录除编者附言外,还附录了九篇讨论国家主义教育的文章,它们是:余家菊的《非和平主义的教育》,研因的《世界主

---

① 舒新城:《教育上的国家主义问题》,《民铎》第5卷第1期,1924年3月1日。
② 详见《关于国家主义的讨论种种》,《少年中国》第4卷第10期,1924年2月。

与国家主义》，左舜生的《现在的新教育家有主义吗?》，导之(常道直)的《我们现时需要世界主义的教育吗?》《从什么地方看出国家主义的教育之需要》《新希望》，萨孟武的《国家主义的提倡》《民族争斗及国家主义》，行叔的《国家主义》。这些文章分别摘/转录自《时报·教育世界》《新闻报·教育世界》《时事新报》《商报》《教育杂志》等报刊，作者既有会员，也有非会员，从一个侧面反映出《少年中国》对国家主义教育的积极反应程度。月刊讨论或宣扬国家主义的专题文章(主要是第四卷)共15篇[①]，该附录占了总篇数的60%。从第四卷与第三卷对于国家主义的态度及宣传的比较，可以说明国家主义在"少中"的地位已发生了明显变化。正如倾向国家主义的陶希圣所评论："国家主义诸君之结合与兴起，《少年中国》是有力的枢纽。"[②]

  这也表明，国家主义已经在学会内占据了思想的主导地位，甚至在学会内部组织化。1925年7月召开第六届年会，从日程安排看，余家菊在第一天讲演《国家主义教育之要义》，最后一天由曾琦讲《国家主义与中国革命》，而并未安排共产主义方面的讲演，或者说有意排挤共产主义派宣传的革命教育。李璜也应邀在南京总会连续讲演《国家主义与世界大势及中国问题》《国家主义的建国方针》《国家主义的经济政策》等等。这是国家主义教育在"少中"的第一次公开讲演，而且是由欧洲回国的国家主义派骨干来宣讲，公开批评共产主义，无疑表明其对共产主义派在学会中的胜利。李璜在《国家主义的建国方针》讲演中，明确提出要以国家主义来解决中国问题，强调国家主义教育的方法。他说："因此我们的国家主义不但不是狭义的，只知有己，不知有人，而且是对于全人类负有一种使命的。我们愿先以教育的力量将我们国民的自信心坚固起来，增加了向前的动力，一旦能够抵抗强权，然后再抱着我们这种和平主义，大同主义，去达我们一直向前的最终鹄的。"并且将国家主义提升到建国方针的高度："我们的建国方针首先注重精神的建设"，主张明定教育宗旨，统一教育计划，实行强迫教

[①] 月刊第4卷上讨论国家主义的文字还有：第9期陈启天的《新国家主义与中国前途》、恽代英的《读〈国家主义的教育〉》，第10期有吴俊升的《国家主义的教育之进展及其评论》，第11期有谢循初的《论国家主义》，第12期有张闻天的《从梅雨时期到暴风雨时期》、萧楚女的《讨论"国家主义的教育"的一封信》，共6篇。会员通讯中涉及国家主义的有：李璜致效春、舜生(见第1期)，左舜生致赵叔愚(见第2期)，赵叔愚致左舜生，余家菊致李璜，王崇植致左舜生(见第5期)，杨效春致余家菊、李璜(见第8期)。

[②] 陶希圣：《记左舜生先生》，载周宝三编《左舜生先生纪念册》，(台北)文海出版社，1981，第49页。

育,注重科学教育,实施军事教育,推广蒙藏教育。这就是国家主义教育方针的要点。①也就是说,国家主义不仅仅是学会和"少年中国"的教育方针,也是现实中国的教育方针。

因此,共产主义派与国家主义派展开激烈的争论。在第六届年会讨论"本会对于外患与内乱交逼之中国应采取何种方针案"时,左舜生提出绝对主张国家主义,恽代英则坚决反对。陈启天提案为:将学会方针定为以国家为前提,而反对"反爱国"之行动与言论;虽有恽代英的反对,但经过长时间争论,结果通过陈启天的提案;会议推举曾琦、吴俊升、曹刍起草宣言,恽代英弃权。对于恽代英与陈启天等在会上的争论,沈怡读《大会报告》后认为,双方见解原属一致,只因一时感情冲动而形成隔膜。②恽代英则认为,醒狮派诸君用种种方法达成他们的目的,"一切地方用含糊语气,以爱国运动四字忽略一切民族自决,阶级斗争等理论"。③后来的事实证明恽代英的动态分析与推论是不错的。在学会内部,除醒狮派国家主义者外,同情国家主义的会员亦不在少数,连田汉等人亦卷入其中。郭沫若曾经分析说,"寿昌是少年中国学会的人,那个学会本来就带有很浓厚的国家主义色彩。寿昌在前虽不必[说]便是怎样鲜明的国家主义者,但他在那一方面的朋友特别多。一种团体无论是怎样自由的集合,多少总是有点立场的。一个人无论是怎样超脱的性格,入了一种团体也自会带着那个团体的意识"。④就是说田汉受到学会内国家主义思想的影响。正如《中国青年》的一篇文章所指出,国家主义能风行一时,原因在于有好些感情热烈而又知识不健全的青年,"平时既饱受宗法社会的英雄思想(如岳飞、文天祥之例)的熏陶,再遇有像曹章陆卖国的五四时代或'英夷又杀我同胞矣'的五卅时代,自然会发生个人主义式的英雄救国观念,慨然以抗御列强压迫的责任自命……同时最主要的还是因为在五卅以前,中国工农群众在革命运动中的伟大力量未被这股小资产阶级的爱国青年认识出来,所以在他们主观上还不觉的迷信'知识阶级革命论',死抱着五四元[原]始爱国运动时代之'外抗强权''内除国贼'的口号,而不

---

① 李璜:《国家主义的建国方针》,载少年中国学会编《国家主义论文集》第二集,第17,28,29页。
② 张允侯等编:《五四时期的社团》(一),生活·读书·新知三联书店,1979,第531—532页。
③ 张允侯等编:《五四时期的社团》(一),生活·读书·新知三联书店,1979,第534—535页。
④ 参见郭沫若:《沫若自传》第二卷,人民文学出版社,1979,第149页。

知不觉的变化为曾琦者流所领导以士大夫为救国本位的所谓'国家主义'"。①无论是广义的国家主义还是狭义的国家主义教育,一度在部分青年学生中占据思想的主导地位,在少年中国学会也是如此。

2.部分会员对国家主义教育的批评态度

《少年中国》宣传鼓吹国家主义教育的文字中,既有同情国家主义的会员对西方的国家主义教育理论的客观审视与分析,又有共产主义派站在唯物史观及革命立场对国家主义派教育理论的同情与批评,因为"少中"会员之间浓烈的感情,同时也有激烈的争论,可以说是共产主义派与国家主义派论争的真实写照之一。

一是同情国家主义的会员对国家主义教育的理性态度。吴俊升回忆称,他的教育思想由赞同当时以杜威思想为主、自由民主及国际主义立场,渐渐加以修正和补充而兼顾民族文化的延续与发扬和爱国主义的提倡,实与李璜、余家菊、陈启天等"少中"会友所倡导的国家主义教育同调。但是他写作的国家主义教育文章与国家主义派并无关系,而是自己对于文化、政治和教育思想的一种转变。这种转变是由于自由民主的教育的鼓吹和推行渐渐趋向极端,对于祖国文化和社会约束以及爱国情操渐渐蔑视,使国家生存发生危机;又由于1924年中国国民党的改组,三民主义的宣传渐渐普及于知识界,而民族主义则着重国家的独立与自由。但当时知识界则不免有轻视爱国主义与憧憬于世界和平主义的现象,引起了他的反省而趋于国家主义。显然,教育的社会需求与政治形势的变化,在转变中起了不可忽视的作用,特别是五卅运动的刺激。②因此他对国家主义运动表示同情。与国家主义派在五卅运动前后由教育而趋向政治运动不同,吴俊升等国家主义的同情者仍守持国家主义教育的初衷,主张一种类似于民主主义的国家主义。其实,事后回忆可以印证吴俊升当时对国家主义教育的相对审慎但又旗帜鲜明的态度。他在《国家主义的教育之进展及其评论》中指出,国家主义教育从其背景来看,突出了政治的要求,"我们若是不能反对民族自保的政策,我们便不能反对国家主义的教育的动机"。此外,在发扬国

---

① 昌群:《破产的国家主义》,《中国青年》第145,146期合刊,1926年12月20日。
② 吴俊升:《教育生涯一周甲》,(台北)《传记文学》第27卷第2期,1975年8月,第47页。

民性、宣传国家文化方面，国家主义教育亦有相当的价值。①同时指出，国家主义的两种效用一旦推至极端，便造成许多祸患。国家主义的教育明显受了理想主义者的影响，遂致过分尊重国家，提倡个性，同时机械的教学和训练，只造成许多不能自由思考的国民。此为极端的国家主义的两大罪恶。正是考虑到中国与德法以前情形相似而必须实行国家主义，同时又要避免其与国际主义、平民主义的冲突，他提出一方面尊重国家，一方面尊重国民个性的国家主义教育，名之为相对的国家主义的教育，取其"最初国家主义之精神而无现时国家主义之弊害"②。基于这种认识，吴俊升最初主张国家主义教育而后参加了1924年的收回教育权运动，自称"这是国家主义教育者对于国家教育的贡献"。③谢循初在《少年中国》发表《论国家主义》一文，指出国家主义存在着流弊，一是国家情操即是憎恶的情操；二是国家主义崇拜国家的社会遗传，轻视别国的社会遗传；三是国家主义极易养成个人以国家为万物的公准之心习；四是鼓铸国家意识，不得不用崇拜本国的英雄伟人的方法。④吴俊升、谢循初两人对国家主义教育从思想或理论上予以批评，表现出国内会员对国家主义教育的一种理性态度，亦成为与醒狮派国家主义相区别的表征。

会员对国家主义教育的批评，亦可从有关《国家主义的教育》一书的评论来说明。《国家主义的教育》列入学会丛书出版，在学会内部引起了关注和讨论，对学会内部主义问题的讨论亦有重要影响，对于"少中"以团体形式反对教会教育、收回教育权运动也有直接的影响。杨效春在11月16日致余家菊、李璜的信中表示"大体皆赞成"《国家主义的教育》的观点，只就民族性的教育问题提出了质疑。张闻天评论说，有许多人很热烈地把新国家主义作为救济中国的唯一的办法，并且指出，陈启天《新国家主义与中国前途》把新国家主义与旧国家主义分开，但未然将新国家主义的定义内容及实施手段说清楚，而《国家主义的教育》"大大提倡以国家主义为目的的教育"，比陈启天的主张要自然要切实得多，不但说出了国家主义是什么，而且还说出了许多实施的方法。⑤恽代英也说，

---

① 吴俊升：《国家主义的教育之进展及其评论》，《少年中国》第4卷10期，1924年2月。
② 吴俊升：《国家主义的教育之进展及其评论》，《少年中国》第4卷10期，1924年2月。
③ 吴俊升：《教育生涯一周甲》，载（台北）《传记文学》第27卷第2期，1975年8月，第48页。
④ 谢循初：《论国家主义》，《少年中国》第4卷第11期，1924年3月。
⑤ 张闻天：《从梅雨时期到暴风雨时期》，《少年中国》第4卷12期，1924年5月。

读《国家主义的教育》一书,"颇痛快无殊我所欲言,故极为快慰"。他对余家菊、李璜两人说,"国内同人论调,年来亦渐侧重对外。上月苏州会议,居然以列席者不约而同之心理,规定'求中华民族独立,到青年中间去'之标语,为学会活动之准则。我私意窃喜,以为如此方是学会认定了他对于中国所负的使命。而两兄此书适于此时出版,更可见本会同人海内外意见如合符节,此尤令我私衷庆幸"。[1]从恽代英的话语中可看出,当时国家主义在学会内大致有两股支流,国内会员的国家主义思想当时并非受到留欧会员的暗示,而是学会对国家主义教育的一种团体反应。舒新城分析了《国家主义的教育》出版后产生的社会反响,一是少年中国学会苏州会议的纲领;二是高仁山、常道直、萨孟武、吴研因、杨效春、恽代英、赵并欢等为文鼓吹,或析读是书,而这些文字又多在《少年中国》发表或转录,引为学会同人同调。这足以表明,从此教育上的国家主义成一种普遍的倾向。[2]在国家主义派看来,自《国家主义的教育》出版,国家主义的思潮从此怒吼于全国。[3]可以说,《国家主义的教育》出版,是学会前后期转变的一道分水岭,是国家主义教育思潮化的一个标志,也是国家主义理论在学会公开宣传的一个标志,因此对于会员的思想影响也是不容忽视的。曾琦在日记中写道:"读是书,觉得余家菊之文深刻精警,李璜之文明白晓畅,认为两君皆富于爱国热情,洵足为青年之导师。"[4]可以说,余、李等在国家主义理论宣传中的地位自此书开始确立,也决定了其以后的人生走向。

二是共产主义派对于国家主义教育的批评。应当说,共产主义派对国家主义教育表示同情乃至一定程度的支持,是出于团结国家主义主张者,或利用国家主义教育办法为民主革命之一"术",同时对国家主义教育提出许多批评。恽代英明确表示赞同《国家主义的教育》,但对从民族性立论讨论国家主义的教育提出质疑,又指出该书未注意中国人所处经济侵略的势力及中国人以后应从经济上求脱离外人的束缚。[5]大致说来,共产主义派会员对于余家菊、李璜、陈启天提倡国家主义的教育方法是赞成的,肯定了他们的救国动机,但又指出其中

---

[1] 恽代英:《读〈国家主义的教育〉》,《少年中国》第4卷第9期,1924年1月。
[2] 舒新城:《教育上的国家主义问题》,《民铎》第5卷第1期,1924年3月1日。
[3] 余家菊:《余家菊回忆录》,(台北)《传记文学》第29卷第3期,1976年9月,第117页。
[4] 沈云龙主编:《曾慕韩(琦)先生日记选》(影印版),(台北)文海出版社,1966,第78页。
[5] 恽代英:《读〈国家主义的教育〉》,《少年中国》第4卷第9期,1924年1月。

存在的问题。正如张闻天所说,不论主张国家主义还是主张国家主义的教育,都必须以打破现状为前提。如何打破现状呢? 就是"用社会的政治活动,把一般的平民团结起来,推倒现政府,获得政权,用开明专制的办法,实行国家社会主义"。并认为救国的目标,为解除苦闷的唯一方法。① 这是批判国家主义的基本出发点。既可以说是共产主义教育与国家主义教育的论争,也可以说是共产主义派与国家主义派在学会内部的主义之争。他们关于国家主义教育的批评,大致集中在以下几点:

第一,关于民族性的教育。恽代英大体赞成民族主义的教育,但认为余家菊并未说出国民特性的具体"好处"是什么,他虽主张以东方文化来陶冶国民,但未提及对民族性的哪一点而施以陶冶。在恽代英看来,民族性是由各民族经济状况所反射而形成的,生产的方法给心理上很大的影响。因此,在与西方文化接触时,提倡保存中国式的小工业生产的生产方法而接受西方文化是不可取的,只有由小生产进为大生产,由手工生产进为机器生产才能免于外国的经济侵略,所以由小工业生产所反射而形成的国民心理决无可以提倡而发挥的。② 基于此,舒新城认为实现国家主义的教育的方法,一是在于求经济独立而谋国家的独立;二是培养政治人才;三是在教育实施过程中应多注意天性较厚的人,从情、理两方面着力教育。③ 在他看来,中国的根本问题不在国民国家意识之薄弱,而在经济上不独立与政治上没有上正轨,故要救中国就首先要使中国在经济上求得完全独立;要求经济独立,终必经过一番政治革命,反过来说,政治革命完全是为了求经济独立的法子。

张闻天也认为,单讲中国民族性的优良或单用历史地理的教授去鼓励民众是不中用的,"天天和他们讲国家是什么,人民是什么,人民与国家的关系是什么,虽可以使他们知道你所说的是对的,但是吃饭似乎比这些话要紧的多"。④ 因此他提出,激起民众当揭起贫困的根源,就是"现政府不良"与国际帝国主义的侵略。具体的办法,一是如杨贤江所说对"复古运动"(即反革命的运动)以科

---

① 张闻天:《从梅雨时期到暴风雨时期》,《少年中国》第4卷第12期,1924年5月。
② 恽代英:《读〈国家主义的教育〉》,《少年中国》第4卷第9期,1924年1月。
③ 舒新城:《教育上的国家主义问题》,《民铎》第5卷第1期,1924年3月1日。
④ 张闻天:《从梅雨时期到暴风雨时期》,《少年中国》第4卷第12期,1924年5月。

学的精神进攻,一是要以革命的文学(包括国民文学、激昂慷慨的国歌、革命英雄的传记)来打动民众的感情,鼓起民众的热血,使他们对于未来的光明的中国发生无穷的希望,对于中国的建设发生无穷的努力。其实,就前者而言,杨贤江希望青年学生(包括全部有头脑的知识阶级)本科学的精神各在"所在地"进攻,务期把这一般乌烟瘴气扫荡干净。就后者而言,沈泽民提出需要革命的文学,"我们对于文学的要求是怎样可以发挥我们民众几十年来所蕴藏的反抗意识,怎样可以表现出今日方在一代民众心理膨胀着的汹涌的潜流"。[1] 在杨贤江、沈泽民、张闻天看来,只有用革命的思想去廓清纷乱的妖言,去拨动麻痹着的中国人,用革命的热情去激发全中国死气沉沉的民族,新中国的建设才有希望,即只有革命才能解决中国的一切问题。从教育角度而言,它是革命教育的手段和内容之一。他们运用唯物史观分析中国社会情况,从精神立论,强调教育救国,与国家主义派形成反差乃至对立,由此也预示着两种道路的分歧。

第二,关于同情与自爱的教育。立足于爱国意识、国家观念的培养,余家菊在《民族主义的教育》中提出要宣传民族性以打破国人崇拜欧美的迷信,李璜也提倡同情与自爱的教育,以纠正国人不爱国的观念。对于一般无识的资产阶级对国人所作的反同情反爱国的宣传,恽代英表示与李璜等人一样的深恶痛绝[2]。不过,中国人不爱国或爱国信念不够,其前提的设定不大一样,自然救治的方法不同。恽代英认为中国不是一个"独立经济单位",是经济地位决定了中国人爱国信念的程度。因此,要打破崇拜欧美的迷信,不应拘泥于赞美自己的民族性,而在于(一)揭破欧美社会的污秽龌龊;(二)严厉惩创那些洋奴学者,使他们不能迷惑国人,同时尤要提醒国人西方的文明的实质在剥夺弱者。他也主张学习欧美的先进生产方法,学习西方的目的是为了打倒他们的经济压迫,而要对付欧美等外人的经济侵略,必须从经济上用社会主义的办法从事生产。所以要救国,最关键的还是指示国民在经济上为生存而奋斗。为此,要夺回关税主权,要努力从事于生产,这不仅是救国"最要的一着",也是国家主义的教育"最应注目的一点"。[3]诚如萧楚女所指出:若要在教育中得到相当的公忠勇敢人才用以救

---

[1] 张闻天:《从梅雨时期到暴风雨时期》,《少年中国》第4卷第12期,1924年5月。
[2] 恽代英:《读〈国家主义的教育〉》,《少年中国》第4卷第9期,1924年1月。
[3] 恽代英:《读〈国家主义的教育〉》,《少年中国》第4卷第9期,1924年1月。

国,则唯一的教育便只有同情与自爱的教育。①国家主义派与共产主义派的区别在于人才是求于情感教育还是求于现实生活,是求于自然教育还是革命教育,但同情与自爱的教育这一方法能够培养爱国人才,则是共识。

第三,关于国家主义教育方针。余家菊提出以培养民族性作为国家主义教育方针,在消极方面,教育要根据固有的民族性,在积极方面,教育要养成显著的民族意识,为此他批评国歌《卿云歌》之单缓,不足以激发国民性。恽代英批评指出,教育方针宜明定在用以救国,不应仍游移于和谐的或专门化的教育。并就余家菊批评《卿云歌》的态度作了扩充:在内政未清明,无以对列强以抗议的情况下,中国最重要的事是培养救国的人才,即培养一批能肃清内政、力争外交的人才,能革命的人才,即革命中与革命以后能了解世界政治经济状况,以指导国民行动的人才;善于运用国家政权的人才。因此,中国的教育,宜单纯注意救国的需要。②他并不反对学习科学技术,但认为技术科学在时局转移以后才有用,既然当下不能用以转移时局,就不要存在任何学术都可以救国的谬想。③他不仅态度坚决,而且明确主张规定教育的效能在救国,因而比余家菊等人所谓民族性教育的主张更进一步。

萧楚女在《讨论国家主义的教育的一封信》中指出,在中国,教育切不可认为是一种救国方法,至多充当一个辅助的手段。教育对救国的功用,最大的限度也只是造成少数改造的首领者或指导者而已,而且"明定在救国"在未掌握政权时还做不到,所以与其巴望教育供给人才,不如从实际的社会服务中去训练而养成人才。在他看来,救国主要还是在于经济改造。④由此看来,余家菊、李璜、陈启天所主张的新国家主义,充其量是英、美、日本罢了,尚须一次经济的社会革命才能达到俄国的地步,与其如此,倒不如像俄国把两步并作一步,进行社会革命。由此,革命救国与教育救国泾渭分明,因而在教育方针上对于国家主义体现出截然不同的功用观。如果说后者属温和的改革,前者则是激烈的社会革命。而教育在各自革命中的地位大相径庭,国家主义者以教育为足以救国的

---

① 萧楚女:《讨论"国家主义的教育"的一封信》,《少年中国》第4卷第12期,1924年5月。
② 恽代英:《读〈国家主义的教育〉》,《少年中国》第4卷第9期,1924年1月。
③ 恽代英:《简论学术与救国》,《中国青年》第17期,1924年2月9日。
④ 萧楚女:《讨论"国家主义的教育"的一封信》,《少年中国》第4卷第12期,1924年5月。

方法,高唱教育救国论,共产主义者以教育为救国的一种辅助性手段,服务于经济的社会革命。

第四,关于国家主义理想与行动的关系问题。余家菊、李璜、陈启天三人主张的新国家主义与他们自己的理想之间"实含有一种不大能够协调的矛盾"。从文字上分析,新国家主义是20世纪的,有别于19世纪的旧国家主义,但只是"非侵略"的自卫的国家主义而已,意在抵抗欧美日本乃至基督教的侵略,而事实上没有不侵略的国家主义存在。进一步说,以抵抗他人侵略,而谓其不可流于进一步的侵略他人,这种国家主义是不可能的。真正不能侵略他人的,便一定不能抵抗他人的侵略。所以在萧楚女看来,余家菊所主张的新国家主义,说是非侵略的,则不免与其所欲收得之抵御外侮之效果不合;说是侵略的,也必与其反抗基督教、反抗国际侵略以及国内某一特别阶级之动机相矛盾。而况无论是新国家主义还是旧国家主义,均以国家为标志,而给群众以爱国之印象使之有国家的自觉,势必要假一种教义。这种教义无外乎自族之夸大与赞美和他族之仇恨与轻蔑。因此余家菊自己批评的国家主义的罪恶也自属难逃。正是理想与行动的不协调,所以与其以"非侵略"作为新国家主义的条件,倒不如痛痛快快地去主张日德国家主义的名实相符。①此外,余家菊以"知其不可为而为之"和"无人而不自得"等为中国民族的优良精神,意在"鼓励人家不要打清算盘再去为国家做事"。恽代英对此提出"商榷",认为"知其不可为而为之"是一种难能的美德,是少数圣哲的心理,"而希望人人有如孔子之如此美德而后才去救中国,无疑等于说中国无可救的希望"。②若此,救国之要求与救国之无望就成了矛盾。国家主义教育的理想与行动相矛盾,自难收救国之实效。

总的说来,共产主义派对于国家主义还是采取比较理性的态度和温和的批评口气,可以说仍是一种学理讨论,而且对于国家主义亦表现出相对的肯定而不是绝对的排斥,至少认为国家主义教育可充一种"救国之术"或社会革命的辅助手段。倾向国家主义的会员对共产主义也并不完全反对,如曾琦说,"中国今日为列强所制,宜联络各国'无产阶级'与世界'弱小民族'以求解放,此说在理论上吾人并不反对,惟在事实上终无大裨益,只可视为意外之助,而不能过存奢

---

① 萧楚女:《讨论"国家主义的教育"的一封信》,《少年中国》第4卷第12期,1924年5月。
② 恽代英:《读〈国家主义的教育〉》,《少年中国》第4卷第9期,1924年1月。

望"①。正因为如此,在后来国家主义与共产主义"笔战"时,共产党人的如上言论也就成为国家主义者"反戈一击"的口实。如1925年左舜生在《答共产党并质恽代英君》一文中针对恽代英、萧楚女等人对国家主义批判之升级与态度之转变,提出了"强力"的反驳。其中引用萧楚女在上文中"承认在目前的世界,仍然应有国家和政府的存在,仍然应当在一种相当的国家主义上从事救国运动",又引恽代英为少年中国学会起草纲领中有"提倡民族性的教育,以培养爱国家保种族的精神"等语为据,认为他们两人没有反对国家主义的道理。②恽代英坦承,他亦赞成目前应有国家政府存在,而且仍旧愿意全民族自爱自保,但绝对反对他们的所谓国家主义。原因就在于,"我们心目中的国家,是为抵御国际资本主义的压迫而存在的;我们心目中的政府,是为保障无产阶级平民的利益而存在的;我们要全民族自爱自保,是要使全民族从帝国主义政治经济压迫之下解放出来;要求全民族解放,我们自然更要注意力求那些最受压迫而占人口最大多数的农工阶级的解放。我们反对拿一国的历史文化的偏见,去提倡那种空洞与实际生活无关的爱国精神,更反对想拿这种爱国的空话欺骗无产阶级,妨害无产阶级解放的争斗"。③因此,共产主义派之所以反对国家主义,一是因为国家主义用抽象的概念,空洞的说教来挑拨青年的爱国热情,二是其救治爱护反动腐朽的政府、国家,实际上妨碍民族的解放与国家的独立。

由上可以看出,共产主义派对国家主义教育经历了一个认识转变过程,而且是随着国家主义者反共态度加剧而予以坚决反击。恽代英在《评醒狮派》中谈到对于醒狮派前后有三种不同的感想,他说,在《国家主义的教育》初版时,对于他们鼓吹从提倡教育、中国文化与中国历史而不从打倒中国的经济压迫入手来拔挽救中国民族,认为仅是"唯心"的弊病,出于尊重他们谋中国独立的意见,他表示了一定的同情,并为国家主义教育在"少中"纲领的确立作了推动。而到《醒狮》出版后,恽代英又加了一种不赞成他们的理由,即"士大夫救国论"。因为他们一方面看重工商阶级而忽略农工平民的力量,批评黄炎培、郭秉文等领

---

① 曾琦:《国家主义与中国青年》,载沈云龙辑《曾慕韩(琦)先生遗著》,(台北)文海出版社,1973,第175页。
② 左舜生:《答共产党并质恽代英君》,《醒狮》第32号,1925年5月16日。
③ 恽代英:《答〈醒狮周报〉三十二期的质难》,《中国青年》第82期,1925年7月18日。

袖人物不能"救国",成为"过去人物",一方面"继续彼等之覆辙。但恽代英又认为革命方法不一,为了救中华民族,还是可以与之合作,理论上的辩解不应妨碍彼此合作。到近来,他们名为讲国家主义,努力于反对共产主义而不提及反对帝国主义与军阀政府,使恽代英怀疑自己的意见。① 可以说,恽代英的自我剖解,大致代表了共产主义派对国家主义教育的认识变化。

从《少年中国》的有关文字也可以看出,共产主义派与国家主义派的早期关系是比较融洽且相互尊重的,在创造"少年中国"的共同理想下,开展会务活动、从事社会事业等都体现出"少中"重友情、轻律规这一浓烈的情感至上的特点。又因为"少中"向来是强有力的个人而非强有力的团体,所以会员个人在学会中的发言并不影响全体,更不能代表团体。但是,《少年中国》为宣传学会主义的机关,苏州会议决定月刊内容根据九条纲领切实发挥,每期必有两篇以上宣传国家主义的文章。故《少年中国》第四卷九期同时刊载恽代英《读国家主义的教育》与陈启天《新国家主义与中国前途》两文,至少在月刊编辑或者会员看来恽代英此文是讨论发挥国家主义的文章,是符合学会月刊内容规定的。倘是明显反对国家主义教育的文章,是难以刊于《少年中国》的。尽管如此,共产主义派是以唯物史观为出发点,把国家主义教育作为一种"术",或者说利用之,以达到革命救国的目的。这一定程度上反映出当时国家主义教育与革命教育的微妙关系,也反映出国家主义者与共产主义者及中间派会员在学会内的积极调适。进而言之,共产主义派在《少年中国》批评国家主义教育的文章,其写作时段在1923年底到1924年初,主要针对1922—1923年余家菊、李璜、陈启天关于国家主义教育的言论,即《国家主义的教育》论文集与《新国家主义与中国前途》一文,也可以说围绕教育问题而展开,虽涉及政治,但是尚未上升到国家主义与共产主义由意识形态之争到政治活动的对立斗争的高度。这是当时学会内部争论的反映。国家主义与共产主义之争发生于留欧的国家主义派会员回国之后,激烈论争的舞台则在《醒狮》与《中国青年》等各自党派组织的机关刊物上。诚如陈启天所说,曾琦、李璜、张梦九三人归国之初,原负有中国青年党归国代表团之使命,以求在国内发展党务。然当时国内党员甚少,党务不易发展,不得不

---

① 恽代英:《评醒狮派》,《中国青年》第76期,1925年4月25日。

联合"少中"会友,先从宣传入手,然后徐图建立组织。①所以就国家主义教育而言,留学国外的国家主义者与国内同情国家主义者合流,国家主义派与共产主义派在学会内部的争论和斗争才正式公开化。

3.实行国家主义教育的讨论

尽管少年中国学会在选择主义的尺度或标准上有大体的共识,但具体到何种主义则呈现出不同的选择。有人选择世界主义,有人则选择国家主义,而国家主义又有不同的定义,因而又有不同的形式,诸如相对的与绝对的国家主义,狭义的与广义的国家主义,温和的与激烈的国家主义,等等。因此,国家主义教育如何实行,成为会员热烈讨论的又一重要问题。

一是教育要确定国家主义。

前已述及,广义的国家主义本身即是国家主义的教育,国家主义与国家主义的教育是相辅相成的,如谢循初说,国家主义的教育价值,全视国家主义如何界定。②吴俊升也认为,国家主义的教育是跟着国家主义发生的。③在国家主义与世界主义教育在近代中国的变迁历程中,吴研因这样描述说:前数年教育家提倡国家主义没有结果,于是扩充国家主义而为世界主义,而世界主义方在推行之时又有许多人大声疾呼新国家主义以反对世界主义,"忽而国家主义被世界主义冲锋而垂危;忽而世界主义又被国家主义攻击而警动",教育界的这种怪现象好比民国以来集权和分权的争持,统一和联合的起伏。④他认为,教育界的这种方向或宗旨的变迁本身就因应了清末以来社会政治的变化。在教育界,提倡世界主义的教育家主张养成健全的人格,发展共和精神;提倡新国家主义的学者,则主张发扬青年的独立性,反对强权。从社会需求来看,两种主张是可兼容的,世界主义与一部分学者的新国家主义并不违背。⑤吴研因虽然是以《民族主义的教育》一文为根据来讨论国家主义的教育,其国家主义的内容以及与政治活动的关系,与余家菊、李璜明显不一致,但提倡国家主义是相同的。也就

---

① 陈启天:《寄园回忆录》,台湾商务印书馆,1965,第24页。
② 谢循初:《论国家主义》,《少年中国》第4卷第11期,1924年3月。
③ 吴俊升:《国家主义的教育之进展及其评论》,《少年中国》第4卷第10期,1924年2月。
④ 研因:《世界主义与国家主义》,《少年中国》第4卷第10期,1924年2月。
⑤ 研因:《世界主义与国家主义》,《少年中国》第4卷第10期,1924年2月。

是,教育者应该注意唤醒全国的分子,共救危亡,使中国永久立于竞争的世界场上,而日趋兴盛强固。因之主张与世界反对帝国主义的民众合作,发展共和精神,促进人类文明,在国家主义与世界主义之间寻求一个共通点。总之,"国家主义是中国目下必要的一种主张,改造国民教育又是实施国家主义一种必要的方法"。[①]

国家主义已经明确提出教育必须确立主义,一个教育者的全部努力所集中之主义,就是国家主义。有谓:"一、我国现时在国际之地位是一个'半独立国',所以教育应当造成为国家的地位而努力之国民;二、一般后起的国民所亟需应付之第一问题,是拯救垂危之祖国,并救济自身,所以教育应当在青年心中鼓铸一种为所属的大群……三、我国国民性上所最缺乏的是国家的观念,多数人只知有小群(家族及地方观念很浓厚),而对于大群(国家)的观念则极淡漠,所以教育应当'鼓铸民族的心意'。"[②]基于此,国家主义的教育要义,在积极方面要求:确定国家教育的宗旨,确定国家教育的政策,划定国家教育经费,厉行国家教育监督。消极方面要求:第一,反对外国教育;第二,反对教会教育;第三,反对党化教育。[③]在国家主义者看来,以培养造就具有国家意识的国民为教育之宗旨,其实现途径是国家对教育工作必须严加控制和监督,明确反对一切外国教育和一切党化教育。可见,国家主义教育确也有其现实针对性,成为当时一种重要的教育救国思想。诚然,政治形势的变化是国家主义教育思潮化的一个重要原因,并非是共产党的成立及其活动等使以致之,诸如严重的劳动问题、裁兵问题、剿匪问题、兵工问题、兵农问题等都是国家主义教育产生的不容忽视的因素。

吴俊升认真考察了中外国家主义教育的历史及相互关系,指出:在欧战以

[①] 陈启天:《国家主义与国民教育的改造》,载少年中国学会编《国家主义论文集》第一集,(台北)文海出版社影印,1973,第177页。

[②] 导之:《新希望》,《少年中国》第4卷第10期,1924年2月。

[③] 陈启天在《国家主义的教育要义》文中说:"我们所谓国家主义的真精神,不外内求国家的统一,和外求国家的独立两大端。促成国家统一和独立的方法自然很多,但我们相信利用教育以促进国家的统一和独立,却是一个很重要的根本方法。"称之为"国家主义的教育",以与平民主义的教育及国际主义的教育在理论与实践上相区别。见华东师范大学教育系编《中国现代教育文选》,人民教育出版社,1989,第412—414页。

前,我国教育界对国家主义颇有讨论。及至欧战告终,代表国家主义的德意志一蹶不振,教育界震于国际主义、大同主义、和平主义之说,遂不遗余力地诟病国家主义的教育,但是近一二年来国内一些人士,鉴于内忧外患,又默察世界各国教育之现状,认识到国家主义的作用,于是北大首先提倡武化,训练学生军。国内外一部分教育学者更是明确提倡国家主义的教育。一般人改变对于此问题的态度,渐渐开始讨论中国应否实行国家主义的教育的问题,认为这是急待解决的问题。① 欧战前后国家主义教育趋向的变化,为国家主义者重提国家主义教育提供了有利的社会条件。导之剖析了自己由极端信仰到怀疑、放弃世界主义的教育而信仰国家主义的思想转变,认定中国现在所亟需的正是国家主义的教育。他由怀疑而放弃世界主义教育主张的学理根据在于:第一,从中华民族性观察并非亟需;第二,从国人社会生活观察尚非其时;第三,从我国所处之地位观察有所不能。② 导之提出中国需要国家主义的教育有三个理由:第一,国家主义的教育是要振作独立自尊之精神的;第二,国家主义的教育是要将全国国民造成一个苦乐与共、息息相通之有机体;第三,国家主义的教育是要以国家的统一与独立为全国国民共同趋赴的目的。③ 左舜生批评了一些提倡世界主义教育的教育家们,其所从教的学校、所发表的著作及所教出来的学生三个方面都是不成功的,可以说教育界是完全没有一种确定的主义的,"是随时想采取新说而同时又低回旧说,好像是无所适从的;是支支节节在方法上较量,而绝少有人追问到根本上去的",因此他赞成一种内结民族,外抗强权,同情弱小,厚贮实力的新国家主义的教育,以救济教育界的无主义。④ 有论者认此为左舜生的国家主义思想非常浓烈的表现。从左氏对新教育家的辩证分析来看,他把教育社会化与科学化当作中国教育必具的元素而非根本精神所在,意在鼓励大家通力合作,使中国教育做得更圆满更普遍更正确,其在教育上的立论比在政治上的立论更为明显。因此与其说国家主义思想浓烈,不如说国家主义教育思想浓烈。

---

① 吴俊升:《国家主义的教育之进展及其评论》,《少年中国》第4卷第10期,1924年2月。
② 导之:《我国现时需要世界主义的教育吗?》,《少年中国》第4卷第10期,1924年2月。
③ 导之:《从什么地方看出国家主义教育之需要》,《少年中国》第4卷第10期,1924年2月。
④ 左舜生:《现在的新教育家有主义吗?》,《少年中国》第4卷第10期,1924年2月。

常道直认为，国家主义教育之要点，主要有：（一）鉴于我国现在的国际地位，教育应当造成为国家的地位而努力之国民；（二）一般后起的国民所亟需应付的首要问题，是拯救垂危之祖国，并救济自身，所以教育应当在青年心中鼓铸一种为国家尽力之志愿；（三）我国国民性上所最缺乏的是国家的观念，所以教育应当"鼓铸民族之心意"。①可见，国家主义的教育不仅是对外摆脱国际列强的羁勒，争得国家的地位，而且要对内团结成一个庄严灿烂的中华民族。而这种国家主义的教育与英、日、美等国均有所不同，具有中国的特色。这一特色是与中国反外族侵略而防止侵略他族、反军阀势力而图自强的任务相适应的。李璜在《国家主义的教育》中阐释了主张国家主义教育的理由，即对外为抵抗文化的侵略，对内为唤起全中国国民的团结，以共同筹谋中国的大业。后来他又在《再谈国家主义的教育》一文中反陈申述这一点。②余家菊1925年撰著的《国家主义教育学》，对国家主义教育作了更系统的阐述，认为国家主义教育即以国家主义为依归之教育，就是培养自尊精神以确立国格，发展国华以阐扬国光，陶冶国魂以确定国基，拥护国权以维护国家。③

二是确定国家主义教育的内容。

谢循初在《论国家主义》一文中明确表示，"我不是反对用感情的说话激发青年的爱国热忱，我尤其不是反对以国家主义为教育的目的，我现在是要知道'国家主义的教育'是什么"，即对国家主义作分析理解的功夫。④基于此，他按分析国家到国家主义再估定国家主义的教育价值的思路，重点剖析了民族性与国性的关系，该文成为《少年中国》月刊上鼓吹国家主义教育文字中颇有深度与体系的代表作。此外，杨效春、陈启天、吴俊升等都对国家主义教育内容有所论列。综合起来，国家主义教育主要涉及以下几个方面：

民族性教育是国家主义在教育方面的核心，也在是学会以团体形式首先揭起的国家主义旗帜。

余家菊在《民族主义的教育》一文中指出，民族性的特质是遗传的，是通过

---

① 导之：《新希望》，《少年中国》第4卷第10期，1924年2月。
② 李璜：《再谈国家主义的教育》，载少年中国学会编《国家主义论文集》（一），第139页。
③ 余家菊：《国家主义教育学》，上海中华书局，1925，第32—43页。
④ 谢循初：《论国家主义》，《少年中国》第4卷第11期，1924年3月。

教育养成的,"教育之最大的责任,不在一仅仅民族之自觉,乃在更进而为积极地鼓铸民族底心意"。所谓"民族底心意"即指民族的感情、信仰、目的。而民族的感情、信仰、目的能够具有强大力量,对个人具有驱策束缚的能力。杨效春对此提出质疑,他认为民族性是"后获的""习得的",就其内容而言,包括传说、风俗、习惯、文物、制度及理想、信仰,因此我们相信教育能够鼓铸民族性,而且能够改造民族性,这就是民族性的教育。杨效春主张唤醒全民族的觉悟,其思路为:在教育方面以鼓铸全国青年对于国家有共同的感情、共同的理想、共同的信仰及行动,共为中华民国有所尽力。①因此,国家主义的教育,说到底就是为了造成中华民国之教育。对于民族性的理解不一,自然实施教育的方法也就不一。如果说余家菊主张一种国家强制教育,杨效春则重民主教育,主张"个性"与"群性"在教育中的协调发展。

与民族性教育紧密联系的是国性或国家观念。行叔认为,国家为一心理的单位,无物质的实体。"国家之存在,盖寄于其国民人人之胸怀中,集各个国民心胸中所有之国家思想,其总积即为国家,此蕴于国民心中之国家思想,即吾所谓国家主义是也。"②因此,国家主义就如国家之灵魂,是立国之要素。吴俊升认定国家主义一是"联缀民族而成国家",一是"顾及国家之安全方面",其中,民族的结合是依据民族力的,因此要增加结合力,便要注意到民族性,但种族、语言、土地版图均不是民族性的主要内容,民族的相同的理想、兴趣和习惯、生活态度或同心乃是民族性的重要内容。因此,"国家的团结力的强弱,便看此等生活态度相同点之多少,以及民族有无此种生活态度相同的意识而定。所谓生活态度相同的意识,换言之,即是民族的意识",而国民性要用教育来培养,为达到此种目的的教育便是国家主义的教育。③

在民族性与国性的关系上,以美国的 Boas(博厄斯)、法国的 Durkheim(涂尔干)为代表,认为民族性随环境而变,决定国性者在教育、历史与环境。以英国的 McDaugall(麦独孤)、美国的 Goddand(戈达德)为代表,认为民族性虽受环境的影响而有所变形,但其本质却永远保存,各国国性之不同是民族性使然,因此

---

① 杨效春致家菊幼椿两兄,《少年中国》第4卷第8期,1923年12月。
② 行叔:《国家主义》,《少年中国》第4卷第10期,1924年2月。
③ 吴俊升:《国家主义的教育之进展及其评论》,《少年中国》第4卷第10期,1924年2月。

民族性是遗传的，国性也是遗传的。在谢循初看来，这两种说法关系"国家主义的教育"的生死，因为前说从根本上缩小了国家主义教育的范围，后说则认国家主义教育有极大功效。而余家菊正是以 McDaugall 所说"内在性之纯一为开拓的和谐的国家生活之最主要的条件"为据来说明民族性的遗传性，这遭到杨效春的批评。在谢循初、杨效春等看来，民族性不能完全决定国性。① 萨孟武认为，民族意识的强化引起民族争斗，民族争斗则产生国家主义。"盖今日交通频繁，各种民族多有接触机会，而其利害冲突，亦愈加甚，故以排斥异思想异感情异习惯之民族，不能不团结同思想同感情同习惯之民族，与其对抗，因而民族意识，渐次发生也。""此时也，各民族之诗人学者，又复热心研究其国古代历史古代诗歌，力赞古代自己民族之伟大，夸耀古代自己民族之业绩，由是民族意识，因而加强，甚者且复贱视他种民族而欲征服之矣。"② 民族争斗在所难免，国家主义由此而生。

　　大体说来，这种国家主义教育不完全等同于后来醒狮派的国家主义教育思想。国家主义教育的主要目标尽管言人人殊，但在培养国民意识，振奋爱国精神，以达到国家独立自由这一点上是一致的。因为中国国民政治观念淡薄，已到了非常危殆的地步，"国家两字，在国民心目之中，盖已无何意义；政治一名词，则除一般武人，目之为割据地盘之武器，一般政客，目之为维持其不劳而获之生事之机关而外，自余工商四民，初不暇计政象何若。政治意识之麻木，已臻于刺之不痛揉之不痒之境"，此乃政治教育不足之故，"唯有扬国家主义之旗帜，以诉诸于人民之情绪，夫而后耳目可以一新，群体可以一振，而医国者之智慧有所施焉"③。也有人指出，从中国强烈的排日倾向与行动来看，中国人并非毫无国家观念，盖与当时德、意二国未统一前一般国民的国家观念相类。④ 由此看来，国家主义在中国的生存环境适与西方相类。吴俊升等深入考察研究德、法之国家主义，也把唤起国民之自觉，培养爱国精神作为重要目标。南京会员把"新国家主义"的主要目标描述为国家的自觉、国家的正义与国家的服务三种。

---

① 谢循初：《论国家主义》，《少年中国》第4卷第11期，1924年3月。
② 萨孟武：《民族争斗及国家主义》，《少年中国》第4卷第10期，1924年2月。
③ 行叔：《国家主义》，《少年中国》第4卷第10期，1924年2月。
④ 萨孟武：《国家主义的提倡》，《少年中国》第4卷第10期，1924年2月。

他们用自觉、正义、服务等"抽象的概念"来宣传国家主义教育的目标,以致后来被批评他们对新国家主义到底是一个什么东西,如何实施,及国家的服务究竟是什么并没有论证清楚。①

所以,谢循初认为国家主义的教育,应当以"确定国体""绵延国命"为此后中国教育应取的目标,认为这"定能唤起一般人的今是昨非的感触,定能激发一般人的舍己救国的热忱"。②吴俊升坦言:国家主义教育,对个人而言,培养爱国精神,以小我效忠大我,但仍强调保留个性发展余地;对国际而言,实行爱国教育,使本国强盛,并发展固有文化,但不妨碍国际合作,甚至亦保留世界大同理想实现的可能。因为集个人而成社会,个人发展不妨碍社会的存在;集国家而成一国际组织,保留国家民族个别特性,亦不致妨碍大同理想的实现,所以这种国家主义教育"乃是以国家为本位,求一国的富强康乐而对内不妨碍个人在国家组织内充分发展,对外则发挥民族固有文化与优美特性,保持独立、自由而不妨碍国际合作以求最后发达到世界大同的教育"③。

三是国家主义教育的具体实施。

一般而言,国家主义教育的实施体现在国家对教育的管理权和课程两个方面。在国家主义派看来,国家既以教育作为团结民族、教育民众的工具,那么教育政策必须统一;要求教育政策的统一,自然教育权必定要国家管理。考诸德、法两国的国家主义教育,其实施主要从收回教会教育权和确立国家教育系统两方面着手。少年中国学会会员提出实施国家主义教育的办法如下:

首先,确定教育宗旨。国家主义派认为,教育为立国之本,应当明定其宗旨。"所以厘定教育之性质,明示教育之趋向,于以凝人心合群力者也。"国家主义的教育宗旨最少须含三事:"一曰国民之独立性,对外能抗强御暴,不失其大国民之风;二曰国民之责任心,对内能奉公守法,克尽其国民之天职;三曰国民之和谐性,彼此相扶相助而发挥其休戚与共之情谊。"④国家主义派积极提倡民

---

① 张闻天:《从梅雨时期到暴风雨时期》,《少年中国》第4卷第12期,1924年5月。
② 谢循初:《论国家主义》,《少年中国》第4卷第11期,1924年3月。余家菊、李璜在《国家主义的教育·序言》中亦言,"用教育确定国体,是教育中固有之一义。"教育之功用则更重要的在于"绵延国命"。
③ 吴俊升:《教育生涯一周甲》,(台北)《传记文学》第27卷第2期,1975年8月,第48页。
④ 余家菊:《国家主义下之教育行政》,载余家菊著《余家菊(景陶)先生教育论文集》(上册),财团法人台北市慧炬出版社,1997,第366页。

族主义教育,有谓:"吾国学人于故有文物有毁弃而无阐发;于先圣昔贤,有鄙视而无尊崇,不事了解,妄肆讥评;不顾历史的背景,率以现代理法指摘前人。于是历史上无一可敬可爱之人,无一可歌可泣之事。"循是以往,则离亡国之日不远矣。因此,救国必自爱国始,欲人民爱国,必使人民识国。而"历史文物之探讨阐发宣传,则使人民识国(了解国家)之唯一方法也"。"读史不但可从古人之解决法获得先例的暗示,亦且可于古人之解决奋斗中吸取迎战之勇气。"①故余家菊拟定的教育宗旨为:养成健全人格,发挥国家精神,培植共和思想,以纠正民初教育宗旨之偏颇。

其次,建立国家教育系统。

在国家管理教育的前提下,国家主义教育主要是通过学校课程中的爱国教育而实现的,它主要取决于教师与课程设置两个方面。

教师在国家主义教育中起着非常重要的作用。1870年普鲁士战胜法国,普鲁士大将毛奇胜利归功于小学教师。日本伊藤博文说日俄战争之战胜是小学教师之力。他们实质上是倡导教育万能之说,把教育当作改造国家社会的唯一工具。主张国家主义教育的李璜公开宣称要当中小学教师要革命,也说是国家主义教育使以致之。在教育对象上,李璜告国民小学教师"不要专向缙绅阶级的子弟身上去图功夫","只有向农民子弟方面用力,能够最满意的达到他们的理想","培养爱国爱乡主义"。他非常重视感情教育的作用,说国民教育不仅应使学生知道国民的责任是什么,而且要他愿意去尽国民的天职。可见,教师对引导学生的这种志愿关系特别重大。他认为历史地理在这方面有特别作用,因而重视各科教师尤其是历史地理教师在教育性教学中的重要作用。②恽代英对李璜主张教育救国应特别注重一部分可造的人表示赞同,但认为不必拘定于何种阶级的子弟,应多注意天性较厚的人③。显然两人在教师与救国问题上有一定的共识,只是教育对象的选择有所不同。杨贤江批评国家主义者认为国家是社会进化最高形态应有的推论,认为爱国思想是近代资产阶级勃兴后的产物,

---

① 余家菊:《国家主义下之教育行政》,载余家菊著《余家菊(景陶)先生教育论文集》(上册),财团法人台北市慧炬出版社,1997,第377—378页。

② 李璜、余家菊合著:《国家主义的教育》,上海中华书局,1923,第43—45页。

③ 恽代英:《读〈国家主义的教育〉》,《少年中国》第4卷第9期,1924年1月。

但并不赞同小学教师在赢得普法战争或日俄战争胜利中所起的作用。在他看来,教育固然不能救国,但教育也不是绝对不必救国,他反对的是主张教育救国而轻视民众革命,认为此是转移革命群众的视线,是导致"走上错误道路的阴谋诡计"。[①]其分歧在于,一是以教育为救国的唯一或主要手段,一是以教育为救国之一"术"。其实,在革命时期一切都要适应革命的总策略,共同促成革命的成功,教育自然成为革命力量的一个方面,只是在改革旧教育还是推翻旧教育上体现出改良与革命的差别,但都重视教师的作用。

在教育内容方面,会员各有侧重。李璜提倡"不要打清算盘再去为国家做事",恽代英则提出质疑,说与其提倡不要打清算盘的美德,不如仍就事实上把中国人零碎所受宰割的苦痛,以及中国完成独立的可能,详阐于国民之前。他赞同用历史文学的教育来培养国民对国家的感情,使他们"在理既觉得必须为国家奋斗,在情亦不能自禁其起而为国家奋斗"。[②]他批评国内教育不注重国文、史、地,而只知使学生疲精苦神于数学、外语,这实在是很怪诞的现象。恽代英认为李璜所提倡的自爱同情的教育法是可取的,但恐怕不收效力。他主张要用教育来救中国,需先知中国究竟如何才能经济独立,即从经济独立来思考教育的具体问题。

学校教育尤其课程设置是国家的基本任务和实现教育目的的手段。在国家主义者看来,凡是实行国家主义的教育的国家,对学校的课程都有一定的规定,且各有其国情与特色。德国学校课程从整体上体现出国家主义的精神:(1)爱国主义在课程中虽不是独立的科目,但是从小学到中学到大学,关于爱国主义的教育是很有系统的,而且充满了尚武的精神。(2)学校培养帝制的信仰,和对于霍亨索伦王朝的忠心。(3)学校因为夸张德国的事业和文化,并且否认己国的缺点,遂发展为一种国家的自私主义。(4)学校幻想一种更雄厚的国家前途,暗示增加势力于海陆军的希望。(5)条顿主义的称扬,为德国教育的特性,因此自然伴起一种轻忽别国的性质。在法国,课程的爱国主义精神集中在:①爱法国的;②尚武精神与从戎义务;③培养勇敢精神的责任;④纳税供给军队饷糈的重要;⑤关于国防的知识;⑥人口减少的危险。而且在教授过程中也是成一定

[①] 中央教育科学研究所、厦门大学编:《杨贤江教育文集》,教育科学出版社,1982,第467—468页。
[②] 恽代英:《读〈国家主义的教育〉》,《少年中国》第4卷第9期,1924年1月。

系统的,有些教科书叙述这些理想而且还附主张的理由。在这些课程中,国语、历史、地理三科与国家主义尤有密切关系,德法两国颇为注重。①

因此,课程的内容体现出国家主义教育与世界主义教育的明显区别。在吴研因看来,狭义的国家主义教育的课程中,公民修身则以当兵杀人为国民的义务,历史则以侵略战胜为国家的光荣,地理则以领土殖民为政府的善政,体育则以兵棒决斗为学生的本分。广义的国家主义教育或狭义的世界主义教育在课程中体现出,修身以护卫国家为大国民的天职,尊重他国为大国民的态度,历史则崇拜加富尔、惠灵顿而排斥拿破仑、成吉思汗,地理则表扬己国的可爱特点而并不主张侵略。②缘此,国民教育的改造,当以厘订国民教育的材料为重要内容。陈启天就提出厘定国语、历史、体育等几项材料:(一)言文科内的国语教材须多取自本国,而取自世界者当直接或间接有助于国家思想的养成;(二)社会科内的历史,应着重本国历史,引起祖国的观念与民族的思想;(三)体育科应着重雄壮的体质之养成,自由活动固重要,而规律训练亦为养成国民必要的元素。③李璜借鉴法国中小学教育的方法,认为各科教学当注重学生新精神的训练,而这种训练"一大半是靠历史地理的知识以沟通国民情感而实现精神上的统一,以共当此日和来日的国家大难"④。强调情感教育的作用,目的在于以国民的思想意识、价值观念与智慧知识统一到"国家"这一中心上来,完成一种"新精神"的训练。

关于中小学教材问题,国家主义者主张按照国家主义教育的需要来改编,强调要参照法国和德国的教材。会员中有许多中小学教师或研究教育的,因而学会对于国文国语教学素来是很重视的。李思纯在1919年12月发表《国语问题的我见》一文,对当时社会上关于该问题的研究,及对吴稚晖、傅斯年、钱玄同的国语问题讨论有所评论,认为可以而且应当造成"第二国语"。⑤1920年2月在巴黎又写作《汉字与今后的中国文字》对此思想作了进一步的补充。郑伯奇

---

① 吴俊升:《国家主义的教育之进展及其评论》,《少年中国》第4卷第10期,1924年2月。
② 研因:《世界主义与国家主义》,《少年中国》第4卷第10期,1924年2月。
③ 陈启天:《国家主义与国民教育的改造》,载少年中国学会编《国家主义论文集》第一集,第175—176页。
④ 余家菊、李璜合著:《国家主义的教育》,中华书局,1923,第85页。
⑤ 李思纯:《国语问题的我见》,《少年中国》第1卷第6期,1919年12月15日。

也发表《补充白话文的方法》,对补充字和仿句、文法等提出了自己的设想。陈启天的《中学的国文问题》连载于《少年中国》,主要针对中学国文成绩的问题,剖析其中教师与学生两方面的原因,并说明中学国文的要旨,"主目的"要能说普通话,要能看现代应用文和略解粗浅美术文;"副目的"一是要启发思想锻炼心力,二是要了解和应付人生和自然。[1]此外,还有刊发于《中华教育界》的《我对于师范国文教授的意见》《小学国文教科书的编辑问题》等文章,均体现出陈启天对国文国语教学的重视。应当说,《少年中国》在1919—1920年发表的关于国文教学的文章,对于当时的中小学教育有明显的针对性,虽然此时并未明确打出国家主义的旗帜,但称其为一种前萌芽状态的民族主义或爱国主义教育是不为过的,它既是新文化运动的直接产物,又推动了新文化运动的发展,在一定程度上为国家主义教育作了准备或过渡。后来陈启天写作《国家主义与国语运动》(《中华教育界》第十五卷七号)则明确把国语教学纳入国家主义教育体系,正式标揭他们关注国语问题的真正意图。从这个角度上说,陈启天等是从提倡民主主义教育到国家主义教育而汇入国家主义的。

综上所述,国家主义教育的实现方法,明显体现出国家主义"养成国民团结一致的精神,谋国家的统一与独立"这一共通的精神,如何实现这一目的,则见仁见智。舒新城在《教育上的国家主义》一文中评论说,恽代英注重从经济独立来立论,实现国家主义的教育的方法更为"具体而切事理",而且所提出从经济独立上谋国家独立与培养政治的人才两种方法,既周到又从根本上解决问题。相比之下,陈启天、常道直等只说明国家主义的需要。而余家菊、李璜等只注意于需要上的说明,方法略有提及且为消极的枝节的方法,故谈不上系统的主张。鉴于此,舒新城提出国家主义教育的方法为:用科学的方法从各方面研究中国现在状况的成因,先从经济上着手以谋国家的独立、文化的增进。[2]这也大致显示了学会内的国家主义教育的实际状态。

4.国家主义教育思想的影响

在少年中国学会会员尤其是国家主义派的宣传与努力下,国家主义成为20

---

[1] 陈启天:《中学的国文问题》,《少年中国》第1卷第12期,1920年6月15日。
[2] 舒新城:《教育上的国家主义问题》,《民铎》第5卷第1号,1924年3月1日。

世纪20年代中期影响较大的一种教育思潮和运动,在当时产生了广泛的社会影响。

(1)政治上的影响

国家主义者围绕救国爱国这一中心主题,按照国家的需要和国家的利益要求来实施教育,借此培养国民精神和民族意识,内除国贼,外抗强权,从而达到维护国家统一与独立,绵延国命,进而振兴国家的目的。他们从国家主义出发,用教育救国之手段与方法,为当时联俄容共潮流中提供另一条挽救中国前途之路。其影响主要表现在:

一是重提并大肆鼓吹"教育救国"论,把国家主义的教育衍化为一种共同的思想倾向。《国家主义的教育》的"广告"说:"本书内容在畅发教育救国之旨,警醒国人大同之梦。对最近教育界发生各重大问题,均有所论列。出版以来,已引起许多讨论,将来必成为教育界一种潮流。关心中国教育问题者殊有参考之必要。"[1]该书"序言"也明确地说:"用教育确定国体,是教育中固有之一义,然而教育之功用,有更重要于此者,则是用教育以绵延国命。我们审视内外,惧国命之将斩,特重提十年来国人因内乱而遗忘之教育救国论。"[2]受其影响,加之时代的刺激,国家主义者本着教育救国之念,结合政治斗争的需要,多方构造理论体系,开展国家主义教育运动,加之同情国家主义者或提倡或支持之,共同推动了这一运动的发展。所以,陈启天称他关于国家主义教育的文字对于以后中国的教育,在爱国、建立教育理论、收回教育权三个方面产生较大影响。[3]尽管不无夸美之嫌,但也说明,国家主义者重提"教育救国论",其命意还在于以救国爱国为出发点,"从教育上克服共产主义的思想"。他们认为"中共即为第三国际中国支部,鼓吹国际主义,反对爱国思想,则原来从事爱国运动的许多青年,自必更反对,而不得不以爱国的政治活动对抗共产的政治活动。"[4]所以国家主义教育既是时势的需要,也是国家主义者开展政治斗争的手段。

二是国家主义教育的宣传与组织,促成了国家主义这一政治力量的整合。

---

[1] "广告",《少年中国》第4卷10期,1924年2月。
[2] 《序言》,李璜、余家菊合著:《国家主义的教育》,中华书局,1923,第1页。
[3] 陈启天:《寄园回忆录》,台湾商务印书馆,1965,第98页。
[4] 陈启天:《寄园回忆录》,台湾商务印书馆,1965,第291页。

《中国青年党史略》称,青年党是"一部分受近代国家教育之分子,信仰国家主义,认定国家高于一切,具有救国建国乃至殉国之神圣志愿之自然集合"。①而从信仰国家主义或同情者的政治归属来看,他们或从教育入手,或由于提倡国家主义教育而成为国家主义派或中国青年党成员。前者如余家菊所说,"我本是主张从教育入手的,但是教育敌不过武力的压迫,如何是好……"②于是由教育活动转向直接从事政治活动,可以说是醒狮派国家主义者大致类似的心路历程。后者如陈启天回忆所说,《何谓新国家主义》是他第一篇关于国家主义的文字,认为新国家主义不仅可以适用于教育方面,而且可为之后中国立国的总方针,因此"我的思想和行动便不得不进一步走向国家主义运动这条路径了"。他在写作此文后便确定了以国家主义为中心思想,人生的道路由教育转向政治。后来他颇有感慨地说,"这一篇文章对于我在生平的影响如此重大,实是当初我写稿时所未预料的"。③曾琦1924年回国后在上海大夏、法政、学艺、同济各大学任教,宣传国家主义,又与李璜等创办《醒狮》,正式揭起国家主义的旗帜。"一时知名之士,率欣然执笔其间,于是国家主义运动,风起云涌,青年党务亦秘密发展,组织几遍全国。"④此外,会员纷纷参加国家教育协会等组织,如余家菊、李璜、左舜生、陈启天、曹刍、杨亮功、刘拓、舒新城、常道直、彭云生、邰爽秋、古楳、杨叔明、吴俊升、周太玄、杨效春等16人加入国家教育协会,在国家教育协会中发挥了"少中"会员群体的作用。国家主义的宣传及国家主义派组织的发展均与早期的国家主义教育密切相关。

三是提出了国家主义的建国方针,明定国家主义之教育宗旨与"全民政治"相适应。国家主义的教育在积极方面要求"明定国家教育宗旨""确立国家教育政策""划定国家教育经费""厉行国家教育监督"。⑤教育宗旨的要义为:(1)须

---

① 高军、王桧林、杨树标主编:《中国现代政治思想评要》,华夏出版社,1990,第303页。
② 李义彬编:《中国青年党》,中国社会科学出版社,1982,第189页。《余家菊回忆录》第51—52页。余家菊初拟从教育入手救中国,在致李璜信中,赞同教育沟通情感之说,"我数年来即立志从此处用功,到欧后此志不变,一年来所耗的功夫大半在此,今后仍将多费力量于此。"(见《少年中国》第4卷第5期,1923年7月。)
③ 陈启天:《寄园回忆录》,台湾商务印书馆,1965,第105,119—120页。
④ 沈云龙辑:《曾慕韩(琦)先生遗著》,(台北)文海出版社,1973,第45页。
⑤ 陈启天:《国家主义的教育要义》,《中华教育界》第15卷第1期,载华东师范大学教育系编《中国现代教育文选》,第412—415页。

能唤起国民对国家之自强心,与国民对于国家之责任心,然后可以养成除内忧抗外患之国民;(2)须能激励国民对于国家之感情以养成扶乱勘乱之热诚,然后能对国家尽维护之责;(3)教育宗旨须能涵盖立国之各要素而无所偏倚与遗漏,然后施措得宜,利多害少。①余家菊进一步提出,教育宗旨应具有"时间性""空间性""历史性""渗透性""确定性"五种性质才能起作用。②基于此,他们批评了当时平民教育的不足之处,提出以后中国的教育宗旨应由平民主义转向国家主义,即由个人的平民主义转向国家的平民主义,由国内的平民主义转向国际的平民主义,此"实为目前教育上勘乱救亡的要策"。③从中可见国家主义教育与全民政治之关系。李璜在少年中国学会南京总会讲演中,提出国家主义的建国方针应确定为:(一)用教育的方法去建立中国国民的新信仰;(二)用革命的手段去推翻中国现有的恶势力;(三)靠爱国的同情去实现全民合治的新国家。这一方针的提出基于这样一种运思:要使中国能够抵御外患,则须先鼓动国民的精神而团集之,次打倒旧有的障碍而铲除之,然后才能实现全民政治;实现全民政治,然后才能够全国一致,整个地去抵抗强权,把数十年来的仇恨耻辱一一平雪尽。④

这样,倡导国家主义教育就与现实政治紧密联系起来。针对社会上所谓专重教育讳言政治的批评,曾琦反驳说:"醒狮同人如启天、儒勉诸友诚为专攻教育者,然彼等并不仅以教育为救国唯一之妙药,是以毅然参加于'醒狮运动'而以批评政治,指导国人为职志。至弟个人则向未敢轻视政治,但不愿贸然投身于政界为猎官运动耳。昔在欧洲,尝与人书有云:'今之论者,欲输入欧洲文明以期改造思想,此虽根本之图,要非救急之策。试观往籍,殷鉴匪遥,道学虽盛,何补南宋之亡;玄理纵高,无救东晋之乱。向黄巾而讲孝经,对虎豹以谈仁义,适自形其迂拘,曾何裨于国是'。"⑤可见,国家主义派仍从文化运动着眼,把教育与政治融合起来,而不仅仅是奉教育为救国之唯一手段,也不纯粹是教育救国论者,而是带有明显的政治诉求。

---

① 陈启天:《中国教育宗旨问题》,载少年中国学会编《国家主义论文集》第一集,第119—120页。
② 余家菊:《国家主义下之教育行政》,载华东师范大学教育系编《中国现代教育文选》,第558页。
③ 陈启天:《国家主义与教育》,载少年中国学会编《国家主义论文集》第二集,第160页。
④ 李璜:《国家主义的建国方针》,载少年中国学会编《国家主义论文集》第二集,第14页。
⑤ 曾琦答穆济波书,载陈正茂、黄欣周、梅渐浓编《曾琦先生文集》,第678页。

在共产主义派看来,醒狮派国家主义有系统地提出所谓绝对的国家主义来抵制共产主义,而且反苏积极而反帝国主义较软弱。其实,这与当时国家主义派实行先对内后对外的救国策略有关,而且对外亦存在联合与分化帝国主义阵线的斗争策略。国家主义派强调,反对帝国主义的第一步在于剪除帝国主义之爪牙,"反帝国主义在目下,只是宣传时代,而我们实行着手之处,仍先在于内政"①。这显然是现实的斗争策略。从国家主义理论来看,亦是为了免除国家主义"侵略"这一弊端,而称"自卫"的国家主义,因此亦不主张用"打倒国际帝国主义"来"干涉他国内部组织"。从这一角度来理解国家主义者,以国家为重,提倡以国家为本位的教育,与共产党人在革命目标上是有共同点的。所以,刘仁静在《告国家主义的青年》一文中指出,国家主义派与国民党、共产党虽有文字上的差异,如果诚实地实行起来,应当是以使中国实现独立自由统一的民主共和国为共同目的,为集中革命势力,两派至少应有一种联合。②从前述恽代英、萧楚女对国家主义教育的批评也可以看出这一点。国家主义派运用这一口号从事反帝反军阀的宣传与运动,并汇入了20世纪20年代中期民主革命洪流之中,许多要求革命的青年纷纷汇集于国家主义旗帜之下,可见国家主义的宣传部分地契合了当时青年的心理。但从教育角度看,国家主义教育在内容上确也有与革命教育相左之处,在某种意义上又与共产党及国民党领导开展的革命教育确有不少共同点。

(2)思想文化上的影响

国家主义者出于爱国之念,一方面提倡中国固有文化,将其作为国家主义教育的重要内容,一方面要克服共产主义、马克思主义等外来思想中的世界主义倾向在中国青年中的传播,旨在培养国民的自觉心与爱国心,从而为中国人建设一个"道德上的新信仰"。他们从一个侧面对五四新文化运动进行了较有深度的反思。

国家主义派在谈及其产生原因时说,"自五四运动以后,因为思想界的大解放,共产主义得以输入中国,一般走投无路的青年,正在思想饥渴之中,得了这一点新食品,自然顾不得也没有力量去辨别他是养料还是毒药,一味盲目地狂

---

① 灵光:《中国的国家抵抗及其步骤》,载少年中国学会编《国家主义论文集》第一集,第108页。
② 仁静:《告国家主义的青年》,《中国青年》第104期,1925年12月6日。

吞下去"。为爱国家爱民主的青年计,"非迎头给他一下痛击是不能将他打倒"的。①1923年10月发刊的《醒狮》宣称"旷观世界各民族,从未有诅咒其固有之文化,鄙夷其祖先之历史,欲然自居于劣等而获与人竞胜者,同人等有鉴于此,用是特标'醒狮'之义,欲以无偏无党之言,唤起国人自信自强之念,此本报发起之理由一也。"②可见,他们对于中国固有文化的态度,也是他们提倡国家主义的重要原因之一。

五卅运动使国家主义教育论者进一步意识到,爱国运动的"正当"方向只有国家主义,故明确反对共产主义、赤化的三民主义、不谈主义的盲目主义、不问政治的学术救国论及不问政治的教育救国论。③他们把提高文化和普及教育作为救国的关键,从精神和思想入手来救国,有可取之处,在保存固有文化,对新文化运动中矫枉过正的批判进行纠偏,也应适当肯定。他们以此为立足点批评中国共产党人信奉的唯物史观和经济革命论,在一定程度上把抱狭义的国家主义的青年引入歧途,因而受到中国的马克思主义者的严厉批评。恽代英说,革命的能力,发源于主义的信仰与群众的党的组织,若说必须先承认自己文化的价值才配谈革命,请问非洲里孚人中间并不曾产生出尧舜禹汤文武周公孔子等圣人,亦有革命的可能否?我们不应拿一国的文化来决定他的命运,也不应因鄙夷人家的文化而公然自认有任意践踏宰割的权利。更用不着因不愿屈服于人家而虚骄恃气将自己的文化高抬起来。而况中国文化如知、仁、勇、诚都只是少数圣哲的伦理思想,既非全中国所共有,亦非中国人所独有。④应当说这种批评是比较中肯的,给教育救国论者注入了一剂清醒剂。

平心而论,国家主义教育论是以物心二元论为理论基础的,尤重于精神方面的建设,一方面服务于舆论鼓吹的社会运动,服务于"全民革命""全民政治"之需求;另一方面,主要源于法德国家主义哲学理论。如李璜就直接引用费希特以国家这个机体来实现社会的正谊(即经济上的平等和精神上的平等)的理

---

① 中国国家主义青年团总部编印:《国家主义浅说》,出版地点不详,1929,第90—91页。
② 《本报出版宣言》,《醒狮》第1号,1924年10月10日。
③ 陈启天:《为北京惨案再告全国教职员》,《醒狮》第78号,1926年4月10日。
④ 恽代英:《读〈孙文主义之哲学的基础〉》,载蔡尚思主编《中国现代思想史资料简编》第二卷,浙江人民出版社,1986,第559页。

论①,此后成为国家主义派提倡国民教育、情感教育的思想基础,在特定时代还是有一定的意义。故有评论说,国家主义教育思潮自1923年起代替民主主义的教育思潮而起,到1925,1926年两年为最盛。到1927年国民革命军征服旧式军阀以后,严厉制止国家主义的宣传,国家主义派终于偃旗息鼓。②

(3)教育上的影响

第一,以确定国家教育宗旨为出发点,提倡国家主义教育,对职业教育、平民教育、实用主义教育等进行了一定的批评和分析,从而丰富了国家主义教育思想的内容,对当时国民教育理论亦有积极的意义。

五四运动后平民教育与职业教育已各形成为一种教育思潮,在1922年新学制系统改革中成为"教育标准"或"教育宗旨",而在国家主义派看来两者均不适合当时中国之需要。他们批评平民教育重个性而轻群性与国性的发展,且以国际主义相标榜,侈谈国际主义而不顾及国家之独立与否,如此教育之宗旨几近乎无,"教育遂成混乱之局,不惟无以救国,亦且无以自救也",反而涣散了国民精神,甚而视之为学潮层出不穷的原因。③正因为这种认识,他们认定学潮问题只能以国家主义教育来从根本上解决。④同时,他们批评职业教育未能理顺个人职业、国家实业与国家政治三者的关系,一是"只言教育而不言政治,不知政治不澄清,安有教育之可言?"二是"只重个人而不重国家,不知国家不巩固,个人焉能安居乐业"⑤。 在他们看来,平民教育与职业教育在教育事业中虽应有相当的地位,但在当时的情势下不能作为国家的教育宗旨,而且平民教育重个性发展,有危及国性发展的一面,但当提倡国性教育以矫正职业教育与实业教育的实施后果,须一本国家主义之教育政策与经济政策,然后不至于舍本逐末,遗大务小,这才是理想的中国教育宗旨。所以,真正救国的教育,当先认清国家教育的目的,再决定实施国家教育的方法。中国真正能救国的教育思想,不但要能增强知识,还要能激励感情,训练意志;不但要能促进个人的福利,还要能

---

① 李璜:《释国家主义》,载少年中国学会编《国家主义论文集》第一集,第22—23页。
② 参见秦贤次《记"少年中国学会"时代的余家菊》,(台北)《传记文学》第29卷第1期,1976年7月,第99页。
③ 陈启天:《中国教育宗旨问题》,载少年中国学会编《国家主义论文集》第一集,第120页。
④ 舒新城:《教育上的国家主义问题》,《民铎》第5卷第1号,1924年3月1日。
⑤ 陈启天:《中国教育宗旨问题》,载少年中国学会编《国家主义论文集》第一集,第121—122页。

保障国家的安宁;不但要能爱好和平,还要能捍卫正义。只有实现这种教育才能制造国性,发扬国光,以救济国家。归结起来,教育的作用,一是"唤醒国民对于国家的自觉",二是"鼓励国民捍卫国家正义的勇气",三是"培养国民对于国家服务的观念态度"。[1]显然,教育只有作为一种主要的救国利器并结合于现实政治的需要,才能发挥其救国作用。

对现时中国教育的批评,既是为了提倡和宣传国家主义的教育,也是针对现在的教育救国的体认和"根本怀疑"。前述左舜生、吴俊升等在不同程度上反思杜威实验主义教育学说及西方各种资产阶级教育理论,从中国社会经济及发展需求着眼,认识到其与中国国情不相合,于国事无补。此外,恽震《学生运动之根本研究》、余家菊《乡村教育的实际问题》以及杨效春、恽代英等讨论"学生自治"的通信等,根据各自的教育经验,对当时西方教育思潮重自然性而轻社会性,重个性而轻群性,重学生而轻教师等在中国教育中造成的缺憾,或为文鼓吹,或从教纠偏,自然影响到中国的教育改革。这些内容涉及教育功能的社会性、教育与社会的发展、教育的职能与属性、教育的目的性与计划性、教育的宏观调控与教学管理体制、教学中的教师与学生关系、教学的相关性等方面,可以说在一定程度上克服了以往单纯从学制、教学法或教学模式方面改革的某些弊端,而从教育与社会、政治、经济等多维视角为国家教育倡言,丰富了中国教育理论和实践的内容,在一定程度上推动了国民教育改革。

不可否认,他们的国家主义教育理论是有一定的统系的,[2]从形式上汲取了平民教育、职业教育、实用主义教育以及共产主义教育之经验得失,提出了适应于当时救国建国的现实要求的国家主义的教育宗旨,以"内除国贼,外抗强权"为目标的教育理论。从内容上涉及国家主义教育的目的、宗旨、目标、实施办法及与其他各种主义的相互关系,而且就民族教育、国民教育、师范教育、军事教育、蒙藏教育、伦理教育等教育分支,以及学校的各种教育(尤其是国语、历史、地理、体育)如何贯彻国家主义作了细致的论析,此外还提出了国家主义教育在

---

[1] 陈启天:《国家主义与教育》,载少年中国学会编《国家主义论文集》第二集,第161—162页。

[2] 李璜在《国家主义的建国方针》中说道,国家主义注重精神的建设,而精神建设的方法是用教育的方法,因此,国家主义者最早便有国家主义的教育的具体主张及办法。(参见少年中国学会编《国家主义论文集》第二集,第28页。)

教育主权、教育行政、教育宗旨、教育经费等方面如何实施的具体主张。[①]加之国家主义派的首脑人物栖身于文化教育界,如陈启天等在东京大学求学,李璜在武昌从教,左舜生等在中华书局任职,他们除课堂上的改革实验与宣传外,还到处演讲国家主义,使国家主义在青年学生中产生了较大的影响,许多爱国青年因此加入国家主义组织,一度引起社会各界的广泛注意。

第二,国家主义教育对教育独立思潮既有认同又有批判,有力地策动了收回教育权运动及国家主义的教育运动。教育独立思潮兴起于清末民初,经新文化运动的洗礼,在20世纪20年代形成为一种教育思潮,内容涉及教育摆脱政府和教会的操纵与管辖,保证整个教育事业交由教育家办理,保证独立的教育经费来源、独立的教育行政、教育制度和教育思想,保证教育的目的是使人民获得自由幸福等。从其源起看,教育独立运动虽由经费问题引发,但扩展到整个教育领域内反对军阀摧残新式教育运动,有强烈的民族主义色彩。从基本内容看,国家主义教育思潮与之有交叉叠合之处,尤其在教育主权独立上有着共同的目标(但国家主义教育反对教育形态及教育行政的独立,对教育经费独立持中立态度)。收回教育权运动虽由非宗教运动衍化出来,但后来成为全国性教育独立运动的一个助力,对于蒋介石国民政府的"党化教育"亦形成一股牵制力量。

《少年中国》刊发蔡元培《教育独立议》、张梦九《我国教育的集中与统一》与周太玄的《中国高等教育的充实问题》等文章,对于教育独立运动无疑起了推波助澜的作用。周太玄从社会环境与民众的心理角度考察中国教育的问题,认为中国教育之根本隐患在不独立不统一,以致人力、财力、精神、物质等不能集中,因此,"欲确立后此新教育之根本大计,必须为谋根本独立之道;欲求事实上真正之独立,必须事实上确能办到统一与集中"。这是针对当时中国教育界状况而发的,他认为,教育界的主要缺点表现在:(一)教育对于政治未保持相当之独立;(二)教育对于地方未有真正的权力;(三)教育行政与学校课程有隔膜;(四)教育行政及分类教育之经济不独立;(五)学术事业之建设无望。所以"方今教育之根本,不在中小学教育,不在高等教育,亦不仅在教育行政,而在教育界全体之根本组织与此根本组织之根本原则,以及此呵成一气之教育界对于政

[①] 王炳照、阎国华主编:《中国教育思想通史》第六册,湖南教育出版社,1994,第359页。

治、对于财政以及一国文化思想之位置与其关系"。①把教育独立与国家主义教育联系起来,是由追求中华民国教育独立之初衷及手段所致。周太玄认为,我国无论为政治革新、社会改善、生活丰富,或发挥固有文明以及吸收他有之文明,其根本唯一之道路,乃建设一适合时、地、人三者之真正"中华民国教育"。所谓中华民国教育,就是"范成中华民国之模型",此模型当由中华民族自己建立,"即应由吾民国国民自行选定与吾辈之历史、习性、要求最相适合之教育,此为根本问题之根本要点,应丝毫不容他人越俎代谋,不许少数之把持垄断,尤不许有作用者插足于其间"②。这是少年中国学会中主张教育独立思潮的代表性言论,也是一种教育上的国家主义的倡言。余家菊代表"少中"最早提出"收回教育权"的主张,并积极鼓吹与教育界的联合,"只有力谋统一教育界的舆论,而根本之根本,则在一以国家主义的精神贯彻之"。③他们认为,以传教为目的之教会学校,"破坏教育的统一,藐视教育的标准,摧残国民的国性,而酿成媚外的奴性",④因而已成为中国教育统一之大患。因此从教育作为国家的任务着眼,教会教育"若不设法取缔,则中国不必亡于武力与经济的侵略,而亡于教会教育的侵略了"⑤。

总之,国家主义派高唱教育救国的论调,以教育至上为旗号,以爱国救国相标榜,很能获得人们的同情,深得一部分教育界知识分子的积极响应。然国家主义教育思想毕竟是"根据国家主义的原则,讨论各种教育问题,以求从教育上克服共产主义的思想"。⑥国家主义是共产主义的大敌,共产主义教育与国家主义教育存在分歧与斗争,共产主义派会员恽代英、杨贤江、张闻天等人与国家主义派会员展开关于学会教育问题的论争,进而延伸到革命教育与国家主义教育、教育复国与教育救国等问题的论争。

---

① 周太玄:《我国教育之集中、统一与独立》,《少年中国》第4卷第9期,1924年1月。
② 周太玄:《我国教育之集中、统一与独立》,《少年中国》第4卷第9期,1924年1月。
③ 左舜生:《收回教育权应注意的一点》,《醒狮》第3号,1924年10月25日。
④ 陈启天:《国家教育政策发端》,载少年中国学会编《国家主义论文集》第一集,第91页。
⑤ 陈启天:《国家主义与教育》,载少年中国学会编《国家主义论文集》第一集,第155页。
⑥ 陈启天:《寄园回忆录》,台湾商务印书馆,1965,第97页。

第三节 策动收回教育权运动

收回教育权运动是以反对教会教育、收回外国教会学校为主要内容的爱国运动。1923年少年中国学会提出"反对丧失民族性的教会教育"的主张,余家菊等会员率先提出"收回教育权"的口号,并且提出收回教育权的方法和措施,对收回教育权运动的兴起和发展起了积极的推动作用。

一、对教会教育的批判

外国教会在中国办教育,首先涉及教育权问题。教育权有广义与狭义之分,广义的教育权指人类受教育、施教育的一般权利,可谓之一种人权;狭义的教育权专指国家的实施教育权与国民的受教育权,为一国所特有的权利,而接受国家教育也是国民的一种特殊权利,此种权利附带于国家而存在,故无国家便无此种权利,国民资格也根本消灭,亦可谓之国权。[①]清末以来外国教会在中国办学校,作为单独的教育系统在华开展活动,清政府甚至以为不予教会学校立案就等于保住了自己的教育主权,于1906年通过了外国人设立学校无庸立案文,实际上拱让了教育主权。在少年中国学会会员看来,"教会在中国取得了传教权与教育权,实为中国历史上之千古痛心事",因此一定要收回教育权。[②]

在批判教会教育、主张教育主权方面,少年中国学会起了先驱作用。左舜生1919年8月在《时事新报》发表《论外人在中国所办的教育事业》一文,攻击教会学校,该文"居然引出许多同调"与积极的响应,因此他更认定"教会与现代思潮实不相容",明确表示"顶不赞成中国的社会受西洋的教会化"。有学者称此乃左舜生"反教运动之先声"。正是出于反对教会学校的考虑,左舜生催促会员李璜、周太玄赶紧译反教会的书,或先译短篇在《少年中国》发表,以引起反教会的讨论。鉴于国内一部分人迷信"宗教救国论",他预感到"将来这件事也会要

[①] 舒新城:《收回教育权运动》,中华书局,1927,第1页。
[②] 余家菊:《教会教育问题》,《少年中国》第4卷第7期,1923年9月。

成中国一个很要紧的问题,我们要早早的注意"。①可以看出,会员早有反宗教的意识,并已酝酿开展反教会及教会教育的讨论。

陈启天在1922年4月撰写的《我们不该反对耶教与其运动吗?》中声称:"我们现在天天提倡教育独立,而不反对耶教在学校宣传,与以传教为目的的学校,是未免重视教育对于政府不能独立的弊害,而轻视教育不能离宗教而独立的弊害了。"陈氏鼓吹教育对宗教的独立,把对基督教的批评引向了文化教育问题。在他看来,教会学校由只知宗教不知教育的教徒办理,自然难有良好的教育产生出来。而且他们的目的不在办教育而在传教,以致真心办教育而不提倡宗教的人才难以见容于教会学校。因此,教会学校成为中国教育独立的障碍。②

余家菊撰写的《教会教育的问题》一文,集中探讨了基督教学校教育的原因、后果和应对办法。他把教会获得在中国的传教权与教育权视为奇耻大辱,究其原因,一方面中华民族性之过于爱和平,另一方面外国牧师跟随其军队(武力侵略)而夺取教育权,因此传教士是外国武力侵略的前驱,自胶州湾问题到义和团事件均由传教士在华传教所引发,这样中国的国耻史实际就是宗教问题的纠纷史。他明确指出,教会学校不仅是西方侵略的一个结果,也是一个重要手段。教会学校被认为是彻头彻尾为宗教之传播而设立的,基督教会为达到"基督化"中国的目的,让基督教精神取代儒家精神或与中国传统文化结合,实际上是文化侵略。所以,基督教根本上就是以传教为目的,以收服信徒为荣誉,为宗教而传教,为上帝而传教。这样,"将根本基础建立在神道之上,理性之外,于是宗教成为不学无术的宗教,传教师亦成为不学无术的传教师"。③因此,必须反对和取消教会学校。

不仅如此,教会教育严重影响中国教育的独立发展。具体地说,一是教会办教育,势必妨碍教育独立发展。余家菊认为,宗教与教育势不两立,混宗教于教育之中,足以使教育根本失去作用。从教育的目的来说,教育在使被教育者之精神谐和统整,以完成其人格之健全,而宗教则利用情意之弱点而助长其矛盾,故而宗教混入教育,有害于人格之健全。从教育事业的性质而言,教育者是

---

① 左舜生致慕韩太玄幼椿,《少年中国》第1卷第7期,1920年1月15日。
② 陈启天:《我们不该反对耶教与其运动吗?》,《少年中国》第3卷第9期,1922年4月1日。
③ 余家菊:《教会教育问题》,《少年中国》第4卷第7期,1923年9月。

公认的服役者,不得利用职权以宣传自己的信仰。从教育的职责来看,教育须促进社会之文化,而宗教则使启发文化之理智麻木,宣扬文化之胆气消沉。教会学校不肯放弃宗教教育,其危害在于基督教要用教育来培植基督教,天主教要用教育来培植天主教,假使宗教都如此坚执,丝毫不肯放弃,那么中国的教育就可想而知了。从中西教会教育的比较中,余家菊意识到,在欧洲政教不分的时代,宗教机关就是行政机关,现在他们又施其故伎于中国,"中华民国国土内俨然又出现了一个基督教王国"。①因此,外国教会教育严重妨碍中国教育的统一,要尽快收回基督教学校的教育权。

二是教会学校影响中国教育的独立与统一。从欧洲各国历史来看,"自教堂势力侵入教育以来,他就直接把所有世间的新生命,都一把抓到他的手里去了。由他的意思来造作"。"在国家里教堂处处干预国家的政治,计较此世的利害,简直同个政党一般无二"。②欧洲各国饱经宗教荼毒的历史表明,教会操纵教育,其意实不在教育,在中国亦不外此。而且基督教利用学校去传教,其他之宗教亦必效尤而起,结果教育界为各宗教所分割,国家教育无从谈起,从而妨碍了中国教育之统一。在国家主义者看来,教会办学唯一的宗旨在宣传耶教,制造教民,于中国国民教育外别树一帜,此实是破坏我国国民教育之完整与国民意识之养成,为国家分崩离散的一大原因。故只有收回教育权才有益于国家的统一。③

三是欧美各国收回教会教育权对中国教育发展的启示。在18世纪前的欧洲,教会操纵教育权,与由国家施行统一的教育的要求根本不相适应,于是教育权的转移就成为急务。吴俊升在研究国家主义问题时曾引据普鲁士政府收回教会教育权的经过及成效,认为雷利安德的一段话很能体现国家主义教育的精神。大意是:用统一的教育,"可以把各省青年与有生俱来的成见去掉,他们可以形成同样的德性和公平的观念;他们需要统一的法律,这种法律,他们的父亲也许是厌恶的"。"教育是养成爱国心的唯一工具"。④余家菊在分析教会教育对

---

① 余家菊:《教会教育问题》,《少年中国》第4卷第7期,1923年9月。
② 沈怡译:《宗教之伥——教堂》,《少年中国》第4卷第11期,1924年3月。
③ 陈启天:《新国家主义与国民教育的改造》,《国家主义论文集》第一集,第174页。
④ 吴俊升:《国家主义的教育之进展及其评论》,《少年中国》第4卷第10期,1924年2月。

中国教育进步的妨碍时,也借鉴了欧洲的经验。他说:"宗教社会对于教育进步之防碍,只须将英国教育底现状一看,法国中世纪以来宗教派与非宗教派之消长及其与教育之关系一加研究,当无不可以恍然之处。"由此来观西方国家在中国的教会,尚在培植势力时代,其所用的方策在对师范生的培植,在与英美之在华工商势力相结托以为其毕业生谋丰衣足食之道,在利用青年会之社会服务的招牌以侵入非教会学校,然后再谋间接直接握有教育上之最高权,基督教运动由社会的变为政治的。[1]这样严重妨碍中国教育的发展。

国家主义派认为,教育是国家的工具,国家以教育为实现国家目的的工具,发扬国性或共同的文化,培养国民,立国的根本。陈启天指出:教育是国家的任务,不是外国教会的任务。而以传教为目的的教会学校林立于各省,掠夺了中国的教育主权,破坏了中国独立主权的完整,妨害了中国教育的独立与统一。从《中国基督教教育事业》的描述可以看出,"教会小学惟一的宗旨在宣传耶教,制造教民,而于中国国民教育外别树一帜,此实是破坏我国国民教育之完整与国民意识之养成"[2]。由此看来,教会教育与国家主义精神大相径庭,为国家分崩离散的一大原因。因此,为国家之生存计,为文化之延续计,为社会之安宁计,必须收回教育主权。应采取的政策为:"在政治方面,则厉行学校注册法以剥夺外国设立的学校之种种权利,借资限制。在社会方面,则宣传外国设立的学校,对于吾国前途之危险,使为父母者知所趋向。"[3]正如舒新城所说:"国家主义则从国权与民性的见地,反抗一切外力,对于教育权因其足以支配国运,故极主收回。其机关报《醒狮》常有此项文字,对于教会教育与殖民教育均极端反对,收回教育权运动受此思潮之影响者甚大。"[4]如果说科学主义显见于反宗教运动的前期,那么国家主义在后期显赫且居要津,并直接影响收回教育权运动。

总的说来,国家主义派立足于国家主义教育,猛烈批判教会教育,尤致力于收回教会教育权。因此,少年中国学会被公认为20世纪20年代初期反宗教运动的"急先锋",是倡议收回教育权运动的先驱。

---

[1] 余家菊:《教会教育问题》,《少年中国》第4卷第7期,1923年9月。
[2] 陈启天:《国家主义与国民教育的改造》,载少年中国学会编《国家主义论文集》第一集,第17页。
[3] 余家菊:《国家主义下之教育行政》,载《余家菊(景陶)先生教育论文集》(上册),第365页。
[4] 舒新城:《收回教育权运动》,中华书局,1927,第52—53页。

二、收回教育权运动的发起

国家主义派批判外国教会教育对中国主权的侵略,及其对中国教育独立发展的影响和对中国国家教育的妨碍,在此基础上提出"收回教育权"的口号,进而提出收回教育权的方法和步骤,在舆论上导引了一场收回教育权运动。

1.提出"收回教育权"的口号

"少中"会员尤其是国家主义派都认为,余家菊最早于1923年3月6日《中国教育的统一与独立》一文中提出"收回教育权"的口号,收回教育权运动亦由他们"唱之在先"。[1]陈独秀则称收回教育权的呼声,首先由广州学生喊出来,"不期而应者几遍及全中国"。[2]后来研究者多认为1924年6月18日广州学生发表收回教育权运动委员会宣言,首次提出收回一切外国人在华教育权的正义主张。[3]

揆诸历史,"收回教育权"口号的提出有一个发展的过程。民国初年刘以钟在《论民国教育宜采相对的国家主义》中提出的"教育与宗教分离""学校脱离宗教范围"和"道德教育以国家为中心",为最早发出以相对的国家主义反对外国教会教育的呼声。[4]1922年2月和3月,李石岑的《教育独立建议》和蔡元培《教育独立议》明确表示教育独立首在"教育行政机关根本改造",或教育必须独立于政党与教派,可以说是"收回教育权运动的滥觞"。[5]少中会员陈启天则在《中国教育的统一与独立》(1923年3月6日写于伦敦)一文中首次明确提出"收回教育权"的口号,被誉为"中国收回教育权运动的开始"。[6]余家菊1923年9月依据教育中立原理,在《教会教育问题》一文中提出了学校注册法等切实可行的对付

---

[1] 秦贤次:《记"少年中国学会"时代的余家菊》,(台北)《传记文学》第29卷第1期,1976年7月,第98页。
[2] 独秀:《收回教育权》,《向导》第74期,1924年7月16日。
[3] 代表性著作有谭双泉《教会大学在近现代中国》(湖南教育出版社,1995年)、顾长声《传教士与近代中国》(上海人民出版社,1991年)等。
[4] 经世文社编:《民国经世文编》(教育卷),(台北)文海出版社,1986,第4158—4166页。
[5] 王炳照、阎国华主编:《中国教育思想通史》第七卷,湖南教育出版社,1994,第43页。
[6] 秦贤次:《记"少年中国学会"时代的余家菊》,(台北)《传记文学》第29卷第1期,1976年7月,第98页。

教会教育的方法①,已初见收回教育权由理论转向运动的端倪。1923年夏,李璜与余家菊合著《国家主义的教育》一书。书中收录了两人公开发表的反对教会教育的文章,集中论述了国家主义教育的问题。大意为:主张教会不能以教育为其传教的工具,不能违背我国教育立国之要旨,不能在本校内排斥异端,而有妨害自由思想与自由讲学的行为;要求国内所有的教会学校都须向政府立案,由教育部、教育厅加以监督,校长由中国人担任,教授不得专限于外国传教士,应多聘中国人任之。②作为团体反应,少年中国学会于1923年10月在苏州会议上确定了创造"少年中国"的方针并制定学会纲领,其中明确提出"提倡民族性的教育,以培养爱国家、保种族的精神。反对丧失民族性的教会教育,及近于侵略的文化政策"。这既是会员反对教会教育,提倡国家主义教育的集中反映,也公开表明学会对反宗教运动的态度,在当时造成了很大影响。

2.倡议收回教育权运动

国家主义派会员不仅率先提出"收回教育权"的口号,而且策动收回教育权运动,提出收回教育权的方法和策略。其中,余家菊的《教会教育问题》与陈启天的《我们主张收回教育权的理由与办法》都是从国家主义立场反对基督教教育的言论中最系统、最引人注目者。《教会教育问题》提出的实际可行的对付教会教育的方法,已如前述。《我们主张收回教育权的理由与办法》首先提出收回教育权的理由并批驳反对者的观点,并引用了胡适的一段话:"总之,学校不是传教的地方,初等教育尤其不是传教的地方,利用儿童幼弱无知,为传教的机会,是一种罪恶。"然后进一步指出,基督教教育不但抵触中国法律,而且犯了道德上的一种罪恶,那么拥护教会教育,反对收回教育权的人,就不免是中国教育的罪人。在此基础上,提出了收回教育权的策略:一是实行教育上的不合作主义,二是组织收回教育权的特殊机关。前者包括:(1)凡是中国人,尤其是在教育上有地位的人不为教会学校做事;(2)凡已在教会学校做事的人早早离开教会学校;(3)凡中国学生不轻入教会学校;(4)凡已入教会学校的学生早早转学

---

① 余家菊:《教会教育问题》,《少年中国》第4卷第7期,1923年9月。
② 陈正茂:《中国青年党创始人李璜先生传》,(台北)《传记文学》第59卷第6期,1991年12月,第32页。

本国自办的学校;(5)凡已入教会学校尚未转学本国学校的学生同盟不做早祷、不做礼拜、不上圣经班、不受洗礼;(6)凡中国国民或政府不得以金钱捐助任何教会学校;(7)凡本国教育团体,绝对不与教会学校合作;(8)凡袒护教会学校的,应认为全国教育界的公敌。后者包括一些民间组织如"开封收回教育权促进会""长沙教育权维持会"等,宜遍于全国,且永久设立,以援助教会学生转学,督促政府取缔教会学校;也包括政府特设的组织,如在中央设中央收回教育权委员会及在各省区设省区收回教育权委员会,其任务为监督直至封闭不合法令的教会学校。最后尚请总统议定"收回教育权令"等规程,明令全国各教会学校一律遵循。此外,还提出所拟定的"收回教育权案例"共15条。①

诚然,陈启天所拟办法是一种"甘地式"不合作主义,以规劝宣传为主,并依靠政府采取行动来求得实效,其办法可谓相当周密详备。而广州学联的收回教育权的办法则表达了学生界的一种强烈要求,及对帝国主义文化侵略的强烈抗议。有人评论国家主义者对于收回教育权的宣扬最为坚决,其中余家菊不仅是反教运动的主将,更是收回教育权的积极分子,他甚至要求关闭全中国所有的教会学校。②

由上可见,"收回教育权"见诸反教舆论是在1923年3月,到1923年12月又由国家主义派会员提出具体而详细的办法及理由。不仅如此,余家菊、李璜等人提出"收回教育权"的口号和具体办法,得到会员恽代英等人的同情和支持。恽代英在《我们为甚么反对基督教?》一文中,对基督教的缺陷及包括教会学校在内的各项教会事业侵略、奴化国人的本质进行了揭露,并向读者推荐说:"何以我们对于基督教特别反对呢? 对于这一点,我最好介绍我的朋友余家菊做的一篇《教会教育问题》。"③此外,萧楚女在《上帝底世界和人类的世界》一文中也说,少年中国学会余家菊、李璜两先生,针对基督教在中国日益横行无忌,"他们两人站在敌兵线上开始射击第一枪",对此"我诚恳地崇拜两先生底伟大——愿

---

① 陈启天:《我们主张收回教育权的理由与办法》,《中华教育界》第14卷第8期,1925年2月。
② 邵玉铭:《二十世纪初期中国知识分子对宗教和基督教的反应》,载林治平主编《近代中国与基督教论文集》,(台北)宇宙光出版社,1981,第158页。
③ 代英:《我们为甚么反对基督教?》,《中国青年》第8期,(1923年12月8日)。《恽代英文集》(上卷),人民出版社,1984,第393—394页。

执吾鞭以从其后!"①可以说收回教育权是学会会员的共同呼声,得到了反教者的广泛认同。而且,少年中国学会对此作出了团体的反应。苏州大会制定的九条纲领之第三条可以说是对余家菊主张的反应。就收回教育权运动而言,李璜、余家菊、陈启天等会员积极参与组织了一系列活动,但其主要作用体现在舆论宣传方面。因此,收回教育权运动的策动者是少年中国学会会员尤其是国家主义派。

在讨论收回教育权办法时,国家主义者曾与教会教育家程湘帆、朱经农等发生多次笔战,进一步推动了收回教育权运动的舆论发展。揆诸史实,程湘帆提出收回教育权的首要的具体办法为:(一)学校土地权之转移;(二)教育主权之承认;(三)养成公民资格的教育之注重。在他看来,在收回教育权问题上觉悟过敏、反动过急亦非好事,所以最后提出几句忠告引人深思:"今日我们最大危险就是只唱高调,不图实际;只凭意气,不问事理。对于国家社会重大问题,不能通盘筹划,找出他的线索;也不调查现在实况,推究将来结果。更可怕的,就是拿着似是而非的口号乱骂乱打,这种情形现在很多,后来结果岂仅毫无建设而已!"他认为当时收回教育主权是不可能之事,但必须贯彻两个原则:(一)设施教育为国家的主权;(二)设施教育应以宽大的国家主义为前提。欲实现这两个原则,应由国家规定立案的条例,国家主义的教育精神则包含于立案条例中之课程、教育标准以内。②程湘帆收回教育权的具体办法仍在坚持以国家主义的精神来确定教育方针,但只是一种"宽大的国家主义",与陈启天等的激进态度相比,自然有明显差别,大致代表了当时的两种收回教育权之办法。但正是由从国家主义出发对收回教育权的讨论以及与五卅运动的具体历史事件等的结合,推动了国内收回教育权舆论的发展。

1924年7月,少年中国学会会员余家菊等7人参加中华教育改进社年会,陈启天起草《请求力谋收回教育权案》,详析了主张收回教育权的理由和办法。中华教育改进社提出并通过"请求力谋收回教育权案",提议者10人中有6人为

---

① 楚女:《上帝底世界和人类的世界》,《中国青年》第18期。广东革命历史博物馆编著:《萧楚女文存》,中共党史出版社,1998,第7—9页。

② 程湘帆:《收回教育权的具体办法》,《东方杂志》第23卷第10号,1926年5月25日。

"少中"会员。①可以说"少中"会员对此案通过起了重要作用。1925年2月余家菊在《中华教育界》发表《我们主张收回教育权的理由与办法》,进一步阐述《请求力谋收回教育权案》的内容。1925年陈启天主编的《中华教育界》出版"收回教育权运动专号",其首页刊登蔡元培肖像,并用红字重印他的《关于教会教育的意见》和胡适《关于宗教教育的提案》以及上述教育团体通过和发表的关于收回教育权的决议案;"通论专著"栏发表有陈启天、余家菊等8位教育团体负责人和教育界知名人士论述"收回教会大中学教育权"的专论,"史例"栏转载《法国教育与宗教分离之经过》一文,介绍法国教育和宗教的用意与效果,以推动收回教育权运动深入发展,实际上"开收回教育权之先声"。②到1926年11月国民政府公布《私立学校规程》,以国家主义思潮为基础的收回教育权运动,取得了立法上的结果。此乃因为国家主义情绪高亢,极易形成普遍的反基督教运动,并成为指导或影响非基督教运动的主要的思想武器。③

3.收回教育权运动的领导问题

有人认为收回教育权运动的领导和组织者是中国社会主义青年团。④也有论者认为,在中国共产党的反帝革命纲领指导下的共产党人和参加反帝统一战线的进步力量是真正领导者。⑤诚然,共产党人在原则上反对一切宗教,并反对帝国主义,所以在舆论宣传和革命运动中积极反对教会教育和殖民教育,影响非常之大。但是在非基督教运动及收回教育权运动中,各派政治势力或教育、社会团体的领导人物共同参与领导,共同组成了一个统一战线性质的联盟,这个联盟因应当时的政治运动的发展潮流与社会舆论,即由反基督教而反教会教育,进而发起收回教育权运动,成为推动收回教育权运动的真正力量。国家主义或国家意识无疑是此期收回教育权运动的思想基础之一。

据李璜回忆,曾琦等人"拟扩大国家教育协会活动,将一向本着我与余家菊

---

① 李璜:《少年中国学会的发起与成立》,(台北)《传记文学》第35卷第1期,1979年7月,第23页。
② 参见谭双泉《教会大学在近现代中国》,湖南教育出版社,1995,第105页。
③ 唐逸:《"五四"时代的宗教思潮及其现代意义》,载许纪霖编《二十世纪中国思想史论》,东方出版中心,2000,第596,605页。
④ 顾长声:《传教士与近代中国》,上海人民出版社,1991,第356页。
⑤ 高时良主编:《中国教会学校史》,湖南教育出版社,1994,第273—274页。

同志在巴黎合著的《国家主义的教育》书中所标明的宗旨与做法,积极向教会学校进攻,而要求政府收回教育权",并将此决定迅即付诸实施,而于1925至1926年之间皆表现出活动的成绩来。[1]意在说明国家主义派在收回教育权运动中的重要作用。舒新城研究指出,收回教育权运动一方面是中国国民的自觉心,一方面是非宗教与共产主义、国家主义三种思潮的激荡。[2]其三种思潮的说法虽未必确当,但指出了各思潮及政派在这场运动中的地位和影响。至于学会在收回教育权运动中的地位,舒新城将少年中国学会与全国学生联合会、中华教育改进社、全国教育会联合会并称为四个重要组织,认定"少中"的主要表现为苏州大会宣言及所定纲领,而把《中华教育界》《醒狮》《中国青年》《中国学生》列为杂志类"言论上鼓吹最力者"。[3]上述四种杂志中,均可见少年中国学会会员的影响,如《中华教育界》《醒狮》有陈启天、余家菊等国家主义派会员的许多著述,《中国青年》《中国学生》则有恽代英、杨贤江等共产主义派会员的不少宣传文字。此外,舒新城在《收回教育权运动》中概括当时提出的收回教育权的理由为九种,其中特别指出"社会的理由"以周太玄为代表,"伦理的理由"以李璜为代表,"文化的理由"以余家菊为代表,"国权的理由"以国家主义派为代表。[4]从这一比较中大致可见少年中国学会尤其是国家主义派在收回教育权运动中的舆论鼓吹方面的影响力。总之,收回教育权运动由"少中"会员策动起来,到1924—1925年间发展到高潮,使教会学校不得不中国化,其中少年中国学会的作用确是不容忽视的。

---

[1] 李璜:《回国任教与对国内学术界的观察》,(台北)《传记文学》第21卷第5期,1972年11月,第10页。
[2] 舒新城:《收回教育权运动》,中华书局,1927,第50—51页。
[3] 舒新城:《收回教育权运动》,中华书局,1927,第57—64页。
[4] 舒新城:《收回教育权运动》,中华书局,1927,第66—72页。

少年中国学会的主要活动(三)

第五章

少年中国学会初期开展的社会活动主要有提倡新村和创办北京工读互助团,推广工读互助运动,旨在建立一个理想的工读社会。其次是发起非宗教运动。这些活动在社会上产生了重大影响,对于少年中国学会而言,则是从社会活动转向政治活动的表现。

第一节　实验工读互助团

实验工读互助团是少年中国学会早期颇有影响的社会活动,也是他们以社会活动创造"少年中国"的第一次尝试。北京工读互助团是五四时期规模最大、影响最为广泛的工读互助的团体,王光祈是北京工读互助运动的主要发起者和创办人,是五四时期工读互助主义的主要实践者。

一、小组织问题的讨论

学会创立之初,会员讨论如何着手改造社会时,提出了不同的设想并不同程度地付诸实践,其中在学会历史上为时最早、影响较大的是左舜生与王光祈发起的小组织讨论。这也是学会改造社会的最初尝试。

小组织的讨论最先是在王光祈与左舜生之间开始的。《少年中国》第2期辟设了"讨论小组织问题"专栏,王光祈以"记者"名义写的"前言"中说,在一个月以前,会员左舜生君有一篇《小组织的提倡》的文章在上海《时事新报》发表,后来又与王若愚有两封关于讨论此事的信函,"愈惹起一般青年同志的注意",因而这是"一个狠有趣味的问题,又是一个改革生活狠重要的问题"。①

按照王光祈的说法,两人关于小组织的讨论,缘起于"一个月以前"左舜生的一篇文章。其实,早在1919年1月王、左相识之初就已开始讨论。其时王光祈前往上海主持召开吴淞会议,讨论决定会务发展问题,在返途经过南京时与左舜生讨论了小组织的问题。王光祈当时首先提出以小组织的形式开展"新生活"的主张,其主要动机是避苦寻乐,改变与"鬼"为邻的生活而为"人"的生活。左舜生当即指出,"我们要与恶社会宣战,非自己先行创造一个生活根据不可。若是一面与恶社会宣战,一面要又向恶社会周旋,其结果就是不彻底,就是多所顾忌"。②两人在提倡新生活问题上达成共识:"主张凡事彻底、毫无顾忌,埋着头儿,大着胆儿,一直往前,决不受'衣食住'三位先生的牵制。"这才是一个最美最乐的自由世界。③而后两人分别宣传鼓动,设计新生活的蓝图。王光祈在2月11日《晨报副刊》上发表《择业》一文,说"二十世纪是社会主义盛行的时代,是讲究全国皆工"的时代,那些终日坐在家里不做事的人是"掠夺他人的生活",是强盗行为。他在2月25—28日《晨报副刊》上发表的《学生与劳动》一文明确提出:"现在是二十世纪劳动主义盛行的时代,只吃不做的时代,已经过去了。"只有提倡"一面工作,一面读书,终身工作,终身读书"的工读生活,才能"养成独立生活""熟悉社会情况""养成耐劳习惯""养成强壮身体"。可以说王光祈根据当时对社会主义的有限理解,初步提出了工读互助生活的框架。而后他在《新青年》第6卷4号发表《工作与人生》一文,进一步阐述了组织团体开展工读生活的问题。王光祈认为,劳动不仅仅是一种谋生手段,而且是新人生观的一个基点,工读生活成为未来社会的一个重要内容。

左舜生在1919年3月19日《时事新报》副刊《学灯》上发表了《家庭改革

---

① 《讨论小组织问题》,《少年中国》第1卷第2期,1919年8月15日。
② 若愚:《与左舜生书》,《少年中国》第1卷第2期,1919年8月15日。
③ 若愚:《与左舜生书》,《少年中国》第1卷第2期,1919年8月15日。左舜生在7月致王光祈信中提到,今春曾询问王光祈提出新生活主张的动机和办法。于是左舜生就提出了对新生活稍具体的看法。

论》,强烈抨击中国传统家庭之弊,提出改革之道。随后他在《少年中国》创刊号发表《中国家庭对于子女教育的根本错误》,批评中国的父母"养儿靠老,积谷防饥"心理的错误,抹杀子女人格的错误,以及歧视女子、重男轻女的错误,希望父母千万不要再往这三条黑暗的路子上走。①另外发表《优美愉快的家庭》一文,提出中国婚姻改革与家庭改革问题,认为只有通过这两种改革,才有可能建立优美愉快的家庭。②由上可见,脱离与改造恶社会,创造新生活成为两人的共识。所以左舜生提倡小组织主张后,王光祈予以热情的回应,初步形成了关于新生活的组织办法。可以说,7月开始的小组织大讨论,是之前半年王、左两人讨论新生活的结果,并开始引起社会的注意。

左舜生提倡小组织明显针对"现在的恶社会",试图解答如何保持人格的价值并使之增高而非堕落、出了学校再向学术上努力而求同志间的互助、改善不良的生活方法、"下死功夫与恶势力奋斗到底"等当时青年学生面临的现实难题,而且是凭个人反抗追寻而不能解决的问题。在他的设想中,这种小组织"是由少数同志组织的一种学术事业生活的共同集合体",集合的条件大致是:(一)团员劳力所得收入为团体的共有财产;(二)团员以有独立生活的能力为限;(三)团员不限于男女;(四)团员之间要互有人生观的了解,对于恶势力的扫除,精神上要归一致(方法不必相同);(五)团员对于家庭须不负经济的责任,并且绝对不得承受家庭的遗产;(六)团员有职业的可从事职业,无职业的可从事学问潜修或不要报酬的社会事业。③若此,它可以弥补"愚昧""生计的艰难""缺少精神修养"这些导致人们堕落的三个缺陷。至于详细的具体办法,自然需会员参与讨论决定。左舜生立足于"极不自然""无意义"的机械生活,希望以这种小组织来进行种种实验。在人们积极从事大组织以改造社会的背景下,这种小组织具有宜于实验的优势,且与大组织相辅相成。如果说大组织是他们的大本营,那么小组织便是教练所。只有经过这种团体的训练,以后才能成为大组织的健全分子。可见,这种小组织不仅是"现在社会"向"将来社会"的过渡,也是改造社会的立足点与试验的起点。"总而言之,我们这辈青年的眼光,一面顾着现在,一面

---

① 原载《少年中国》第1卷第1期,1919年7月15日。
② 原载《少年中国》第1卷第2期,1919年8月15日。
③ 左舜生:《小组织的提倡》,《少年中国》第1卷第2期,1919年8月15日。

还要望着将来。任凭怎么样,不能不自家去找一个立足地。精神的立足地、学问的立足地、生计的立足地,都是必要的。"否则,就不能奋斗,不能永久奋斗。①

王光祈高度称赞左舜生以小组织创造新生活的计划,认为"我们生活在这个万恶社会之中,不但是要求学术上的进步,而且要求精神上的快活"。在此基础上他提出具体的组织办法,就是所谓"菜园新生活"。主要内容为:一是十几个人在菜园中生活,园中建筑中国式的两楼房,分别为书房、阅报室、办公室、会客室、藏书室、游戏室及卧室、饭厅、厨房、厕所、球场、小溪、杨柳等。二是每日课程有种菜两个小时、读书三个小时、翻译书籍三个小时,余为游戏阅报时间。读书与种菜是主要活动形式,前者主要满足精神需要,后者主要满足物质需要。译书则是联结个人与社会的重要纽带,会员须为社会稍尽力,尤其是要多翻译书籍,以革新一般人的思想。三是附设平民学校、开讲演大会、开演幻灯,以便与农人接近,效法托尔斯泰每年三季做工,一季从事出版事业。②根据王光祈的设计,"我们在乡间,半工半读,身体是强壮的,脑筋是清楚的,是不受衣食住三位先生牵制的。天真烂漫的农夫,是与我们极表示亲爱的。我们纯洁青年,与纯洁农夫打成一气,要想改造中国是狠容易的"。王光祈对这种新生活的前景极为乐观,说:"我现在觉得我们新生活园里的花儿草儿鸟儿蝶儿正在那里盼望我们,我们没要再作纸上的空谈了,赶快实行我们神圣的生活!"③

由王光祈的心情可以看出,脱离黑暗社会的要求与对新生活的热切向往,是他们急于将小组织付诸实验的内在动力。但左舜生与王光祈因各自生活经历与社会感受的不同,对新生活的具体要求有些差异。如左舜生受家庭生活的苦实在太多,王光祈受社会的苦则较多,故前者着意于家庭的根本改革,后者注重社会改革。左舜生希望女子参加新生活,着眼于精神方面的互助居多,物质方面的互助居少;王光祈则只希望女眷们在菜园办理衣服鞋子。此外,王光祈重视学会在菜园中的出版事业,以便生利供新生活之用,也可开展农村教育。左舜生则注目于大规模的教育运动,尤其是教科书的修订与教会学校的革

---

① 左舜生:《小组织的提倡》,《少年中国》第1卷第2期,1919年8月15日。
② 若愚:《致夏汝诚先生书》,《少年中国》第1卷第2期,1919年8月15日。
③ 王光祈:《与左舜生书》,《少年中国》第1卷第2期,1919年8月15日。

命。①但他们主张物质与精神的共同生活是一致的,而且都意识到,要解决当时的社会问题,枝枝节节的慈善事业是没有效力的,只有拿人类的知识力和生产力,供人类使用与互助,才是"吾人精神方面自然的要求"。②

左舜生与王光祈关于小组织的讨论,引起了社会上更广泛的讨论,参与讨论者大都认同小组织对于改革生活的重要性,引发的争论也不少。争论的第一个问题是女子在新生活中的地位及加入方法。王光祈、左舜生的主张已如前述。黄蔼女士严厉批评王光祈所谓"我们家眷可以办理衣服鞋子"一句话有侵犯女权之嫌,因之使其改革主张顿而变了色彩,"本来是新生活,遂变成旧生活,本来是将来的生活,遂变成了过去的生活;本来是群己两利的生活,遂变成了自私自利的生活"。③这与其说是为女权辩护,还不如说是她本人要求女子解放的热情与见义勇为的态度之表达,从中可见女子参与新生活的渴望。冰先生著文为王光祈"鸣冤",批评了黄蔼女士的观点,而王光祈站出来为黄蔼说话,说:"只因为他看见二万万女同胞,正沉沦苦海,漫漫长夜,何时始旦。他唯一的希望,就是要我们'自谓新少年的先生们'——这个名字是黄女士取的——帮助他们女子解决这个女子问题。"④这种反复讨论,不仅使王光祈、左舜生提倡的小组织计划得到进一步修正,更加周密,更趋合理化,更加理想化,而且使妇女问题与新生活联系在一起。正如王光祈所说:"现在我们主张新生活,常常联想到妇女问题。若是妇女问题不解决,我们新生活园里一定要充满不快的空气。故对于家庭中不了解人生问题的女子,要使他有机会了解,这是一个狠重要的问题。"⑤因此,接下来便讨论新生活中如何解放女子的问题。黄蔼赞成左舜生提出的女子精神互助论,只是指互有人生观的了解。冰先生认为黄蔼的赞成是没有理由的,王光祈则从两性平等、男女交际问题立论,认为女子精神上互助比男子更有利,并一一解答了冰先生关于解决女子问题的疑问。至于具体的方法,裴山主张筹备"妇女讲演会",作为改造女子思想的一个方法,王光祈认为,组织"团员全体座谈会",由男女团员来研究人生问题,这样既可以打破男女间的障碍,又

---

① 王光祈:《与左舜生书》,《少年中国》第1卷第2期,1919年8月15日。
② 左舜生:《答若愚》,《少年中国》第1卷第2期,1919年8月15日。
③ 若愚:《致黄蔼女士书》,《少年中国》第1卷第2期,1919年8月15日。
④ 若愚:《致冰先生书》,《少年中国》第1卷第2期,1919年8月15日。
⑤ 若愚:《致裴山先生》,《少年中国》第1卷第2期,1919年8月15日。

显得更自然。①

争论的第二个问题是女子加入小组织的资格问题。当时女子多数教育程度低,独立生活能力差。但夏汝诚、王光祈都同意女子加入,说女子虽没有受教育,只要品性纯洁,而她的丈夫适合小组织的资格,应得一同加入。

第三个问题是讨论生计接济问题。王光祈最初设计了两种办法,一为有储蓄能力的人每月帮助三四元,无财产的人在外兼任工作;二为译书,以其所得红利供给新生活费用。黄仲苏进一步提出农村生活应注意生利的方法与注重农村的教育二事,前者指小制度的畜牧、树苗园、种子公司、选种经理店等与农业有关事项,既补助农民,又能生利;后者指除讲演外,教授使用改良的农具与科学的种植方法。早就主张并实验新生活的涂九衢则提出制牛奶的方法,并认为最为"简易可行"。注重力行的恽代英则开始讨论新生活计划,主张"从比较了解的人,由轻而易举的办法办起","想在乡间适当地方组织个自给共产的新生活"。②

新生活实验首先是以"少中"会员为主要对象的,是学会改造社会的初步尝试。其表现在:会员的任务之一是翻译书籍,革新一般人的思想;学会的努力方向是筹备印刷局,以其红利供给共同生活的费用。而且会员不愿在都市生活的都加入菜园子团体,在都市中奋斗的会员以新生活为大本营;而且住在乡下的,在从事新生活的同时,从事译书、办学校等事业,目的是制造战斗器械、培养战斗人才、储备战斗实力,因此也是战斗员之一。③而且议定"少中"的地盘不在城市,而在农村。所以王光祈以学会的名义向社会声明:"我对于新生活的组织已经有了办法,我们少年中国学会会员,都是极端赞成的,而且是急欲见诸实行的。"④确如其所言,会员赞同新生活计划,极愿开始实验这种新生活。如黄仲苏对王光祈的"农村生活"非常神往,称赞王光祈的设计"处处洽意","那种创造的想像(Creative imagination)实在可佩"。宗白华称赞左舜生、王光祈两人讨论的小组织问题,"意思极为高尚,可以一扫现在腐败社会中的鄙俗营利思想,造一种新鲜的空气,愉快的生活"。同时也有人批评他们所论消极,略带有"高蹈隐

---

① 原载《少年中国》第1卷第2期,1919年8月15日。
②《利群书社》,《互助》第1期,1920年10月。
③ 若愚:《致夏汝诚先生书》,《少年中国》第1卷第2期,1919年8月15日。
④ 原载《少年中国》第1卷第2期,1919年8月15日。

居"的意味。如宗白华提出应把这种小组织当作最初发展的基础,不是最终的目的。"跳出这腐败的旧社会以外,创造个完满良善的新社会,然后再用这新社会的精神与能力,来改造旧社会,使旧社会看我们新社会的愉快安乐,生了羡慕之心,感觉自己社事[会]的缺憾。从心中觉悟,想改革仿效。那时我们再予以积极的援助,渐渐改革我们全国社会缺憾之点,造成了愉快美满的新社会与新国家。"①因此,这种小组织的完善与发展,成为独立于旧社会的一个新社会模型,而会员以指导者、资助者的身份来指导旧社会的自改革,创造"新中国社会",然后再推广及于全世界,这样就尽到了改造中国与改造世界的责任。宗白华的这种构想,固然提供了"脱离这个城市社会,另去造个山林社会"的创造"少年中国"新社会之路径,但它确实存在着与现实社会的疏离倾向,因而这个理想就成为空中楼阁了。相对于左舜生、王光祈从小处着手,宗白华则从大处着眼。如果说前者是基础或实验,后者则是推广或普及,其最终趋向是"少中"发扬固有的森林(或东方)文明,再吸收西方城市文明以造成最高的文化,为人类造最大的幸福,使"中国做世界文化的中心点"。②

小组织的热烈讨论持续两个月之久,会员也跃跃欲试,但因为没有土地可供实验,知识分子也不熟悉农村生活,即使农村出来的知识分子也不想回到农村,因而无法做到与农夫打成一片,新生活实验就无从谈起。王光祈后来自责地说,"小组织"不能在最短的时期中实现,是"生平一桩极可耻的事"。③因为这是与学会"奋斗""实践"的信条相违背的,也与他们所受重力行不尚空谈的传统教育不相符。而事实上这些讨论为创造"少年中国"理想添入了丰富的极具实践性的内容,包括个人修养、社会改造、团体意识的训练、社会主义思想探索等等。而且这些高远的理想与创造"少年中国"的执着追求,也支配着"少中"会员朝着这一方面进行更进一步的探索与实验,真正从纸上谈兵走到现实中,为随后的工读互助团实验奠定了思想与组织方面的基础。

---

① 宗之櫆:《我的创造少年中国的办法》,《少年中国》第1卷2期,1919年8月15日。
② 宗之櫆:《我的创造少年中国的办法》,《少年中国》第1卷2期,1919年8月15日。
③ 王光祈:《工读互助团》,《少年中国》第1卷第7期,1920年1月15日。

二、北京工读互助团的发起

王光祈在1919年12月4日北京《晨报》上发表了《城市中的新生活》一文,正式打出了组织工读互助团的旗号,发出了实验工读互助生活的倡议。用他自己的话来说,就是:要将几个月前讨论小组织问题,注重乡间的新生活,改为今天所提倡的城市中的新生活。[①]随后王光祈发表《工读互助团》的长文[②],提出了详细具体的工读互助计划,对工读互助团的发起动机、经过、组织、预算、性质与特点及发展前途都作了详细论述。他不仅能够综合工读与互助的精神,同时回避了新村试验中的实际困难,使工读互助生活的理想更趋合理化、现实化;而且还邀请蔡元培在"少中"作了《工学互助团的大希望》的讲演,而后刊发于《少年中国》,表明蔡元培对工读互助团及王光祈的鼎力支持。[③]此外,陈独秀、李大钊、胡适等发表讲演或著文章,宣传介绍工读互助团。可以说,在诸多社会名流的支持下,北京工读互助团的成立,标志着工读互助主义开始付诸实验。

1.发起工读互助团的原因

王光祈的苦学经历是他发起工读互助团的重要原因。王光祈在五四时期以苦干精神,猛烈地从事各种改良社会的事业,被人称为激进主义者,他在1919—1920年两年中创造的最有价值的事业要算少年中国学会和工读互助团。从创立少年中国学会到发起工读互助团,表明了他的一贯主张:要救中国须要结合一般纯洁的青年,一面从事学术的研究,一面尽力为社会服务,作社会的好榜样。因而不仅提出一种改良社会的具体方案,还要本着实验主义去一点一滴地把这些方案体现出来。[④]其实,他从自己早年家庭的贫寒生活以及后来在外艰苦努力为学为生的经历中,提出新生活应取"自给主义"与"不用仆役主义"。在致黄蔼女士的信中他提到,民国元年(1912年)他中学毕业后,家里又经成都兵变,家产荡

[①] 王光祈:《工读互助团》,《少年中国》第1卷第7期,1920年1月15日。
[②] 参见《晨报》1919年12月14日,《新生活》月刊第18期,《新潮》第2卷2期,《星期日》"社会问题号",等等。
[③] 少年中国学会编:《少年中国学会周年纪念册》,1920,第11—12页。
[④] 孟寿椿:《五四运动时代王光祈先生的奋斗生活》,载左舜生等撰《王光祈先生纪念册》,(台北)文海出版社影印,1968,第60页。

然,只得搬到乡间一个顶坏的房子居住,自己一边烧饭炒菜,一边读书,竟读完了陶谢孟韦柳各家的专集,还看了许多经史的书籍。①这种苦学经历,或半工半读的生活无疑养成了他坚忍耐苦的习惯和精神,为工读互助团实验打下了一定的基础。同时在早年的苦难生活中读谢陶等人文集,这种以田园式的个人自由主义为主旨的思想情调对于他五四时期乃至一生的价值取向的影响是非常深刻的。当有人怀疑他设计的新生活须有数千元积蓄或有家庭遗产才能办时,王光祈承认虽然自己极穷,但未曾受过家庭一文的遗产,也未用过官厅一文的公费,而是以半工半读为武器,"相信这个世界是我们活动的舞台,一切不平等不自然的束缚,我都要彻底的脱离"。②因此,过去乃至现在的苦学经历成为王光祈将个人的工读生活通过团体组织转化为社会活动的一个重要原因。

如果说把自己的苦学方法推演向贫寒子弟,尚只是一种个人的企望,那么,救济贫寒困苦的青年学生则是王光祈工读互助思想外化的重要契机。1919年11月23日,王光祈提出了组织女子互助社的主张,"凡是受不了家庭压迫的,均可以到这个社里来服务。一方面可以顾全生计问题,一方面可以在万恶社会中自为风气,既不受家庭压迫,亦不受社会欺诈"。③孟寿椿回忆,王光祈对于一般贫寒子弟最为同情,一次在李超女士的追悼会④上,"他带着很兴奋的样子,向我说道:我已想得一法,使寒士能够读书"。回寓后,立即草拟工读互助团的办法。次日即四处奔走,开始筹备组织。孟寿椿负责任地声明说,王光祈组织这互助团的动机是很纯洁的,完全是想为穷苦青年解决读书问题,不含任何政治臭味。⑤由此看来,11月30日参加李超的追悼会,促成了工读互助团办法的迅速出笼,引发了王光祈的工读互助团计划。而对李超女士深表同情,并由此意识到解决这类问题,也是当时有识者的共识,但由王光祈首先付诸行动。12月2日,王光祈发表《改革旧家庭的方法》,借李超女士的追悼会这一题目向旧家庭旧社会"示威"。其中提出:"我们应该有一种家庭革命的实际运动,救出现在将

---

① 若愚:《致黄蔼女士书》,《少年中国》第1卷第2期,1919年8月15日。
② 若愚:《致夏汝诚先生书》,《少年中国》第1卷第2期,1919年8月15日。
③ 王光祈答 A.Y.G 女士,《少年中国》第1卷第6期,1919年12月15日。
④ 《昨日李超女士追悼会情形》,《晨报》1919年12月1日。
⑤ 孟寿椿:《五四运动时代王光祈先生的奋斗生活》,载左舜生等撰《王光祈先生纪念册》,(台北)文海出版社影印,1968,第61页。

死未死的女子",为此提议组织女子周刊和女子互助社,以向旧社会开展总攻击。[1]接着,12月4日在《晨报》发表3日写作的《城市中的新生活》,进一步提出要把改造旧家庭办法的"女子互助社"扩张为男女生活互助社,为苦学生开一生活途径,为新社会筑一基础。应当说这是工读互助团的先声。12月5日,王光祈应北京高师附中少年学会之邀作了题为《团体生活》的演讲,明确定义"团体生活"即"本互助的精神,为相当的组织,以适应环境"。他鼓励欲脱离家庭的中学生组织工读团体,团员或从事手工工作,或贩卖商品及书报,每日所得之工资即作为生活费用,一面读书,一面做工,独立生活,不受一切束缚。[2]到此,他的工读互助团的实验计划也基本成型,并且公开宣传。

另一方面,留法勤工俭学会为王光祈组织工读互助团提供了方法上的启谛。周谦冲称王光祈是"勤工俭学的前驱",王光祈最感人的地方是他十五年如一日的勤工俭学的精神。从温江到北京到柏林到波恩,王光祈的生活史,完全是一部坚苦卓绝的勤工俭学史。[3]如果说王光祈自幼即受半工半读生活的训练,具备了工读互助生活的内质,那么五四以后盛行的半工半读的勤工俭学方式则是深刻影响于他的外部因素。有人回忆说,正当王光祈在北京浏览阅读社会问题、社会主义及无政府主义等书籍时,"蔡孑民李石曾两先生发起留法勤工俭学会,国内青年学子,借此机会赴法留学者,殆不乏人。润屿(王光祈字——引者注)因访其办法,就北平发起工读学会,半工半读,和之者亦颇众焉"。[4]据李璜回忆,他在北京留法预备学校教授初级法语时,"因见苦学生甚多,光祈为我言,将发起'工读互助团'。我觉[说],将忧无工作,而光祈笑曰:'两个子儿一件大衣服,总揽得来洗也'"[5]。可以说,王光祈发起工读互助,既把此前小组织的主张具体化为行动,而且以自己半工半读的经验推演向贫寒子弟。[6]王光祈老

---

[1] 韩立文、毕兴编:《王光祈年谱》,人民音乐出版社,1987,第37页。
[2] 王光祈:《团体生活》,《少年中国》第1卷第6期,1919年12月15日。
[3] 周谦冲:《王光祈与现代中国文艺复兴运动》,载左舜生等撰《王光祈先生纪念册》,(台北)文海出版社影印,1968,第70页。
[4] 倪平欧:《光祈北平生活之一段》,载左舜生等撰《王光祈先生纪念册》,(台北)文海出版社影印,1968,第30页。
[5] 李璜:《我所认识的光祈》,载左舜生等撰《王光祈先生纪念册》,(台北)文海出版社影印,1968,第34页。
[6] 陈正茂:《少年中国学会之研究》,中国青年党党史委员会,1996,第61页。

老实实地承认工读互助团办法曾受留法勤工俭学会的启示而来,同时指出两者的不同之处:前者多由少数同志凑集资本,为一种从事工业或小商业之组织,以共同工作所得之利,解决个人求学问题。后者由多数同志在他人所办工厂做工,以个人工作所得之利,解决个人求学问题。可见,一为团体进行,损益由团体负责;一为个人的努力,损益由个人负责;一为自己工作,一为他人工作。但两者在一定条件下可以相互转化,"一面工作,一面读书,终身工作,终身读书"十六字是两者共同的主张。[①]这样看来,王光祈发起的工读互助团也是在国内勤工俭学的好办法。

2.北京工读互助团的倡议发起

工读互助团是五四时期"新生活"大背景下的产物。诚如王光祈所说,自欧战后,世界潮流排山倒海直向东方而来,中国青年受此深刻刺激,顿成一种不安之相,对于旧社会旧家庭旧信仰旧组织以及一切旧制度,处处皆在怀疑,时时皆思改造,万口同声地要求一个"新生活"。[②]正是在黑暗社会下的不安宁状,加上西方潮流的涌入与刺激,"对外求索之欲日炽,对内厌弃之情日烈"。[③]因此新生活成为青年志士追求的目标。王光祈归纳在城市中实验这种新生活的理由,一是青年男女受家庭种种压迫,欲脱离家庭而谋独立生活,工读互助团可以维持他们的生活,便于他们勇敢地同黑暗奋斗;二是青年男女大概倚赖家庭生活,一方面为家庭之累,一方面养成倚赖习惯,终身不能独立,工读互助团可以训练他们独立生活;三是社会上有生计困难的优秀青年不能读书,工读互助团可自由读书;四是工读互助团可以为适应新社会而须养成一种互助劳动的习惯;五是"我们天天在文字上鼓吹改革社会,从未有改革社会的实际运动,这种互助组织便是我们实际运动的起点"。应当说这五个理由涵括了社会、生活、个人诸方面的问题,再联系"分工协作""劳工神圣"等社会心理,因而工读互助团的理由非常充足,"我们便应该计划一种实行的方法"。[④]王光祈的设计,反映了五四时期

[①] 王光祈:《工读互助团与勤工俭学会》,载张允侯等编《留法勤工俭学运动》(2),上海人民出版社,1986,第634页。

[②] 王光祈:《工读互助团》,《少年中国》第1卷第7期,1920年1月15日。

[③] 梁启超:《清代学术概论》,上海古籍出版社,1998,第72页。

[④] 王光祈:《工读互助团》,《少年中国》第1卷第7期,1920年1月15日。

青年学生面临个人与家庭、社会的矛盾和他们求学、求生活的苦闷,以及他们对自由、平等、没有压迫、剥削的理想社会的追求,因而既迎合了当时青年学生的社会心理,又成为工读互助团实验的指导思想。

王光祈自1919年2月与左舜生讨论"新生活",到7月与左舜生等提倡小组织,颇引起社会上研究"新生活"的兴趣。再到11月30日《城市中的新生活》发表以后,他立即奔走筹备,不到一个星期就有了头绪,不到一个月居然组织成功。从新生活的设想到小组织的讨论再到工读互助团的组织成功,不仅是王光祈所谓由"说"到"做"的转换问题,而且是工读结合的方式解决脱离旧社会旧生活的问题,也是新生活真正意义上的实验。据王光祈称,"《城市中的新生活》发表后二三日,便有数十位同志来信愿从事此种生活,一星期后外省亦有许多同志来信讨论此事,于是渐渐由理想见诸实行",于是他根据《城市中的新生活》中的设想,结合众多同志来信的要求,制定工读互助团简章,分宗旨、团员、服务、权利、工作种类、工作收入、设备、组织、规约、出团规定、附则共十一条。工读互助团的宗旨为"本互助的精神,实行半工半读",其中最为引人注目的地方是:(1)所得归公,团体供给。工作所得必须归团员公有。团体的盈虚利害,便是团员的盈虚利害;团体的痛苦幸福,便是团员的痛苦幸福。团员生活所需要之衣食住及教育费、医药费、书籍费均由团体供给,唯书籍归团体公有。(2)各尽所能,各取所需。即工作以时间为标准,不以工作结果为标准,以示各尽所能。附则规定,"凡团员不能入校听讲者,得由本团聘请教员,每日教授二钟,若程度不齐,得适用单级教授制"。作为实验,王光祈希望工读互助团组织的范围愈小愈好,而组织团体愈多愈有希望。必要时,实行"小团体大联合"的计划,团员随便到什么地方,皆有工可作,有书可读。如果工读互助团逐渐推广,"我们'各尽所能,各取所需'的理想渐渐实现,那么,这次'工读互助团'的运动,便可以叫作'平和的经济革命'"。显然,实验这种工读生活,旨在建立一个以工读互助团为基础、实行"共产主义"理想的自工自读的新社会,以后的生活便是一种"日出而作,日入而息,凿井而饮,耕田而食"的理想生活。王光祈也说,工读互助团是新社会的胎儿,是实行理想的第一步。[①]这一设计非常具体翔实,简直就是行动计

[①] 王光祈:《工读互助团》,《少年中国》第1卷第7期,1920年1月15日。

划书。因此,《城市中的新生活》是王光祈实验工读互助团的宣言,也是新生活从讨论转变到实验的标志。

王光祈拟定工读互助团草案后,在各种报刊上登载宣传,表示工读互助团的发展计划除北京先行着手外,将来在天津、南京、上海、武汉、广州各处都要设法推行。他很愿意费些时间,专门奔走此事。工读互助团的发起工作,具体说来,一是召集发起人会议,商量工读互助团的具体实行办法。王光祈先后联络了顾兆熊、李大钊、蔡元培、陈独秀、胡适、周作人、陶履恭、程演生、王星拱、高一涵、张申府、李辛白、孟寿椿、徐彦之、陈溥贤、罗家伦等16人列名发起工读互助团,还与李大钊、陈独秀等商议具体办法,又邀请蔡元培、陈独秀、李大钊、周作人等在《晨报》《新潮》《新青年》等刊物或广告宣传或演讲介绍或著文鼓吹,进行社会动员,扩大北京工读互助团的影响。据李璜回忆,王光祈在北京发起的工读互助运动,"一时蔡元培、胡适都为文或助之鼓吹,或加入设计,竟促成当时北京、天津、上海的少数穷学生向工厂、商店去觅工作,而若干工商界的开明分子也曾特别为这类穷学生设备半工半读的位置"。[①]

二是筹募开办经费。王光祈设想筹款方法或由发起人担任筹募,团员或由自己集资,或开各种游戏会筹募。他主要是联络诸发起人联名募捐,或代为募捐,由徐彦之具体接洽缴纳捐款事。当时拟定开办费一千元,由各位发起人签名自愿担任筹款,不到半个月时间,募捐者不少于58人,捐款达千余元。

三是接洽会员,召开团员大会。为便利团员求学起见,王光祈在造预算时,第一组拟定27人,第二组19人,第三组人数未定。但各地青年纷纷要求加入工读互助团,几天内报名参加者有数百人,各地来函探询讨论的有数百封。于是,发起人商定,征求团员务要慎重,选择工作务求有益、有利、有趣,故以思想道德为标准征求团员。王光祈根据报名者对团体精神的了解,选定其中30人,初定两组,后增至四组。之后,召开团员大会,讨论决定各组的具体分工等问题。

四是确定各组预算及工作分配方法。团中预算系经过调查后由王光祈编制,第一、二、三组各组人数、房屋、地点、营业要目均已确定。开办费第一组为400元,其中开素菜食堂共需房屋设备费等100元,石印机器及其附件150元,石

[①] 李璜:《五四运动与少年中国学会》,(台北)《传记文学》第16卷第4期,1970年4月,第11页。

印局房费100元,买家具50元,每月经费支出(分两处房金、伙食、教育费、衣服费、医药邮票等)270元,每月经常收入270元。第二组开办费300元,主要用于食堂设备及房屋200元,购买制造小工艺的原料及工具100元,每月经常支出190元,每月收入190元。第三组开办费300元,房费与购买工具及原料分别为100元、200元,收入支出及工作分配,拟待开办时再精密计算及分配。①从后来的开办情况看,各组开办费均有超支现象,工作情形大致与王光祈预计相差不远。

五是代租房屋、订制家具。第一组在骑河楼斗鸡坑二号,其中俭洁食堂设在东城沙滩东口七号,洗衣局在北池子骑河楼斗鸡坑七号,石印局在操场大院六号;共预付房租、家具及电器等303元。英算专修馆则借用北京大学第二院讲堂。第二组设在西城翠花街北狗尾巴西胡同五号,其中平民消费公社开在北京法文专修馆的大门西边,平民补习学校设高等法文专修馆内,平民洗衣局设在狗尾巴胡同,平民工厂亦在此。食堂原拟在祖家街附近开平民饭店,后承包法文专修馆寄宿食堂;住房修理及洗衣机器具、厨房等花费226元。第三组先设女子高等师范附近,后迁东安门北河沿十七号。第四组在东城松公府夹道八号,其中"食劳轩"在东城马神庙东。②

经过王光祈的奔波,劳动和生活的必要工具和基本条件备齐,于是北京工读互助团第一、二组于1919年底首先成立,第三组自1920年1月20日开始招募团员,因山东问题之发生,经费发生困难,到3月还未成立。第四组于1920年2月4日成立。这样,五四时期第一个实验工读互助生活的团体——北京工读互助团正式成立,并成为随后各地工读互助团的模范。王光祈以其"能想能行"而名,③无论是工读互助主义的宣传还是工读互助团的倡议和具体组织,称他为倡始人和主要发起者,是当之无愧的。

3.发起人对北京工读互助团的支持

工读互助团在北京率先实验,固然与王光祈及其少年中国学会的积极参与分不开,也与其他发起人的支持与推动分不开,甚至可以说后者是工读互助团

---

① 王光祈:《工读互助团》,《少年中国》第1卷第7期,1920年1月15日。
② 张允侯等编:《五四时期的社团》(二),生活·读书·新知三联书店,1979,第395、385、386页。
③ 左舜生等撰:《王光祈先生纪念册》,(台北)文海出版社影印,1968,第55页。

能否成立的关键因素。王光祈也承认,工读互助团办法"已与陈独秀、李守常诸君等商量,我们应该就要做去",其中"最出力的当推陈独秀先生"。①《工读互助团》一文还谈到他们对于工读互助团发展问题的关注。如陈独秀说:"此种团体,经济方面、道德方面皆要极端注意。"顾梦渔说:"照欧洲各种组合的成例,先有消费组合,然后再办生产组合,方不失败。"李大钊参照美国"宗教的共产村"的成败得失,认为工读互助团经济方面尚无可虑,精神方面尤为重要。很显然,发起人都极为关注工读互助团的经济方面与精神方面,只是各有侧重。以下略举几例。

胡适作为发起人,不仅带头捐款,而且还向浙江的沈定一寄发工读互助团简章,请其广为宣传,代为筹款捐钱。②胡适之所以赞成工读互助团,是因为希望有了这个组织可使工读容易实行,贫苦学生"有了一种挂起招牌的组织,也许可以容易得到工作,也许还可以打破一点轻视工人的心理"。在实行过程中,他鼓励实行工读主义的青年"应该注重自修的工夫"。与王光祈替团员规定共产互助的章程不同,他主张"早点替他们计划怎样才可以做自修的学问的方法",因而不仅赞成试办小规模的工读介绍社,③还在《北京大学日刊》上与李大钊、高一涵联名发出介绍"学生工作"的启事,希望帮助这些想实行半工半读主义的学生"用他的劳力来帮助他们求学的费用"。④此外,胡适还在报上登刊广告,替要工作的学生征求工作的机会。⑤总的说来,胡适用他比较熟悉的在美国流行的半工半读的求学方式来看待工读互助团,把它仅看作帮助解决穷学生经济困难的一种手段,要求团员忠于"工读主义",要有具体的"读"的计划,后来他提出的"自修大学"方式对有志于工读互助的穷学生影响很大。

陈独秀是公认的为北京工读互助团出力最多的人。他不仅参与发起倡议,

---

① 张允侯等编:《五四时期的社团》(二),生活·读书·新知三联书店,1979,第380页。
② 沈定一致胡适,载中国社会科学院近代史研究所中华民国史组编《胡适来往书信选》(上),中华书局,1979,第78页。
③ 张允侯等编:《五四时期的社团》(二),生活·读书·新知三联书店,1979,第402—405页。
④《介绍学生工作》,《北京大学日刊》第577号,1920年4月9日。
⑤ 中国社会科学院近代史研究所中华民国史组编:《胡适来往书信选》(上),中华书局,1979,第89页。

讨论简章，而且答应为工读互助团筹备机器。①正如有的论者指出，他"都基本赞同以自愿原则结合起来，实行半工半读的集体生活的工读互助团是理想社会的雏形，能消灭体力劳动和脑力劳动的差别，能通过广泛的发展、联合，达到改造整个社会的目的"。②从1919年12月《新青年》发表的《本志宣言》一文即可看出一这点。他说："我们理想的新时代、新社会，是诚实的、进步的、积极的、自动的、平等的、创造的、美的、善的、和平的、相爱互助的、劳动而愉快的、全社会幸福的。希望那虚伪的、保守的、消极的、束缚的、阶级的、因袭的、丑的、恶的、战争的、轧轹不定的、懒惰而烦闷的、少数人幸福的现象，渐渐减少，至于消灭。"他坚持认为工读主义是一种好主义，希望团员忠实地进行。当北京工读互助团面临解散时，陈独秀相继担任上海、沪滨等工读互助团的发起人，以北京工读互助团的经验教训为借鉴，足见其热心之一斑。

蔡元培以北大校长的身份，在工读互助团发起人中影响更大。他以留法勤工俭学模式来看待工读互助团，认为它就是国内的勤工俭学组织，希望借此推动勤工俭学运动。他不仅参与发起北京工读互助团，而且在"学"的方面提供机会给团员，在北大旁听或联系团员到北京女高师免费听课；在发起该团体后，又在"少中"讲演工读互助团的希望，以扩大"少中"及工读互助团的影响。蔡元培认为，李石曾在法国发起的勤工俭学会，在国内由少年中国学会的王光祈用"工读互助团"的办法得到实现。它的优点是：(一)所做都是小工，可以自由支配，不必仰仗工厂。(二)每人每天工作四小时，有许多时间可以求学。(三)设在学校附近，可以到校听讲；不能到校的，专请教员来讲。(四)收入的消费都由团体支配。各人于工作求学以外，不必分心，全凭自己的力量，用极少的经费，极简的方法，可以尽做工的责任，达求学的志愿，实行互助的主义。因此，发明这个组织以后，到外国去的就用勤工俭学会办法，不能到外国去的就用工学互助团办法。总之，"劳动神圣，教育普及，真是'取之左右逢其源'了"。③他建议工读互助团的"读"改为"学"，是因为学是工的预备，"工学并用"也是与他的民主主义教育主张一致，因而认定工读互助团的实验及扩大，可以解决中国乃至世界上

---

① 张允侯等编：《五四时期的社团》(二)，生活·读书·新知三联书店，1979，第428页。
② 陈秀萍：《俞秀松评传》，中共党史出版社，1999，第28页。
③ 新潮社编：《蔡子民(元培)先生言行录》，(台北)文海出版社影印，1973，第178页。

的一切问题。^①此外,蔡元培赞成工读互助主义,也是与其新生活观相吻合的。他说:"要是有一个人肯日日作工,日日求学,便是一个新生活的人;有一个团体里面的人,都是日日作工,日日求学,便是一个新生活的团体;全世界的人都是日日作工,日日求学,那就是新生活的世界了。"^②工读互助团实验的新生活因此得到他的积极支持。

李大钊支持北京工读互助团,一方面作为学会发起人,自然支持学会开展的社会活动,另一方面也是他此期社会改造思想的体现。他认为美国的共产新村是离开现在的社会组织的一种理想社会,示人以合理的生活模范。^③借鉴其经验教训,他提醒工读互助团当更注重精神方面。同时,他注重劳动教育问题,指出资本家夺去劳工社会物质是其莫大的暴虐和罪恶,他们夺去劳工社会精神上修养的暴虐与罪恶,比夺去劳工的资财更可怕更可恶,因而要多建立劳工补习教育机关。^④只有使中国劳工顺应世界工人运动的趋势,缩短工作时间,增加读书时间,"工不误读,读不误工,工读打成一片,才是真正人的生活"。^⑤在社会改造方面,他认为阶级斗争只能解决社会物质问题,不能解决精神问题;后者只能用互助的办法,"这互助的原理是改造人类精神的信条"。^⑥他在《"少年中国"的"少年运动"》中提出知识分子应与工农结合,以适应改革社会和创造"少年中国"的需要,同时也是自身改造的需要。他说:理想的"少年中国"是由物质和精神两面改造而成的、灵肉一致的"少年中国"。要创造"少年中国",应本着人道主义的精神,改造堕落的人心;又本着勤工主义的精神,改造掠夺主义的经济制度。所以他劝告学会同人投身到山林里村落里去,作辛苦的劳农的伴侣,"新村落的大联合,就是我们的'少年中国'"。^⑦因此,工读互助成为其社会改造运动的重要方式。当北京工读互助团出现暂时困难时,他取折中调和之法,一

---

① 蔡元培:《工学互助团的大希望》,《少年中国》第1卷第7期,1920年1月15日。
② 蔡元培:《我的新生活观》,载新潮社编《蔡孑民(元培)先生言行录》,(台北)文海出版社影印,第448页。
③ 李大钊:《美利坚之宗教新村运动》,《星期评论》第31号"新年号",1920年1月。
④ 孤松:《工读(二)》,《新生活》第18期,1919年12月21日。
⑤ 守常:《劳动教育问题》,《晨报》1919年2月14—15日第3版。
⑥ 守常:《阶级竞争与互助》,《每周评论》第29号,1919年7月6日。
⑦ 李大钊:"少年中国"的"少年运动"》,《少年中国》第1卷第3期,1919年9月15日。

方面赞同胡适所说的应该取纯粹的工读主义,不要别挂新生活的招牌,认为都市的工读互助团的根本错误是"取共同生产的组织";另一方面对于要实行一种新生活的人,可以在乡下购点价廉的地皮,先从农作入手。①这表明他始终关注和支持工读互助团。

由上可见,各发起人或以工读互助团为解决穷学生学费的手段,以达到求学的目的;或以为工读新生活的组织,故而不仅捐款或代为募捐,而且支持王光祈的各项发起准备活动,成为北京工读互助生活实验的重要保证,从另一侧面可以看出工读互助主义在当时文化教育界的影响。诚如周策纵所说,工读互助团实验,"至少在一个短时期内把许多新知识分子的思想付诸实施,而这种实际的经验,对他们后来关于社会问题的思想产生了影响"。②

三、工读互助团运动的推广

少年中国学会被公认为工读互助团的发起者,不仅是因为其主要负责人王光祈倡议发起北京工读互助团,而且学会以提倡工读互助团为其社会活动的内容之一,其会员大都参与或支持、推动各地的工读互助团运动。

对于王光祈发起工读互助团的初衷,会员李璜是这样分析的:王光祈发起"少中"时以远离现实政治为基本理念,但又以救国为初衷,故而要救国又不及政治,其中具有言行上的矛盾。王光祈主持会务,要表现其主张之具体化、实践化,乃于月刊出版不久,即发起工读互助团,鼓吹青年知识界合作在城市或乡镇共同生活的互助社,以便脱离旧家庭的无聊压迫,培养独力生活的能力与互助劳动习惯,并创造上进读书的机会。因此,"这一社会运动确乎开启了青年知识分子脱离家庭,而思以劳力自治的风气"。③有研究者指出,北京工读互助团在城市中的新生活实验,"这种实验精神及说到做到的实干精神,使王光祈及'少中'都赢得美名,也在中国教育史上留下了重要的一页"④。

---

① 李守常:《都市上工读团底缺点》,《新青年》第7卷第5号,1920年4月1日。
② (美)周策纵著:《五四运动:现代中国思想的革命》,周子平译,江苏人民出版社,1996,第261页。
③ 李璜:《少年中国学会的发起与成立》,(台北)《传记文学》第35卷第1期,1979年7月,第12—13页。
④ 秦贤次:《少年中国学会始末记》,(台北)《传记文学》第35卷第1期,第21页。

其实,工读互助团是作为会务活动来开展的,也是学会开展社会活动的表现之一,是创造"少年中国"的一种尝试。"少中"坚持以社会活动和社会事业来改造中国,实行革命运动。其社会活动指一种有基础的文化运动,社会事业指实业与教育。教育主要是革新一般思想,灌输各种知识;实业主要是改良个人生活,增进物质上的幸福,大致对应新生活中的精神与物质两个方面,或工读互助团中的"学"("读")与"工"。因此,在学会内部,实业与教育的结合可以通过工读互助团的组织形式及工读新生活的方式来推行和实现。"少年中国"的理想也可由此逐步实现,即王光祈理想中的"工读社会"。而作为一种方法,主要是用来培养会员乃至国民的团体意识,养成具有独自生活能力的"少年"。对于工读互助团的团员,王光祈同样以"少中"会员的精神认同或共同理想摆在首位,强调了解和养成"团体的精神"。将《工读互助团》与《少年中国学会之精神及其进行计划》稍作比较即可知,两者同是强调团体生活和劳动习惯的重要性,但后者特别列举了训练的内容。如鉴于中国人最缺乏团体的训练,故学会便提倡种种团体,又如中国知识阶级大多数不习惯劳动生活,劳动阶级又无机会得受教育,故学会提倡半工半读,使读书者必做工,做工者亦得读书,务使知识阶级与劳动阶级打成一片。比如"新农村运动""小组织新生活"等等,无一不是以养成做"人"应该具备的性格和习惯并朝光明的方向为旨归。《少年中国学会之精神及其进行计划》发表于12月15日出版的《少年中国》第一卷第六期,可以说为随后工读互助运动和学会活动提供了思想和行动的指导。

工读互助团实验也得到各地会员的积极响应。王光祈在许多报刊上发表《城市中的新生活》后一个星期内,与各地志愿参加工读互助团的同志通过书信往来,初定在武昌、南京、天津、湖南平江、上海、浙江等处组织工读互助团。而且,工读互助团在北京成立后,上海、武汉、南京及长沙等地会员立刻响应,多以开小型书店、廉价食堂以至手工业商店等来实验工读互助活动。[1]《少年中国》第一卷七期"会务纪闻"刊载工读互助团消息:"本会顷接武昌、南京、上海、天津各处会员来信,对于工读互助团的组织,现正极力奔走筹划云云。"[2]工读互助团在上述各地的推广试验,一方面是由于王光祈的倡议、发起与实际推动。如北

---

[1] 李璜:《少年中国学会的发起与成立》,(台北)《传记文学》第35卷第1期,1979年7月,第13页。
[2]《会务纪闻》,《少年中国》第1卷第7期,1920年1月15日。

京工读互助团发起后,王光祈便写信给余家菊、恽代英等,盼望武昌有个同样的事业。另一方面,缘于会员们对工读互助团活动的积极支持,在各地仿照办理类似团体,尤以恽代英、毛泽东最具代表性。恽代英认为工读互助团是"一个独立的事业,投身生利场合的第一步,实行一部分的共产主义,试办近乎各尽所能各取所需的团体"。[1]于是他把新生活的精神结合于书店形式的工读生活,发表《共同生活的社会服务》的宣言,"因为事实上的便利,亦决定不用北京工读互助团办法,只注意练习职业生活,练习共同生活",创办了工读互助团性质的团体利群书社[2]。1920年1月,恽代英等人又发表"武昌工学互助团组织大纲",正式发出了工读互助的号召,基本上体现北京工读互助团的精神。[3]恽代英1920年初,为学习和了解北京工读互助团的经验来到北京,并认定中国可用和平的经济手段来实行社会主义,办工读互助团是最有效的手续之一。[4]可见,恽代英是工读互助团的积极支持者,在武昌积极推广工读互助团。毛泽东自称"数年来梦想新社会生活",并于1918年在岳麓山设工读同志会,从事半耕半读的计划,次年春又提出一个建设新村的计议,"而先从办一实行社会说本位教育说的学校入手",或名为"工读同志会",实行工读主义,以俄罗斯青年入农村与农民为伍,日本青年盛行"新村主义",美国流行的"工读主义",中国留美学生的"工读会"及留法学生的"留法勤工俭学会"为楷模。[5]毛泽东曾经参观和考察工读互助团的活动,当时就计划回湖南成立一个"自由研究社"或"自修大学"。他在致友人的信中说:"我想我们在长沙要创造一种新的生活,可以邀合同志,租一所房子,办一个自修大学(这个名字是胡适之先生造的)。我们在这个大学里实行共产的生活。"以教课、投稿、编书、劳力的工作为取得生活费用的手段,拟邀周世钊、何叔衡、邹泮清等加入,"这个组织,也可以叫作'工读互助团'",以成立一个"学术谈话会"为最紧要。[6]可见,毛泽东在湖南创办工读互助团受胡适的影响较大,不过与胡适认定工读主义为"做自修的学问的方法"不同,毛泽东仍以

---

[1] 中央档案馆等编:《恽代英日记》,中共中央党校出版社,1981,第678页。
[2] 张允侯等编:《五四时期的社团》(一),生活·读书·新知三联书店,1979,第126页。
[3] 原载《汉口新闻》1920年3月2日。
[4] 张允侯等编:《五四时期的社团》(二),生活·读书·新知三联书店,1979,第495页。
[5] 中共中央文献研究室等编:《毛泽东早期文稿》,湖南出版社,1990,第449,455页。
[6] 中国革命博物馆等编:《新民学会资料》,人民出版社,1980,第62,64页。

新生活新组织为鹄的,又体现出王光祈工读互助主义思想的影响。1920年2月,毛泽东还应王光祈之邀约,列名发起上海工读互助团,后来成为正式团员,到6月才停止在工读团的活动。

此外,旅欧会员从推动留法勤工俭学运动的角度来宣传与支持北京工读互助团。以《旅欧周刊》为例,先后于第14~15号、19号、25号、30号、47号、48号发表了周太玄的《工读与人生》《工读互助团的出现》《少年中国学会与工读》《国内之工读互助团》《北京之工读互助团》、王光祈的《工读互助团与勤工俭学会》《工读互助与勤工俭学》和《分工与互助》、宅桴的《人生的真义和勤工俭学的目的》等文章。其中不少文章分析了工读互助团与勤工俭学的关系。如周太玄说,国内的工读互助团便是国内的勤工俭学,这才是工读的真精神和勤工俭学的实行者,并指出国内工读互助团对留法勤工俭学具有一种调节功能。[①]这种宣传进一步提升了"少中"与工读互助团的社会影响。

正因为如此,会员对工读互助团实验和推广颇为满意。康白情在1920年4月致会友的信中说:"近来如北京和上海底工读互助团,是我们所提倡的。汉口底互助社,也是我们所提倡的。"[②]据李璜的事后观察,王光祈的工读互助团计划在会员中引起极大反响,许多会员参与其中。李大钊"特别予以附和,且在《少年中国》月刊以至《新青年》上提出农村的半耕半读作法",扩大之而主张"新村运动";毛泽东回长沙办《湘江评论》,更进一步扩大而主张新的农村大联合;恽代英则附和之在都市开商店,等等。[③]至此,工读互助团的发起与迅速成立,为"少中"赢得了"现今最有希望的团体"的美名。蔡元培在《工学互助团的大希望》的讲演中说:"现在少年中国学会的工学互助团是从小团体脚踏实地的做起,要是这种小团体一处一处的布满了,青年求学的问题便可解决。要是感动了全国各团体都照这样做起来,全中国的最重大问题也可解决。要是与世界各团体联合起来,统统一致了,那就世界最重大问题也统统解决了。"[④]这是对少年中国学会组织工读互助团的高度评价,亦道出了工读互助团的影响与前途。

---

① 清华大学中共党史教研组编:《赴法勤工俭学运动史料》(一),北京出版社,1981,第302—303页。
② 康白情致举百兄,《少年中国》第1卷第11期,1920年5月15日。
③ 李璜:《少年中国学会的发起与成立》,(台北)《传记文学》第35卷第1期,1979年7月,第13页。
④ 蔡元培:《工学互助团的大希望》,《少年中国》第1卷第7期,1920年1月15日。

四、北京工读互助团实验的影响

工读互助团实验不仅把工读主义由理想变成了现实,而且导引了一场全国性的工读互助团运动,在当时产生了重要的社会影响。

1.工读互助团由少数人的思想主张变成青年学生的新生活实践

工读互助团实验无疑迎合了当时青年学生渴望新生活的心理。据胡适的观察,自成立北京工读互助团以来,工读的计划很受各地青年的欢迎,天津、上海等处都有同样的发起。"将来各地渐渐推行,这是意中的事,也是近来一种很可使人乐观的事。"[1]可见,王光祈的工读互助团实验,反映了五四时期知识分子对中国现状的强烈不满和对共产主义社会的热切向往。如傅彬然看到报上有关北京创办工读互助团的消息后,非常感兴趣,要求报名参加,他说:"一则北京是新文化运动的发源地,我们向往已久;二则我们早就受了从西方介绍进来的各种社会主义思想,更由于受了伟大的俄国十月革命的影响,'工读互助'的生活,正是我们渴望实现的理想。"[2]沈定一在1919年12月15日接到胡适所寄《工读互助团简章》之后说:"有了这个办法,不但我可以写几封切切实实的回信,并且我常时要打算的都市生活,也有了榜样。"并说很盼望工读互助团快快成立,用实际的成绩来推广这一办法。[3]可以说,王光祈的工读互助团计划不仅成为各地都市生活的榜样,也成为部分青年实行工读生活的指南。

工读互助团实验对团员思想产生了直接的影响。施存统说,发起人对工读互助团的见解虽不一致,但团员的见解大致是相同的,即都认定是"试验新生活的新团体",是终身的团体,是终身的生活,因此对于工读互助团抱有莫大的希望,希望将来的社会都变成工读互助团——就是一个工读互助的社会。至于进行的具体步骤也经三番五次讨论而决定,第一步巩固团体的基础;第二步扩张团体,实行主义的主张;第三步联络各处的同志,组成一个大团体,实行世界革命。

---

[1] 张允侯等编:《五四时期的社团》(二),生活·读书·新知三联书店,1979,第401页。

[2] 傅彬然:《五四前后》,载中国社会科学院近代史研究所编《五四运动回忆录》(下),中国社会科学出版社,1979,第749页。

[3] 沈定一致胡适,载中国社会科学院近代史研究所中华民国史组编《胡适来往书信选》(上),中华书局,1979,第78页。

"一面劳力,一面劳心;终身工作,终身读书"是他们对于工读互助团的信念。①由此可以看出,王光祈作为北京工读互助团的主要发起者和实际组织者,其工读互助主义成了工读互助运动的主导思想。不过,在实验过程中,团员提出并实验了比《工读互助团简章》的规定更为激进的主张,"凡是理想社会应当做的事情,我们可以试验的都试验起来,做一个理想社会的模型,做一个改造社会的方法"。当工读互助团难以维持时,发起人提出变通办法,如在北大印铅印,当私人的书记,在图书馆办事,等,但施存统等激进派团员认为工读互助团非长久之计,非离开不可,决定不再做学问家,而做"举世唾骂"的革命家。②可见他们的思想超越了工读互助主义。从这个意义上说,工读互助团实验顺应了他们改造社会的要求,甚至架起了他们中部分人从民主主义向共产主义转变的桥梁。

2.北京工读互助团成为各地仿效的模范

北京工读互助团把工读理想迅速变为现实,给予贫苦青年学生以刺激,因而成为各地仿效的模范。时人称,"王光祈在北京发起工读互助团后,各地都有闻风继起的消息"。③《晨报》报道说,"自蔡子民先生发起工读互助团后,北京高等以上各校均次第兴办"。④其中不仅有北京工读团的发起人参与新的团体之发起,也有团员的转移,进而推动了京外各地的工读互助组织与活动。王光祈的《工读互助团》一文则成为工读互助团运动的指南,北京工读团的简章等成为各地仿效的蓝本。如南京师范学校工读互助团,从其缘起草章来看全是北京工读互助团的翻版。⑤赵醒侬在《沪滨伙友工读互助团商榷》文中直言:"我们个个能够拿出一种决心,从工读上继续实行下去,也不愁旧势力不归于消灭。但工读声浪,中国尚在萌芽,北京、上海都有一种规模,武昌还有一个利群书社,都可以作我们很好的教训。我们不妨把他的几种规划合拢起来,商榷一

---

① 张允侯等编:《五四时期的社团》(二),生活·读书·新知三联书店,1979,第424页。
② 俞秀松致骆襄的信(1920年3月),载上海市中共党史学会编《俞秀松文集》,中共党史出版社,2012,第53—54页。
③ 张允侯等编:《五四时期的社团》(二),生活·读书·新知三联书店,1979,第472页。
④《工读互助发达》,《晨报》1920年2月12日。
⑤ 张允侯等编:《五四时期的社团》(二),生活·读书·新知三联书店,1979,第477页。

个妥善方法,积极进行。"①武昌、上海工读互助团均以北京工读互助团为蓝本,各地则以北京、上海工读互助团为借鉴,也可见北京工读互助团开风气之先,对当时社会影响之大。

北京工读互助团得到了蔡元培、胡适、李大钊、陈独秀、周作人等文化教育界名流的大力支持,激发了青年学生向往新生活的巨大热情。武昌、上海、南京、天津、广州、扬州等大城市纷纷成立工读互助团,"少中"会员在其中发挥了重要作用。北京工读互助团成立之后,上海、武昌、广州、扬州、天津等地也纷纷成立了各种形式的工读互助团体。如果说北京工读互助团首先把工读互助的理想付诸实验,那么,各地风起的工读互助团把工读互助运动由北京引向全国各地,在比较完全的意义上在中国实验工读互助主义的理想。值得一提的是,全国各界联合会1920年2月在上海开筹备会,主要议题是报告北京、天津等地工读互助团的情况,着重讨论和研究工读互助团的宗旨和办法,并筹划在复旦、南洋等学校附近建立上海工读互助团。②由于有陈独秀、王光祈、蔡元培等北京工读团的原始发起者参与其中,所以上海工读互助团的发起宗旨基本上沿用北京工读互助团的。③作为发起人之一的彭璜后来说,上海工读互助团是邀请各位热心工读主义的先生发起的,"上海的工读团失败,就是我组织的失败,我组织失败的罪恶。我个人的失败还不要紧,怎能对得起陈先生、王先生等提倡工读主义的热心!"④由此可见北京工读互助团对于当时青年学生的影响。

3.工读互助团实验也进行了新教育的有益尝试

王光祈在《工读互助团募款启事》中宣称,做工的穷人没有力量读书受教育而导致民智不发达;读书的人不能做工,教育越发达,造成没有职业的流氓越多;占全国半数的女子不读书不做工,造成国民智力及生产力的损失;子弟依靠父母生活,造成子弟精神上的痛苦和父兄经济上的重累。鉴于此,特组织"工读互助团"来帮助北京的青年实行半工半读,庶几达到教育和职业合一的理想。

---

① 张允侯等编:《五四时期的社团》(二),生活·读书·新知三联书店,1979,第488页。
② 张允侯等编:《五四时期的社团》(二),生活·读书·新知三联书店,1979,第450页。
③《上海工读互助团募捐启》,《申报》1920年3月5日第7版。
④ 张允侯等编:《五四时期的社团》(二),生活·读书·新知三联书店,1979,第455页。

若果试办有效,不但可以救济教育界和经济界的危机,并且可以免得新思想的青年和旧思想的家庭发生许多无谓的冲突。[1]在发起人看来,这种工读结合方式既可免去教育界与职业界相脱离的许多危机,也可免旧家庭与新思想矛盾而导致的"家庭革命"。所以工读互助团既是一场社会改造运动,也是一场新教育运动。

更重要的是,北京工读互助团实验对留学教育尤其是留法勤工俭学运动产生了积极的影响。

首先,工读生活的宣传与实验,推动了留法勤工俭学运动。有谓:"迨欧战即停,国内青年受新思潮之鼓荡,求知识之心大盛,复耳濡目染于'工读'之名词,耸动于'劳工神圣'之思,奋起作海外勤工俭学之行者因以大增。"这些青年学生先在国内受"工读"潮流之鼓荡,又回应"勤工俭学"之呼声,于是奋然远行。[2]如李富春在北京留法预备学校时经人介绍入工读互助团,而后踏上赴法勤工俭学的征程。陈公培由工读互助团团员而变成留法勤工俭学生,毛泽东在上海参与发起工读互助团并实际参加工读活动,同时为赴法勤工俭学作准备。这些都可说明工读互助团的实验直接影响到了留法勤工俭学生。

其次,国内工读互助团实验对留法勤工俭学运动给予有力的支持和帮助。具体地说,一是工读互助团所体现出的互助的生活、互让的精神和坚决的意趣,证明工读主义在中国人心目中"已经是有了很坚强的根据",留法勤工俭学自然也就得到国内大多数人的同情与理解。二是在留法勤工俭学由理想进入实际时代之际,国内的工读互助团进一步证明勤工俭学的可能性与必要性,开释了人们对勤工俭学的种种怀疑。三是工读互助团可以使一时不能来法勤工俭学的人,就近实行其工读志趣。[3]所以工读互助团不仅实验了工读新生活,而且坚定了国内准备赴法者和已在法国勤工俭学者的工读信心,成为留法勤工俭学运动的推动力。

再次,工读互助团对留法勤工俭学运动起了预备和调剂的作用。勤工俭学

---

[1] 王光祈:《工读互助团》,《少年中国》第1卷第7期,1920年1月15日。
[2] 周恩来:《留法勤工俭学生之大波澜》,载清华大学中共党史教研组编《赴法勤工俭学运动史料》(一),北京出版社,1979,第5页。
[3] 太玄:《国内之工读互助团》,载清华大学中共党史教研组编《赴法勤工俭学运动史料》第1册,北京出版社,1979,第302页。

首先是作为一种"主义",从提出到付诸实践,终成一种运动。工读互助团的半工半读的实验不仅在成员、工读技能等方面为之作了直接的预备,而且在工读潮流的推动及习俗观念的改变等方面也惠及留法勤工俭学者,甚至可以说工读互助团成为部分人赴法勤工俭学的预备组织,所以说工读互助团"确乎开启了青年知识分子脱离家庭,而思以劳力自活的风气,为留法勤工俭学运动作了先锋"[①]。而且,工读互助团既已被留法勤工俭学生看作是"工读的真精神和勤工俭学的实行者",所以国内有志之士在因故不得不暂时中止赴法勤工俭学时,工读互助团可以使他们"就近实行,先事预备",从而"可以调解留法勤工俭学问题的困难"。[②] 同样,在国内工读互助团出现困难时,国外勤工俭学也提供了出国工读的新选择,可见两种运动是相通的,具有相互调节的功能。

由此可见,工读互助团实验部分地解决了青年学生脱离旧生活而向往新生活的问题,同时实现了工读互助主义由理想到具体计划到实验的飞跃,给人一种可望又可及的体认;加之此期的"少中"处于向上发展的黄金时期,无论是理论宣传还是身体力行地实验,都为工读互助主义注入了活力。在几个月时间内,工读互助主义潮起又潮落,工读互助运动虽轰动一时,确也是昙花一现。但是就空想社会主义在中国的各种思想流派以及实验来看,在五四时期只有工读互助运动规模最大,影响最广,时间较长。[③]

4.工读互助团实验的失败对学会分化的影响

首先,工读互助团的失败影响了会员对社会活动的选择路向。王光祈始终认为"人"的问题是工读互助团失败的主要原因,认定工读主义是很好的主义。继发起北京工读互助团后,他又参与发起上海工读互助团,并以北京工读互助团的经验教训作为借鉴,希望办好上海工读互助团。后来,他赴欧勤工俭学,继续实行他理想中的工读生活。他表示欲终身从事经济学,以新村及工读互助为终身事业,计划于民国十五年(1926年)在北京及其近郊着手。[④]因此,他仍坚持

[①] 李璜:《少年中国学会的发起与成立》,(台北)《传记文学》第35卷第1期,1979年7月,第6页。
[②] 清华大学中共党史教研组编:《赴法勤工俭学运动史料》第1册,北京出版社,1979,第302—303页。
[③] 参阅高军等主编《中国现代政治思想评要》,华夏出版社,1990年,第171—173页。
[④] 张允侯等编:《五四时期的社团》(一),生活·读书·新知三联书店,1979,第432—433页。

工读生活为一种改造社会工具的新发明,继续沿着工读主义的社会改造之路前行。恽代英认为北京工读互助团的失败主要在于王光祈等人在组织上的问题及实际中的经济压迫问题,于是他和梁绍文、余家菊在武汉继续探索组织新生活、实行共同生活运动。他在会员终身职业调查表中是这样填写的:与同志创办的利群书社,于朋友大家团体修养、团体意识都有补助,只是大须费力维持,以后拟从乡村小学教育立团体事业和共同生活的基础,渐成大资本团体,以征服资本家,实现社会主义。①可见,王光祈、恽代英、余家菊等又开始进行新的工读实验,在不触动原有社会制度的前提下,希图以和平的渐进手段来改造旧社会、建设新社会。恽代英在经过再一次失败后加深了对当时经济制度的认识,开始转向科学社会主义,王光祈则一直沉湎于社会改造中,提倡半工半读,提倡新农村运动和提倡小组织新生活来改造人的日常生活。②

"少中"既已认定其基础在农村,部分会员继续把工读理想或新生活实验推向农村。余家菊曾在《少年中国》发表关于乡村教育的实践问题的调查研究,左舜生以"编者按"的形式向会员提出三层希望:一是希望多编这方面的出版物以鼓吹;二是希望留学外国者多作这方面的考察;三是希望不出风头专作这种运动的团体,结合少数人努力地试干一干,并认为都是"不可少的预备工夫",尤希望"少中"同人多从这方面注意。③后来会员的发展方向也表明,除李大钊、毛泽东、邓中夏等致力于工农运动外,专心于农村改造或农村教育事业并取得一定成绩的就有邰爽秋、赵叔愚、余家菊、古楳、常道直、杨效春、舒新城等人,他们继续探索教育救国的路径,也可以说创造"少年中国"的教育或以教育来实现"少年中国"理想。他们的行动无疑都是与工读互助团的工读方式有渊源的。一些会员或走向农村,或深入工厂,或跑到学生中间,开展社会活动,也说明创造"少年中国"由理想进入实际运动。

其次,工读互助团实验强化了学会的社会活动的政治化倾向。"少中"以工读互助团为"少年中国"理想的雏形,用王光祈的话说,"人人脑中皆有一个新社会极望实现,并且实现这个新社会所有的准备,日日都在训练中。将来新社会

---

① 张允侯等编:《五四时期的社团》(一),生活·读书·新知三联书店,1979,第426—427页。
② 恽代英:《评王光祈著〈少年中国运动〉》,《中国青年》第53期,1924年11月5日。
③ "舜生附志",见余家菊《乡村教育的实践问题》,《少年中国》第3卷第6期,1922年1月1日。

一旦实现了,因为一般人早已养成新社会习惯的缘故,当然对于新社会的设施,必能运用自如"。①因此,在这种社会改造的目标背后,隐含着改造中国的政治目的。

工读互助团发起者及少数参加者的政治倾向与活动,是导致工读互助团失败的一个不可忽视的方面,也是导致学会分化的重要原因。北京工读互助团发起者十七人中涉及几派政治势力或党派人士;赞助或支持者(仅就捐款者)就有五六十人,其中军阀官僚政客均有。②这是因为新文化运动发生后,各派政治人物争相利用、吸纳知识阶级或青年学者以为己用。从发起与组织工读互助团的社会意义来说,它是新文化运动统一战线的具体表现形式之一,也是当时政治派别、思想文化战线和组织营垒界线模糊的充分说明。王光祈在募捐启事中说,工读互助团的基本金虽是捐助得来,但捐助的人或是希望"理想社会"实现,故努力出资,筹办一切,或是恐怕社会革命快来了,赶快把自己的钱贡献一点于工读互助团,将来或者可以免去一场流血的革命。就捐助的方面而言,决不是"蹴尔而与之"的慈善事业,若就提倡的人而言,专为接济几位苦学生,而不惜终日奔走以经营之,亦太值不得。③显然无论发起者还是捐助者,其目的不仅仅是接济穷苦学生,而是在培植人才,创造新社会,带有各自的政治目的。周太玄等留法会员看到报刊上工读互助团的捐钱题名表,认为"各界的人异常踊跃赞助,官僚军人,也居然解囊,足见他们的感化力不少,又令人憬然于国内空气的巨变"。④官僚军阀的感化力毋庸讳言,但有意利用工读互助团者更不乏其人。据孟寿椿说,王光祈本人发起工读互助团决不带任何政治臭味,"后来别人或者有想利用这个组织"。⑤恽代英在评论少年中国学会所谓不利用旧势力以建设事业时说,工读互助团的创造"还要受江朝宗等一般人的资助"。⑥可见工读互助团确也利用了旧人物的资助,从而也予旧势力以可乘之机。可见,政党势力有

---

① 王光祈:《少年中国学会之精神及其进行计划》,《少年中国》1卷第6期,1919年12月15日。
② 王光祈:《工读互助团》,《少年中国》第1卷第7期,1920年1月15日。
③ 王光祈:《工读互助团》,《少年中国》第1卷第7期,1920年1月15日。
④ 太玄:《国内之工读互助团》,《旅欧周刊》第19号,1920年3月20日。清华大学中共党史教研室编《赴法勤工俭学运动史料》第1册,清华大学出版社,1979,第303—304页。
⑤ 左舜生等撰:《王光祈先生纪念册》,(台北)文海出版社影印,1968,第61页。
⑥ 恽代英:《为少年中国学会同人进一解》,《少年中国》第3卷第11期,1922年6月1日。

意利用工读互助团,并非虚言。

而且工读互助团实验中也表现出明显的政治趋向。俞秀松、施存统等人在工读互助团里主张共产和实行激烈的革命,与他们后来加入共产党有思想上甚至组织上的关联。据说陈独秀、李大钊等人赋予工读互助团以明确的政治目的。陈独秀曾对陈公培等工读互助团团员说:"我们搞互助团就是共产主义,共产党。"①也有论者指出,工读互助团虽不是共产党的组织,但把各地激进青年组织在一起共同劳动,共同生活,共同学习,也是为了团结和组织更多的青年实践"准共产主义"。②后来李璜非常肯定地说,工读互助团运动"亦间接为中国共产党训练出早期干部人才",③如邓中夏、恽代英、杨贤江等均是工读互助团中的热心分子;而李大钊主张的新村运动,毛泽东的新农村运动,都是采用王光祈的工读互助办法。由此可见,早期共产党人有意借助于工读互助团确是事实。后来工读互助团迅速失败,又促使他们转向新的手段的探求。陈公培对工读互助团的办法产生了怀疑,认为这是隔靴搔痒,是"纵容资本主义而在彼下面鬼混!现在我们除了倾全力,不顾利害,下大牺牲谋社会革命,不为功"。④可见工读互助团的失败,加剧了团员和少年中国学会会员的政治化趋向。

另一方面,工读互助团攻击黑暗社会,甚至批评政府,宣传无政府主义。诚如苏甲荣所说,工读互助团"向资本家官僚分一杯羹,养这一般攻击资本家倡导共产的青年"。⑤因而往往受到地方当局的压迫。学会初次尝试的社会活动,被引入政治活动的轨道中。工读互助团的失败无疑是一副清醒剂,影响到了学会活动的开展,但它同时促使部分早期共产主义者坚定了对科学社会主义的信仰,使参与或支持工读互助团的早期共产主义者完成了对中国空想社会主义的批判。⑥

---

① 马连儒:《中国共产党创始录》,中国社会出版社,1991,第131页。
② 李丹阳:《马克思学说研究会与中国共产主义组织的起源》,《史学月刊》2004年第6期。
③ 李璜:《少年中国学会的发起与成立》,(台北)《传记文学》第35卷第1期,1979年7月,第13页。
④《"无名"从法国寄来的信》,《民国日报》副刊《觉悟》1921年1月26日第4版。
⑤ 苏甲荣致南京大会出席诸公,《少年中国》3卷第2期,1921年9月1日。
⑥ 高永昌:《工读互助团的特点和作用》,《江西师范大学学报》1993年第3期。

第二节　发起非宗教运动

少年中国学会从是否禁止教徒入会的争论引发关于宗教问题的研究和讨论,成为学会揭起反宗教问题的导火线。会员积极参与非宗教运动,学会也加入非宗教大同盟,关注国家教育主权的会员还策动收回教会教育权运动。学会在这场运动中充当了主要发起者,成为反宗教尤其是反基督教运动的急先锋。

一、关于教徒入会问题的讨论

教徒入会的讨论是"少中"揭起反宗教问题的导火线,缘于曾琦提议教徒不得入会议决案以及田汉的极力反对。结果学会不得不取消此议决案,为此组织会员开展宗教问题的讨论和研究。

1. 教徒不得入会议决案的提出

1920年4月28日,前评议部主任曾琦向评议部提议,"凡有宗教上信仰之人,是否绝对不得介绍加入,抑或仍依信教自由之旨,但以合格为限,似应有所声明,以免后来争议"。[①]7月17日,曾琦又向评议部代主任左舜生提议,"凡不学无术,及有宗教上迷信之人,皆不得绍介[介绍]入会"。[②]评议部讨论巴黎同人提议时,评议员李大钊、恽代英、余家菊、孟寿椿、杨贤江、黄日葵、左舜生七人均表示赞同,另外主张已入学会而有宗教信仰者自请出会,亦全体通过,并在《少年中国》第二卷第四期公布此议决案:"以后同人不得介绍任何宗教信仰者,为本会会员,并请已入会而有宗教信仰者尊重此条议决案自请出会。"[③]这样,曾琦关于教徒不准入会的提议,加上评议部议决有宗教信仰的已入会者自请出会的主张,成为"少中"会员公议。

如果说评议部议决案,乃出于维护学会宗旨与尊重巴黎同人提议;那么曾

[①] 曾琦致评议部诸公,《少年中国》第2卷第1期,1920年7月15日。
[②] 曾琦致舜生,《少年中国》第2卷第3期,1920年9月15日。
[③]《评议部纪事》,《少年中国》第2卷第4期,1920年10月15日。

琦提议究出于何种动机,实为一般人忽略。梁漱溟忆称,李大钊、张申府曾就巴黎同人提出不准教徒入会问题请教于梁氏,并说巴黎方面的动机摸不清楚,梁氏回答说,既由巴黎提出,自然将教徒入会当成了一个问题。①在评议员讨论此议时,李大钊等尚不知巴黎所提议之动机,而此前此后曾琦亦没有作全面的解释,揆诸史料,不外乎以下几种考虑。

一是早年教会学校的学习经历及对比中法两国社会的宗教观念所致。据曾琦回忆,他和李璜、周太玄等1915年就读于法国传教士办的震旦学院时,"便已极端的反对宗教"。他们反宗教既有对教会学校的不满情绪,也受到国家主义思想的触动。他们到法国后见自由平等博爱的国家,宗教观念之淡薄及宗教式微,相比之下,中国本无强固的宗教观念而外国教会横行,于是拟译几本反对宗教的书,并劝导在法会员张梦九著文反对教会。②中法两国宗教观念之体验与研究,也是留法会员极为关注国内宗教势力之发展与外国教会在华活动的一个不可忽视的因素。他们已注意到,以前痛诋宗教的人,现在捕风捉影也幡然大谈宗教起来。听了"詹姆士也不反对宗教""罗素也赞成新宗教"的几句话,便改弦易辙起来。知识界的指导者毫无定见与主张,轻易反对或赞同,弄得前后矛盾,以致一般人茫茫然无所适从。③曾琦甚至指名道姓批评陈独秀对于宗教态度的易变与无主见,给中国青年的思想造成恶劣影响。④可见,留法会员受法兰西文化的影响,以宗教为旧物而反对之,而外国教会在中国横行,成为他们反对宗教的现实原因。

二是根据学会章程与性质所规定,科学与宗教相对立。曾琦作为原评议部主任、学会原始发起人,自然有一种特别的责任感。学会"本科学的精神"即表明不主张宗教之旨,视宗教与科学为仇,因此在曾琦等人看来,宗教是少年中国进化的阻碍物,自当反对。⑤他认为,学会议决案所规定并不妨碍个人的信教自由,与约法上"信仰自由"并非冲突。我们注重于学会"本科学的精神",乃研究的性质;教会依教条之规定对于上帝绝对信从,乃是"固定的性质",两者之根

---

① 转引自恽代英《少年中国学会的问题》,《少年中国》第2卷第7期,1921年1月15日。
② 曾琦致寿昌,《少年中国》第3卷第1期,1921年8月1日。
③ 李思纯致白华,《少年中国》第2卷第3期,1921年9月15日。
④ 沈云龙主编:《曾慕韩(琦)先生日记选》,(台北)文海出版社影印,1966,第57页。
⑤ 曾琦:《学会问题杂谈》,《少年中国》第3卷第8期,1922年3月1日。

本不同,所以凡入教堂的人,势难入学会。①之所以不敢引教徒为同志,是因为他早已宣誓承认有一个"人类之主",有多少事不便与他讨论,并非无故拒绝人家。曾琦认为,"宗教的长处只是在信仰一层,我们能够自由研究信仰一种真理,便是有宗教之长而无其短了"②。在道德信仰与宗教信仰之间,他表示拥护前者而反对后者"。从对宗教的界定及其功用可以看出,曾琦并不看重宗教信仰,故反对形式宗教。曾琦的提议得到在欧会员王光祈、陈宝锷、魏时珍的赞同且又以巴黎同人名义提交评议部讨论。可见当初评议部讨论巴黎提案,就是以所谓宗教构成要素来衡量宗教的,他们以科学的精神来反对宗教仪式,神话信条,并不是反对信仰。

三是从宗教利少弊多,妨碍社会进步和科学发展立论,批判的锋芒直指教会。这一点容后详论。

总之,曾琦出于对"少年中国"前途的考虑,在与左舜生等人往来的通信中提出教徒不得入会的议案,由田汉激烈反对而引起学会关于宗教问题大讨论。

2.田汉的强烈抗议

远在日本的田汉对评议部通过宗教信仰者不许入会议案,立即表示了强烈的抗议,认为评议部此举"草率""武断""专制",强烈要求取消此案。他又以"极真挚、极迫切的宗教精神",用尽可能"和平"的口气向他的入会介绍人兼此议案提议者曾琦写了一封长信,以《少年中国与宗教问题》为名发表在月刊"宗教问题号"上。田汉的抗议源于他的好友并拟介绍入会的张涤非的否弃态度。张涤非宣称不信基督为上帝之子,但信基督说过的好教训并爱圣经上的好文字;他原以为"少中"是个很艺术很自由的组织,曾与田汉相约共建少年中国的戏剧院。但从评议部案看出"少中"也是一个没有信仰的专制国,因此不愿加入"少中",并劝田汉亦退会。③田汉自入会即视学会为恋人,以月刊为情书,对"少年中国"有一种强烈的"宗教的信仰"。学会新定此"专横条例"引起他对于学会的

---

① 曾琦致寿昌,《少年中国》第3卷第1期,1921年8月1日。
② 曾琦致寿昌,《少年中国》第3卷第1期,1921年8月1日。
③ 田汉:《少年中国与宗教问题》,《少年中国》第2卷第8期,1921年2月15日。

失恋。"以此恋人者性情既有许多和我不合,又屡次排斥我所交的朋友",因此只好不爱她,以至不得不愤怒她,责备她。①

田汉是一个泛神论者,是不信教的,但他自称为拥护宗教的人。因此,对于田汉的宗教观作简要述析,无疑有助于这一矛盾的解剖。

首先,田汉是反对宗教尤其是教会的。1920年初他写作的《诗人与劳动问题》一文引用了一首痛骂伦敦教会的诗,借此表明自己的宗教态度,他说:"我非对于宗教根本反对,宗教是充分有研究价值的,而且是人类精神生活上最不可缺的粮食。"要建少年中国,不可不建新宗教以充实少年中国的精神生活。因此,他希望学会对于这一大问题应该有所表示,要有人去深博地研究才好。而他理想中的"新宗教"是建立在对旧宗教尤其是教会的否弃之上,所以他明确地表示不靠旧宗教的将倾的屋舍来寄顿自己的身心,而且对于现在一般形式主义、传统主义的教会都根本地厌恶,尤其厌恶在中国活动的外国教会,主张以"真宗教"来排斥这种"传的也不见得是教,信的更未必是教"的"洋教",进而主张以一种"非教会的宗教"作为建立一新宗教的过渡物。正因为如此,他善意地提醒左舜生反教会时态度要慎重以免引起误会,要做到"意义极深,根据极厚"。② 不难看出,田汉对宗教持一种相对慎重的态度,在反对旧宗教,尤其是在中国活动的教会这一点上,与左舜生、曾琦、周太玄等激烈反教者并无二致,区别在于田汉反对宗教,意在建立新宗教,就是他所谓"非对于宗教根本反对"的态度。

其次,田汉以实用主义态度肯定宗教有其价值与存在意义,主张建立少年中国的新宗教。他认为,宗教是人类精神生活的重要组成部分,理想的少年中国的新生活是一种"团体生活""知识学问"与宗教"精神生活"相和谐的人类新生活。③作为一个泛神论者,他与志同道合的宗白华、郭沫若一样,排斥旧宗教以建立新宗教。④所以与当时许多人认为罗素极力反宗教的论调相反,田汉认为罗素的宗教论"持平",其依据之一是罗素承认人类物质、头脑、信仰三种生活

---

① 田汉:《少年中国与宗教问题》,《少年中国》第2卷第8期,1921年2月15日。
② 田汉:《诗人与劳动问题》,《少年中国》第1卷第9期,1920年3月15日。
③ 田汉致舜生,《少年中国》第1卷第9期,1920年3月15日。
④ 郭沫若致白华,《少年中国》第1卷第9期,1920年3月15日。

要平均发达,不可偏重;之二是杜威也承认,人于理性之背后有非理性的信仰,所以成其为人。①田汉以杜威、罗素为据,无非要证明自己的观点:宗教是有价值的,宗教信仰与科学精神并非根本对立。据此,梁漱溟直言不讳地说,田汉致曾琦的信中隐约指的宗教的必要,是宗教能令我们情感丰富而生活勇往奋发。②梁漱溟从宗教宇宙立论肯定田汉对宗教的认知,应当说是中肯的。但问题不在此。田汉认为,宗教信仰不仅不妨碍"少年中国主义",相反,科学、艺术和宗教均是少年中国的建设问题,故建设少年中国不可不建设新宗教。他着眼于宗教的实用性的一面,认为宗教、艺术和科学其本身并不发生价值,其价值纯视使用后之结果而定,而且宗教除研究价值外,主要便是"宗教的信仰",这也是少年中国诸少年所最缺乏的而且是急需的。他理直气壮地批评一些会员,"说起道理来大家却是长篇阔论的,究竟谁肯拿出十年不懈的心力来做,少年中国会务之日有落色,都是会员对于'少年中国'这四个字,只感微温而未尝白热,就是只理智的科学的而不是宗教的信仰的,究竟能理智的,科学的与否,又非弟所敢知也"。③如果以宗教般的信仰这一层来衡量会员对于"少年中国"的态度,自然田汉属佼佼者之列。然而,这一狭义的标准并非多数会员所能接受,而况田汉这种"信仰"的原始的宗教意味也是很明显的,乃至视宗教信仰为"一盏引路的灯",成为"非理智的信仰"。在田汉看来,科学知识既然不能解决宗教问题,反足以使生活混乱,应当反对学会贯彻唯物主义或科学精神于宗教问题。他甚至说,"学科学的人发愤研究他的科学,治艺术的人拼命创造他的艺术,多发表些多吸收些,就是本分,这种宗教问题不是我们这一点子科学知识这一点子艺术思想解决得来的",现在好谈科学艺术的诸位也不能以可怜的知识而安身立命。不仅如此,他还提出一个现实的问题:世界的大艺术家大思想家同时是宗教家,可见宗教信仰显然并不妨碍科学。"我们所理想的天堂是少年中国,照我不可不都做少年中国的宗教家,少年中国主义的使徒信耶稣教的人,他能体基督的精神,实行少年中国主义而宣传之的时候,宗教信仰到底于少年中国

---

① 田汉:《少年中国与宗教问题》,《少年中国》第2卷第8期,1921年2月15日。
② 梁漱溟:《梁漱溟先生的讲演》,《少年中国》第2卷第8期,1921年2月15日。
③ 田汉:《少年中国与宗教问题》,《少年中国》第2卷第8期,1921年2月15日。

有何害。"①

再次,田汉的这种宗教信仰主要源自圣经文学或基督教文学。田汉在致曾琦信中反问说:"我不懂我如何对于诸兄所痛恶的宗教这般痛爱?"他因为喜爱研究 Biblical Literature(圣经文献)及耶稣的伟大人格,在曾琦等人看来成了信教的人,而用田汉的话说,"我一个不信教的人逼起我信起教来,这都是诸兄的大力"。②对此,郭沫若有所解释,他自称是从哲学渐渐结束在文学上,田汉是由文学渐渐入于哲学。无论从哲学还是文学,主张泛神论是共同的,"诗人与哲学家底共通点是在同以宇宙全体为对像[象],以透视万事万物底核心为天职;只是诗人底利器只有纯粹的直观,哲学家底利器更多一种精密的推理。诗人是感情底宠儿,哲学家是理智底干家子。诗人是'美'底化身,哲学家是'真'底具体。……可是我想哲学中的 pantheism(泛神论)确是以理智为父以感情为母的宁馨儿,不满足那 upholsterer(室内装潢商)所镶逗出的死的宇宙观的哲学家,他自然会要趋向到 pantheism 去,他自会要抱宇宙全体从新看作个有生命有活动性的有机体"。③可见,泛神论不仅是他们的一种哲学观念,或形而上学的信仰,更是一种人生态度。在宗教观的内涵里,泛神论者更注重于信仰的功用。

最后,田汉的宗教意识与后来的反宗教运动亦有关系。田汉除译介西方文学作品(含有宗教意味的或悲剧色彩的居多)外,还创作了一些反映非宗教运动题材的作品。田汉还在《少年中国》第三卷九期、十期系统译介了日本学者对中国非宗教运动的批评,可以说是从日本学界寻找支持反宗教运动的依据,从另一个角度说是扩大反教运动的海内外宣传与交流。

总之,田汉以一个泛神论者的姿态,在宗教问题上反对旧宗教尤其是教会,而主张建立新宗教;他注重的是宗教信仰的精神作用和宗教文学的研究价值与社会价值;因之在反对评议部议决案中以被迫的"信教者"自居而持论偏激,在尔后"少中"的反宗教运动中大致是以"不信教者"的身份出现,并结合当时政治形势的需要,呼唤正义,"将以正义为武器以与祸中国之一切恶魔战也"。④可

---

① 田汉:《少年中国与宗教问题》,《少年中国》第2卷第8期,1921年2月15日。
② 田汉:《少年中国与宗教问题》,《少年中国》第2卷第8期,1921年2月15日。
③ 郭沫若致白华,《少年中国》第1卷第9期,1920年3月15日。
④ 田汉致白华,《少年中国》第4卷第4期,1923年6月。

见,他是以一种特殊的方式利用宗教信仰而反对宗教,在新文化运动中的思想启蒙作用不容忽视。

3.南京大会关于宗教信仰问题的决议

田汉的强硬态度和抗议,首先在评议部成员中间引起了"反省",而且促发会员对宗教与宗教信仰问题的重新思考与讨论。左舜生接到田汉的抗议后,认为倾心艺术效死主义的不是宗教信仰。恽代英也说,崇拜耶稣个人人格,崇拜新约爱的精神,崇拜哲学文学的泛神论的,亦不是宗教信仰。①恽代英接阅田汉致曾琦的信后,开始对自己的宗教观作了适度调整,他说,"原不至绝对反对神的存在,原不至不承认宗教有或然的真实价值",申明自己对宗教持一种"信"与"不信"之间的怀疑态度。因此率先提出暂时撤销此议案,对评议部职能亦当适当调整。②左舜生也希望通过恽代英等人的倡导,发起关于宗教的讨论,并议定由南京大会讨论决定此项问题。从恽代英、左舜生的慎重态度可以看出,他们似乎是在为曾琦提议及评议部提过议决案"反思",不仅仅是说明或者辩护,而是本着学理研究的态度,重新思考或继续深入研究宗教信仰问题。正如苏甲荣所说,"我们对于宗教完全当它是一个问题,取纯粹研究的态度"。③学会则公告会内外,"本会评议部通过一个议案,是'凡有宗教信仰者,不得介绍为本会会员',要许多会员觉得宗教问题是世界上一个尚待解决的问题,应须细心的加以研究讨论方可决定,于是拟由各地会员开专会以讨论之"。④

1920年1月16日,总会常会讨论宗教问题,拟决实行办法:(甲)完全作学术之研究,如本期会刊所载,和各地会员间之讨论会。(乙)学会对于宗教之态度及会章应否决定,最好先由会员讨论,再由7月南京大会议决,末由全体会员通过。⑤这样,教徒入会问题延伸为宗教信仰及态度问题,作为关系学会的重要议题,在学会内发起讨论。

1921年南京大会上宗教信仰问题被列为重要议题,引起会员的热烈讨论。

---

① 恽代英:《少年中国学会的问题》,《少年中国》第2卷第7期,1921年1月15日。
② 恽代英:《少年中国学会的问题》,《少年中国》第2卷第7期,1921年1月15日。
③ 苏甲荣:《宗教问题号(上)》,《少年中国》第2卷第8期,1921年2月15日。
④《北京方面的报告》,《少年中国》第2卷第7期,1921年1月15日。
⑤《北京总会的报告》,《少年中国》第2卷第8期,1921年2月15日。

一种意见认为宗教信仰不妨碍少年中国运动,应当允许宗教信仰的合法存在。王克仁批评学会讨论教徒入会的问题是"多事",主张在学会内信仰绝对的自由。其理由,一是欧洲各国不禁止人有宗教信仰和为宗教教徒。二是有宗教信仰、为宗教教徒的人,并不等于人"坏",没有学问,无人格。张闻天认为,固然应该把宗教问题当作一种很重大的问题来研究,但是不许宗教教徒做少年中国学会会员是完全没有理由的。在他看来,宗教信仰与"少年中国"并不相冲突,而且无论何人没有信仰就不能生活,故没有理由反对宗教信仰。"科学家找出世界上一部分的现象是依照了自然律运行的,就相信世界的实在是电子的运动,物理化学的世界是他们的实在,是世界的究竟,宗教家找到世界上一部分的现象是依照自然律的,但不是全部的,他们相信世界上凡百现象不过是一种象征,是一种精神力的表现,他们把精神力命名之谓神,拍尔格森命名之为'生之冲动',泰戈尔命名之为'爱',其他如叔本华、哈脱曼则名之盲目的或无意识的意志,裴希脱谓之理论的表现,雪令则谓之艺术的表现,其实都是差不多的。"①总之,宗教是精神上的东西,是不能也不应该限制管束的。另一种意见是反对有宗教信仰者加入学会。沈怡表示,他是"反对形式宗教徒入会的一人",对宗教始终站在怀疑的态度上,因为宗教在许多难解的事实上面,每每拿些骗村妪的迷信话来搪塞,大反科学的精神,阻遏一切的进化。虽然宗教的好处果真有,但是其具有违反时代的事实这一端,就绝对不能容于世。②应当说,沈怡对尊重耶稣的伟大人格与批评宗教违反时代潮流的分析论证,是有一定深度的。此外,方东美在宗教信仰问题上作了长篇论说,也声明:"个人向来反对宗教,但认不许教徒入会为不合理"。

大体说来,宗教信仰问题的讨论围绕着教徒是否入会问题,呈现出两派相对立的意见,"反对本会不许教徒入会者,其自身亦非赞成宗教,不过反对本会有此规定以限制个人之自由;主张本会限制教徒入会者,其自身亦非蔑视宗教或侵犯教徒人格,不过不赞成本会有教徒加入,以妨害固有精神"。最后,就不许教徒入会及已入会教徒出会的规定是否取消,评议部付诸表决,结果赞成取消者18人,反对取消者3人,放弃表决者1人。次日,主席以学会规约是否增加

---

① 《少年中国学会问题》,《少年中国》第3卷第2期,1921年9月1日。
② 《少年中国学会问题》,《少年中国》第3卷第2期,1921年9月1日。

不许教徒入会的条文付诸表决,结果赞成增加此条者5人,不赞成者11人,放弃表决者4人。①

评议部议决案虽没有明确取消,而教徒入会就成为可能之事,至少不作禁条,可以说,田汉的抗议取得了最后胜利,张涤非随后加入"少中"。而事实上,自宗教信仰问题提出,学会有一部分人反对宗教,因此对于任何教徒不仅介绍者不愿介绍,即使被介绍也决不愿加入。这种形势下,教徒入会已不可能,后来"少中"会员确也不存在教徒会员,但信仰或宗教信仰在"少中"已经合法了。

评论部议决案经过会员的讨论和南京大会以多数会员名义撤销,应当说是学会"本科学的精神"这一宗旨的体现,也可以说是会员们追求进取的表现,亦是"少中"是强有力的个人(而非强有力的团体)的写照。但换一角度,从团体组织来看,"少中"没有一个组织的核心发挥权力效应,自然有利于舆论宣传时期的团体发展,但绝对不利于实行时期的团体组织的巩固与向外发展。尽管田汉是出于对"少中"的极端的恋爱,维持心中的"少年中国"理想而产生出一种愤怒与责骂,其抗议是成功的。从长远看,这是团体的失败,至少分散了"少中"的凝聚力,无形中加剧了"少中"的分化。

二、关于宗教问题的研究与讨论

学会议决讨论宗教问题的主要方式,首先是请名人专家讲演或谈话,其次是会员通信讨论,抑或研究外国名人的宗教观,或向法国、美国等地名人请教有关宗教问题,再次研究有关反宗教的译著。并且决定所有介绍文字、私人著作及各地讲演录、讨论集皆由月刊以专号形式刊载。②

1.举行宗教问题讲演

宗教讲演是"少中"筹备组织的一次大型的专题讲演大会,也是筹备期间"名人讲演"的继续。1920年4月21日李石曾应邀作了题为《中国少年与社会之新潮流》的讲演。其要点为:(一)青年会虽为青年之组织,实代表一种旧的势

---

① 《南京大会纪略》,《少年中国》第3卷第2期,1921年9月1日。
② 《北京方面的报告》,《少年中国》第2卷第7期,1921年1月15日。

力。(二)青年会代表宗教之势力,在欧洲尤其法国式微。(三)以中国之弱且贫,亟欲欢迎新势力新思想,以振兴其国家,"见欧美各国之强且盛也,以为在与宗教有关系焉,于是见新者则取之,而不知宗教之为旧也,此为一时易有之现象,将来本此求新之趋势而渐以打破其误谬之观念,以底于真新,可预言也"。①李氏将青年会视为宗教旧势力,按理未能真正区分青年会与教会,但确实看到青年会为教会所用,而且"布遍各地,以中国尤为甚大"的危险兆相,因之反对教会时亦应反对青年会。而且李石曾盛赞"少中"之少年运动,期之以成就新潮流,言下之意,"少中"应是反对宗教旧物的先锋者。从反宗教这一点讲,李石曾的讲演可称为"少中"最早的关于宗教问题的讲演,对于"少中"反宗教运动有一定的引导作用。后来他在北大作宗教讲演时,表明自己参加"少中"宗教讲演的原因,一是中国人对于宗教往往不加分析,便轻轻承受。这种弊病很大,故极欲把它揭明。二是传布宗教者以种种手段颠倒是非,国人往往为其利用,以致宗教潮流输入中国有"一日千里"之势,这个不可不明告被宗教利用之人。②表明他的宗教态度,也表明他对学会讨论宗教问题的支持。

自学会确定开展宗教问题讨论后,北京方面拟开四次讲演大会,请周作人、王星拱、屠孝实、梁漱溟、李石曾、罗素和杜威七人作宗教讲演。南京方面亦准备请陆志韦、刘伯明讲演。后来情况有所变化,讲演计划作了部分变更。北京总会举行了三次讲演:第一次宗教问题讲演大会请周作人、王星拱先生讲演,第二次是梁漱溟先生讲演,第三次是屠孝实、李石曾先生讲演。

(1)宗教讲演的主要内容

在学会举办的宗教演讲中,王星拱、李石曾、罗素等对宗教持否定态度,而梁漱溟、屠孝实、周作人、陆志韦等持肯定态度,其中又以梁漱溟、屠孝实对宗教的理解最为深刻与全面,其析理也最为深刻。从《少年中国》所刊载的讲演稿来看,主要内容可归纳为以下几点:

一是关于宗教的界定与起源问题及对宗教的态度。王星拱从宗教的"原素"来界定宗教,他认为宗教是由信从与崇拜两个不可或缺的"原素"组成的。其中崇拜又分仪式的崇拜与心理的崇拜两种,大致来源于对超人的权力之存在

---

① 《讲演会纪事》,《少年中国》第1卷第11期,1920年5月15日。
② 李煜瀛:《李煜瀛先生的讲演》,《少年中国》第2卷第8期,1921年2月15日。

和这些权力可以支配人类生活的信从。在科学家王星拱的眼光里,世界没有一样东西是可以崇拜的,"我们不但用不着崇拜的仪式,并用不着崇拜的心理、崇拜的仪式养成迷信无知,崇拜的心理也生出各种恶结果"。但是崇拜是宗教的灵魂,而且与信从有相互关系,先有信从然后有崇拜,然而必有永远的崇拜才能不为别的信从所引诱,而永远信从我们向来所信从的。①罗素则从宗教的来源类型与普及范围来定义宗教,他将宗教分为制度的宗教与个人的宗教两种。他给宗教的定义为:"宗教者,是有几个条件来管束人的行为的,并且规定人生行为的准则,硬要人去信仰,其输入于人心的势力和人对于他的信仰,是感情的和威迫的,并不是有理性的信仰。"②因此,宗教的共同之处在以主观的感情来代替客观的证据,结果把全宇宙都弄成了鬼怪神物,且信教愈深,神物鬼神愈无处不有。李石曾则从学理的角度否弃崇拜宗教之理由。他说:"自有近代学术之进步,'不可思议'这四字似已不能存在,只有'未知'或'不知',莫有"不可知'了。总而言之,无分大小,全是'属于物的'natural(自然的事情),莫有'超于物的'surnaturel(超自然)……宗教中之'上帝'是一种超物……这种超物既不能用一种方法证明,因而便不能承认"。他又从学术进化由谬误到正确、由浑含到明晰的正常途径来分析宗教的类似结局。③上述三人基于科学来剖析反对宗教,因而在宗教定义上即明显带有科学的情感,自然对宗教持否定态度。

梁漱溟从各种形式宗教中归纳出宗教观念,说:"所谓宗教都是以超绝于知识的事物,谋情志方面之安慰勖勉的。"由此析出宗教的两个条件:(一)宗教必以对于人的知识作用之超外背反立根据;(二)宗教必以对于人的情志方面之安慰勖勉为事务。后者是一切宗教之"通点",也是宗教在人类生活上之地位与必要之所在。这可以说是各种宗教所持的态度,是与宗教的"超绝"和"神秘"这两个基本特质分不开的,也是我们讨论宗教问题最当注意的。他解释说:"超绝"指在现有的世界(感觉所及理智所统的世界)之外,另辟的一世界而后借之而得一种勖勉。一切宗教所有的种种"神""仙""帝""天"等观念都是应于这个要求而出现的,都是在现有世界之外立足的。"超绝"与"出世"实一事的两面,从知识

---

① 王星拱:《王星拱先生的演讲》,《少年中国》第2卷第8期,1921年2月15日。
② 章廷谦笔记:《罗素先生的讲演》,《少年中国》第2卷第8期,1921年2月15日。
③ 李煜瀛:《李煜瀛先生的讲演》,《少年中国》第2卷第8期,1921年2月15日。

方面看则曰超绝,从情志方面看则曰出世。"神秘"则指一个观念或经验不容理智施其作用,与超绝二点实为宗教所以异乎其他事物之处。①

在刘伯明关于宗教哲学的分析中,宗教的要素一为理想,一为现实,理想与现实的冲突才使宗教得以发生,"一方面有客观价值的存在,一方面为主观的现实,此两者不能并存"。②这样在人的欲望不能得到满足的时候,不得不求助于宗教,宗教满足了这种需要。陆志韦则从迷信生活立论,认为寻常人的感想行为未常不带迷信的痕迹。常人对于生命问题的态度不是详密的分析,讲价值就求意义,而人生价值问题是对于将来而言,所以常人不愿将一生至善至美的价值付之或然或不然,宗教由此而产生。而且"吾人至高之价值不易保守,有恩有仇,吾人以感情作用对待之,即此感情作用就是宗教"。③

周作人从文学与宗教的关系来分析宗教问题,他认为,文学从精神上讲总是创造的情感的,宗教也是情感的产物,但文学是分析的理智的,与宗教冲突。文学要结合全人类的感情,这一点与宗教相同。所以文学不是凭借上帝或与上帝发生关系,而是用共同的感情发表出来,两者能结合,固然是好的结合。若是联合有害的感情结合如爱国主义及宗教间的攻讦,以小结合到破坏大结合,却与文学的目的相反。还有一层,宗教是希望将来的,而文学也讲未来,本于要求生存的精神,寄望于未来是相同的。④屠孝实从人类活动与环境关系之分析入手,认为人类一方面虽然属于感觉的自然世界,因处处受环境的影响,故有自利的倾向,并且是有限的暂时的存在;一方面却是思想超越一切束缚而趋向自由的一种灵物。宗教成立有两个条件,一是自然的束缚和求解脱的心,二是直接的宗教经验,即宗教的最后根据。宗教经验是直接具体的经验,其本身并无真伪之分,只有当事后根据此经验进行推论而作出判断时,才有真伪可言。因此它的本质是绝对真的,我们没有否认它的权利。⑤

上述各家立论的角度不一,对宗教的界说很不一致。从语言的角度看,由于当时历史条件,这些术语的用法和语义因不同作者或不同时期作品、不同来

---

① 梁漱溟:《梁漱溟先生的讲演》,《少年中国》第2卷第8期,1921年2月15日。
② 刘伯明先生讲演:《宗教哲学》,《少年中国》第2卷第11期,1921年5月15日。
③ 陆志韦:《科学与宗教》,《少年中国》第2卷第11期,1921年5月15日。
④ 周作人先生讲演:《宗教问题》,载《少年中国》第2卷第11期,1921年5月15日。
⑤ 详见屠孝实:《屠孝实先生的讲演》,《少年中国》第2卷第8期,1921年2月15日。

源而异,而且西方词汇与中国传统文化中的词汇对应与使用也是一个问题。所以,对于宗教反对或肯定,就不可不把宗教应该是什么先弄明白;对于他人的反对或肯定,也要先看他们所指的是不是同一东西。①

二是宗教的功用与利弊问题。罗素反对宗教,一是因为在西方历史上制度宗教是"险毒的宗教",不仅是几百年来历史上的最悲惨险毒的"恶",而且这种制度的宗教还想推广普及其信仰到世界,以使全世界人只信仰他一种宗教,因而其排他性之强是可想而知的。二是怀疑这种制度宗教的用处,即一是杀仇敌来护卫自己,二是增进道德。在罗素看来,前者虽有"爱仇如己"的信条,但宗教挑起的战争杀的人更多;就后者来说,宗教信仰总是不可破坏旧的,不来建设新的道德,故以宗教的手段保持社会的原状,势必反对进步,反对新发明、新思想的输入,牺牲了一切新文化新制度,社会的改良与革命就不可能,何从增进将来的幸福呢?对个人而言,宗教还压抑了异常天才的人发挥其才力、贡献社会。②

王星拱着眼于反对宗教的态度即神秘的态度,认为其坏处主要为:(一)笼统的总解决。持神秘的态度总是拿一个"共总的玄学的存在去解决",当我们不知道宇宙之起源,他说是不可知的上帝。虽然我们承认在不能往前怀疑抑或根本不成立时,才信从有一个不可思议的不可知的东西,而宗教态度则以所谓的"直觉"作一通用的总解决。(二)以不知为知,而设一个界限于知与不知之间,使我们永不能自不知而进于知。科学以全体宇宙为研究的领域,不应设科学禁区,而宗教则设有一个不可知的神秘的超乎逻辑因果的、由上帝管理的领域。(三)唯心的构造之危险。科学家看重以观察、实验和已有事实为基础,宗教家则以为人类的知识是可以在神秘的基础上建筑起来的。而宗教态度的好处虽说有鼓励人类前进的力量和可以减除人类的苦恼。③但在王星拱看来,这些好处是抵消不了其坏处的。

与反对宗教论者认定宗教弊多利少或有弊无利相反,梁漱溟、周作人等都肯定宗教的积极意义。周作人鉴于文学与宗教的精神相合,觉得宗教无论如何受科学的排斥,而在文艺方面自然是有其相当的位置的。即使所有的教会都倒

---

① 苏甲荣:《宗教问题号(上)》,《少年中国》第2卷第8期,1921年2月15日。
② 章廷谦笔记:《罗素先生的讲演》,《少年中国》第2卷第8期,1921年2月15日。
③ 王星拱:《王星拱先生的讲演》,《少年中国》第2卷第8期,1921年2月15日。

了,文艺方面一定还是有这种宗教的本质的情感的。因之,"所以已成的宗教能否继续存在还是问题,而宗教的根本精神却是与艺术的存在同其寿命"。[1]梁漱溟认为宗教此后之命运,可从"(一)人类生活的情志方面果永有宗教的必要乎?(二)人类生活的知识方面果亦有宗教的可能乎?"两题来解答。在他看来,宗教的必要不是为解决生存问题、祸福问题,也不仅在解决人生有无意义之问题,而在于"超脱""出世"。"宇宙但是相继亦无相续者,相续即无常矣,宇宙即无常,更无一毫别的在,而吾人则欲得宇宙于无常之外,于情乃安。"[2]因此梁漱溟提示大家两点:(一)人类一天一天定要往感觉敏锐情感充达那边走,是拦不住的,那么这种感想也是拦不住的。(二)莫以为人类所遇到的问题经人类一天一天去解决,便一天从容一天。所谓问题的解决除掉引入一更难的问题外没有他义,最后便引到这类无解决的问题为止,面对这种不可抗的问题,没有别的,只有出世,即宗教到了这时节,成了不可抗拒的必要了。[3]

三是宗教的替代物问题。在反教者看来,既然宗教利少弊多,自然其存在便是问题,于是发生用什么来代替宗教的问题。王星拱从宗教主要起慰藉作用这一认知前提出发,认为完全没有必要用宗教,可以用美术提供慰藉作用。他说:当"有求不得"的时候,若有好的诗歌图画音乐风景,也可以使我们有精神的愉快,并不用宗教的态度把人自有知而退入无知。[4]刘伯明一方面肯定王星拱、蔡元培提出的以美术满足现实与理想冲突之需要,另一方面又指出,他们的不足之处在没有涉及宗教的本质,因而没有意识到艺术只能调和宗教之一部分,因为人是富于想象的动物,当求而不得时,借艺术的想象,可为满足欲望的暂时代替品。但这种满足仅仅为普通的欲望,宗教的欲望远不止于此,而美术还有"宗教化""理想化"的艺术,只有它才可以调和现实与理想的冲突,普通的图画音乐能否取代,则不得而知。毕竟人的理想或想象也是有一定的价值的,若完全从现实去着想,倒是很危险的。[5]就新宗教问题,陆志韦提出一个拟设,科学家信仰的宗教当为:(1)不以宗教制度害自由思想者;(2)不涉因果律者;

---

[1] 周作人先生讲演:《宗教问题》,《少年中国》第2卷第11期,1921年5月15日。
[2] 梁漱溟:《梁漱溟先生的讲演》,《少年中国》第2卷第8期,1921年2月15日。
[3] 梁漱溟:《梁漱溟先生的讲演》,《少年中国》第2卷第8期,1921年2月15日。
[4] 王星拱:《王星拱先生的讲演》,《少年中国》第2卷第11期,1921年5月15日。
[5] 刘伯明先生讲演:《宗教哲学》,《少年中国》第2卷第11期,1921年5月15日。

(3)对于将来的或然,不使人过生疑忌,至碍科学的试验精神者。他设问"现在世界,果有此宗教否?"复问"科学家有此需要否?"①

由上可见,讲演者对于宗教存废问题有明显分歧,宗教功能的替代品更是分歧迭现,但正好给"少中"会员留下思考的余地。

四是关于科学与宗教的关系。一种意见认为两者是根本对立的,一种意见认为是互补的。屠孝实列举了自然科学和历史科学反对宗教的理由,如自然科学否定宗教家的地球中心论、天堂地狱之说,否定主宰一切的"神"的作用,又指出宗教中的奇迹均是荒诞不经的胡言,毫无科学依据;因此,宇宙观是科学与宗教极端冲突最重要的一点。在历史学家眼里,宗教是不可取的:(一)真理是绝对的;(二)宗教中的伟大的人格就是绝对真理的具体表现。总之,在现代自然科学家和历史学家看来,宗教是人类思想幼稚时代的产物,在学术昌明的今天,宗教没有存在的价值。②

陆志韦认为科学与宗教相冲突已成事实,就冲突的责任而言,科学与宗教各有责任,宗教在每以价值与事实相混,信仰的副产品如教会教主教书之类得了一种不可思议的威权,因之颠倒是非,捏造事实;科学则喜作空泛之论,坐井观天,抹杀全局,其始不过与哲学相冲突,终则否认希望信仰感情为人生确有之事,于是引起了常人惊怪,且触怒宗教制度中人。其实这种冲突纯粹属于理论方面,其中宗教者不信科学上的因果律最易误会。宗教家不满意因果律中的自由与异迹;科学方法不能收受个人或宇宙间不能以因果推断的事,故不认个人有自由,也不认宇宙间有异迹。陆志韦认为,科学范围内确无自由或异踪可言,但不能据此谓哲学或宗教界内自由与异迹亦不成问题。他认为:科学之短,正宗教之长也,倘有大意识者,在个人意识断绝后,仍能以因果为经验,则此所谓轮回永生涅槃,又必与意识未断绝前同此一律也。③此外,就信仰问题,罗素还明确区分了科学中的信仰与宗教信仰。④

由上述宗教演讲的内容可以看出,除罗素以"革命者"的态度反对宗教外,

---

① 陆志韦:《科学与宗教》,《少年中国》第2卷第11期,1921年5月15日。
② 屠孝实:《屠孝实先生的讲演》,《少年中国》第2卷第8期,1921年2月15日。
③ 陈志韦:《科学与宗教》,《少年中国》第2卷第11期,1921年5月15日。
④ 章廷谦笔记:《罗素先生的讲演》,《少年中国》第2卷第8期,1921年2月15日。

演讲者大多注重于学理的讨论,或学者的研究态度,如屠孝实、梁漱溟、周作人则表现了对宗教特有的终极价值的深入理解,可以说为"少中"会员上了一堂深入浅出的宗教理论课。所以有评论说屠孝实以宗教经验为切入点剖析宗教,持论清明而不拘家法,论点也切中时弊,其最后向宗教家提出的三点建议也有学理依据,确为客观之论。

(2)宗教讲演对学会的影响

"少中"筹办的宗教讲演大会,本诸纯粹的学理研究态度,因而对于会员抑或听讲者不仅提供了宗教方面的"学理"知识,而且促使他们重新思考宗教问题。这种结果,固然与"少中"研究宗教问题的热切要求有关,还在于讲演者提供了方法上、理论上新的知识。学会举办宗教问题的讲演是出于请名人提供材料和方法指导的目的,那么,讲演是否达到了预期效果呢?答案应当是肯定的。

一是讨论宗教问题时,会员对"宗教"作了自己的界定。前述苏甲荣大致代表了学会的态度或反映,后来恽代英在《我的宗教观》、李思纯在《宗教与科学》、方东美在《海甫定的宗教经验观》等文中,以及李璜对国内非宗教文章尤其是对梁启超、屠孝实等关于"宗教"界定的评论,大致可见演讲的直接影响,至少在学会讨论宗教问题时,把宗教的界定作为学理讨论的一个基本前提,这无论是在研究方法还是认识意义上都是积极的反应。

二是讲演者对会员宗教态度的直接批评。周作人批评"少中"一些会员偏狭地迷信一个宗教不太合适;至于不是属于某一宗派的教徒而有普讯的宗教信仰的,似乎没有什么冲突,如泛神论者或信仰一种主义之类,因为世界上没有一种统辖一切的事情,无论哪一方面都不能有这种绝对的主张。[1]刘伯明的讲演是对《少年中国》"宗教问题号(上)"的感想,对其中反对宗教与肯定宗教两方都有所批评。[2]屠孝实还对反对论者提出所谓"答辩",得出三个结论:第一,我们对于宇宙全体的态度,不能以一种为限,无论取理智的态度,或是道德的态度,或是艺术的态度,或是宗教的态度,我们都不能说是不对的,因为科学、艺术、道德和宗教各有其特色,不容互相排挤。第二,宗教和科学不是绝对冲突的。因为宗教的本质在直接的主观经验,当然是属于直觉范围内的东西,科学则是理

---

[1] 周作人:《宗教问题》,《少年中国》第2卷第11期,1921年5月15日。
[2] 刘伯明先生讲演:《宗教哲学》,《少年中国》第2卷第11期,1921年5月15日。

智的,其特色是抽象和分析。第三,宗教和历史也不是绝对冲突的,因为历史的目的,固然一方面是要表示个性,而另一方面却还要表示人生发展的路径,他主张相对的真理,实在也并不是真能放弃绝对真理,可用生活来证明。①与其说是对反对论的解释和答辩,毋宁说是提示少年中国学会对于宗教当持一种现实的理性的态度,而不当纯以科学或历史方法来对待宗教。正如徐则陵在1922年所说,"近数十年来研究宗教者一方受生物学之影响,故视宗教为人类进化之一部分,一方受心理学影响,故以为宗教之由来与现象皆出于心理,用历史方法与科学精神研究宗教,推本期最盛"。②因此,屠孝实所论实是针对当时宗教认识的一个普遍现象而对少年中国学会的提醒,说是对学会的批评也不为过。

三是对于学会的宗教研究提供方法上的指导。李石曾意识到中国人受种种教会的影响而误入迷途,建议会员研究宗教"真实之学",当以法国为最宜。这是因为:(1)从历史言之,法兰西为宗教古国,今教育已与宗教脱离,其中有很多良好之经历可供参考;(2)以环境言之,现在法国除少数宗教学校外,其他所谓"常民教育",皆无宗教之束缚,此为各国所无。他特别指出,留法会员以"常民教育"为旨归,固乃持之有故,今日之演说会,亦即以法兰西式之"常民教育"与"宗教教育"宣战所酝酿而成。他用称赞的口吻说,"宗教教育与非宗教教育于少年中国会有明白之表示,这已可谓中国学术团体之一新纪元了"。③李氏之期许,与他对会员在留法勤工俭学运动中的积极举动和较深了解有关。证诸后来事实,留法会员从法国吸取了理论与方法上的非宗教教育的经验,并在中国大力鼓吹,他们编辑的"宗教问题号"就是最好的证明。而且他们针对教徒的传教运动,以科学反宗教的态度,走在激烈反教会的前列。可以说,第一次有组织的反宗教运动是1920年9月底由学会以教徒不准入会的决议为契机而发起的。④

如果说李石曾只是坚定了"少中"研究宗教问题的一个方向,那么梁漱溟、屠孝实等大致提供了相对具体的、可资模仿操作的方法。梁漱溟清醒地认识到,"少中"提出宗教问题并不是喜欢人研究宗教,而是喜欢人去研究学问,最好

---

① 屠孝实:《屠孝实先生的讲演》,《少年中国》第2卷第8期,1921年2月15日。
② 徐则陵:《五十年来世界进化概论》,载申报馆编《最近之五十年——申报馆五十周年纪念》,上海书店,1922,第1—2页。
③ 李煜瀛:《李煜瀛先生的讲演》,《少年中国》第2卷第8期,1921年2月15日。
④ (美)周策纵:《五四运动:现代中国的思想革命》,周子平等译,江苏人民出版社,1996,第443页。

是研究问题。因而指出,"拿到了问题去求解决,然后知道要怎样搜集材料,怎样用思虑。因这一个问题必牵涉出别的问题,如此问题愈问愈多,材料愈搜集愈富,思虑愈用愈精,自然建筑成功一副自己的整盘有统系的深复的思想,若徒然泛滥群籍那全无结果"。同时还介绍自己以印度哲学的精神来研究宗教的方法与路径,意在启发会员对宗教问题应当走"好学深思"之路。他反复强调,谈宗教问题,首先应明了宗教为何物,然后对宗教的真妄利弊此后存在不存在的话才好去说,绝不应未得到明确的"宗教观念",便胡乱评断宗教的存废。[1]后来事实证明,梁漱溟的研究方法在学会引起了较大反应。屠孝实从另一个方面指出,既然把宗教作个问题来讨论,自然不能不注意反对者的意见,一为确立论点,一则避免独断。[2]罗素则强调用分析方法讨论宗教问题,先把宗教的要素寻着,再看这些要素是怎样的,再来讨论宗教有无存在的必要。[3]这些方法在会员关于宗教问题的讨论中得到了不同程度的体现,可见达到了举行讲演的目的。

而且,宗教讲演也扩大了少年中国学会的社会影响。把宗教作为问题提出,引起会内外的讨论,其本身说明了人们对于宗教的觉悟与认识的提升。诚如梁启超所说,"凡向来不成问题的事情,忽然成了问题,是国民思想活跃的表征,所以好;一个问题到跟前,便有一部分人打着鲜明旗帜泼剌剌的运动,是国民气力昂进的表征"。[4]以此来观学会关于宗教问题的讨论,其意义自然非同一般,梁漱溟在少年中国学会讲演时就事先作了说明。学会组织的第一场宗教讲演,即引来百余名听讲者。据北京总会报告,宗教问题讲演这个问题由学会揭起之后,公然引起了社会上有力的讨论。北大哲学研究社也接连开两次讲演大会,先后请罗素、庄斯敦、勃拉克女士作了两次宗教讲演,又《海外新声》接连作过几篇文章反对,可见"此问题之亟欲解决,为一般人心所同"。[5]学会方面也承认,"少中"宗教讲演完全当作是学术研究,绝非基督教布道会,听者不下五六百人,足见讲演的影响之大。故苏甲荣在回顾一年工作时说,筹备数次宗教讲

---

[1] 梁漱溟:《梁漱溟先生的讲演》,《少年中国》第2卷第8期,1921年2月15日。
[2] 屠孝实:《屠孝实先生的讲演》,《少年中国》第2卷第8期,1921年2月15日。
[3] 章廷谦笔记:《罗素先生的讲演》,《少年中国》第2卷第8期,1921年2月15日。
[4] 梁启超:《评非宗教同盟》,《东方杂志》第19卷第11号,1922年4月16日。
[5]《北京总会的报告》,《少年中国》第2卷第8期,1921年2月15日。

演大会,于会及社会影响实在不小。①此外,屠孝实为哲学社的讲演《科学与宗教果然是不两立么》指出,读各报所载非宗教同盟的宣言知道他们反对宗教的理由,大约都是以上年罗素在少年中国学会的讲演稿为根据。②如前所述,所谓罗素在少年中国学会的讲演稿,就是《少年中国》宗教问题号刊登的罗素讲演,从中可见《少年中国》的社会影响。

3.编辑《少年中国》宗教问题号

北京总会决定,为讨论宗教问题的所有介绍文字、私人著作和各地讲演录、讨论集,皆由月刊第八期登载作为宗教问题号。③《少年中国》第八期宗教问题号于1921年2月15日发行。按照宗教讲演的次第或收稿时间先后编辑了王星拱、梁漱溟、屠孝实、李石曾、罗素等五篇讲演稿,另外有会员恽代英的《我的宗教观》,田汉致曾琦信冠以《少年中国与宗教问题》之名刊发其中。编者还作了特别说明:周作人因病未曾校阅讲演记录,故不见于该期;梁漱溟因时间来不及,只撰成一半,陆志韦讲演稿也未交到;此外会员还有两三篇文章亦未能刊入本期,故决定第十期仍是宗教问题号④。讲演者还亲为《少年中国》撰文,体现了对"少中"揭起的宗教问题讨论的重视。

月刊宗教问题号(中)原定在第十期出版,因为稿件问题,⑤改在第十一期发行,时间在1921年5月15日,内有刘伯明、周作人、陆志韦三人的讲演稿,另有方东美著《詹姆士底宗教哲学》、刘国钧著《海甫定宗教经验观》、李达译《唯物史的宗教观》、太朴的《时代观之宗教》、雁冰的《罗曼·罗兰的宗教观》等五篇宗教方面的著译文章。

在北京编辑宗教问题专号的同时,总会函请巴黎会员亦编辑一期宗教问题号。此宗教问题号(下)即月刊第三卷第一期,于1921年8月1日发行。系由总

---

① 苏甲荣致南京大会出席诸公,《少年中国》第3卷第2期,1921年9月1日。
② 甄甫、品青合记:《科学与宗教果然是不两立么——屠孝实为哲学社讲演》,《晨报副刊》1922年5月7日。
③《北京方面的报告》,《少年中国》第2卷第7期,1921年1月15日。
④ 苏甲荣:《宗教问题号(上)》,《少年中国》第2卷第8期,1921年2月15日。
⑤ 梁氏讲演稿的下半部原定刊于第十期。但在第十一期特别声明,梁漱溟宗教问题讲演稿下半篇,因时间关系不能续作。故稿件问题肯定是一方面原因,其他原因待进一步考证。

会委托以李璜、周太玄为主编辑的。李璜回忆说,"一九二一年夏,当时我与太玄为《少年中国》编一期宗教问题专号,执笔者有会员周太玄,李思纯(哲生)与我,并约定同学李润章(书华)写一篇《宗教与科学》"。还约请巴黎大学教授补格列、中国文化学院讲师格拉勒,以及小说家罢尔比斯讨论教有关宗教问题,他们的回信及讲稿、资料为本期月刊增色不少。[①]该期宗教问题号载有周太玄、李璜、李思纯三会员的著译分别有4篇、4篇、2篇,会外有汪颂鲁一篇关于宗教问题的译文,李润章著述一篇。另有周太玄1921年5月11日致左舜生信,及曾琦回复田汉宗教问题的信。

《少年中国》宗教问题号三期(上、中、下)分别刊登讲演稿或讨论宗教问题的论文7,8,14篇次,共有29篇次(梁漱溟先生讲演稿只登上篇,而不见下篇)。其中上、中问题号稿件以讲演稿及国内著译为主,问题号下则全是留欧会员所收集和著译;就会员著译而言,大致分别代表国内会员与国外会员对宗教问题的研究水平或实际态度。此外,上篇附录恽代英、田汉讨论宗教的文字,主要是表示个人的宗教态度;中篇则有关于海甫定、罗曼·罗兰、詹姆士的宗教观介绍以及唯物史的宗教观,下篇则全系著述译介。从中大致反映出会员在半年时间内的宗教认识水平的变迁。就作者而言,除讲演者8人以及李达、雁冰、太朴、李润章四位著译者共12人外,其余均为学会会员;且相对集中于周太玄、李璜、李思纯、曾琦、恽代英、田汉、恽震等。从内容来看,由以讲演稿为主,到以著述介绍文字、研究文字为主,表明了学会举办讲演的目的已基本实现,同时也表明会员开始进入在已有学理基础与方法指导下的自由讨论和研究阶段,并确立了对宗教的明确态度,甚至部分付诸反宗教运动的实践。而且从中亦可看出留法会员受法国影响,在中西文化比较的基础上,顺应国际国内形势的变化,把宗教问题提到中国重大问题的高度来考虑。对此,周太玄说得很明白:"因为我们在新的运动中间,发现了许多动机,和一部分青年人心理,感情上的趋向,觉得宗教问题,与其他改革建设各问题有同等重要的意味,就中尤以关系于道德、伦理及思想自由,科学精神者为最大。"[②]因此,他们重视中国的一部分宗教运动,进而讨论宗教问题的现在与将来,得出了科学的结论。

[①] 李璜:《中共在法正式组织的经过》,(台北)《传记文学》第17卷第1期,1970年7月,第5页。
[②] 周太玄:《宗教与中国的将来》,《少年中国》第3卷第1期,1921年8月1日。

平心而论,宗教信仰问题在"少中"的提出与讨论,是由留欧(主要是巴黎)会员引发的,而给予学理上圆满解决的也正是他们。宗教有弊无益,中国的将来没有宗教,都是他们的基本一致的结论。可谓解铃还须系铃人。如果作进一步的探究,留法会员的这种认识程度和结论与国内外政治形势的变化不无关系,尤其是李璜、余家菊自1922年开始注意到教会在华活动问题,并撰有关教会教育的文章,而后以《国家主义的教育》论文集为名出版,在社会上产生了强烈反应。此外,也与国内左舜生等反对教会教育事业并期望留法会员从事反对教会事业的著译宣传有关。但根本的问题是李石曾在学会讲演中所提示的,法国确是中国青年(主要指"少中"会员)研究教会或宗教问题最有利的环境。如果说新文化运动后期尤其是二十世纪二十年代流行于西方的许多反基督教观点和理论渐次被国人利用来作反宗教的思想武器,进一步促长了国内反宗教情绪;那么"少中"尤其是实地调查研究的留学欧美会员则充当了有力的传播者或发动者。方东美注意到了美国的教会及宗教与社会道德之关系,李璜、周太玄等在法国,余家菊在英国的活动都体现出了这一特点。在"少中"的宗教问题研究中,留法会员无疑是名符其实的学理研究,对宗教的态度也是把握得最好的。

例如,周太玄所著《宗教与人类的将来》,就他所知讨论宗教的书籍和自己主要参考并取材的书以"附录"形式列出于后。其中被认为最有价值最有声誉的著作就有涂尔干《宗教生活与原始状态》与《宗教信仰之基本》,居友《宗教的分析》《将来之无宗教》,等等。这些参考书籍不仅影响了周太玄等的研究态度与学术水平,更多的是提供了会员讨论的参考材料,有助于"少中"会员形成较为科学的宗教观,而且也在一定程度上便利了国内的研究者借以思考中国的宗教与宗教的将来等问题。正因为如此,留法会员所编"宗教问题号",与国内所编两期相比,一个突出特点表现在以科学立论,坚决地反对基督教,反对一切宗教。

此外,法国学者对于"少中"会员研究宗教问题的指点以及在资料、方法等方面的帮助,也是不可忽视的。这一点从李璜与巴黎大学三位学者的交往中可以看出。如补格列先生除寄宗教方面专门著作《连带主义与自由主义》外,在给李璜的信中说,"还要陆续寄一些法文的关于宗教社会学的书目与你,以便你们的讨论。你许我现在便开始给你两本我觉得最有用的书的名目:加卜里野塞邑的《近代良心的承诺》和非低朗比松的《宗教科学和道德》",还寄赠了他以前反宗教的讲演稿。①李璜忆称,"我们研究宗教问题的时候,有几次同他(补格列)谈起,承他给了我们许多资料,介绍了许多书籍"。其中《该当要一个宗教为平民么?》,在李璜看了,"觉得全篇的话都是我们心里要说的,所以不能不把他译出来"。②此外,罢尔比斯也赠送所著《黑暗中的微光》等。③应当说这些著述与言论大致为李璜等留法会员提供了当时反宗教理论材料和方法论指导。

在研究法国的宗教问题与反宗教理论的同时,留法会员亦关注当时法国学者对宗教的态度。如李璜就所知道或认识的学者讲师中寄去了几封内容相同的信,希望这些法国学者能以其经验和思考,给予"少中"关于宗教信仰问题提供一些参考、或者说是态度明确的支持。这封信提到"少中"对于这个问题的讨论:(一)人是否宗教的动物?(二)新旧宗教是否还有存在的价值?(三)新中国是否还要宗教?他们收到了巴黎大学文科教授马尔塞·格那列先生及社会学教授补格列先生、小说家亨利·罢尔比斯先生的回信及有关资料。三个人的回答都是否定的。其中格那列先生指出:(1)人类从前是宗教的动物,人类由有宗教渐渐变到无宗教,要算是人类的根本进化;(2)中国的旧宗教已随着社会变迁而消灭,"我盼望中国人的思想永远对于各种宗教性质的障碍物——神话和教义——立于自由的地位,永远保守着这个无宗教的道德精神";(3)为一种民族建设一种宗教是一个矫揉造作的事情,模仿外国宗教也是无益的,故新中国也与各大国家一样,在今日无宗教的需要了。亨利·罢尔比斯直斥所有欧洲在中国的宗教传布,是一种"武具",是一种"利器",用来发展他们的商务和政治势力,够不上说什么思想的传播已经许久,宗教在各方面都没有资格去再作道德的媒介。这是西方宗教的缺点。他还建议抵御这种宗教当提倡中国的崇拜祖先的习惯,并希望用国际共产主义的思想建立全世界一种纯理性的纯道德规则。补格列教授则从宗教与道德的关系来立论,认为宗教从前曾经当过道德的介绍物、保护人,但是现在是实验科学的世界,不是神的世界,神的精神和实验科学的精神既然不相容,道德早已向宗教宣告独立了。"总之,我们觉得狠艰难去了解人类能力的效验能够与上帝能力的效验相调和,科学的发明能够与宗教的守旧相联

---

① 《法兰西学者的通信》,李璜译,《少年中国》第3卷第1期,1921年8月1日。
② 补格列演讲:《该当要一个宗教为平民么?》,李璜译,《少年中国》第3卷第1期,1921年8月1日。
③ 《法兰西学者的通信》,李璜译,《少年中国》第3卷第1期,1921年8月1日。

系,同为一个思想的方式,一种生活的方法。"①从而表明了自己对宗教的怀疑态度。法国学者的宗教态度,无疑对"少中"宗教问题的讨论提供了一个有益的参考,对留法会员的宗教问题研究提供了理论与方法上的有力支持。

此外,留美会员对美国社会与宗教势力的考察,也在一定程度上影响了学会的宗教态度。方东美、恽震注意到:一是传教士回国募款常把中国描摹成最不道德的国家,最龃龉的民族,以博取富人的同情心,从而传教士依仗上帝的威灵以救护这个不幸的国家;二是美国的学校与宗教势力关系并不大,大学内没有公共的礼拜堂,纯以学术研究为中心,不受宗教束缚,学生除少数信教外,大多怀疑耶教尤其是那些刻板的教堂仪式,宗教势力只局限于教堂。在此调查分析的基础上,他们得出结论说,美国教士在中国设大小学校,一方面是因为美国人民的实用主义特征,一方面是美国的自由民主文化使然。②无疑这些见闻与认知影响了学会对基督教的态度。1921年留法会员在调查后才认识到宗教在西方也遭到抨击,"现代社会不需要宗教",也才开始发起对西方宗教的批判,但也仅在少数知识分子中进行。③应当说,这一评论是大致成立的。

总之,从《少年中国》三期宗教问题号来看,其讨论的要点为:关于宗教的定义与起源,关于宗教教义形式的发展变化,关于宗教的功用利弊,宗教的将来问题,或用什么替代宗教作用,会内外对宗教问题号的评论,等等。而且,学会组织了会内会外人士专门讨论宗教问题,为此研究了罗曼·罗兰的宗教观、海浦定的宗教观、詹姆士的宗教观,又用谈话方式或通信形式与巴黎大学三位学者讨论宗教问题,与在法国的蔡元培先生谈话,均在程度不一地反对宗教。更重要的是,许多会员参与宗教问题的讨论和撰述,得出了关于宗教和宗教信仰的结论。如李璜、周太玄、李思纯等注重从社会学、心理学、宗教社会学等角度分析宗教的起源、本质及进化问题,表明了将来没有宗教的共同态度。太朴等则从社会制度的角度,运用社会制度公律来考察宗教,得出同样的结论。李达则译介唯物史的宗教观,运用唯物史观来剖析宗教,强调指出"宗教是私人的事",社

---

① 《法兰西学者的通信》,李璜译,《少年中国》第3卷第1期,1921年8月1日。
② 恽震:《旅美工学杂谈》,《少年中国》第3卷第11期,1922年6月1日。
③ 赵清:《从反"孔教"运动到"非宗教大同盟运动"——五四前后知识分子反宗教道路剖析》,载《五四运动与中国文化建设——五四运动七十周年学术讨论会论文选》,社会科学出版社,1989第739—740页。

会主义不需要宗教,劳动群众不需要宗教。此外,研究者多认为孔子不是宗教家,孔教也不是宗教,但被统治阶级利用而充当了宗教的角色。因此对于孔子与孔教持相当慎重的态度。对于孔教是否为宗教的长期以来的争议,可以说少年中国学会会员用科学的精神作出了结论。恽代英的《我的宗教观》,曾琦回复田汉的信及李思纯、周太玄等上述文章都提到外国教会的强殖或侵略问题,表明学会因讨论宗教信仰问题而及于外国教会。正如他们分析中国人对宗教的怀疑态度时所说,新中国不需要任何宗教,当然更不需要一个外国宗教。[①]因此从这个角度来理解"少中"的宗教问题讨论,可以说是反教会运动的先声。对此,学者陈正茂评价说:"少中"倡起的宗教问题讨论及宗教问题号出版,促使"少中"会员乃至读者,甚至中国知识分子重新体认宗教的真实性质,并使中国人的宗教思想提升到了一个更高的知识水准。

三、学会反宗教的态度和主张

如果说评议部议决案引起会员的争论,学会决定开展宗教问题讨论主要是为了在1921年南京年会上作出表决,因而提出以纯粹研究的态度来研究宗教信仰或形式宗教,那么,三期宗教问题号无疑是"少中"宗教问题讨论的集中体现。前述宗教讲演大会及宗教问题专号虽筹议于1920年底,但筹备和组织则在1921年,可以说1921年宗教问题讨论是学会开展学术研究的一大"亮点"。从五四新文化运动时期的反宗教言论来看,1916至1919年大致集中于反孔教,1919至1922年大致是非基督教阶段。1922年3月至6月,因世界基督教学生同盟大会在北京召开而激发强烈的反宗教情绪,从非宗教大同盟及其宣言即可看出其反对一切宗教。随着非基督教学生同盟之解散,直到1924年8月上海重建非基督教同盟,又掀起反基督教的第二次高潮,而重心则转移到反对教会教育、收回教育权等具体目标上来。综观"少中"1921年宗教问题大讨论,可以毫不夸张地说,"少中"把1916年以来由反对国教请愿运动所掀起的新文化运动前期

---

① 沈定一:《对于"基督教与中国人的怀疑"》,《星期评论》第36期,1920年2月8日。

的宗教讨论推向高潮①。

1.反宗教重心的转移与反宗教态度的变化

仔细翻检宗教问题号及前后期相关文字,不难看出,"少中"由讨论宗教信仰到反对基督教这一过程中,大致发生了重心由宗教信仰问题到形式宗教到教会及教会教育的转变。就反对的宗教而言,则经由了反一般宗教到反形式宗教到主要反基督教的变化。余家菊就明确表示,因为基督教在欧美已呈将衰之兆而国人趋之若鹜,以及其他原因,所以中国之宗教问题实际上就是一个基督教问题,与其组织什么"非宗教同盟",实不如专干"非基督教"之直截了当。②该文写于1922年7月9日,是针对此前非基督教运动存在的问题而发的议论,从基督教与感情生活来立论,专门攻击基督教。这也是"少中"会员对基督教最严厉的批判。李璜在同一时间也对国内反对宗教的文章和主张作了一个全面评析,他认为反教,一是以教会为出发点,或反对教会的教士干涉教育,或讥评教会与资本家通同作恶;一是在宗教本身上立论。③蔡元培《教育独立议》当是第一种出发点的代表;至于第二种出发点,在月刊中更为常见。可见"少中"反宗教主张与国内的舆论是基本一致的,其言论趋向经由讨论教徒入会问题到反对外国教会侵略,到后来喊出"反对教会教育""收回教育权"的口号,在许多方面有力地推动乃至引领了非基督教的舆论建设。从这个角度来说,"少中"是二十世纪二十年代反宗教运动舆论的急先锋,一点儿也不为过。

"少中"由宗教信仰问题讨论而推动反宗教运动于前,又由反基督教推展出反对教会教育,开展收回教育权运动于后。如果说前者在1920年至1921年正好充当了国内反宗教转型时期的过渡物,那么后者在1923年至1924年则充当了由反基督教到开展收回教育权运动的过渡角色。当然不是否认"少中"在两次非基督教运动中的地位,其过渡作用正是体现出"少中"在其中的重要意义,也可说明反教(基督教)一直是学会"本科学的精神"的主要体现。前已述及,就

---

① 唐逸:《论新文化运动时期宗教讨论所关注的问题及其运思路向》,载郝斌、欧阳哲生主编《五四运动与二十世纪的中国》,社会科学文献出版社,2001,第656页。
② 余家菊:《基督教与感情生活》,《少年中国》第3卷第11期,1922年6月1日。
③ 李璜致大悲太玄,《少年中国》第4卷第1期,1923年3月。

反教会教育而言，左舜生、周太玄等早在1916年上海就读时就极端反对教会，田汉亦有同感。在宗教信仰问题讨论中，有会员已经注意到宗教的生存环境问题，如周太玄、康白情、李思纯等都意识到基督教与中国国民性不合，将基督教强植于中国是不会成功的。此结论是否正确，自然不用我们来评价，但对于外国教会却表明了态度。康白情称不反对外国宗教，也不主张模仿外国宗教。陈启天则指斥教会的传教手段与宗教侵略。1923年10月出版的李璜、余家菊合著《国家主义的教育》收录了两人于1921年至1922年发表于国内报刊的反宗教文章。是书既可谓是"少中"此前反宗教思想的总结，也可说是后期反宗教运动的发动器。可见"少中"反对教会教育其来有自。

从反宗教的态度变化来看。如果说1921年12月之前主要是本着"科学的精神"来研究和讨论宗教，且主要局限于哲学与文化角度，在文化运动之范围内；那么从1922年起，尤其是世界基督教学生同盟大会在北京召开这一近似挑衅的举动，使前此研究之理性化为情绪化所替代，其实情绪化只是表面现象，在其后则是各派政治势力的参与与利用，从政治立场批评宗教尤其是外国教会成为"少中"后阶段反教言论与行动的基本特征，其中又以共产党人和国家主义派表现尤为突出。早在1921年3月留美会员康白情就以个人名义发表了对于宗教的态度，他推测"少中"同人最大多数反对宗教，乃因为"我们底气质和教育和历来经过底环境，都很有以异乎人底地方"，其实也是学会宗旨所决定的。[①] 方东美也向读者表示，"世人对于宗教有两种态度，一则因为对于生命所生的某种反动而起实际的信仰，一则视宗教为无偏无党的研究底对象"。方东美将自己定位于后者。[②] 如果说康白情等的论断是基于1920年学会同人思想状况而言的，显然是忽略了国内政治形势的变化。而事实上，会员对于学会宗旨所标明的"社会运动"和悬为禁条的"政治运动"出现了理解（指内涵而言）上的变化，而"少中"反宗教原是限定在社会运动，而后来却成为带明显政治色彩的社会运动，甚至可说其本身衍化成了反外国侵略的政治运动。应当指出，"少中"会员后期反教中并不注重对基督教教义的攻击，固然是宗教经验或科学理论的欠缺所致，也因为基督教传教本来不是从道理上出发的，无须同他纸上谈兵，更为主

---

① 康白情致时珍兄，《少年中国》第3卷第3期，1921年10月1日。
② 方东美:《詹姆士底宗教哲学》，《少年中国》第2卷第11期，1921年5月15日。

要的恐怕还在于有意避开对教义的学术研究而可能引起驳议,而是从政治角度激化民众尤其是一般知识分子的反教情绪。余家菊写作《基督教与感情生活》一文的动机,就是同主张"科学是理智的生活,宗教是感情的生活"的人来讨论宗教与感情生活这个问题,自称并没有一丝一毫攻击基督教的意思。①可见他们的重点在攻击基督教的传教问题或针对外国教会在华活动问题。李璜也有同样的认识,并提出反对基督教并不在思想上而在传教等事实上。②

从反宗教的理论工具的变化来看。1921年前主要以理性主义、科学主义反宗教,大多是从宗教与科学的对立来论析;1922年后开始出现以社会主义、科学主义、民族主义、国家主义等为反教理论。虽然《少年中国》宗教问题号也有用社会主义来反教的文字,不过那时社会主义被理解为社会学者的理论而已,但也明确了其与宗教的对抗之渊源与发展。如周太玄认定:"在各种物质生活上的主义(如社会、共产等)与实际生活调和现实,及各种精神生活上的主义,(如一元、无神等)能分别满足人类精神需要之时,即是宗教在习惯风俗上亦无须存在之时。"③曾琦甚至认定宗教与君主贵族相缘为恶,似有民主主义之遗痕。到后来则把社会主义与反对资本主义、反对基督教联系在一起,而把资本主义与基督教的罪恶捆绑在一起,这样使社会主义者反宗教有了明确的对象,所以李璜等指出,本着民主主义、社会主义来反对宗教是天经地义的。随着国内外政治形势的发展,国内民族主义情绪高涨,国外如俄国宗教政策的影响以及土耳其收回外国教育权的启迪,民族主义、国家主义在反教会运动中充当了思想主角。这一点可从会员通信讨论或著译中得到证明,也可从会员或以"少中"会员身份或其他政派代表身份参与组织各种政治运动看出。但共产主义派与国家主义派在"少中"或非基督教同盟中"共生",即便是貌合神离而同反基督教确也是一种有趣的现象。就个人而言,就难以分辨那么清晰;就政派而言,反对外来侵略,尤以宗教侵略而扩展及政治经济文化等则是一个共同的基础。所以"少中"会员在后期反基督教的宣传与运动中,其中共产主义派在《中国青年》《先驱》《向导》等激烈反教并参与组织非基督教运动,以唯物史观来反对基督教在

---

① 余家菊:《基督教与感情生活》,《少年中国》第3卷第11期,1922年6月1日。
② 李璜致大悲、太玄,《少年中国》第4卷第1期,1923年3月。
③ 周太玄:《宗教与人类的将来》,《少年中国》第3卷第1期,1921年8月1日。

中国的侵略；而国家主义派在《醒狮》《中华教育界》等报刊上以激进态度反对教会教育，热心于收回教育权运动的舆论宣传。而双方在《少年中国》的文章以及年会常会上的讨论与争辩，尚难看出其政治分野，可以说这是民族主义与国家主义在反基督教运动中的一种"合力"作用。

从"少中"在反教运动中的团体反应来看。一是学会于1922年3月发表响应非宗教同盟之通电，已如前述。二是以民族性教育或国家主义教育来反对教会教育。1923年10月沪宁两地会员的苏州会议，正式揭起以国家主义为教育上努力的目标，并由陈启天宣读《何谓新国家主义？》的论文，公开表明以"新国家主义"反对宗教主义，"欲实现国家主义之思想尤不可不极端反对任何宗教之宣传并铲除其势力"。[①]更重要的是，苏州大会发表的宣言及制定学会纲领九条，其中专条提出"反对丧失民族性的教会教育，及近于侵略的文化政策"。因系与会会员讨论并签名通过，大体上代表了学会的意向或者说是一种"团体的反应"。可见，苏州大会是"少中"反宗教的一个重要转折点。

总之，无论就多数会员还是作为团体而言，"少中"反教经历了一个态度的转变与反教重心的转移，目标由模糊到明确并具体化。反宗教运动由文化运动转向社会运动甚至政治运动，到收回教育权运动开始，似又回到文化运动，但是是带有明显政治色彩的反文化侵略的运动。收回教育权乃是由非基督教运动变为反文化侵略运动的直接表现。

2.反宗教的基本主张

少年中国学会反宗教思想大致可以归纳为如下几个方面：

第一，宗教为旧物，无存在于现代社会之必要。宗教是人类社会进化到一定历史阶段，适应一定时期的需要而产生的。蔡元培提出，宗教只是人类进程中一时的产物，并没有永存的本性；他批评以美术文学采用宗教上材料而认为宗教不可废的论调，是不明此乃"历史上一时的现象"。[②]李石曾更是认定基督教在欧美已式微，而在中国以新思想来对待，乃是不明宗教为旧物所致。[③]屠孝实进一步

[①] 陈启天：《新国家主义与中国前途》，《少年中国》第4卷第9期，1924年1月。
[②] 周太玄记：《蔡孑民先生关于宗教问题之谈话》，《少年中国》第3卷第1期，1921年8月1日。
[③]《会务报告》，《少年中国》第1卷第11期，1920年5月15日。

指出,宗教是人类思想幼稚时代的产物,之所以能维持生命到今日,只是靠着人类的惰性。目下在学术昌明的时代,无论什么问题都应当拿一个批评研究的态度,去求个切实的回答;万不该用宗教的见解,一味地模模糊糊,就把许多问题随便看过去。所以二十世纪的人应与宗教无缘。①此外周太玄、恽代英等对宗教作了历史分期考察,得出的结论虽不完全一致,但宗教在过去存在,在将来是没有,这一点是相同的,即从社会进化来分析,人类将来没有宗教。

第二,宗教是科学技术与民主自由思想桎梏。一是宗教与科学对立冲突,这是"少中"反对宗教的根本立足点。李润章指出科学与宗教有三个根本不同点:(1)科学之长处在以极少之理论、定律推知未来之事实。宗教家认"上帝存在"为事实而非臆说,于是强人信仰与服从。在"上帝存在"之范围之外,绝不许另有异议。(2)科学以事实观念为基础,宗教则脱离事实,"人类凡遇不可解之事物则强欲解之者,始发明教义以解之"。(3)科学之创造须具有一种"革新思想",科学之精神以人力战胜天然为归宿,因而科学家具有正确性、爱真实性、个性及思想自由等特性,宗教原则则与之完全相反。②屠孝实进一步认为,自然科学与宗教冲突最严重的一点在宇宙观,宗教是目的论,科学宇宙观是机械论。③李思纯则认为科学与宗教互为桎梏,"科学为宗教所桎梏,宗教亦为科学所桎梏"。因而主张科学与宗教各有界域,排斥以科学建立宗教,或以宗教附会科学。④

二是宗教妨碍科学进步,阻碍学术思想的自由研究。说宗教妨碍科学进步,是因为宗教认为世界为上帝所造,一切皆以此原则来解释,否则视为异端。据曾琦的分析,黑暗时代之欧洲,不仅与宗教教义相反者被视为异端邪说,就是反对宗教者如路德之倡改革宗教,也受教皇之制裁。⑤李思纯则认为宗教信仰"牵累贻误"宗教哲学中学术思想的研究,所以欲求学术思想之发达,不可不摒弃宗教思想。⑥鉴于中国科学幼稚,宗教信仰又限制思想自由与怀疑精神,自然

---

① 屠孝实:《屠孝实先生的讲演》,《少年中国》第2卷第8期,1921年2月15日。
② 李润章:《宗教与科学》,《少年中国》第3卷第1期,1921年8月1日。
③ 屠孝实:《屠孝实先生的讲演》,《少年中国》第2卷8期,1921年2月15日。
④ 李思纯:《宗教问题杂评》,《少年中国》第3卷第1期,1921年8月1日。
⑤ 曾琦致寿昌,《少年中国》第3卷第1期,1921年8月1日。
⑥ 李思纯:《宗教问题杂评》,《少年中国》第3卷第1期,1921年8月1日。

要反对宗教信仰。①

三是宗教妨碍个人思想自由。余家菊承认宗教对人类有慰藉作用,但反对宗教长民或修养工具说,因为"用宗教以长民是愚民政策,民既愚则种种愚妄都随之而已,欲启发其知识,破除其固执,真为难事;用宗教以自修,是为明知其无而偏执为有,自欺之甚无过于此"。②陈启天认为耶教教义建立在上帝之上,所谓"上帝无始无终,全知全能,绝对无二,无所不备,故为众生之父",实际是互相矛盾的,足以箝制思想自由,使人生无穷的苦痛。如教会学校思想不能自由,即使出了教会学校也不能享受思想自由。因此为完全保持思想自由,为预防全国思想界为其垄断计,不可不反对耶教。③至于说宗教形式束缚个人的性灵,则表现在:第一,要承认有个上帝为人类的主宰,因而个人对于自己之境遇,无改进创造之可能,一切由上帝预定;第二,绝对服从一种教条,无怀疑讨论的余地,这样束缚个人自由,几乎把人类的思维心和判断力都扼杀,可见妨碍个人自由。④周太玄比喻说:"宗教家的道德观,正如将人关在黑牢内又给他一支蜡烛;被他关禁的人,乃歌功颂德,说要不是他这支蜡烛,必致终久看不见光明。"宗教上的道德伦理观念,极言之可谓"催眠术"的道德观。它不仅仅诱起人一时道德上的私心,并且麻木他的神经中枢,直接支配他的一切行为,而且它使信教者为了道德,失却了人格,失却了自由的意志。⑤

四是形式宗教妨碍了宗教精神的真面目,不反对形式的宗教运动就无以发生真正的宗教思想。宗教思想重在精神而不在形式,宗教精神不存于制度祈祷甚至教祖,而是超脱一切而不可明言的。而宗教形式摧残宗教的精神,为保存人类宗教精神计,不可不反对形式的宗教,尤其不可不反对形式耶教的宣传。⑥

总之,在反对宗教者看来,基督教在思想上是粗糙的,形式上是迷信的,方法上是矫揉造作的,结果是贫乏无聊的,所以必须坚决反对。

第三,宗教是少年中国的障碍物。宗教不仅碍及中国少年的人格培养,而

---

① 李思纯:《宗教问题杂评》,《少年中国》第3卷第1期,1921年8月1日。
② 余家菊:《基督教与感情生活》,《少年中国》第3卷第11期,1922年6月1日。
③ 陈启天:《我们不该反对耶教与其运动吗?》,《少年中国》第3卷第9期,1922年4月1日。
④ 曾琦致寿昌,《少年中国》第3卷第1期,1921年8月1日。
⑤ 周太玄:《宗教与中国的将来》,《少年中国》第3卷第1期,1921年8月1日。
⑥ 陈启天:《我们不该反对耶教与其运动吗?》,《少年中国》第3卷第9期,1922年4月1日。

且妨碍人的身心健康,是为少年中国所不容的。宗教对健全人格培养的妨害表现在:"宗教利用人心之大惑,而教以自欺之术,明知人寿之有限,不事去其贪心反从而坚厚之以天堂永生之说,明知人心难厌,能力时穷,不事教以守分,反从而激荡之以祈祷。"总之,宗教是利用人们情意与理智之不和谐,因而建立种种无稽之谈,以满足其情意上之要求,兼以压抑其理智之活动,结果造成宗教徒及其传布者精神变态与人格不健全。① 宗教是身心进化的障碍,曾琦归纳为以下十个方面:束缚自由思想而妨碍真理之发现;使人趋于迷信而不开拓命运;供君主贵族愚民之用;因信仰之不同容易起流血之宗教战争;因思想之统一而学问难有进步;以天堂地狱之说诱人为善去恶而使人失其自动的为善去恶之良知;使人以现在为罪恶而丧失乐生之心;使人梦想天国而生其侥幸之念;养成僧侣坐食而为民上之一种阶级;使人强不知以为知而失其推理之作用。所以曾琦表示断然不主张宗教,创造少年中国不容有此阻碍进化之物。② 进一步说,少年中国是不需要宗教信仰的。在周太玄看来,中国的生活形式应该采用世界上比较平等比较完备的组织,再参酌国民性上固有特长来建设,自然宗教的信仰就不存在其中。而且中国在改革的路上需要的是真实、自动、平等、自奋等精神,宗教的形式及信仰不能用作改革的方法。而有益于人生的信仰至少要能互相了解,互相尊重,宗教的信仰重在排斥异己,与人生精神生活相抵触,所以新中国将来没有宗教信仰。少年中国的新少年恃道德上的修养及文艺上的领略来慰藉情感,而不是向神佛低首。③

第四,基督教传教手段妨碍了中国人真正信教自由。基督教会在中国传教未尝真正传播教义,全靠一斗米、两串钱,去利诱乡间愚民去信服它;乃至官怕洋人,教民因此可以依着洋人的势力不怕官,这样奉教的人增多,教堂势力扩大;后来以办学校讲西学来传教,仍实行利诱的老法子。特别是基督教青年会在各地建立打球场、图书室、洗澡堂、会餐处,甚至于剪发房、寄宿舍等知识界日常娱乐和器具所必须的设置,来引诱中国青年信教。④ 陈启天批评耶教的传教

---

① 余家菊:《教会教育问题》,《少年中国》第4卷第7期,1923年9月。
② 曾琦:《学会问题杂谈》,《少年中国》第3卷第8期,1922年3月1日。
③ 周太玄:《宗教与中国的将来》,《少年中国》第3卷第1期,1921年8月1日。
④ 李璜致大悲太玄,《少年中国》第4卷第1期,1923年3月。

手段及其危害,说,教会学校信教的学生就减免他的学膳费,甚至予以特别优待或资送留学,信教的女子,就要嫁个信教的男子。这种主要用利诱的办法来传教的手段,妨碍中国人信教的自由。①

此外,基督教利用欺骗宣传的方法,无聊的基督教徒向哲学家说,God(上帝)是一个绝对的本质;又向心理学家说,God是一个普通的心灵;又向科学家说,God是以太;又向美学家说,God是圆满的理想;但是同时又向一般普通民众说,God是创造天捏泥土为人的主宰。总之,基督教徒专以近代学说遮饰那已经不能存在的传说,诱使中国人信他们那些荒谬的神迹,从而造成错误的见解。②无论是利诱,还是欺骗宣传,基督教日日思以包围政策以引人信教,一手持经典,一手持金钱,只知诱惑,纠合教徒开会结社而为群众运动式之播道,因而传教愈烈,世界受祸亦烈,因此,反宗教当先反对传教,废除传教业。③

可见,"少中"的反宗教思想大多是学理讨论,着重舆论的宣传,揭露教会或教会教育的危害,宣传反宗教的必要性与紧迫性,但也有不少反教的具体的建言或主张,并开始由理论阶段向实践阶段过渡,并且涉及教会教育、收回教育权,乃至关税自主权等外来侵略问题。

3. 反宗教的举措

从《少年中国》宗教问题号可以看出,少年中国学会的反宗教举措主要如下:

一是求经济的独立,以打倒基督教势力。恽代英着眼于从经济立场剖析基督教在中国的影响,认定基督教的势力完全建筑在经济上面,"不是基督教能使中国人心理上奴服于外人,是外人以经济上的利益诱饵我,以经济上的贫乏压迫我,遂使我国的人,发生托庇于教会的心理"。因此非经济上争得独立,不能将基督教根本打倒。他进一步指出要求经济的独立,终必须经过一番政治革命,并提出了政治革命的七条意见。④因此,不求经济独立,而欲恃教育以求经济独立,必为不易成功的事。他的结论是:从政治革命求得经济独立,才能打倒

---

① 陈启天:《我们不该反对耶教与其运动吗?》,《少年中国》第3卷第9期,1922年4月1日。
② 恽代英:《我的宗教观》,《少年中国》第2卷第8期,1921年2月15日。
③ 余家菊:《基督教与感情生活》,《少年中国》第3卷第11期,1922年6月1日。
④ 详见恽代英:《读〈国家主义的教育〉》,《少年中国》第4卷第9期,1924年1月。

基督教势力。

二是依据教育中立原则,实行教育与宗教的分离。余家菊根据教育中立的原理,借鉴英、法、德、俄等国家的经验,从社会的、文化的、教育的三个方面析其理由并提出对付教会教育的具体主张。第一,于宪法教育章中明白规定教育于各宗教恪守中立。第二,施行学校注册法,其中就宗教而言规定:(1)校内不得有礼拜堂;(2)不得教学生祈祷;(3)不得设宗教课程,大学亦不得设神学院,只可设比较宗教学;(4)不得用任何形式提倡宗教;(5)教师不得同时做教士及任何形式之宗教运动者;(6)不得聘请未经检定之教职员;(7)不得有其他一切关于宗教宣传之事项;(8)有违反注册法或径自不注册者,由该校所在地长官封闭之。第三,施行教师检定法,规定未经注册之学校毕业生不得担任教职员。第四,严格施行义务教育法规,限制教会学校发展。第五,未经注册之学校之各级学生或毕业生不得享受该级学生或毕业生之权利。包括享受投考文官和国立、省立学校,获得地方或国家补助,和以公共职务享受被选举权等等。以上为治标方法。治本方法则在使全国国民,无论教内教外皆确信宗教与教育之混合,有百弊而无一利,皆愿诚心恪守教育中立之原理。①

蔡元培认为教育当超脱于教会之外,实行所谓"超然的教育",包括:大学中不必设神学科,但于哲学科学中设宗教史、比较宗教学等;各学校中均不得有宣传教义的课程;不得举行祈祷式;以传教为业的人,不必参与教育事业。②蔡元培的反宗教意见刊于《少年中国》,成为会员反宗教的指导思想。

三是打破宗教制度,寻求宗教信仰的替代品。余家菊坚决主张废除传教业,陈启天明确提出要一面打破宗教的一切制度,废除宗教的一切名称,断绝宗教的一切宣传,以保持个人精神上纯粹的信仰;一面还要致力于科学的研究精神的修养和美术的欣赏,以促进社会的文化。③蔡元培主张以美育代替宗教,以哲学主义替代宗教上的信仰。④

四是以共产主义思想反对宗教。法国学者在通信中建议"少中"会员,要防

---

① 余家菊:《教会教育问题》,《少年中国》第4卷第7期,1923年9月。
② 蔡元培:《教育独立议》,《少年中国》第3卷第7期,1922年2月1日。
③ 陈启天:《我们不该反对耶教与其运动吗?》,《少年中国》第3卷第9期,1922年4月1日。
④ 周太玄记:《蔡子民先生关于宗教问题之谈话》,《少年中国》第3卷第1期,1921年8月1日。

止西方宗教在中国的有野心的攻击,"至少为一时计,为防御计,不如还是提倡你们崇拜祖先的习惯","不过要人群真正获益,还是该当全世界都团结起来,实现一种纯理性的纯道德的规则,内中不含一点神奇或玄想的分子:我们国际共产主义的思想,Communisme International(国际社会——引者注),就建设在这个概念上面"。[1] 李璜等人以社会主义来反宗教,以及共产党人用唯物史观来反宗教,可以说是这一方法的部分体现。

由上可见,他们从经济独立、教育中立及宗教制度与宗教信仰等方面提出反宗教的举措,涉及反教会和教会教育的方法问题,但大多是着眼于理论上的探讨和舆论上的宣传,尚未与反宗教斗争实践结合起来。

总之,工读互助团实验是少年中国学会开展社会活动的最初尝试,其中隐约出现了政治势力的影响,也显示出学会的社会活动转向政治活动的端倪。非宗教运动最初出自学会关于宗教信仰问题的研究与讨论,后来发展为反宗教(基督教)的社会运动,具有明显的政治色彩。学会不仅成为反宗教运动的先锋,而且是收回教育权运动的策动者。这充分说明,学会从学术研究活动逐步转向政治活动。这是学会宗旨所预设的以社会活动创造"少年中国"的必然,也是"少年中国"理想进入实际运动的体现。

---

[1]《法兰西学者的通信》,李璜译,《少年中国》第3卷第1期,1921年8月1日。

"少年中国"的理想与运动

第六章

创造"少年中国"是少年中国学会的理想和目标,也是会员开展少年中国运动的主要动力。"少年中国"理想因其宽泛而汇聚了不同思想倾向的进步青年,共同创造理想的"少年中国"。随着"少年中国"理想由研究讨论时期进入实行时代,会员纷纷提出或形成创造"少年中国"的方法与途径。而且部分会员自觉或不自觉地与政治发生纠葛,或执着于疏离现实政治,或热心参与政治运动。因此学会内部出现了理想与理想的冲突、理想与现实的冲突、现实与现实的冲突,少年中国运动也随之分化。

第一节 "少年中国"的理想

"少年中国"主要来源于西洋的"少年意大利"和"少年德意志"的启迪,也受到中国近代以来"少年中国"的思想影响,又根据当时中国的现实情形,综合折中会员各自的理解与感受而形成了"少年中国"的理想,成为会员共同的追求目标。甚至在学会作为一个团体分化之后,不少会员仍以"少年中国"作为个人追求以及为民族复兴而努力的鹄的。

一、"少年中国"理想的来源

1."少年中国"理想的由来

少年中国学会以"本科学的精神,为社会的活动,以创造少年中国"为宗旨,揭橥创造"少年中国"理想的目标,会员以社会活动投身于少年中国运动。少年中国理想或少年中国主义自始至终贯串并支配学会的活动。"少年中国"理想直接来源于"少年意大利"和"少年德意志"的思想影响,其中主要来自"少年意大利"的启迪。所以发起人张梦九说,"少年中国的梦,是从少年意大利而来"。[1]在酝酿和讨论学会宗旨时,曾琦坚持以少年意大利为模式,旨在建立一个英美式的国家,王光祈坚持所要创造的"少年中国",是适于20世纪之少年中国,既非19世纪18世纪之少年中国,亦非21世纪之少年中国,实为适合于20世纪思潮之少年中国。王光祈坚持"少年中国"是进步的、创造的、以20世纪思潮为基础的,而非保守的、因袭的、"在并世国家中为少年的,而非老大的"。[2]经过多次辩论与彼此让步,王光祈承认了曾琦、张梦九等人的"少年中国主义",自己牺牲了若干左倾过激的主张,确立了达到"少年中国"理想的路子。[3]这种调和折中而成的"少年中国",体现在少年中国学会组织上,就是学术团体与政党之间的混合,在学会性质上留下"党"与"会"之间的模糊;在学会活动与最终目的上,留下社会活动与政治活动(创造"少年中国"即政治目的)之依违。发起者尚且如此,后来加入的会员对于"少年中国"的理解和认识自然难出其右。诚如沈泽民所说,"这八十余人以何因缘而结成一体?可知他有共同的地方。这共同点除了章程上的信条而外,还有一个最重要之点,这一点是学会的名字所暗示的,就是大家都隐隐约约地想要来地球上中国境内尽一部分的力,把老年的中国改造成'少年中国'[4]"。

而且,会员理解的"少年中国",也与"少年意大利"颇为相似。梁启超在《意大利建国三杰传》中借用了意大利人的一句话:梅特涅敢以"意大利不过地理上

---

[1] 张梦九:《忆少年中国学会》,(台北)《传记文学》第35卷第2期,1979年8月,第144页。
[2] 少年中国学会编:《少年中国学会会务报告》第3期,1919年5月1日,第16—17页。
[3] 周太玄:《王光祈先生与少年中国学会》,载左舜生等撰《王光祈先生纪念册》,(台北)文海出版社影印,1968,第21页。
[4]《少年中国学会问题》,《少年中国》第3卷第2期,1921年9月1日。

的名词"一语,明目张胆以号于众。然后分析说,当时意大利建国前四分五裂状,"意大利三字仅为地理上之名词,而非政治上之名词",而玛志尼等以爱国热血之所涌,思有所凭借,自组统一党,名曰"少年意大利党",定其纲领为:"少年意大利者,意大利人中之信进步、义务两公例,而确认我意大利为有天赋一国民的资格之诸同志所结合而成者也,入此会者,以再建一自由平等独立自主之意大利为目的,凡在此目的外之思想动作悉牺牲之。"①仿照"少年意大利"这一阐释,王光祈把"中国"二字解释为与亚细亚、直隶一样的地域名称,不是指国家。他自称"梦想大同世界","我将中国这个地方,看作世界的一部分,要想造到世界大同的地位,非先把中国这个地方造成配得上为大同世界的一部分不可"。他明确表示,"我们为人类谋幸福的活动,原不必限于中国境内",但改造中国是我们的责任,而改造世界的下手处,在先改造中国,"使中国这个地方——人民的风俗制度学术生活等等——适合于世界人类进化的潮流且配得上为大同世界的一部分"。②陈愚生也认为,学会取名"少年中国",并无国家主义之意,实指一个新社会,中国只是指一个地方。③李大钊也宣称他的"少年中国"中没有中国这个国家,"乃是要把中国这个地域当作世界的一部分,由我们住居这个地域的少年朋友们下手改造,以尽我们对于世界改造一部分的责任"。④可见,会员无论是倾向世界主义、无政府主义还是民主主义,对"少年中国"的理解是大致相同的。如郑伯奇所说,会员中没有人希望少年中国成为德意志或英美式的德谟克拉西的,因为"少年中国是二十世纪,也许是二十一世纪最初诞生的宁馨儿"。所以少年中国应该是"最新式的国家"和"最合理想的组织"。并肯定地说"这一点是大家都相信的"。⑤从实而论,"少年中国"学会在发起时标为地域观念而非国家概念,但含有民族或国家意识在内,并非反民族反国家的。应当说,这一点与"少年意大利"并无本质区别。

创造"少年中国"的方法或改造手段,也与"少年意大利"类似。少年意大利

---

① 中国之新民:《意大利建国三杰传》,《新民丛报》第9号,1902年6月6日,第32—52页。
② 王光祈:《"少年中国"之创造》,《少年中国》第1卷第2期,1919年8月15日。
③《南京大会纪略》,《少年中国》第3卷第2期,1921年9月1日。
④ 李大钊:《"少年中国"的"少年运动"》,《少年中国》第1卷第3期,1919年9月15日。
⑤《少年中国学会问题》,《少年中国》第3卷第2期,1921年9月1日。

提出"教育与暴动同时并行"的方法,以"独立统一""自由平等"为旗帜。[1]少年中国学会在宗旨中明确规定以社会活动创造"少年中国",主张社会活动与社会改造,反对政治活动与政治改造。其具体着手点为教育与实业,用舒新城的话来说,"所谓社会的活动,亦不过是所谓基本准备工作而带文化性质的教育、出版、新闻等事业,对于政治、经济不甚注意,于实际政治尤不愿参加"。[2]可以说"少中"注重从事"预备工夫"与"少年意大利"是相同的,只是在反对政治活动上有所区别;虽主张革命,但反对流血革命,亦与"少年意大利"相区别,大概也是"少年意大利"迅速成功而"少年中国"运动终归失败的一个原因。

此外,会员以玛志尼、加富尔等爱国杰士自居自勉,也充分体现了"少年意大利"之少年的影响。梁启超提出"欲造新中国,必有人人自欲为三杰之一的心",而三杰者都有"如焚如裂之血诚",故"学彼其心目中无利害、无毁誉、无苦乐、无成败,而唯认定其目的之所在,以身殉之,人人不爱此国也,而我爱之如故,人人爱此国也,而我爱之如故"。[3]少年中国学会宣称,"知改革社会之难而不可徒托空言,故首之以奋斗,继之以实践;知养成实力之需时而不可无术也,故持之以坚忍,而终之以俭朴。务使全国青年志士,皆具先民敦厚之风,常怀改革社会之志,循序以进,悬的以趋,勿为无意识之牺牲,宜作有秩序之奋斗"。[4]而且,会员中以意大利三杰自居者不乏其人,如王光祈自命为加富尔,会友则以玛志尼期许他;曾琦则以玛志尼自任;对于病故的雷眉生,会友评论"眉生死而友人曰少年死矣,惟中国耳"。[5]

不过,近代以来先贤志士的"少年中国"理想对学会的影响,也是不容忽视的。"少年中国"的最早提出者是谁,目前尚难查考,但一般认为是龚自珍。[6]龚

---

[1] 中国之新民:《意大利建国三杰传》,《新民丛报》第9号,1902年6月6日,第39—43页。
[2] 舒新城:《我和教育》,中华书局,1945,第267页。
[3] 中国之新民:《意大利建国三杰传》,《新民丛报》第22号,1902年12月14日,第19页。
[4] 少年中国学会编:《少年中国学会周年纪念册》,1920,第22页。
[5] 少年中国学会编:《少年中国学会会务报告》第1期,1919年5月1日,第39页。
[6] 就目前资料来看,容闳较早提及"少年新中国"。作为近代中国第一个留美学生并获得学位者,容闳在耶鲁大学学习时,多年来守持着学成回国的信念,曾酝酿着一个庞大的计划,即拟回国后组织更多的中国青年像他一样留学美国,学成后回国参与复兴与维新中国,"以西方之学术灌输于中国,使中国日趋于文明富强之路"。他坚信,"借西方文明之学术以改造东方之文化,必可使此老大帝国,一变而为少年新中国"。(容闳:《西学东渐记》,湖南人民出版社,1981,第23、88页。)

自珍在晚清思想解放中的历史功绩,梁启超曾经指出:"光绪间所谓新学家者,大率人人皆经过崇拜龚氏之一时期;初读《定庵文集》,若受电然,稍进乃厌其浅薄。"①少年中国学会发起人曾琦称他的思想受龚氏"少年揽辔澄清意"等诗句的启迪颇多,并摘引为座右铭。②可见其"少年中国"理想亦受到龚自珍的影响。

梁启超的《少年中国说》和《意大利建国三杰传》,直接影响到少年中国学会。《少年中国说》分析了"国之老少"与"人之老少"的关系,从人的性格与国的性格的比较中得出人固有之,国亦亦然的结论。基于此,他把"老大帝国"视为大问题,"如其老大也,则是中国为过去之国,即地球上昔本有此国,而今渐渐灭,他日之命运殆将尽也。如其非老大也,则是中国为未来之国,即地球上昔未现此国,而今渐发达,他日之前程且方长也。"梁启超以玛志尼创建少年意大利党为榜样,特别推崇意大利"举国志士,云涌雾集以应之,卒乃光复旧物,使意大利为欧洲之一雄邦"。在他看来,意大利由欧洲第一之老大国而"能举全国而少年之",是因为有玛志尼所致。因此他急切呼唤"中国的玛志尼"出而令全国少年之。而且梁启超以"少年中国之少年"自命,自称于近世豪杰中最崇拜玛志尼,又以外交家加富尔之功业自勉。他积极鼓吹与倡导少年意大利及意大利复兴运动,使"少年中国"成为救中国之危亡,改造中国的一个响亮的口号和青年志士的理想目标。梁启超在《意大利建国三杰传》中详细介绍意大利建国时期的玛志尼、加富尔、加里波的三人的英雄事迹,并以少年意大利而成就意大利复兴运动为典范,来激发中国少年创造少年中国的热情。通过对中国与意大利国情民意等方面的比较,梁启超认为中国有比意大利更有利的条件,少年中国之创造更易,但关键还是在于中国之少年。"吾以为欲造新中国,必有人人自欲为三杰之一之心。"而且学习三杰,主要在"毋自欺""精""寡欲""坚忍精进""做预备工夫"五个方面。所以梁启超感言:"呜呼,我辈勿妄菲薄我祖国,勿妄菲薄我眇躬,苟吾国如有三杰其人者,则虽时局艰难十倍于今日,吾不必为祖国忧",因为意大利能为意大利,所以中国遂为中国人之中国。③梁启超坚信,有少年意大利的历史,将来也有少年中国的历史,关键在于少年中国要有少年意大利三杰

---

① 梁启超:《清代学术概论》,上海古籍出版社,1998,第75页。
② 沈云龙辑:《曾慕韩(琦)先生遗著》,(台北)文海出版社,1973,第316页。
③ 中国之新民:《意大利建国三杰传》,《新民丛报》第22号,1902年12月14日,第19—23页。

之类的爱国者。

故有学者从曾琦日记推测,"少年中国学会"之命名,似与梁启超有直接关系,而间接得益于"少年意大利"的灵感。[①]此论断大致不错。梁氏提倡的"少年中国"理想直接影响到少年中国学会。根据《少年中国学会规约》第五条"凡中国人或外国人,以学术或经济赞助本学会者,经评议部认可,得为本学会赞助员"。[②]曾琦发起少年中国学会时几度拜晤梁启超,并呈阅学会章程及公函,请梁启超为赞成员并得到允许,梁启超还对学会主旨大加赞赏,对正在筹备期的"少中"全力支持。从梁启超与少年中国学会的关系,不难追溯到"少年中国"与"少年意大利"的思想影响。

此外,辛亥元勋柳亚子也提出过"少年中国学会"的构想。他自称思想上得益于龚自珍的熏陶,又直接受到梁启超思想和文论的影响,在1902年就想发起一个"少年中国学会",以步玛志尼"少年意大利"之后尘。[③]柳亚子试图以革命团体的形式取法"少年意大利",其原因如其所言,"我最喜欢他的《意大利三杰传》(指梁启超的《意大利建国三杰传》——引者注)和《新罗马传奇》,中间描写玛志尼和加里波的两人的姿态,非常的能感动人。读了这些,排满革命的感情,是不期然会油然而生的"。[④]不仅如此,1905年8月,柳亚子等创办《醒狮》杂志,其创刊号首页刊登了一首诗:"美哉黄帝子孙之祖国兮可爱兮,北尽黑龙西跨天山东南至海兮,皆我历代先民之所经营拓开兮,如狮子兮奋迅震猛雄视宇内兮,诛暴君兮除盗臣兮彼为狮子害兮,自由兮独立兮博爱兮书于旆兮,唯此地球之广漠兮尚有所屈兮,我黄帝子孙之祖国其大无畏兮。"诗中喻中国为未醒的"狮子",他以唤醒睡狮为己任,语言悲壮,气势雄伟,表现出震撼人心的力量。从柳亚子构想"少年中国学会"到创办《醒狮》杂志,再到曾琦等人创办《醒狮》周报宣传国家主义,也可看出他对少年中国学会乃至国家主义派的影响痕迹。

总的说来,"少年中国"主要来源于"少年意大利",但又根据当时中国的现实情形,综合折中发起人各自的理解与感受而形成的一个宽泛理想,成为会员

[①] 郭正昭:《王光祈与少年中国学会(1918—1936)——民国学会个案探讨之一》,载中华文化复兴运动推行委员会主编《中国近代现代史论集》第22编,(台湾)商务印书馆,1986,第331页。
[②] 少年中国学会编:《少年中国学会周年纪念册》,1920,第33页。
[③] 上海图书馆编:《柳亚子文集》,上海人民出版社,1986,第145页。
[④] 上海图书馆编:《柳亚子文集》,上海人民出版社,1986,第145页。

的共同追求。如恽代英所说,"少年意大利党既已经救了意大利,少年中国学会一定可以救中华民国,我不是说我们要教中华民国,做昔日的普鲁士,今日的日本,我们是要创造适应于少年世界的少年中国"。①康白情也说,少年中国学会必能创造理想的少年中国,只要稳稳地走下去,"赶快创造出我们理想的少年中国,使其中人人都赶快成我们理想的少年,于是她就不能不赶紧失其存在底价值……结果成中兴意大利底少年意大利党,不要成为东汉底党人明末底复社"。②可以说,会员以"少年意大利"为典范,积极投身少年中国运动,形成了"少中"初期的繁荣兴盛景象。

2."少年中国"理想的描绘

(1)"少年中国"理想的认同与会员的丰富多彩的理想图式

"少年中国"理想在学会成立之初就由王光祈等人作了比较清晰的描述。在会员看来,"我们'少年中国'的理想,不是死板的模型,是自由的创造;不是铸定的偶像,是活动的生活。我想我们'少年中国'的少年,人人理想中必定都有一个他自己所欲创造而且正在创造的'少年中国'……在我们各个不同的'少年中国'的理想,一定都集中在那光明里成一个结晶。那就是我们共同创造的'少年中国'……完成了这一部'少年中国'史"。③"少年中国"是自由、平等、博爱、无阶级的理想社会,是会员共同努力创造的目标。在这共同的旗帜下,会员首先从陶冶纯洁高尚的个性和锻炼奋斗有为的个体入手,共集于社会事业,为创造"少年中国"而从事各种"预备工夫"。可见,"少年中国"成为一种宽泛的理想认同,对有志于个人改造和社会改造的进步青年学生具有巨大的感召力。

就会员而言,个人奋斗目标与团体的目标是大致相同的,而在创造少年中国的认识、方法、手段上呈现出丰富多彩的特色,从而构成各自理想中的"少年中国"主义。因此,会员对于"少年中国主义"也有不同的表述。曾琦视之为少年中国学会的各种问题的讨论,王光祈则指"少年中国"理想,邰爽秋则"融合各主义之优点及先贤哲学精华而成,对曾、李诸兄所主张之国家主义完全容纳而

---

① 恽代英致全体同志,《少年中国》第1卷第11期,1920年5月15日。
② 康白情致少年中国学会同志诸兄,《少年中国》第3卷第2期,1921年9月1日。
③ 李大钊:《"少年中国"的"少年运动"》,《少年中国》第1卷第3期,1919年9月15日。

补之,以弟所主张之民本主义——教育、政治、经济三均等主义——合名之曰'少年中国'或名'新中华主义'"。①汤腾汉则"采集各种主义的精粹,再以我们据科学的方法、社会的情形、世界的趋势研究得来的加在内面,熔化成个'少年中国主义'"。②可以说,"少年中国"的理想是非常空泛的,"少年中国主义"的内涵是丰富多样的,既是学会的特点和特殊精神所在,也是学会的一个缺点和会员认识分歧的根源,但在不同阶段体现出的作用与影响不一。

会员的"少年中国"理想,大致可以归结为如下几种:

第一种是工读生活为主的、以农村为中心的小社会模式。在以社会活动创造"少年中国"的探索中,王光祈与左舜生首先提倡"小组织"的新生活,这是由少数同志组织的,而且会员都极端赞成且急欲见诸实行的一种学术事业生活的共同集合。③这种理想是在乡间实行的半工半读的小社会,带有"高蹈隐居"的意味,是王光祈等人理想的"少年中国"雏形。宗白华则批评了这种带消极性质的理想方法,而从积极方面提出改造旧社会、创造新社会与新国家的设想,从社会方面用教育和实业去创造"新中国社会"。其具体方法为:(一)我们脱离了旧社会的范围,另在山林高旷的地方,组织一个真自由真平等的团体,人人合力工作造成我们的经济独立与文化独立;(二)我们从实业与教育发展我们团体的经济与文化,造成一个组织完美的新社会;(三)我们用这新社会做模范来改造旧社会,使全社会渐渐革新,成为一个安乐愉快、平等自由的少年中国。④这种理想图式既不是英美式的民主主义,也不是俄国式的社会主义,与无政府主义又有明显的区别,可以说是印度泰戈尔式的东西文明结合模式。其中个人改造与社会改造的整合,空想成分与实践运动的交和,呈现出缤纷色彩⑤;全新的、创造的态度成为这一理想图式的改造动力。无论是王光祈所谓消极的"小组织",还是宗白华所谓积极创造森林中的小社会,避苦求乐、脱离人所厌恶的旧社会是一个基本前提,用教育方式或半工半读方式来造成一般身体、知识、感情意识皆完全发展的个性人格,以后再图发展团体意识,从事各种社会事业,则是基本路

---

① 张允侯等编:《五四时期的社团》(一),生活·读书·新知三联书店,1979,第532页。
② 张允侯等编:《五四时期的社团》(一),生活·读书·新知三联书店,1979,第418页。
③ 王光祈:《与左舜生书》,《少年中国》第1卷第2期,1919年8月15日。
④ 宗之櫆:《我的创造少年中国的办法》,《少年中国》第1卷第2期,1919年8月15日。
⑤ 王德胜:《宗白华评传》,商务印书馆,2001,第20页。

径;改造旧社会,以所谓"新社会"为模范,以渐次创造"新中国",则是共同目的。

第二种是以"文化运动"改造中国的模式。李大钊理想中的"少年中国"是由物质和精神两面改造而成的,"少年运动"的第一步就是要作两种的文化运动,一种是精神改造的运动,一种是物质改造的运动。前者是"本着人道主义的精神,宣传'互助''博爱'的道理,改造现代堕落的人心,使人人都把'人'的面目拿出来对他的同胞;把那占据的冲动,变为创造的冲动……把那侵夺的习惯,变为同劳的习惯;把那私营的心理,变为公善的心理。这个精神的改造,实在是要与物质的改造一致进行,而在物质的改造开始的时期,更是要紧"。后者"就是本着勤工主义的精神,创造一种'劳工神圣'的组织,改造现代游惰本位掠夺主义的经济制度:把那劳工的生活,从这种制度下解放出来,使人人都须作工,作工的人都能吃饭。因为经济组织没有改变,精神的改造狠难成功"。[①]实质上是学习托尔斯泰到森林村落去从事改造活动,创造新村落,"新村落的大联合,就是我们的'少年中国'"。[②]这种"少年中国"明显体现出托尔斯泰泛劳动主义的影响,但又带有中国国情的意味。田汉认为少年中国的精神就是和平、平等、自由、博爱的精神,既然老年的中国因为灵肉不调和的缘故而消亡,因此民主主义是我们少年中国的少年救"少年中国"的唯一药方。具体地说,一方面要从灵中求肉,一方面要从肉中求灵。[③]实际上与李大钊的理想模式并无二致。在李璜等人看来,如果说王光祈的理想是"农村新生活",那么李大钊则是扩而充之为"新村运动"的理想。[④]而在王光祈眼里,文化运动是"少中"社会活动的"中枢",因而中国新文化的创造也是少年中国的一个重要事业。这是因为当时新旧文化杂陈,且社会上呈现文化恐慌的状态,因此创造中国新文化成为当务之急。至于创造新文化的方法,则是从程式上先设定文化的内容及目标再进行研究。宗白华依据社会学的标准,划分文化为物质文化、精神文化与社会文化三类,他特别提到:少年中国新学者的使命与事业,不是提倡一点白话文,介绍一点写实文学就了事,其正确方法就是先于各种自然科学中有彻底的研究,以为一切观

---

① 李大钊:《"少年中国"的"少年运动"》,《少年中国》第1卷第3期,1919年9月15日。
② 李大钊:《"少年中国"的"少年运动"》,《少年中国》第1卷第3期,1919年9月15日。
③ 田汉:《平民诗人惠特曼的百年祭》,《少年中国》第1卷1期,1919年7月15日。
④ 李璜:《少年中国学会的发起与成立》,(台北)《传记文学》第35卷第1期,1979年7月,第13页。

察思考的基础。①可以说,创造"少年中国"就是一种新文化运动。

第三种是社会主义的国家。张申府因为很不满意少年中国学会的行事,在1920年9月提出"无产阶级的少年中国"的概念,他说:"自然以生地的关系,吾也很想创造一个少年的地方叫作少年的中国,作为少年的世界的一部分。只是吾想创造的少年中国,绝不是泛泛的少年中国,绝不是像少年意大利一类的少年中国。吾想创造的少年中国,乃是无产阶级的少年中国,乃是有充分的少年精神(进取、实事求是、赤裸裸、随顺自然、活泼泼的无丝毫之约束)的,以劳农为主的少年中国。"②因此他反对少年中国学会以所谓"民治"、以"学"相标榜。郑伯奇也反对"少年中国"成为德意志或英美式的德谟克拉西,而是希望成为立足于社会主义的"最新式的国家"。③不过,郑伯奇理解的社会主义是一个宽泛的社会主义,而且是向无政府主义理想的过渡。

其实,会员的"少年中国"理想远比这些丰富,但从上述列举就可以看出,各自心目中的"少年中国"并非一致,有时还相冲突。所以学会成立不久,就有会员提出了"少年中国是什么"的疑问,"甲会员的理想少年中国,容或是过去的德意志;乙会员的理想少年中国,容或是现今的俄罗斯。所抱的理想少年中国不同,何能在一种旗帜之下,做创造的事业"。④可见,会员基于不同的理解而共同从事创造"少年中国"的"预备工夫",在学会初期这种理想与现实的冲突尚未显现出来。

在创造"少年中国"的共同旗帜下,既然"少年中国"的理想因人而异,那么体现在各人及创造"少年中国"的方法上就各呈异致,在由思想付诸实际行动的过程中也产生出明显的歧向乃至对立。在学会发起人中,就明显存在共产主义、无政府主义和国家主义三种思想倾向,对于学会的发展方向也有明显差异。学会在成立之初并不强求同一种共同主义或倾向,甚至认为创造"少年中国"的根本既已相同,主义乃是枝节而已。对于研究学术团体而言,确可作如是观;而对于事业团体而言,没有共同的思想基础是难以统一活动及规划发展方向的。

---

① 宗之櫆:《中国青年的奋斗生活与创造生活》,《少年中国》第1卷第5期,1919年11月15日。
② 张申府:《给少年中国学会的信》,载《"一大"前后》(一),人民出版社,1980,第144—145页。
③《少年中国学会问题》,《少年中国》第3卷第2期,1921年9月1日。
④《少年中国学会问题》,《少年中国》第3卷第2期,1921年9月1日。

第六章 "少年中国"的理想与运动

对此,执行部主任杨钟健认为,"各人信仰的各该主义,是各人实现少年中国的方法,不必强个个会员,以一个主义的方法,去实现少年中国。只要向创造'少年中国'的目标做去,各种带方法性质的主义,不会相去很远的;其有相背而驰的,必是不合理的,我们可以临时救治"。①这是就少年中国学会的学术性质而言的,对于学术团体无疑是确当的。而且各种带方法性质的主义围绕一个共同目标而践行,在理论上说得过去,但在实际行动中未必如此。因为主义的不同,在创造"少年中国"的手段上也自然有不同意见。据郑伯奇的观察,学会大约有两种明显趋向:一种是直接从事于社会改造事业的,想急进或缓进用革命来创造"少年中国";一种可以说是用间接手段的,想由教育学术方面寻创造"少年中国"的路径。也许可以这样说:一种人想先造"少年中国"的组织和国家,一种人想先造"少年中国"的人民和社会。因为这立脚点不相同,所以出发后的步趋自然不能一致。于是有赞成加入政界活动的,有主张参加革命机关活动的(这两者都属于前一派),有主张尽力教育的,有主张研究学术的,有主张从事社会事业的(这三者是属于后一派的),真是五光十色。没有和少年中国学会接触过的人,一定很奇怪这样矛盾的团体,何以能够至今存在。但是他却不信这是矛盾。因为抱各种主张的人,都有一种深的觉悟,都有一种共同的信仰,就是创造"少年中国"的信仰。再则这各种并非绝不相容,因为从事之先都有相互的了解,从事之后又都有相互的监督。②恽代英也有类似的分析,他说,会员中有人主张切实从根本做起,所以注重教育与实业活动;有人主张要应急一点,要从大一点地方着手,所以注意救国活动与国际活动;有人主张更猛烈更急进一点,所以注意革命活动。这种概括尚不能包容会员主张之全体,但确也指出了其中复杂的一面。尽管如此,在他看来,这些不同意见并非不能并行。"在最近期间努力于自身的改造,教育的改造,以这求平民真正的觉悟,雄厚的实力以为各方面取用各种手段的预备。"③很明显,恽代英希望会员在创造"少年中国"时注意合理地有计划地分工与互助,而不是个人随心所欲地活动。这种分析仍是就会员所抱主义不同而致创造"少年中国"手段出现分歧而言的。他也明了学会注重

---

① 杨钟健致会员诸兄,《少年中国》第3卷第4期,1921年11月1日。
②《少年中国学会问题》,《少年中国》第3卷第2期,1921年9月1日。
③ 恽代英:《怎样创造少年中国?》(上),《少年中国》第2卷第1期,1920年7月15日。

社会活动,从教育与实业下手来创造"少年中国"这一事实,而且他本人也实实在在地践履之。之所以从教育与实业下手,乃是因为社会改革的需要以及会员的普遍认同。会员多数从事于教育活动、理论研究或新闻事业,也是择取教育作为改造中国手段的重要原因之一。这一点从会员通信讨论,或少年中国学会会员职业调查表中可以看出。

此外,还有一个方面的因素,就是学会对于政治、经济的无能为力。如前所述,宗白华坦率地说,"我们少年中国少年对于中国政治没有别的方法,还是从教育方面去促进国民道德智识的程度,振作国民独立自治的能力,以贯彻民主政体的真精神"。[①]王光祈强调少年中国的改造应沿着个人改造—社会改造—政治改造的流程,至于学会对于经济的或政治的具体意见,"因为我们学会不是政党,无发表的必要,而且我们尚在研究期间,亦未到发表的时候"。总之,一切所为皆是"预备工夫"。王光祈提出实现少年中国主义的两个方法是"革新思想"与"改造生活",其中革新思想的办法是教育事业、出版事业、新闻事业,改造生活的方法则为改造个人生活。[②]也就是个人改造与社会改造并举。

如果说个人生活的改造是会员的自身要求,也是学会对会员提出的要求,那么教育与实业则是会员活动的方向。[③]也就是从社会事业而非政治事业下手是学会的活动方向。因为创造"少年中国",应当致力于研究学术为将来活动的预备,恽代英就提出先要找寻一个合当的求学目标,才可能以研究学术去创造"少年中国"。他说:"在我们这样危急腐败的中国中,谈甚么创造少年中国,今天是千钧系于一发,稍纵即逝的时机了。我们应该选最近的路,用最有效的方法,教我们所用的力,一点点都得着他相当的功效,所以我们不仅仅要做事,还要求学,以便做事可以得最有效的方法。"[④]在此,恽代英是以学术研究作为救国进而创造新中国的手段,显然有一种实用主义的倾向,是时势使然,但确实较宗白华等人的理想或方法更贴近现实社会与政治。宗白华从社会学的角度划分文化种类,强调学会对于中国精神文化的责任,一方面保存中国旧文化中不可

---

① 宗之櫆:《中国青年的奋斗生活与创造生活》,《少年中国》第1卷第5期,1919年11月15日。
② 王光祈:《"少年中国"之创造》,《少年中国》第1卷第2期,1919年8月15日。
③ 王光祈:《少年中国学会之精神及其进行计划》,《少年中国》第1卷第6期,1919年12月15日。
④ 恽代英:《怎样创造少年中国?》(下),《少年中国》第2卷第3期,1920年9月15日。

磨灭的伟大庄严的精神而发扬光大,一方面吸取西方新文化精华而渗透融合,在这东西文化总汇的基础之上建造一种更高尚更灿烂的新精神文化作世界未来文化的模范。①从上述文化运动与"少年中国"理想的关系可以看出,培植国民的修养,增进国家民族的精神是他们的主要着眼点,而其途径是以科学方法,发扬国粹,用以"整理我们民族的根本思想,造成一种民族文化复兴运动",又以普及教育和发展实业来完成我们的民族生活改造运动。②这一点确比当时一般只高唱"文化复兴"的人所见要深刻、具体一些,而且以少年中国学会创造"少年中国"为目标和依托,因而对新文化运动亦有积极的推动作用。

(2)"少年中国"的"人"的创造

"少年中国"的创造包括"人"和"事"两个方面,如果教育与实业属于社会事业或社会活动,是改造中国与世界的"事"的方面的下手处,那么创造新少年、培养健全人格等成为"少年中国"在"人"的方面急应着手的"预备工夫"。在五四新文化运动的背景下,"人"的创造在"少中"主要体现在"新少年"与妇女健全人格培养、平民生活改造等方面。

首先是"少年中国"少年的创造。

在会员看来,"少年中国"的创造,关键和首要还在于培养少年中国的少年,因为少年中国的新生命全靠少年创造,全靠少年继续不断的奋斗。如苏甲荣所说,"要使中华的民族起死回生,要使民治的共和实现,只有普及教育;要创造少年中国,就先有少年中国的民众"。③宗白华在谈到《少年中国》月刊编辑方针时指出,月刊不可模仿一般新杂志以新名词迎合新少年的做法,因为学会负有创造新少年的责任,负有鼓吹青年的自觉的责任,故鼓吹青年的文字要有极明了的学理眼光和热烈忠诚的高尚感情,要自己作青年的模范。总之,"我们要创造新少年新中国,还是从创造'新我'起"。④也就是,新少年是创造"少年中国"的基础。作为学会的发起者,王光祈明确地说要改造中国,便应该先从中国少年下手。少年中国的少年应有"创造的生活""社会的生活""科学的生活",这三种

---

① 宗之櫆:《中国青年的奋斗生活与创造生活》,《少年中国》第1卷第5期,1919年11月15日。
② 王光祈:《少年中国运动序言》,载王光祈著《少年中国运动》,中华书局,1924,第13页。
③ 苏甲荣:《今后的文化运动——教育扩张》,《少年中国》第2卷第5期,1920年11月15日。
④ 宗白华致编辑诸君,《少年中国》第1卷第3期,1919年9月15日。

生活为学会同志所极力提倡,故又可称为"少年中国主义"。①宗白华进一步提出要改造数千年老中国而为起死回生的"少年中国",唯一的方法是少年中国的少年都过正当的奋斗生活与创造生活,"我们若再不奋斗创造,不惟'少年中国'不能实现,就是实现了,也是不能永久发达的"。这种奋斗的内容不外:(一)对于自身遗传恶习的奋斗。(二)对于社会黑暗势力的奋斗,这样从消极方面言,可清除"少年中国"创造的障碍,适应"少年中国"的少年精神;从积极方面言,有利于小己新人格的创造和对于中国新文化的创造,从而有利于少年中国少年的创造事业。②这种奋斗与创造的最终目的,就是建立一个雄健文明的"少年中国",因为这少年中国的肉体就是数千年老中国的病躯残骸,所以要创造一种新生命、新精神输入这老中国病体魂里去起死回生。创造"新国魂"的方法,"就是要中国现在个个青年有奋斗精神与创造精神,联合这无数的个体精神汇成一个伟大的总体精神,这大精神有奋斗的意志,有创造的能力,打破世界上一切不平等的压制侵掠,发展自体一切天赋,才能活动进化",这是适应新世界新文化的"少年中国精神"。③

"少年中国"的少年怎样才能担负起改造中国的责任呢？第一,要具备"坚忍""奋斗""实践""俭朴"四种精神,只有如此,青年的个人新生活才能有别于旧社会,"然后始能言改革旧社会,而有所创造"。④第二,要有三种新生活,即创造的生活、社会的生活、科学的生活。若是能够有"创造的生活,无论什么样的主义我们都有办法。若是无创造能力,无论什么主义都是没有办法"。没有社会的生活,"你防欺,我防诈,无论什么主义都办不好"。没有科学的生活,"对于现状,永不改良,诿之命运,无论什么主义进来,都是不能实施"。⑤第三,"求学宜专,办事尚忠,为人贵诚,理本一贯,初不可分为数橛。志存救国,言行相顾,而不为俗尚所左右者,乃得谓为新少年"。⑥其实,这种青年就是以少年中国学会

---

① 王光祈:《"少年中国"之创造》,《少年中国》第1卷第2期,1919年8月15日。
② 宗之櫆:《中国青年的奋斗生活与创造生活》,《少年中国》第1卷第5期,1919年11月15日。
③ 宗之櫆:《中国青年的奋斗生活与创造生活》,《少年中国》第1卷第5期,1919年11月15日。
④ 李璜:《我所认识的光祈》,载左舜生等撰《王光祈先生纪念册》,(台北)文海出版社影印,1968,第34页。
⑤ 王光祈:《"少年中国"之创造》,《少年中国》第1卷第2期,1919年8月15日。
⑥ 黄仲苏:《哀辞并序》,载左舜生等撰《王光祈先生纪念册》,(台北)文海出版社影印,1968,第57页。

会员为模范的,甚至可以说就是少年中国学会会员。

"少年中国"的少年,远是一种创造的、进取的、奋斗的适应"少年中国"的理想少年,近则是以少年中国学会会员为模范的青年,前者是会员的模范,而会员又是社会上一般青年的模范。在年龄界限上则相对具体,套用曾琦在《国体与青年》中的划分标准,即三十岁以下者;在精神上则相对于旧人物而言,正是对旧人物的失望,因而期之于新少年。李石曾在《中国少年与社会之新潮流》演讲中对少年中国学会的少年颇感欣慰,在他看来,少年是"当此新潮流之冲而作新的运动者",有广义与狭义之分,"今少年中国学会明标出'少年'二字,则可知其为狭义的,今少年中国学会云云,可知其明为以少年作种种之新的运动,以造成一理想之中国。吾甚愿其不负今日立名之意义,而积极发展,以尽此少年之责任,使会务日益发达,与会员日益增多,于新潮流之中,成种种之新事业,使少年中国学会之发展,即为中国之发展"。①

从会员的自信及会外的期许可知,少年中国的"少年"首先有一种精神上的界定,即创造的、奋斗的、向上的精神。学会信条及入会标准就是证明。郭沫若、王独清被拒绝入会原因即在此。②其次有相对的年龄界线,三十岁以上者原则上不能入会,如吴虞有意入会而遭拒绝,据说原因在此。总的说来,"少年"如同"少年中国"一样,是一个模糊的定义,因此怎样才能成为少年中国的少年也是变动不居的。会友虽常相夸饰批评,多以感情与直觉来立论,并无具体的评判标准。所以到1922年时,学会"于'少年'一词的模糊定义已不能再维系学会的政治团结性,会员们纷纷各自发展:有些转往社会主义,有些投靠共产主义,有些则效忠国民党,亦有些从事纯学术文化的追寻"。③

其次看"少年中国"的妇女。

少年中国学会改造中国是立足于旧社会,从"现社会"下手的。"我们理想的社会是无阶级的,智识阶级同时便是劳动阶级,劳动阶级同时便是资产阶级",从这三个阶级中寻出有觉悟的人,使他们三个阶级的人互相接近,以实现理想

---

① 李石曾讲演:《中国少年与社会之新潮流》,《少年中国》第1卷第11期,1920年6月15日。
② 参阅秦贤次:《关于"少年中国学会"会员名录》,(台北)《传记文学》第35卷第2期,1979年8月,第137页。
③ (美)舒衡哲:《张申府访谈录》,李绍明译,北京图书馆出版社,2001,第110—111页。

社会。其中"智识阶级"中以受教育的青年学生最有希望;劳动阶级中以留法华工最有希望;资产阶级中学会最重视的是华侨。①《少年世界》发刊词则明确指出,在社会的活动里,学会以学生为第一个朋友,劳动家与华侨分别为第二和第三个朋友。也说明"少年中国"社会的阶级成分。

在"少年中国"中妇女占有重要地位,妇女问题也是会员广泛关注的问题,教育则为解决妇女问题的着手处和主要手段,这既是五四时期妇女解放思潮的产物,也为"少中"会员引为自己的责任并着手研究解决的重大问题。"少年中国之创造,既从社会入手,则中国妇女人格之造就发展,亦吾侪重大之责任",因为少年中国是具有健全人格之男女国民所共同组合而成的。所以妇女人格不健全,即少年中国不健全。②

基于妇女及妇女问题在少年中国的地位与作用的认识,会员之间及会外人士纷纷著文在《少年中国》月刊上建言献策,力图为少年中国创造理想的妇女。潘纫秋认为,"少年中国"与外部世界不同,是讲究"平等""自由"的地方,"少年中国"里女子的思想、学问、道德、职业都与外部社会不同,故大肆鼓吹妇女先跑到"少年中国"来"投生"。在"少年中国"构想中,"思想"的秩序分为三步:第一步男子与女子都是人类;第二步人类皆平等、自由、互助、交际;第三步男女平等互助。"学问"则首先是谋自立的学问,其次是男女平等受教育和自由研究学问。"道德"则是"守着人群的自然法律",即不做奴隶、不受束缚、扶助男子、自立生活、守男子所守的法律、公然地交际。"职业"则与男子同,为农为工为商为教员为律师均可。③自然,这一理想的最终实现,取决于女子教育问题。宗白华赞同女子受同等教育之方法以求妇女人格的健全发展,但他更侧重于精神的教育,这是与"少年中国"需要人格高尚的少年相通的。他首先设想了健全女子人格状态的鹄的,一方面促进女子的自觉猛进,一方面破除男子蔑视女子人格的心理,使女子受同等教育,得同等知识,以享政治上社会上同等权利。其次提出了理想中"少年中国"女子应具有的性质,以为造就健全人格的标准。这些性质包括:(一)崇尚实际人格,不慕虚荣;(二)研究真实学术,具世界眼光;(三)真诚热

---

① 王光祈:《少年中国学会之精神及其进行计划》,《少年中国》第1卷第6期,1919年12月15日。
② 宗之櫆:《理想中少年中国之妇女》,《少年中国》第1卷第4期,1919年10月15日。
③ 潘纫秋:《"少年中国"女子应该怎样》,《少年中国》第1卷第4期,1919年10月15日。

烈的心胸;(四)优美高尚之感情;(五)强健活泼之体格。①由此可以看出,"少年中国"的妇女是体格强健、人格高尚,且与男子平等的国民。

此外,左舜生、吴弱男、黄霭等人都强调,妇女解放当打破旧家庭制度始,使人人有独立精神和自立人格,建立模范家庭,②所以平民夜校、工读学校、女子互助团等成为"少中"设想的解决妇女问题的重要方法。

再看"少年中国"的平民。

平民是"少年中国"的重要成员,也是"少中"努力改造的对象。曾琦明确地说,对于平民思想,"吾学会中人无一不信之坚而行之笃,盖'少年中国'即'平民中国'也"。这一点从会员与平民的接近来看,以及学会宗旨来看,都是如此。③因为中国农民占人口大多数,所以特别注重农民阶级的改造。会员如刘正江、李璜、左舜生、余家菊等明确表示之后各人改造中国的下手处在农村。李璜以自己的性情和对于社会的责任两点作为留法学农业的主要理由,具体地说,一方面农人个个诚实可爱,毫无那城市中人的虚骄气象,且乡间景色迷人;另一方面以往社会改造乃至革命都没有从增进平民知识这一根本着手。而在中国这样的农业大国,农民占大多数,李璜明确表示他将来学农回国好与农民亲近,或讲演或著书或创办农民小学教育,促使农民智识增高,一面能自身明白社会对他们的需要,一面能自身解决他们对社会的正当要求。④李大钊也注重农村改造,他鼓吹新少年效法托尔斯泰,学习俄国大学生向民间去。王光祈的菜园子新生活以及工读互助运动乃至后来学习傅立叶而设想的农村改造运动,都关系农村或平民改造问题,农人成为他们的社会改造的关注点。原因就在于,"我们中国的劳动者当以农人为最多,亦以农人为最纯洁,天真烂漫的农夫是我们青年唯一的良友"。⑤显然,改造农村建立新中国的新农村和改造农人,是会员创造"少年中国"的平民的重要内容。

此外,通过与平民接触,改造青年思想,培养平民精神,是会员从事社会活

---

① 宗之櫆:《理想中少年中国之妇女》,《少年中国》第1卷第4期,1919年10月15日。
② 吴弱男:《论中国家庭应该改组》,黄蔼:《模范家庭为社会进步的中心》,均见《少年中国》第1卷第4期,1919年10月15日。
③ 曾琦致润屿,《少年中国》第1卷第7期,1920年1月15日。
④ 少年中国学会编:《少年中国学会会务报告》第1期,1919年3月1日,第16页。
⑤ 王光祈:《少年中国学会之精神及其进行计划》,《少年中国》第1卷第6期,1919年12月15日。

动的趋向,也是创造"少年中国"少年的重要途径。恽代英在致友人信中说,"我亦只相信永远保守我的平民精神、少年精神,永远不盼望做什么先知先觉"。①他主张少年中国的少年保守平民精神,是针对当时政客利用农人或平民之思想与行动,也是为了改造青年的虚骄之气。郑伯奇进一步提出:少年中国无疑只有经过革命才能诞生,"但是将来可以造成少年中国的革命,其动力不在现在的军阀和政党,不在现在半老垂死的人,也不在病毒满身的青年"。"真正的少年中国人","就是现在的第二国民、第三国民,乃至有原始精神的真平民",因此"少年中国须从他们身上建设的,我们应向他们走去"。"我们的少年中国须在这块处女地上建设",为少年中国来努力开垦这块处女地。②余家菊以乡村教育为一个重大问题加以研究,左舜生甚至提出"少年中国"的基础在乡村,希望会员多进行乡村运动方面的"预备工夫"。王光祈的农村改造运动也不外此。此举既是为了创造"少年中国"的平民,同时也是创造"少年中国"的少年。

由上可见,不少会员以青年与平民打成一片相号召,以到民间去为活动方向,既是为了创造少年中国的新农村社会,也是为了创造适应20世纪的新国民。如果说五四时期的知识分子眼中的"平民",既有泛指贵族、官吏、军阀、地主、资本家以外的普通民众,又作为德谟克拉西的译词使用,指谓民主制度下的国民;那么,"少年中国"的平民更多倾向于农人,追求的是使农人成为"少年中国"的平民。基于此,"少年中国"的平民问题或隐或显地带有民粹主义的倾向。根据西方及西方人的定义,民粹主义populism亦可译为平民主义,广义的平民主义指与农村小生产者在现代化中面临的问题相关的一系列运动和理论。其中的运动常常把农村生活中的社会传统理想化,想在大规模的资本主义和官僚社会主义两极之间走一条温和的中间道路。从"少年中国"理想来看,其民粹主义既有无政府主义的劳动主义意味,也有托尔斯泰的泛劳动主义或俄国民粹主义的理论形态,还有卢梭人民主权论式的民主主义等,在"少中"会员中大致分别以王光祈、郑伯奇、李大钊、李璜等为代表,他们的共同特点在于从理想中设计现实生活问题的解决方案,即社会改造运动。

---

① 恽代英致夏敬隆,《少年中国》第1卷第12期,1920年6月15日。
②《少年中国学会问题》,《少年中国》第3卷第2期,1921年9月1日。

3."少年中国"理想的特点

一是浪漫主义与现实主义的糅合。"少年中国"理想带有明显的浪漫主义特征,从李大钊的"少年中国"的少年运动到恽代英的"少年中国"的创造,从王光祈的小组织新生活设想到工读互助团实验,无不体现出这一特征。出于对现实黑暗社会的深恶痛绝,出于自身"避苦求乐"的考虑,他们希望在远离旧社会的山林村落另起炉灶,构设一个无阶级的半工半读的新社会,并以此为改造旧社会的榜样,渐次推广而成一个全新社会。如宗白华的理想在要"脱离这个城市社会,另去造个山林社会,我们才能用新鲜的空气,高旷的地点,创造一个'新中国'的基础,渐渐的扩充,以改革全国的窳败空气,以创造我们的'少年中国'"。[①]同时,会员企图摆脱现实社会中污浊的时风,培养健全的人格与完美的个性,以为青年的表率,从而造就"少年中国"的新少年。在提出诸多设想的同时,部分会员表示了强烈的实践愿望,并且有不同程度的实验。他们还设想,通过"少中"十年二十年抑或五十年的"预备工夫",即可实现"少年中国"理想。为此,会员们在讨论中,强调不必抱感伤的态度,表明他们对实现"少年中国"理想极具信心。而这种信心又建立在旧社会的改造之上。有的会员从青年的奋斗与创造立论,认为中国仍可爱,主要还在于它"还有与我们创造新中国的机会","我们不是纯为祖国过去历史而爱国,乃是为着祖国将来的进化而爱国,我主张以爱国的目的做爱国的动因,目的是在未来而不在过去的"。"我们亲手备历艰辛创造出来的新中国,才是我们真正可爱的国家。"[②]可见,在理想的"少年中国"中,会员并非全持民族文化虚无主义态度,亦非全持文化保守主义,而是用一种实用主义的态度对待传统文化。在改造中国的问题上,沈君怡明确表示反对除旧布新,而主张从旧里去加新。之所以如此,是为防专门拔旧树新,惹出新旧思想的激战;更是因为中国旧思想中有相当的真理和相当的价值,在全世界全体思想中有相当的地位。[③]可见,他们的"少年中国"理想来自于现实,又立足于现实,而理想的实现则在将来。这样创造"少年中国"充当了由理想到现实的中

[①] 宗之櫆:《我的创造少年中国的方法》,《少年中国》第1卷第2期,1919年8月15日。
[②] 宗白华:《为什么爱国?——中国可爱的地方在哪里?》,载林同华主编《宗白华全集》第一卷,安徽教育出版社,1994,第55—57页。
[③] 沈怡等东京会员集会,见《学会消息》,《少年中国》第1卷第2期,1919年8月15日。

介,亦具有两极化的可能性。

二是"少年中国"具有不确定性和非科学性的特征。会员对于实现"少年中国"的认识不一,一种是叫中国返老还童,因此创造少年中国是再生的作用;一种是让中国适应于未来的少年世界,所以创造少年中国是适应的作用;一种是如恽代英主张的,"应该是以适应于少年世界为目标,求少年中国的实现",也就是说,以求中国的返老还童为手段,而达到创造适应于少年世界的少年中国的目的。①"少年中国"概念的不明晰,不仅是导致会员各自为政、学会会务沉滞的原因之一,也是学会分裂的潜在因素。会员在通信或文章中讨论如何创造"少年中国"时,已不满足于"空空的说少年中国",对少年中国是什么亦产生质疑。因此设法求得会员之间形成"少年中国"的共同的精确的观念,使会员有个明晰的"少年中国",成为学会面临的现实问题。为了形成学会的共同理想,邰爽秋提出用调查统计的方法调查会员的理想"少年中国",统计各所主张德谟克拉西、社会主义、布尔什维克、无政府主义的会员数,然后定出一个共同的理想少年中国。②刘衡如则认为,真正的少年中国的观念不是由哲学得来的,不是由科学得来的,也不是由调查社会现实得来的,而应是本着一切科学的结论和社会的实况,参酌世界的大势,加以个人的判断得来的。并说:柏拉图的"共和国"、摩尔的"乌托邦"是我们的先例。③以"共和国""乌托邦"作为"少年中国"的"先例",也表明"少年中国"同样具有空想性。诚然,要得出科学的"少年中国"的概念,并非易事,而且理想的"少年中国"本是在创造中形成和发展的,而在创造过程中得出所谓科学的概念更属不易。可以说,会员意识到了这一问题,但并没有找出实际可行的解决方案,学会的分裂结果也证明了这一点。应当说这既是"少年中国"理想的特点,也是"少年中国"理想的一个缺憾。

三是创造"少年中国"的目的及共同方法未能解释清楚。王光祈检讨三年中学会的发展状况,不无遗憾地说,学会以创造"少年中国"为目的,但未曾把这目的解释清楚,更未曾把达到这个目的的方法详细宣布出来。他说:"我们每一个会员大概都有一个方法,但是总无机会把他合起来,增减因损,成为一个共同

---

① 恽代英:《怎样创造少年中国?》(上),《少年中国》第2卷第1期,1920年7月15日。
② 《少年中国学会问题》,《少年中国》第3卷第2期,1921年9月1日。
③ 《少年中国学会问题》,《少年中国》第3卷第2期,1921年9月1日。

第六章 "少年中国"的理想与运动

的方法。"①这种共同方法的形成,原本期望开会员全体大会来解决,但是会员散居国内外,开全体大会是不现实的,只得随时在《少年中国》月刊上讨论。但经年讨论的结果,不仅没有产生共同方法,反而导致部分有具体方法的会员离开学会。从1921年底会员终身职业调查表可以看出,62份表中有21人只填"教育"或"教育事业",而以"教育"作为职业选择之一的有20人,即认教育为办法之一的两项合计达41人;从事新闻事业或兼之的有7人,从事实业的3人。由这些数据大致可看出会员创造"少年中国"的方法相对集中于教育与新闻事业,而教育和新闻本身是一个宽泛的概念,学会虽标榜以社会活动与社会事业来创造"少年中国",但对"社会活动"并未作出明确规定,而是悉听会员之便,自然难以形成具体而详细的方法。历次年会讨论又得不出明晰的结论,反而愈益使会员离心于学会。而且,这些讨论已开始明显分化出思想文化与政治社会改造的不同路径,在事实上的对立暂且不论,从纯学理上已陷于两难境地:是先改造个人才能改造社会,还是先改造社会才能改造个人? 而且,学会以国民对于各种主义尚无接受更无实行的能力为立论的出发点,把唤醒或改造国民作为当务之急。至于在唤醒国民之后,如何改造中国的问题,虽未展开讨论,但已潜伏着两种如上的冲突。可以说,这是由空泛的"少年中国"理想早已注定了的。

四是创造"少年中国"没有形成一个分工互助的计划。正如苏甲荣所批评的,学会对于创造少年中国,没有一定的方针和周密的计划,以致会务没有什么特色。②这是对于创造"少年中国"的问题而言的。成都分会在给1921年南京年会的提案中指出,学会会务如教育事业、实业等,应有确切计划和程序及实施方法。③这是说会务发展没有具体的计划。其实,王光祈在1921年4月向南京年会提出之后四年和四年以后的会务发展计划,其中之后四年内的发展计划是办理下列六种会务:(甲)整顿《少年中国》月刊;(乙)编辑丛书;(丙)组织学术或事业研究会;(丁)力谋会员间之相互了解,如传观通信之类;(戊)扩充国外通信事业之类;(己)介绍会员。四年之后的学会事业二种:(甲)地方基础事业,包括小学校、农村、译书事业、编辑《少年中国》,为"正业";也包括兼任地方上各校之

---

① 王光祈致恽代英,《少年中国》第2卷第11期,1921年6月15日。
② 苏甲荣:《编辑余谈》,《少年中国》第2卷第7期,1921年1月15日。
③《少年中国学会问题》,《少年中国》第3卷第2期,1921年9月1日。

教员,为"附业"。(乙)都会宣传事业,包括各校教员、各报新闻记者、国外通信员、各工厂之工程师、加入其他社会事业之活动。其中,甲项事业为少年中国的基础,侧重于自办,地点以湖南或安徽江北为善。其步骤是:先办一半工半读之小学校,并租田十余亩为自耕之计,收入不敷,即以译书或任他校教员为补助。小学校三年之后扩充为中学校,又四年之后扩充为大学。同时筹办工厂,大的学生仍是半工半读。农事若有进步即扩充为新农村。《少年中国》在此地编辑,此地作为学会永久通信之地点,亦即学会之大本营,全会目光均应注意此处。大本营既立,然后多多物色本地同志,进而改造全省,只要把一省办好,便可以立国,其余各省但求其同情可也。如此,十年之内基础已立,再进而改造中国。他乐观地认为,"少年中国于四十年之内必可出现"。[①]显然,这只是远在欧洲的王光祈个人提出的会务发展的规划,远非学会创造"少年中国"的具体计划,也无法解决如何实现"少年中国"理想的问题。

恽代英早已意识到学会讨论分工互助共同计划的紧迫性与重要性,并且很不客气地说,学会还远不够谈真正去担任创造"少年中国",固然由于读书、做事、做人"联合的一些不尽得法",但总的说来,"只是我们还不能认识结会的真价值,所以不肯大家在这些方面努力去求建设个大目的下分工与互助的共同计划;再推进一层,只是我们用以对内完成团体计划与事业的精力时光太少,所以关于学会根本的问题,大家没有时候思虑讨论,亦不觉有思虑讨论的必要"。[②]可见,学会对内没有分工互助的详细计划,对外也是如此。

学会初创时对于创造"少年中国"甚至有"包办"的表示,而且理直气壮地说,因为欧战以来的事实表明中国的老年人与全世界的老年人都不可靠,全世界的事业和一切待解决的问题,应由全世界的少年采"包办主义"。少年中国学会既是世界少年团体的一个,"所以把他标出来,以表明中国青年要与各国青年共同负改造世界的责任"。[③]对此,朱执信批评"少中"不应该有包办的陋习。[④]其实,会员对此也不乏清醒者,如郑伯奇认为,"少中"不过是少年中国的一个团

---

① 王光祈:《对今年七月南京大会的提议》,《少年中国》第3卷第2期,1921年9月1日。
② 恽代英:《少年中国学会的问题》,《少年中国》第2卷第7期,1921年1月15日。
③ 本社同人:《为什么发行这本月刊?》,《少年世界》第1卷第1期,1920年1月。
④ 广东省哲学社会科学研究所历史研究室编:《朱执信集》(下集),中华书局,1979,第668页。

体,再进一步说是正在改造中的世界的一个团体,但绝不是包揽少年中国文化运动的唯一机关,"少中"不应有垄断之心。①恽代英也批评以创造"少年中国"为学会单独负担的任务这一认识,认为"少中"既无负担这任务的决心,也无此实力。②鉴于此,王光祈等人提出了学会制定分工与互助的计划问题,不仅在学会内部,而且"少中"与其他团体在创造少年中国的共同目的中亦如此。但直至学会分裂,也未见有此计划出台。田汉后来也承认:"学会在组织的初期未尝没有蓬勃的气象,不过,它虽然说是本科学的精神,而对于中国的改造却并不曾规定一种科学的方案,仍是注重感情的结合,但中国问题这时已紧迫到要求有一种科学的方案了。"从这个意义上说,少年中国学会创造"少年中国"已落后于时代需求。

　　正因为"少年中国"理想的如上特点,又会员都有一种坚忍奋斗向上的精神,因此恽代英、舒新城、黄仲苏等各地俊彦之士先后汇入创造"少年中国"的洪流,始终抱着对"少年中国"理想的真诚和对少年中国学会的热恋。如郑伯奇说:"我的恋人少年中国学会呀! 我祝你的前途悠远! 你不仅使少年中国返为少年,并且使少年中国永久保持其为少年,同时也使世界将来同少年中国一般地少年。少年中国学会应该与少年中国、少年世界一样地永久! 我们大家努力! 使我们的爱人永久吧!"③恽代英在1921年9月17日致全体同志信中,仍称少年中国学会为"最爱的情人",月刊是"最爱的情人的情书"。④众多会员都以学会为恋人,以《少年中国》月刊为情书,其中既有理智的科学的精神,又富炽热的情感,乃至宗教般的信仰。又如曾琦、周太玄、王光祈等誓与学会共存亡,子孙后代也要实现"少年中国"的理想。⑤会员在通信或著文中时常以创造"少年中国"互相勉励,以实现"少年中国"的理想。王光祈在《少年中国运动》序言中宣称:"至于我个人求学作事的计划,亦无一时无一处不是本着少年中国学会的精神。"可见,会员对于创造"少年中国"理想始终不渝的热烈追求。

　　会员出国留学后虽不能如国内会员一样尽心尽力于会务,但对学会的关

---

① 郑伯奇致恽代英,《少年中国》第2卷1期,1920年7月15日。
② 恽代英:《怎样创造少年中国?》(上),《少年中国》第2卷第1期,1920年7月15日。
③《少年中国学会问题》,《少年中国》第3卷第2期,1921年9月1日。
④ 恽代英致同志诸兄,《少年中国》第3卷第5期,1921年12月1日。
⑤ 王光祈:《少年中国学会之精神及其进行计划》,《少年中国》第1卷第6期,1919年12月15日。

注、爱护仍很热烈。他们在出国时对少年中国学会更是恋恋难舍。李璜、曾琦与王光祈分别于1919年1月、1919年8月和1920年4月赴欧求学,都留下了留别少年中国学会同志书,其中满是自勉勉人于如何振兴会务,创造"少年中国"之类的话语,大致代表了学会不同时期会员的共同心声。王光祈在赴欧船中与会员共作《去国辞》,并作成曲,一路唱之以勉,名为《中国少年歌》①,可以说代表了"少中"鼎盛时期一种顶天立地的蓬勃气概,也表达了会员对学会的依恋惜别之情。曲中如"发挥科学精神,努力社会事业""不依过去人物,不用已成势力","只问耕耘如何,不问收获所得","欲洗污浊之乾坤,只有满腔之热血","愿我青春之中华,永无老大之一日"等昔日会员砥砺之语,表达了"少中"会员奋斗、努力的精神风貌,其改造旧中国,创造少年中国之激情溢于言表。

此外,还有康白情1920年9月28日赴美留学时写的《别少年中国》②一诗,也颇具代表性。兹摘录如下:

黄浦江呀!
你底水流得好急呵!
慢流一点儿不好么?
我要回看我底少年中国呵!

黄浦江呀!
你不还是六月八日底黄浦江么?
前一回我入口;
这一回我出口。
当我离开日本回来底时候,
从海上回望三岛,
我只看见黑的,青的,翠的,
我很舍不得她,
我连声背出几句,
"山川相缪,郁乎苍苍"。

---

① 王光祈:《去国辞》,《少年中国》第1卷第11期,1920年5月15日。
② 赵家璧编选:《中国新文学大学系》第八集《诗集》,上海良友图书公司,1935,第75—76页。

直等我西尽黄海,
平览到我底少年中国,
我才看见碧绿和软红相间的,
我底脉管里充满了狂跳,
我又不禁背出几句,
"江南草长,群莺乱飞"。

黄埔江呀!
你不还是六月八日底黄埔江么?
今天我回望我底少年中国,
她还是碧绿和软红相间的,
只眉宇间横满了一股秋气,
——"袅袅兮秋风,洞庭波兮木叶下"。
你黄埔江里含得汨罗江里底血滴么?
少年中国呀!
我要和你远别了。
我要和你短别五六年——
知道我们五六年后相见还相识么?
我更怎么能禁背出几句,
"对此茫茫,百感交集"。

我乐得登在甲板底尾上
酹我青春的泪。
对你们辞行:
我底少年中国呀!
愿我五六年后回来
你更成我理想的少年中国!
我底兄弟姊妹们呀!

愿我五六年后回来

你们更成我理想的中国少年！

我底妈呀！

我底婆呀！

愿把我青春底泪

染你们底白发，

愿我五六年后回来

摩挲你们青春的发呵！

曾琦1922年作于德国的《中国少年歌》，表达了少年中国之少年改造中国、创造理想的"少年中国"的豪迈气概和始终不渝的追求。其内容如下：

人生难定是行藏，忆我少年何其狂！

南走胡越北燕赵，气吞云梦神飞扬；

踏遍神州犹未足，翩然负笈游扶桑；

东游不乐复西渡，十年两度泛重洋。

只今倏忽逾而立，伤哉行与少年别；

三十功名尘与土，八千里路云和月；

武穆陈词自慨慷，工部浩歌弥激烈。

开拓万古之心胸，推倒一世之豪杰；

少年中国之少年，岂识艰难是何物？

我今及壮志愈雄，誓与同俦补天缺；

起看寰宇亟风云，欲挽狂澜凭热血。

亦有欧战演玄黄，杀人流血为君王；

亦有东邻逞甲兵，封豕长蛇瞰上京；

亦有北美号亲邻，良朋所志在金银；

亦有军阀峙南北，勇于私斗为民贼。

呜呼四面皆楚歌，嗟我少年其奈何！

披荆斩棘吾侪事，遥望龟山叹斧柯。①

---

① 曾琦：《中国少年歌》，《少年中国》第3卷第8期，1922年3月1日。

第六章 "少年中国"的理想与运动

诚如方东美所说,会员"共计一百有八人,皆个性独特,而思想自由,情感富赡。平居生活抑又律己甚严。盱衡时艰,触发问题,写为文章,先后发行《少年中国》及《少年世界》两种杂志,风声所播,全国掀动"。①而且会员纯洁融洽,"少年中国"理想成为联结会员感情的纽带。因此,学会初创以来充满一种欣欣向荣的蓬勃气概。黄仲苏回忆说:"少年中国学会初非一种纲纪严整,规律详密,服从某一领袖,遵守某一主义之集团,而是一种追求光明的运动。会员莫不反对封建主义,崇尚进取,重视新知识,于各种新制度极感兴趣,思想自由,不受约束,所持信仰亦不一致,既以创造少年中国为己任,自当克服种种艰苦,因取奋斗、实践、坚忍、俭朴为会员必应共同遵守之信条。会员皆少年,富于热情,其素不相识者一见如故,推诚结纳。平日言行务求一致,尤以虚伪、敷衍、放纵、标榜诸恶习为戒。聚会时每有辩论,无不面红耳赤,据理力争,事后则又握手言欢,不存芥蒂。会员间来往通讯,讨论修养、科学、政治活动及一般社会问题之函件,载在《少年中国》月刊者,皆至亲切感人,尤为当时一般青年所争诵者也。"②宗白华在《我所见到五四时代的一方面》中描述说:"当时一般青年真富有一种天真的无世故气、无政客气的纯洁的热情,而道德的意识颇为浓厚。少年中国学会的会员都相戒不嫖不赌,不做政客。朋友间互相作道德上的监视和警戒是很严肃的,见面时或通讯时往往毫不客气的指摘过失,而友谊反而出此,愈觉亲热,绝无芥蒂。未见过面的朋友,只要是同志,就油然生一种关切的亲爱的心理状态。我想少中的朋友都还能回忆那时的一股富于理想的生活意识和对一切所抱的真挚热情的态度。可惜中国政治情形的发展不能容许这样的一个青年结合永久存在。各会员间政治见解的分歧,使这个五四时代代表的青年团体终于无形解散。"③

---

① 方东美:《苦忆左舜生——因及少年中国学会二三事》,载周宝三编《近代中国史料丛刊续编第81辑·左舜生先生纪念册》,(台北)文海出版社,1981,第43页。

② 黄仲苏:《王光祈与少年中国学会》,载左舜生等撰《王光祈先生纪念册》,(台北)文海出版社影印,1968,"附录"第3页。

③ 宗白华:《我所见到五四时代的一方面》,《中苏文化》第6卷第3期,1940年5月。

第二节　少年中国运动

少年中国学会以社会活动创造理想的"少年中国",就是少年中国运动。在创造"少年中国"的共同追求和实践中,既有学会层面的少年中国运动,也有会员本诸个人心性能力和职业而开展的少年中国运动。在少年中国运动分途并进的过程中,国家主义运动与共产主义运动产生分歧并且形成对抗,导致了少年中国运动的分化,也导致学会的分化。

一、少年中国运动的内涵

王光祈在《政治活动与社会活动》一文中提出了对学会的希望。他说:"自吾出国以来,益感人生真义之不可不追求,国民生活之不可不改善,中国社会之不可不打破,世界革命之不可不速起。而吾少年中国学会之不可不努力也。吾以为无论物质或精神束缚,皆须无条件之解放,无论国内或国际强权,皆须无条件之抵抗。在国内则速促农民阶级之崛起,在国外则速谋弱小民族之联络。对于虚伪之人生乡愿之社会尤应根本推翻,无稍顾忌,使个人之人生,赤条条与天下人以共见。"①这些社会改造的内容,实际上是他界定的少年中国运动的范围。王光祈在《少年中国运动》一书中全面解读了他的少年中国运动,并概括为"'少年中国运动'不是别的,只是一种中华民族复兴运动"。②其实,不同思想倾向的会员在共同创造"少年中国"的理想追求中,形成了各自的"少年中国"理想,也有各自的少年中国运动。归结起来,学会的少年中国运动主要有以下三种形式:

一是"少年中国"的少年运动,这是属于个人层面的改造运动。李大钊在《"少年中国"之"少年运动"》中指出:"少年运动"的第一步是作精神改造和物质改造两种文化运动。精神改造要与物质改造一致进行,而在物质改造开始的时期更要紧。他所希望的"少年中国"的"少年运动",是物心两面改造的运动,是灵肉一致改造的运动,是打破知识阶级的运动,是加入劳工团体的运动,是以

---

① 王光祈:《政治活动与社会活动》,《少年中国》第3卷第8期,1922年3月1日。
② 王光祈:《少年中国运动序言》,王光祈著《少年中国运动》,中华书局,1924,第2页。

第六章 "少年中国"的理想与运动

村落为基础建立小组织的运动,是以世界为家庭扩充大联合的运动。因此,少年中国的运动就是世界改造的运动,少年中国的少年都应该是世界的少年。[1] 实际上就是李大钊所期望的创造"少年中国"运动。对于创造"少年中国"的思路,学会坚持以个人改造为社会改造的基础。新文化运动名流李石曾、胡适、章太炎、陈独秀等人在少年中国学会的讲演中都对少年中国运动期望甚殷。1919年初,章太炎从消极方面提出"少年中国"的四种精神,提醒会员"不要把事情看得太容易了","不要妄想凭借已成的势力","不要虚慕文明","不要好高骛远",其实也正是学会信条规约的概括与阐扬。胡适在《少年中国之精神》中指出,"少年中国"应保存批评的精神、冒险进取的精神、社会协进的观念,"少年中国"的精神正是上述逻辑和人生观的体现。所谓"少年中国"的人生观与精神,正是地地道道的实验主义方法论的解读与诠释。

如前所述,实现"少年中国"理想,必须从事包括"人"与"事"两个方面的各种"预备工夫"。创造少年中国之少年,改造少年中国的平民,培养健全人格以顺应少年中国的需要,是创造"少年中国"的"人"的方面的下手处。在其中,"少年中国"的少年是少年中国运动成功的关键。学会成立之初,王光祈就强调:"我们要改造中国便应该先从中国少年下手,有了新少年,然后'少年中国'的运动才能成功"。[2] 他明确地说,因为过去人物"阅历深,天机浅",所以青年是"创造少年中国之唯一良友"。[3] 青年要"专凭自己力量一点一滴慢慢做去,决不(依)赖已成势力,亦绝对不愿与任何旧人物妥协"。[4] 1920年,他决定到海外去联络学生、华工、华侨,向各地华侨中的优秀青年宣传少年中国运动的精神。他在出国前作的《去国辞》中反复申述"发挥科学精神,努力社会事业,惟我少年,乃能奋发";"不依过去人物,不用已成势力,惟我少年,乃能自立";"只问耕耘如何,不问收获所得,惟我少年,有此纯洁","'欲洗污浊之乾坤,只有满腔之热血',惟我少年,誓共休戚";"愿我青春之中华,永无老大之一日,惟我少年,努力努力!"[5] 这既是少年中国运动的宣传,也是会员创造"少年中国"的努力方向。

---

[1] 李大钊:《"少年中国"之"少年运动"》,《少年中国》第1卷第3期,1919年9月15日。
[2] 王光祈:《"少年中国"之创造》,《少年中国》第1卷第2期,1919年8月15日。
[3] 若愚:《赴法船中之五四纪念会》,《时事新报》1920年6月14日"通讯"。
[4] 黄仲苏:《王光祈与少年中国学会》,载朱传誉主编《王光祈传记资料》,天一出版社,1985,第6页。
[5] 王光祈:《去国辞》,《少年中国》第1卷第11期,1920年5月15日。

二是创造"少年中国"运动,这是少年中国学会改造中国层面的运动。王光祈是少年中国运动的代表者和解释者,也是虔诚的追求者和先驱者。他痛感辛亥革命后政治社会之腐败而致力于少年中国运动,他在《少年中国运动》"序言"中提到,他个人在这五六年之中著了三百多篇文章(杂志论文和报馆通讯),百万余言,其中无一篇无一字不是本着少年中国学会的精神。至于他个人求学作事的计划,亦无一时无一处不是本着少年中国学会的精神。《少年中国运动》整合了王光祈本人创造"少年中国"的理想和行动,形成了创造"少年中国"的纲领,也是学会开展少年中国运动的蓝图。1923年10月苏州会议决定学会进行方针为"求中华民族独立,到青年中间去",就是确立学会继续开展少年中国运动。

三是创造"少年世界"运动,这是少年中国学会改造世界层面的运动。少年中国学会以创造"少年中国"为第一步,进而创造"少年世界"。李石曾在《中国少年与社会之新潮流》的演讲中指出:"又谓'少年中国'云者,似犹限于中国的运动,甚愿更扩而为世界的运动。在巴黎之会员中虽有行之者,然究规模狭隘,尤望更扩大其规模云云。"[①]寄希望于少年中国运动扩大为世界运动。其实,少年中国学会在《少年世界》发刊词中就确定了创造"少年中国"与"少年世界"的顺序和阶段,规定以创造"少年中国"为创造"少年世界"的第一步,后来王光祈提出少年中国学会分工负责的国际运动,容后详述。

总之,少年中国运动是以社会活动创造"少年中国"进而创造"少年世界"的运动。会员陈启天归纳少年中国学会的原始精神,就是认定个人改造是社会改造的下手方法,社会改造是政治改造的下手方法,而反对舍去个人改造与社会改造而急切从事政治运动,所以学会的初期活动与五四以后的新文化运动在大体上是互相呼应的。从这个意义上说,少年中国运动就是一种新文化运动,是个体层面和社会层面同时进行的改造运动。

[①]《会务报告》,《少年中国》第1卷第11期,1920年5月15日。

二、少年中国运动的开展

少年中国学会是理想与实行并重的团体,其改造中国的基本思想是:改革个人生活。"现刻中国一般人不准他人有理想目的,常拿'道高难行'的话头来讥诮理想家。那些理想家又只有理想目的而无下手方法。"在会员看来,理想是事实之母,理想与实行要并重。有理想之后,大家还要细细磋商一切详细微密的具体办法,然后就照此办法一步一步地做去,总有达到的一日,"不可以犯中国人素来因循退怯的病"。①他们面对着黑暗现实,希望革命,与恶社会恶势力抗争;但因为身单力薄,他们又希望以团体活动的形式,找一块与世隔绝的净土开展社会改造的实验,于己是一种新生活的实验,于人则是一种新社会的示范。左舜生、王光祈发起讨论的小组织问题,可以说是社会改造的实声和初步的实验。随后他们把小组织的主张具体化为行动,发起工读互助运动。工读互助团实验是初期的少年中国运动,被誉为一种"和平的经济革命"。总之,初期少年中国运动是以社会活动创造"少年中国",反对政治活动。

在以社会活动创造"少年中国"的共同追求中,会员创造"少年中国"的路径和方法并不一致,形成不同形式和内容的少年中国运动。不妨以恽代英和王光祈为例来说明。

1.恽代英与少年中国运动

恽代英认为少年中国学会"真是充满了新中国的新精神",会员"很是有能实际为社会做事的人"②,因此很愿意加入创造"少年中国"的行列,成为少年中国学会会员。他加入学会后,热心于少年中国运动,先后发表《怎样创造少年中国?》《论社会主义》《少年中国学会的问题》《为少年中国学会同人进一解》等宏篇大论和大量的讨论学会问题的书信,又先后担任学会评议员、月刊编译员、丛书促进员等职务,从理论与实践两方面积极探索学会创造"少年中国"的问题,一度成为"少年中国"理想的忠实信徒和少年中国运动的真正践行者。

---

① 若愚:《答黄仲苏先生书》,《少年中国》第1卷第2期,1919年8月15日。宗之櫆:《我的创造少年中国的办法》,《少年中国》第1卷第2期,1919年8月15日。

② 恽代英致王光祈信,《恽代英文集》,人民文学出版社,1984,第106页。

其中,《怎样创造少年中国?》的长文,详细讨论了为什么要创造少年中国、创造少年中国的分工与互助、创造少年中国与群众生活的修养、创造少年中国与学术的研究、创造少年中国与个人生活等等问题。他强调,创造少年中国,便是创造一个充满活力、"人人机会平等",目的是"以适应于少年世界为目标,求少年中国的实现"。要实现这一目的,就需要每一个真心创造少年中国的人协力互助,联合起来,注意群众生活的修养,注意学术研究的途径、方法及目的的正确性,在个人生活方面求得适当的解决。

恽代英提出开展少年中国运动的方法,主要有以下几种:

一是注意合理的分工互助计划。恽代英认为,政治活动虽也是一种必要的、简洁有力的改造手段,但学会的努力方针是在最近期间努力于自身的改造与教育的改造,以追求平民真正的觉悟和养成雄厚的实力,以为各方面取用各种手段的预备。为此,创造"少年中国"应注意合理的有计划的分工和互助,无论学会内部还是学会与别的团体都应如此。这一点与部分会员坚持学会包办少年中国运动的认识是截然不同的。

二是注意群众生活的修养。恽代英认为,以前先觉者对于国民性改造的失败,问题不在于国民的不可救药,而在于我们品性上的弱点、方法上的错误,因此我们应该研究这弱点与错误之所在,以及补正之法。更进一步说,一方面群众心理不可不研究,以应付将来"奋斗的大破坏"可能产生的群众心理的"变态";另一方面以发展群众事业为目的来从事个人修养。在他看来,群众生活的修养是青年最缺乏的、最需要的,尤其是活动的修养与合群的修养。前者是指事前、事中、事后的计划力和对事勇猛与肯负责任,对人能指导和能分配任务的魄力;后者则指得人信心和得人助力。可见,群众生活的修养既是学会从事的预备工夫的具体化,也是会员个人修养的重要内容。

三是致力学术研究。恽代英强调,要懂得社会与个体的关系,要知道社会需要及需要的程度,要知道什么学术可以为社会供给什么需要,要知道自身的心性、能力、机会最适宜为社会供给哪一种需要,这些都需要从事学术研究。总之,要在这样危急腐败的中国来谈论创造"少年中国","我们应该选最近的路,用最有效的方法,教我们所用的力,一点点都得着他相当的功效"。

四是注意个人生活的修养。恽代英认为,创造"少年中国"的少年,必须能站稳脚跟且能改善现在的职业界,为此应注意:生活的技能尽量求最高的造诣,减少个人必要的生活程度,非生活能够自给不可结婚,在学力未能充实以前不可太轻易地脱离家庭。这就要求把谋生活赚钱与做事分开,做一件事是为了谋生活赚钱,而就它所赚的钱,去创办自己的事业。很明显,恽代英以谋生活赚钱为手段,以创造自己的理想事业为目的。这既是对工读互助团失败的反思,也是对一些会员把读书做事的手段与目的混同的批评。①

总之,少年中国学会唯一的真正的目的就是创造"少年中国",其中求学是以最合理最经济的方法获得知识,做事是为了养成创造的能力,组成团体是为实现在共同目的下有计划地分工与互助。因此,创造"少年中国"不仅要每个同志有学问,而且要每个同志有品格,更要每个同志能自觉地联合于一个共同目的下有计划地分工与互助。这也是恽代英对于创造"少年中国"的总要求。

恽代英在成为马克思主义者以后,对少年中国运动的认识和实践都发生了变化,但以少年中国学会来救治中国则一以贯之。恽代英在研究如何创造"少年中国"问题时,更注意如何确定一个正确的发展方向,明白地说是引导学会成为布尔什维克式的革命团体。对于会员则希望他们投入民主主义革命中来,谋社会经济制度的全部改造,反对空谈救国,亦反对单纯从事于教育实业,做所谓慈善家、教育家,尤其反对做官吏议员。他1922年6月所写的《为少年中国学会同人进一解》,不仅公开提出了许多与一些会友相冲突的意见,并且勇敢地解剖自己过去的错误。一方面检讨自己对于创造"少年中国"方法上的错误见解,诸如"只有用自己的力量,创造自己的事业",主张赚钱与做事分为两极;另一方面指出会员应加入旧社会,但不应成为局部的理想的政治家、实业家。他认为,"要改造,须全部改造,须将眼前不良的经济制度,从根本上加一种有效的攻击"。改造的方法是:会员无论就何种职业,要利用机会为全部改造(革命)的运动,而不要为改良运动;不要容许会员去做无实效的慈善家、教育家乃至各种社会改良家。该文着重讨论了少年中国学会主张如何一致的问题,其方法是采取"充分的研究态度",不是为分裂而研究,而是防止分裂而谋救济。这些都可说是恽代英改造学会的要求,也可见他对创造"少年中国"的方法、途径进行调适,即

---

① 恽代英:《怎样创造少年中国?》,《少年中国》第2卷第1期、第3期,1920年7月15日、1920年9月15日。

由以社会活动和社会事业来创造理想"少年中国",转移到以政治运动和政治改革来建设一个"新中国"。①

恽代英在《为少年中国学会同人进一解》中明确提出学会在新的形势下的努力方向,即以唯物史观来宣传发动群众,从思想方面影响群众,引导群众投身革命运动。他负责起草的《少年中国学会苏州大会宣言》,确定学会进行方针为"求中华民族独立,到青年中间去",并据此制定学会纲领九条,提出学会要以具体的办法实际参与政治运动,在当时引起较大的反响。他本人也对苏州会议的结果表示极为满意,认为学会由此前精神涣散,没有共同趋向,到苏州大会上能以民族独立的青年运动自任,是一个重大转变。从中他看到了学会由讲"学"的会向革命团体转变的希望,又指出学会中存在的问题,意在引导学会勇敢地投身到民族独立运动中。他还在《先驱》《中国青年》发表《少年中国学会最近的进步》《前途的乐观》等文章,宣传少年中国学会的纲领。从一定意义上说,他的争取使少年中国学会顺应反帝反封建民主革命潮流已初见成效。但是,国家主义派要求以国家主义为学会方针,为此与共产主义派发生激烈的争论。结果国家主义者占据上风,随后在南京年会上修改了苏州大会确定的学会方针,代之以国家主义。因此,国家主义与共产主义形成尖锐的对抗,少年中国运动的分化更加明显。

在1925年南京年会上,国家主义派极力拉拢会员并在学会内进行国家主义宣传,恽代英对此进行了针锋相对的斗争,如演讲"五卅运动"来批判国家主义,揭露李璜、曾琦等人的国家主义宣传,同时尽力拉拢会员的一部分,至少使之不成为国家主义者。恽代英在与国家主义者争辩的同时,仍极力维持学会的团结,使其不致分裂,又不致为国家主义派所利用。他希望"大家莫为感情或私人利害所蔽惑。会员纵所见不同,仍望在要求民族独立与为人民本身利益奋斗各点可以合作"。②在这次年会上就"本会对于外患与内乱交通之中国应采取何种方针案",恽代英仍坚持与曾琦等国家主义派论争,反对确立国家主义为学会方针。后来他又与左舜生等人商议重振学会会务问题,终因两派意见分歧太大,不能合作共事而退出了学会,结束了在学会的活动。从这个意义上说,是

---

① 恽代英:《为少年中国学会同人进一解》,《少年中国》第3卷第11期,1922年6月1日。
② 张允侯等编:《五四时期的社团》(一),生活·读书·新知三联书店,1979,第510—511页。

"少年中国"理想抛却了恽代英,而恽代英在学会活动与会外的革命活动中相应地调适、改变到最后不得不放弃"少年中国"理想。少年中国学会终究未能如他所期望的"少年意大利党"复兴意大利一样救治中华民国。

2.王光祈与少年中国运动

王光祈不仅是少年中国运动的真实践行者,也是少年中国运动的权威解释者,被誉为"少年中国运动的领袖"。[①]他的少年中国运动的思想也颇具代表性。

关于少年中国运动的特点,王光祈明确指出:"我们'少年中国运动'与国内其他各种运动不同的地方,便是我们眼中只看见了一个'中华民族'。再进一步说,我们只看见了一些'中国人民',无论什么功罪,我们都归之于人民身上。"他指出,国民党的"训政"与从前袁世凯所谓"开明专制"、进步党所谓"贤人政治",都只是一丘之貉。因为要实行这种"训政"手段,必须有两个前提:一是须待到夺得政权之后,二是该党之内须尽是贤人(至少亦要有大部分)。若这两个问题不得圆满解决,则一切都是欺人之语,殊无讨论价值。少年中国运动则与此不同:"第一步我们只是自己教训自己,同时再以其修养所得者,分给一些与我接近的人民,使他们随时都在进步之中。因此之故,我们的运动第一无须夺得政权,第二,我们亦不必备有贤人资格。这是一种何等轻而易举的事呀,人人皆可以作此运动。又是一种何等急切需要的事呀,人人皆必须作此运动。"总之,"中华民族复兴"是少年中国运动的目的。中华民族复兴的方法计有民族文化复兴运动和民族生活改造运动两种。"只有'少年中国运动'是我们青年唯一无二的应走道路。"少年中国运动便是民族文化复兴运动与民族生活改造运动。[②]

与部分会员希望学会包办少年中国运动不同,王光祈则规划了学会在其中的分工与合作问题。他在《我们的工作》中设计了社会分工和国际分工两种形式。之所以主张社会分工,是因为创造"少年中国"不是一个人或团体所能包办的,而是每一个人或团体对于社会都要有他的特殊工作。之所以又主张国际分工,是因为创造"少年世界"亦不是一个民族所能包办的,而每一个民族对于世

[①] 周谦冲:《王光祈与现代中国文艺复兴运动》,载左舜生等撰《王光祈先生纪念册》,(台北)文海出版社影印,1968,第69页。

[②] 王光祈:《少年中国运动序言》,载王光祈著《少年中国运动》,中华书局,1924,第3—7、28页。

界都要有他的特殊工作。这样,少年中国运动可分为创造"少年中国"与"少年世界"两种运动。其中,少年中国学会的特殊工作就是中国农民阶级改造运动和亚洲弱小民族自决运动。为什么要从事中国农民阶级改造运动?因为无论一种什么完美的"主义",皆要有一种健全的"人"才能应用。现在中国的"士农工商",这个"人"字的工夫都还没有做到。上海的资产阶级已经起来了,一部分知识界外交家已与之努力联合,可以预料不久中国政权要转移到所谓"商教阶级"之手,士商两种人都将有享受"人的生活"的一日了。中国的工业虽不发达,但是工人亦渐渐地增多了。广州一部分工人已经有了团结,一部分青年已经组有共产党作其先驱,可以预料"工"人亦渐渐有所谓"人的生活"了。而占了中国人口百分之八十的农人还没有"人的生活",因此,"我们不能不敬告一般资本家,你们努力发展工商,我们并不反对。但是你们不要忘记你们工商的原料,是我们农人所生产出来的,不先有我们农人,便没有了你们工商家。我们掉过头来又敬告一般共产党,你们主张共产,我们并不反对,但是你们不要忘记列宁的话,'农民是共产主义的仇敌'。若[没]有了我们农人,便没有了你们共产党。你们若要实现共产主义,便不可不先在我们农民身上用一番大工夫。"总之,"我们不可不立在资本家与共产党的中间,从事这种改造农民生活——精神生活与物质生活——的预备工夫,这便是我们所以要从事第一个特殊工作的原故了。"[①]

为什么要从事亚洲弱小民族自决运动?王光祈解释说,无论讲什么大同主义、世界主义,首先要每一个民族都撑得起腰来。现在有许多人高谈世界主义,对于英、美、德、法工人之不平待遇常抱无限同情,而对于中国四周一个个快被人压迫死了的弱小民族却毫不动心。"我们既号为亚洲的文化古族,我们以人口幅员而论,又负有纠合亚洲各弱小民族与世界列强对抗的天然资格。从今以后,我们再没要高谈怎么样帮助英、美、德、法工人了,只是研究我们怎么样扶助我们四围[周]的弱小民族。乡邻有难,我们应该被发缨冠而往救之。若是亚洲的弱小民族撑得起腰杆来了,那些资本主义的国家,失了殖民地势力的凭借,亦自然会倒了。"

---

① 王光祈:《我们的工作》,《少年中国》第4卷第1期,1923年3月。

总之,"我们以上述两种特殊工作自责,社会上亦以此两种工作责我们"。[①]从事中国农民阶级改造运动和亚洲弱小民族自决运动,正是少年中国学会在少年中国运动中的分工和责任。

1922年8月1日,王光祈参加德国"国际青年团"会议时,以少年中国学会驻德代表的名义散发《少年中国学会传单》,宣传学会关于少年中国运动的两种分工,明确了学会在两种分工中的责任。在社会分工中的两种责任,可以归纳为:"(a)因为我们欲将全力应用在社会方面,所以我们不加入政府及议会。换言之,我们的运动不是政治的,而是文化的社会的。这是我们在社会分工中的第一种责任。(b)中国是农业国,农民占全人口百分之八十。假如我们欲改造全中国,那么,我们第一应先改造农民。因此之故,我们一方面从事农民教育,他方面则拟组织一理想经济之模范村,使全国受其影响,此种模范村之集合,即是我们的少年中国。这是我们在社会分工中的第二种责任。"学会在国际分工中的两种责任,可归纳为:"(a)我们以为若欲改造全世界,则每一个民族皆须努力先自振拔。我们是中国人,所以我们负有创造少年中国之责任。因此之故,'少年中国'的意义不是一种国家主义的,而是一种世界主义的。这是我们在国际分工中的第一种责任。(b)我们以为若欲使全人类皆得着幸福,则每一个民族皆负有扶助其他弱小民族脱离压迫的责任。我们居在亚洲,所以我们负有扶助我们邻居,如高丽、印度、安南、波斯、阿富汗、俄罗斯之类的责任,因为他们朝夕呻吟于我们左右的原故。这是我们在国际分工中的第二种责任。""总而言之,我们的工作是创造'少年中国'之预备工夫,创造'少年中国'是创造'少年世界'之预备工夫。"[②]王光祈在国际会议上散发传单,说明学会的旨趣和责任,宣传少年中国运动的分工和计划,旨在获得国际社会的同情和支持,共同推动少年中国运动的发展。

少年中国学会自任少年中国运动的上述两种特殊工作,即国内社会运动和国际运动,正是学会创造"少年中国"与"少年世界"的理想追求和实践。

王光祈在《我们应该怎样运动》中进一步讨论了少年中国运动的着手办法及其根据,提出中国农民阶级改造运动必须先握乡村教育权柄,亚洲弱小民族

[①] 王光祈:《我们的工作》,《少年中国》第4卷第1期,1923年3月。

[②] 王光祈:《我们的工作》,《少年中国》第4卷第1期,1923年3月。

自决运动则必须先谋民族交际机会。为达上述两种目的,亟应组织乡村教育协进会和亚洲民族交谊会两种机关。乡村教育协进会的进行程序须分三种:第一改造农民生产,第二改造农民生活,第三改造农民生计,最后目的是农民生活改造与农民生计革命。具体步骤及理由如下:第一步须先提倡改造农民生产,譬如种子、农器、耕植等等改良方法,印成传单到乡村去散布、讲演、指导。"每到一地,我们须与该地略具新知的青年(或成年)联络,并授以我们总机关通信地址,使其与我们常常接近,此后'他们'便慢慢的变成'我们'。"农民生产进步后,再进一步与各地乡村青年教育家谈生活问题,譬如起居、饮食、娱乐、小节,以至于婚姻家庭社会关系。"我们皆须给他一种不奢不陋、不偏不激的主张,(这种主张当然先由我们总机关讨论决定),并佐以关于欧美日本人生活的幻灯照片,以引起其兴趣,他们久而久之便觉得从前所过的不是人的生活了。"等到农民生活改良了,再与他们讨论生计问题。中国人一大半是农人,农人一大半是为小地主作奴的。这种小地主不从事生产,是一种消极的、懒惰的、无能力的人,既不能增进人类进化,亦不能与并世强族共存。因此为人类幸福计,为中华民族生存计,应赶快设法将他们铲去,把他们的产业收归村有,这便是农民生计革命成功。农民教育协进会就掌握了农村教育权,为农民阶级改造运动打下基础。

王光祈指出,"我们的理想是要把中国造成一个'士农工商四合国'。士的阶级,现在已有各处'教职员联合会'代表了。(我不取滥绅厕列之教育会)工的阶级,现在已有各处'铁路工会''工厂工会'代表了。(我不取有名无实之工会)商的阶级,现在已有'各帮商业联合会'代表了。(我不取官味甚浓之商会)只有农的阶级,还待我们去造"。这就是少年中国学会改造中国农民阶级的运动。在中国士农工商改造成功的基础上,将来的"士农工商四合国"国会组织应由相同数目的士会代表、农会代表、工会代表和商会代表(由士农工商四个总会选出)组成。至于经济组织,"我既不主张用资本主义或劳动主义来发展中国实业,我亦不主张农村立国而不管中国工业,而是要将农商工三种势力合于一途,以发展中国幼稚工业,力求自给,以御外国久经训练之资本主义侵略"。这是少年中国学会在少年中国运动的社会分工,也就是创造"少年中国"的社会运动。

后来王光祈把少年中国运动进一步归结为"中华民族复兴运动",主张"从事一种"自反自修的国民改造运动",改造的指导精神就是要利用西洋的科学方法整理中国固有的文化思想。①他在德国留学期间深思苦索,认为中华民族的民族文化便是中国古代的礼乐,由这种礼乐以养成中华民族的根本思想。所以他要利用西洋的科学方法,把古人立礼制乐的千古不磨的本意,整理培植出来,用以唤起中华民族的根本思想,完成我们的民族文化复兴运动。王光祈1924年撰写《德国国民学校与唱歌》一书,在"序言"中写道:"我希望这本书,能使中国教育界的西洋音乐知识稍稍普及;更由此以引起国人研究音乐的雄心,以创成代表中华民族的国乐;更由'礼乐复兴',(质言之,即中国古代文化复兴,因'礼乐'是中国古代唯一最有价值的文化。)以唤醒中华民族之复生,实现我们日夜梦想之'少年中国'!"这样看来,少年中国运动就是一种"音乐救国"运动。他在《东西乐制之研究》的"自序"中说得更明白:"昔少年意大利之兴也,实由该国之人,既闻诗人但丁之歌,复观古都罗马之美,乃油然而生其建国之念。此无他,意大利人能自觉其为意大利民族之故也。著者不揣愚昧,以为吾党若欲创造'少年中国',亦唯有先使中国人能自觉其为中华民族之一途。欲使中国人能自觉其为中华民族,则宜以音乐为前导。何则?盖中华民族者,系以音乐立国之民族也。现在中国人虽已堕落昏愦,不知音乐为何物,然中国人之血管中……固有之音乐血液,从新沸腾。吾将使吾日夜梦想之'少年中国',灿然涌现于吾人之前。因此之故,慨然有志于中国音乐之业,盖亦犹昔日少年意大利党人之歌但丁之诗,壮罗马之美而已。"②表达了他日夜梦想"少年中国"的心情,并且以音乐作为创造"少年中国"的手段。总之,在王光祈看来,无论是从个人生活改造还是农村改造甚至复兴民族文化,少年中国运动就是要把古老的中国改造成一个理想的"少年中国",把平民改造为适应20世纪新潮流的"少年中国"新国民。

少年中国运动的另一个方面,是进行国际运动,即创造理想的"少年世界"。其具体办法,一是改造国际社会。王光祈主张打破国界人种的界限,扫除资本家军阀贵族的威权,由各地方的工人,不分国籍,也不分体力和脑力劳动,按"各尽所能,各取所需"的原则组成地方自治团体,再联合成为一个与国际联盟根本不同的"国际社会",就可以消灭国际间的猜疑与野心,推翻社会上不平等的制

---

① 王光祈:《少年中国运动》,中华书局,1924,第11页。
② 王光祈:《自序》,载王光祈著《东西乐制之研究》,中华书局,1926,第9—10页。

度。①王光祈设想的国际社会是由各地自治团体联合起来的,改造国际社会不能首先从国家改造做起,而必须从地方自治做起。二是从事民族自决运动。王光祈认为,国际社会的改造,不仅要靠国际社会的努力,也要靠各民族的自觉。若欲改造全世界,则每个民族皆须先努力先自振拔。中国以人口幅员而论,又负有团结亚洲弱小民族与世界列强对抗的天然资格。为此,他设想在上海建立亚洲民族交谊会,其进行程序:第一步须设法网罗侨居中国之亚洲各种民族有志人士为会员(日本人亦可参加,唯排斥其帝国主义分子);第二步由各会员分组各部(如中国部、朝鲜部、印度部、俄国部之类),担任传达各该民族之消息;第三步由会中派遣有志青年前往各该国旅行;第四步,凡该国有逃亡政治犯来华者,应设法保护,积极帮助;第五步,亚洲各民族应该研究一个合作自卫的方法。他分析指出:自欧战以后,欧洲各国多变为"北美合众国"之债务者,事事须仰美人鼻息,于是欧洲论坛常有倡为"欧洲合众国"之说,以抵制"北美合众国"。"我们现在亦可倡为'亚洲合众国'之论,以脱离外来强权压迫。""若吾亚洲民族,则除日本少数军阀财阀外,无不呻吟于外来经济政治侵略之下,其能合力共作,实较欧洲各国为易。"总之,"我们若要排除国内游民(军阀政客亦包含在内),便不可不提倡'中华四合国';我们要抵抗国外强权,便不可不提倡'亚洲合众国'"。②到1925年8月,王光祈进一步提出学会的国际运动应该先从东方民族联络入手。他要求少年中国学会先设一个东方语言研究会,然后再联络各国侨华人士,共同办一个东方民族杂志,专门介绍各国近况,并随时延请各国侨华人士讲演。③总之,少年中国运动在改造中国的同时,还要改造世界,少年中国学会在创造"少年中国"的基础上创造"少年世界"。

王光祈的少年中国运动计划规模宏大,却大多无法付诸实现。正如《少年中国运动》"序言"所说:少年中国学会之发起已有六年,对于中国社会,虽未有若何显著的贡献,但是对于"少年中国运动"之努力,则未敢一日自懈。因为少年中国学会的希望,是在唤醒"中华民族之复兴",此种工作,何等伟大,当然不

---

① 若愚:《国际社会之改造》,《每周评论》第1号,1918年12月22日。
② 王光祈:《我们应该怎样运动》,《少年中国》第4卷第5期,1923年7月。
③ 王光祈:《致少年中国学会同志书》,载王光祈著《王光祈旅德存稿》,中华书局,1936,第678—679页。

是短时间内所能见效的。[①]少年中国学会旋起旋败,创造"少年中国"的理想无由实现,少年中国运动也无法完成。

3.少年中国运动的分化

在少年中国学会创造"少年中国"的共同目标下,会员热心于少年中国运动,不仅有深入的研究和广泛的讨论,而且部分付诸实际运动,从中分离出各种形式的少年中国运动。王光祈的《少年中国运动》出版以后,引起会员的广泛关注和对少年中国运动进一步的讨论。不妨以恽代英对王光祈的批评来作进一步说明。

恽代英在1924年发表《评王光祈著〈少年中国运动〉》一文,批评王光祈的少年中国运动。关于国内的社会运动,王光祈知道注重民族生活的改善,主张要一种理想愉快的生活。虽然说"欧洲人之物质生活,(衣食住三事)较之中国人实在百倍以上","欧洲人之精神生活,(恋爱音乐美术等事)较之中国人实在千倍以上",然而怎样改善民族生活,王光祈决不曾提到要收回关税主权,取消赔款,审查外债,改良租税,实施各种民生政策。王光祈又说中国农民阶级改造运动的进行程序须分改造农民生产、改造农民生活和改造农民生计三步。恽代英是大致同意的,但改造农民生计有许多是革命以后的事,王光祈用这几步去进行宣传革命是可以的,若竟想不革命,那便非有了很大的名望地位,或是有了非常的机会,是做不出一个究竟来的。王光祈所谓"不但革命后要建设,即在革命前亦要建设"。恽代英以为,革命前须要一个很普遍的农工阶级的宣传,使他们为要求自己生活的改善而革命,这是很不错的。但王光祈所说要建设新村,"此种模范村之集合,即是我们的少年中国",恽代英则是不能赞成的。革命以前的压制与贫乏,哪里会产生几多模范村?然则少年中国亦便永托于梦想吗?至于王光祈说一般社会主义家引起了民众之不安以后,直接继以反抗,结果"只是一种牺牲;'不安'是痛苦,'牺牲'又是痛苦,而理想的乐园此时又渺不可及,那么,一般民众的悲观失望更将与日俱增了"。恽代英认为民众的乐园仍在于民众的团结,打倒一切压迫,重新整理财政经济,为自己创造出一个新的世界。

王光祈特别注意农村运动,他虽知有外资挟其工商势力侵入,而见到中国

[①] 王光祈:《少年中国运动序言》,载王光祈著《少年中国运动》,中华书局,1924,第1页。

不能专以农业立国;却又主张"农业则求其尽量发展,增加输出;工业则但求自给,借塞漏卮"等,还说"最后胜利,则仍属之于农业国家",因此要提倡"基于农业的社会主义"。恽代英指出,农国本来是章士钊不能自圆其说的主张。王光祈主张青年去接近农民,又不注意因引起农民改善生活的要求,而使之进行革命;却只说"应该把我们所知道的传授一点,与我们未有机会得受教育的劳动同胞"。在恽代英看来,这没有什么重大的意义。王光祈提出"中华民族的民族文化,便是中国古代的礼乐"。在恽代英看来,古代的礼乐不过是古代小生产制度下所产生的一种文明而已。在小生产制度已被国外进来的产业势力所压倒的情况下,迷恋古代文明,岂非怪事?孔子还知道富而后教,孟子还知道制民之产为当务之急;在民族生活改造还一点无把握的时候,居然提出立礼制乐的太平事业来,可惜中国的颜回原宪,能安贫而乐道的人太少了。这却好像是"何不食肉糜"的见解。①

关于国际运动,王光祈特别注意弱小民族运动,说"若是亚洲的弱小民族撑得起腰杆来了,那些资本主义的国家失了殖民地势力的凭借,亦自然会倒了"。恽代英承认这说得很有道理。但王光祈似乎还不承认中国亦只是弱小民族之一,俨然以老大哥自命,只愿讲扶助我们四围的小民族,说什么"凡该国有逃亡政治犯来华时,吾人应设法保护"。在恽代英看来,像今天在国际胁迫之下的中国,帮助日本杀朝鲜国事犯的事是常有的,哪里说得上保护人家?②

恽代英进而提出自己的见解,就是要到劳苦的农人工人里面去,指出他们的痛苦,剖示他们痛苦的根源,告诉他们可以有的救济法;将一国与一地方的财政经济情形给他们看,使他们知道若能打倒帝国主义,不付赔款外债,打倒军阀,不出资养兵,且没收军阀的财产,打倒贪官劣绅,不许他们中饱浮费各种公款,那便一切救济的方法都是可以做得到的事。③

恽代英对王光祈及少年中国运动的批评,可以说代表了学会的共产主义派开展民主革命运动的发展方向,也是少年中国运动的一个发展方向。例如,1922年6月《北京同人提案》提出了如何开展少年中国运动的问题。李大钊、邓

---

① 代英:《评王光祈著〈少年中国运动〉》,《中国青年》第53期,1924年11月15日。
② 代英:《评王光祈著〈少年中国运动〉》,《中国青年》第53期,1924年11月15日。
③ 代英:《评王光祈著〈少年中国运动〉》,《中国青年》第53期,1924年11月15日。

中夏、高君宇等共产主义派明确提出,这次南京年会不仅是联络会友感情,更是要求彼此意见一致而讨论几个根本问题。因此指出:少年中国学会是知识阶级的团体。知识阶级应引导少数觉悟的民众在各种事业中与军阀代表的黑暗势力斗争,唤醒国人的同情。[①]实际上提出了创造"少年中国"应当顺应和参与民主革命运动,这才是少年中国运动发展的正确方向。

此外,国家主义派坚持以国家主义运动为少年中国运动发展的另一路向,先是以国家主义教育为手段,开展国家主义运动,继而组织国家主义青年团及中国青年党,与共产主义运动对抗(已如前述)。国家主义派认为,少年中国学会所谓创造"少年中国"明显含有国家主义的意味,与"少年意大利""少年土耳其"同出一辙。1922年后少年中国学会因发觉极少数会员为共产党所吸引,大多数赞成国家主义的会员在会内外与共产党开始争斗。[②]

因此,国家主义与共产主义两派会员在学会内部发生了主义与活动的争辩,乃至形成尖锐的对立。从这个意义上说,在创造"少年中国"的共同旗帜下,会员对于少年中国运动出现了方法、路向的分歧,最终导致了少年中国运动的分化,也导致了少年中国学会的分裂和瓦解。

[①]《北京同人提案》,《少年中国》第3卷第11期,1922年。
[②] 陈启天、常燕生合著:《国家主义运动史》,上海中华书局,1929,第82页。

第七章 少年中国学会的分裂与瓦解

王光祈在1925年8月31日致少年中国学会同志书中非常沉痛地说:"惟弟默察年来学会,初则有'社会活动'与'政治活动'之争;继又有'国家主义'与'共产主义'之辩,全会骚然,不可终日。此种举动,在争之者或以为如剥春笋,愈剥而中心愈近;在弟则以为舍本逐末,愈争而去题愈远。"[①]他把学会分裂的危机归诸会员的主义问题和活动问题的争论。其实,导致学会分裂的原因很多,学会内部的争论无疑是最关键的因素。而引发争论的根源在于学会宗旨的规定,并由此延伸或发展到主义问题、活动问题,最终导致学会分化和无形解散。

第一节　学会宗旨的争论

　　如前所述,少年中国学会宗旨的模糊和不确定性,尤其是创造"少年中国"的手段与目标(即社会活动与政治目的)之间存在着矛盾,会员本着各自的理解去创造"少年中国",因此发生理解和认识甚至行动上的分歧,进而发生关于宗旨问题的争论。学会发起人周太玄在《学会的四种特性》中说:"我们学会的发生,是应着一个环境时代中的底质上所发生出来的一种挡不住的需要而生,产生以后因为环境时代的变化,因而影响到需要上来。自然学会才有种种问题的

---

① 王光祈:《致少年中国学会同志书》,载王光祈著《王光祈旅德存稿》,中华书局,1936,第676页。

发生。"①执行部主任杨钟健分析说,学会在成立一年前已开始筹备,但宗旨并未确定,"究竟要创造一个什么样的少年中国,几乎每个人都有自己的想法,可以说在成立之初,就种下了以后避免不了的分化的根源"。②

一、学会宗旨的变迁及解释

在学会筹备之初讨论学会名称及宗旨问题时,王光祈、李大钊与曾琦的思想主张有明显的分歧,学会宗旨是讨论最多、酝酿最久的问题。作为学会筹备处主任,王光祈最后综合发起人各派的意见,终于确定学会宗旨,在1919年3月吴淞会议上首次作了正式的也是最权威的解释。学会宗旨规定为"振作少年精神,研究真实学术,发展社会事业,转移末世风气"。学会正式成立时,将宗旨修改为"本科学的精神,为社会的活动,以创造少年中国"。相较于初定宗旨,意思大致相同,词句较为简洁。巴黎会员的反应是,修改后的宗旨"较之原文实为简洁明瞭,涵意无遗"。③王光祈也认为,前后宗旨词句虽异,而意义则同。④恽代英对学会宗旨更是赞赏有加,在1921年9月致全体同志书中说,会员联络的精神便是学会宗旨,"我到如今还佩服从前定本会宗旨的诸友之高明豁达,得至于此"。⑤

若就宗旨的简要规定及"本科学的精神""社会活动"和"创造少年中国"的表述来看,学会顺应新文化运动的潮流,高举民主与科学的旗帜,以推翻腐朽的旧社会,建立青春年少的少年中国为目的,显然含有国家意识与民族精神。用发起人陈愚生的话来解释,"因改造事业必须先加以学理研究,又因与社会接触既多,虑为党派利用,故定现今会名与宗旨"。⑥无可否认,学会宗旨表现出内涵宽泛的特征,既没有规定共同的主义,又没有明确达到目的的具体方法与手段,也没有说明"少年中国"的具体内容。宗旨宽泛确能兼容并包各种主义,便于吸

---

① 周太玄:《学会的四种特性》,《少年中国》第3卷第8期,1922年3月1日。
② 张允侯等编:《五四时期的社团》(一),生活·读书·新知三联书店,1979,第556页。
③ 巴黎本会同人致北京本会同志,《少年中国》第1卷第7期,1920年1月15日。
④ 王光祈:《政治活动与社会活动》,《少年中国》第3卷第8期,1922年3月1日。
⑤ 恽代英致同志诸兄,《少年中国》第3卷第5期,1921年12月1日。
⑥《南京大会纪略》,《少年中国》第3卷第2期,1921年9月1日。

引和网罗各地青年才俊,并给予会员以较充分发展的空间。用王光祈的话来说,"学会宗旨者,吾人所用以改造中国之必要方法也;学会信条者所用以实行学会宗旨之必需性格也"。①缘此,会员尤其是后来入会者各以其知见信行来理解学会宗旨,自然难免存在差异。如恽代英直观地分析了学会结合的原因,"看学会命名及规定宗旨,自非纯粹讲学团体,为学只是创造少年中国的工具,以注重在用科学方法去创造"。②而田汉的理解是:要讲少年中国学会的发展目标,先要研究出发点,学会的大纲中有两条主线:(1)"振作少年精神";(2)"转移末世风气"。前者属于"个人的",后者属于"社会的"。那么,学会发展的出发点就在"图个性之完成""图社会之改造"这两方面。③学会宗旨之规定如此,会员各自的理解如此,又因会员多是从事教育文化及研究科学,故社会活动亦不过是"所谓基本准备工作而带文化性质的教育、出版、新闻等事业"。尽管学会强调会员从事各种"预备工夫",但对社会活动的认知和实践都有明显的歧异。进而言之,学会宗旨的变迁,特别是由"发展社会事业"到"社会的活动"的转换,在会员思想认识中引起的混乱,或者说留下的认知的广阔空间,远非学会宗旨修改时所想象的那么简单。这种抑政治活动而扬社会活动的初衷,越发引起了关注政治的会员,或为政治所关注的事业活动者对"社会活动"的不同理解与运用,乃至把政治活动作为社会活动之一部分而强从于学会宗旨(社会的活动)的旗帜下。加之"少中"开展社会活动的不顺畅,尤其是工读互助运动的失败,也促成了部分热心政治活动的会员的思想转向,因而更激发了由宗旨问题而转向政治活动问题的争论。所以会员刘衡如说,"少中"初起时宗旨还比较使人容易了解,不幸等到宗旨修正后,因为含义的含混,引起了许多不同的解释,几乎弄成宗旨和会名不符的怪象——因为照会名是偏重研究,照宗旨是偏重活动,学会的目的既不清楚,学会自然会生出一种萎靡不振的气象了。况且因为结合的目的不明了,所以团体与会员的关系也就不能明确,于是道德方面、信仰方面、社交方面、政治方面的行为都成为学会问题"。④因为学会宗旨规定"为社会的活

---

① 王光祈:《政治活动与社会活动》,《少年中国》第3卷第8期,1922年3月1日。
②《南京大会纪略》,《少年中国》第3卷第2期,1921年9月1日。
③《会务纪闻》,《少年中国》第1卷第2期,1919年8月15日。
④《少年中国学会问题》,《少年中国》第3卷第2期,1921年9月1日。

动",目的也在使学会成员远离现实政治,切实从事社会活动,为将来的政治运动打基础。实际上,王光祈、曾琦等人发起学会的目的在于救国,创造理想的"少年中国",但学会又要求会员远离现实政治,言行上的矛盾显然为后来发生主义之争、活动之争留下了隐患。

因为学会初期社会活动的失败以及会员思想认识的混乱和由此而导致的会务不振,所以学会宗旨的修改问题就提上议事日程。于是就发生了关于修改学会宗旨的第一次讨论。早在学会成立周年纪念之际,南京会员在胡家花园开纪念会,由赵叔愚提出讨论学会宗旨的修改问题,其缘由是觉得学会宗旨"创造少年中国"六个字太笼统。对此,方东美、邰爽秋、谢循初、阮真、黄仲苏各有陈述,大致从团体宗旨与会员个性、目的与步骤两个方面来认定宗旨过于笼统空泛。方东美认为,学会是各带有个性的会员集合起来的,决不能消灭个性以求容于全体,又不能利用团体去逞他的私欲,所以我们都要有个共同的目的来做发展个性的标准。谢循初认为,一种宗旨是个性发展的目标,若非兼容并包,不利于个性的多方面发展,因此学会宗旨并不空泛。邰爽秋则认为,宗旨是各会员所要达到的目的,当然是抽象的空洞的,但达到目的的阶段步骤是具体的实在的,只要规划清楚,即不难达到目的。黄仲苏说,学会的目的在创造少年中国,而创造少年中国不过是创造少年世界的第一步而已。[1]总的来说,南京会员对宗旨"宽泛"的体认,主要来自他们"直觉"的见解,具体地说,一是"受现在会务状况的暗示",二是"受外界对学会的这类批评与议论",即"少中"本应是多方面发展,而当时只发展了少数几个方面,颇有一种"大而无当"的感觉,所以只有等会务多方面发展后,宗旨才不显空泛。基于这种认知,阮真提出,"我们集合团体不外培养公同办事的能力及增进公同办事的效率……只要各人做一件创造少年中国的事,谋个人的发展,求社会的进步,至于'少年中国'何时完全实现,可不必多作顾虑"。[2]这种解释显然有违学会发起之初衷。

总的来说,南京会员由创造"少年中国"而及于学会宗旨是否笼统空泛的讨论,涉及学会宗旨与会员个性发展的调适问题,也涉及会员与团体各自发展的实际问题。其意义在于提出学会的发展及方向问题,对于会员提出"我们拿什

---

[1]《南京方面的报告》,《少年中国》第2卷第2期,1920年8月15日。
[2]《南京方面的报告》,《少年中国》第2卷第2期,1920年8月15日。

么事业来证实我们的信仰和希望？""我们拿什么事业去答复他人的责难和期望"，这些都是关系"少年中国"到底如何创造的问题。

王光祈对于学会宗旨之"宽泛"作如下解释："其实我们所标出的目的，是创造'少年中国'，创造'少年中国'是多方面的事，当然不能规定一个狠狭的范围。不过我们实行起来，我们只选择我们能够做的努力进行，将来成就或只是一部分事业，一部分学问亦未可知。至于其他部分的学问与其他部分的事业，我们所未能尽力的，只好留待会外的朋友（或是我们后人）去做，以弥补我们缺陷罢了。但是何害于我们宗旨？我们总是大处着眼小处下手的做去。而且我们宗旨表面上虽极宽泛，而其中亦有很严格的，譬如主张社会运动，反对现代政治活动，这便是现在文化运动的先生们，究竟能否做到此层，已经是狠大的疑问了。"① 从王光祈的解释可以看出，宗旨是与学会创造"少年中国"之范围相适应的；而且宗旨广泛也不妨碍有严格规定，是学会宗旨的特色之一。不过，这种解释顶多表达了学会确定宗旨之初衷，并不是且也不能说是对宗旨宽泛问题的合理解释，因此宗旨问题引起会员继续讨论。

二、南京大会关于宗旨问题的争论

会员对学会宗旨的不同理解和认识，不仅导致了会务沉滞，而且学会亦难以制定共同的计划，"亦何怪大家意思态度有点不同，便容易显出个沉闷甚至破裂的倾向"。② 因此，南京大会上提出的宗旨问题连同主义问题引起会员激烈的争论，宗旨问题争论的焦点是宗旨是否空泛及如何解释或是否修改的问题。

黄日葵、恽代英、左舜生等人在会上提出要诠释学会宗旨。黄日葵分析了重新解释宗旨的必要性，他说：对于学会现定宗旨，每个人的解释不同，容易导致分裂，我们必须对旧宗旨重新诠释一番。恽代英主张，解释宗旨只可求合理的解释，或合理的修正，不能说回复到结合的原意。左舜生则强调，诠释宗旨最须注意"社会活动"四字，但能大家努力向社会做各项事业，自然会产生共同主义，故不主张宗旨中规定一个主义。方东美认为，主义是笼统的名词，还不如宗

---

① 王光祈致代英，《少年中国》第2卷第11期，1921年5月15日。
② 恽代英：《少年中国学会的问题》，《少年中国》第2卷第7期，1921年1月15日。

旨有个具体的解释,故宗旨比较不空泛,只赞成有一个明确的宗旨。而且他相信原定宗旨规定得很好,它指出学行不能分开,而且果有益于社会,为学亦活动之一种。少年中国是纯洁多方的,学会但能对其有一点一滴的贡献,便无愧创造少年中国的话。李儒勉认为,与其规定共同主义,不如把原定宗旨及信条稍加详细规定,则旗帜较显明,渐能求得一种共同趋向。[①]以上发言者多主张重新诠释学会宗旨,以去其笼统之弊。邓中夏则主张规定具体的主义,以补宗旨空泛之弊。

由这些争论可以看出,对于学会宗旨作具体的合理的解释是大致无异议的,但如何解释才能去宗旨笼统之弊,则有是否规定具体的主义以及是否规定具体活动内容的争论,还有主义与活动之关系的分歧。大致可以说,主义问题源于对宗旨宽泛的体认与理解,宗旨问题则直接产生了是否规定一个具体主义的问题。所以,恽代英通过分析《少年中国学会问题》中会员对宗旨或宽泛或狭隘的言论,得出这样的结论:"我真只怪他们是未曾领会这宗旨的全义。且我在这期整本《少年中国学会问题》里处处看得见各个会员对这宗旨实只是拥护,不见有什么深刻的致命的攻击。"[②]从恽代英关于宗旨的发言及其分析可知,与会者对于宗旨问题的修改是非常慎重的,对于宗旨中规定主义则大多明确地表示反对。左舜生表示,"一个团体的宗旨和信条,并不是神圣不可侵犯,绝对不能变更的;但未经过长期的试验和多次的失败,即不能断定这种宗旨和信条不适用"。[③]陈启天认为,会员认学会宗旨为空泛或狭隘之说,一重在强调主义的一致,一重在强调活动的多方。"其实主义固要一致,活动也要多方,在活动多方上主义必求一致,在主义一致下必求活动多方,我们所争的,与其说在主义的一致不一致,不如说在主义一致到何等;与其说在活动多方不多方,不如说在活动多方到何等。"在他看来,原来宗旨,广义地说,何尝不是一种主义?标明社会活动又何尝不是多方?学会宗旨若要明白规定主义,可在"科学的精神"后增加民治主义的精神或民治的精神。[④]康白情受北京总会委托起草学会规约修正案时提

---

① 参见《南京大会纪略》,《少年中国》第3卷第2期,1921年9月1日。
② 恽代英致同志诸兄,《少年中国》第3卷第5期,1921年12月1日。
③《少年中国学会问题》,《少年中国》第3卷第2期,1921年9月1日。
④《少年中国学会问题》,《少年中国》第3卷第2期,1921年9月1日。

出将"本科学的精神"修改为"本科学和民治的精神",鉴于会员仍以原表述含"民主"之意,而会议上颇有争议,多数议决从今后至下年大会之期间继续讨论,故暂不修改。①但由宗旨宽泛,引出了是否采具体主义以充实弥补宗旨缺陷的问题,成为其时主义之争的一个方面。就南京大会上的发言,与会者刘衡如评论说:"这次南京大会给我一个最深的印象,就是大家都没有认清什么是少年中国学会;或是公平些说来,便是各人心目中少年中国学会的观念各各不同。就每个会员看来,他们各人心目中都有一个多少精确清楚些的少年中国学会的观念;但是我敢说,却没有两个完全相同的。各人所认的少年中国学会既不相同,自然对于特殊问题的意见也就不能相同了。然而假使对于特殊问题竟不能解决,那么少年中国学会便要成为无裨社会的赘瘤。所以少年中国学会问题的第一个,据我看来,便是'什么是少年中国学会?'。"②

南京大会上关于宗旨问题、政治活动问题和宗教信仰问题的辩论异常激烈,有人几至以去就相争,恽代英临时提出"学会前途的危险,应讨论如何决裂"一案,即根据当日会场气氛而发。他在讲演中指出学会分裂的种种危险,并提出救济的方法。经各会员讨论良久,结果均主张就凡可以使学会分裂的各重大问题在月刊上详细讨论。宗旨问题列入继续讨论事项之中。③

三、杭州大会及以后对学会宗旨的讨论

由于国内政治形势的变化以及部分会员实际参与政治活动,以自己的言论和行动突破了学会宗旨所谓"为社会的活动"的规定,因此原本由南京大会议决讨论一年以便杭州会议决定的宗旨问题,已不是宗旨的宽泛与否的争论,而是转向政治活动与社会活动之争、主义之争,尽管仍可归诸广泛意义上的宗旨讨论范畴,但已不是原来宗旨讨论的意思。以下简要归纳会员关于宗旨问题的讨论情况。

杭州年会上值得一提的是,康白情、孟寿椿等美国方面会员的提案,把南京

---

① 《少年中国学会规约修正案》,《少年中国》第3卷第2期,1921年9月1日。
② 《少年中国学会问题》,《少年中国》第3卷第2期,1921年9月1日。
③ 《南京大会纪略》,《少年中国》第3卷第2期,1921年9月1日。

大会之后关于宗旨问题的争论作了一个总结。提案认为，学会宗旨言简意赅，意义明白，但因为会员辩论是否参加政治运动而牵涉学会宗旨，以致王光祈等提出以总投票解决之意见。康、孟等认为此举关系学会存亡，王光祈、曾琦等"未免略涉偏激，有违吾学会订立宗旨之初意"。本着拥护真理、阐明学会之本来面目、维持学会继续之生命等三个基本观念，他们对学会宗旨提出解释案。其中对宗旨原文解释为："本学会为一根据正确知识以作行为标准之团体，而正确知识不外乎科学。故其行为本乎科学的精神，其行为之目的为欲创造少年中国。"此"少年中国"有种种社会的组织如教育，如实业，如政治，如公共卫生等等，"实一健全之理想社会也，故学会集合各种专门人才各方并进，为种种社会的活动，以趣此共同之目的"，就是教育家本教育学而为教育的活动，实业家或经济家本各种工程学或经济学而为经济的活动，政治家本政治学而为政治的活动，市政家本公共卫生都市建筑等学而为市政的活动，等等。依此解释，从学理、事实、英文直译等三个方面可以证明，社会活动包含政治活动无疑。[①]

执行部主任杨钟健曾对学会宗旨的修改问题作了一个总结。他旗帜鲜明地指出，学会宗旨为解决学会问题之起点，什么都可以改，独宗旨一字不能改，故主张最好把宗旨斟酌诠释一下，便得有许多解释。他认为美国方面会员的宗旨解释比别的解释完满些、自然些，使学会问题容易解决些，甚至这种解释可作为解决其他问题的标准。在他看来，与其说是这个问题那个问题，不如说是为实现学会宗旨的方法与步骤之决定。因此认政治活动为社会活动之一，不特不必反对，而且应加以支持，不过对于非革命的非革新的政治活动，应严加制裁。[②]

由此可以看出，会员在宗旨之字面及基本内涵的理解上出现了严重的分歧。学会把宗旨问题提升到关系学会生死存亡的高度，坚持宗旨绝不能作任何文字上的改动。这一结论就掩盖了至少两种明确表示异议的宗旨认同：一是对于宗旨斟酌诠释而得出具体而丰富的"解释"，以为会员活动的趋向，并维系学会的稳固；一是规定具体的主义来弥补宗旨宽泛的缺憾，而具体到主义上又呈现出要与不要主义，以及主义是选择广义的社会主义、共产主义还是民治主义

[①]《康自情孟寿椿等的提案》，《少年中国》第3卷第11期，1922年6月1日。
[②] 杨钟健：《略谈学会问题》，《少年中国》第3卷第11期，1921年8月1日。

的分歧。更进一步,前一说在诠释中把政治活动纳入社会活动之范畴,实则有违初定宗旨之原意及其解释,引起诸多会员的不满,尤其是留欧会员的激烈反对。留欧会员甚至提出不惜以学会分裂为代价,用总投票的"民主"方式来解决宗旨存废修改问题。这样留法会员与留美会员及国内部分会员之间的冲突显现无遗。后一说则把具体主义纳入学会宗旨,实际上将宗旨具体化的背后便是宗旨虚化而变为主义的具体化、合法化。这样,宗旨问题的讨论及其结论,就预设了学会分裂的一个现实的理由,一部分会员以活动为由,一部分会员以主义为由,即将脱出学会初定宗旨之轨道。而这种脱轨行为引起反对者的批评,以至激化为相互对立的活动与主义。而活动的多方面展开乃至对立,主义的多元化乃至对抗,对于一个没有强有力约束机制的学会而言,其结局就可想而知。从更广阔的视野看,宗旨争论的内容,避开"本科学的精神"不论,而纠缠于"社会的活动"与"创造少年中国"两点,争论的来由是从后一点的模糊宽泛而及于前一点的不具体或局限,是与会员的活动要求相比较而言的,所以从这个意义上说,宗旨之争是在科学的精神指引下,对理想目标与活动要求的调适;既然理想目标不能变更,自然争论就只有集中于如何规范会员的活动了,也就是达到"少年中国"理想的方式、手段。又因为在共同的"少年中国"目标之下,会员有各自理解的"少年中国",因而创造少年中国的方式、手段乃至各自目标都有脱离学会原初规定的危险。

杭州大会对于宗旨问题讨论的转向以及由此对于政治活动的讨论和明确主义的表示,引起了社会对"少中"的重视。如《先驱》发表《少年中国学会最近的进步》一文[①],认为会员参与五四运动表现出爱国主义革命精神,到后来标定"本科学的精神,为社会的活动,以创造少年中国"这些宽泛不着边际的语句为信条之后,"少年中国"便由地上升入云中;现在复由天空下着实地,他们要做倒帝国主义和军阀的工作。

随后苏州大会进一步制定了学会方针与纲领,也是对学会宗旨规定的具体化。用舒新城的话来评论,"不独表示学会由教育、出版、新闻等文化性质的活动而趋向一般社会问题,尤其是政治经济与国际势力压迫问题,同时也足以反

[①] 恽代英:《少年中国学会最近的进步》,《先驱》第10期,1922年8月10日。

映当时的社会情势与智识界对于民族独立精神要求的迫切,新要求充满了国内一般智识界的心意之中,国民党善利用之,而为北伐成功之一助"。①

到1924年7月第五届年会讨论解释学会宗旨问题时,与会会员"有谓宗旨明确已无须解释,且到会会员仅占全会会员人数五分之一,亦不能对于业已规定之宗旨有所修改"。其时争论只是学会内部的争论,是君子之争,并非政治斗争。既然作出了宗旨"明确已无须解释"的结论,关于宗旨及其修改问题的争论也就告一段落。学会宗旨由模糊而"明确"的过程足以说明,会员由纠缠于宗旨空泛与否乃至字眼上的争辩,已转向了宗旨之下具体的活动与主义的争论,可以说是由"空"对"空"的争论进入了实质问题的争论,即实现这一宗旨的方法、手段、步骤的争论,从这个意义上说,宗旨问题直接引发了主义和活动的争论,是会员诸多争论的根源。

第二节 主义问题的争辩

学会在筹备期间就确定对各种主义取求同存异的态度,鼓励会员对各种主义从事研究、鼓吹、训练等"预备工夫"。"所谓某某主义者,不过达吾人共同目的之一手段而已,将来吾辈究取何种手段,同人皆宜加研究",以期将来确定学会的共同主义。②而且学会承认,会员各人信仰的主义,即为"各自实现少年中国的方法"。这样就明确了主义与活动(行为)的关系:积极方面言,主义乃导达目的地之指南针也;消极方面言,主义有如航海之"救生袋"③。这种带有方法性质的主义,在学会以鼓吹言论、构建理想及从事社会事业时,带来一种生机勃勃的景象。学会的特色就在能充分发挥它复杂的主张而同时保持一致的向上精神。④事实上,随着学会由理论研究时期向实际运动过渡,以及由社会活动引申

---

① 舒新城:《我和教育》,中华书局,1945,第269—270页。
② 少年中国学会编:《少年中国学会会务报告》第1期,1919年3月1日,第21页。
③ 曾琦:《国家主义与中国青年》,载沈云龙辑《曾慕韩(琦)先生遗著》,(台北)文海出版社,1973,第169页。
④《少年中国学会问题》,《少年中国》第3卷第2期,1921年9月1日。

入政治活动,确定共同主义成为学会维持和发展的基础,因而原本不同主义而强从共同主义的问题便成为关系如何创造少年中国,关系"少中"前途的关键。特别是在标明主义的旗帜下,国家主义与共产主义的争论以及与之相适应的社会活动的理解与践行,成为学会分裂的一个关键因素。而且会外尤其是各派政治势力的利用和各种主义宣传的影响,更使学会呈现迅速分裂之势。因此,从学会对主义求同存异到标明共同主义到后来国家主义与共产主义的争论,可以说主义问题决定了"少中"由蓬勃发展到内部纷争到最后分裂的结局。所以有人说,学会要不要确定一种主义的争论,是学会逐渐分化乃至瓦解的一个认识上的原因,[①]而确定共产主义还是国家主义为学会方针的争论,则是导致学会分裂的终极原因。

一、主义问题的由来

由于发起人的思想倾向不同,学会在筹备期间就有关于主义的讨论。1919年1月吴淞会议的议题之一是讨论主义问题,会上议决对于主义的态度,同时也预设了学会主义的发展程式:一是学会宗旨这一根本既已完全相同,主义不过为末节,故无决定主义之必要;二是反对强从一种主义,以免妨碍会员研究学问与思想自由。至于将来是否决定一共同主义,再作决定。[②]这大致确定了学会对于主义的基本态度。据王光祈分析,其时会员对各种主义"态度极不一致,且各自信仰主义非常坚决非常彻底",而共同的趋向是承认其时中国人的思想行为在无论何种主义之下都是不成功的。一方面承认其时的中国人无应用各种主义的能力,一方面又承认将来的中国人必有应用各种主义的能力,故"当今急务"在用一种什么方法去训练,使他们将来适用各种主义,"少中"所着手的"预备工夫"便是各种主义共同必需的训练。王光祈还郑重声明,他不是反对鼓吹主义,而是反对专鼓吹主义而不同时设法训练。[③]

[①] "从五四运动到人民共和国成立"课题组:《胡绳论"从五四运动到人民共和国成立"》,社会科学文献出版社,2001,第76页。
[②] 少年中国学会编:《少年中国学会会务报告》第1期,1919年3月1日,第20—21页。
[③] 王光祈:《少年中国学会之精神及其进行计划》,《少年中国》第1卷第6期,1919年12月15日。

因为当时社会上对于中国人的思想有两种截然不同的看法:或以为中国什么主义都不能适应,只能在贤人的政治之下;或以为中国什么主义都能适应。王光祈批评这两种错误的观点,前者太轻视中国人,后者高视了中国人。在他看来,其时的中国人,无论国家主义、社会主义、无政府主义都不能适应,甚至民主主义也不能适应。辛亥革命以前,运动革命的人,只知道提倡三民主义,而对于民主国家的国民所需要的各种习惯,皆未经训练,[①]所以,王光祈认为,不先在一般平民上用一番深厚功夫,无论从事政治活动或武力革命,都是没有基础的,即或成功亦不能持久,学会所应从事者,即在如何唤起民族的新觉悟与建筑社会新势力。[②]就是要从事各种主义的预备和训练。他认为应先着手"预备工夫",先将中国人个个都造成一个完全的"人",然后再讲主义。"若思想不革新,物质不发达,社会不改造,平民不崛起,所有一切其他政治改革皆是虚想"。[③]按会员舒新城的理解,王光祈所说的"预备工夫"是"先使中国的少年有创造的、社会的、科学的生活,再与一般平民打成一气,从事教育事业、出版事业、新闻事业,使中国复兴起来"。[④]王光祈在1925年8月将学会的"预备工夫"进一步归结为"民众教育运动"。他说:"共同预备者何?今日吾国民众之智识与能力,均极薄弱;社会之组织与道德,亦均极缺乏。军阀之所以能专横者在此,外力之所以能侵入者亦在此。为今之计,非从事大规模之'民众教育运动',实不足以扫除一切祸根。所谓'民众教育运动'者,系指一般'常识教育运动'。民众有了常识,然后始能鉴别主义的得失,与夫运用主义的能力"。[⑤]也就是说,先教育好民众,提高民众的素质,才能让民众有适应主义的能力。从事民众教育就是学会的"预备工夫",是学会内部各种主义信仰者共同从事的预备工作。可以说,王光祈始终坚持学会对于主义态度的既定方针。

如果说吴淞会议讨论了主义问题,大致确定了会员自由研究各种主义和学会确定共同主义的基本态度;那么,随后京、沪、巴黎三地会员在学会月刊上的关于学理与主义关系的通信辩论,可以说实际上萌发了学会内部的主义之争。

---

① 王光祈:《少年中国学会之精神及其进行计划》,《少年中国》第1卷第6期,1919年12月15日。
② 王光祈致本会同志,《少年中国》第4卷第2期,1923年4月。
③ 王光祈:《政治活动与社会活动》,《少年中国》第3卷第8期,1922年3月1日。
④ 舒新城:《哭王光祈兄》,载左舜生等撰《王光祈先生纪念册》,(台北)文海出版社影印,1968,第42页。
⑤ 王光祈:《致少年中国学会同志书》,载王光祈著《王光祈旅德存稿》,中华书局,1936,第677页。

第七章　少年中国学会的分裂与瓦解

虽说三地通信均围绕宣传学会主义的《少年中国》月刊编辑方针而来,实际上继续了吴淞会议的"主义"之争,也大致表明了学会主义的发展趋向。三地通信讨论之焦点是:(一)月刊文字对于主义宣传当取的态度;(二)学会对于会员个人的主义与宣传活动的态度;(三)研究学理与叙述主义在学理与行动上的关系调适。上海会员出于学会前途的考虑,善意提醒北京会员多研究学理,少宣传主义,尤不应宣传主义而妨碍学会发展。这无疑是一种发展会务的有理智有策略的态度。负责月刊编辑的北京会员则面临着学术自由研究与政治经济上主义之宣传限制的两难,在复函中表示同意上海会员对于学术研究的自由态度,同时又提出一个与学术自由相适应的宽松机制,即"本会同人若在研究真实学术、发展社会事业范围之内活动,同人自当互相与以积极之援助;倘有会员对于政治兴味极浓,急欲登台一试,或对于社会组织有所不满,急欲从事社会革命,本会同人对于上述两种会员无论其成功失败,均不过问,听其自然"。[1]这样便确定了一个基本的主义研究的前提,即个人在宗旨规定以外的主义与活动以不致影响团体为限。不难看出,北京的政治之耳濡目染与北大学术自由研究之熏陶,使北京会员对政治至少说现实中的主义(而非上海会员的学理中的主义)有较强的感悟和现实的体认。后来南京会员恽震北游之后就发现:北京会员主张鲜明地标明学会主义,而沪宁方面认为会员研究学问,多未成熟不能发表任何确切态度,故认为标明主义不必要。[2]杨贤江认定此由京沪地方色彩所致,是环境的影响。这也充分表明"少中"主义的发展与地域或社会环境有密切的关系,而且主义的要求是随着主义的研究而来。也说明,在"少中"内部,坚持以个人为本位,以人格独立自由、个性充分发展为旨归,在团体与个人之间寻求一个适度的平衡点之不易。诚然,自由是个人确立在社团中主体地位的最终凭借,个人自由是社团真正的自由之出发点,唯有保证或促进个人的自由才能真正使学会获取其自由的真实的意义,这是在学会初始时便预设好的。而主义的确定将与个人自由不可避免地发生冲突,这种冲突只是时间迟早的问题。

当时巴黎会员非常严厉而急切地批评京沪两信,率先表明了学会将来确定主义的大致趋向以及会员对信仰的主义应持的态度,并向国内同人宣示了他们

[1] 北京本会同人致上海本会同志,《少年中国》第1卷第1期,1919年7月15日。
[2] 恽震:《北游初恋》,《少年中国》第3卷第9期,1921年4月1日。

对于主义的坚决态度。他们不仅认识到主义的极端重要性,而且从学理的角度界定了"主义"。"所谓主义者,实系有学理上相当的根据,有将来具体的计划,并非求合于社会,实欲社会与之相合。属于主义以下之分子,主义即其共同点,即系集合团结的唯一原因。""集合团体之精神及目的,方足珍惜。至不得已之时,吾辈宁可为精神及目的牺牲团体,不可怵于外界形势为团体而牺牲精神及目的。"[①]对于主义悬的以趋以及他们对真正信仰的主义具有牺牲精神,自非当时国内会员的认识所能企及,同时也批评会员信仰国内流行的各种主义而无学理研究为基础的弊端。从后来共产主义派对共产主义的追求和国家主义派对国家主义的执着来观照,巴黎通信大致预设了经过主义训练与学理研究之后会员发展的心路历程,也提示了学会的分裂即在主义信仰及执着追求。巴黎会员的主义分化是如此,后来国内会员的分化大致如此。如果不忽视政治敏感因素,我们可以看到,对于那些坚信学会为学术性质团体的会员则未必如此。王光祈明确指出,学会为有志学者与有志事业者之两部分人的结合。有志学者之会员对于主义问题尚不急感需要,而有志事业者之会员则不可不有一种共同主义。然而吾会究应采取何种主义,则非有长时间之讨论与预备不可。[②]实际上会员对于共同主义的不同需求,也预设了学会确立共同主义的曲折路径,也暗示了由此可能导致的分化结局。

杨钟健在1920年还乐观地估计,主义不同实不是学会分裂的原因,因为学会并不是建筑在必须要一定主义之上。但他没有意识到,正是对于主义的不同态度,包括以自己信仰的主义为学会共同主义等等,或不以学会共同主义为个人信仰主义,抑或根本不信仰不需要主义而强从一种主义,导致了学会的分裂。学会成立之初没有确定一共同主义,会员对于各自主义的信仰更加坚决,这正是少年中国学会的特点之一,也是会员研究学术以及奋斗实践的结果。所以从学会筹备伊始,趋向并"预备"的主义不同,无论其追求共同主义的失败,还是各种主义研究的成熟,都决定了学会将在过渡(由理论讨论到实际运动)过程中的分裂结局,而且将是一种有主义有计划的分裂,这是当初筹备发起者有意或无意中决定了的。

---

① 巴黎本会同人致北京本会同志,《少年中国》第1卷第7期,1920年1月15日。
② 王光祈:《政治活动与社会活动》,《少年中国》第3卷第8期,1922年3月1日。

如果说京沪巴黎会员以明显的地域色彩，显示出学会内部对于主义认知的不平衡发展状态，那么在学会成立一周年之际，具体说在1920年8月间，以与其他社团联合为契机，确定一个具体的或共同主义的问题已经引起会员关注，其中李大钊、张申府率先发出这种呼声。

1920年8月16日，由觉悟社发起并且函邀在北京的宗旨相同的各团体开茶话会，人道社、曙光社、青年互助团、少年中国学会及觉悟社五团体参加，李大钊、张申府代表"少中"出席会议。李大钊以为主义不明，对内既不足以齐一，全体间以后似应有进一步的联络，故提议各团体有标明学会主义之必要。①在8月19日北京总会茶话会上，陈愚生报告了各团体联络会议的情形，并征询学会同人对于此次联络有无其他意见。李大钊提议说："本会之创立，原系研究学问团体，思想须极自由，主义自不一致，惟两年以来，世界思潮既有显然之倾向……本会同人已经两载之切实研究，对内对外，似均应有标明本会主义之必要，盖主义不明，对内既不足以齐一全体之心志，对外尤不足与人文联合之行动也。"②显然，在与其他团体接洽的过程中，因他们都有一定的主义，于是"少中"也发出标明主义的要求，以便与其他团体进一步联络。可以说这是"少中"确立主义的重要外因，学会两年来的主义研究则已有了确定主义的基础。从标明主义的要求亦折射出会员心目中学会的性质开始发生变化。李大钊的提议，着眼于学会对外联合改造行动，对内以主义统一会员思想，故而要求标明学会的主义。实际上就是要学会顺应社会发展的潮流，改变学会主义不一致的状况，使学会由学术研究团体向社会活动团体转化。会上北京同人议决，请李大钊以个人名义提出意见，征求全体讨论公决。实际上是按照学会议事的程序来对待李大钊的提议。《少年中国学会规约》规定，会员有建议于评议部之权；但必须以提案的形式提出，"会员提案须经五人以上连署，始得付议"；"表决议案之法以投票者之半数决之赞否"。③可见，会员提议必须经过学会评议部或全体会员讨论决定，方才成为公议。自然，李大钊关于学会确定共同主义的提议也不能外此。后来事实表明，李大钊并没有按会议要求提出书面意见，更没有及时征求北京全体

---

① 《北京方面的报告》，《少年中国》第2卷第3期，1920年9月15日。
② 《北京方面的报告》，《少年中国》第2卷第3期，1920年9月15日。
③ 少年中国学会编：《少年中国学会周年纪念册》，1920，第34、38页。

会员意见而提交评议部或全体会员大会讨论决定。因此,李大钊标明学会主义的提议,只不过是向北京同人建议而已。从北京会员的反应来看,与其说当初没有引起会员的重视,倒不如说他自己没有把建议及时付诸进一步的程序与行动。

从《改造联合宣言》也可以看出,"到民间去"的口号,既有民粹主义的原始精神,也迎合了中国人当时的社会主义倾向。李大钊倾向社会主义,但尚未公开提出以社会主义为学会的共同主义。张申府则在1920年8—9月间在"少中"直接表达了他的社会主义主张。他在9月20日给少年中国学会发出一封公开信,"是希望把少年中国学会内部的辩论引向有利于政治参与的方面,特别是共产主义"。不过,"这时的共产主义,意思不过是对当时社会和政治的情况作出全面彻底的反对而已"。[1]他声明自己立在资本主义的对立面,感受资本主义的恶果,因而"对于社会主义自然要绝对的信奉",共产主义是社会主义的精华,对于共产主义自然更要绝对信奉,更是将它作为改造现社会的工具,"吾绝对相信救治今日的病恶,必须实行社会主义(共产主义)"。[2]而此时,学会内的社会主义还是共产主义或社会主义、无政府主义的糅合。当时李璜在学会内以社会主义理论研究而著名,对国内的社会主义从理论上作了批评。[3]大概是针对学会内部的这种主义倾向。结合"少中"成立两年间关于宗旨、主义的讨论以及社会活动与政治活动上的模棱两可、依违其间的表现看,其卷入政治运动是在所难免的,而政治运动的思想基础与会员各自信仰的带有方法性质的主义是同一的。至于李大钊,自1918年夏与胡适讨论主义与问题,但其主义也并非具体指某派某主义。他在1920年8月和12月发表的《亚细亚的光明运动》与《唯物史观在现代史学上的价值》两文,大致可以代表他当时的思想状况。陈愚生其时虽倾向共产主义,"但仍然一点也没有走出资产阶级革命的圈子,他虽也写了和译了不少关于社会主义的文字,但还是认识模糊,很久都未能解决自己思想上

---

[1] (美)舒衡哲:《张申府访谈录》,李绍明译,北京图书馆出版社,2001,第110页。
[2] 中国社会科学院现代史教研室等选编:《"一大"前后》(一),人民出版社,1980,第144—145页。
[3] 李璜指出,国中主张共产主义者虽不乏曾经研究之人,但大半以感情用事,或利用主义者居多,其主张最激烈者,即是最不了解其所主张之妄人。动曰减产,曰废国,彼实不知产为何物,国为何事。知之,必不言之如此其易也。(参见李璜:《社会主义与个人》,《少年中国》第4卷第1期,1923年3月。)

的彷徨和犹豫"①。他在南京大会上的发言仍反对政治活动,即是明证。可以说,注重社会改造不仅是李大钊、陈愚生、张申府的共同的趋向,也正代表了兼容不同思想倾向的"少中"的会员共同奋斗目标。此亦成为京津五团体联合的基础。

"少中"在联合草案中也没有标揭明白的某某主义,后来研究者有以李大钊、陈愚生、张申府等人的社会主义思想宣传为背景来推论其以社会主义为联合的基础,显然与事实不符。况且李大钊也只是一种以"似应"的商议口气提出建议,后来联合改造的无果而终大概也说明,无论是参加联合的各团体还是联合改造组织,明确主义的时机尚未成熟。是否可以这样理解,以联合改造为契机,李大钊等提出了用共同主义作联合改造的基础,以此为引端,触发了"少中"标明主义的要求,从而把"社会改造"由思想层面引向现实改造问题,开展实实在在的社会活动,鲜明的主义之要求也就势所必然了。后来的事实表明,北京会员议决李大钊以个人名义向年会提议学会是否标明主义,"不仅为明年南京大会埋下分裂的伏笔,也造成了'少中'分化的先声"②。

为了在1921年南京年会上讨论主义问题,更为了达到年会上确定学会主义的目的,北京会员曾经就主义问题进行了几次蹉商。在1921年2月19日讨论主义问题时,会员多希望选择一种主义以弥补充实学会宗旨之空泛,以便集中精神于学会活动事业。于是议决"尽一二月内先将各种主义精心研究,并且一面邀请深知社会主义者到会演讲",以备会员参考,"再由会员间开讨论会数次,稍稍决定采取之趋向,以备南京大会开会时提出,并希望各地会员亦同样进行,且通讯讨论"。③这种程序的安排及时间规定,表现了北京会员确定学会主义的迫切心情,也预示着北京会员在南京大会上提出关于具体主义的提案。方东美曾这样理解:北京会员多半因受恶刺激太深,为保持人格,力争要规定共同主义。④其实,促成北京会员急需确定主义的另一个不可忽视的因素,就是坚决主张学会有明确主义的会员,前有张申府,后有刘仁静等相继提出退会。张申

---

① 张允侯等编:《五四时期的社团》(一),生活·读书·新知三联书店,1979,第540页。
② 陈正茂:《少年中国学会之研究》,中国青年党党史委员会,1996,第76页。
③《学会消息》,《少年中国》第2卷第9期,1921年3月15日。
④《南京大会纪略》,《少年中国》第3卷第2期,1921年9月1日。

府的退会原因已如前述。刘仁静因对学会失望也有意退会,在1920年12月致恽代英的信中说:"假如能决定一主义,会员在这主义之下各尽所能的活动,互相协助,也许比一个学会适应中国目前的需要些,因为一个团体的精神在有一定的主张。不然,各人有各人的活动,何用有这样会呢?主义是很难决定,因为这样或者引起学会的分裂。但是我相信各人有各人的主义,好像牢不可破,其实是未应用的原故。假如考察中国的制度风俗习惯,用原来信奉的主义作参考,定一个主张出来,各人原来的主义也许会变色,大家的结论归在一条路上来了。"但是决定主义,不是靠几个评议员能做得到的,要在月刊上成年积月的讨论。①可见,刘仁静已开始运用马克思主义的社会革命理论来分析中国社会实践,并以俄国革命为借鉴,来讨论中国的革命问题。自然,少年中国学会以学为主的活动,不能适应这种革命的要求。所以刘仁静提出,其时的任务就在用科学的方法研究中国实际,来寻求一个适合中国国情又能达到共产主义的方针。②尽管他理解中的共产主义,尚未达到马克思主义的科学社会主义的水准,但以此为方法为工具来改造"私有主义"、资本主义,是确定无疑的。从中可以看出,北京会员对规定共同主义的呼声确实是相当高的。

1921年6月17日北京会员在中央公园来今雨轩开谈话会,准备南京大会提案,主要讨论了"学会应否采用某种主义"问题。综合与会八人意见,大致有四种:(一)学会有采用一种主义的必要,而且不可不为社会主义,即学会能否为社会主义的团体的问题。(二)学会不是无主义的,创造少年中国就是学会的主义,对于其时最流行的主义可以表同情,但"吾人不能以自己所不能全然赞同的别人的主义为自己的主义"。(三)"人类社会的生活绝不是一种主义所能够概括",不能采用一个主义而且没有这个必要,然为会员入会标准起见,就一般主义中定一个最低及最高限度,也未尝不可。(四)不愿学会也变成空谈主义挂招牌的团体,深愿学会同志能够养成实事求是的实际改造家。因此,"我们应该一方面为学理上的研究,一方面为事实上的观察,大家把这'学'字完全做到了,我们自己的主义,理想的少年中国自然会涌现出来做我们实行的标准"。③从上述意见

---

① 刘仁静致恽代英,《少年中国》第2卷第9期,1921年3月15日。
② 刘仁静致恽代英,《少年中国》第2卷第9期,1921年3月15日。
③《学会消息》,《少年中国》第3卷第1期,1921年8月1日。

可以看出,第一种的社会主义倾向最为明确,就北京会员来说这基本上是马克思主义的思想方向与共产党的组织方向。证诸后来恽代英及李璜等人的回忆资料,此时早期的共产党人与"少中"已有思想联系或组织关系,意欲改造"少中"为共产党的外围组织,也由此成为国家主义派反对共产主义的口实。第二、三种"主义",仍继续学会初期的主义多元论,力图把主义与政治分开,保持学会的学术团体之原色。第四种"主义"仍是研究与探索包罗万象的"少年中国主义",以之作为终极目标,仍带有空想成分。北京会员对于"主义"如此分歧,以致会议决定在南京大会上无论何种提案,只用会员名义,而不用学会名义。①可见,即使在对共同主义要求和呼声日高的北京会员,尚有如此大的分歧,更不用说其他地方的会员。因此主义问题势必成为即将召开的南京大会讨论的焦点。

二、南京大会主义之争的激化

主义问题由酝酿到研究讨论,再到南京年会上讨论决定,表明它已成为决定关系学会发展趋向的一个重要问题,南京大会也成为来自各地的会员直接交流讨论各自信奉的主义以及在此基础上试图确定学会共同主义的平台。它把平时会员的零散见解或批评集中起来对簿公堂,尽管其中不乏意气之言,但确也真实全面地反映了会员的思想动态。

南京大会原定第一天讨论学会宗旨主义问题,因北京会员黄日葵、邓中夏、刘仁静推迟一天到会,故与第二天的议题互换。从这一安排可以看出,与会会员意识到主义问题关系重大,也意识到素来坚持确定主义的北京方面的意见在学会中的重要影响。与会者对主义问题与政治活动问题发言者最多,从上午九时半起到晚八时止,仍相持不下,虽草草表决,但表决的含义仍极复杂。遂成为悬案,之后在月刊上从长讨论。从大会表决结果来看,23人中主张不要主义的有6人,另杨钟健、黄仲苏、谢循初3人来函表示不主张确定主义;而主张要主义的有17人,其中还有主张研究主义的,有主张规定最小限度的一致的。②综观当时会员的发言,主义问题争论的焦点在要不要确定一共同主义或最小限度的

---

① 《学会消息》,《少年中国》第3卷第1期,1921年8月1日。
② 《南京大会纪略》,《少年中国》第3卷第2期,1921年9月1日。

一致,如何才能确定一个共同主义,以及确定什么主义。

1.要不要规定一个共同主义

南京大会上,讨论主义问题的立足点是学会的性质是什么。一种意见认为学会的结合要直接达到一种目的,一种意见认为学会本无一定目的,要研究求得一种目的而结合。前者贵实行,后者贵讲学,或讲学实行并重。由此而来,学会就有学术团体、事业团体,抑或政治团体的区别。与此相适应,在学与行的问题上就有或学术,或事业,或学术事业并重等不同认知,而后者仍有个先学后行、先行后学,或学行同时进行的程序先后问题,以及方法问题。所以争论激烈时,赵叔愚指出,学会所以要研究决定一种主义与否,本质其实是在求学会有鲜明的目标。所以,要讨论这个问题,"还须先注意于学会是讲学的会,抑做事的会"[①]。显然把主义作为确定学会性质的基础。

在共同主义的问题上,与会者发生了激烈的争论。反对确定共同主义者所持理由有三:一是学会是学术团体,学者本无共同主义的必要;二是强从共同主义必致大家意见不同而引起分裂,且强从共同主义制约思想自由,对于学术事业、学会活动有碍;三是一种主义总有缺陷,难以满足"少年中国"多方面的要求。极具代表性的是方东美的发言,他明确提出,规定共同主义,或采外来一种主义,或自创一种主义,均不易为会员认同,且又不可能,因而只赞成有一个明确的宗旨。可见,宗旨与主义之间的纠葛,成为是否反对共同主义的一个强有力的依据,也表明会员全体对主义的认知信仰程度之悬殊。

穆济波则坚持王光祈在月刊设"创造少年中国学会问题"栏目的办法,以商榷决定学会的主义及实现主义的具体方法。他认为,无彻底研究与具体计划,总不易谈主义。[②]显然,这代表了学会初期所确定的研究主义而后确定学会共同主义的思路,把确定共同主义作为将来的任务,实际上仍是反对在当时确定一种主义。

主张确定共同主义者,大多充分认识到主义是一种方法,规定主义有利于学会的分工与互助,有利于学会的发展,以邓中夏的态度最鲜明。他认为:第

---

① 《南京大会纪略》,《少年中国》第3卷第2期,1921年9月1日。
② 《南京大会纪略》,《少年中国》第3卷第2期,1921年9月1日。

第七章　少年中国学会的分裂与瓦解

一,学会无疑是讲学与实行并重,但为决定二者缓急先后,学会应有共同的目的以为标准,故必采取或创造一种主义以为学会的主义。第二,共同主义直接关系学会发展。学会以往对社会无甚效力,都因为无共同主义所致;而规定共同主义,对内大家求学做事才不误入歧途,才便于分工互助;向外活动才旗帜鲜明,才易结同志团体。第三,共同主义可为失节堕落的判别标准,于人格的保险才真有效力。这都是有了共同主义的好处。黄日葵从主义是时代的产物来立论,第一,"今日为中国的改革,实觉有须一种主义的必要"。第二,"学会无一定主义,故会员易于轻表同情于别的政党",只有规定共同主义,才可免别种政党的诱惑。由此可见,学会之所以发生规定一种主义问题,是因为:一是受时代潮流影响,会员不明学会属何主义,故每向学会以外活动带来诸多不便,大家不满意于这种现状;二是会员在事实上无法逃脱政治活动,不能无一定主义以为政治活动的标准;三是由于会员在社会上各种活动,以所持主义各异,是非善恶各执一说,每引起误会,所以不可无共同之主义。高君宇甚至提到人不可无一种主义的高度,认为会员为创造少年中国的分工与互助之便利,不可无一种共同主义。因此,主张共同主义是学会顺应时代发展的产物,会员需要学会以共同主义为对外活动与个人修养的标准,学会也需要共同主义以分工与互助而创造"少年中国"。可见,主张共同主义者强调社会活动,包括政治活动,均须有主义作标准,与反对主义者所持学会为学术教育或修养的保险团体之论析,是基本对立的。由此大致反映出政治经济改造与文化改造道路选择之差别。值得注意的是,邓中夏对于共同主义虽是旗帜鲜明,态度坚决,但他同时声明,"自然我亦不是急于求决议,今天便要定出一种共同主义,但以为必须从今天注意这问题,研究时局,以长期的考虑,求将来有一种规定"。针对规定一种主义总有缺点的论调,他解释说:是想大家研究,以求将来能采取或自创比较无缺点的主义。针对会员对因规定主义而引起学会分裂的担忧,他坦然地说,"苟于创造少年中国有益,即破裂亦何妨"。对此,反对确定共同主义的李儒勉也认为,但因决定主义,不恤让学会分裂,倘是有目的有组织的分裂也无足惜的。[①]由此看来,双方在共同主义问题上已不惜以学会分裂为代价,足见各人对主义需求的

[①]《南京大会纪略》,《少年中国》第3卷第2期,1921年9月1日。

认识和决心。

同时也应看到,在一些主张共同主义者看来,主义是指"共同所要择定政治经济上的主义",这种"具体性"是相对于宗旨的宽泛而来的。所以在共同主义不能求得一致的情况下,恽代英等提出规定最低(小)限度的一致,意思是,主义的研究非人人愿为,亦非人人有时力所能为,既然不能盼望大家有一致的主义,只可在大家中求个最小限度的一致,以求可能的最多互助。为此他提出要注意两件事:一是会员不可狭义地彼此责望太多,徒伤感情生隔阂,而败坏了最小限度的可能;二是会员尽可能在学会外进行其他理想极端些的活动与组织,不必也不可能与全会一致。杨贤江对此表示极力赞同,邰爽秋进而提出,以反对国家主义和反对资本主义为共同已有的态度。杨效春表示认同学会宗旨所规定为最小限度。李儒勉也说,学会只应求一部分的相同。杨钟健则认为以最低限度的一致使学会成一种研究教育学术的会。显然,他们在明知求会员活动与主义全部相同不可能的情况下,退而求最低限度之一致。而这最低限度的一致又系根据学会的性质而来,即学术事业修养或政治团体,又以前者居多。而且感情成分也起到重要作用。但是,黄日葵明确反对求最小限度的一致,认为"容会员各在会外做他的活动,这便是学会成了空屋,只供劳者休息"[①]。可见,会员对于共同主义与最低限度的一致都有相当大的出入,显然是非一时能够达到的。

2. 如何规定共同主义

对于学会性质与目标的认识已呈现明显的歧义,这是时势发展的要求与会员对学会发展要求之不同所导致的。学会的性质与目标是讨论主义问题的基本前提,因此在如何产生学会主义的问题上也极不一致。

第一种意见认为先做事以求产生共同主义,这是一种自创的主义,以左舜生为代表。他认为:在"社会活动"的旗帜下,大家努力向社会做各种事业,自然会产生共同主义,所以与其争辩规定共同主义,不如在月刊上详细讨论为好。倾向共产主义的陈愚生对此表示赞同。

第二种意见认为,择定政治经济上的一种主义而规定为共同主义,以邓中夏为代表。他认为,为创造"少年中国",会员必须求为有学问的实行家,能实行

[①]《南京大会纪略》,《少年中国》第3卷第2期,1921年9月1日。

的学问家,学行断无分开之理。又因为中国内乱的最大原因在于经济紊乱,故必须早解决经济问题,这样"亟须于经济方面求一种共同主义",是创造"少年中国"的第一步。刘仁静则以俄国革命为借鉴,主张直接规定共同主义,理由是:"我们苟有具体的理想少年中国组织形式,及创造她的方法,由这中间便可抽出共同的主义。能有共同的主义,然后便于分工互助,使成为一个完全的机体。"①以"少中"与俄国布尔什维克党作主义及组织上的比较,显示出刘仁静的主张是以政党标准来要求学会的主义。

第三种意见主张限期研究主义,以便规定一种主义,以高君宇为代表。从规定主义的时限来看,大致介于第一、二种意见之间;从内容上看,研究的是包括政治经济在内的各种主义。在他看来,主义是一种社会改造的方法,不限于政治经济方面,所以不赞成先做事以求产生共同主义。他主张南京大会对学会如何产生一种共同主义应有大略的决定。显然对邓中夏、左舜生的主张都有所保留。他的意见,既反映了他以社会主义为学会主义的强烈要求,只有研究社会主义才能确定之为共同主义;也反映出他信仰社会主义,乃是出于以科学的方法论来指导学会及自己从事包括政治经济在内的各种事业的根本改造。因此,他的态度是非常明确的。后来在杭州大会上,他甚至公开承认在南京会议时已信仰马克思主义,并希望学会采取马克思主义。②但高君宇的主张遭到了与会者的反对。反对确定共同主义的李儒勉指出,一是限期完成乃不可能之事,二是既规定一种主义,亦不能说一成不变,还应随时顺应,而且要创造少年中国便是唯一的真主义,其余主义只是一时所取"工具"而已。主张共同主义的邓中夏也表示反对,他既不同意限期规定一种主义,也不认为研究规定主义那么困难。他分析说:"大抵信仰一种主义,有本于伦理的态度的,有本于科学的态度的,以伦理的态度决定主义较易,但浅薄不可恃,故有加以科学研究的必要。但亦非必人人加以科学的研究,仅可有信赖他人的研究而与之表同情的。"③从中可以看出,学会主义的产生存在着信仰一种现有主义与自创一种主义的冲突,也有在现时与将来确定主义的时间区别,但确定共同主义则是一致的要求。

---

① 《南京大会纪略》,《少年中国》第3卷第2期,1921年9月1日。
② 《一九二二年杭州大会纪略》,《少年中国》第3卷第11期,1922年6月1日。
③ 《南京大会纪略》,《少年中国》第3卷第2期,1921年9月1日。

3.规定一种什么主义

前述高君宇主张采取马克思主义,但并未在这次年会上公开提出。邓中夏则明确提出:"但能决定一种主义,那便系为第三阶级或第四阶级,主张私产或共产态度具体的表明了,然后多方面的活动,可以趋向一致了。"①有研究者认为,南京大会上宗旨主义问题即学会是否采用某种主义问题,实质上是学会能否为社会主义的团体的问题,依据是北京会员提案。②实际上所谓北京会员提案是为杭州大会而提出的。在南京大会上北京会员无人明确提出确定社会主义为学会共同主义,事实上会员当时的社会主义水平及各自认识尚未达到这种程度,顶多是一种思想倾向而已。但毋庸讳言,后来的共产主义派尤其是邓中夏、黄日葵、刘仁静、高君宇是主张共同主义者的骨干,他们在会议上通过细致的解释与激烈的辩论,按着要确定共同主义——研究主义,从而择定或自创一种主义而为共同主义——确定社会主义为共同主义的大致程式来进行的。但因会议上的分歧太大,争论太激烈,而没有达到预期效果,反而使主义之争导致学会分裂的危机出现,这表明学会确定共同主义的条件尚不成熟,但这种现状与部分激进的会员的主义要求发生了矛盾。鉴于此,恽代英临时提出"学会前途的危险,应讨论如何分裂"一案,其中把主张有主义与无主义者的分裂,列为学会分裂七种危险之首。

南京大会作为年会,倡议者希望求同志间团体意识的完成,求团体中各种问题切实的讨论,求各地同志相互了解的增进。③主义问题无疑成为学会面临的重大问题,在主张共同主义者看来,没有共同主义是会务不能完全发展的主要原因;在反对者看来,确立共同主义将导致学会的分裂乃至会务的停顿。这样,主义问题至少在双方看来成为关系学会存亡的关键。因此与会者围绕这一问题展开激烈争论,从语气、用词都可看出他们对于学会的态度,甚至因主义不合而以去就相争。据邰爽秋回忆,会员经过争辩后仍要确立主义,而争辩良久,以所抱主义不同而不能得同一结论,故尔恽代英提出"取消主义"的说法,另立公同遵守之最低限度。又恽的主张又遭反对,有会员起而调和,说不必多作空

---

① 《南京大会纪略》,《少年中国》第3卷第2期,1921年9月1日。
② 秦贤次:《少年中国学会始末记》,(台北)《传记文学》第35卷第1期,1979年7月,第22页。
③ 恽代英:《少年中国学会的问题》,《少年中国》第2卷第7期,1921年1月15日。

论,不妨把具体的事件一一议决下来,经大家公认后汇凑起来,就是共同的最低限度。①鉴于大会讨论的情形,会员们终于意识到,不但学会不能定出共同的主义,并且共同的最低限度要定出一条也是办不到的。②

事实上,一些会员清醒地意识到,强定学会的主义是不可能的,"讨论这个问题应顾及现有各会员的趋向,目前强定一种任何主义大可不必,且不可能",所能确定的,仅能揭明希望的趋势,而不能确定什么主义。反对意见则认为:"我们的团体非有明白的主张不可,这种主张就是主义。"调和的主张则是,罗列各自心目中的理想少年中国的特点,取其共同点作为共同活动的目标。执行部主任杨钟健在致会员诸同志的信中明确表示,他希望在这一年以内,把主义的问题详细讨论,到来年大会来一个痛痛快快的决定。如认为学会不必要一定主义,只要各个会员作各人应做的事情,学会只建筑在"便于互助"四个字上头;各人信仰的各该主义,是各人实现少年中国的方法,不必强个个会员以一个主义的方法去实现少年中国;只要向创造"少年中国"的目标做去,各种带方法性质的主义不会相去很远的,其有相背而驰的,必是不合理的,可以临时救治,如果如此,那少年中国学会绝不因无主义而无精神,亦不致因无主义而分裂。如果认定少年中国学会非有一个固定的主义不可,其结果必致引起分裂。③

从会员的言论可以看出,主义之争基本上停留在抽象的学理上,但已有一种向直接活动转型的趋向,而尚未与现实政治经济斗争相结合,因而从学会的性质、"结合的原意"出发来争论之后的主义,既表明了他们对各自主义的忠诚和对"少年中国"理想的真切追求,也表明他们对学会前途的忧虑。所以在执行部主任杨钟健看来,会员本无根本上尤其是精神上的冲突,许多纠纷均由"方法之决定,态度之缓急,步趋之异趣,与观点之各异造成",南京大会上反对定主义的,绝非反对某主义,完全由以上四因而有许多庞杂议论。④其实,从争论内容来看,南京会议上主义之争尚不是共产主义派与国家主义派之间的争议,而是发生在以政治经济改造为主要趋向的会员与以学术研究为主要趋向的会员之

---

① 《少年中国学会问题》,《少年中国》第3卷第2期,1921年9月1日。
② 《少年中国学会问题》,《少年中国》第3卷第2期,1921年9月1日。
③ 张允侯等编:《五四时期的社团》(一),生活·读书·新知三联书店,1979,第413页。
④ 杨钟健:《略谈学会问题》,《少年中国》第3卷第11期,1922年6月1日。

间的争论。作为后来国家主义派成员的左舜生、陈启天在主义问题上基本上持学术研究态度,仍维持学会宗旨的社会活动之规定。后来的共产党人如邓中夏、黄日葵等要求确定主义,也没有在"少中"明确揭橥社会主义、共产主义的旗帜,只是定格于讨论研究主义以便以后规定一种经济政治上的主义(以区别于少年中国主义)。充其量说是希望引导学会向政治改造的道路上转移,因此两派之间仍可追寻出从学术研究出发共同研究学会主义的共通之点,只是在发展趋向上呈现分歧。恽代英在会议上充当调和派,对学会很是寄以希望,他看到了主义等问题可促成学会分裂,但和许多会员一样不希望学会分裂。①这种矛盾心理不仅反映出他对学会的态度开始转变,也是对他发起南京年会初衷的失望与反思,因此他恳请会友"不必于创造少年中国外,更求什么别的主义,求主义只是为创造少年中国那就行了"。②同时,这种共同的矛盾心理又成为维系学会不因主义而分裂的精神支柱,学会因此处于分裂与发展之间,从此由鼎新期而落入衰弱期。

4.发生共同主义之争的原因

关于南京年会发生主义问题的由来,郑伯奇等人给杭州年会的提案有比较清晰的描述。当时会外的朋友们说:"少年中国学会究竟是个什么团体?若是平常一般研究学问的学会也罢了,他却目的在建设'少年中国'。若是建设少年中国,却未见他具体的计划,不晓得他们少年中国到底是怎样一个东西?"会内的同志们也说:"到底我们的少年中国学会是一个什么团体?会章上规定的社会活动是怎样一种活动?她所目的的'少年中国'是怎样一个国家?埋头于研究室可以给'少年中国'多大的光明?奔走于社会又如何可以不浪费劳力而达到创造少年中国的希望?有的从事实际活动,但是如何的实际活动才可以?有的从事预备工夫,又是为什么的预备?……"在郑伯奇等人看来,"当学会成立之初,虽然也有一个共同的趋向——我们断然非因为感情投合、意气融洽便冒然集拢来的,但是那趋向到现在不能满足我们了。在那时候,全国的青年还都只热中[衷]于政治,忘却社会事业,所以我们便标榜社会活动;那时全国的青年

---

① 恽代英:《为少年中国学会同人进一解》,《少年中国》第3卷第11期,1922年6月1日。
② 恽代英致少年中国学会全体同志书,《少年中国》第3卷第5期,1921年12月1日。

还都仰望先进人物,依赖已成势力,所以我们便声明与任何党派绝缘。这确是我们的特色,也许在那时候给了一般社会一个大刺激。现在,时代却大不同了,我们那时候所自然许的特色,渐渐将成了一般青年的共同趋向。还有许多团体和个人们,他们的社会活动更能有一种具体的计划。当这时候——我们的特色既然普遍化了的时候,我们当然更得进一步要求一种更可以与众分别的something(东西)"。这种要求的具体表现,便是上年南京大会的主义问题。①可见,主义问题既是"少中"顺应时代,引领社会思潮的产物,也是学会本身问题的产物。

在五四时期思想界经历问题与主义之争后,人们在选择主义问题上有了大致共同的趋向。《少年中国》曾有这样的描述:可以说代表了对于主义问题的一种比较科学的认识,也是会员选择主义的依据。②

南京年会发生主义问题的激烈争论乃至以去就相争,其原因大概不外两方面。一方面在学会中服从共同主义,牺牲个人意见,对于个人影响很大。在学会里牺牲了意见与平常牺牲意见是不同的,平时朋友之间意见争执,牺牲个人意见,于他将来的行为不发生什么影响。但在学会中牺牲了自己的意见而遵奉某一规定,就等于牺牲了一生行动的自由。③所以在王光祈看来,会员在南京大会上的讨论情形,"一种拥护自己主张之精神则跃然纸上"④。诚如郑伯奇所说,"我们对于自己的主义,是十分显著意识并确是共同倾向着的;而我们对于主义不是狂热的崇拜,乃是忠实的描写和研究。这也许是他们所斥为弱点的,但是我们的学会的强点确也是这里。再则我们学会同人相互的关系,狂热过兄弟的友情,而讨论争辩的态度却很能严肃,至少我们是努力向这步田地做去的。所以我们的学会有甜温的友爱、狂热的信任,而绝不互相标榜。因为我们共服侍这一位女主人,便是少年中国"。⑤但在学会中,共同主义下的共同行动,势必有个人意见的忍让乃至牺牲,这就必然导致学会发展与其发起初衷之间的矛盾,或者说个人与团体在各自发展中的矛盾。另一方面是青年知识分子的性格所注定。邰爽秋指出,"我会友最大的缺点就是以纯洁的团体自相标榜,以人格的

---

① 《郑伯奇等的提案》,《少年中国》第3卷第11期,1922年6月1日。
② 萨孟武:《国家主义的提倡》,《少年中国》第4卷第10期,1924年2月。
③ 《少年中国学会问题》,《少年中国》第3卷第2期,1921年9月1日。
④ 王光祈:《政治活动与社会活动》,《少年中国》第3卷第8期,1922年3月1日。
⑤ 《少年中国学会问题》,《少年中国》第3卷第2期,1921年9月1日。

保险公司自命,而实际上又不能个个做到十分纯洁,完全无损人格的地步"。用余家菊的话说,知识愈高,个性就愈发达,个性愈发达,则彼此强同的可能性就愈小。只要明白此理,就当知道要会员事事严整是不易的,或不可能的。[1]同样,左舜生、曾琦也都认识到,"今日青年,知识愈高,自谋愈工,结合亦愈难;年事愈长,世故愈深,感情亦愈薄"。[2]学会向来重视会员的个性发展[3],以至在会内外人士看来,"少中"是有力的个人,而不是有力的团体。因此对于共同主义问题的解决是不会那么干脆容易的。[4]就知识分子与团体组织之关系看,一般而言,"在团体活动中,他们往往胸襟狭、气量小、有学问不一定有能力,尤其是领袖能力和组织能力;他们往往过于自信、过于自尊,因而漠视纪律、轻视旁人,这就成了既'不能令、又不受命'的人"。[5]知识分子的这种个性也就决定了其在团体中的作为难以具备相当的持续性,尤其在不如意时。"少中"注重个性发展这一前提,也就决定了会员是难以在共同主义上达成一致的,充其量形成不同的派别或阵营。

此外,主义在会员看来即是一种方法或者手段,因而在理想的追求与实现过程中,其意义又大不一样。郑伯奇指出:"此次南京大会论争之点,我以为不在主义,而在实现主义之手段。就是为达到创造少年中国的目的,我们应该如何去实行我们所奉的主义呢?这点大家很不一致。"[6]于是会员有赞成加入政界活动,或参加革命机关活动的,也有主张尽力于教育的,或研究学术的,或从事社会事业的。大体上说,从事活动者需要共同主义来指导,从事学术事业者反对共同主义以妨碍思想自由。这样不仅主义本身成为争论,而且如何实现主义也不可避免地发生争论。从"理论"与"现实"的维度看,"表面上的问题多少犹豫在'理想'与'理想'间的抉择,实质的问题却确实是'理想'与'现实'间的冲

---

[1]《少年中国学会问题》,《少年中国》第3卷第2期,1921年9月1日。

[2] 左舜生致曾琦信,曾琦在日记中称左舜生"所见与予完全相同。"见沈云龙主编《曾慕韩(琦)先生日记选》,(台北)文海出版社影印,1966,第73—74页。

[3] 王光祈认为个性发达是学会活气的表现,而且只要是有利于社会方面的个性还当在鼓励之列。见王光祈致恽代英,《少年中国》第2卷第11期,1921年5月15日。

[4] 杨钟健:《略谈学会问题》,《少年中国》第3卷第11期,1992年6月1日。

[5] 沙学浚语,见《世界评论》第1卷第24期,转引自周阳山编《知识分子与中国》,(台湾)时报出版公司,1985,第57页。

[6]《少年中国学会问题》,《少年中国》第3卷第2期,1921年9月1日。

突"。①少年中国学会的特色便是在同时包容一切冲突的观念,而在这纷乱之中找出一条向上的道路"。②这是追寻共同的主义,以便共同创造少年中国的道路,而学会内部主义的复杂状况及会员对各自信仰主义的执着,使共同主义之确立成为不可能的事,反而激化会员对自己主义更加坚定的信守,学会分裂就势所必然。所以有人说,由南京大会之后,宗旨与主义的问题,永远困扰着"少中","少中"由于此一纷争永远无法解决,逐渐分裂终至面临瓦解的命运。③

正如沈泽民在南京年会上所说:"大凡一种会,若非以一明了的主义而相结合以求共同协力去实现这主义的,只好是一种本共同向上的热力,共同研究理想中未发现的共同主张的团体。前一种是实际行动的团体,后一种是研究学术的团体;前一种是以信仰为主,后一种是以怀疑为主。处在中国现在这种怀疑空气充满一时而又急迫地需要实际行动的时代,难怪产生实行与研究的大混淆的团体。但是这两种趋势到底是不可以并立的,在少年中国学会的行动上发生困难是必然的事。"因此,他认定主义的不一致将是学会分裂的最大原因。④南京大会上关于共同主义的争论也表明,主张共同主义者与反对者均已不惜以学会分裂为代价,这样共同主义已成为关系学会存亡的大问题。因为共同主义之争是实现学会宗旨的方法与手段之争,规定共同主义就势必修改或重新诠释学会宗旨,"少年中国"理想及其创造将由于各自主义的不同而发生质的变化。后来的事实表明,围绕着以社会主义还是国家主义为共同主义的争论,以李大钊为代表的共产主义派和以曾琦为首的国家主义派成为学会内最大的对立派别,他们的争论以及行动上的对抗,直接导致了学会的分化。

三、主义问题的继续争论

主义问题作为南京大会的一个悬案,留待会后继续在《少年中国》月刊上讨论,希望会员尤其是没有与会的会员发表意见,以便下届年会以投票的办法解

---

① 陈启天:《寄园回忆录》,台湾商务印书馆,1965,第291—292页。
②《少年中国学会问题》,《少年中国》第3卷第2期,1921年9月1日。
③ 郭正昭、林瑞明合著:《王光祈的一生与少年中国学会》,(台北)百杰出版社,1973,第146页。
④《少年中国学会问题》,《少年中国》第3卷第2期,1921年9月1日。

决这一问题。为此《少年中国》特辟两期"少年中国学会问题号",专门讨论学会问题。大致说来,第三卷二期主要汇集了国内会员意见,第三卷八期主要发表欧洲方面的看法,第三卷十一期汇集了日本、美洲方面会员对学会问题的详细讨论。总的说来,这些讨论继续了南京大会上关于主义的各种争论,但确已代表各分会乃至大部分会员的意见。归纳起来,主要有以下三种意见:

第一种意见是兼容各种主义为"少年中国学会主义",以维持学会原定的学术团体性质,以刘衡如、邰爽秋、王克仁为代表。既然学会是一个学术团体,对于主义问题就不必求一致的解决,不必求以大多数意见强迫少数人服从。刘衡如认为主义固然是需要的,但不必在社会主义、布尔什维克主义上去辩。邰爽秋主张标明"公同主义",以防会员所抱主义复杂而致学会四分五裂。但令他困惑不解的是:同志中讨论到怎样创造少年中国,辄觉不可无一种固定之主义以为进行之标准,"对于主义之必要言之详矣",而于主义之内容则从未提及,即言之亦暧昧不明,或混沌其辞,各以意会,"岂诸同志已有所谓主义与现今政治社会相冲突,不便宣布耶?抑尚无成竹在胸,犹待蹉商耶?"在他看来,学会的共同主义不外在学上下功夫,不应以解决少年中国之主义为解决少年中国学会主义的前提,会员所抱之主义至为复杂,为便于不同主义之会员同立于少年中国学会之旗帜下,只有以学术事业做共同的要素,以使学会既不因主义分歧而解散,又不妨碍各会员之个性,所以他主张"不立主义的主义"。①鉴于会员所抱主义分歧而不能得一共同的标准,但又觉得主义之不可少,王克仁提出,应根据会员所公认的信条,再把他们的内容一条一条地分析开来,就定名为"少年中国学会主义"。②

此外,沈怡在自己的工作和生活中经历了由原初不要主义到需要主义的态度转变,他已经意识到,改革已是刻不容缓,主义是必需要的,"若强全体归纳于一个主义之下,情势上当然是不可能的,这也是因为各人经历与环境不同的缘故。"因此,主义的研究,能应付潮流,不背趋向即可。余家菊认为,学会主义即令包罗深厚,也不能兼蓄创造中国所必需的活动、方策与精神,因此确定共同主义,是"对于学会之希望太奢"的表现,是学会不稳定的原因之一。他提倡于学

---

① 《少年中国学会问题》,《少年中国》第3卷第2期,1921年9月1日。
② 《少年中国学会问题》,《少年中国》第3卷第2期,1921年9月1日。

会内外,各本其所信组织会社而大行"兼差主义",不必以自己之所独信而强变为学会之所共信;于会员外,各以所喜去结合自己心目中的至人而大行"多爱主义",这样学会变成一个"有限公司"。①

会员无论以学会为各种学术或事业团体的"总名"抑或"有限公司",都一致表达了保持学会理想主义的初衷,以图既维持学会为宽泛组织,又给会员思想自由发展留下足够的空间,这样兼容不同主义于少年中国学会,不能不说是一种过渡办法。

第二种意见是确定主义,以明确学会的政治态度和发展方向。在会员要确定的主义中,大致有共产主义派为代表的社会主义,有郑伯奇的泛社会主义,有陈启天为代表的民主主义,更有国家主义派为代表的国家主义。在南京大会上不甚发言的张闻天认为,主义是必要的,学会如同个人的成长,在经历了其诞生期、少年期而至壮年期,到了确定"人生观"的时候。而少年中国之创造是多方面的事业,分工与互助是必不可免的,但分工不是少年中国学会的分裂,而是少年中国学会更经济的更有效力的多方面发展。创造少年中国的理想是以后的主义,是切合于中国的社会情形和人民的好的心理,至少可以明定一个共同趋向或共同目标。②在会外讨论团体组织问题时,张闻天提出了一个社会主义团体须具备的四个必要条件:(一)一定的党纲;(二)健全而严密的组织;(三)党员对于党内决定的条件绝对奉行的义务;(四)党员间的十分谅解和同情。③康白情对张闻天所论表示赞同,并进一步引申说:第一,党纲的陈义不要过高。第二,团体的荣枯系乎制度,制度之是否有效视乎首领之能否运用制度,故不可不慎选首领,尤不可不服从首领。第三,各人的意见绝不能完全一致,必得将各人牺牲一部分私意,服从团体的公意,做到"以团体的主义为主义,要以主义为第二生命"。第四,除团体主义外,还有更进一层的精神集中,即信仰。④康白情所论乃针对于学会因主义问题而呈现出的分裂危险,同时也是他有意拉拢会员、另外组织政党的一个暗示。他对张闻天以社会主义为团体主义的引申,至少也

---

① 《少年中国学会问题》,《少年中国》第3卷第2期,1921年9月1日。
② 《少年中国学会问题》,《少年中国》第3卷第2期,1921年9月1日。
③ 转引自康白情《团结论》,《少年中国》第3卷第9期,1922年4月1日。
④ 康白情:《团结论》,《少年中国》第3卷第9期,1922年4月1日。

表明社会主义将是改造学会的一个很有竞争力的主义选项。在沈泽民看来,"少年中国学会是以'诗一般的'空洞的向上精神和理想世界为精神的,一切问题都在研究之中啊!更不幸的是现在世界当一切道德失去标准的时代,这时代中有无数新倾向各是其是,少年中国学会既不是代表众倾向中的某倾向,而是挟着怀疑态度对于一切倾向的;那么怎能有控制团员行为的一致标准呢?"[1]显然在他看来,学会不能确定明确的主义是非常危险的。

如果说张闻天、康白情在学会内尚未公开表示社会主义的主义要求,那么郑伯奇则坦率地公开宣称要以社会主义为学会共同主义。他认为,"少年中国"主义是我们共同的主义,但学会规章没有标明,会员自己也没有显著地意识到,以致南京大会上标明不标明主义之争成为"讨论最激烈之点"。鉴于此,"少年中国"主义当从社会主义讲起,因为"社会主义是现在我们已经知道了的最合理想的政治组织了,那么我们的少年中国应是立脚于社会主义的国家,我们少年中国学会自然是一个社会主义的团体,而我们大家都是社会主义的信徒"。但社会主义范围广泛且种类复杂,郑伯奇却不主张细分,而认定少年中国学会最有希望创造一适合于少年中国的主义,其方法不外乎研究既存的各种主义,并以研究所得为最小规模的实验,会员以国民为对象而取一种实验的态度。[2]他反复申述,学会不是由利害关系结合的,也不是由党派的历史产生的,"我们对于自己的主义,是十分显著意识并确是共同倾向着的,而我们对于主义不是狂热的崇拜,乃是忠实的描写和研究"。[3]郑伯奇所持广义的社会主义,既区别于无政府主义,但又是与之模糊混杂的一种主义,不是单纯的西方的社会主义。可以说他是坚持以社会主义为学会的共同主义。

前已述及,陈启天倾向以广义的民治(主)主义作为学会一致的主义,这样既可以适应学会多方面的活动,又可以弥补学会宗旨宽泛的缺憾。只是他在大会讨论中未陈其详。联系到他后来在教育上、政治上的民主主义宣传,如"民主的政治制度要真正建立起来,必须同时注意培养民主的政治风度",等等,可以说,反对专制,主张民主是他一以贯之的思想。而且在他看来,民主是一种人生

---

[1]《少年中国学会问题》,《少年中国》第3卷第2期,1921年9月1日。
[2]《少年中国学会问题》,《少年中国》第3卷第2期,1921年9月1日。
[3]《少年中国学会问题》,《少年中国》第3卷第2期,1921年9月1日。

理想,也是一种生活方式,之所以受到人们的信任乃至实践,是因为它可使人人堂堂正正地做人,可使人人实实在在地做事,可使人人公公道道地治国,可使人人和和平平地救世。而在国家或团体中,民主不仅是反对他人的一种口号,而且是改造自己的一种规范。中国必须实行民主,始能得救。[1]从这个角度来说,陈启天的民治主义,实际上是反对学会规定社会主义为共同主义。

第三种意见是反对标明任何一种主义,而主张继续从事各种主义的"预备工夫",以后再作决定。其中,以李璜、曾琦、张梦九为代表,反对抄袭现成主义,尤其是社会主义;以王光祈、周太玄为代表,认为规定主义是必要的,但尚非其时,将来可自创少年中国学会主义。具体说来,李璜承认社会主义、共产主义、无政府主义等种种新的主义在理论上是好的,问题是一种主义不单是说起来好听便了事,对于少年中国学会这样讲究力行的团体而言,是要在某个时期的一个社会或世界里去实行。因此谈主义应考虑到"时间"与"空间"。[2]这是从欧洲社会主义运动中得来的经验教训,并结合中国的实际需要而得出的结论。所以他强调,"我们这一辈人负的预备的责任比鼓吹主义的责任还更重要"。这种预备,以主义的舆论宣传为第一步,目的在使大多数的中国人很能留意他们的利益和认识他们的力量。[3]曾琦也注重思想革命,即主义的研究与宣传,反对学会内"太偏于经济生活一方面"的社会革命论。尽管他与共产主义派同样以"革命"相标榜,但在对社会主义的认知上有明显区别。曾琦明确反对学会规定社会主义为学会共同主义,所持理由还有社会主义派别甚多,非加以精密的研究不能决定应取何种,且待精密研究共同信仰后才能决定主义。[4]而且研究主义必须有四个条件:一是须研究其理论是否充足,二是须研究主义如何施行,三是须研究主义是否合乎时代,四是研究主义是否合乎本国国情。[5]可见他反对学会规定社会主义为共同主义,反对会员抄袭西方现成的主义。张梦九毫不客气地指出,学会真正对一种主义有深厚的研究与明确的判断,信仰终身而一成不

---

[1] 陈启天:《寄园回忆录》,台湾商务印书馆,1965,第109、110页。
[2] 李璜:《破坏与建设及其预备工夫》,《少年中国》第3卷第8期,1922年3月1日。
[3]《破坏与建设及其预备工夫》,《少年中国》第3卷第8期,1922年3月1日。
[4] 曾琦:《学会问题杂谈》,《少年中国》第3卷第8期,1922年3月1日。
[5] 曾琦:《国家主义者之四大论据》,载沈云龙辑《曾慕韩(琦)先生遗著》,(台北)文海出版社,1973,第182页。

变的人还不多见,即偶尔有一二人,而各人信仰也极不一致。学会内部的主义信仰程度如此,规定主义,对于学会则只有附和或破裂两途;而且当时主义新陈不继且种类复杂,规定一种主义是不可能的,即便抄袭欧洲的主义也无从抄起。所以,抄袭欧洲主义,或作笼统的规定(如国家主义、社会主义、无政府主义)或作精确的规定(属某主义中之某派)均不能达到预期目的。①

与曾琦、李璜、张梦九明确反对确立主义不同,周太玄认为确定主义是必要的,为少年中国学会行事的方便,考虑到中国的将来,学会应该采定的主义还得自己创造,因为各种主义有其起因与其重要条件,无放之百世而皆适的组织。②他一方面否定主义的绝对性与普遍性,一方面又承认主义对"少中"及中国改革的指导意义。这一认识在理论上是成立的,在实际上则是反对学会当时规定共同主义。王光祈主张学会不标明某种主义的笼统名称,而主张极具体地描写"对于将来之政治组织经济组织及其进行步骤运动方法",然后定为学会对于某项事业进行之方针,即少年中国学会主义。这一点与周太玄自创一种主义并无二致,但他更强调采用一种主义,必须经长时间的讨论与预备,因为他设想规定学会主义必须有以下五个条件:(1)须先研究现在世界上所有主义之理论历史及派别;(2)须先调查各国实施主义之种种组织及实现;(3)须先调查中国全国之生活状况及其组织;(4)须先研究中国人之国民性;(5)规定一种主义后,会员须有摩顶放踵出生入死之精神,以实行及宣传其主义。若会员中有违叛主义者,须加以生命之制裁。③鉴于中国状况及国民性,他不主张学会轻易确定一种主义,而主张从将来的建设着眼,以深思苦索地研究主义为"预备工夫"。而且他相信共同从事"预备工夫"已有共通之点,即会员信仰"起码亦系社会主义",只是实现之方法及其组织不一致。这一点仍是学会初期求同存异的主义态度的延续,但主义的内涵已发生了变化:学会不可不努力追求人生之真义,国民生活之改善,中国社会之打破,世界革命之速来。对于国内国外强权都无条件之抵抗,对于国内则速促农民阶级之崛起,在国外则速谋弱小民族之联络。④如果

---

① 张梦九:《主义问题与活动问题》,《少年中国》第3卷第8期,1922年3月1日。
② 周太玄:《学会的四种特性》,《少年中国》第3卷第8期,1922年3月1日。
③ 王光祈:《政治活动与社会活动》,《少年中国》第3卷第8期,1922年3月1日。
④ 王光祈:《政治活动与社会活动》,《少年中国》第3卷第8期,1922年3月1日。

说此前他有无政府主义倾向的话,此时可说转到民主主义的思想层面,开始面对现实政治问题,同时又显示出某些国家主义的迹象。这也是他反对当时确定一种主义的原因所在。

由上可见,反对规定主义有两说,第一说以为学会立足于科学,只当对于事实研究描写,无规定主义以自行拘束的必要;第二说则为时尚早论,以为主义关系太大,不宜仓猝规定,宜待会员全体详细地研究以后再规定,于是折中的办法,便是规定一种共同趋向。①这一点与南京大会的决议大致相同。

总的来说,南京大会后《少年中国》关于主义问题的讨论,基本上是南京大会上讨论的继续,讨论时间相对集中在1921年10月至1922年3月。但由于国内政治形势的急剧变化,特别是中国共产党领导的社会主义革命运动蓬勃发展和马克思主义的广泛宣传,以及思想文化领域内社会主义的论战,因而体现在学会"主义"之争论上,其内容已发生了质的变化,即已明显注意到要适应时代潮流与社会形势发展的需要。如反对主义的李璜主张从事思想革命,以舆论为后援,提高群众觉悟与自我意识;但反对规定政治经济上的主义,反对社会革命论。其他主张确定主义者亦有强调创造少年中国的主义要切合于中国的社会情形和人民的心理,使学会显示出与众不同的特征。对于社会主义是否应成为学会主义的争论,也可说明这一点。反对者着眼于社会主义之派别种类繁杂及其与国民性的矛盾;坚持者要采用共产主义、国家主义或民主主义等的一种社会主义;调和者则以为应结合中国现实,而自创中国式社会主义。他们对"主义"的理解及对其内容的规定,已远非南京大会讨论发言可比。从此以后,因主义之争论而致学会分裂的趋势更加明显。

此外,对于学术事业者是否需要主义,已经有实例来证明,如沈怡从社会工作中体悟到改革需要主义,郑伯奇也意识到,研究(包括自然科学)无不与主义有关系,莫不受社会思潮影响。所以研究学问的人,"虽不必确奉一主义,然而对于现在黑白两不相容,是非正相反对的社会思潮应该明确地表示他趋向何方"。②这种认识自然有利于下届年会讨论并解决共同主义问题。

---

① 张梦九:《主义问题与活动问题》,《少年中国》第3卷第8期,1922年3月1日。
②《郑伯奇等的提案》,《少年中国》第3卷第11期,1922年6月1日。

四、杭州年会关于主义的解决

根据南京大会决议,经过为期一年的主义讨论,到杭州年会应该作出决定,而且随着现实政治社会形势的发展,学会问题"现在亟应由空泛的讨论时期入于实际的解决时期"。①部分热心于政治活动(包括与政治有关联的社会活动)的会员,也感到现在已非高谈阔论、纸上谈兵的时候,学会的主义问题非解决不可。此前南京年会上欧洲方面王光祈与美洲方面康白情等会员各拟定投票解决的方案,当时出于慎重考虑而未由执行部执行。经过一年的充分讨论,杭州年会到了解决主义问题的时候,执行部主任杨钟健等提出采用总投票制,用两重投票法解决学会内争问题②,也就是慎重地解决会员争论不休的主义问题。

杭州大会于7月2日专题讨论了主义问题,值得注意的是,与此前诸如要不要主义及要什么主义的泛泛之争不同,会议上所讨论的是如何规定"主义"等问题,但考虑到规定一种宽泛的主义,足以使内容分歧;规定一个具体(狭义)的主义,又难以使大多数会员认同,于是规定广泛的共同趋向成为大多数人的共识。从会议发言摘要看,反对确定主义的虽不乏其人,但更多的倾向于确定主义。如何确定主义,成为讨论的重点。曹刍说,我们要定主义,必得先从事调查各会员的主义。左舜生主张"揭明希望的趋势",富有弹性地列举,把各会员心目中理想的少年中国所当具的特色罗列出来,然后抽出共同点作为全体活动的共同目标。此议为与会者赞成,并经讨论拟定表格样式,内容包括理想的少年中国的特色与达到目的的方法与步骤两项,其中前项包括:1.关于政治的;2.关于经济的;3.关于教育的;4.其他。③

郑伯奇等人的提案虽不骤然主张规定一种主义,但亦要求会员须有一共同趋向,一经大会通过,即于会章中规定,直到将来确定更明确的主义后取代之。其初衷是先确定共同趋向作为确定主义的过渡。值得注意的是,他划分社会主义为赞成革命的与主张妥协的两大派,他本人相信社会主义,又认无政府主义比社会主义更进一步,非经过社会主义不能到无政府主义。在他的描写中,中

---

① 杨钟健:《略谈学会问题》,《少年中国》第3卷第11期,1922年6月1日。
② 杨钟健:《略谈学会问题》,《少年中国》第3卷第11期,1922年6月1日。
③《一九二二年杭州大会纪略》,《少年中国》第3卷第11期,1922年6月1日。

国将来的社会主义至少有三个特色:第一,国际的;第二,农业机械化的;第三,反历史的。①因此,他主张以社会主义为学会的共同主义,实际上是无政府主义。李大钊、邓中夏、刘仁静等北京会员提案宣称:现在不谈任何主义,任何主义者"都应该在这时抛弃一切武断的成见,客观的考查中国的实际情形,应该在此时共同认定一联合的战线United Front,用革名[命]的手段,以实现民主主义为前提"。②毋庸讳言,此提案宣传了中国共产党的民主革命思想,提出了不同主义信仰者的可供选择的道路,对学会问题的解决产生了积极影响。随后刘仁静建议学会由感情的结合转到主义的结合,结成一个光明运动的联合阵线。③但仍可说是维持"少中"并力图改造之,也可说是共产主义派在学会宣传的继续。

与1921年南京大会相比,杭州大会的会议案用年会名义并由到会人签名发表,各项议决只能表示少数人的意见,并不求多数人的服从。会上议定主义作为"对政治的永久态度"来表达。尽管主义问题未作出最后决定,但高君宇赞成左舜生的提议,并列举了反对资本主义,反对个人主义的运动,表示同情第四阶级,从而把上年就准备提出学会采取马克思主义的腹案正式公布出来,并希望作为学会对时局的态度。他很坦然地说:"无明显的主义便不能做出什么事业。就目前而论,采明显的主义虽是不可能,而采取共同的趋势却是必要并且可能。"他明确地表示反对小资产阶级的妥协主义,同情与监督民治主义,以共同反抗军阀。④从高君宇的发言及会议决议案可以看出,共产主义派的主张发挥了重要作用。

随着共产主义派会员在学会内或利用学会开展政治活动的加剧,曾琦、李璜等于1923年组织了国家主义团体,公开打出了国家主义的旗帜。曾琦后来回忆说,之所以反马克思主义,是因为"反共纯恃武力不够,纯恃屠杀不够,纯恃少数秉政者不够,必须从理论上廓清共产之邪说"。⑤因此,学会内部的主义之争转变为国家主义与共产主义之争,也就形成了左右两派的对抗与斗争。

---

① 《郑伯奇等的提案》,《少年中国》第3卷第11期,1922年6月1日。
② 《北京同人提案》,《少年中国》3卷第11期,1922年6月1日。
③ 刘仁静:《对学会的一个建议》,《少年中国》第4卷第7期,1923年9月。
④ 《一九二二年杭州大会纪略》,《少年中国》第3卷第11期,1922年6月1日。
⑤ 转引自李义彬《少年中国学会内部的斗争》,《近代史研究》1980年2期。

五、国家主义与共产主义的对抗

从学会主义之争的历程可以看出,"少中"确乎经由感情的结合到主义的结合的变化。学会的特点是共同目标(即创造少年中国)之外辅以浓密的友情,彼此之间的感情甚至可说是维系学会的"最大的一个原素",因此不愿发生"我们究竟相信什么主义适宜于创造少年中国?"这类不愉快的问题,在会员看来,这个问题不仅武断,而且坚持的结果将使学会有破裂的危险。①退一步说,学会的分裂,最好是有主义有组织的分裂。事实表明,这种有主义有组织的分化,就是国家主义与共产主义、国家主义派与共产主义派的分化。

其实,共产主义派虽然在学会内宣传共产主义,也有意改造学会为共产主义外围组织。但是,在与国家主义派形成公开对立阵营以前,共产主义或马克思主义并没有以清晰的面目出现在《少年中国》月刊,而更多的是李璜、曾琦等以此作为一种流行的主义来批评,其中亦不乏中肯的评论;共产党人则以社会主义之名而宣传共产主义,但郑伯奇、王光祈、李璜等都在同时宣传社会主义。同样国家主义也没有张扬于《少年中国》前三卷的文字中,有之则列在批评、排斥之列,以至王光祈认为筹备期间的无政府主义、共产主义、国家主义均统一于社会主义之中,成为学会从事"预备工夫"的共通之点。②直到1923年10月南京会员正式打出"新国家主义"的旗号,"少中"内部的主义之争在《少年中国》开始形成了国家主义与共产主义的对峙。客观地说,两种对立主义之争,既是会员几年以来研究预备各种主义而确定学会共同主义的逻辑发展,同时又是会员从事社会活动而引发出来的政治活动问题争论的直接产物,即由会员活动而引出这一问题,而解决这一问题是便于会员更好地开展会务以及各人合法地从事各种会外活动。

国家主义派称国家主义运动发端于1923年,其直接触因是共产党人的宣传及苏俄的"阴谋"。他们认为,共产主义根本不适合于资产落后、现代工业不发达的中国,中国的国情与马克思当时对英国的看法而提出工人专政的主张,

---

① 刘仁静:《对学会的一个建议》,《少年中国》第4卷第7期,1923年9月。
② 王光祈:《政治活动与社会活动》,《少年中国》第3卷第8期,1922年3月1日。

完全不符。①因之批评共产党人是"抄袭"社会主义,但未能注意主义的"时间"与"空间"要素。共产党人则批评国家主义派搬抄西方十八、十九世纪腐朽的国权主义、民族主义理论,愚弄中国人民。共产主义与国家主义不仅在理论内容上还在理论源头上展开论辩,此外如何对待苏俄成为争论的一个焦点。故两种主义由论争到相互攻击,形成意识形态上的尖锐对抗,而后衍化为组织上行动上的斗争。陈启天在历届年会讨论中反对共同主义,主张从事学术事业,他后来提倡国家主义的原因,概括地说是"迫于中国的实际需要",具体来说是四个方面的原因:第一是新文化运动在打碎旧思想旧制度的同时,使思想界全陷入一种无政府的态度,故必须确立一个中心思想以为立国工具,而无政府主义、三民主义、共产主义各种主义都有问题,所以才选定比较合于国情而且已有数十年历史的国家主义来提倡。第二,鉴于数年来中国政治状况及其原因,要选定以国家为前提的国家主义唤醒人民来管政治,改造政治。第三,考察各国独立和统一的历史与国家主义的关系可知,"我们要求国际平等,不得不选定国家主义来提倡"。第四,鉴于共产主义派在学会鼓吹政治活动而引起会员的反对,以及共产党加入国民党的"危害","我们要救国,要唤醒青年不受共产党的骗,更不得不一面提倡国家主义,一面反对共产党"。②所以反对共产主义成为他提倡国家主义的一大动因,也成为学会主义之争激化的一个因素。

关于主义问题及应否参加政治活动问题,会员早在南京年会上发生了激烈争辩。其中,共产主义派与坚持学术研究者的争辩最为激烈,而后来走上国家主义道路的左舜生、陈启天在此时并未表现出明确的主义倾向,而是在曾琦、李璜由法归国后,才被拉入国家主义派。而在南京年会召开之时,邓中夏、黄日葵、高君宇、恽代英、刘仁静等已经加入了中国共产党,确立了坚定的共产主义信仰,并试图改造学会为共产主义的组织。他们认为学会有确定主义的必要,理由有三点:"一由受时代潮流影响,会员发生各种行为,以不明学会属何种主义,故每向学会以外活动,大家不满意于这种现状;二由会员事实上已无法避免政治活动,不能无一定主义以为活动的标准;三由会员社会上各种活动,以所持各种主义各异,是非善恶各执一说,每引起误会。"针对有些会员担心学会因主

---

① 李璜:《中国青年党之诞生》,(台北)《传记文学》第17卷第3期,1970年9月,第21页。
② 陈启天、常燕生合著:《国家主义运动史》,上海中国书局,1929,第83—89页。

义而破裂,他们不以为然,"苟于创进少年中国有益,即破裂亦何妨"。然而,南京年会上有关"主义"及"政治活动"问题的争论,并不是发生在共产主义者与国家主义者之间。主张确定主义与从事政治活动的多为具有共产主义倾向的会员,而反对者以坚持学术研究趋向者居多。在共产主义派中,邓中夏的态度明确而坚定,恽代英、杨贤江较为和缓,而沈泽民、张闻天因没有发言记录无从评论。坚持学术研究取向的会员则包括刘衡如、李儒勉、邰爽秋、王克仁、方东美、赵叔愚、杨效春、蒋锡昌、穆济波等人。而后来成为国家主义派的左舜生、陈启天两人,发言较少,也没有关于国家主义方面的言论,他们介于争论双方中间,态度并不是特别明确。

而且大多数会员认为,强定学会的主义是不可能的,"讨论这个问题应顾及现有各会员的趋向,目前强定一种任何主义大可不必,且不可能",所能确定的,仅能揭明希望的趋势。反对意见则认为:"我们的团体非有明白的主张不可,这种主张就是主义。"调和者的主张是,罗列各自心目中的理想少年中国的特点,取其共同点作为共同活动的目标。刘仁静在1923年还说到,会员无论持国家主义、共产主义或无政府主义,都承认打倒军阀与国际帝国主义是中国当时的政治要求,这表明根本目的不同,但目前手段相同,因此提议由各种主张者组织思想界的联合战线,共同从事光明运动。[①]也是一种调和的主张。到1925年学会分化已成定局的情况下,学会的灵魂人物王光祈更明确地表达了一种调和的愿望:"我相信民族主义,不相信国家主义,不相信共产主义;但认为在最近的中国,国家及共产两种运动皆各有其用处,只求不要过火,我都相对赞成。民族主义系以争求中华民族独立自由为宗旨。……其方法系从'研究真实学术,发展社会事业'入手,以培养民族实力。至于将来中国政治经济组织应采何种形式,则须待各派合作之大革命后,再按照彼时世界现状及趋势,与夫国民程度及愿望而定。"毛泽东则明确宣称:"本人信仰共产主义,主张无产阶级的社会革命。惟目前的内外压迫,非一阶级之力所能推翻,主张用无产阶级、小资产阶级及中产阶级左翼合作的国民革命,实行中国国民党之三民主义,以打倒帝国主义,打倒军阀,打倒买办、地主阶级(即与帝国主义、军阀有密切关系之中国大资产阶

[①] 刘仁静:《对学会的一个建议》,《少年中国》第4卷第7期,1923年9月。

级及中产阶级右翼),实现无产阶级、小资产阶级及中产阶级左翼的联合统治,即革命民众的统治。"他甚至表示"少年中国学会在此时实无存在之必要,主张宣布解散"。①

可见,自从南京年会引发公开的"主义"之争,随着留法会员陆续回国并宣传国家主义,学会主义之争就演变为共产主义派与国家主义派之间的争论,进而成为中国共产党与中国青年党之间的政治争斗。曾琦公开宣称"国家主义者与共产主义者,在理论与方法上无往而不冲突,故吾人对于共产党,实无调和之可能"。②揭示了学会内部的主义之争,演化为主要是国家主义与共产主义之争的原因所在。这种主义的对抗在1925年第六届年会上围绕着是否以国家主义作为学会方针而进一步展开,达到主义之争的最高峰。在这次年会上讨论"本学会之精神决定某种方针"时,左舜生、余家菊、曾琦等绝对主张国家主义,恽代英、沈泽民坚决反对,不仅在制定具体方案上发生针锋相对的争辩,而且恽代英、沈泽民以放弃对宣言草案的表决权而坚守自己的立场。③会议期间在东南大学举行讲演,余家菊的《国家主义教育之定义》、曾琦的《国家主义与全民革命》,与恽代英的《五卅运动》形成为两种主义的对垒,④显示出学会内部两种主义对抗已不可调和,但双方都力争拉拢会员信仰各自主义,中间派会员不是出于对马克思主义或国家主义的了解赞同,而是出于对共产党员艰苦奋斗精神的尊重,对国家主义者依附军阀行为之不满,所以提出学会根本改组案,其中对于主义作如下规定:(一)会员不能明白表示信仰何种主义者;(二)对所信仰的主义与大多数会员之信仰相异者,改组委员会有取消其会员资格之权。⑤这样,主义的选择与信仰,成为学会取舍会员的标准,也说明政治经济上的主义已不能兼容于"少中"这类学术团体。学会有主义有组织的分化开始成为事实。

从改组委员会收回的33份调查表来看,明确信仰共产主义的有毛泽东等5人,信仰国家主义的12人,信仰三民主义的3人,信仰新国家主义、民族主义、大同主义等的13人。从当时在籍会员102人来统计,已经是或后来成为共产党员

---

① 张允侯等编:《五四时期的社团》(一),生活·读书·新知三联书店,1979,第508—514页。
② 曾琦:《国家主义者与国民党》,《醒狮》第66期,1926年1月9日。
③ 张允侯等编:《五四时期的社团》(一),生活·读书·新知三联书店,1979,第505—506页。
④ 舒新城:《回忆恽代英同志》,载人民出版社编辑部编《回忆恽代英》,第248—249页。
⑤ 张允侯等编:《五四时期的社团》(一),生活·读书·新知三联书店,1979,第507页。

的有李大钊等21人,成为国家主义者(或中国青年党员)的有曾琦等17人,成为国民党员的有10人。①这种主义的分野直接影响到对于会务改进的态度,也就决定了学会分化的命运。共产党人主张解散学会,以免为国家主义派所利用,但表示在一定条件下可以联合。杨贤江表示"仍望大家本科学的精神,为社会的活动,以谋中华民族的独立与自由"。国家主义者希望改组学会为国家主义之社团,以国家主义解决一切。信仰三民主义的倪文宙认为学会根本不能谋信仰主义一致,故无改进之希望。②学会第二届执行部制定的《少年中国学会会员终身志业调查表》,包括会员终身欲从事之学术、终身欲从事之事业、事业着手之时日及地点、将来终身维持生活之方法等内容。这是学会了解会员思想状况、理想追求的一种非常好的方式,也是对会员创造"少年中国"理想的一次检阅。随着会员学术和思想的逐步成熟,终身志业表中的内容在实际中发生了明显变化。若与改组调查表中的内容相比较,可以看出在五年内会员的思想变化,更可见对于学会态度的变化,也可见少年中国学会的发展轨迹。

改造调查表填写的内容显示,大部分会员仍主张维系学会,恢复学会的学术性质,共产主义派多主张解散,以防为国家主义派利用;国家主义派则主张开除共产党人,以防止学会成为共产主义的组织。这样,以学会为依托,主义之争由思想认识上的争论演变为行动上的对立,成为学会分化乃至解散的最直接原因。从"少中"主义之争的全过程可以看出,首先是感情上的结合而主义次之,而后要求主义的结合而感情辅之,到国家主义与共产主义尖锐对抗,学会的感情因素顿时变色。从主义的内涵看,从自由研究主义为各种主义的预备工夫,到确定一个共同主义,以裨学会内部分工与互助、对外联络与发展。在纷繁复杂的主义之中,共产主义与国家主义在1923年成为学会主义争论的焦点。其后《醒狮》与《中国青年》的激烈论争,既可说是青年党(国家主义派)与共产党之争,也可说是学会内部国家主义与共产主义之争的继续。如果说自由主义与实用主义尚只是学会内早期思想倾向的争论,那么国家主义与共产主义则是学会后期政治上的争论。此外,主义在"少中"一直是相当宽泛的,既有学术上主义、政治上主义的分别,又有少年中国主义与少年中国学会主义等的区别,其内涵

---

① 此据陈正茂《少年中国学会之研究》附录六"少年中国学会会员名单"统计,与实际情形略有出入。
② 张允侯等编:《五四时期的社团》(一),生活·读书·新知三联书店,1979,第508—529页。

一直变动不居,至少在会员心目中的定义不明确,而只有在1923年底苏州大会讨论中,政治经济上的主义才基本定型,即国家主义与共产主义作为学会方针的主义之争才开始明朗化。从本质上说,"少中"的主义之争不仅仅是马克思主义与改良主义之斗争,而且是改造中国的方法与道路的争论。争论的结果,在学会内部形成了以政治改造为主流的意识,其中又分离出国家主义与共产主义两种对立的政治改造方法与道路,两者歧出"少中"而分别组织或参加政党,在中国近现代史上留下了深刻的历史痕迹。

关于主义之争与少年中国学会分化的关系,梁漱溟有如此评论:"起初那时,国内只有思想新旧之分,还谈不到左倾右倾,所以这一团体也没有他显著的倾向。但不久后,终于受外界潮流的影响,及各人对问题认识之渐渐深刻落实,而分化了。一些人接受马克思思想看重阶级问题;而另外一些人,则以中国是被压迫民族,看重民族问题,强调国家主义。在学会内,引起争辩甚久,且遍及于南京上海和法国留学(生)一部分。他们召开大会经过一次最后争辩而分裂。李大钊、恽代英等便成了共产党;而曾、左、李等则组成他们的青年党"。[①]这也说明,少年中国学会因兼容各种主义而勃兴,也因为主义对抗而分裂。

第三节 活动问题的争持

少年中国学会明确规定以社会活动创造"少年中国",所以活动问题尤其是由此引申出的政治活动与社会活动是学会问题的中心。一方面,它直接关系学会宗旨的解释或修改,关系学会共同主义的确定与调适。反过来说,宗旨问题关涉政治活动"合法化"与"具体化"的问题,而主义则关系会员活动的方法与性质及其发展趋势。另一方面,国内外政治形势的变化要求学会以直接或间接的方式作出回应,而且部分会员的政治活动的要求与实验牵及学会的发展方向,即是否继续维持学会的学术团体性质。自1921年南京大会开始,活动问题的争论由政治活动与社会活动之争,到后来演化为政治活动范围内的国家主义派

[①] 中国文化书院学术委员会编:《梁漱溟全集》第6卷,山东人民出版社,1993,第600—601页。

与共产主义派的对抗。所以,政治活动问题的争论,尤其是政治活动的实验,过早地结束了少年中国理想。"少中"由此亦完成了由社会活动而反对政治活动,到用政治手段与方法改造中国的过渡,少年中国运动也随之分化。

一、学会宗旨关于社会活动的规定

学会发起之时就确定:凡加入"少中"会友一律不得参加彼时的污浊的政治社会中,不请谒当道,不依附官僚,不利用已成势力,不寄望过去人物;学有所长时,大家相期努力于社会事业,一步一步来创造"少年中国"。[1]这一规定,使会章规定的四项公约始有着落,即学会在社会实践方面已经明确,而且政治活动成为会中的禁条。

从学会宗旨的文字来分析,它并非一个纯粹的学术团体,而是带有明显的政治目的——创造"少年中国"。因此学会宗旨与学会名称出现了相矛盾的一面。会员所理解的学会或是带有学术性质的政治团体,或是带有政治目的的学术团体,因此在创造"少年中国"的手段上,或从学术下手,或从事业下手,而学会"学行并重"的要求,进一步模糊了这种政治目的下的社会改造与学会性质的关系。因此会员多热心社会活动,又期以社会改造来创造"少年中国",而社会活动的开展与政治难以截然分开。[2]

学会初定宗旨中"发展社会事业"的具体阐释是:"现在国中一切腐败,皆待吾人改革,其所以独对社会事业特别注意者,因同人等认为一切不良皆原因于社会不良,故注重改革社会。所谓社会事业者,不过教育与实业而已。"[3]然而,学会既要创造"少年中国",以政治解决为最终目的,又对现实政治局面及其人物深恶痛绝而欲远离政治,其中原因,按诸李璜的分析,是辛亥以来的革命政治都被官僚主义所拖累而失败了,其失败的根本原因又在于一般民众之贫、弱、愚,因之他们要用普及教育与工业建设先行解决大多数人民贫、弱、愚,然后创

---

[1] 李璜:《五四运动与少年中国学会》,(台北)《传记文学》第16卷第4期,1970年4月,第9页。
[2] 林瑞明、郭正昭合著:《王光祈的一生与少年中国学会五四人的悲剧形象及其分析》,(台北)环宇出版社,1974,第148—149页。
[3] 少年中国学会编:《少年中国学会会务报告》第1期,1919年3月1日,第19—20页。

造出新中国来,大多数会友从事教育、科学研究即缘于此。①可以说,从事社会活动是学会发起人创造"少年中国"的共识,政治活动则悬为会中禁令。

前已述及,学会正式成立后不久,巴黎、上海、北京三地会员的通信就有关于政治活动的争论。作为北京会员致上海会员信函的起草者,王光祈在1921年10月还谈道:"当时北京同人曾有一次复上海同人函中,对于政治活动一层略含放任个人之意,旋得巴黎同人九月廿七日公函,严词责备,认为破坏学会根本精神,反复申论,词旨痛切。自此以后,会中舆论,翕然从之,所谓反对政治活动者,遂成为会中之不成文宪法。两年以来,吾会同人对外宣传,对内团结,皆以'反对政治活动'一语为其旗帜,试按两年来本会两种月刊上所发表之文字,对于此义,反复申明者已不止数次矣。"②尽管曾琦、王光祈等人所说有近乎武断之嫌,但确也是学会发起者对于社会活动与政治活动一以贯之的态度。

事实上,政治活动问题在1921年南京大会上引起激烈的争论,亦成为学会问题的关键。以后各届年会的中心论题都延续了南京年会的遗波,争执辩论不已。

二、南京大会关于政治活动问题的讨论

南京大会于7月2日讨论政治活动问题,与会者互相争辩,乃至有人以去留相争。归纳与会者发言要点,不外什么是政治活动;会员是否可以参加政治活动;如果允许,如何参加政治活动。

1."政治活动"的界定

会员就政治活动问题展开激烈的讨论,在表决时,以直接加入当时政界者为狭义的政治活动;不仅加入当时政界,而且打破当时政治组织从事革命者,则为广义的政治活动。最后以社会活动应包括广义的政治活动付诸表决,赞成者19人,反对者3人。③显然,从事广义的政治活动已成为与会者的共同趋向。又

---

① 李璜:《我所经历五四时代的人文演变》,载周阳山编《五四与中国》,(台湾)时报出版公司,1988,第668页。
② 王光祈:《政治活动与社会活动》,《少年中国》第3卷第8期,1922年3月1日。
③《南京大会纪略》,《少年中国》第3卷第2期,1921年9月1日。

因为其时已有会员以个人名义参加政治活动,其中包括发起人之一的陈愚生、李大钊,所以在大会关于政治活动问题的讨论中,坚持政治活动者主要是要求将政治活动"合法化"或"公开"允许,也就是要求学会准许会员自由从事政治活动,改变学会关于会员不得从事政治活动的禁条。而反对者主要是限禁政治活动而专注于社会活动与社会事业,以利"少年中国"的创造。但出于会员的感情与维护学会的目的,争论局限于社会活动与政治活动的范畴及关系问题,这是一种学理上的争论或者说是"君子之争"。不仅如此,部分会员还涉及了是否以学会名义或全体事业为政治活动,也就是使学会由"会"向政党组织的过渡,由"学"到"行"的转变,从而把学会创造"少年中国"的最终政治目的提前。

南京大会的这一表决,尽管并不代表会员全体的意见,但也引起了学会内部的震动。王光祈在南京大会提案中,原本希望大会更明确规定学会主张社会活动,反对政治活动之学会精神,有违者视为违背学会宗旨,请其出会。[①]他闻悉南京大会通过此项议决,"颇有令人难安之处,尤以扩充本会根本主张之'社会活动'而解释为'包含政治活动'一项为学会生死存亡问题,是不可以不辩"[②]。故特为文对政治活动与社会活动详加区分,并表示自己对于政治活动的强烈反对态度。曾琦甚至认为南京大会取消不作政治运动之禁条,无异于取消学会。[③]可见,南京大会对政治活动的界定和认识,进一步引发了学会内部关于政治活动与社会活动的争辩,为部分会员从事政治活动提供了一个可资利用的机会,反过来又为反对者提供了反对政治活动的现实依据。

2.会员是否可参加政治活动的争论

与会者形成两种对立主张,一种以为如附有适当条件,不妨从事政治活动,一种以为在当时腐败政治之下万不能参加。主张从事政治活动者,或主张自由加入旧政界,或主张由学会监督指挥,有使命地加入,两者之间亦有争论。而且主张参加政治活动者所持理由亦很复杂,在时间上还有现在的政治活动与将来的政治活动之分别。刘衡如阐述的理由很充足,一是政治既于社会有益,便无

---

① 王光祈:《对今年七月南京大会的提议》,《少年中国》第3卷第2期,1921年9月1日。
② 王光祈:《政治活动与社会活动》,《少年中国》第3卷第8期,1922年3月1日。
③ 曾琦:《彻底主义与妥协主义》,《少年中国》第3卷第8期,1922年3月1日。

禁止会员从事政治活动之理由；二是政治活动好多地方与社会活动难分，所以容许会员进行政治活动。恽代英则认为，革命后容许会员为政治活动，即革命的政治活动当然应容许。这是着眼于广泛的活动范畴而言的。而更多的发言者集中在可否参加旧政界。黄日葵赞成加入旧政界，理由是：必入旧政界，然后可以调查它的内容，以便求个切实改革方法。他相信有主义的加入，则不致受人同化，果能有真精神，无往不能做事，无禁止加入旧政界的必要。邰爽秋认为参加政治活动是个人的自由，而且只有加入政界，才能改造政界。反之，"若各脱离，不与接近，只是洁身自好之徒而已，无改造事业可言"。由此看来，加入旧政界，改造旧政治是主张参加政治活动的基本理由，用方东美的话来概述，"旧政治除打破无二法"。可见，打破旧政界的方向是一致的，而是否加入政界，只能根据个人之意愿与能力，由自己决定，无须由学会来限禁。但问题的关键在于，是先加入旧政界来改造旧政界，还是先推翻旧政界再来参与政治？还是另造新政治？

主张参加政治活动者也意识到，旧政治内幕复杂，极为腐败，"少中"纯洁的青年加入政界，应有条件。这些条件包括：(1)有改造政治能力的人，以自愿加入为主；(2)以不违背学会精神，能不同流合污为限；(3)学会实行监督或由学会干部指挥，有使命地加入。会员对于前两个条件基本上无异议，对于后者则有争论。邓中夏指出，加入旧政界仍有限制的必要，"为创造新政治，而加入政界，故有受干部指挥的必要"。黄日葵和赵叔愚都认为，既有学会，则可监督加入旧政界的人。但此说立即遭到方东美、恽代英等人的反驳。恽代英说，若说受干部指挥，必须有列宁一类的人做执行部主任，恐怕事实上做不到。方东美说，政治活动极其复杂，局外人说什么监视，实则只是空谈。邰爽秋以为会员的政治活动只问正当与否，不能遇事受学会监督。① 后来王光祈概括南京大会的如上争论，说实质上就是学会对于会员的行动采一种干涉主义或放任主义，或兼两种主义而规定某种行动应干涉或某种行动应放任。② 尽管有如此分歧，但以会员个人加入旧政界，从事政治活动为限，不以学会为政治活动或牵动学会内部事业，则是一致认同的，其主要根据是学会不是政治团体，所以不以团体名义参

---

① 以上引文见《南京大会纪略》，《少年中国》第3卷第2期，1921年9月1日。
② 王光祈：《政治活动与社会活动》，《少年中国》第3卷第8期，1922年3月1日。

与政治活动。

　　反对参加政治活动者所持的理由,一是陈启天的"同化"说,他认为加入旧政界以去调查,犹前人说入妓院去调查下等社会一样。二是左舜生所说的"无准备",学会是一个"革命的团体",无准备无办法、三五零星地加入旧政界,是应绝对反对的,至于革命后是否从事政治活动,另当别论。三是因为反对旧的社会组织而不应加入旧政界。刘仁静认为,"一个主义不同的人加入,不能改造,反自己不得自由。我们既根本反对这种社会组织,如反对妓院一样,所以不应加入"[①]。

　　可见,与会者关于政治活动问题的讨论,主要围绕着是否加入政界这一现实问题而展开。反对者亦持之有故,但因为会员及学会均不能隔离于旧社会旧政界而存在,所以是否加入旧政界不仅关系会员个人活动的方向,而且关系学会发展的方向,乃至被认为是关系学会生死存亡的问题。会员大都根据自己的经历感受以及将来活动的打算而理解或定义"政治活动",出现了"一词多义"的现象,以致政治活动的内涵不能统一,不仅出现了主张政治活动者之间的冲突,而且政治活动与社会活动的含混使人无所适从。这一现象也引起了部分会员的注意。如陈启天指出,南京大会上政治活动所指亦不尽同,有指政党政治的,有指革命的,有指革命后各人理想中的政治的,更有指第四阶级政治的。第三种、第四种意义与其说是与第一种定义相同而赞成政治活动,反不如说与社会活动相同而反对参加"现在"的政治活动。进一步分析可知,主张社会活动而反对"现在"参加政治活动的,对于革命或革命后各人理想中的政治甚至于第四阶级的政治,并非一定反对,或者还有赞成甚至参加的。换言之,"反对政治活动的唯一着重点在未实行革新以前的现状政治绝对不可参加而已,其故非完全否认政治"。[②]周太玄立足于现时学会的特点,认为学会所发生的一些问题,都是以"学会特点"为解决的标准,以"此时此地"为解决的对象,所以极不赞成学会承认政治活动,不赞成学会宗旨所标举的社会活动中含有广义的政治活动,以使学会的宗旨依违模糊,因为"我们宗旨要明决,作事要彻底,分工(对会外的政

[①] 以上引文均见《南京大会纪略》,《少年中国》第3卷第2期,1921年9月1日。
[②]《少年中国学会问题》,《少年中国》第3卷第2期,1921年9月1日。

治活动而言)要严密"。①

正因为对政治及政治活动的理解各异,导致会员对学会宗旨的认识不同,学会就面临着团体性质转变的危险。陈启天清醒地意识到了这一点,他说:"将政治活动包括在社会活动之中,或将社会活动包括在政治活动之中,与现在政治过于接近,过于迁就,失去固有的精神,大则将学会变成争权夺利的政党,小则将个人化成鲜廉寡耻的政客,不但无益于社会并无利于个人。"②正是出于对参与政治活动者的变节或学会性质变化的考虑,会员们在大会上争论激烈,于是有识者感觉到学会有"决裂"的危险,因此提出学会决裂问题及如何预防的讨论。③可见,解释学会宗旨并决定会员是否从事政治活动,确系学会的根本问题,南京大会议决对此一问题进行为期一年的讨论再作决定。

三、南京年会后政治活动问题的讨论

在为期一年的学会问题讨论中,国内外会员针对南京大会上的讨论发言,联系自己的理解与经历以及学会发展与现实社会的关系,展开了热烈的讨论,先后有14名会员或著文或通信,表示了个人的态度,使学会的政治活动问题更加复杂化。其中张闻天、王克仁、杨贤江等表示不主张限制政治活动,陈启天、沈怡、王光祈、曾琦、周太玄、张梦九、魏时珍、宗白华、恽代英等反对会员参与政治活动。两派意见或以学会宗旨、发起人初衷为由,或以现实政治腐败黑暗为据,各述所见,为杭州大会决定政治活动问题作了较为充分的准备,提供了解决该问题的各种预设。

1.关于是否限制政治活动的争论

南京会议上对于会员活动出现了采取放任主义与干涉主义两种态度的对立,会后的讨论仍不出此范围。

主张不限制会员的政治活动者,陈述了多方面的理由,包括政治活动者与

---

① 周太玄:《学会的四种特性》,《少年中国》第3卷第8期,1922年3月1日。
② 《少年中国学会问题》,《少年中国》第3卷第2期,1921年9月1日。
③ 《南京大会纪略》,《少年中国》第3卷第2期,1921年9月1日。

政治的关系、社会与个人的关系、学会与个人的关系、学会的现在与将来的关系,等等。王克仁从批评南京会议的反对论入手,详述其观点:第一,当下政治虽坏,但并不认为凡从事政治活动的人都是小人甚至坏人,那些以会员从事政治活动便变坏的说法是不合逻辑的。第二,不相信所谓零碎地无计划地加入政治活动易失败,而大队地有计划地加入则可取得成效的说法。在他看来,非但不限制还要鼓励会员从事政治活动,一面尽管加入以期携手改革的一天,一面尽可研究和想方设法使多人参与政治,以便更有力量。第三,对于同样不干净的社会其他各界的活动不限制,对于政治界也不应苛求。总之,他"不赞成预先就估定一个不好的观念,去量度事业,限制人生的活动"。张闻天认为,要改造政治必须钻到政治堆里去活动,在理论上是说得过去的;事实上会员能够参加政治活动且已有实行政治活动的人。他进而提醒参加政治活动者思考如下几个问题:(一)我这次去活动到底抱有哪一种目的,有没有受到某种欲望的支配?(二)我这种人赤手空拳地跑进去,能够对社会有什么贡献?能够感化他们而不受他们的同化吗?(三)我能够不受小我支配,奋身不顾吗?言下之意,会员应有组织地参与正大光明的政治活动,不应谋私利,以致被旧政治同化。杨贤江也不认为政治活动绝不许参与,而是取决于活动者的用心和能力,因此政治活动不是可以不可以参与的问题。①汤腾汉提出,当下政治虽是腐败,倘若可以活动在将来的政治,当然可以活动在当下的政治;"有名望的政界人物要是提倡我们创造'少年中国'所需要的事业,实在比普通一般人容易得多"。因此,政治活动不论当下还是将来,都可以不必限制他,只要是纯洁地去活动,为促进少年中国的实现就可以。②

  反对者明确表示应完全限制会员从事政治活动,至少在其时应明令限禁。其立论多围绕书生从政的危害、条件,与学会的自身特点两个方面展开。在陈启天看来:现今政治黑暗腐败已极,书生非先变节则不能久入现政治,即令因变节而稍有成就也恐不大经济,因此参与现时政治既不利于学会的前途,又有损于个人的人格。沈怡援引历来许多青年参加现代政治运动而堕落的成例,认为其中显而易见的原因是其时政治势力圈的黑暗恐怖的环境、习惯改变了青年,

---

① 《少年中国学会问题》,《少年中国》第3卷第2期,1921年9月1日。
② 张允侯等编:《五四时期的社团》(一),生活·读书·新知三联书店,1979,第418—419页。

更重要的原因是生活问题、修养问题、组织问题上没有"保险"。①巴黎分会会员在提案中指出：政治活动与社会活动之区别觉有困难时，会中议事机关尽可征集各会友意见，折中议定，或将容易误会之事实，如类似社会活动之政治活动及类似政治活动之社会活动，先行描画指出，使会员不致误入。②王光祈则态度更坚决，"吾以为万事皆可商量，惟政治活动问题不能通融。学会可以解散，而学会根本精神不能丧失，此事既成为学会之生死问题，即请执行部举行总投票。若多数赞成政治活动，则吾辈死守学会宗旨之少数会员，即自行退出学会，另组团体。若多数反对政治活动，亦请主张政治活动者，尊重学会公意退出学会。总之，吾辈对此问题势不两立，决无妥协调解之余地"③。鉴于此，王光祈用图表形式列出学会不容许的政治活动为议员与官吏，学会容许的"政治活动之例外"，则包括推翻一切强权政治之革命运动，批评现代政治之舆论运动，学会全体动员革命后之理想政治活动，官办学校及实业，地方公益事业等等，并作了详细的说明。④此说为宗白华、沈怡等赞同，已如前述。

在明确态度的基础上，反对政治活动者进一步列举了反对政治活动、主张社会活动的种种理由。这些理由在康白情、孟寿椿等人的提案中有所论列并有针对性的批驳。可以归结为以下几个方面：

一是"契约论"，以学会规约禁条为基本依据。曾琦追述学会发起成立以后的史事，提出不作政治活动是学会历来的禁条，又据此发为两大宣言，以郑重告学会同志，一曰从事社会事业，绝对不为政治活动，二曰不利用已成势力，不依赖过去人物。⑤王光祈则称反对政治活动为会中"不成文宪法"。⑥

二是先从事社会改革，以为政治改革的基础，可称为"预备工夫"说。社会活动与政治活动同为谋达改革目的的方法，既非根本善恶的问题，亦非有政治活动即无社会活动，或有社会活动即无政治活动的问题，而是时势之要求与效果之大小的问题。这是会员争论的一个基本出发点和立脚点。学会之所以反

---

① 《少年中国学会问题》，《少年中国》第3卷第2期，1921年9月1日。
② 《巴黎分会提案》，《少年中国》第3卷第2期，1921年9月1日。
③ 王光祈：《政治活动与社会活动》，《少年中国》第3卷第8期，1922年3月1日。
④ 王光祈：《政治活动与社会活动》，《少年中国》第3卷第8期，1922年3月1日。
⑤ 曾琦：《学会问题杂谈》，《少年中国》第3卷第8期，1922年3月1日。
⑥ 王光祈：《政治活动与社会活动》，《少年中国》第3卷第8期，1922年3月1日。

对会员参加政治活动,是因为坚持从社会改革入手,"走那直接改造社会的路"。①王光祈总结了中国三十年间政治改革运动史,尤其是戊戌变法、辛亥革命、新文化运动,认为前两者均为政治改革。在王光祈看来,彼辈主张的政治改革在当下麻木的中国与国际变幻的时局下能否达到目的,是大值得疑问的。其"疑"体现在:一是如何取得政权以为改革之手段;二是取得政权后有何势力拥护政权;三是政权拥护后有何办法厉行改革;四是此种自上而下的改革是否适于时代精神;五是列强是否容中国有此强有力的政府。鉴于此,学会及各会员须从当日起即以毕生精力投之于社会事业,若思想不革新、物质不发达、社会不改造、平民不崛起,所有一切其他政治改革都是虚想。②曾琦从世界的潮流、中国的时势与青年的性格三个方面,来说明社会改革当先于政治改革。在此基础上列出十大结论:(一)政治改革在从前虽有可能,而在今日实已绝望;(二)部分的政治改革虽较易于全体的政治改革,然亦必须与恶势力为缘,成效不可预期而人格先有危险;(三)就大多数自好之青年性质而论,绝对不宜于政治活动;(四)社会活动为世界潮流之所趋,而在中国社会百废待兴之际,尤为时势之所最需要;(五)抱政治改革之目的者亦宜筑基于社会事业,抱社会改革之目的者更当从事社会活动;(六)历来政治改革之失败,皆由社会进步之停滞;(七)由社会改良政治为自下而上,其势顺而易,以政治改良社会为自上而下,其势逆而难;(八)政治改革必须取得权位,因人成事,社会改革不必取得权位亦可独立创造;(九)政治活动宜就全体改革,社会活动可以部分着手;(十)政治活动害多而利少,社会活动有利而无弊。由此看来,政治活动与社会活动非"善恶"之问题而实"难易"之问题,非"可否"之问题而实"能否"之问题。基于此,他指责南京大会上主张政治活动,变更团体根本信条之人"不知其用意何在"。他的结论是,政治改革在当时实已陷入不可能,尤以青年之入政界为有害而无益,大有损于个人而毫无补于团体。③

鉴于社会改革有从政治入手与从社会入手的不同路径,王光祈进一步划分社会改革为"社会的社会改革"(从社会自力促进新的改革)和"社会的政治改

---

① 周太玄:《学会的四种特性》,《少年中国》第3卷第8期,1922年3月1日。
② 王光祈:《政治活动与社会活动》,《少年中国》第3卷第8期,1922年3月1日。
③ 曾琦:《政治活动之前车与社会活动之先导》,《少年中国》第3卷第8期,1922年3月1日。

革"(以社会势力促成政治改革)。他明确主张前者而反对后者。①张梦九从时代、环境两个方面比较了中国历史上政治活动与社会活动的效力成败,以康有为、梁启超、章太炎为政治运动失败之借鉴,以张謇、蔡元培、李石曾为社会运动之成功典型。②可以说,他们以历史人物的改革成效为鉴,比较社会运动与政治运动的时效,联系中国的现实,而得出社会改革先于政治改革的结论,反对会员参与政治活动,则是基本一致的。

三是舍难就易说。曾琦认为,在当下政治活动于理于势均不可达到目的,而社会活动虽亦不免种种恶习,然终不如政治活动之甚。根据在于:(1)政治活动非有权位不行,社会改革不必取得权位就可进行,一则纯依"他力",一则可赖"自力"。(2)社会活动范围甚广,建一小学校,或开一小工厂,或为平民作露天讲演,或向农村宣传主义,都是社会活动,且初不必假权位,正有赖于多数青年之奋起而自为之。(3)当下政界恶浊之极,社会事业虽亦必经种种艰难困苦,终不若政界牺牲人格而犹无成功之把握,所以欲独立建树,则以社会活动为妙。③进一步言之,之所以绝对不为政治活动,是因为欲专心致力于社会事业,为"少年中国"筑其永远不拔之根基。④

四是机会与方法不可能说。曾琦认为,政治改革诚能收治标之速效,但须有两个条件,一是机会,二是政权。机会之来,不可预料。政权之取得则有三途:其一是借君主之信任以握政权,此在专制之朝代不乏成功之例,在共和之世则为谬想。其二是借军队之势力以争政权,现在中国武人政客即是如此,我辈青年痛心疾首于此辈之所为,岂宜尤而效之?而况手无斧柯虽效之而不能。其三是借平民之革命以夺取政权,如俄国广义派之所为。但中国平民目前之智识与能力,尚不可于短期内达到夺取政权以畀诸改革志士的目的。故改革政治须有的政权,在今日吾辈青年是不可能取得的。至于机会,则数十年来如戊戌变法、辛亥革命、丙辰革命、欧洲大战,中国人都失去了政治改革的大好机会,"至今日而政权握于盗魁之手,国命陷于倾危之中,所谓政治改革已无从下手,苟非多数之平民

---

① 王光祈:《社会的政治改革与社会的社会改革》,《少年中国》第3卷第8期,1922年3月1日。
② 张梦九:《主义问题与活动问题》,《少年中国》第3卷第8期,1922年3月1日。
③ 曾琦:《政治活动之前车与社会活动之先导》,《少年中国》第3卷第8期,1922年3月1日。
④ 曾琦:《彻底主义与妥协主义》,《少年中国》第3卷第8期,1922年3月1日。

觉悟,起而再演一次流血大革命,吾未见政治上有和平改革之可能也"。若要实行政治改革,唯有依赖官僚武人以图枝节之改革,其收效不大可期,且"事之难与取途之险"。总之,没有政权在手的政治改革,亦终成为一场梦想而已。①

五是气质与环境不可能说,以张梦九为代表。他认为,对于一种活动的正确的批评,必须依下列三种根据:(1)时代问题——其活动是因袭历史还是随时进化。(2)环境问题——其活动是适应环境还是改造环境。(3)效果问题——其活动是注意个人效果还是团体效果。如果活动在以上三种范围中皆属后者,则其活动为有价值,否则无价值。从世界范围看,社会活动的效力大,而政治活动的效力小,但政治与社会并非对等关系,极良政治下未必能产生极良社会,而较良社会下却可以产生极良政治。从历史上看,旧世纪的社会是政治化,即以政治力促进社会;而新世纪的政治是社会化,即以社会力促进政治。从环境来看,中国的政象虽具有形式独立、名誉共和、具文法治、纸上自由、口头平等五种特色,近世民主共和国的三种精神,即忠实代表民意的国会、代表健全舆论的新闻、与国会同休戚的政党,严格来说在中国从来没有产生。由此来观政治活动,则有三大疑问:第一,现在的时代诚然应以社会改革政治,但中国的病态是需要效力小而速的药方,还是需要效力大而缓的药方? 第二,在中国这种环境下是否可灭绝政治? 第三,中国以前的政治运动的失败者而社会运动的成功者,是事的问题还是人的问题?②

因此,综观现在中国的时代、环境、效果,政治活动都是今日青年不必为,不能为,不可为,不应为,不许为的活动。我们一定要干那种活动,只算是无意识的活动。可见,张梦九以为书生气质,难于为政治活动,而今日之恶劣环境政治活动尤不可能成功。而现社会的政治活动本为狡猾官僚的亡国长技,塌冗官僚的谋生护符,纯洁的青年对于现政治无改造的可能,也无新少年发展的可能,要改造旧中国政治,只有"推倒重建之一途"。③

此外,还有几种反对理由,因发言者论列不多也不充分,在此从略。总的说

---

① 曾琦:《政治活动之前车与社会活动之先导》,《少年中国》第3卷第8期,1922年3月1日。
② 张梦九:《主义问题与活动问题》,《少年中国》第3卷第8期,1922年3月1日。
③《康白情孟寿椿等的提案》,《少年中国》第3卷第11期,1922年6月1日。

来,其中不乏意气之词及武断的口吻,但其维护学会之心可鉴。①

除了上述赞成与反对政治活动的两种对立意见外,还出现了反对与主张政治活动之间的调和论,以恽代英、沈怡为代表。沈怡认为,国内会员主张的政治活动,大致就是王光祈所指为消极的(学会容允的)"政治活动之例外"。比较国内会员之主张与海外同人意见可知,他们的主张略有不同,"但同人中决没有为自己可以希冀非分起见,而如此主张,立意大致既相同"。他表示,虽不只身参与政治活动,将来有计划的有组织的活动是绝对愿意参加的。② 恽代英也认为,学会内绝对赞成与绝对反对参加政治活动的两部分人,看似有不可调和的矛盾,"但是我以为若大家把眼光再放远一点,或者心思再放细一点,从这里可以找出解决学会一切问题的关键亦未可知"。一方面,我们认清了依赖旧势力以建设事业是没有希望的,这种觉悟可以说是形成我们学会的主要因子,是十分真确有价值的。虽然我们为生活不得不加入旧社会,但在旧社会想在一局部做成什么理想事业是绝对不可能的,"要改造须全部改造,须将眼前不良的经济制度,从根本上加一种有效力的攻击"。"我们但认清我们的责任,唯一的是企求社会全部的改造。认清我们的努力,无非是为的破坏,那便我们加入旧社会事业的价值,显而易见了。"另一方面,我们不能利用旧势力来改造旧社会,只能利用群众集合的力量,"所以我们在任何旧社会事业中,除了要勤劳尽职,以求职业方面相当的胜利外,我们总要尽量的利用机会,扶植群众,唤醒群众,指导群众,以预备或实现各种有效力的反抗运动。我们切不可认我们眼前的事业,是我们的目的。我以为,我们学会的仇敌,还不是参加政治活动,宁是认任何旧社会下面的活动,作为我们的目的"。一个只是职业注意到任何职业家,我们不愿批评他的价值,一个社会改良主义的任何职业家,他想利用旧势力以建设事业,这亦是同样不生什么真实效力的。在改革社会的方面,都不是我们所盼望的人。眼前的官吏议员,其实与工程师教员所营的罪恶生活差不多,而旧社会的罪恶全是不良的经济制度所构成的,所以,"我们要加倍的努力,赶快的打破全

---

① 康白情等人提案中说:他们提案基于三个基本概念。一拥护真理;二阐明学会之本来面目,确定学会宗旨之原义,以免无谓之纠纷;三维持学会继续之生命。《康白情孟寿椿等的提案》,《少年中国》第3卷第11期,1922年6月1日。

② 沈怡致若愚(王光祈),《少年中国》第3卷第8期,1922年3月1日。

经济制度啊,不要以居于犯罪恶机会少的地位,遂自以为天国乐土才好。"① 恽代英的调和意见,强调联合和组织群众作为改造社会的唯一的武器,改造社会首先要改造经济制度。因此,加入旧社会旧政界,改造旧社会,应是"少中"社会活动与政治活动的共同目标。由此看来,这种调和折中论,同王光祈反对官吏与议员的政治活动以及允容会员参加"政治活动之例外",在范围上并无多大区别,只是参加的方式和目的有所不同。

由上可见,政治活动问题在学会内部引起了激烈争论,以至后来杭州大会亦承认,"政治活动问题为年来会员争论之焦点,关系极重要"。② 在无法调和各派意见的情况下,王光祈等人提出用总投票法来解决,执行部出于慎重考虑,推移至下届年会决定。

四、杭州大会上政治活动问题争论的激化

杭州大会上关于政治活动问题的讨论更为激烈,主要集中在两点,一是学会对政治的永久态度,二是学会对当下时局所采取的态度。值得注意的是,留美会员、留日会员和北京会员的三个提案引起与会者的热烈讨论,产生了重大影响。

先看三个提案对于政治的永久态度问题。留日会员郑伯奇、周佛海、田汉的提案指出,出于忠实理想的"少年中国",绝对反对学会会员在军国主义乃至资本主义旧政治组织之下为政治活动,但不反对对旧组织的破坏的革命的政治运动者,"但是有关于国家存亡、民族荣辱、社会休戚的问题而发生政治运动(这大多数是群众运动),本会或会员个人限于该事,该时期内可以参加",并特别说明此两条以列举方式为社会活动,又是广义的政治活动。③

留美会员康白情、孟寿椿等的提案,对国内外会员反对政治活动诸说包括曾琦、王光祈、张梦九等大加批判,最后提出他们的主张:(一)政治活动与社会活动均为时势所必需,如双方并进,互为呼应,则均事半功倍。学会应放任会员

---

① 恽代英:《为少年中国学会同人进一解》,《少年中国》第3卷第11期,1922年6月1日。
②《一九二二年杭州大会纪略》,《少年中国》第3卷第11期,1922年6月1日。
③《郑伯奇等的提案》,《少年中国》第3卷第11期,1922年6月1日。

自由作政治活动,而承认其为社会活动之一种。(二)会员若无人作政治活动,学会及会员个人应承认别人之正当的政治活动,不为不负责任之批评。①王光祈、曾琦反对政治活动的意见,颇引起美国方面同人的反对。除引起上述康白情等提案的批评外,王崇植也评论他们两人的意见过于笼统,并未贴住会员的说法,他们的"此种主张,实是假定的,主观的,绝对的,或且为非理性的",以至学会争论到举行总投票制解决的地步;进而言之,他们两人"反对政治活动只因目下政治不良,故此种见解实非根本上主张会员不作政治活动"。王崇植的主张是,"凡友人中有作政治活动者,我人宜鼓励之监督之;会友中有愿作政治活动者,我人宜劝告之,不听则请其出会,以全两方所信仰之主张"。②

李大钊、黄日葵、陈仲瑜、邓中夏、刘仁静、沈昌联合提出"为革命的民主主义"的"北京同人提案",从革命实践的要求来阐述学会应规定主义和进行政治斗争,意在引导会员从革命斗争的需要出发来思考学会活动问题,反对空谈主义和革命问题。提案指出,黑暗的社会不是空泛的道德目标和不实用的科学常识所能征服的,"希望以社会运动教育全体人民,待全体人民觉悟后再谋政治运动,推翻恶政府,这永远是一不可能的设想";学托尔斯泰式的小学教师式的、园丁式的社会活动来创造少年中国,也是一种幻想。进而指出:"政治斗争是改造社会、挽救颓风的最好工具,人民为最切近的利益奋斗,在群众集会、示威运动、游行、煽动、宣传、抵制这些具体事实当中训练而团结自己。"可以说是对此前学会内部带理想性质的社会改造思想的清算与批评,希望会中各种主义者抛弃一切武断的成见,共同认定一联合战线,用革命的手段,以实现民主主义为前提。北京会员发出号召,"我们不要躲在战线后,空谈高深的主义与学理,我们要加入前线,与军阀及军阀所代表的黑暗势力搏战了"。③这无疑是主张政治活动者发出的革命号召,是对包括科学救国、单纯的文化救国、舆论反帝救国等在内的非暴力革命论的批判,希望把学会内部的舆论或思想革命引向直接的政治斗争,共同汇入民主主义的洪流之中。

再看杭州大会关于政治活动的讨论。对于政治的态度,左舜生表示,永远

---

① 《康白情孟寿椿等的提案》,《少年中国》第3卷第11期,1922年6月1日。
② 王崇植致左舜生,《少年中国》第3卷第12期,1922年7月1日。
③ 《北京同人提案》,《少年中国》第3卷第11期,1922年6月1日。

的政治态度一时不能确定,但赞同郑伯奇等提案中所提议的规定一般趋势。陈启天表示,用言论与群众的力量反对军阀,表同情于反军阀者而不拘于任何团体及党派。高君宇明确主张,"我们的团体必须标明马克思主义,虽然目前采取明显的主义不可能,但采取共同的趋势是必要并且可能的"。他提出倒军阀的方法,第一步就是利用舆论唤醒国人对军阀的反抗意识。会议还讨论了"例外的政治活动问题",即官吏问题与议员问题。对于前者,与会者意见一致;对于后者,高尚德提议可作议员,以便为第四阶级谋幸福。因为陈愚生反对,因此不作公决。

对于时局的态度,与会者也有热烈的讨论。左舜生明白地表示,一方面借力舆论,推倒军阀;一方面对于倒军阀的团体在精神上予以积极的援助。高尚德表示,"对时局的态度,当脚踏实地,根据于目前的政治及经济的实况,就现状言之,中国所有者外国的帝国主义及国内军阀。外国资本家除经济的侵略并利用政治以达他们的目的,结果中国的政治陷于半独立状态中。因此除反对军阀以外,我们应于任何可能范围内揭示帝国主义的恶魔,美国亦在反对之列"。[①]经过激烈讨论,最后确定了学会对于时局的主张:"对外反对帝国主义的侵略,对内谋军阀势力的推翻,为实现此种目的,本会用舆论及其他方法,为独立的活动。同时国内外任何团体,凡实际上能作此种民治主义的革命运动者,本会于必要时得与以相当的协力。"[②]

杭州大会在对于时局的主张中明确表达了学会反帝国主义和军阀的态度,这是与共产党人高君宇等的激烈争辩分不开的,也与美洲方面、日本方面及北京方面会员对于政治的态度分不开。当然,政治形势的发展是一个不可忽视的因素。"一年来学会逐渐与其他团体发生了关系",如派会员参加远东大会、学会加入非宗教同盟等等,都因为会员参与现实政治活动而影响到学会的态度。不限制会员的个人政治活动已经成为杭州大会区别于南京大会一个显著点,而反对军阀与帝国主义已成为会员的共识。但也应当看到,反对军阀及帝国主义主张亦为后来的国家主义者陈启天、左舜生所赞成,乃至学会表示赞助协力共产党的这一主张,表现出学会与中国共产党在反军阀及反帝国主义问题上的共同

[①]《一九二二年杭州大会纪略》,《少年中国》第3卷第11期,1922年6月1日。
[②]《一九二二年杭州大会纪略》,《少年中国》第3卷第11期,1922年6月1日。

意向,这是时势发展与共产党民主革命思想的宣传等多种因素共同促成的结果。具体地说,随着1922年中国工人运动的勃兴,中国共产党作为工人运动的主要领导者与宣传组织者,促使中国各种政治势力对中共及其拥有的实力重新评估,并相应地确定了对中共应采取的方针。少年中国学会也作出了如上的积极反应。倾向无政府主义的王光祈也承认共产党作工人阶级的先驱,但提醒共产党不要忽视了农民生活的改造问题。①1922年6月中共发表了第一次对时局的主张,其中提出了民主革命的政治主张,并提出挽救时局的唯一道路只有打倒军阀,建设民主政治。②对中国共产党而言,这一宣言的政治影响自不待言,表明中国共产党人正在把自己的主要注意力,从社会主义的探讨逐渐转到对中国社会现状和当前革命任务的研究上。③如果说与当时工人运动迅速发展和政治经济形势相顺应,1922年上半年可称为中国共产党酝酿和形成民主革命思想的一个重要时期;那么由李大钊、邓中夏、黄日葵、刘仁静等北京会员提出的"为革命的民主主义"的提案,无疑是此期思想的一个重要反映,也是极力推动以学术事业相标榜,又关注政治形势发展的"少中"顺应民主革命潮流的重要表征。也可以说是中共提出的民主革命纲领在学会的反应。

值得注意的是国家主义派会员对于政治的态度,他们反对军阀与帝国主义,并以舆论作工具,是南京大会以后学会政治活动顺应时势发展的反映,这一点是值得肯定的。与共产党人转向现实政治斗争不同,他们还继续着主义探讨,或者说思想革命的方向。李璜反对谈什么大组织小组织的问题,仍然坚持革命的范围和程序应先从思想革命下手,以求政治的和社会的革命稳当地进行,④因而以思想革命作为一切政治改革的基础。应当承认这也是开展民主革命的一个重要途径;但在当时激烈的政治革命中,思想革命与政治斗争又被视为对立的斗争手段,这一争论发生于学会内部,自然成为"少中"分裂的一个因素。但在杭州大会上,从对政治的态度与对时局的态度来看,二者亦表现出了确确实实的"共同趋向"。刘仁静明确表示,学会对于改造中国的见解,虽然最

---

① 王光祈:《我们的工作》,《少年中国》第4卷第1期,1923年3月。
② 中央档案馆编:《中共中央文件选集》第1册,中共中央党校出版社,1982,第45页。
③ 沙健孙主编:《中国共产党通史》第二卷,湖南教育出版社,1996,第112页。
④《少年中国学会问题》,《少年中国》第3卷第2期,1921年9月1日。

终目的不同,但是目前的手段可归纳到一个范围,即现在同人无论他是国家主义、共产主义、无政府主义,都承认打倒军阀同国际帝国主义是中国目前的政治要求。①因此,他主张提出若干最低限度要求作为联合的标准。与此同时,中间派会员赵叔愚、左舜生、王光祈的言论也表示了学会的这种共同趋向。赵叔愚、左舜生都批评王光祈"不管政治的论调",尤其是左舜生"默察国内的现状,体验自身的经验,觉得政治运动固然应以社会力为基础,社会运动亦绝对的应以政治清明为条件,两者的双管齐下为最合理,舍一取一在事实上都办不到"。②事实上,共产主义派更注重实际的政治斗争,极力拉拢会员中主张社会运动者。共产主义派在学会中是少数派,所以杭州大会对时局对政治的态度远没有达到共产主义派至少北京会员提案的预期目标。正如李璜后来所说,与上次南京大会相比,共产主义者似乎通过"少中"来传播其主义或利用"少中"来执行其运动的企图降低了兴趣,或寄望不如上次。③不过,共产主义派对学会的活动固然失望,但争取会员的工作则仍在继续进行。而国家主义者在这一方面的工作开始加强,尤其是与国外活动的曾琦、李璜等里应外合,其反对共产主义派的政治活动也由个人行为而渐趋组织化,两种政治活动的对立斗争已见端倪。故陈启天后来说,杭州大会上主张政治活动与社会活动之争,实际上是共产与反共产之争的前奏,到民国十二年(1923年)后演变为共产主义与国家主义的斗争。④会员由个人从事政治活动开始趋向组织化,形成学会内共产主义派与国家主义派(后为中国青年党)之间的对立与斗争。

五、政治活动的"合法化"和"组织化"

1923年9月30日南京会员议决对学会的最近态度,其中特别提到,学会对会员个人不违背学会信条的各种活动和意见不加干涉(包括政治活动在内),但会员个人或少数人不得用学会全体名义参加任何活动。⑤上海会员也公开表

---

① 刘仁静:《对学会的一个建议》,《少年中国》第4卷第7期,1923年9月。
② 左舜生致赵叔愚,《少年中国》第4卷第2期,1923年4月。
③ 李璜:《少年中国学会的发起与成立》,(台北)《传记文学》第35卷第1期,1979年7月,第22页。
④ 陈启天:《寄园回忆录》,台湾商务印书馆,1965,第139页。
⑤ 曹刍等致左舜生等会友,《少年中国》第4卷第7期,1923年9月。

示,凡会员以个人名义为一切向上的活动,有绝对之自由。这样会员以个人名义自由从事政治活动已经"合法化",从而把学会两年来的政治活动问题之争作了一个"小结"。对此,左舜生颇有感触地说,会员是否可以参加政治活动的问题,经过两年争论的结果如此,事实上的结论,则只是"各行其是"。[1]事实如此,其意义不仅仅在此,它同时预示着学会内部开始了在政治活动范围内的对立与斗争。而且随着学会对政治活动态度的变化,组织程式上也有新的变化,即"学会对于国家根本问题欲表示意见或参加活动时,须经过合法手续,预得全体会员多数之同意";会员认为学会须对国家或社会紧急事故表示态度时,得由分会征求该地会员意见,以分会名义表示意见,并须通知总会请其追认[2]。这样,既赋予分会一定的权力,同时也防止总会为某些政党派别所利用。而事实上,会员分处国内外,得多数会员之同意无异于一纸空文。又因新的规约尚未正式修改通过,左舜生等提议用临时办法以维持会务,而大多数宁沪会员亦希望重振会务而不致中辍。[3]于是希望由学术和感情作结合初基的学会,逐渐实现多数人的理想于实际活动,这就表明学会的实际活动也顺着时势发展而进一步加强。因此,1923年南京会议在推动由会员个人从事政治活动到学会以团体名义的政治态度或从事政治活动的转变中,充当了重要的桥梁,至少在组织程序上做了准备。

在以宁沪两地会员为主召开的苏州会议上,邓中夏、刘仁静等分别报告了社会运动、政治趋势,并由恽代英、左舜生等三人仔细斟酌,后由恽代英起草了《苏州大会宣言》。宣言检讨了数年来学会"未敢自决其行动的方针"之失误,声明:同人痛于民族精神的沦丧,决然一致以求中华民族独立相号召,务以打倒国际势力,还我自由为目的,以"到青年中间去"为同人的任务,以鼓吹预备而切实进行民族独立的运动事业。《宣言》还劝告那些只知颠倒于诗酒恋爱之中和从事于无目的的学问的青年赶快觉悟而联合起来,为中华民族独立而努力奋斗。从学会制定的九条纲领可以看出,学会以反帝国主义、封建军阀为目标,以提倡民族性的教育为途径,注重提倡青年为民族独立运动,为各种切实有效的社会服

---

[1] 左舜生:《万竹楼随笔·近三十年见闻杂记》,(台北)文海出版社,1967,第459页。
[2] 曹刍等致左舜生等学会友,《少年中国》第4卷第7期,1923年9月。
[3]《会员通讯》,《少年中国》第4卷第7期,1923年9月。

务。①从内容看,学会活动已向政治运动发展,出现了社会活动的政治化和政治活动社会化交替的趋势。这样,会议宣言及纲领事实上为共产主义派与国家主义派的政治活动提供了法理依据。就学会及其发展方向而言,宣言奠定了两派会员政治活动的思想基础,两派的合作根于此,两派的分裂亦在于此。王光祈解释了社会活动的"真义",一是努力促进各种社会事业,二是引起民众反抗而安慰之。②国家主义者与共产主义者对此各有批评。如前述赵叔愚、左舜生提出的批评,王光祈加以辩驳说,他的主张与左舜生"根本相同",只是由于文字意义含混而致误解,他所反对的政治活动仅局限于做"现在的官吏和议员",此外一切政治活动都极赞成,而且他一直认定武力革命与文化革命须同时进行,但非有充分的"预备工夫"不可。还说,其实做现在的官吏议员,亦不是一种绝对的坏事,不过我们为社会分工起见,我们不干那种勾当罢了。我们因为要邀约一般同志专从社会方面用功夫,所以有结合团体之必要,至于做现在的官吏议员,尽管不是坏事,但是士各有志,殊不必与我们同在一块儿鬼混,以淆乱我们"社会的社会改革"的旗帜。可见,"关于革命运动的主张,亦全与我兄相同"。"总之,不先在一般平民身上用一番深厚工夫,无论你从事政治活动,或是从事武力革命,皆是没有基础的,即或成功,亦不能持久的。我们因为有这种迷信,所以我们要找一般与我们迷信相合的同志在一块儿走,究竟看看我们这种迷信对不对。假如我兄对于以上的话不加反对,那么我们便应该划出一个活动范围,只要不违理论,不背事实,我没有不赞成的。"③王光祈强调他关于革命运动的主张未丝毫变化,不过更重视预备工夫。这些主张与左舜生等人的主张是"根本相同"的,则说明王光祈已倾向民族主义甚至国家主义。

恽代英亦指出:王光祈反对的只是加入旧政界,并不反对革命的政治活动,而且主张以社会力促进政治,又认定政治活动为国民的普通义务,而不是专属于政客。由此可见,王光祈虽说反对国家主义,然而又陷于国家主义的偏见当中。④事实上,1924年南京年会之后,南京方面会员确立新国家主义为教育上

---

① 《本会近事记》,《少年中国》第4卷第8期,1923年12月。
② 王光祈:《社会活动的真义》,《少年中国》第4卷第10期,1924年2月。
③ 王光祈致左舜生,《少年中国》第4卷第2期,1923年4月。
④ 恽代英:《评王光祈著〈少年中国运动〉》,《中国青年》第53期,1924年11月15日。

努力的目标,并且在《少年中国》正式打出"新国家主义"的旗帜,在抽象的国家主义描述中调和各派主义,把反对国际主义、共产主义作为目标之一。于是国家主义与共产主义在理论上的对抗在《少年中国》乃至学会内部公开化。在法国,中国青年党的筹备与成立,则成为学会内部国家主义与共产主义争斗激化的表征,而且这种争斗迅速影响于国内会员中的两派。

1924年南京年会主要讨论学会进行方针,修改苏州大会宣言的讨论压倒和取代了学会宗旨的解释。对于宣言中的九条纲领,尤其是第五条"争论最烈"。与会者感觉此条含有浓厚的唯物史观之色彩,而觉得难以妥协,经过争辩,议决取消该条,另立条文。[①]大会宣言特别声明:"本会致力于此九条纲领之方法,仍愿以一学会之资格行之,越此范围之外,虽个人仍有其自由,但非团体行动,本会不负何种之连带责任。"[②]这表明,国家主义派在学会思想中取得了优势地位,共产主义派与国家主义派的争论更趋激烈。

到1924年冬,国家主义派与共产主义派从文字、口舌的纷争,发展到势不两立的地步,几乎演出全武行。据方东美回忆:"少中"会员同在上海左舜生寓所聚会,协商如何重振少年中国学会之旗鼓。"孰料'醒狮'(当时国家主义派已刊布醒狮小型报)与猛虎相值,初时尚作客气姿态,辩论政策问题,随即野性发作,各自张牙舞爪,直欲攫取对方皮肉骨髓吞噬之以为快。是日共产党员参加者有恽代英、张闻天、沈泽民、杨贤江等,国家主义派则有曾慕韩、李幼椿、陈启天、张梦九诸人,舜生身为主人,意犹平和,双方争至激烈时,拳不停挥,口沫四溅,各以杀头相威胁,当时如有手枪,恐已血流成河矣。在座者王崇植与余向主少中系一学会,其根本立场应超然独立于一切政治权力斗争范围之外,目睹此情此景,心已破碎,因起座哀求双方平心静气,暂时恢复友悌情分,握手言和,了却少年中国一段公案,至于日后战场相见,已非少中份子,胜败随人,无情可言,

---

[①] 张允侯等编:《五四时期的社团》(一),生活·读书·新知三联书店,1979,第497—499页;黄仲苏:《本会第五届年会记略》,少年中国学会编《会务报告》第1期,少年中国学会发行,1924,第4页。

[②] 张允侯等编:《五四时期的社团》(一),生活·读书·新知三联书店,1979,第500页。《民国十三年南京大会宣言》,少年中国学会编《会务报告》第1期,少年中国学会发行,1924,第6页。

无理可喻矣。迟之又久,双方始悻悻散去,只余舜生崇植及余欷歔而已。"[1]然而"言和"已不可能,最后邓中夏对左舜生说,"我们以后在疆场相见"。这大概是最后一次的破裂了。[2]国家主义与共产主义两派由理论上的对立发展为行动上的对抗,"少中"内部的政治斗争白热化了。

到1925年第六届年会,讨论"本会对于外患与内乱交逼之中国应采取何种方针案",左舜生在说明该案旨趣时说:"吾人对时局有决定态度之必要,但就本会历史及性质看来,始终是一学会,虽私人有直接间接参与政治活动者,然与学会本身无关。故吾人仍当保持学会之精神,而不作政团之活动。盖重在从思想方面影响群众,而非用具体的办法,实际去参与也。"[3]在恽代英看来,醒狮派诸君用种种方法贯彻彼等之目的,以"爱国运动"四字忽略一切民族自决、阶级斗争等理论,且禁制一切超国家的学理宣传。[4]恽代英、沈泽民在这次年会上对曾琦、左舜生等国家主义派作了针锋相对的斗争。特别是国家主义派主张定学会方针为"以国家为前提,而反对'反爱国'之行动与言论",恽代英主张"应将本会方针注重民族独立,而反对'反爱国'之行动"。争论的结果,还是通过了国家主义派的方针案。因此,中间派提出改组方案,表决学会改组委员会"澄清本会之行动为革命的行动,不受以往会章之约束"。[5]随着学会定章的放弃,政治活动成为会员个人的自由活动,以学会为团体政治活动的结果终未发生。国家主义派与共产主义派在学会内关于政治活动问题的争辩也随之结束,而代之以直接的政治斗争。王光祈在1925年8月31日来信严厉批评会员关于政治活动的争论,他说:"盖少年中国学会之旨趣,在'用真实学术与社会事业两种,以造成中国社会基础;然后再由基于社会之实力,以解决政治问题'。而今同人所争者,乃专是如何政治运动,且专是政治运动中之国家主义与共产主义两派,纯恃口舌以争胜负;所有会事,皆归停顿,并一会务报告亦不能继续维持,言之可为

---

[1] 方东美:《苦忆左舜生——因及少年中国学会二三事》,载周宝三编《近代中国史料丛刊续编第81辑·左舜生先生纪念册》,(台北)文海出版社,1981,第45页。陈启天《左舜生先生的生平》,载周宝三编《近代中国史料丛刊续编第81辑·左舜生先生纪念册》,(台北)文海出版社,1981,第78—79页。
[2] 左舜生:《万竹楼随笔·近三十年见闻杂记》,(台北)文海出版社,1967,第459页。
[3] 张允侯等编:《五四时期的社团》(一),生活·读书·新知三联书店,1979,第504页。
[4] 张允侯等编:《五四时期的社团》(一),生活·读书·新知三联书店,1979,第534页。
[5] 张允侯等编:《五四时期的社团》(一),生活·读书·新知三联书店,1979,第507页。

痛心!'真实学术'既不讲,'社会事业'亦不办,此岂非去题日远欤?"[1]然而,学会分化已成不可逆转之势。因此,这种批评对于两派会员乃至学会而言,已无多大意义。

就政治活动问题的争论与学会的分化来看,政党的组织形式接续或替代了学会成为"学"会或学"会"都不能适应的时代任务与要求,直接的政党活动及其对立与斗争是学会分化的直接促因,而其时政治气氛的浓烈是诱发"少中"转型(不成功)乃至瓦解的外部原因。

李璜根据自己在"少中"的目见耳闻,将《少年中国》月刊前三卷讨论政治解决的手段与途径析分为三类:一是以王光祈为代表的社会活动派;一是革命政治派,其中以李大钊为代表主张国际主义与阶级斗争,以曾琦为代表的另一派,提出自强自立的国家主义,两者之争论成为中国革命政治的两大主流。三是以胡适为代表的"少谈主义,多谈问题"[2]。"凡此政治改造的三派主张,都只是民八至十四的新文化运动之以自由言论与主张,各是其是;其间虽有朋党之见,然而都是君王之争,各有其言论机关,各抒其政治怀抱。"[3]在反对共同主义的过程中,"胡适派"始终反对空谈主义,主张从事社会事业,同时也随着形势发展,开始对政治活动有所倾斜,如郑伯奇等支持"好政府主义"便是一例。而在会员看来,"胡适派"仍是介于社会活动与革命活动之间的主张或派别。王光祈把胡适列入当时在野人物中知社会的政治改革而不能自守且不能成功的代表人物,[4]以示他所主张的"社会的社会改革"与胡适有着方法上的差别,实际上也是针对学会内的政治改革主张,希望以胡适为鉴。

但会员在会外的政治活动,早已突破了学会规约关于政治活动的禁条,从1921年南京年会开始关于政治活动的概念之争,然后关于政治活动的手段或途径的争论,最后出现了国家主义与共产主义两种政治活动的对立与论争。曾琦早有建党打算,其时他看到一些他所器重的青年加入共产党而痛心,意识到国

---

[1] 王光祈:《致少年中国学会同志书》,载王光祈著《王光祈旅德存稿》,中华书局,1936,第676页。
[2] 关于学会内的胡适派或胡适对学会的影响,考见李永春《"问题与主义"之争和少年中国学会》,载《安徽史学》2006年第1期。
[3] 李璜:《我所经历的五四时代的人文演变》,载周阳山编《五四与中国》,台湾时报出版公司,1988,第667—669页。
[4] 王光祈:《政治活动与社会活动》,《少年中国》第3卷第8期,1922年3月1日。

际共产主义,"因有党的组织在国内外皆得青年知识分子暗中趋赴,如不早起与之对抗",于是拟发起一个青年党来对抗共产党。①中国青年党的成立,不仅使"少中"内部的政治活动之争由议论变为实际,而且使当时"少中"的意识形态的分歧发展到国家主义与共产主义两派激烈的政治斗争。诚如曾琦所说,"时中国共产党已成立,得俄之援助,大肆活动于国内外,而国民党孙中山又有联俄容共产主义。余深知大乱将作,国命或为之斩,因决意另组新革命党"。②来自两个对立政党的会员活动于"少中",各自宣传贯彻其主张,拉拢会员信仰各自主义,进一步造成了政治活动之激烈争论与对抗。1924年共产党员加入国民党而实行党内合作,更刺激了中国青年党从事政治活动以反对共产党,"于是一变往日虽在理论上辩争不已而在行动上还在合作的态度",两党不再合作,进而打斗流血。③而且改组后的国民党与共产党、青年党皆分别向青年学生界活动,于是政治活动便渐次代替了新文化运动。④新文化运动转化为政治运动,也正值"少中"由社会运动渐趋于政治运动的痛苦而艰难的转型时期。吴俊升后来忆述学会内部的政治活动之争时说:"少中"虽以创造少年中国为目的,但因为没有明确的规定(办法),其取法少年意大利,而具民族主义,但当时其他的政治思想与主义纷至沓来,各会友便各自分别创设加入不同的政党,"少中"便变成一个政治宣传的讲坛(forum),不再是一个亲切单纯的友谊团体了。虽然少数未参加政党的会友,希望根据会章排除政治纷争,可是情势已不可能,同时已属各党派的会友也想以宣传与说服的手段,转变"少中"为属于其党的一个外围团体。⑤受政党活动的如此强烈冲击,作为原本属于学术团体的学会自然难以维系,以至无形解散。

此外,国内政局的黑暗,政治形势的剧变,使以"学"为标榜的少年中国学会在不能转变为政治团体的情况下发生分化。五四以来的政治形势,因军阀黑暗统治,丧权辱国,内政不修,外患日亟,无不影响学会内部的政治活动之争。这既是"少中"发生政治活动问题的来由,也是对政治社会形势的调适。正如方东

---

① 李璜:《中国青年党之诞生》,(台北)《传记文学》第17卷第3期,1970年9月,第22页。
② 沈云龙主编:《曾慕韩(琦)先生日记选》,(台北)文海出版社影印,1966,第77页。
③ 李璜:《中国青年党之诞生》,(台北)《传记文学》第17卷第3期,1970年9月,第21页。
④ 陈启天:《"少中"与中国最早的反共运动》,载王云五编《张君劢先生七十寿庆纪念论文集》,第106页。
⑤ 吴俊升:《教育生涯一周甲》,(台北)《传记文学》第27卷第2期,1975年8月,第46—47页。

美所说,"少年中国学会之可爱,初由有学术文化之理想;少年中国学会之解体,疚在学人之沦为党人"。"'本科学精神,为社会活动,以创造少年中国'是少年中国学会之宗旨。同人各本其知能材性,力求此宗旨之实现。惜乎五四以后,至于民国十三四年,国情愈益恶化,北方军阀愈益猖狂,全国青年革命情绪激昂,已有操刀立割,仗剑顿挥之势,于是各依其所见所信,转求效率最快之政治路线,期以达成救国之目的,大势所趋,有如决川赴海,莫之能遏矣。……(民国十三年)年会所讨论之问题,大都侧重实际政治信念之争辩,纯粹学术问题,自由思想气氛,业已遁迹不见。(民国)十四年(1925年)夏重在南京召开第五届年会,参加者寥寥二十许人,仅凭国家主义派与共产主义者分阵对诤,各不相下。其余主张学术独立与中立者唯有建议调查改组或停止活动矣。"[①]这大致描述了政治活动之争对学会发展的深刻影响。左舜生在《王光祈先生事略》中说:当民国七年(1918年)少年中国学会初发起的时候,本来只有"本科学的精神,为社会活动,以创造少年中国"一条颇宽泛的宗旨和"奋斗、实践、坚忍、俭朴"八字的信条,经过五六年的时间,可以说这种精神并没有多少的变化。到了民国十二三年(1923~1924年)之交,国内政治思潮起了急剧的变动,国民党已到了改组的前夕,一方面苏联的社会主义积极地向远东宣传,一方面列强对中国的压迫也没有丝毫松动,少年中国学会的会员既以创造少年中国为目的,对于这种思潮和当时的情势,当然不能坐视不理。因此"少中"的分子,除了少数仍本着他们作为一个学会会员的本色,依然埋头于学术的研究和努力于社会服务以外,在其余的大多数时间,乃起了一回壮烈的理论斗争。因为"少中"的会员本来是以"奋斗""实践"为他们的信条的。因此这种理论斗争的时间,延长得并不很久,"少中"里面这一部分比较有政治兴趣的分子,便一跃成为两个新兴党派的主要干部。[②]从这个意义上说,少年中国学会孕育了中国共产党与国家主义派及中国青年党、中国国民党的一批骨干,同时把创造"少年中国"的方法和手段从社会活动转化为政治活动,实际上改变了学会宗旨的内涵。"少年中国"理想从理论研究进入实行时代,学会也就完成了它作为学术研究团体的历史使命。

[①] 方东美:《苦忆左舜生——因及少年中国学会二三事》,载周宝三编《近代中国史料丛刊续编第81辑·左舜生先生纪念册》,(台北)文海出版社,1981,第43—45页。

[②] 左舜生等撰:《王光祈先生纪念册》,(台北)文海出版社影印,1968,第9—10页。

这样,少年中国学会本是一个偏重友谊与学术的团体,因为受到时代潮流和政治发展的冲击,就发生了政治活动从理论到实际的对抗,加速了学会的分化。沈泽民在1921年的南京大会上指出,"思想不统一,团体行动与个人行动间没有适当的调和,事业难以进行,三项之中有一项不得解决,终归能使团体破灭"。[①]可以说早就预测了学会分化的结局。

第四节　学会分裂问题的讨论与改组

少年中国学会会员的政治信仰不同,思想分歧日益明显,在初期文字上、口舌上常起纷争,中后期发展为宗旨问题、主义问题和政治活动问题的激烈争论。然而,无论是学会负责人还是一般会员都不希望学会因此发生分裂,故极力维护学会的生命,使之不致分裂;即便分裂,也要有组织地分裂。然而学会改组失败,宣告少年中国学会的终结。

一、关于学会分裂问题的讨论

学会分裂的问题自成立之初会员就有所讨论,不过是出于防止分裂的预想。针对一些会员担心学会分裂的问题,王光祈在1921年3月12日给恽代英的信中发表了意见:"据弟观察,此层现在尚不成问题。即或不幸发生,亦无大害。因为我们不是为人而结学会,亦不是为学会而结学会,是为目的而结学会。只要我们目的存在,那怕会员死完或变完,我们的目的仍如日之在天,还有许多后人替我们做。即或学会不幸而至于破裂,或因破裂而竟至于消灭,而仍无碍于我们的目的。所最可怕者,便是我们没有目的。"他说学会是有目的的,只是没有把他解释得清清楚楚,更未曾把达到这个目的之方法详详细细宣布出来。他原来的意思是等待各国留学的朋友都回国后由全体会员开一个大会来解决。

[①]《少年中国学会问题》,《少年中国》第3卷第2期,1921年9月1日。

后来此法不成,只好随时在月刊上讨论这个问题。①该信发表于《少年中国》,可以说代表了会员对于学会的一种态度。

1921年南京年会集中讨论了学会诸多问题,其中宗旨问题、主义问题和活动问题都引发了激烈的争论,一些会员为了维护自己的主张,甚至以去就相争,显示了学会分化的险相。鉴于此,在7月3日的会议上,恽代英临时动议,发表《学会前途的危险》的讲演,归纳学会前途的危险有如下几种:(一)此次年会后一无决定的危险(即说年会后到年底征求全体意见决定):一是主张有主义与无主义者的决裂;二是主张参加现政界与主张绝对禁止的决裂;三是主张宗教信仰自由与主张绝对禁止的决裂;四是主张实践恋爱自由与反对的决裂;五是主张只对第四阶级做事的与反对的决裂;六是主张单纯讲学与反对者的决裂;七是由无共同一致之点所生不互相信任、不信任学会的感情的决裂。(二)此次年会后倘有决定的危险:一是反对决定的为忠于主张退会,学会为小故失良友;二是甲因反对加入现政界可退会,乙因反对宗教信仰可退会,丙因反对实践自由恋爱可退会……这样下去,倘所决定在某种情形之下,会闹会员全体出会的笑话。故此,挽救之法:(一)求学会的不分裂。理由在于:容多方活动,使此较好的团体不致消失。具体办法有三:1.凡有绝对相反主张的,不可轻求决定;2.最好大家能谅解协调,各弃无关十分重要的极端主张乃至感情;3.只求但亦必求若干最低的一致,此亦须以谅解妥协的精神解决之。(二)使学会为理智指导的分裂。理由是:1.与其将来会员无组织地消极抵抗退会,不如有组织地积极计划分裂;2.分裂了虽失一部分朋友,以旗帜显明亦易另得一部分或更多的朋友;3.这种分裂于旧会员感情的交谊,乃至一部分时间可能的互助无妨碍。具体办法有二:1.分裂亦只能求分裂后各部分内部最低的一致,然后可只分裂为二三部分;不然虽分裂亦不可能,只有瓦解云散。2.若须分裂,急须在大会未散前平心讨论分裂方法,分裂后彼此关系。据云,对恽代英的意见,各会员讨论良久,结果均主张就凡可以使学会分裂的各重大问题,在月刊上详细讨论。②

可以说,恽代英鉴于会员的意见分歧乃至以去就相争,讨论了学会分裂的问题,同时提出了救济办法。从中可见会员还是极力维护学会,不希望其走上

---

① 王光祈致恽代英,《少年中国》第2卷第11期,1921年5月15日。
② 《南京大会纪略》,《少年中国》第3卷第2期,1921年9月1日。

分裂的道路。实际上会议决议也是预防学会的分裂或分化结局。所以各争论的问题均不作决定,留待会员继续讨论,以便下次年会再作决定。

不过,恽代英在南京年会上提议分裂学会之本意在调和内部争论,力谋补救之法。赞成恽代英意见的邰爽秋也证实:恽代英提出学会分裂的提议,他的意思,"也不是要分裂本会,乃是因为本会的情形,已有不得不分裂之势,故不如早筹分裂之法,以期补救"。但当时这个意见未被采纳,会场上还以为倘若分裂就等于解散,其实恽代英提议及早筹有组织的分裂,比无形解散要好。邰爽秋在发言中也指出学会的前途只有四条路:(一)解散;(二)仍照旧有的情形浑浑噩噩地向前走,其结果奄奄无生气,等于无形解散;(三)照代英的提议,及早筹有组织的分裂,将来分道扬镳,各树一帜,比之无结果的解散要好得多;(四)将道德的要素取消,只要他能在学术事业上做一分的贡献,其个人的行为苟非大逆不道,我们断不干涉。这四条办法,第一、第二两条大家一定不愿意,第三条大家更不愿意,他认为还是第四条较为妥当。[1]杨钟健在致会员诸同志的信中指出:学会"但是无论如何分裂,却不是坏现象,只要照代英兄所说的痛痛快快的分裂,那我们学会虽然分裂而精神仍然存在"。[2]可见,对于学会分化的问题,会员还是希望有组织地分裂,不希望其无形解散或消亡。

就南京年会讨论少年中国学会问题的情形,邰爽秋还分析说,上次左舜生致信给他,略谓学会无一定之主义,意见必致分歧。此语亦诚不错。然此乃少年中国学会之问题,而非少年中国"学"会之问题。苟欲以解决少年中国之主义为解决少年中国学会主义之前提,则学会必立肇分崩之祸。盖学会会友所抱之主义至为复杂,有抱德谟克拉西主义者,有抱无政府主义者,有抱布尔什维克主义者,更有抱大同主义而打破国界种界者。苟吾人不在"学"上下功夫,而汲汲焉这唯少年中国之是争,则此主义不同之会员,必不能同立于少年中国学会旗帜之下,而分崩之现象,可立在目前。夫因主义不同而分崩,未必不是学会之好结果,然吾辈既已本协助分工之旨,设斯会以创造少年中国,则分崩离析,必非各党结合之初衷。[3]沈泽民也说,少年中国学会终不免分裂,分裂之前所应该做

---

[1]《少年中国学会问题》,《少年中国》第3卷第2期,1921年9月1日。
[2] 张允侯等编:《五四时期的社团》(一),生活·读书·新知三联书店,1979,第413页。
[3]《少年中国学会问题》,《少年中国》第3卷第2期,1921年9月1日。

的事,便是预备将来一个有准备的堂堂皇皇的分裂。①显然,会员并不希望学会因主义分歧而分裂,万不得已要分裂,也要有主义地分裂,也就是学会有组织地分化。具体地说,会员或希望其成为布尔什维克式的团体,或变成国家主义的团体,中间派会员希望成为以学术研究为旨归的学术性团体,或游离于"学"与"会"之间即偏重友谊与学术的团体。恽代英讲演中强调学会有组织地分化,得到不少会员的认同,并且成为学会分化结局的预设。

在南京大会以后,恽代英站在共产主义的立场并且想以这个原则来改造学会,"我私意近来并很望学会为波歇维式(布尔什维克)的团体,这是年会后思想的大改变"。但他与大多数会员一样并不希望学会分裂。他在《为少年中国学会同人进一解》中说道:"少年中国学会的内部,有许多可以促成破裂的问题。许多朋友——我亦是一个——都想得破裂了,宁是少年中国学会的好事,宁是少年中国的好事。但是,同时大家又觉得——我亦一样的觉得——破裂了可惜,因为破裂了,或者每人要失了几多好的朋友。我们大家有个矛盾的心理,大家觉得会员多半都是难得的好朋友;但是大家觉得由这些好朋友组成的学会,有许多方面不能满意。因这两种原因,所以分裂的呼声颇高,但大家终迟迟不肯分裂。"②恽代英一度对学会期望甚殷,在1923年苏州大会后,"我看学会总算前途颇有希望。现革命团体中人,多勇敢而嫌不稳健,学会中尚有几个稳健的人,惟惜勇敢方面还须努力耳,中国急于需要担当大事的人"。③因此他在《中国青年》著文评价"少中",以期引导"少中"更努力更勇敢一点。还是寄希望于学会的表现,也可以说是改造学会的表示。

其实,在1921年南京大会以后,学会活动日渐衰微,会员偶有增加,但会务则渐趋沉寂。一方面,由于出国留学的会员日益增多,无法直接参与国内会务,只能利用月刊发表文章,以通信表达意见。另一方面,一部分国内会员又因为政见不同在思想和行动上日益分歧。1921年11月发行的《少年中国》第三卷第四期将当时会员已交会费或未交会费者的名单刊登出来,足见会员间的关系已由疏离而渐趋淡漠了。事实上,1921年南京年会后关于学会问题的继续讨论,

---

① 《少年中国学会问题》,《少年中国》第3卷第2期,1921年9月1日。
② 恽代英:《为少年中国学会同人进一解》,《少年中国》第3卷第11期,1922年6月1日。
③ 舒新城:《回忆恽代英同志》,载人民出版社编辑部编《回忆恽代英》,第245页。

延续甚至强化了学会内部的思想分歧。1923年苏州大会上,共产主义派与国家主义派就学会的宣言、决议和纲领发生了正面的、激烈的冲突,学会分化之势更加严重。杨钟健在1960年回忆说:"少中"的进一步明显分化以至分道扬镳,是在1923年的苏州大会上表现出来的。在此以前尽管大家见解不同,但作为私人交情和作为一个学会,大家还是非常的亲热,至少在表面上看不出有什么分歧。但是经过苏州大会矛盾更尖锐地暴露了。一些人认识到在政治见解上的分歧是不可调和的,也是不能用彼此迁就的办法来解决的。这也由于随着时间的推移,左的方面更坚定了立场,右的也更为死硬了。但是尽管如此,在苏州大会上并没有宣布公开决裂,而是以不了了之的办法结束了会议,少年中国学会的名义依然保留,直到刊物停刊,无声无息消灭为止。……作为事后诸葛亮,可以看到当时一些左派人士对"少中"的前途已不存什么幻想;相反地,一些右派人物包括一些中间人士在内,还或多或少地想维持下去,最低限度可以出刊物出丛书,解决一部分稿费收入问题。总而言之,自苏州大会以后,"少中"已不是当初蓬蓬勃勃的一个组织,中坚人物各奔前程,另有建树,而这个团体作为"创造"少年中国来说早已名存实亡了。①

在1924年7月第五次年会上,与会者25人关于大会宣言及纲领展开激烈的争辩,但没有讨论关于学会分化的问题。不过,议决暂时停刊《少年中国》、暂不举办中等学校和设置会所等学会事业,表明学会会务日渐消沉。国家主义派在会内公开鼓吹国家主义,与会内共产主义派形成对立乃至对抗。学会内部的两派分化更为明显。

1925年7月在南京召开的第六届年会,也是学会最后一次大会。在仅有的18名出席者中,共产主义派和国家主义派的会员相互驳难,讨论学会对时局态度一案,竟然相持数日,毫无结果。部分中立的会员目睹这种激烈争辩的情形,忧虑团体濒于破裂而不可收拾,黄仲苏提出紧急动议,于当日起停止介绍新会员,设立改组委员会,由年会授予调查及改组全权,拟具表格及规约,分别调查会员思想及对学会态度。实际上也是预备学会有组织地分化的方案。远在德国的王光祈在1925年11月21日填写对于学会会务之改进究抱何种态度时指

---

① 张允侯等编:《五四时期的社团》(一),生活·读书·新知三联书店,1979,第561—562页。

出:倘会中国家、共产两派不能合作,则主张将学会分为:(甲)少年中国学会国家主义派;(乙)少年中国学会共产主义派;(丙)少年中国学会民族主义派。甲乙两派系各以政治信仰为结合,丙派则专以"学"与"事"为结合。如甲乙两派之会员自愿加入丙派,在"某学"或"某事"之下合作皆欢迎,否则亦不勉强。如甲派或乙派不愿同隶一会,或认为根本上无设立各派之必要,则会中便不设立甲派或乙派,该派会员应自行退会。如会中果分为三派进行,则以后会中应由丙派出三人,甲、乙两派各出一人,组织委员会,掌管全会介绍会员事宜,以免会中分子过于偏右或偏左。总之,学会是"社会活动"的团体,不能开除政治活动意见不同之会员。凡会员对于上述三派皆不愿加入者,是无意于会事,宜除其名。[1]但是,对于会务的改进,会员分歧极大。改组委员会无法做成定案,只能留待下届年会提出报告。第七届年会始终无从召开,从此少年中国学会在无形之中解散。

二、学会改组失败

第六届年会(1925年7月)议决"本会根本改组案"。认为学会因会员之信仰不一,会务之进行乃大减色,故此案提出后,大多数会员认改组实为必要之事。唯于改组之方法,经两小时之讨论,始由主席以黄仲苏提议组织改组委员会案,分步表决如下:

1.组织改组委员会委员五人。

2.委员会须本客观的态度,征询会员对于国事之救济应采何种主义,对于本会会务之进行应如何整顿,及其个人年来之言动若何等事。

3.委员会有根据委员报告、决定会员言行是否相符之权。

4.会员具有下列情形之一者,委员会有取消其会员资格之权。

(甲)不能明白表示信仰何种主义者;

(乙)对委员会通知在限定期内置之不复者;

(丙)言行不符者;

---

[1] 张允侯等编:《五四时期的社团》(一),生活·读书·新知三联书店,1979,第514—515页。

(丁)其所信仰之主义与大多数会员之信仰相异者。

5.委员会澄清本会之行动为革命的行动,不受以往会章之拘束。

6.委员会有接收会员意见及公布会员报告之义务。

7.此项改组运动之期间以六个月为最高限度(即自八月一日起至明年二月一日止)。

8.会员对于委员会之取决须完全服从。

9.在改组期内不得介绍新会员。

10.改组委员会委员由本届年会到宁会员用记名投票法产生之,选举结果如下:吴俊升、曹刍、黄仲苏、李儒勉、舒新城等五人当选为委员,金海观、王潜恒等二人当选为候补委员。[①]

学会改组运动的时间确定为1925年8月1日至1926年2月1日。随后,改组委员会即制定调查表印发给会员,限定国内会员于1925年10月30日前、国外会员于11月30日前将调查表填写改组委员会,逾期即取消会员资格。

改组委员会以表格形式对会员的政治立场和对学会的态度进行调查。从1925年7月21日至29日陆续分别挂号邮寄给国内外各地会员调查表102份(当时会员死亡或自请退会者已有6人),因会员地址变更无从投递而陆续退回之调查表49份,确已收到表格而逾期未填报者19人,确已收到表格而来函说明不愿填报者1人,填表格寄回审查者计33人。1926年3月在南京开会审查各项档卷,并作出相应的决议。所审查33份表格所填第二项"对于少年中国学会会务之改进究抱何种态度?"的答案如下:甲:主张凡属信仰某种主义,组织政党,或已加入某种集团,实际参加政治活动之会员皆应自动退出,俾少年中国学会保持原有宗旨,成为一纯粹研究学术之组织。简言之,主张少年中国学会应保持无党派会员之集团者计宗白华等17人。乙:表示对少年中国学会极为爱护,并希望目前多谈主义,仍当携手合作,以准备救国工作的有沈君怡等7人。丙:提议将少年中国学会彻底澄清,改组成为某一种主义之集团者计李璜等5人。丁:赞成将少年中国学会解散,以免为某一党派所挟以自重者计邓中夏等3人。戊:确认少年中国学会是社会活动的团体,不能开除政治意见不同之会员,并提

[①] 张允侯等编:《五四时期的社团》(一),生活·读书·新知三联书店,1979,第504—507页。

出具体方案,以改进会务者,仅有1人即王光祈。

改组委员会委员对此结果,瞠目结舌,大为踯躅。因为填具表格之会员,仅全部会员三分之一弱,而意见又复分歧,改组委员会无法执行1925年南京年会所授的改组职权。经讨论后,只得作出如下决议:"根据民国十四年(1925年)第五[六]届年会议决案,授予改组委员会以全权,负责办理调查及改组事宜。兹因多数会员住址更改,致调查表格无从投递,未有机会表示意见。为慎重计,暂不采取任何行动,仅将业已收到之调查表格分别记录,留待下届年会提出报告,再行讨论如何改进会务。"

改组委员会如此决定,实因当时国家主义派已组织中国青年党,坚决反对共产主义派。改组委员五人中的曹刍、吴俊升也是国家主义派,其余三人虽然对共产主义有所怀疑,但坚决反对学会为青年党所利用(若照收到会员表格多数改组为某一种主义,必然为国家主义)。实际收到的33份表格既不能代表学会全体,学会的决议也从来不曾对全体会员起约束作用。委员会即使执行大会所授权力进行改组,也只是具文。当时改组委员会已估计到下届年会必难开成。所以决议留待下届年会提出报告,只是不了了之的办法而已。①

改组委员会这一决定也是根据当时的形势作出的。如黄仲苏所说,民国十四十五年间(1925~1926年)外交失败,政治腐化,社会黑暗,民意愤激,大有惶惶不可终日之势。我国青年思想已临转变时期——对于理论已渐厌恶,满腹牢骚,满腔热血,必欲泄之洒之为快,行动第一,余不足道,"唯有革命可以救国"业已成为不可动摇之信念。五四运动余烬又复熊熊点燃,烧炽一般青年之心胸,莫不跃跃欲试,迫不及待矣。共产主义派会员毛泽东、赵世炎、邓中夏、恽代英、黄日葵、张闻天、沈泽民、杨贤江等以国民党采取容共政策,已先后南下广州,加入该党活动。国家主义派会员组织中国青年党,以拥护民主政治,排斥共产主义相号召。而王光祈于国内情势亦了如指掌,但总觉得此一团体在推进革命行动中有其作用,深以上述两派会员之各走极端为一大憾事。每次来信谆谆以团体不可分化相劝等。其他会员寄希望于两派今后之反悟、合作。②因此,学会改

---

① 舒新城:《"少年中国学会"的几次年会》,上海《文史资料选辑》1960年第2辑。
② 黄仲苏:《王光祈与少年中国学会》"前置辞",载左舜生等编《王光祈先生纪念册》,(台北)文海出版社影印,1968,"附录"第5—8页。

组运动也无果而终。

只有远在德国的王光祈对学会改组抱有极大的热忱和希望。他在《少年中国学会改组委员会调查表》中明确表达了调和学会内部对立各派的矛盾的愿望,不仅"认为在最近的中国,国家及共产两种运动皆各有其用处,只求不要过火,我都相对赞成",而且认定民族主义为会员活动的共同基础,以争求中华民族独立自由为宗旨,从"研究真实学术,发展社会事业"入手,以培养民族实力。[1]他在1925年8月31日提出的《对于会事进行意见书》开篇就指出:"少年中国学会之旨趣,在'用社会实力以促进政治'。因欲造成社会实力,故不能不从'研究真实学术'及'发展社会事业'两点着手;此当初发起学会时,所以只用此二语作为宗旨也。""当时同人并非不知世界上有所谓'国家主义'或'共产主义'种种名词,而其所以不欲定为会中共同主义者,良以吾辈今日尚有一个'共同预备'与一个'共同仇敌'在前,不容吾党新派强分区域者也。"所谓共同预备,非从事大规模的民众教育运动,实不足以扫除一切祸根。无论你是国家主义者还是共产主义者,这第一步共同"预备工夫"总是应该做的。所谓共同仇敌,就是当下国内军阀与国外强权,此大敌对国家主义者或共产主义者是完全相同的。不过在国内仇敌中,共产主义者欲多添加大商阶级、绅士阶级进去;在国外仇敌中,国家主义者又欲再加上一个俄国进去。但是彼此所认为仇敌的范围虽各有不同,而眼前第一个大敌即国内的军阀专横及外国帝国主义的侵略,总应该首先打破。打破之后,再各自分头与其他小仇敌算账不迟。若要打倒国内军阀之专横,须养成民众实力;所以我们应该先从事民众教育的实施。若要抵抗外国帝国主义之侵略,须促成东方民族之团结;所以我们应该先从东方民族联络入手。若要使中国民族有独立自尊精神,必须先养成"民族文化"以为其中心思想,这就需要努力研究学术。为此,可以将学会内部分为民众教育实施股、东方民族联络股、专门学术研究股三股进行,"本会会员对于上述三股事务,至少要担任一股(兼任两股以上亦可)。如不愿参加任何一股,或参加之后并不履行,则其无意为学会出力可知,吾会宜限于某个期间之内宣除其名"。[2]王光祈的上述改组学会意见,得到主张学术研究的会员赞成,也得到改组委员会的赞

---

[1] 张允侯等编:《五四时期的社团》(一),生活·读书·新知三联书店,1979,第514—515页。
[2] 王光祈:《致少年中国学会同志书》,载王光祈著《王光祈旅德存稿》,中华书局,1936,第676—679页。

同。舒新城当时是一个自由思想者,对于政治无任何成见,同时对于国家的危急又不能熟视无睹,而思从学术与社会事业上谋救济,故赞成王光祈的改组意见。①但是,国家主义派和共产主义派会员均表示反对这种改组,而且担心学会为对方利用,故坚决主张解散学会。

一些会员寄望于学会的灵魂人物王光祈回国重振会务。王光祈出于对学会的担忧,也考虑了回国整理会务一事。他在1925年8月《致少年中国学会同志书》中说:"弟去国以来忽逾五载,对于会务未尽微劳。清夜思之,每以为歉!近接国内同志来函,颇以从速归国,振兴学会之事相责。使弟归国之后,对于学会前途果能有所尽力,则此时虽暂荒学业,义何敢辞?"他在信中提出《对于会事进行意见书》,以征求各地会员意见,"俟弟将各处回信收齐后,再为统筹全局,计划一切。如弟认为多数同志在某种条件之下(按即说帖中所陈者)尚有合作之可能,则弟将不惜辍学归国,以随诸兄之后整理会事;否则弟仍愿多留欧洲数年以竟所学,为将来报效国人之道。盖弟研究音乐,现在始稍有门径,此时回国,实系极大牺牲。倘弟个人牺牲,而对于会事有益,则弟固毫不吝惜;若徒蒙辍学损失,而会事依然不能进行,当亦非诸兄爱弟之道也"②。面对学会分裂的结局,王光祈仍然"于少年中国学会则念念莫释——重振会务,为其素志"。③并写信给黄仲苏,调查各派会员之现状,决心回国以后第一件事便是重整会务。改造社会,创造"少年中国",正是他凭借少年中国学会来实现自己理想的体现。然而,学会分化日益明显,王光祈终究没有回国整顿会务,学会也就无形解散。

对于已经解散的少年中国学会,王光祈还一直试图恢复重振。他在1931年送周太玄回国时谈话,认为少年中国运动仍应继续。据周太玄回忆说:"后来直接间接的得着他的消息,也是对于这一点始终如一,可见他是念兹在兹,不但没有一时忘记,且没有一时冷淡。又可见他不但在过去是这个学会的中心,就在未来,他如健在,一定也会再以这种精神引导青年。"④可以说,王光祈始终是

---

① 舒新城:《哭王光祈兄——一位未见面的朋友》,载左舜生等撰《王光祈先生纪念册》,(台北)文海出版社影印,1968,第47页。

② 王光祈:《致少年中国学会同志书》,载王光祈著《王光祈旅德存稿》,中华书局,1936,第676—677页。

③ 黄仲苏:《王光祈与少年中国学会》,载左舜生等撰《王光祈先生纪念册》,(台北)文海出版社影印,1968,"附录"第10页。

④ 左舜生等撰:《王光祈先生纪念册》,(台北)文海出版社影印,1968,第19页。

"要借这个学会来实现他的理想","他的整个人生观都是寄托在这个学会"。①少年中国学会无形消散,创造"少年中国"的共同理想已经幻灭,但王光祈始终守望着。在1936年去世前一个月,王光祈致信黄仲苏说:"离国虽久,爱护学会的心情倒是更加热烈。兹有数点请加注意:(一)其已加入各党派之会员,不论国民党、共产党或中国青年党共计有若干人?(二)其中有无悔恨而想退出者,或对该党已感觉厌恶失望,而态度渐趋消极者?其人数约有几多?(三)至今尚未加入党派之会员共有几人?其中对于学会尤具热心者为那几位?(四)对于复兴少年中国学会有何意见?以上各点务请研究,明年返国第一件要做之事便是重振会务。"②可见,他至死都希望重振会务,继续以少年中国学会来实现"少年中国"的理想。

1936年1月12日,王光祈客死波恩,在国内由原来会员发起在成都、上海等地开追悼会,以少年中国学会名义送了"琴在人亡"的挽联。此"琴"即创造"少年中国"的理想。在之后几年除了会友的纪念或回忆文章外,很少有人提及少年中国学会的名字。到1945年10月国共和谈时,留渝会友之隶属国民党、青年党及无党派人士加上共产党的毛泽东等三十余人在重庆桂园举行联欢会。据云,会友违别逾二十年者,饱经忧患,大都白头,一旦重逢,几不相识,回忆往日友谊之笃与夫当年斗争之烈,追念会友死亡之多,遥计此后复兴事业之艰巨,悲喜交集,诚有不胜今昔之感慨者。③1948年,时任南京市长的沈怡约集在南京的少年中国学会会员与曾琦、陈启天等中国青年党的首脑人物一起,还在谈少年中国。④这只是学会解散后的两段小插曲,表明原来会员对"少年中国"理想和少年中国学会的怀念之情,也表明昔日会友的感情尚存。

杨钟健在1960年回忆说,少年中国学会不管以后如何销声匿迹,但在五四时所起的政治上、文化上的作用十分重大是无可否认的。它是一个全国性团

---

① 周太玄:《王光祈先生与少年中国学会》,载左舜生等撰《王光祈先生纪念册》,(台北)文海出版社影印,1968,第19页。

② 黄仲苏:《王光祈与少年中国学会》,载左舜生等撰《王光祈先生纪念册》,(台北)文海出版社影印,1968,"附录"第12页。

③ 黄仲苏:《王光祈与少年中国学会》,载左舜生等撰《王光祈先生纪念册》,(台北)文海出版社影印,1968,"附录"第13页。

④ 张允侯等编:《五四时期的社团》(一),生活·读书·新知三联书店,1979,第563页。

体,组织了当时一些具有代表性的青年,他们都憧憬着一个新时代,他们的思想表现在言论上、刊物上,反映了当时青年思想的主要方面。所出的刊物《少年中国》和《少年世界》,是五四时代的主要刊物,在当时的影响也很大。可以说青年知识分子,由模糊的求知、求新、求发展、求改变,演变到分化分裂,有的成为无产阶级革命战士,在革命进程中起了很重要的作用;有的堕落成为反动的组织中头等反动人物,少年中国学会是十分典型的一个,也最为突出。正因为如此,几十年以后,少中的成员有时碰在一起还不胜感慨地说,少年中国已成老年中国。这话的真正含义是少年中国已化石化了,完成了历史任务了。[①]

[①] 张允侯等编:《五四时期的社团》(一),生活·读书·新知三联书店,1979,第563页。

结　语

少年中国学会从1918年6月开始筹备，1919年7月1日召开成立大会，到1925年底因内部分化而停止活动，共存在了7年多时间。先后加入学会的有120余人，确是五四时期的知识青年精英人物。

学会以"本科学的精神，为社会的活动，以创造少年中国"为宗旨，公开宣称"将纯洁有为的青年［集］合在一起，本着坚苦互助的精神，向着共同的目标，向前为社会国家文化学术而奋斗，所以他的旨趣，不但是造成专家，尤其引导此等专家，从事于社会改革，国家复兴的工作"[1]。基于此，少年中国学会成为会员实验团体生活的手段，也是训练国人团体生活习惯的基地。王光祈认为，人类社会是一种共同的互助的生活。原始时代，与禽兽相争，需要一种团体生活；国家时代，人与人相争，也需要一种团体生活；人类社会发展到人与自然奋斗的时代，更需要一种"本互助的精神，为人类谋幸福"的团体生活。而中国人最缺乏的就是团体生活，因此要对中国人进行团体的训练，训练其养成团体生活的习惯。[2]王光祈设想，团体的训练首先要成立如少年中国学会一样的团体。他公开宣传说："小团体与国家组织有密切关系"，"小团体的训练久了，便养成民治主义的国民"，"关于小团体的组织，我们有一个'少年中国学会'。诸君将来若要组织

---

[1] 左舜生等撰：《王光祈先生纪念册》，（台北）文海出版社影印，1968，第22页。
[2] 王光祈：《团体生活》，《少年中国》第1卷第6期，1919年12月15日。

团体时,我们学会的规约或可以供诸君的参考"。①不难看出,他用推广少年中国学会的方式来组织小团体。因为学会是少年中国的模范团体,而小组织的大联合,就是理想中的"少年中国"。他还主张建立工读互助团一类的组织,训练国人适应各种主义的能力;同时养成一种互助劳动的习惯,以适应将来新社会新生活的要求。国家主义是一种团体生活,没有团体的训练,国家主义也不能实行;社会主义也是一种团体生活,要求财产共有,共同劳动,没有团体的生活训练也办不成;无政府主义本身是主张自由的组织,要求有互助精神,没有团体的生活的训练,也不可能实现其"各尽其能,各取所需"的原则。②所以,少年中国学会开展的团体社会活动训练,同时也是进行各种主义的"预备工夫"。

可见,少年中国学会希望先聚集有力的个人,然后再造成有力的团体,共同创造"少年中国"的理想。恽代英在1921年公开批评现在学会是有力的个人而非有力的团体,此与王光祈等发起学会的初衷相一致。王光祈说这是他"第一桩可耻的事"。③因为会员都是奋斗有为的青年才俊,学会则是一个宗旨不明确、思想与行动都不统一的涣散组织,随着创造"少年中国"从思想和学术研究向实行时代的转化,不同思想倾向的会员怀抱着各自的"少年中国"理想,走上社会运动甚至政治运动的道路。但无论会员选择何种道路,无不以改革社会、创造理想的"少年中国"为目标。李大钊、毛泽东、赵世炎、恽代英、杨贤江、张闻天等人为改造中国而选择了共产主义信仰和社会主义革命道路,为建立新中国做出了杰出的贡献。曾琦、李璜、余家菊等创立的中国青年党,后来成为二十世纪三四十年代仅次于国共两党的第三大政党。王光祈、周太玄、魏时珍、田汉、宗白华、方东美等则在文化教育界为"转移末世风气"而奋斗,成为近代中国的文化教育和科学界的著名人物;卢作孚则成为中国近代实业救国的代表人物之一,为近代中国经济的发展做出了巨大贡献。

对此,左舜生早有预言。他在1921年南京年会上描述学会应具有的特性:一个团体的分子应明了最初结会的原意。向学术与事业两方面努力,盼望在十五年至二十年之间,完成一较有力量的思想的社会的革命团体,为中国革命事

---

① 王光祈:《动的训练》,载王光祈著《王光祈旅德存稿》,中华书局,1936,第694页。
② 王光祈:《团体生活》,《少年中国》第1卷第6期,1919年12月15日。
③ 王光祈致恽代英,《少年中国》第2卷第11期,1921年5月15日。

业间接或直接尽一部分之力,同时注意革命者性格之养成,以求得多助,并产生良好之结果。会员分别向思想和社会两面作长期的研究或准备基本的事业,决不参加与此目的相反的任何行动。①学会的分化和会员的发展表明,无论是倾向国家主义、共产主义还是无政府主义、民主主义的会员,经过学会的培育和造就后成长为社会各方面的骨干和精英,在政治、经济、文化教育、科学研究等方面皆有所成就,可以说少年中国学会达到了以社会活动创造"少年中国"的预定目标,这也是学会规约所规定的会员奋斗和实践的结果。

少年中国学会是新文化运动和五四运动的产物,其发展与消亡也是时代发展的结果。从1919年到1924年是中国一个新政治酝酿的时期,同时也是一个大混乱的时期。少年中国学会在时代潮流的鼓荡下,自1921年南京年会发生政治活动与社会活动的争论,到1922年、1923年学会发生了会员是否可以参加政治活动的严重问题,并且在会员间引起了激烈的争辩。争辩一年多的结论是会员"各行其是"。②而且随着政治运动之争的激化,政治的分野日渐明显,会员有因自己参加政见相反的政团而各思以其主张融合学会,甚至试图改造学会为各自信奉主义的政治组织,于是1924年苏州大会发生更大规模的更激烈的争执,到1925年南京大会竟决议改组。③改组未成,学会因此无形解散。由学会分化出国家主义和共产主义等政治派别以及有志于文化教育事业者为主的"中间派",正是许多会员预期的一种有主义有组织的分化。

可以说,少年中国学会因兼容各种主义而勃兴,终因主义对抗而分裂,又因政治运动(反对中日军事秘密协定)而酝酿发起,成立之后以社会运动为帜志,从社会运动转向政治运动,又以政治活动而终其局。从整体上看,学会是进步青年知识分子从探索救国建国出发,在探索中国改造道路的过程中因为手段、方法上的分歧而导致最后的分化。学会短暂的历史,生动而具体地反映出五四时期青年知识分子由不定型到定型的思想发展状况和由厌恶政治到转向政治,终为政治所吞噬的活动特征,从而凸显出此期中国社会发展的复杂性和曲折性

---

① 《少年中国学会问题》,《少年中国》第3卷第2期,1921年9月1日。
② 左舜生:《万竹楼随笔·近三十年见闻杂记》,(台北)文海出版社,1967,第459页。
③ 舒新城:《哭王光祈兄——一位未见面的朋友》,载左舜生等撰《王光祈先生纪念册》,(台北)文海出版社影印,1968,第45页。

的一面,成为新文化运动发展的一个缩影。

  学会的分化是多方面的原因共同促成的,其分化过程也是极其复杂的。论者多认为少年中国学会是新文化运动阵营分化的典型,又根据新文化运动阵线由三部分知识分子构成并分化为三的定论,认为学会自筹备期就包容了三种不同类型的知识分子,其中以李大钊为代表的具有初步共产主义思想的知识分子,以王光祈为代表的小资产阶级知识分子(主要是无政府主义者),以曾琦、李璜为代表的资产阶级知识分子(主要是国家主义者)。[①] 其实,这种先入之见与学会的实际情形并不完全吻合,而且这种简单而笼统的概括一劳永逸地结束了对"少中"的更为丰富的内容和更为复杂的意义的探讨。先后拥有一百多名会员的少年中国学会,在长达七年多的团体活动中,时时在分化,又时时在积极整合与自我调适,最终无形的解散既是时势发展使然,也是学会各种矛盾或分化危险总爆发的结果。仅就会员分化而论,也并非国家主义派、共产主义者和无政府主义者三部分知识分子可涵括,而是经历了多重的分化。首先是选择政治改造道路与选择文化改造道路之间的分化,其次是投身政治活动的会员中信仰共产主义和国家主义两者间的对立,以及与信仰三民主义者之决裂,再其次是会员中共产主义者、国家主义者内部的分化转变,等等。它的分化是极为复杂的,在政治运动、社会运动、思想文化运动中均有体现。

  20世纪20年代的国家前途、民族命运促使进步青年知识分子选择了不同的发展道路,不论是政治、经济、文化、教育、科技等各领域都可追寻到"少年中国"的原始痕迹,对于国家社会作出了程度不一的贡献与努力。少年中国学会会员在探索中国改造的道路上虽存有方法与手段的分歧,但致力于中华民族复兴运动。如会员宗白华回忆所说:"研究少年中国学会这一段历史,可以具体地生动地见到五四以来中国青年思想及活动方面的一个侧影,见到它们的复杂性与矛盾性,反映着这一时期中国社会的复杂性和内在的矛盾。"[②]常燕生在回忆中描述说:"少年中国学会在当时是一个纯粹研究学术,并从事社会运动的团体,当时青年界中的优秀分子,差不多全网罗在内。他们所发刊的《少年中国》杂志,是当时最富于生力,最有价值的杂志。这个学会本有变为中国革新运动

[①] 彭明:《五四运动史》,人民出版社,1984,第233、497页。
[②] 张允侯等编:《五四时期的社团》(一),生活·读书·新知三联书店,1979,第554—555页。

大本营的可能,不幸从民国十三年以后,因为国内政治社会的急剧变化,和大家思想观点之不同,分化为若干派别,彼此互相仇视,甚至成为正面的敌人。有的是国民党,有的是共产党,有的是青年党,有的是新中国党;也有的专心学术,超然于党派之外。在国民党的,有周佛海等人;在共产党的,有李大钊、邓康、恽代英、黄日葵、毛泽东、刘仁静、赵世炎、杨贤江、沈泽民、张闻天等人;在青年党的,有左舜生、曾琦、李璜、陈启天、余家菊等人;在新中国党的,有康白情、孟寿椿等人(该党早已解散)。在学术及教育界专心研究超然于党派之上的,便是王光祈先生和周太玄、魏嗣銮、田汉、宗白华、方东美、杨钟健、吴俊升、邰爽秋、常道直、杨效春、谢循初等人。我们试把这十几年来,中国政治上,思想上所发生的大变化统计一下,把其中领导和参加的著名的人检点一过,就可以知道少年中国学会在中国新时代史上的重要地位了。"①对此,宗白华也说,学会无形解散,各会员散布在政治及学术领域,往往是各党派的中心人物。②从这个意义上说,少年中国学会完成了培养"少年中国之少年"的历史任务。

　　少年中国学会作为一个团体已经消失,成为历史,但"少年中国"的精神与会友情谊却在许多会员心中留下了不可磨灭的印记。舒新城在1940年写道:"少中"因改组未成而无形停顿,"只有那如火如荼的青年热情在学会老朋友内心的深处留下一种永久不磨的痕迹,于夜阑人静或故人相聚之时,作其青春旧梦的资料而已。——这旧梦在少年中国学会会员的心意中已属往事,但是那热情以及学会的精神,似乎自有学会以来,即散播到少年中国的大多数少年之中。它们的花与果,也许继续在那里发育滋长,而潜在地在完成少年中国学会所预期的'少年中国',以至完成它所不曾预期到的更少壮的'少年中国'!我在少年中国学会要算后进,但我心安理得地愿意加入一个团体,而且把它看作我最有关系的一部分,把会员们看作兄弟一般,愿意为它服务,愿意和它的分子见面,而见面能直率无顾忌地发表我的一切意见,一生之中,只有这一个少年中国学会。所以我虽无力扶育它使它成长,但我爱护它的深心,却永久不变。我写此

---

　　① 常燕生:《从王光祈先生思想到少年中国学会》,载左舜生等撰《王光祈先生纪念册》,(台北)文海出版社影印,1968,第25—26页。

　　② 宗白华:《我所见到五四时代的一方面》,《中苏文化》第6卷第3期,1940年5月。

段已是四十七岁,而我对于它的爱护与期望的热情,仍与十五年前一般无二。"①

在少年中国学会创造"少年中国"的共同目标之下,会员各以自己的经历和有限的新知,设计和实践各自创造"少年中国"的方案,从不同的方向汇入创造"少年中国"的少年中国运动。但是,如何创造"少年中国"与"少年世界",学会始终没有一个明晰的图景或具体的计划,会员创造"少年中国"的思想或行动都不断变化,甚至在某些人身上表现出前后截然相反的现象。如对政治社会文化各运动,如对共产主义、国家主义、无政府主义信仰,前后变迁的不乏其人。一方面当时的政治思想意识是不断进步的变化的,会员的认识、选择和态度也是不断发展变化的;另一方面政治思想意识由理论形态向现实形态的逼近或切换,产生出影响社会的价值功效,中间的一个必经环节——实践本身也是十分复杂而且不确定的。这不仅取决于实践者本人,还取决于客观时势的变化,因此在当时信仰某一思想或主义,与实行其信仰之间存在明显的不对应性,乃至相反的特点。如何评价当时会员思想和言论行动,包括国家主义和共产主义两派会员的评判,与其用一个齐一的政治意识形态作标准,不如根据各人在其时的言行,以是否有利于国家、民族的利益,是否有利于社会进步和发展以及个人的知信品性来综合考察之。

在多年后的今天,实现中华民族伟大复兴的"中国梦"这一历史任务摆在我们面前,少年中国学会创造"少年中国"的历史仍不无借鉴意义。在此让我们重温一百多年以前梁启超高唱的《少年中国说》:"故今日之责任,不在他人,而全在少年。少年智则国智,少年富则国富,少年强则国强,少年独立则国独立,少年自由则国自由,少年进步则国进步,少年胜于欧洲,则国胜于欧洲,少年雄于地球,则国雄于地球。红日初升,其道大光;河出伏流,一泻汪洋。潜龙腾渊,鳞爪飞扬;乳虎啸谷,百兽震惶;鹰隼试翼,风尘吸张。奇花初胎,矞矞皇皇;干将发硎,有作其芒。天戴其苍,地履其黄,纵有千古,横有八荒,前途似海,来日方长。美哉我少年中国,与天不老;壮哉我中国少年,与国无疆。"②

---

① 舒新城:《我和教育》,中华书局,1945,第271—272页。
② 梁启超:《少年中国说》,中国言实出版社,2017,第8—9页。

附录

少年中国学会规约[1]

第一章　总　纲

第一条　本学会定名曰少年中国学会。

第二条　本学会宗旨：本科学的精神，为社会的活动，以创造"少年中国"。

第三条　本学会信条如下：

一、奋斗；二、实践；三、坚忍；四、俭朴。

第二章　会　员

第四条　凡中华民国之有志青年，由本学会会员五人介绍，经评议部认可，得为本学会会员。

第五条　凡中国人或外国人，以学术或经济赞助本学会者，经评议部认可，得为本学会赞助员。

第六条　会员入学会时，须具入会愿书，遵守一切规约。

第七条　会员入学会时，须纳入会金一元。

第八条　凡会员均须选择下列各科之一种以研究之：一、文科；二、理科；三、工科；四、农科；五、医科；六、商科；七、政治科；八、法律科；九、经济科。

第九条　凡会员认定专习科目，若中途更改，须提出理由书，经评议部认可。

第十条　会员有选举及被举为本学会职员之权。

---

[1] 少年中国学会编：《少年中国学会周年纪念册》，第33—39页。

第十一条　会员有使用本学会各种设备之权。

第十二条　会员有建议于评议部之权。

第十三条　会员有编译调查之义务。

第十四条　凡会员有下列行为之一者,由评议部提出警告书,送交该会员,劝其从速悔改。

一、有嫖赌或其他不道德之行为者;

二、与各政党有接近嫌疑、因而妨害本学会名誉者;

三、违背本学会信条者;

四、对于会务漠不关心者;

五、介绍会员不加审慎、因而妨害本学会名誉者。

第十五条　凡会员有下列行为之一者,经评议部调查确实后,召集临时大会表决,由本学会宣告除名:

一、违背本学会宗旨者;

二、利用本学会名义为个人私利之行动者;

三、既入本学会后又加入其他党系、因而妨害本学会名誉者;

四、会员人格上有重大污点、因而妨害本学会名誉者;

五、犯第十四条之禁约、关于同一事件已继续提出警告书二次而无悔改之望者。

第十六条　凡会员自愿退会,须提出理由书于评议部。

第十七条　第十五条、第十六条之退会会员须缴还徽章及一切证书。

第三章　会　务

第十八条　发行报章,本学会发行报章,为研究学理及会员通讯之用。

第十九条　刊布图书　本学会编译丛书,以为补助教育之用。

第二十条　举行讲演　本学会按期由执行部推荐会员或延聘名人讲演,以益学识。

第二十一条　解释疑问　会员于学理或事实上发生疑问时,得提出于科会研究之。如科会不能解决,应由该科主任征求中外学者意见以解决之。

第二十二条　供给材料　凡关于某科需要之材料,某科科会主任负供给或介绍于该科会员之责,该会员有研究答复之义务。

第二十三条　学术谈话会　凡一地方有会员三人以上者,即应组织学术谈话会交换智识。

第二十四条　第十八条至第二十三条之细则另以专则定之。

第二十五条　本学会除力行上列各项外当随时补充举办有益事业以图发展。

第四章　机　关

第二十六条　本学会设总会于北京,综理全国及外埠分会事务。各省外埠有会员五人以上者得设分会。

第二十七条　本学会机关分为评议部、执行部、编译部三种。

第二十八条　评议部由评议部主任一人、评议员若干人组织之,对大会负责。评议员额数由大会酌定之。

第二十九条　评议部有议决及监督全会会务之权,但须经大会同意者不在此限。

第三十条　本学会临时发生紧急重要事件,不及召集临时大会时,得经评议部议决,径交执行部执行,俟开大会时请求追认。

第三十一条　评议部得提出议案于大会。

第三十二条　评议部于开大会时,须派员出席,报告经过情形及状况。

第三十三条　评议部有审查预算之权。

第三十四条　评议部议事,以评议员过半数之同意决之;赞否同数时,取决于评议部主任。

第三十五条　执行部正、副主任各一人,办理本部事务,对评议部负责。副主任赞襄正主任办理会务,正主任缺虽时代行其职权。

第三十六条　执行部分总务、交际、调查、会针、庶务五股,其办事细则另以专则定之。

第三十七条　执行部有执行本学会对内对外一切会务之权,但须经大会或评议部同意者不在此限。

第三十八条　执行部须编制预算及提出决算案于评议部。

第三十九条　执行部得提出议案于评议都。

第四十条　编译部由编译主任一人、编译员若干人组织之。编译员额数由大会酌定之。

第四十一条　编译主任综理本会编译事务，编译员分担本会编译事务。

第四十二条　第八条各科会员，得组织各科科会，讨论该科问题，由该主任召集之。

第四十三条　本学会设书记、校勘若干人，由主席或各部主任于会员中指充之。

第四十四条　本学会设出版部。

第四十五条　本学会设图书室。

第四十六条　本学会设阅报室。

第四十七条　本学会设体育室。

第五章　职　员

第四十八条　评议员由大会用无记名连记投票法从会员中选举，以得票满投票人数五分之一以上之最多数者为当选，其得票次多者为候补员，票数相同时以抽签法定之。评议部主任由评议员互选，以得票过半数者为当选。

第四十九条　执行部正、副主任及编译部职员由评议部从会员中用无记名连记投票法选出之。编译主任由编译员互选之。

第五十条　执行部之各股主任及股员由执行部正主任从会员中推荐之。

第五十一条　第八条各科主任由各科会员互选之。

第五十二条　出版部轻理一人，由评议部选举或聘请之。

第五十三条　第四十九条、第五十一条、第五十二条之选举，以得票过半数者为当选，其次多者为候补员，票数相同时以抽签法定之。

第五十四条　职员任期一年，得连任。

第五十五条　职员辞职，须提出理由书，经评议部同意，得听其退职。

第五十六条　职员有违背本规约者，经评议部议决，得命其退职。

第五十七条　职员有缺额时以候补员充任。

第六章　会　议

第五十八条　会员大会由全体会员组织之。

第五十九条　会员大会于每年七月一日开会一次，由执行部召集之，其会议事项如下：

一、表决评议员及编译员人数;二、选举评议员;三、议决预算;四、讨论本会进行要项;五、议决评议部之提案;六、议决会员之提案;七、承诺第三十条事件。

第六十条 本学会临时有特别重大事件,由评议部议决或会员十人以上连名要求,经评议部审查后,通知执行部召集临时大会。会员三十人以上连名要求召集临时大会时,不必经评议部审查,执行部须依其要求即刻召集之。

第六十一条 执行部通知召集临时大会日期及所议事项,须酌量道路远近,提前付邮。

第六十二条 开大会时,须全体会员三分之一以上到会,始得开议;开议时以年长者为主席。

第六十三条 会员提案,须五人以上连署,始得付议。

第六十四条 表决议案之法,以投票者之过半数决之;赞否同数时,由主席采决;表决权得以书函代之,视为到会投票。付议事项与该会员私人有关系者,该会员无表决权。

第八章 附 则

第六十七条 本学会分会得自行议定规约,但不得与总会规约抵触。

第六十八条 本学会总会与分会之关系,另以专则定之。

第六十九条 本规约须经大会三分之二以上之表决,始得变更。

第七十条 本规约自议决日实行。

少年中国学会会员名单[①]

编号	姓名(原名)	字	籍贯	生年	卒年	后来加入政党	留学地	加入少中时之最高学历	终身所欲从事之事业	加入时间
1	王光祈	润屿	四川温江	1892	1936		1920德国	北京中国大学	新村及工读互助团	1918.7
2	王克仁	镜如 鲁达	贵州兴仁	1894	1981		美国	南京高等师范	教育	1919.10
3	王崇植	受培	江苏常熟	1897	1958	中国国民党	美国	交通大学学生	电机工程	1920.6
4	王德熙	伯权	四川渠县	1895	1946				教育	1919.10
5	方珣	东美	安徽桐城	1899	1977		1921美国	金陵大学学生	教育	1919.10
6	毛泽东	润之	湖南湘潭	1898	1976	中国共产党		湖南第一师范学校	教育事业	1920.1
7	田汉	寿昌	湖南长沙	1898	1968	中国共产党	1917日本	长沙第一师范校	写作	1919.6
8	古楳		湖南常德	1909					教育	
9	左学训	舜生	湖南长沙	1893	1969	中国青年党		震旦大学	小学教育,愿集合同志从事儿童书籍之改进	1919.2
10	朱自清	佩弦	江苏扬州	1898	1948			北京大学	文学	1921.11
11	朱镜宙	铎民	浙江乐清	1889	1985	中国国民党	1919南洋	浙江法政专门学	新闻记者	1919.7
12	李珩	晓舫	四川成都	1898	1989				教育	1919.6
13	李璜	幼椿	四川成都	1895	1991	中国青年党	1919法国	震旦大学	教育	1918.9
14	李大钊	守常	河北乐亭	1889	1927	中国共产党	1911日本	早稻田大学	政治、教育	1918.7
15	李初梨	祚利	四川江津	1900	1994	中国共产党				
16	李劼人	家祥	四川成都	1891	1962	中国共产党	1920法国	成都高等学堂	公民教育、道路建筑	1919.6
17	李思纯	哲生	四川成都	1893	1960	民社党	1920法国			1919.6
18	李儒勉	贵诚	江西鄱阳	1900	1956			金陵大学学生	教育	1920.11
19	沈怡	君怡	浙江嘉兴	1901	1980	中国国民党	1921美国	同济大学	土木工程及美术建筑	1919

[①] 本表主要参照陈正茂《少年中国学会之研究》及张允侯等编《五四时期的社团》(一)的会员名单,结合《少年中国》月刊作了修正,但仍有许多项内容不详,有待查证。

(续表)

编号	姓名(原名)	字	籍贯	生年	卒年	后来加入政党	留学地	加入少中时之最高学历	终身所欲从事之事业	加入时间
20	沈昌	立孙	浙江桐县	1905	1942					1921.6
21	沈泽民	德济	浙江桐县	1998	1934	中国共产党	1920日本	南京河海工程学校学生	文学研究及中国文学改良	1919.10
22	沈懋德		四川巴县				日本		教育事业	1919.6
23	吴俊升	士选	江苏如皋	1901				东南大学		1923.12
24	吴保丰	嘉壹	江苏昆山	1899		中国国民党	1921美国		新闻事业	1920.6
25	阮真	乐真	浙江绍兴	1896					师范教育及译书	1919.10
26	余家菊	景陶	湖北黄陂	1898	1976	中国青年党	1922英国	武昌中华大学	教育	1919.11
27	汪奠基	三辅	湖北鄂城	1899	1976		1920法国	巴黎大学	教育	1923.12
28	何鲁之		四川华阳	1891	1968	中国青年党	1920法国	巴黎大学	学术	1919.6
29	周无	太玄	四川成都	1895	1968		1919法国	巴黎大学	平民医院、儿童公益	1918.7
30	周光煦	晓和	四川成都	1892			法国		教育、译述	1919.6
31	周佛海		湖南沅陵	1897	1948	中国共产党后国民党	1917日本	京都帝国大学	社会主义运动	1920.7
32	周炳琳	枚孙	浙江黄山	1892	1963		1920美国	北京大学学生		1919.3
33	易克嶷	庚甫	湖南长沙	1895				北京大学		1919.3
34	易家钺	君左	湖南汉寿	1898	1972	中国国民党	1916日本	早稻田大学	文学、政治	1918.10
35	宗白华	之櫈	江苏常熟	1897	1986		1920德国	同济大学	美学	1919.5
36	金海观	晓晚	浙江诸暨	1897		中国青年党		南京高等师范		1922.2
37	邰爽秋	石农	江苏东台	1897			1924美国	哥伦比亚大学	教育	1920.7
38	孟寿椿		四川涪陵	1896	1954	新中国党	1921美国	北京大学学生	教育及其他社会事业	1919.3
39	芮学曾	道一	山西太原	1901						1920.1
40	冼震	伯言	广东南海							1920.6
41	胡助	少襄	四川青神	1895						1919.6
42	侯绍裘	墨樵	江苏松江	1896	1927	中国共产党		南洋公学	政治	1923
43	段子燮	调元	四川江津	1890			加入时在法国留学			1918.12
44	唐珏	现之	广西灌阳	1898					教育	1921
45	唐启宇	御仲	江苏江都	1895			1920秋美国	金陵大学学生		
46	倪文宙	哲生	浙江绍兴	1896				南京高等师范		
47	孙少荆	今是	四川成都						新闻	1919.6

(续表)

编号	姓名(原名)	字	籍贯	生年	卒年	后来加入政党	留学地	加入少中时之最高学历	终身所欲从事之事业	加入时间
48	袁同礼	守和	河北徐水	1895	1965		1920美国	北京大学	图书馆、教育	1919.1
49	高君宇	尚德	山西静乐	1896	1925	中国共产党		北京大学	中国地质和生物分布的调查和著述或平民教育	1920.8
50	徐彦之	子俊	山东郓城	1897	1939					1919.9
51	郝象吾	坤巽	河南武陟	1899				当时为留美学生		1922.7
52	涂开舆	九衢	湖南长沙	1892					社会教育、商业	1919.2
53	陈政	仲瑜	浙江绍兴	1896					教育	1920.9
54	陈淯	愚生	四川泸县		1923		日本	早稻田大学	社会事业	1918.7
55	陈启天	修平	湖北黄陂	1893	1984	中国青年党		武昌中华大学教师	教育	1919.11
56	陈登恪	春随	江西修水	1899		中国青年党	1920法国		教育	
57	陈道衡	平甫	安徽怀宁	1901			1923美国		创造学校	1919.10
58	陈剑修	宝锷	江西遂川	1894						1919.3
59	张明纲	芳谷	四川涪陵	1896					教育及有效之社会事业	1920.8
60	张崧年	申府 申甫	河北献县	1894	1986	中国共产党	1921法国	北京大学	教育、政治	1919.10
61	张涤非	鸿渐	吉林双城							1924.3
62	张尚龄	梦九	陕西长安 原四川成都生	1893	1974	中国青年党	1915日本	日本法政大学	新闻记者	1918.7
63	张闻天	洛甫	江苏南淮	1901	1976	中国共产党	1922美国	南京河海工程学校学生	精神运动	1919.12
64	康白情	洪章	四川安岳	1897	1945	新中国党	1920美国	北京大学	农工或教育	1919.3
65	康纪鸿		四川安岳	1899		新中国党	美国	当时为留美学生		1923
66	章志	一民	浙江吴兴	1900					译书、著书	
67	曹刍	漱逸	江苏江都	1895		中国青年党		南京高等师范		1922.2
68	梁空	绍文	广东顺德	1898					学术研究，并欲成一部中国学术变迁史	1919.10
69	常道直	燕生	江苏江宁	1897	1975		1924美国		教育	
70	许德珩	楚僧 楚生	江西九江	1890	1990	九三学社	1920法国	北京大学学生	劳动者教育	1919.3
71	黄日葵		广西桂平	1989	1930	中国共产党	1917日本	北京大学	著述、教育	1919.2
72	黄骏	公觉	广西桂林	1896						

(续表)

编号	姓名(原名)	字	籍贯	生年	卒年	后来加入政党	留学地	加入少中时之最高学历	终身所欲从事之事业	加入时间
73	黄玄	仲苏	安徽舒城	1895		中国青年党	1920秋美国	金陵大学学生	教授及编译事业	1919.7
74	黄忏华	璨华	广东顺德	1893						1919
75	恽震	荫棠	江苏武进	1901			1921美国		新闻事业、电机工程、译书	1920.6
76	恽代英	子毅	江苏武进原湖北武昌生	1895	1931	中国共产党		武昌中华大学	教育运动、共同生活运动	1919.11
77	恽代贤	子强		1899	1963	中国共产党		南京高师	教育、政治	
78	汤元吉		江苏南通	1904	1994	中国国民党				
79	汤腾汉		福建龙溪	1900					事业	1920.10
80	曾琦	慕韩	四川隆昌	1892	1951	中国青年党	1919.10法国	留日学生罢日归国	文化运动、国际运动社自治运动	1918.7
81	须恺	君悌	江苏无锡	1900			美国	当时留美学生		1923.6
82	彭举	芸生云生	四川重庆	1887		中国青年党			教育	1919.6
83	童启泰	舒培	四川南川	1902			美国	当时留美学生		1923
84	舒新城	维周	湖南溆浦	1893	1960			湖南高等师范学校	教育、文化工作	1923.12
85	杨永浚	胡明	四川重庆	1893		中国青年党				1923
86	杨亮功		安徽巢县	1895	1992	中国国民党	1922美国	当时留美学生	教育	1923.6
87	杨效春	泽如	浙江义乌	1897	1938	中国青年党		南京高师	师范教育或社会教育	1920.12
88	杨贤江	英父英甫	浙江余姚	1895	1931	中国共产党		浙江一师	学校教育、编译事业	1919.10
89	杨德培	子培	四川南川	1890					教育及平民银行	
90	杨钟健	克强	陕西华县	1897	1979	中国共产党	德国	北京大学	调查地质、著述、教育	1921.6
91	雷国能	人百	四川开县	1894						1919
92	雷宝菁	眉生	陕西安康原四川成都	1900	1919		日本	东京一高		1918.7
93	雷宝华	孝实	陕西安康原四川成都	1893	1981	中国国民党		北洋大学	实业	1919.2
94	葛澧	西泉	四川西阳	1894			1921美国		交通事业	
95	赵世炎	施英	四川西阳	1901	1927	中国共产党	1920法国	北京高等法文专校	政治	1919.7
96	赵世炯	子章	四川西阳	1894						1919.6
97	赵叔愚	崇鼎	河南新乡	1889	1928		1922美国	金陵大学学生	乡村教育	1919.10
98	赵曾俦	寿人	安徽太湖	1896						1919.6
99	鄢祥禔	公复	四川巴县	1897						1921.6

(续表)

编号	姓名(原名)	字	籍贯	生年	卒年	后来加入政党	留学地	加入少中时之最高学历	终身所欲从事之事业	加入时间
100	刘拓	泛弛	湖北黄陂	1900			1923美国			
101	刘仁静	养初	湖北应城	1902	1987	中国共产党			未定	
102	刘泗英	正江	四川南川	1894		中国青年党	日本		教育、新闻	
103	刘国钧	衡如	江苏江宁	1898	1926		1922美国	金陵大学学生	教育及图书馆	1920.7
104	刘云汉	天章	陕西高陵	1893	1931					
105	郑伯奇	泳涛	陕西长安	1890	1979	中国共产党		日本帝国大学	文学	
106	郑尚廉	伯吟	四川重庆							1919.2
107	邓中夏	仲澥	湖南宜章	1894	1933	中国共产党		北京大学	译著、新闻记者	1919.10
108	卢作孚		四川合江	1893	1952	中国青年党		合川初级师范	实业	1920
109	蒋锡昌		江苏无锡	1896					教育及著作	1919.10
110	穆济波	世清	四川合江	1895		中国青年党			教育、乡村自治	1919.6
111	谢循初	承训	安徽当涂	1894	1984		1920美国	金陵大学学生	教育	1919.11
112	魏嗣銮	时珍	四川蓬安	1895	1992	中国青年党	1920德国	同济大学	教育	
113	罗世嶷	沅叔	四川富顺	1891						
114	罗益增	季则	湖南湘乡				1919法国			
115	苏甲荣	演存	广西藤县	1895	1945	中国国民党		北京大学	教育、著述	
116	罗元恺	举白								
117	浦薛凤	逖生	江苏常熟	1900		中国国民党	1921美国	清华大学	教育	
118	任启珊		湖北黄陂	1888						1924.3

主要参考文献

图书

1.《李大钊全集》编辑委员会编辑整理《李大钊全集》第1—4卷,河北教育出版社,1998年。

2.林同华主编《宗白华全集》,安徽教育出版社,1994年。

3.田汉著作编辑出版委员会编《田汉文集》,中国戏剧出版社,1983年。

4.《恽代英文集》(上下),人民出版社,1984年。

5.《邓中夏文集》,人民出版社,1983年。

6.中央教育科学研究所、厦门大学编《杨贤江教育文集》,教育科学出版社,1982年。

8.中共中央文献研究室编《毛泽东文集》,人民出版社,1993年。

9.中共中央文献研究室等编《毛泽东早期文稿》,湖南出版社,1990年。

10.《毛泽东书信选集》,人民出版社,1983年。

11.王光祈:《王光祈旅德存稿》,中华书局,1936年。

12.陈正茂、黄欣周、梅渐浓编《曾琦先生文集》,(台北)"中研院"近代史研究所,1993年。

13.沈云龙辑《曾慕韩(琦)先生遗著》,(台北)文海出版社,1973年。

14.左舜生:《左舜生自选集》,(台北)文海出版社,1978年。

15.左舜生:《万竹楼随笔·近三十年见闻杂记》,(台北)文海出版社,1967年。

16.左舜生:《春风燕子楼——左舜生文史札记》,学林出版社,1997年。

17.黄欣周编《常燕生先生遗集》,常燕生先生七旬诞辰纪念委员会,1967年。

18.广东省哲学社会科学研究所历史研究室编《朱执信集》,中华书局,1979年。

19.傅学文编《邵力子文集》,中华书局,1985年。

20.傅德华编《于右任辛亥文集》,复旦大学出版社,1986年。

21.广东省社会科学院历史研究室编《廖仲恺集》,中华书局,1983年。

22.《蔡和森文集》,人民出版社,1980年。

23.《章太炎全集》,上海人民出版社,1982—1986年。

24.朱传誉主编《左舜生传记资料》,(台北)天一出版社,1982年。

25.朱传誉主编《曾琦传记资料》,(台北)天一出版社,1979年。

26.天一出版社编《王光祈传记资料》,(台北)天一出版社,1985年。

27.方东美:《方东美先生讲演录》,台北黎明文化事业公司,1975年。

28.左舜生等撰《王光祈先生纪念册》,(台北)文海出版社影印,1936年。

29.《方东美先生纪念册》,台北正中书局,1982年。

30.中国青年党中央执行委员会编《左舜生先生纪念册》,(台北)文海出版社,1981。

31.《何鲁之先生纪念册》,中国青年党中央委员会编印,1970年。

32.《陈启天先生纪念集》,中国青年党中央党部发行,1985年。

33.陈正茂主编《左舜生先生晚期言论集》,台湾"中研院"近代史研究所,1996年。

34.中国民主社会党编印《张君劢先生七十寿庆纪念论文集》,(台北)文海出版社,1956年。

35.中国第二历史档案馆编《中国青年党》,档案出版社,1988年。

36.李义彬编《中国青年党》,中国社会科学出版社,1982年

37.陈启天:《寄园回忆录》,台湾商务印书馆,1965年。

38. 余家菊:《余家菊回忆录》,中国青年党党史委员会印行,1970年。

39.张梦九:《人海沧桑六十年》,(台北)五洲出版社,1971年。

40.吴俊升:《教育生涯一周甲》,(台北)传记文学出版社,1976年。

41.李璜:《学钝室回忆录》,中国青年党党史委员会发行,1985年。

42.[美]舒衡哲:《张申府访谈录》,李绍明译,北京图书馆出版社,2001年。

43.汪东林:《梁漱溟问答录》,湖南出版社,1988年。

44.周作人:《周作人回忆录》,湖南人民出版社,1982年。

45.许德珩:《许德珩回忆录——为了民主与科学》,中国青年出版社,2001年。

46.地质矿产部书刊编辑室编辑《杨钟健回忆录》,地质出版社,1983年。

47.人民出版社编辑部编《回忆恽代英》,人民出版社,1982年。

48.张羽等编注《恽代英来鸿去燕录》,北京出版社,1981年。

49.中央档案馆等编《恽代英日记》,中共中央党校出版社,1981年。

50.杨立文、毕兴编《王光祈年谱》,人民音乐出版社,1986年。

51.张培森主编《张闻天年谱》,中共党史出版社,2000年。

52.[日]伊藤虎丸监修,小谷一郎、刘平编《田汉在日本》,人民文学出版社,1997年。

53.葛懋春等编《无政府主义思想史资料选》,北京大学出版社,1984年。

54.余家菊等编著《国家主义论文集》第一集,中华书局,1926年。

55.余家菊等编著《国家主义论文集》第二集,中华书局,1926年。

56.陈启天:《新社会哲学论》,商务印书馆印行,1946年上海增订版。

57.张子柱等:《国家主义与世界潮流》,爱文书局,1928年。

58.中国青年党、中国国家主义青年团总部编《国家主义浅说》,中国青年党、中国国家主义青年团编印,1929年8月增订初版。

59.常燕生、陈启天:《国家主义运动史》,中国书局,1929年。

60.张静庐编《杜威罗素讲演合刊》,泰东图书局,1921年。

61.张静庐辑注《中国近代出版史料初编》,中华书局,1957年。

62.蔡元培等:《1987—1987年:商务印书馆九十年——我和商务印书馆》,商务印书馆出版,1987年。

63.张允侯等编《留法勤工俭学运动》,上海人民出版社,1980、1986年。

64.清华大学中共党史教研组编《赴法勤工俭学运动史料》,北京出版社,1979—1981年。

65.舒新城编《中国近代教育史资料》,人民教育出版社,1961年。

66.李楚材编《帝国主义侵华教育史料——教会教育》,教育科学出版社,1987年。

67.华东师范大学教育系编《中国现代教育文选》,人民教育出版社,1996年。

68.经世文社编《民国经世文编》,(台北)文海出版社,1970年。

69.张允侯等编《五四时期的社团》,生活·读书·新知三联书店,1979年。

70. 中共中央编译局编《五四时期期刊介绍》,生活·读书·新知三联书店,1978年。

71. 中国社会科学院现代史研究室等选编《"一大"前后》(内部发行),人民出版社,1980年。

72.《"二大"和"三大"——中国共产党第二、三次代表大会资料选编》,中国社会科学出版社,1985年。

73. 中国革命博物馆等编《新民学会资料》,人民出版社,1980年。

74. 湖南省博物馆历史部校编《新民学会文献汇编》,湖南人民出版社,1979年。

75. 中国社会科学院近代史研究所编《五四运动文选》,生活·读书·新知三联书店,1979年。

76. 中国社会科学院近代史研究所编《五四爱国运动》,中国社会科学出版社,1979年。

77. 中国社会科学院近代史研究所编《五四运动回忆录》(上、下编),中国社会科学出版社,1979年。

78. 上海社会科学院历史研究所编《五四运动在上海史料选辑》,上海人民出版社,1980年。

79. 刘桂生、张步洲编《台港及海外五四研究论著撷要》,教育科学出版社,1989年。

80. 张静如主编《五四以来历史人物笔名别名录》,陕西人民出版社,1986年。

81. 台湾"中央图书馆"编《中国近代人物传记资料索引》,台湾中华丛书编审委员会,1973年。

82. 陈正茂:《少年中国学会之研究》,中国青年党党史委员会,1996年。

83. 郭正昭、林瑞明:《王光祈的一生与少年中国学会——五四人的悲剧型像及其分析》,(台北)百杰出版社,1973年。

84. 周淑珍:《中国青年党在大陆和台湾》,中国人民大学出版社,1988年。

85. 吴小龙:《少年中国学会研究》,上海三联书店,2006年。

86. 方汉奇:《中国近代报刊史》,山西人民出版社,1982年。

87. 方汉奇:《中国新闻事业通史》第1卷,中国人民大学出版社,1992年。

88.叶再生:《中国近代现代出版通史》,华文出版社,2002年。

89.赵君豪:《中国近代之报业》,上海书店据1938年申报馆影印。

90.黄天鹏编《新闻学刊全集》,上海书店据光新书局1930年影印。

91.上海图书馆编《最近之五十年——申报馆五十周年纪念》,1922年初版,上海书店影印。

92.李龙牧编《中国新闻事业史稿》,上海人民出版社,1985年。

93.王锦厚:《五四新文学与外国文学》,四川大学出版社,1996年。

94.王哲甫:《中国新文学运动史》,上海书店,1933年。

95.于蕾编译《中国新文学思潮》,(香港)万源图书公司出版,1979年。

96.程中原:《张闻天与新文学运动》,江苏文艺出版社,1987年。

97.赵家璧主编《中国新文学大系(1917—1927)》,上海文艺出版社,1981年影印。

98.曹聚仁:《文坛五十年》,东方出版中心,1997年。

99.[联邦德国]H.R.姚斯,[美]R.C.霍拉勃:《接受美学与接受理论》,周宁、金元浦译,辽宁人民出版,1987年。

100.李何林主编《近二十年来中国文艺思潮论(1917—1937)》,生活书店,1940。

101.朱德发:《中国五四文学史》,山东文艺出版社,1986年。

102.朱光灿:《中国现代诗歌史》,山东大学出版社,1997年。

103.刘纳:《论"五四"新文学》,浙江文艺出版社,1987年。

104.陈白尘著、董健主编《中国现代戏剧史稿》,中国戏剧出版社,1989年。

105.李士文:《李劼人的生平和创作》,四川社科院出版社,1986年。

106.何晓明:《百年忧患——知识分子命运与中国现代化进程》,东方出版中心,1997年。

107.汪澍白主编《文化冲突中的抉择——中国近代人物的中西文化观》,湖南人民出版社,1989年。

108.[美]杰罗姆·B.格里德尔:《知识分子与现代中国》,单正平译,南开大学出版社,2002年。

109."从五四运动到人民共和国成立"课题组:《胡绳论从"五四"运动到人

民共和国成立》,社会科学文献出版社,2001年。

110. 中国社会科学院科研局、《中国社会科学》杂志社编《五四运动与中国文化建设——五四运动七十周年学术讨论会论文选》,社会科学文献出版社,1989年。

111. 王跃等编《五四:文化的阐释与评价——西方学者论五四》,山西人民出版社,1989年。

112. [美]格里德:《胡适与中国的文艺复兴》,鲁奇译,江苏人民出版社,1989年。

113. [美]林毓生:《中国意识的危机——"五四"时期激进的反传统主义》,穆善培译,贵州人民出版社,1988年。

114. [美]周策纵:《五四运动:现代中国的思想革命》,周子平等译,江苏人民出版社,1996年。

115. 沙健孙、龚书铎主编《五四运动与20世纪中国的历史道路》,人民出版社,2001年。

116. 徐复观等著,周阳山编《知识分子与中国》,(台湾)时报出版公司印行,1986年初版。

117. 周策纵等著,周阳山编《五四与中国》,(台湾)时报出版公司印行,1988年初版。

118. 丁守和、殷叙彝:《从五四启蒙运动到马克思主义的传播》,生活·读书·新知三联书店,1979年。

119. 肖超然:《北京大学与五四运动》,北京大学出版社,1995年。

120. 张惠芝:《"五四"前夕的中国学生运动》,山西教育出版社,1996年。

121. 田子渝:《武汉五四运动史》,湖北人民出版社,1999年。

122. 彭明:《五四运动史》,人民出版社,1984年。

123. 刘永明:《国民党人与五四运动》,中国社会科学出版社,1992年。

124. [日]中央大学人文科学研究所编《五·四运动史像の再检讨》,中央大学出版部,1986年发行。

125. [美]施瓦支:《中国的启蒙运动——知识分子与五四运动》,李国英等译,山西人民出版社,1989年。

126. 肖同庆:《世纪末思潮与中国现代文学》,安徽教育出版社,2001年。

127. 程中原:《张闻天早期译剧集》,中国戏剧出版社,1984年。

128. 王元化:《传统与反传统》,上海文艺出版社,1990年。

129. 刘桂生主编《时代的错位与理论的选择——西方近代思潮与中国"五四"启蒙思想》,清华大学出版社,1989年。

130. 罗钢:《历史汇流中的抉择——中国现代文艺思想家与西方文学理论》,中国社会科学出版社,2000年。

131. 罗芃、冯棠、孟华:《法国文化史》,北京大学出版社,1997年。

132. 郭华榕:《法兰西文化的魅力——19世纪中叶法国社会寻踪》,生活·读书·新知三联书店,1996年。

133. [日]野村浩一:《近代日本的中国认识》,张学锋译,中央编译出版社,1999年。

134. 李龙牧:《五四时期思想史论》,复旦大学出版社,1990年。

135. 黎仁凯:《近代中国社会思潮(1840—1919)》,河南人民出版社,1996年。

136. 胡伟希、高瑞泉、张利民:《十字街头与塔——中国近代自由主义思潮研究》,上海人民出版社,1991年。

137. 许纪霖编《二十世纪中国思想史论》,东方出版中心,2000年7月。

138. 张宝明:《启蒙与革命——"五四"激进派的两难》,学林出版社,1998年。

139. 于语和、庚良辰主编《近代中国文化交流史》,山西教育出版社,1997年。

140. 李泽厚:《中国近代思想史论》,人民出版社,1979年。

141. 李泽厚:《中国现代思想史论》,东方出版社,1987年。

142. 余英时:《中国思想传统的现代诠释》,江苏人民出版社,1989年。

143. 杨奎松、董士伟:《海市蜃楼与大漠绿洲》,上海人民出版社,1991年。

144. [美]郭颖颐:《中国近代思想史中的唯科学主义(1900—1950)》,雷颐译,江苏人民出版社,1989年。

145. 杨国荣:《中国近代科学主义的形成与衍化》,上海人民出版社,1999年。

146. [美]张灏:《梁启超与中国思想的过渡》,崔志海、葛夫平译,江苏人民出版社,1993年。

147. 吴雁南等主编《中国近代社会思潮》,湖南教育出版社,1998年。

148. 朱义禄、张劲:《中国近现代政治思想研究》,上海社会科学院出版社,1998年。

149. 顾红亮:《实验主义的误读》,华东师范大学出版社,2000年。

150. 皮明庥:《近代中国社会主义思潮觅踪》,吉林文史出版社,1991年。

151. 王继平:《中国社会主义思潮发展史纲》,广西人民出版社,1991年。

152. [苏]沃尔金:《论空想社会主义者》,中国人民大学编译室译,中国人民大学出版社,1960年。

153. 郭湛波:《近五十年中国思想史》,山东人民出版社,2002年。

154. 蒋梦麟:《西潮·新潮》,岳麓书社,2000年。

155. 梁启超:《中国近三百年学术史》,中国书店,1985年。

156. 高军、王桧林、杨树标主编《中国现代政治思想评要》,华夏出版社,1990年。

157. 陈旭麓主编《五四以来政派及其思想》,人民出版社,1987年。

158. 胡秋原:《一百三十年来中国思想史纲》,学术出版社,1984年。

159. [美]费正清、费维恺主编《剑桥中华民国史》,中国社会科学出版社,1998年。

160. 李新、陈铁健主编《伟大的开端》,中国社会科学出版社,1983年。

161. 王治心:《中国宗教思想史大纲》,东方出版社,1996年。

162. 王治心:《中国基督教史纲》,上海青年协会书局,1940年。

163. 王立新、史静寰:《基督教教育与中国知识分子》,福建教育出版社,1998年。

164. [法]谢和耐:《中国文化和基督教的冲撞》,于硕等译,辽宁人民出版社,1989年。

165. [法]谢和耐:《中国和基督教》,耿昇译,上海古籍出版社,1991年。

166. [英]海伦·加德纳:《宗教与文学》,沈弘、江先春译,四川人民出版社,1989年。

167. [英]约翰·H.布鲁克:《科学与宗教》,苏贤贵译,复旦大学出版社,2000年。

168. 肖万源:《中国近代思想家的宗教和鬼神观》,安徽人民出版社,1991年。

169. 路哲:《中国无政府主义史稿》,福建人民出版社,1990年。

170. 蓝瑛、谢宗范主编《社会主义流派政治思想述评》,上海社会科学院出版社,1988年。

171.(联邦德国)威廉·格·雅柯布斯:《费希特》,李秋零、田薇译,中国社会科学出版社,1989年。

172.王列耀:《基督教文化与中国现代戏剧的悲剧意识》,上海三联书店,2002年。

173.[法]爱弥尔·涂尔干:《宗教生活的基本形式》,渠东、汲吉吉译,上海人民出版社,1999年。

174.楼宇烈、张志刚主编《中外宗教交流史》,湖南教育出版社,1999年版。

175.林治平主编《基督教入华百七十年纪念集》,(台北)宇宙光出版社,1978年。

176.罗章龙编《非宗教论》,巴蜀书社,1989年。

177.高时良主编《中国教会学校史》,湖南教育出版社,1994年。

178.朱有瓛、高时良主编《近代中国教会学校》,华东师范大学出版社,1993年。

179.陈启天:《国家主度教育学》,中华书局,1925年。

180.舒新城:《我和教育》,中华书局,1945年。

181.舒新城:《收回教育权运动》,中华书局,1927年。

182.朱维铮主编《基督教与近代文化》,上海人民出版社,1994年。

183.顾长声:《传教士与近代中国》,上海人民出版社,1981年。

184.顾卫民:《基督教与近代中国社会》,上海人民出版社,1996年。

185.王炳照、阎国华主编《中国近代教育思想通史》第六卷,人民出版社,1998年。

186.董宝良、周洪宇主编《中国近现代教育思潮与流派》,人民教育出版社,1998年。

187.王光祈:《少年中国运动》,中华书局,1924年。

188.郑名桢编著《留法勤工俭学运动》,山西高校联合出版社,1994年。

189.鲜于浩:《留法勤工俭学运动史稿》,巴蜀书社,1994年。

190.王晓平:《近代中日文学交流史稿》,湖南文艺出版社,1987年。

191.张灏:《张灏自选集》,上海教育出版社,2001年。

192.王树棣等编《陈独秀评论选编》,河南人民出版社,1982年。

193. 郭沫若:《沫若自传》,人民文学出版社,1979年。

194. [日]狭间直树编《梁启超·明治日本·西方》,社会科学文献出版社,2001年。

195. 王养冲:《西方近代社会思想的演进》,华东师范大学出版社,1996年。

196. 张东荪:《科学与哲学》,商务印书馆,1999年。

197. 贺麟:《文化与人生》,商务印书馆,1996年。

198. 王德胜:《宗白华评传》,商务印书馆,2002年。

199. 姚仁隽:《赵世炎传》,中共党史出版社,1998年。

200. 王继平:《嬗变与回归——近代中国知识分子参与意识与模式研究》,华中理工大学出版社,1995年。

201. 雷通群:《西洋教育通史》,上海商务印书馆,1935年。

博士论文

Choh, Kwong-huen. A study of the Young China Society, 1918-1925. PhD Diss., University of Hong Kong, 1997.

报纸杂志

1.《少年中国》第1—4卷。

2.《少年世界》第1卷。

3.《少年中国学会周年纪念册》,1920年7月。

4.《少年中国学会会务报告》第1—4期,1919年。

5.《少年中国学会会员通讯录》,1920年。

6.《会务报告》,少年中国学会,1924年。

7.《新青年》第1—9卷。

8.《新潮》第1—2卷。

9.《先驱》第1—25期。

10.《每周评论》第1—37期。

11.《醒狮》第1—195期。

12.《东方杂志》第1—12卷。

13.《中国青年》第1—168期。

14.《共进》第1—144期。

15.《互助》第1期。

16.《星期日》周刊第18—36期。

17.《觉悟》第1期。

18.《湘江评论》第1—4号。

19.《申报》1918—1927年。

20. 湖南《大公报》1917—1927年。

后记

涉足少年中国学会的研究对我来说纯属偶然。在师承王继平教授攻读中共党史专业硕士学位的时候,我主要是研读蔡和森的文献资料,发现许多回忆资料提到蔡和森是少年中国学会会员,其实不然,于是写作了《蔡和森非少年中国学会会员考》的小论文。2000年我到湖南师范大学攻读博士学位,导师郭汉民教授建议我作少年中国学会与五四时期社会思潮方面的研究。于是我系统收集和阅读了国内外有关少年中国学会的资料,完成《〈少年中国〉与五四时期社会思潮》的学位论文。在此基础上,先后发表《恽代英与少年中国学会》《曾琦"少年中国"理想的渊源》《"问题与主义"之争和少年中国学会》《论王光祈的"少年中国"理想》《毛泽东与少年中国学会》《少年中国学会与1920"改造联合"问题》等一系列论文。因此我也雄心勃勃,准备写一本关于少年中国学会研究的小册子,但由于各方面的原因,迟迟未敢付诸行动。最主要的原因是学术界已有好几本关于少年中国学会的研究专著,如台湾学者陈正茂的《少年中国学会之研究》,郭正昭、林瑞明的《王光祈一生与少年中国学会》已经先后出版,博士学位论文也有中国社会科学院吴小龙的《少年中国学会研究》、香港大学左光煊的《少年中国学会(1918—1925)研究》。本人才疏学浅,对于少年中国学会的研究就难以有创新,更不可能超越前贤,于是写作计划搁置。

2015年,中国教育科学研究院储朝晖先生组织编写《中国近代教育社团史》丛书,邀约我撰写其中的《少年中国学会史》,盛情难却,我就接受了这一任务。少年中国学会是一个青年学术团体和社会活动团体,很难说是一个教育社团。但是,该学会以社会活动创造"少年中国",社会活动以教育和实业为主,甚至确立以国家主义为教育上努力的目标。会员大多从事教育工作或预备从事教育事业,试图以教育运动创造"少年中国"。学会还成立教育研究会,计划创办中小学校,实验教育学说,创造"少年中国的教育"。在实际活动中,部分会员致力于民主主义教育或国家主义教育或共产主义教育,提倡民族性教育,反对教会教育,策动收回教育权运动,在中国近代教育史上具有重要影响。而且主张国家主义教育的会员,后来大多成为国家主义派,不仅作育了当时颇具影响的国家主义教育思潮,也促成了作为政治派别的国家主义派及中国青年党。从这个意义上说,少年中国学会的教育思想和活动,也是值得研究的。在储朝晖先生的督责和指导下,我重新检出原有少年中国学会方面的研究资料,在近年来发表的一系列论文基础上,拼凑了《少年中国学会史》书稿,也算是完成了写作少年中国学会研究专著的心愿。

  在此,首先要对我的两位导师表示深深的感谢,没有他们多年的教育和帮助,就没有今天的我,也没有今天的这部书稿。其次衷心感谢储朝晖先生给本书提出的诸多指导和修改意见。只是由于本人才疏学浅,他的许多宝贵建议未能全部采纳,但我将铭记在心,成为今后继续研究这一课题的重要参考。

  本书在写作过程中参考和吸取了学术界已有的不少成果,并尽量注明引文出处,但难免挂一漏万,不妥之处,恳请学界同人和读者批评指正。

李永春
2016年12月6日

丛书跋

2012年完成自己主编的2012年度国家出版基金资助项目"20世纪中国教育家画传"后,就策划启动新的研究项目,于是决定为曾在中国教育现代化过程中发挥巨大作用而又少有人知的教育社团写史,并在2013年3月拿出第一个包含8本书的编撰方案。当初怎么也没想到这一工作一再积累后延,几乎占用了我8年的主要时间,列入写作的社团一个个增加,参加写作的专家团队、支持者和志愿者不断扩大,最终汇成30本书和由50多位专家组成的团队,并在西南师范大学出版社鼎力支持下如愿以偿地获得2019年度国家出版基金资助。

1895年中日甲午海战中国战败后,中国社会受到强烈震动,有识之士勇敢地站出来组建各种教育社团,发展现代教育。1895年到1949年,在中国传统教育向现代教育转化、嬗变的过程中,产生了数以百计的教育社团。中华教育改进社等众多的民间教育社团在中国教育现代化进程中都曾发挥过重要的、甚至是无可替代的作用,到处留下了这些社团组织的深深印记,它们有的至今还在发挥着潜移默化的作用,它们是中国教育智库的先声。

但随着时间的推移,知道这段历史的人越来越少。教育社团组织与中国教育早期现代化既是一个有丰富内涵的历史课题,更是一个极具现实意义的实践课题。挑选"中国现代教育社团史"这一极为重大的选题,联合国内这一领域有专深研究的专家进行研究,系统编撰教育社团史,既是为了更好地存史,也是为了有效地资政,为当今及此后教育专业社团的建立、发展和教育改进与发展提供借鉴,为教育智库发展提供独具价值的参考,为解决当下中国教育管理主体过于单一问题提供借鉴,从而间接促进当下教育质量的提升和《中国教育现代化2035》目标的实现。简言之,为中国现代教育社团修史是一项十分有意义的工作。

在存史方面,抢救并如实地为这些社团写史显得十分必要、紧迫。依据修史的惯例,经过70多年的沉淀,人们已能依据事实较为客观地看待一些观点,为这些教育社团修史,恰逢其时;依据信息随时间衰减的规律,当下还有极少数人对70多年前的那段历史有较充分的知晓,错过这个时期,则知道的人越来越少,能准确保留的信息也会越来越少,为这些社团治史时不我待。因此,本套丛书担当着关键时段、恰当时机、以专业方式进行存史的重要责任。

在资政方面,为中国现代教育社团修史是一项十分有现实意义的工作。中国教育改革除了依靠政府,更需要更多的专业教育社团发展起来,建立良性的教育评价和管理体系,并在社会中发挥更大的作用。社团是一个社会中多种活力的凝结和显示,一个保存了多样性社团的社会才是组织性良好的社会,才是活力充足的社会。当时的各个教育社团定位于各自不同的职能,如专业咨询、管理、评价等,在社会和教育变革中以协同、博弈等方式发挥出巨大的作用。它们的建立和发展,既受到中国现代新式教育发展的制约,又影响了中国现代新式教育发展的进程。研究它们无疑会加深我们对那个时期中国新式教育发展过程中各种得失的宏观认识,有助于从宏观层面认识整个新式教育的得失,进而促进教育质量和品质的提升。现今的教育社团发展不是在一张白纸上画画,1900年后在中国产生的各种教育社团是它们的先声。为中国现代教育社团修史将会为当下及未来各个社团的建立发展和教育智库建设提供真实可信而又准确细致的历史镜鉴。

做好这项研究需要有独特的史识和对教育发展与改革实践的深刻洞察,本丛书充分运用主编及团队三十余年来从事历史、实地调查与教育改革实践研究的专业积累。在启动本研究之前,丛书主编就从事与教育社团相关的研究,又曾做过一定范围的资料查找,征集大陆(内地)和台湾、香港、澳门等地教育史专业工作者意见,依据当时各社团的重要性和历史影响,以及历史资料的可获取性,采用既选好合适的主题，又选好有较长时期专业研究的作者的"双选"程序，以保障研究的总体质量，使这套丛书不仅分量厚重，质量优秀，还有自己的特色。

本丛书的"现代"主要指社团具有的现代性，这样的界定与中国教育现代化进程相吻合。以历史和教育双重视角，对中华教育改进社等具有现代性的30余个教育社团的历史资料进行系统的查找、梳理和分析。对各社团发展的整体形态做全面的描述，在细节基础上构建完整面貌，对其中有歧义的观点依据史实客观论述，尽可能显示当时全国教育社团发展的原貌和全貌，也尽可能为当下教育社团与教育智库的建立和发展提供有益的历史镜鉴。

为此，我们明确了这套丛书的以下撰写要求：

全套丛书明确史是公器，是资料性著述的定位，严格遵循史的写作规范，以史料为依据，遵守求真、客观、公正、无偏见的原则，处理编撰中的各类问题。

力求实现四种境界：信，所写的内容是真实可靠的，保证资料来源的多样性；简，表述的方式是简明的，抓住关键和本质特征经过由博返约的多次反复，宁可少一字，不要多一字；实，记述的内容是有实际意义和价值的，主要体现为内容和文风两个方面，要求多写事实，少发议论，少写口号，少做判断，少用不恰当的形容词，让事实本身表达观点；雅，尽可能体现出艺术品位和教育特性，表现为所体现的精神、风骨之雅，也表现为结构的独具匠心，表达手法的多样和谐、图文并茂。

对内容选取的基本标准和具体要求如下：

（1）对社团的理念做准确、完整的表述，社团理念在其存续期有变化的要准确写出变化的节点，要通过史料说明该社团的活动是如何在其理念引导下开展的。

（2）完整地写出社团的产生、存续、发展过程，完整地陈述社团的组织结构、活动规模、活动方式、社会影响，准确完整地体现社团成员在社团中的作用、教育思想、教育实践，尽可能做到"横不缺项，纵不断线"。

（3）以史料为依据，实事求是，还原历史，避免主观。客观评价所写社团对社会和教育的贡献，不有意拔高，也不压低同时期其他教育社团。关键性的评价及所有叙述要有多方面的史料支撑,用词尽可能准确无歧义。

(4)凸显各单册所写社团的独特性,注意铺垫该社团所在时代的社会与教育背景,避免出现违背历史事实的表述。

(5)根据隔代修史的原则,只记述中华人民共和国成立之前的历史。对后期延续,以大事记、附录的方式处理,不急于做结论式的历史判定。

(6)各书之间不越界,例如江苏教育会与全国教育会联合会之间,江苏教育会与中华教育改进社之间,详略避让,避免重复。

写法要求为:立意写史,但又不写成干巴、抽象、概念化的历史,而是在掌握大量资料的基础上,全面、深刻理解所写社团的历史细节和深度,写出人物的个性和业绩,写出事件的情节和奥秘,尽可能写出有血有肉、有精气神的历史,增强可读性。写法上具体要求如下:

(1)在全面了解所写社团基础上,按照史的体例,设计好篇目、取舍资料、安排内容、确定写法。在整体准确把握的基础上,直叙历史,不写成专题或论文,语言平和,逻辑清晰。

(2)把社团史写得有教育性。主要通过记叙社团发展过程中的人和事展示其具有的教育功能;通过社团具有的专业性对现实的教育实践发生正向影响,力求在不影响科学性、准确性的前提下尽量写得通俗。

(3)能够收集到的各社团的活动图片尽可能都收集起来,用好可用的图,以文带图,图文互补,疏密均匀。图片尽可能用原始的、清晰的,图片说明文字(图题)应尽量简短;如遇特殊情况,例如在正文中未能充分展开的重要事件,可在图题下加叙述性文字做进一步介绍,作为一个独立的知识点。

(4)关键的史实、引文必须加注出处。

据统计,清末至民国时期教育社团或具有教育属性的社团有一百多个,但很多社团因活动时间不长、影响不大,或因资料不足等,难以写成一本史书。本丛书对曾建立的教育社团进行比较全面的梳理,从中精心选择一批存续时间长、影响显著、组织相对健全、在某一专业领域或某一地区具有代表性、典型性的教育社团进行深入研究,在此基础上做出尽可能符合当时历史原貌和全貌的整体设计,整体上能够充分完整地呈现所在时代教育社团的整体性和多样性特征,依据在中国教育现代化进程中所发挥的作用大小选择确定总体和各部分的研究内容,依据史实客观论述,准确保留历史信息。本丛书的基本框架为一项总体研究和若干项社团历史个案研究。以总体研究统领各个案研究,为个案研究确定原则、方法、背景和思路;个案研究为总体研究提供史实和论证依据,各个案研究要有全面性、系统性、真实性、准确性、权威性、实用性,尽量写出历史的原貌和全貌,以及其背后盘根错节的关系。

入选丛书的选题几经增减,最终完稿的共30册:

《中国现代教育社团发展史论》《中华教育改进社史》《中华平民教育促进会史》《生活教育社史》《中华职业教育社史》《江苏教育会史》《全国教育会联合会史》《中国教育学会史》《无锡教育会史》《中国社会教育社史》《中国民生教育学会史》《中国教育电影协会史》《中国科学社史》《通俗教育研究会史》《国家教育协会史》《中华图书馆协会史》《少年中国学会史》《中华儿童教育社史》《新安旅行团史》《留美中国学生联合会史》《中华学艺社史》《道德学社史》《中华教育文化基金会史》《中华基督教教育会史》《华法教育会史》《中华自然科学社史》《寰球中国学生会史》《华美协进社史》《中国数学会史》《澳门中华教育会史》。

本丛书力求还原并留存中国各现代教育社团的历史原貌和全貌,对当时各教育社团的发展历程、重要事件、关键人物进行系统考察,厘清各社团真实的运作情况,从而解决各社团历史上一些有争议的问题,为教育学和历史学相关领域的发展提供一定的帮助,拓展出新的领域,从而传承、传播教育先驱的精神,为当今教育改革和发展提供历史借鉴和智慧资源,为今后教育智库的发展提供有中国实践基础的历史参考,在拓展教育发展的历史文化空间上发挥其他著述不可替代的作用。在写作过程中严格遵守史的写作规范,以史料为依据,遵守求真、客观、公正、无偏见的原则,处理编撰中的各类问题。

这是一项填补学术空白的研究。这个研究领域在过去70多年仅有零星个别社团的研究,在史学研究领域对社团的研究较多,但对教育社团的研究严重不足;长期以来,在教育史研究领域没有对教育社团系统的研究;对民国教育的研究多集中于一些教育人物、制度,对曾发挥不可替代作用的教育社团的研究长期处于不被重视状态。因此,中国没有教育社团史的系列图书出版,只有与新安旅行团、中华职业教育社相关的专著,其他教育社团则无专门图书出版,只是在个别教育人物的传记等文献中出现某个教育社团的部分史实,浮光掠影,难以窥其全貌。但是教育社团对当时教育的发展发挥了倡导、引领、组织、管理、评价等多重功能,确实影响深远,系统研究中国现代教育社团是此前学术界所未有过的。该研究可以为洞察民国教育提供新的视角,在今后一段时期内具有标志性意义,发挥其他著述不可替代的作用。

这是一项高难度的创新研究。它需要从70多年历史沉淀中钩沉,需要在教育学和史学领域跨越,在教育历史与现实中穿梭,难度系数很高、角度比较独特,20多年前就有人因其难度高攻而未克。研究过程中我们将比较厚实的历史积累和对当下教育问题比较深入的洞见相结合,以史为据,以长期未能引起足够重视的教育社团为研究对象,梳理出每个社团的产生、发展、作用、地位。

这是一项促进教育品质提升的研究。中国当下众多教育问题都与管理和评价体制相关。因此,我们决定研究中国现代教育社团史,对中国教育现代化进程中发挥过重要作用的诸多教育社团的历史进行抢救性记述、研究,对中国教育体系形成的脉络进行详尽的梳理,记录百年中国教育现代化进程中教育社团所起的重大作用,体现教育现代化过程中的"中国智慧",为构建中国教育科学话语体系铺垫史料、理论基础,探明1898到1949年间教育社团在中国教育现代化发展中的作用,为改善中国教育提供组织性资源。

这是一项未能引起足够重视的公益性研究。本研究旨在还原并留存各教育社团的历史原貌和全貌,传承、传播教育先驱的精神,为当今教育改革和发展提供历史借鉴和智慧资源,拓展教育发展的历史文化空间,需要比较厚实的历史积累和对当下教育问题比较深入的洞见。本研究长期处于不被重视状态,但是其对教育的发展确实影响深远,需要研究的参与者具有对历史和现实的使命感。

这个研究项目在设计、论证和实施过程中得到业内专家的大力支持、高度关注和评价。中国教育学会教育史分会原会长田正平先生热心为丛书写了推荐信，又拨冗写了总序，认为："说到底，这是当代中国教育改革的需要和呼唤。教育是中华民族振兴的根基和依托，改革和发展中国教育，让中国教育努力赶上世界先进水平，既是中央政府和各级政府义不容辞的职责，也必须依靠广大教育工作者的自觉参与和担当。从这个意义上讲，中国近代教育会社团体与中国教育早期现代化研究，既是一个有丰富内涵的历史课题，更是一个极具现实意义的重大问题。"中国现代教育社团史的课题，"从近代以来数十上百个教育社团中精心选择一批有代表性、典型性、产生过重大影响的教育社团，列为专题，分头进行了深入的研究。我相信，读者诸君在阅读这些成果后所收获的不仅仅是对教育社团的深入理解和崇高敬意，也可能从中引发出一些关于当代中国教育改革的更深层次的思考"。

北京师范大学教育学部原部长、清华大学教育学院院长石中英教授在推荐中道："对那些历史上有重要影响的教育社团进行研究，既具有非常重要的学术价值，也具有非常强烈的现实意义。""当前，我国改革开放正在逐步地深入和扩大，激发社会组织活力，在整个社会治理体系建设中具有重要作用。现代教育治理体系的建设，也迫切需要发挥专业的教育社团的积极作用。在这个大背景下，依据可靠的历史资料，回溯和评价历史上著名教育社团的产生、发展、组织方式和活动方式等，具有现实意义和社会价值。""总的来说，这个项目设计视角独特，基础良好，具有较高的学术价值、实践价值和出版价值。"

1990年代，中央教育科学研究所张兰馨等多位前辈学者就意识到这一选题的重要性，曾试图做这一研究并组织编撰工作，终因撰写团队难以组建、资料难以查找搜集等各种条件限制而未完成。当我们拜访80多岁的张兰馨先生时，他很高兴地拿出了当年复印收藏的一些资料，还答应将当年他请周谷城先生题写的书名给我们使用，既显示这一研究实现了学者们近30年未竟的愿望，也使这套书更具历史文化内涵。

西南师范大学出版社是全国百佳图书出版单位、国家一级出版社、全国先进出版单位，承担了多项国家重大文化出版工程项目、国家出版基金资助项目、重庆市出版专项资金资助项目，具有丰富的国家、省市重点项目出版与管理经验。该社出版的多项国家级项目受到各级主管部门、学界、业内的一致好评。米加德社长调集素质高、业务精的专业编辑团队支持本书的编辑出版,尹清强先生、伯古娟女士做了大量联络和组织工作,各位责任编辑付出了大量辛勤劳动。西南大学的学术优势为本书的出版提供了学术支撑。

本项目30余位作者奉献太多。他们分别来自中国人民大学、北京师范大学、华东师范大学、中山大学、首都师范大学、浙江师范大学等多所高校和研究机构,他们长期从事相关领域的研究,具有极强的学术责任感,具备了较好的专业基础,研究成果丰硕,有丰富的写作经验。在没有启动经费的情况下,他们以社会效益为主,把这项研究既当成一项工作任务,又当成一项对精湛技术、高雅艺术和完美人生的追求,以高度的历史使命感和现实的使命感投入研究,确保研究过程和成果具有较高的严谨性。他们旨在记录中国教育现代化过程中教育社团所起的重大作用,体现教育现代化过程中的"中国智慧",写出理论观点正确、资料翔实准确、体例完备、文风朴实、语言流畅,具有资料性、科学性、思想性,经得起历史检验的,有灵魂、有生命、能传神的现代教育社团史。

这套丛书邀约的审读委员主要为该领域的专家,他们大多在主题确定环节就参与讨论,提供资料线索,审读环节严格把关,有效提高了丛书的品质。

本人为负起丛书主编职责,采用选题与作者"双选"机制确定了撰写社团和作者,实行严格的丛书主编定稿制,每本书都经过作者拟提纲—主编提修改意见—确定提纲—作者提交初稿—主编审阅,提出修改意见—作者修改—定稿的过程,有些书稿从初稿到定稿经过了七到八次的修改,这些措施有效地保障了这套丛书的编撰质量。尽管做了这些努力,仍难免有错,敬希各位不吝赐正。

十分感谢国家出版基金资助。本丛书有重大的出版价值,投入也巨大,但市场相对狭窄。前期在项目论证、项目启动、资料收集、组织编写书稿中投入了大量的人力、物力。多位教育专家和史学专家经过八年的努力,收集了大量的资料,研究的深度和广度都大大超出此前这一领域的研究。各位作者收集了大量的历史资料,走访了全国各大图书馆、资料室,完成了约一千万字、数百幅图片的巨著。前期的资料收集、研讨成本甚高,而使用该书的主要为教育研究者、教育社团和教育行政人员。即便丛书主编与作者是国内教育学、教育史学领域的权威专家,即便丛书经过精心整理、撰写而成,出版后全国各地图书馆、研究院所会有一定的购买,有一定的经济效益,但因发行总数量有限,很难通过少量的销售收入实现对大量经费投入的弥补,国家出版基金资助是保障该套丛书顺利出版的关键。

教育在实现中华民族伟大复兴中发挥着不可替代的作用。完整、准确、精细地回顾过去方能高瞻远瞩而又脚踏实地地展望未来,将优秀传统充分挖掘展现、利用方能有效创造未来,开创教育发展新时代。在中国教育现代化进程中众多现代教育社团是促进者。中国人坚定的自信是建立在5000多年文明传承基础上的文化自信。中国现代教育社团的发起者心怀中华,在中华民族处于危亡之际奔走呼号,立足弘扬中华优秀文化传统提倡革新。本丛书深层次反映了当时中国仁人志士组织起来,试图以教育救国的真实面貌,其中涉及几乎全部的教育界知名人物,对当年历史的还原有利于挖掘中华优秀传统文化的强大生命力和在民族危亡关头的强大凝聚力,弘扬中华优秀传统文化,为构建中华优秀传统文化传承发展体系添砖加瓦。研究这段历史,对于推动中华优秀传统文化创造性转化、创新性发展,对于促进教育智库建设,发展中国教育事业,发挥教育在促进中华民族伟大复兴中的作用具有重要意义。

愿我们所有人为此的努力在中国教育现代化进程中生根、发芽、开花、结果。

储朝晖
2020年6月